Studien zum Internationalen Wirtschaftsrecht/
Studies on International Economic Law

Herausgegeben von

Prof. Dr. Marc Bungenberg, LL.M., Universität des Saarlandes

Prof. Dr. Christoph Herrmann, LL.M., Universität Passau

Prof. Dr. Markus Krajewski, Friedrich-Alexander-Universität
Erlangen-Nürnberg

Prof. Dr. Carsten Nowak, Europa Universität Viadrina,
Frankfurt/Oder

Prof. Dr. Jörg Philipp Terhechte,
Leuphana Universität Lüneburg

Prof. Dr. Wolfgang Weiß, Deutsche Universität
für Verwaltungswissenschaften, Speyer

Band 27

Theresa Görgen

Unternehmerische Haftung in transnationalen Menschenrechtsfällen

Eine Untersuchung der zivilrechtlichen Haftung
unter besonderer Berücksichtigung der UN-Leitprinzipien
für Wirtschaft und Menschenrechte

 Nomos

Die Deutsche Nationalbibliothek verzeichnet diese Publikation in
der Deutschen Nationalbibliografie; detaillierte bibliografische
Daten sind im Internet über http://dnb.d-nb.de abrufbar.

Zugl.: Berlin, FU, Diss., 2019

ISBN 978-3-8487-6072-5 (Print)
ISBN 978-3-7489-0201-0 (ePDF)

1. Auflage 2019
© Nomos Verlagsgesellschaft, Baden-Baden 2019. Gedruckt in Deutschland. Alle Rechte,
auch die des Nachdrucks von Auszügen, der fotomechanischen Wiedergabe und der
Übersetzung, vorbehalten. Gedruckt auf alterungsbeständigem Papier.

Für Mama (1963-2006)

Vorwort

Die vorliegende Arbeit wurde im Sommersemester 2019 vom Fachbereich Rechtswissenschaft der Freien Universität Berlin als Dissertation angenommen. Rechtsprechung und Literatur sind bis Juni 2019 berücksichtigt worden.

Zum Gelingen dieser Arbeit haben einige Menschen beigetragen, denen an dieser Stelle mein Dank gebührt.

Meinem Doktorvater Herrn *Prof. Dr. Christian Armbrüster* danke ich für die hervorragende Betreuung während der gesamten Promotionszeit und die zahlreichen wertvollen und hilfreichen Ratschläge in jeder Phase des Promotionsverfahrens.

Herrn *Prof. Dr. Helmut Aust* danke ich für die aufmerksame und zügige Erstellung des Zweitgutachtens.

Dank sagen möchte ich auch dem *Cusanuswerk* für die finanzielle und ideelle Förderung sowie der *Studienstiftung des deutschen Volkes* für die ideelle Förderung im Rahmen der jeweiligen Stipendienprogramme für Doktoranden. Durch das Stipendium hatte ich die Möglichkeit, mich voll und ganz auf die Promotion konzentrieren zu können. Der interdisziplinäre Austausch mit anderen Doktoranden im Rahmen der Graduiertentagungen und Doktorandenforen hat mich fachlich und persönlich bereichert und die Anregungen zu meinem Dissertationsthema aus den verschiedensten Fachdisziplinen haben mir vielfach neue Perspektiven für die Bearbeitung des Themas aufgezeigt.

Dank schulde ich auch Frau *Monika Paulat*, Präsidentin des Landessozialgerichts Berlin-Brandenburg a.D., die mich während der Promotion als Mentorin begleitet hat. Unsere regelmäßigen Treffen und Diskussionen über die zentralen Probleme der unternehmerischen Haftung für Menschenrechtsverletzungen haben wesentlich zu meinem Fortkommen bei der Dissertation beigetragen. Auch die darüber hinausgehende Unterstützung im Hinblick auf meine berufliche Orientierung und meinen persönlichen Werdegang war stets eine große Hilfe.

Ohne die tolle Unterstützung von vielen lieben Menschen aus meiner Familie und meinem Freundeskreis wäre die Arbeit wohl nie zu einem Ende gekommen. Stellvertretend für viele seien hier die folgenden Personen genannt:

Danken möchte ich zunächst *Liesa Marie Reffert*, *Stefanie Eckwerth*, *Madeleine Keil* und *Elisabeth Krone* für Ihre Mühen beim Korrekturlesen dieser Arbeit.

Mein Vater *Helmut Pöppelbaum* und meine Paten *Marie-Theres* und *Werner Münstermann* hatten in meiner Schulzeit, im Studium und in der Promotion stets ein offenes Ohr für mich, haben mir mit Rat und Tat zur Seite gestanden und mir ständigen Rückhalt gegeben.

Der größte Dank aber gebührt meinem Mann *Lukas*, der mich durch alle Höhen und Tiefen der Arbeit an der Dissertation begleitet, mich vor allem in den Tiefen stets aufgefangen, immer an mich geglaubt, mich zur richtigen Zeit aus der „Dissertationsblase" hinaus geholt hat und der mein Leben so sehr bereichert.

Ich widme diese Arbeit meiner Mutter, *Christa Pöppelbaum*, die im Jahr 2006 viel zu früh verstorben ist, für die wir Kinder und die Familie immer an erster Stelle standen, die bis dahin immer für mich und meine Brüder da war und uns in jeglicher Hinsicht liebevoll unterstützt hat.

Mülheim an der Ruhr, im Juni 2019 *Theresa Görgen*

Inhaltsübersicht

Inhaltsverzeichnis

Abkürzungsverzeichnis

a.A., A.A.	andere Ansicht
a.E.	am Ende
a.F.	alte Fassung
ABl.	Amtsblatt
Abs.	Absatz
Accord	Bangladesh Accord on Fire and Building Safety in Bangladesh
AcP	Archiv für die civilistische Praxis
AEMR	Allgemeine Erklärung der Menschenrechte
AEUV	Vertrag über die Arbeitsweise der Europäischen Union
AG	Die Aktiengesellschaft
AGB	Allgemeine Geschäftsbedingungen
AGBG	Gesetz zur Regelung des Rechts der Allgemeinen Geschäftsbedingungen
AGG	Allgemeines Gleichbehandlungsgesetz
AJIL	The American Journal of International Law
AktG	Aktiengesetz
AL	Ad Legendum
al.	andere
Alt.	Alternative
AmJCompL	The American Journal of Comparative Law
Anh / Anh.	Anhang
Anm. d. Verf.	Anmerkung der Verfasserin
AöR	Archiv des öffentlichen Rechts
Art.	Artikel
Artikel über die Staatenverantwortlichkeit	Artikel über die Verantwortlichkeit der Staaten für völkerrechtswidrige Handlungen
AtomG	Gesetz über die friedliche Verwendung der Kernenergie und den Schutz gegen ihre Gefahren
ATS	Alien Tort Statute
Aufl.	Auflage
AVR	Archiv des Völkerrechts
Bad Homburg v.d.H.	Bad Homburg von der Höhe
BAG	Bundesarbeitsgericht
BAGE	Entscheidungen des Bundesarbeitsgerichts
Bangladesh Accord	Bangladesh Accord on Fire and Building Safety in Bangladesh
BAnz.	Bundesanzeiger
BauR	Baurecht

BB	Betriebs-Berater
BDGVR	Berichte der Deutschen Gesellschaft für Völkerrecht
BeckOK	Beck'scher Online Kommentar
BeckRS	Beck online Rechtsprechung
Beil.	Beilage
BEQ	Business Ethics Quarterly
Beschl.	Beschluss
Beweisbeschl.	Beweisbeschluss
BGB	Bürgerliches Gesetzbuch
BGBl.	Bundesgesetzblatt
BGH	Bundesgerichtshof
BGHSt	Entscheidungen des Bundesgerichtshofs in Strafsachen
BGHZ	Entscheidungen des Bundesgerichtshofs in Zivilsachen
BHI	Bau- und Holzarbeiter Internationale (globaler Gewerkschaftsbund)
BHRJ	Business and Human Rights Journal
BImSchG	Gesetz zum Schutz vor schädlichen Umwelteinwirkungen durch Luftverunreinigungen, Geräusche, Erschütterungen und ähnliche Vorgänge
BKR	Zeitschrift für Bank- und Kapitalmarktrecht
BMWi	Bundesministerium für Wirtschaft und Energie
BRD	Bundesrepublik Deutschland
BrookJIntlL	Brooklyn Journal of International Law
Brüssel Ia-VO	Verordnung (EU) Nr. 1214/2012 des Europäischen Parlaments und des Rates vom 12. Dezember 2012 über die gerichtliche Zuständigkeit und die Anerkennung und Vollstreckung von Entscheidungen in Zivil- und Handelssachen
Brüssel I-VO	Verordnung (EG) Nr. 44/2001 des Rates vom 22. Dezember 2000 über die gerichtliche Zuständigkeit und die Anerkennung und Vollstreckung von Entscheidungen in Zivil- und Handelssachen
BSCI	Business Social Compliance Initiative
BSG	Bundessozialgericht
BSGE	Entscheidungen des Bundessozialgerichts
BT	Bundestag
BT-Drucks.	Drucksache des deutschen Bundestages
BVerfG	Bundesverfassungsgericht
BVerfGE	Entscheidungen des Bundesverfassungsgerichts
BVerfGG	Gesetz über das Bundesverfassungsgericht
BVerwG	Bundesverwaltungsgericht
BVerwGE	Entscheidungen des Bundesverwaltungsgerichts
bzw.	beziehungsweise
CCZ	Corporate-Compliance-Zeitschrift

CEN	Europäisches Komitee für Normung (Comité Européen de Normalisation)
CENELEC	Europäisches Komitee für elektrotechnische Normung (Comité Européen de Normalisation Électrotechnique)
CESCR	UN-Ausschuss für wirtschaftliche, soziale und kulturelle Rechte (Committee on Economic, Social and Cultural Rights)
CHR	UN-Menschenrechtskommission (Commission on Human Rights)
Co.	Company
CorA	Corporate Accountability (Netzwerk für Unternehmensverantwortung)
CRC	UN-Kinderrechteausschuss (Committee on the Rights of the Child)
CSR	Corporate Social Responsibility
CSR-RL / CSR-Richtlinie	Richtlinie 2014/95/EU des Europäischen Parlaments und des Rates vom 22. Oktober 2014 zur Änderung der Richtlinie 2013/34/EU im Hinblick auf die Angabe nichtfinanzieller und die Diversität betreffender Informationen durch bestimmte große Unternehmen und Gruppen
CSR-RUG	Gesetz zur Stärkung der nichtfinanziellen Berichterstattung der Unternehmen in ihren Lage- und Konzernlageberichten (CSR-Richtlinie-Umsetzungsgesetz)
DB	Der Betrieb
DCGK	Deutscher Corporate Governance Kodex
DDR	Deutsche Demokratische Republik
ders.	derselbe
dies.	dieselbe, dieselben
DIMR	Deutsches Institut für Menschenrechte
DIN	Deutsches Institut für Normung
Diss.	Dissertation
DRÄS	Deutscher Rechnungslegungs Änderungsstandard
DStR	Deutsches Steuerrecht
ECL	European Company Law
ECLI	European Case Law Identifier
ECOSOC	Wirtschafts- und Sozialrat der Vereinten Nationen (Economic and Social Council)
EFZG	Gesetz über die Zahlung des Arbeitsentgelts an Feiertagen und im Krankheitsfall
EG	Europäische Gemeinschaft
EGBGB	Einführungsgesetz zum Bürgerlichen Gesetzbuche
EGMR	Europäischer Gerichtshof für Menschenrechte
EGV	Vertrag zur Gründung der Europäischen Gemeinschaft
Einl / Einl.	Einleitung
EMRK	Europäische Menschenrechtskonvention

endg.	endgültig
ERPL	European Review of Private Law
et al.	und andere
etc.	et cetera
EU	Europäische Union
EuGH	Europäischer Gerichtshof
EuGVO	Verordnung (EG) Nr. 44/2001 des Rates vom 22. Dezember 2000 über die gerichtliche Zuständigkeit und die Anerkennung und Vollstreckung von Entscheidungen in Zivil- und Handelssachen
EuGVÜ	Übereinkommen über die gerichtliche Zuständigkeit und die Vollstreckung gerichtlicher Entscheidungen in Zivil- und Handelssachen
EuGVVO	Verordnung (EG) Nr. 44/2001 des Rates vom 22. Dezember 2000 über die gerichtliche Zuständigkeit und die Anerkennung und Vollstreckung von Entscheidungen in Zivil- und Handelssachen
EuIPR	Europäisches Kollisionsrecht
EUV	Vertrag über die Europäische Union
EuZPR	Europäisches Zivilprozessrecht
EuZVR	Europäisches Zivilverfahrensrecht
EuZW	Europäische Zeitschrift für Wirtschaftsrecht
EWG	Erwägungsgrund, Europäische Wirtschaftsgemeinschaft
f.	folgend
ff.	folgende
FIS	Internationaler Skiverband (Fédération Internationale de Ski)
FIS-Regeln	Verhaltensregeln für Skifahrer und Snowboarder
Fn.	Fußnote
Frankfurt a.M.	Frankfurt am Main
FS	Festschrift
FW	Die Friedenswarte
GA	Goltdammer's Archiv für Strafrecht
GesR	Gesellschaftsrecht
GewO	Gewerbeordnung
GG	Grundgesetz für die Bundesrepublik Deutschland
GLJ	German Law Journal
GmbH	Gesellschaft mit beschränkter Haftung
GmbHG	Gesetz betreffend die Gesellschaften mit beschränkter Haftung
GmbHR	GmbH-Rundschau
GPR	Zeitschrift für das Privatrecht der Europäischen Union
GRI	Global Reporting Initiative
GRUR	Gewerblicher Rechtsschutz und Urheberrecht

GRUR-Int.	Gewerblicher Rechtsschutz und Urheberrecht Internationaler Teil
GS	Gedächtnisschrift
GWB	Gesetz gegen Wettbewerbsbeschränkungen
h.M.	herrschende Meinung
HaftungsR	Haftungsrecht
HGB	Handelsgesetzbuch
Hinweisbeschl.	Hinweisbeschluss
HK-BGB	Handkommentar Bürgerliches Gesetzbuch
HK-ZPO	Handkommentar Zivilprozessordnung
Holzhandelsverordnung	Verordnung (EU) Nr. 995/2010 des Europäischen Parlaments und des Rates vom 20.10.2010 über die Verpflichtungen von Marktteilnehmern, die Holz und Holzerzeugnisse in Verkehr bringen
HolzSiG	Gesetz gegen den Handel mit illegal eingeschlagenem Holz
HR	Human Rights
HRC	UN-Menschenrechtsrat (Human Rights Council)
HRLJ	Human Rights Law Journal
HRLR	Human Rights Law Review
HRQ	Human Rights Quarterly
Hrsg.	Herausgeber
Hs.	Halbsatz
I.C.J. Reports	Berichte des Internationalen Gerichtshofs
i.d.F.	in der Fassung
i.E., I.E.	im Ergebnis
i.R.v.	im Rahmen von
i.S.v.	im Sinne von
i.V.m.	in Verbindung mit
IA	International Affairs
IAGMR	Inter-amerikanischer Gerichtshof für Menschenrechte
IAO	Internationale Arbeitsorganisation
ICHRP	International Council on Human Rights Policy
ICTR	Internationaler Strafgerichtshof für Ruanda (International Criminal Tribunal for Rwanda)
ICTY	Internationaler Strafgerichtshof für das ehemalige Jugoslawien (International Criminal Tribunal for the former Yugoslavia)
IDW	Institut der Wirtschaftsprüfer
IEC	Internationale Elektrotechnische Kommission (International Electrotechnical Commission)
IGH	Internationaler Gerichtshof
IJPL	International Journal of Procedural Law
ILO	Internationale Arbeitsorganisation (International Labour Organization)

insb.	insbesondere
InsO	Insolvenzordnung
Int. VertragsR	Internationales Vertragsrecht
Int. WirtschaftsR	Internationales Wirtschaftsrecht
IntGesR	Internationales Gesellschaftsrecht
IPBPR	Internationaler Pakt über bürgerliche und politische Rechte
IPR	Internationales Privatrecht
IPRax	Praxis des Internationalen Privat- und Verfahrensrechts
IPWSKR	Internationaler Pakt über wirtschaftliche, soziale und kulturelle Rechte
IRZ	Zeitschrift für Internationale Rechnungslegung
ISO	Internationale Organisation für Normung (International Organization for Standardization)
IStGH	Internationaler Strafgerichtshof
IZVR	Internationales Zivilverfahrensrecht
JArbSchG	Gesetz zum Schutze der arbeitenden Jugend
JETL	Journal of European Tort Law
JICJ	Journal of International Criminal Justice
JR	Juristische Rundschau
JURA	Juristische Ausbildung
JuS	Zeitschrift für juristische Schulung
JWIT	The Journal of World Investment and Trade
JZ	Juristenzeitung
KartellR	Kartellrecht
KG	Kammergericht, Kommanditgesellschaft
KJ	Kritische Justiz
KK-AktG	Kölner Kommentar zum Aktiengesetz
Konfliktmineralien-verordnung	Verordnung (EU) 2017/821 des Europäischen Parlaments und des Rates vom 17.05.2017 zur Festlegung von Pflichten zur Erfüllung der Sorgfaltspflichten in der Lieferkette für Unionseinführer von Zinn, Tantal, Wolfram, deren Erzen und Gold aus Konflikt- und Hochrisikogebieten
KonzernR	Konzernrecht
KWG	Gesetz über das Kreditwesen
Leitprinzipien	UN-Leitprinzipien für Wirtschaft und Menschenrechte
LG	Landgericht
lit.	Buchstabe
Lit.	Literatur
LK-StGB	Leipziger Kommentar zum Strafgesetzbuch
Loi de vigilance	Loi relative au devoir de vigilance des sociétés mères et des entreprises donneuses d'ordre (n° 2017-399)
LP	Leitprinzip
Ltd.	Limited
m.E.	meines Erachtens

m.N.	mit Nachweisen
m.w.N.	mit weiteren Nachweisen
m.zahlr.w.N.	mit zahlreichen weiteren Nachweisen
Maastrichter Prinzipien	Maastrichter Prinzipien zu den extraterritorialen Staatenpflichten im Bereich der wirtschaftlichen, sozialen und kulturellen Rechte
Max Planck UNYB	Max Planck Yearbook of United Nations Law
MDR	Monatsschrift für deutsches Recht
MelbJIntlL	Melbourne Journal of International Law
MichLRev	Michigan Law Review
MMR	MultiMedia und Recht
MNE & Law	Multinational Enterprises and the Law
Mot. II	Motive zu dem Entwurfe eines Bürgerlichen Gesetzbuches für das Deutsche Reich, Band II: Recht der Schuldverhältnisse
MPEoIL	The Max Planck Encyclopedia of Public International Law
MR	Menschenrechte
MR-Schutz	Menschenrechtsschutz
MüHB-GesR	Münchener Handbuch des Gesellschaftsrechts
MüKo-AktG	Münchener Kommentar zum Aktiengesetz
MüKo-BGB	Münchener Kommentar zum Bürgerlichen Gesetzbuch
MüKo-GmbHG	Münchener Kommentar zum Gesetz betreffend die Gesellschaften mit beschränkter Haftung
MüKo-StGB	Münchener Kommentar zum Strafgesetzbuch
MüKo-UWG	Münchener Kommentar zum Lauterkeitsrecht
MüKo-ZPO	Münchener Kommentar zur Zivilprozessordnung
MuSchG	Gesetz zum Schutz von Müttern bei der Arbeit, in der Ausbildung und im Studium
n.F.	neue Fassung
NAP	Nationaler Aktionsplan
NILR	Netherlands International Law Review
NJW	Neue Juristische Wochenschrift
NJW-Beil.	Neue Juristische Wochenschrift Beilage
NJW-RR	Neue Juristische Wochenschrift Rechtsprechungs-Report Zivilrecht
NK-BGB	Nomos-Kommentar Bürgerliches Gesetzbuch
NKS	Nationale Kontaktstelle
NK-StGB	Nomos Kommentar Strafgesetzbuch
No.	Nummer
Nr.	Nummer
NStZ	Neue Zeitschrift für Strafrecht
NVwZ	Neue Zeitschrift für Verwaltungsrecht
NVwZ-RR	Neue Zeitschrift für Verwaltungsrecht Rechtsprechungs-Report
NZA	Neue Zeitschrift für Arbeitsrecht

NZG	Neue Zeitschrift für Gesellschaftsrecht
NZKart	Neue Zeitschrift für Kartellrecht
NZS	Neue Zeitschrift für Sozialrecht
NZWiSt	Neue Zeitschrift für Wirtschafts-, Steuer- und Unternehmensstrafrecht
o.	oben
o.Ä.	oder Ähnliches, oder Ähnlichem
OECD	Organisation für wirtschaftliche Zusammenarbeit und Entwicklung (Organisation for Economic Co-operation and Development)
OECD-Leitsätze	OECD-Leitsätze für multinationale Unternehmen
OHCHR	Büro des Hohen Kommissars für Menschenrechte (Office of the High Commissioner for Human Rights)
OLG	Oberlandesgericht
OVG	Oberverwaltungsgericht
OWiG	Gesetz über Ordnungswidrigkeiten
P&P	Problems and Process
PCIJ	Ständiger Internationaler Gerichtshof (Permanent Court of International Justice)
Plc./plc	Public Limited Company
ProdHaftG	Gesetz über die Haftung für fehlerhafte Produkte
Prot. II	Protokolle der Kommission für die Zweite Lesung des Entwurfs des Bürgerlichen Gesetzbuchs, Band II: Recht der Schuldverhältnisse Abschn. II Tit. 2 bis 20, Abschnitt III und IV
RabelsZ	Rabels Zeitschrift für ausländisches und internationales Privatrecht
RegE	Regierungsentwurf
RG	Reichsgericht
RGBl.	Reichsgesetzblatt
RGZ	Entscheidungen des Reichsgerichts in Zivilsachen
RIW	Recht der internationalen Wirtschaft
RL	Richtlinie
Rn.	Randnummer
Rom II-VO	Verordnung (EG) Nr. 864/2007 des Europäischen Parlaments und des Rates vom 11. Juli 2007 über das auf außervertragliche Schuldverhältnisse anzuwendende Recht
Rom I-VO	Verordnung (EG) Nr. 593/2008 des Europäischen Parlaments und des Rates vom 17. Juni 2008 über das auf vertragliche Schuldverhältnisse anzuwendende Recht
Rspr.	Rechtsprechung
RVG	Gesetz über die Vergütung der Rechtsanwältinnen und Rechtsanwälte
RW	Rechtswissenschaft
S.	Satz, Seite, siehe

s.o.	siehe oben
s.u.	siehe unten
SA8000	Social-Accountability 8000-Standard
SAAS	Social Accountability Accreditation Service
SAI	Social Accountability International
SB KonzernR	Studienbuch Konzernrecht
SchuldR	Schuldrecht
SchuldR AT	Schuldrecht Allgemeiner Teil
SchuldR BT	Schuldrecht Besonderer Teil
SEV	Sammlung der Europäischen Verträge (bis 2003) / Sammlung der Europaratsverträge (seit 2004)
Sp.	Spalte
SportR	Praxishandbuch Sportrecht
SRSG	UN-Sonderbeauftragter (Special Representative of the Secretary General)
st. Rspr.	ständige Rechtsprechung
StGB	Strafgesetzbuch
StrafR AT	Strafrecht Allgemeiner Teil
StVG	Straßenverkehrsgesetz
Textilbündnis	Bündnis für nachhaltige Textilien
TOI	Umsetzungsbedingungen
TOI Geschäftspartner	Umsetzungsbedingungen für amfori BSCI Teilnehmer
TOI Produzenten	Umsetzungsbedingungen für Geschäftspartner
TOI Teilnehmer	Umsetzungsbedingungen für in den amfori BSCI-Prozess einzubeziehende Geschäftspartner (Produzenten)
TVG	Tarifvertragsgesetz
u.	unten
u.a.	unter anderem, und andere
Uabs.	Unterabsatz
UKlaG	Gesetz über Unterlassungsklagen bei Verbraucherrechts- und anderen Verstößen
UmweltHG	Umwelthaftungsgesetz
UmweltHR	Umwelthaftungsrecht
UN	Vereinte Nationen (United Nations)
UNCITRAL	Kommission der Vereinten Nationen für internationales Handelsrecht
UNCTAD	Konferenz der Vereinten Nationen für Handel und Entwicklung (United Nations Conference on Trade and Development)
UN-Dok.	UN-Dokument
UNI	UNI Global Union
UN-Leitprinzipien	UN-Leitprinzipien für Wirtschaft und Menschenrechte
UN-Normen	Normen für die Verantwortlichkeiten transnationaler Unternehmen und anderer Wirtschaftsunternehmen im Hinblick auf die Menschenrechte

UPR	Umwelt- und Planungsrecht
UrhG	Gesetz über Urheberrecht und verwandte Schutzrechte
Urt.	Urteil
US	Vereinigte Staaten (United States)
USA	Vereinigte Staaten von Amerika (United States of America)
USchadG	Gesetz über die Vermeidung und Sanierung von Umwelt-schäden
UtrechtLRev	Utrecht Law Review
UWG	Gesetz gegen den unlauteren Wettbewerb
v.	vom, vor, von, gegen (versus)
VAG	Gesetz über die Beaufsichtigung der Versicherungsunter-nehmen
VaJIntlL	Virginia Journal of International Law
VDE	Verband der Elektrotechnik, Elektronik und Informations-technik
VDI	Verein Deutscher Ingenieure
VENRO	Verband Entwicklungspolitik und Humanitäre Hilfe deut-scher Nichtregierungsorganisationen
VersR	Zeitschrift für Versicherungsrecht, Haftungs- und Scha-densrecht
VertriebsR	Vertriebsrecht
vgl.	vergleiche
VgV	Verordnung über die Vergabe öffentlicher Aufträge
VJTL	Vanderbilt Journal of Transnational Law
VO	Verordnung
Vorb., Vorbem, Vor-bem.	Vorbemerkung
VRÜ	Verfassung und Recht in Übersee
VSD	Vertrag mit Schutzwirkung zugunsten Dritter
VuR	Verbraucher und Recht
w.N.	weitere(n) Nachweise(n)
WHG	Gesetz zur Ordnung des Wasserhaushalts
WirtschaftsstrafR	Wirtschaftsstrafrecht
wistra	Zeitschrift für Wirtschafts- und Steuerstrafrecht
WM	Wertpapier-Mitteilungen
WRP	Wettbewerb in Recht und Praxis
WuW	Wirtschaft und Wettbewerb
WVK	Wiener Übereinkommen über das Recht der Verträge
YaleLJ	The Yale Law Journal
z.B.	zum Beispiel
zahlr.	zahlreichen
ZaöRV	Zeitschrift für ausländisches öffentliches Recht und Völ-kerrecht
ZEuP	Zeitschrift für Europäisches Privatrecht
zfmr	Zeitschrift für Menschenrechte

zfs	Zeitschrift für Schadensrecht
zfwu	Zeitschrift für Wirtschafts- und Unternehmensethik
ZG	Zeitschrift für Gesetzgebung
ZGR	Zeitschrift für Unternehmens- und Gesellschaftsrecht
ZGS	Zeitschrift für das gesamte Schuldrecht
ZHR	Zeitschrift für das gesamte Handelsrecht und Wirtschaftsrecht
ZIP	Zeitschrift für Wirtschaftsrecht
ZIP Beil.	Zeitschrift für Wirtschaftsrecht Beilage
ZIS	Zeitschrift für internationale Strafrechtsdogmatik
ZJS	Zeitschrift für das juristische Studium
ZLR	Zeitschrift für das gesamte Lebensmittelrecht
ZPO	Zivilprozessordnung
ZStW	Zeitschrift für die gesamte Strafrechtswissenschaft
zugl.	zugleich
ZUR	Zeitschrift für Umweltrecht
ZVglRWiss	Zeitschrift für vergleichende Rechtswissenschaft

Kapitel 1 Einleitung

§ 1 Problemstellung

„Mehr als 100 Tote bei Feuer in Textilfabrik",[1] *„Nigerdelta: Menschenrechtsorganisationen klagen Shell wegen Umweltvergiftung an",*[2] *„Rohstoffe: Die dunkle Seite der digitalen Welt",*[3] *„Nach diesem Handyrohstoff buddeln Kinder metertief"*[4] – Schlagzeilen wie diese sind nur einige Beispiele für Vorwürfe von Menschenrechtsverletzungen, denen transnationale Unternehmen immer wieder ausgesetzt sind. Insbesondere die Arbeitsbedingungen in der Textilindustrie sind mit Bränden in Fabriken in Bangladesch und Pakistan[5] sowie dem Einsturz des Rana Plaza-Gebäudes[6] angesichts der Tatsache, dass an diesen Orten überwiegend Bekleidung für westliche Unternehmen produziert wurde, in den Fokus der Öffentlichkeit geraten. (Potentielle) Menschenrechtsverletzungen durch Unternehmen sind indes nicht beschränkt auf derartige Fälle. Ebenso werden den Unternehmen Umweltverschmutzungen und damit zusammenhängende Gesundheitsverletzungen, die illegale Landnahme und damit verbundene Vertreibung indigener Völker sowie die Unterstützung von dem Staat zurechenbaren Menschenrechtsverletzungen in Form der gewaltsamen Verfolgung von sozialen Bewegungen bzw. der Unterstützung von unterdrückerischen Regierungen oder Gruppen vorgeworfen. Typischerweise findet die unmittelbare Rechtsverlet-

---

1 https://www.zeit.de/gesellschaft/zeitgeschehen/2012-11/brand-bangladesch-fabrik (zuletzt aufgerufen am 19.06.2019).

2 https://www.zeit.de/wirtschaft/unternehmen/2015-11/nigeria-shell-erdoel-verschmu tzung (zuletzt aufgerufen am 19.06.2019).

3 https://www.zeit.de/2011/02/Kongo-Rohstoffe (zuletzt aufgerufen am 19.06.2019).

4 https://www.welt.de/wirtschaft/webwelt/article151650363/Nach-diesem-Handyrohs toff-buddeln-Kinder-metertief.html (zuletzt aufgerufen am 19.06.2019).

5 Zum Brand in der Textilfabrik in Pakistan, der der Klage vor dem LG Dortmund zugrunde liegt, s. etwa https://www.tagesspiegel.de/weltspiegel/pakistan-hunderte-t ote-bei-brand-in-textilfabrik/7125278.html (zuletzt aufgerufen am 19.06.2019); s. auch https://www.business-humanrights.org/en/kik-lawsuit-re-pakistan (zuletzt aufgerufen am 19.06.2019).

6 S. statt vieler https://www.bpb.de/politik/hintergrund-aktuell/268127/vor-fuenf-jah ren-textilfabrik-rana-plaza-in-bangladesch-eingestuerzt (zuletzt aufgerufen am 19.06.2019).

zung in Ländern des globalen Südens statt. Vereinzelt wird auch von Verletzungen in Europa berichtet.[7]

Auch deutsche Unternehmen sehen sich Vorwürfen der Menschenrechtsverletzungen im Ausland ausgesetzt. Im Mai 2015 fanden sich Berichte, die deutschen Unternehmen einen *„Spitzenrang bei Menschenrechtsverletzungen"* bescheinigten.[8] Diese Aussage vermittelt indes einen unzutreffenden Eindruck von den Ergebnissen der ihr zugrunde liegenden Studie der Universität Maastricht von *Menno T. Kamminga.* Die Studie wertete nämlich ausschließlich die Antworten von Unternehmen auf beim *Business and Human Rights Resource Centre* eingereichte Vorwürfe der Zivilgesellschaft in Bezug auf Menschenrechtsverletzungen durch Unternehmen aus.[9] Es geht hier somit ausschließlich um Vorwürfe und nicht um tatsächlich festgestellte Menschenrechtsverletzungen oder gar solche, für die Unternehmen rechtlich zur Verantwortung gezogen wurden. Verzerrungen können sich überdies dadurch ergeben, dass sich die Nichtregierungsorganisationen bei ihren Vorwürfen auf bestimmte Länder oder Branchen konzentrieren.[10] Die Studie kann insofern nicht als Beleg für die absolute Anzahl der Menschenrechtsverletzungen durch (deutsche) Unternehmen herangezogen werden.

Ist es zu einer Rechtsgutsverletzung gekommen, stellt sich aus juristischer Perspektive die Frage nach der rechtlichen Verantwortlichkeit der Unternehmen. Da weder existierende Standards im Bereich der *Corporate Social Responsibility* noch das Völkerrecht für diese Problematik eine befriedigende Lösung anbieten können, verbleibt den Geschädigten vor allem ein Rückgriff auf die nationalen Rechtsordnungen. Insbesondere die Rechtsverfolgung in ihren Heimatstaaten stellt die Geschädigten allerdings häufig vor große Herausforderungen. Zwar haben die Staaten vielfach entsprechende internationale Übereinkommen ratifiziert, der effektiven Rechtsdurchsetzung stehen aber zahlreiche Hindernisse entgegen. Oftmals fehlen beispielsweise administrative Strukturen oder finanzielle Mittel zur rechtlichen Durchsetzung, teilweise herrscht eine hohe Korruptionsanfäl-

---

7 So z.B. in Bezug auf die Situation von Migranten als Erntehelfer in Süditalien, s. https://www.tagesschau.de/ausland/italien-erntehelfer-101.html (zuletzt aufgerufen am 19.06.2019).

8 S. https://www.tagesspiegel.de/politik/deutsche-unternehmen-im-ausland-spitzenrang-bei-menschenrechtsverletzungen/11733036.html (zuletzt aufgerufen am 19.06.2019); eher missverständlich auch *Wesche/Saage-Maaß*, HRLR 2016, 370 (371).

9 S. hierzu insgesamt *Kamminga*, BHRJ 1 (2015), 95–110, insb. S. 98.

10 *Kamminga*, BHRJ 1 (2015), 95 (98, 103, 108).

ligkeit. Die Schaffung effektiver Rechtsdurchsetzungsmöglichkeiten kann überdies an einem fehlenden Willen der jeweiligen Staaten zur Regulierung und Rechtsdurchsetzung scheitern, wenn diese rechtliche Vorgaben nicht umsetzen, um möglichst attraktiv für ausländische Investoren zu sein.[11] Insofern suchen die Geschädigten Rechtsschutz vor Gerichten in den Heimatstaaten der ausländischen Unternehmen und erheben dort Klage gegen die Unternehmen an der Spitze einer Unternehmensgruppe bzw. an einer Wertschöpfungs- / Zulieferkette.

Bis 2013 waren vor allem die USA ein vielversprechendes Forum für solche Klagen, da die Gerichte eine Zuständigkeit amerikanischer Gerichte nach dem sogenannten Alien Tort Statute (im Folgenden: ATS) für die Verletzung von Völkerrecht durch Unternehmen anerkannten. Mit der *Kiobel*-Entscheidung hat der *Supreme Court* 2013 die Anwendung dieser Vorschrift auf Sachverhalte ohne Bezug zum Territorium der USA indes stark eingeschränkt.[12] Durch die Entscheidung in *Jesner v. Arab Bank* aus dem Jahr 2018, in der der der *Supreme Court* die Anwendbarkeit des ATS auf ausländische juristische Personen ausdrücklich ausgeschlossen hat, ist die Tür für Klagen gegen ausländische Unternehmen in den USA nun vollständig verschlossen.[13] Bereits die *Kiobel*-Entscheidung ist der Ausgangspunkt für eine zunehmende Attraktivität europäischer Foren zur Geltendmachung entsprechender Ansprüche.[14] Dies dürfte vor dem Hintergrund der Entscheidung in *Jesner v. Arab Bank* umso mehr gelten.

Klagen der von Menschenrechtsverletzungen Betroffenen vor europäischen Gerichten stützen sich vor allem auf eine zivilrechtliche Haftung. Transnationale Menschenrechtsfälle gestützt auf das Delikt der *„negligence"*

---

11   S. statt vieler SRSG, Report 2008, Rn. 15, UN-Dok. A/HRC/8/5; *Zerk*, Multinationals and CSR, S. 84–85; *de Schutter*, in: Alston, Non-State Actors, S. 227 (238); *Hartmann*, in: Krajewski/Saage-Maaß, Sorgfaltspflichten, S. 281 (284 f.); *Weilert*, ZaöRV 2009, 883 (898) m.w.N.

12   US Supreme Court, Urt. v. 17.04.2013 – No. 10-1491, *Kiobel et al. v. Royal Dutch Petroleum Co. et al.*, 569 U.S. ___ (2013); s. hierzu etwa *Metz*, WM 2013, 2059; *Reimann*, IPRax 2013, 455; *Reynolds/Zimmer*, RIW 2013, 509; *Sandrock*, RIW 2013, 497; *Stürner*, JZ 2014, 13.

13   US Supreme Court, Urt. v. 24.04.2018 – No. 16-499, *Jesner et al. v. Arab Bank Plc*, 584 U.S. ___ (2018); s. hierzu ausführlich und kritisch *Brunk*, RIW 2018, 503, der das Minderheitsvotum für überzeugend erachtet (s. insb. S. 510 f.).

14   S. auch *Pförtner*, in: Krajewski/Saage-Maaß, Sorgfaltspflichten, S. 311 (312); *Wesche/Saage-Maaß*, HRLR 2016, 370 (371).

beschäftigen die englischen Gerichte seit Mitte der 90er Jahre.[15] Bis 2005 war vor allem die Zuständigkeit englischer Gerichte, insbesondere die Geltung des *forum non conveniens*, zentrale Fragestellung derartiger Fälle.[16] In der Entscheidung *Chandler v. Cape plc* des *Court of Appeal* aus dem Jahr 2012 hat ein englisches Gericht erstmals zum Ausdruck gebracht, dass eine Muttergesellschaft abhängig vom Grad der Mitwirkung und Kontrolle und damit von den konkreten Umständen des Einzelfalls Sorgfaltspflichten treffen können.[17] Von Sorgfaltspflichten von Mutter- und Tochtergesellschaft gegenüber Personen, die direkt von den Aktivitäten der Tochtergesellschaft betroffen sind, im Falle von ähnlicher Kenntnis und Expertise der beiden Gesellschaften ist der *Court of Appeal* in der *Rechtssache Lungowe and others v. Vedanta Resources Plc and Konkola Copper Mines Plc* ausgegangen.[18] Die Beklagten haben die Entscheidung im Hinblick auf die Zustän-

---

15 S. z.B. zu einer Krebserkrankung nach Tätigkeit in einer Uran-Mine House of Lords, Urt. v. 24.07.1997, *Connelly v. RTZ Corporation Plc and others*, [1997] UKHL 30; zu Quecksilber-Vergiftungen s. Court of Appeal (Civil Division), Urt. v. 28.09.2000, *Sithole and Others v. Thor Chemical Holdings and others*, 2000 WL 1421183; zu Asbeststaublungen s. House of Lords, Urt. v. 20.07.2000, *Lubbe and Others v. Cape Plc and Related Appeals*, [2000] UKHL 41; Court of Appeal (Civil Division), Urt. v. 25.04.2012, *Chandler v. Cape plc*, [2012] EWCA Civ 525, Rn. 1; zu Konsequenzen von Umweltverschmutzungen in Verbindung mit Minen oder Pipelines s. Court of Appeal (Civil Division), Urt. v. 13.10.2017, *Lungowe and others v. Vedanta Ressources Plc and Konkola Copper Mines Plc*, [2017] EWCA Civ 1528; Court of Appeal (Civil Division), Urt. v. 14.02.2018, *Okpabi and others v. Royal Dutch Shell Plc and another*, [2018] EWCA Civ 191.

16 House of Lords, Urt. v. 24.07.1997, *Connelly v. RTZ Corporation Plc and Others*, [1997] UKHL 30, Rn. 28-33 (ablehnend allerdings Lord Hoffmann, Rn. 36-43); House of Lords, Urt. v. 20.07.2000, *Lubbe and Others v. Cape Plc and Related Appeals*, [2000] UKHL 41, Rn. 24-36; s. hierzu *Meeran*, in: Deva/Bilchitz, HR Obligations, S. 378 (382–386); dies hat sich mit der Entscheidung des EuGH in der Rechtssache *Owusu* (EuGH, Urt. v. 01.03.2005 – C-281/02, *Owusu/Jackson u.a.*, EuZW 2005, 345) erledigt.

17 Court of Appeal (Civil Division), Urt. v. 25.04.2012, *Chandler v. Cape plc*, [2012] EWCA Civ 525, insb. Rn. 80; s. hierzu auch *Meeran*, in: Deva/Bilchitz, HR Obligations, S. 378 (390–392); das Urteil des Court of Appeal (Civil Division) vom 15.05.2011 in der Rechtssache *Thompson v. The Renvick Group plc*, [2014] EWCA Civ 635, in der das Gericht eine Sorgfaltspflicht der Muttergesellschaft gegenüber dem Kläger als Arbeitnehmer der Tochtergesellschaft abgelehnt hat, kann nicht als Relativierung der Grundsätze aus *Chandler v. Cape plc* angesehen werden, da bereits der Sachverhalt anders gelagert war, Court of Appeal (Civil Division), Urt. v. 15.05.2011, *Thompson v. The Renvick Group plc*, [2014] EWCA Civ 635, Rn. 29; **a.A.** *Weller/Kaller/Schulz*, AcP 216 (2016), 387 (403 f.).

18 Court of Appeal (Civil Division), Urt. v. 13.10.2017, *Lungowe and others v. Vedanta Resources Plc and Konkola Copper Mines Plc*, [2017] EWCA Civ 1528.

digkeit englischer Gerichte angefochten.[19] Wie der *Court of Appeal* nahm indes auch der *Supreme Court* eine internationale Zuständigkeit der englischen Gerichte an. In diesem Zusammenhang hat er sich – trotz grundsätzlicher Anwendbarkeit des sambischen Rechts – allerdings auch zur Begründung von Sorgfaltspflichten im Common Law geäußert. Allein die Möglichkeit, Kontrolle über das Management oder die Geschäftstätigkeit einer Tochtergesellschaft auszuüben, begründet nach Auffassung des Gerichts noch keine Sorgfaltspflicht.[20] Die Entstehung von Sorgfaltspflichten sei allerdings auch nicht auf Fälle beschränkt, in denen die Mutter- faktisch das Management der jeweils entscheidenden Tätigkeit der Tochtergesellschaft übernommen hat oder mit ihr zusammen ausübt oder in denen die Mutter- der Tochtergesellschaft geraten hat, wie sie mit einem spezifischen Risiko umgehen soll, da den Organisationsformen multinationaler Konzerne keine Grenzen gesetzt seien.[21] Nach Auffassung des Gerichts lassen zwar konzernweite Richtlinien an sich keine Sorgfaltspflichten entstehen, sie könnten es aber, wenn die Muttergesellschaft diese nicht nur verkündet, sondern aktive Schritte unternimmt (über Schulungen, Kontrollen und die Durchsetzung), um sicherzustellen, dass sie von den entscheidenden Tochtergesellschaften eingehalten werden. Gleiches gelte für Fälle, in denen die Muttergesellschaft in öffentlich verfügbaren Quellen zum Ausdruck bringt, dass sie ihre Tochtergesellschaften derart überwacht und kontrolliert, auch wenn sie dies faktisch nicht tut.[22] Derartige Sorgfaltspflichten sind nach Auffassung des Gerichts nichts Neues, sondern lassen sich bereits in älteren Entscheidungen finden.[23] In der Rechtssache *Okpabi and others v. Royal Dutch Shell Plc and another* entschied der *Court of Appeal* im Februar 2018 hingegen zurückhaltender.[24] Eine Entscheidung des *Supreme Courts* in diesem Verfahren steht noch aus, könnte sich aber an der Entscheidung in *Lungowe and others v. Vedanta Resources Plc and Konkola*

---

19 Supreme Court, Urt. v. 10.04.2019, *Vedanta Resources PLC and another (Appellants) v. Lungowe and another (Respondents)*, [2019] UKSC 20, Rn. 4.
20 Supreme Court, Urt. v. 10.04.2019, *Vedanta Resources PLC and another (Appellants) v. Lungowe and another (Respondents)*, [2019] UKSC 20, Rn. 49.
21 Supreme Court, Urt. v. 10.04.2019, *Vedanta Resources PLC and another (Appellants) v. Lungowe and another (Respondents)*, [2019] UKSC 20, Rn. 51.
22 Supreme Court, Urt. v. 10.04.2019, *Vedanta Resources PLC and another (Appellants) v. Lungowe and another (Respondents)*, [2019] UKSC 20, Rn. 53.
23 Supreme Court, Urt. v. 10.04.2019, *Vedanta Resources PLC and another (Appellants) v. Lungowe and another (Respondents)*, [2019] UKSC 20, Rn. 54.
24 Court of Appeal (Civil Division), Urt. v. 14.02.2018, *Okpabi and others v. Royal Dutch Shell Plc and another*, [2018] EWCA Civ 191.

Copper Mines Plc orientieren. Diese Entscheidungen könnten überdies Vorbildcharakter für ähnliche Fälle auch in anderen europäischen Rechtsordnungen entfalten.

In den Niederlanden beschäftigt eine Klage mehrerer nigerianischer Staatsangehöriger sowie der Organisation *Milieudefensie* insbesondere gegen *Royal Dutch Shell Plc* und die nigerianische Tochtergesellschaft *Shell Petroleum Development Company of Nigeria Ltd.* die Gerichte seit 2008.[25] In einem Urteil von Ende 2015 hat der *Gerechtshof Den Haag* im Zusammenhang mit der Zuständigkeit der niederländischen Gerichte auch Ausführungen zu den Sorgfaltspflichten einer Muttergesellschaft nach nigerianischem Recht[26] gemacht.[27] Der Umfang der Ausführungen des Gerichts zur Sorgfaltspflicht geht wohl weit über das zur Begründung der Zuständigkeit Erforderliche hinaus. Dies könnte dafür sprechen, dass das Gericht eine solche im konkreten Fall als gegeben ansieht.[28]

Auch in der deutschen Rechtsprechung sind transnationale Menschenrechtsfälle inzwischen angekommen. Im März 2015 erhoben ein Überlebender sowie drei Angehörige von Todesopfern des Brandes der Textilfabrik Ali Enterprises in Pakistan Klage vor dem LG Dortmund gegen das Unternehmen KiK, für das die Fabrik vorwiegend produzierte, auf Scha-

---

25 Zu einem Überblick über den Verfahrensgang s. https://en.milieudefensie.nl/shel l-in-nigeria/timeline-the-course-of-the-lawsuit (zuletzt aufgerufen am 19.06.2019); *van Dam*, Preliminary Judgments, Rn. 4–7; *Enneking*, UtrechtL-Rev 10 (2014), 44 (45–47); die Klagen bezogen sich auf den Austritt von Öl aus einer Pipeline in mehreren Dörfern in Nigeria, die damit verbundenen Verschmutzungen von Boden und Grundwasser, den Schaden an den von den Klägern genutzten Fischteichen und die Kontaminierung landwirtschaftlich genutzter Flächen, hierzu Gerechtshof Den Haag, Urt. v. 18.12.2015, *Milieudefensie et al. v. Shell et al.*, ECLI:NL:GHDHA:2015:3586, Abschnitt 1.1, die englische Fassung des Urteils ist online verfügbar unter http://uitspraken.rechtspraak.nl/inziendocu ment?id=ECLI:NL:GHDHA:2015:3586 (zuletzt aufgerufen am 19.06.2019); zu den Forderungen der Kläger s. auch https://en.milieudefensie.nl/shell-in-nigeria/ milieudefensie-lawsuit-against-shell-nigeria (zuletzt aufgerufen am 19.06.2019).

26 Die Parteien sind sich darüber einig, dass für die materiell-rechtlichen Fragen nigerianisches Recht anwendbar ist, Gerechtshof Den Haag, Urt. v. 18.12.2015 – ECLI:NL:GHDHA:2015:3586, *Milieudefensie et al. v. Shell et al.*, Abschnitt 1.3; *de Groot*, ECL 13 (2016), 98 (99).

27 S. ausführlich Gerechtshof Den Haag, Urt. v. 18.12.2015 – ECLI:NL:GHDHA:2015:3586, *Milieudefensie et al. v. Shell et al.*, Abschnitt 3.2; so wohl auch bereits die Vorinstanz, s. hierzu *Enneking*, UtrechtLRev 10 (2014), 44 (52).

28 S. ausführlich *van Dam*, Preliminary Judgments, Rn. 17–20; zuversichtlich wohl auch *de Groot*, ECL 13 (2016), 98 (104).

densersatz nach pakistanischem Recht.[29] Im Januar hat das LG Dortmund
die Klage unter Bezugnahme auf das im Rahmen der Beweisaufnahme
zum pakistanischen Recht eingeholte Gutachten aufgrund von Verjährung
abgewiesen.[30] Im Bezug auf die Haftung nach deutschem Vertragsrecht
fehlte dem Gericht bereits eine taugliche Anspruchsgrundlage. Insbesondere ließen sich aus dem von KiK verwendeten *Code of Conduct*, der sich
ausschließlich an dessen Vertragspartner richtete, keine Ansprüche von
Mitarbeitern der Vertragspartner gegenüber KiK ableiten. Eine Haftung
nach den Grundsätzen des Vertrages zugunsten Dritter scheitere somit bereits am Kriterium der Leistungsnähe des Dritten.[31] Im Mai 2019 hat das
OLG Hamm den Antrag der Kläger auf Prozesskostenhilfe für das Beru-
fungsverfahren mit Blick auf die Verjährung der Ansprüche abgelehnt.[32]

Ebenfalls einen (zumindest mittelbaren) Bezug zu Menschenrechten
weist die Klage des Peruaners *Saúl Lucian Lliuya* gegen RWE auf, die derzeit in der Berufungsinstanz beim OLG Hamm anhängig ist und einen Anspruch des Kläger aus § 1004 BGB infolge der Konsequenzen des Klima-
wandels in den peruanischen Anden zum Gegenstand hat.[33] Zusammengefasst begehrt der Kläger, dass RWE die Kosten für Schutzmaßnahmen vor
einer durch den Klimawandel verursachten drohenden Gletscherflut, die
das Eigentum des Klägers bedroht, anteilig zu seinem Anteil an Treibhaus-
gasemissionen übernimmt.[34] Das LG Essen hatte die Klage in der Vorinstanz, u.a. weil der Klägervortrag die äquivalente und adäquate Kausalität
des Verursachungsbeitrags von RWE nicht nachweisen könne, als teilweise
unzulässig und teilweise unbegründet abgewiesen.[35] Das OLG Hamm als
Berufungsinstanz hat indes zum Ausdruck gebracht, dass es eine kausale
Mitverursachung von RWE und das Bestehen des geltend gemachten An-

---

29 S. hierzu https://www.business-humanrights.org/en/kik-lawsuit-re-pakistan
(zuletzt aufgerufen am 19.06.2019); https://www.ecchr.eu/fall/kik-der-preis-der-ka
tastrophen-in-der-textilindustrie-suedasiens/ (zuletzt aufgerufen am 19.06.2019).
30 LG Dortmund, Urt. v. 10.01.2019 – 7 O 95/15, Rn. 27-39, zitiert nach juris.
31 LG Dortmund, Urt. v. 10.01.2019 – 7 O 95/15, Rn. 40-42, zitiert nach juris.
32 OLG Hamm, Beschl. v. 21.05.2019 – 9 U 44/19, zitiert nach juris.
33 S. hierzu ausführlich die Klagebegründung in der ersten Instanz v. 23.11.2015,
online verfügbar unter https://germanwatch.org/sites/germanwatch.org/files/stati
c/19019.pdf (zuletzt aufgerufen am 19.06.2019).
34 Zu Einzelheiten siehe die Berufungsbegründung v. 23.02.2017, online verfügbar
unter https://germanwatch.org/sites/germanwatch.org/files/static/19025.pdf
(zuletzt aufgerufen am 19.06.2019).
35 LG Essen, Urt. v. 15.12.2016 – 2 O 285/15, online verfügbar unter https://german
watch.org/sites/germanwatch.org/files/static/19023.pdf (zuletzt aufgerufen am
19.06.2019).

spruchs durchaus für möglich hält. Zusammengefasst hat es die Beweiserhebung durch Sachverständigengutachten über die ernsthafte drohende
Beeinträchtigung des Grundstücks des Klägers von einer Gletscherflut
durch das erhöhte Wasservolumen der Lagune aufgrund der Treibhausgase
und den Verursachungsanteil von RWE hieran beschlossen.[36]

Mit der Entwicklung des Nationalen Aktionsplans zur Umsetzung der
UN-Leitprinzipien für Wirtschaft und Menschenrechte (UN-Leitprinzipi-
en) und mit zunehmenden Veröffentlichungen in den letzten Jahren hat
die Diskussion um die zivilrechtliche Verantwortung von Unternehmen
für Menschenrechtsverletzungen im Ausland nach deutschem Recht an
Fahrt aufgenommen. Zu dieser Diskussion will diese Arbeit einen Beitrag
leisten.

§ 2   Ziel und Gegenstand der Untersuchung

Die Geltendmachung von Schadensersatzansprüchen durch die Geschädigten vor deutschen Gerichten gegenüber deutschen Mutterunternehmen
und Unternehmen an der Spitze einer Zuliefer- oder Wertschöpfungskette
wirft zahlreiche Probleme auf, die die vorliegende Dissertation untersucht.
Es geht vorrangig um die Haftung eines Unternehmens für unmittelbare
Rechtsverletzungen in abhängigen Unternehmen oder, im Falle der Unter-
nehmenskooperation, aufgrund vertraglicher Vereinbarungen, also von
selbstständigen Vertragspartnern und entlang der Zulieferkette. Da sich
zeigen wird, dass derzeit weder Verhaltensstandards im Bereich der *Corporate Social Responsibility* noch das Völkerrecht rechtliche Lösungsmöglichkeiten für derartige Fälle zur Verfügung stellen, thematisiert diese Arbeit
vor allem zivilrechtliche Fragestellungen, wobei der Schwerpunkt auf
einer Untersuchung des Deliktsrechts liegt.

Eine Schlüsselfunktion kommt in derartigen Fallgestaltungen der Bestimmung des anwendbaren Rechts zu. Der Fokus der Untersuchung liegt
darauf, inwiefern trotz grundsätzlicher Erfolgsortanknüpfung in Art. 4
Rom II-VO[37] deutsches Recht zur Anwendung gelangen kann. Für die Fäl-

---

36 S. hierzu insgesamt OLG Hamm, Hinweis- und Beweisbeschl. v. 30.11.2017 – I-5
    U 15/17, online verfügbar unter https://germanwatch.org/sites/germanwatch.org/
    files/static/20732.pdf (zuletzt aufgerufen am 19.06.2019).

37 Verordnung (EG) Nr. 864/2007 des Europäischen Parlaments und des Rates vom
    11.07.2007 über das auf außervertragliche Schuldverhältnisse anzuwendende
    Recht („Rom II"), ABl. (EU) Nr. L 199, S. 40 (im Folgenden: Rom II-VO).

le, in denen deutsches Recht anwendbar ist, will die Arbeit anschließend aufzeigen, welche Tatbestände – insbesondere des Deliktsrechts – Grundlage für eine Haftung deutscher Unternehmen gegenüber von Menschenrechtsverletzungen im Ausland Betroffenen sein können. Insbesondere soll der Frage nachgegangen werden, welche Verkehrspflichten Unternehmen in derartigen Fällen treffen. Da die deliktische Haftung in unterschiedlichen Rechtsordnungen ähnliche Grundelemente beinhaltet, können sich die hier im Zusammenhang mit dem deutschen Deliktsrecht thematisierten Probleme in gleicher Weise auch in anderen Rechtsordnungen stellen. Insofern können die hier vorgenommenen Überlegungen für das deutsche Recht unabhängig vom anwendbaren Recht auch für die Haftung in anderen Rechtsordnungen relevant sein.[38] Es wird untersucht, ob die UN-Leitprinzipien für Wirtschaft und Menschenrechte zur Konkretisierung der Verkehrspflichten herangezogen werden können, welche Verkehrspflichten in Bezug auf abhängige Unternehmen und welche in Bezug auf selbstständige Vertragspartner bestehen. Jenseits der deliktsrechtlichen Haftung soll geprüft werden, inwiefern auch das Gesellschaftsrecht mit den Instrumenten der Durchgriffshaftung und der Organhaftung Haftungsmöglichkeiten beinhaltet.

Daneben will die vorliegende Arbeit weitere Haftungsrisiken für die Unternehmen außerhalb des Deliktsrechts aufzeigen, die ebenfalls Bedeutung für die unternehmerische Praxis entfalten können.[39] Der Fokus liegt auf der Haftung aufgrund fehlerhafter öffentlicher Angaben in Bezug auf die Einhaltung der Menschenrechte.

Die nachfolgende Untersuchung beschränkt sich ausdrücklich auf die Haftung von Unternehmen, die nach deutschem Gesellschaftsrecht gegründet worden sind und sowohl ihren Satzungs- als auch ihren Verwaltungssitz in Deutschland haben. Aus Übersichtlichkeitsgründen wird vorrangig von der Rechtsform der Aktiengesellschaft ausgegangen. Die Ausführungen lassen sich allerdings vielfach zumindest auf Gesellschaften mit beschränkter Haftung ab einer bestimmten Größe übertragen,[40] nicht jedoch ohne Weiteres auch auf kleine und mittlere Unternehmen. Die Aus-

---

38 S. auch *Heinen*, in: Krajewski/Saage-Maaß, Sorgfaltspflichten, S. 87 (92 f.); *Wagner*, RabelsZ 80 (2016), 717 (751).

39 Ähnlich differenzierend auch *Hübner*, in: Krajewski/Saage-Maaß, Sorgfaltspflichten, S. 61 (62); *Thomale/Hübner*, JZ 2017, 385 (393); *Weller/Thomale*, ZGR 2017, 509 (517).

40 Für die Übertragbarkeit auf die GmbH allgemein *Weller/Kaller/Schulz*, AcP 216 (2016), 387 (398).

führungen zu Konzernkonstellationen beschränken sich überdies auf Unternehmen, die im Mehrheitsbesitz eines anderen Unternehmens stehen.

Im Vordergrund der Ausführungen steht die zivilrechtliche Haftung der Unternehmen *de lege lata*. Auf Überlegungen *de lege ferenda* soll nur im Rahmen eines abschließenden Ausblicks eingegangen werden. Dementsprechend sind auch straf- und öffentlich-rechtliche Fragestellungen, wie etwa die Bedeutung von Vergabe- und Außenwirtschaftsrecht, nicht Gegenstand dieser Arbeit. Im Rahmen der zivilrechtlichen Haftung liegt der Fokus ferner auf der Haftung aufgrund bereits eingetretener Rechtsverletzungen, sodass der vorbeugende Rechtsschutz für drohende Verletzungen nicht untersucht werden soll.

Da die Beurteilung der Haftung in transnationalen Fällen stark von den Einzelfallumständen geprägt ist und daher eine abstrakte Beurteilung schwierig ist, muss in dieser Arbeit vielfach auf Beispielsfälle zurückgegriffen werden. Insofern sind die jeweiligen Ausführungen als exemplarisch und nicht als abschließend zu verstehen.

§ 3 Gang der Untersuchung

Am Beginn der Arbeit steht die Darstellung von Grundlagen. In Kapitel 2 werden zunächst der Begriff des transnationalen Unternehmens und dessen rechtliche Ausgestaltung erläutert (§ 4), die rechtliche Konzeption der Menschenrechte dargestellt (§ 5) und Beispiele für Menschenrechtsverletzungen durch transnationale Unternehmen aus der Praxis aufgezeigt (§ 6).

Kapitel 3 hat die unternehmerische Verantwortlichkeit im Bereich der *Corporate Social Responsibility* (im Folgenden: CSR) zum Gegenstand. Zunächst wird ein Überblick über ausgewählte internationale Verhaltensstandards gegeben (§ 7 A.) und es werden Entstehungsgeschichte, Inhalt, Kritik und Bewertung der sowie Entwicklungen im Anschluss an die UN-Leitprinzipien dargestellt (§ 7 B.). Auch auf globale Rahmenabkommen (§ 8) sowie unternehmerische Verhaltensstandards (§ 9) soll eingegangen werden. Abgerundet wird dieser Abschnitt durch eine Bewertung der Bedeutung von CSR-Standards im Hinblick auf ihre Wirksamkeit und die zu beobachtende Tendenz zur Verrechtlichung von CSR (§ 10).

Da der Ausgangspunkt für die unternehmerische Haftung nach zivilrechtlichen Grundsätzen die Prämisse ist, dass das Völkerrecht derzeit keine geeigneten Lösungsmöglichkeiten bereitstellt, ist im anschließenden Kapitel 4 auf die völkerrechtliche Komponente des Problems einzugehen. Dabei wird zwischen der völkerrechtlichen Verantwortlichkeit transnationaler Unternehmen (§ 11) sowie von deren Heimat- und Gaststaaten (§ 12) differenziert.

Ausgehend von diesen Vorüberlegungen folgt in Kapitel 5 der Schwerpunkt der Arbeit, innerhalb dessen in erster Linie untersucht werden soll, inwiefern im nationalen Recht *de lege lata* die Möglichkeit einer Haftung transnationaler Unternehmen gegenüber den Geschädigten besteht. Diesbezüglich ist zunächst zu prüfen, inwiefern das nationale Zivilrecht ein (völkerrechtlich) zulässiges und geeignetes Mittel zur Regulierung von Menschenrechtsverletzungen durch transnationale Unternehmen sein kann (§ 14). Anschließend an eine Untersuchung vertraglicher Ansprüche (§ 15) erfolgt eine solche des Deliktsrechts (§ 16). Eine Schlüsselfunktion kommt insofern dem anwendbaren Recht zu, da dieses letztlich über die anzuwendenden Haftungsmaßstäbe entscheidet. Entsprechend wird dieser Frage zu Beginn des Abschnitts nachgegangen (§ 16 A.). Für die Fälle, in denen deutsches Recht anwendbar ist, erfolgt anschließend eine Prüfung deliktischer Haftungtatbestände. Der Schwerpunkt liegt auf der Haftung gemäß § 823 Abs. 1 BGB und hierbei wiederum auf der Untersuchung der unternehmerischen Verkehrspflichten (§ 16 B.). Die erst anschließende Prüfung der Haftung für Verrichtungsgehilfen gemäß § 831 BGB (§ 16 C.) spiegelt deren praktisch geringere Bedeutung gegenüber den unternehmerischen Verkehrspflichten gemäß § 823 Abs. 1 BGB wider. Daraufhin wird eine Haftung gemäß § 823 Abs. 2 BGB i.V.m. einem Schutzgesetz (§ 16 D.) sowie gemäß § 826 BGB (§ 16 E.) behandelt. Überlegungen zur Rechtsdurchsetzung der jeweiligen Ansprüche (§ 16 F.) runden den Teil zur deliktischen Haftung ab. Im Rahmen der Analyse des Gesellschaftsrechts (§ 17) wird auf das anwendbare Recht (§ 17 A.), auf Ansprüche aufgrund Haftungsdurchgriffs (§ 17 B.) sowie auf eine Haftung der Leitungsorgane der Konzernobergesellschaft für fehlende bzw. unzureichende Compliance-Maßnahmen (§ 17 C.) eingegangen.

Kapitel 6 geht der Frage nach, inwiefern sich eine unternehmerische Haftung auch auf fehlerhafte öffentliche Erklärungen in Bezug auf die Einhaltung der Menschenrechte stützen kann. Zunächst wird geprüft, inwiefern Vertragspartner den Vertrag wegen arglistiger Täuschung anfechten können (§ 18) und Unternehmen nach dem Mängelgewährleistungsrecht (§ 19) und aus *culpa in contrahendo* (§ 20) haften. Ebenso soll die Frage beantwortet werden, inwiefern die Nichteinhaltung von Angaben zu CSR-Maßnahmen im Recht des unlauteren Wettbewerbs berücksichtigt werden kann (§ 21). Auch soll kurz auf eine Haftung nach § 823 Abs. 2 BGB i.V.m. einem Schutzgesetz eingegangen werden (§ 22). Nicht zuletzt ist auch eine

Haftung aufgrund einer Verletzung der Pflichten zur nichtfinanziellen Erklärung zu ergründen (§ 23).

Die Schlussbetrachtung in Kapitel 7 beleuchtet die Beweislast sowie die rechtliche Bedeutung öffentlicher Angaben des Unternehmens rechtsgebietsübergreifend (§ 24), fasst die wesentlichen Untersuchungsergebnisse zusammen (§ 25) und zeigt in einem Ausblick mögliche Ansatzpunkte für eine unternehmerische Haftung *de lege ferenda* auf (§ 26).

Kapitel 2 Grundlagen

§ 4 *Begriff und rechtliche Ausgestaltung transnationaler Unternehmen*

A. Begriff des transnationalen Unternehmens

Zur Bezeichnung grenzüberschreitend tätiger Unternehmen finden sich zahlreiche unterschiedliche Terminologien,[41] im Deutschen insbesondere die Begriffe des transnationalen und des multinationalen Unternehmens.[42] Als transnational soll ein Unternehmen nach teilweise vertretener Ansicht dann bezeichnet werden, wenn es von seinen Inhabern aus einem Staat kontrolliert wird, multinational sei ein Unternehmen dagegen, wenn die Kontrolle durch Eigentümer aus verschiedenen Staaten erfolgt.[43] Häufig werden diese Termini jedoch synonym verwendet.[44] In Standards internationaler Organisationen findet sich sowohl der Begriff *„transnational"*[45] als auch der Begriff *„multinational"*.[46]

Zentrales Element sämtlicher Definitionen ist die Existenz von Niederlassungen, Tochterunternehmen bzw. sonstigen verbundenen Unterneh-

---

41 Im Englischen finden sich etwa die Begriffe *„transnational corporation"*, *„multinational corporation"* bzw. *„transnational enterprise"* oder *„multinational enterprise"*.

42 Den Begriff *„transnationales Unternehmen"* verwenden z.B.: *Hillemanns*, Global Compact; *Koenen*, staatliche Schutzpflichten, S. 48; *Emmerich-Fritsche*, AVR 45 (2007), 541 ff.; *Saage-Maaß*, in: Sandkühler, Menschenrechte, S. 159 ff.; den Begriff *„multinationales Unternehmen"* verwenden z.B.: *Schmalenbach*, AVR 39 (2001), 57 ff.; *Dahm/Delbrück/Wolfrum*, Völkerrecht I/2, § 108; *Kälin/Künzli*, Universeller MR-Schutz, Rn. 3.14.

43 S. hierzu *Hennings*, Verhältnis, S. 14; *Muchlinski*, MNE & Law, S. 6.

44 *Koenen*, staatliche Schutzpflichten, S. 44; *Weidmann*, OECD-Leitsätze, S. 41.

45 Z.B. im UN Draft Code of Conduct on Transnational Enterprises / Corporations; Nr. 20 der Normen der Vereinten Nationen für die Verantwortlichkeiten transnationaler Unternehmen und anderer Wirtschaftsunternehmen im Hinblick auf die Menschenrechte, UN-Dok. E/CN.4/Sub.2/2003/12/Rev. 2; UNCTAD, World Investment Report 2014, Methodological Note, S. 3.

46 S. etwa OECD, Guidelines for Multinational Enterprises i.d.F. von 1976, Nr. 8; Ziffer 1.4 der aktuellen Fassung der OECD-Leitsätze aus dem Jahr 2011; ILO, Tripartite Declaration of Principles Concerning Multinational Enterprises and Social Policy adopted by the Governing Body of the International Labour Office at its 204th Session (Geneva, November 1977) as amended at its 279th (November 2000), 295th (March 2006) and 329th (March 2017) Sessions, Nr. 6.

menseinheiten (beispielsweise Produktionsstätten) im Ausland und dem damit verbundenen grenzüberschreitendem Tätigwerden unter Geltung verschiedener nationaler Rechtsordnungen.[47] Teile des Schrifttums stellen darüber hinaus weitere Voraussetzungen mit unterschiedlichen Ausprägungen und Akzentuierungen auf.[48]

Eine einheitliche, allumfassende Definition ist angesichts der Vielzahl der existierenden Organisationsformen international tätiger Unternehmen, der unterschiedlichen Größe und Ausrichtung sowie der verschiedenen Tätigkeitsbereiche sehr schwierig.[49]

Der vorliegenden Arbeit liegt ein weiter Ansatz zugrunde. Vom im Folgenden verwendeten Begriff des transnationalen Unternehmens sind sowohl eingetragene als auch nicht eingetragene grenzüberschreitend tätige Unternehmen erfasst. Auf die konkrete rechtliche Organisation der Beziehungen zwischen den einzelnen Unternehmen bzw. Unternehmensteilen kommt es genauso wenig an wie darauf, ob das Unternehmen aus einem einzigen Staat gesteuert wird. Außerdem sind weder ein bestimmter Mindestumsatz noch grenzüberschreitende Kapitaltransaktionen und Auslandsinvestitionen erforderlich.

B. Rechtliche Ausgestaltung von Unternehmensverbindungen

Die transnationale Unternehmen kennzeichnende grenzüberschreitende Tätigkeit erfolgt regelmäßig durch einen Zusammenschluss mehrerer Gesellschaften.

Eine Vereinigung mehrerer Unternehmen kann in Form der Konzernierung oder der Fusion erfolgen. Hierbei verlieren die Unternehmen zumin-

---

47 S. etwa *Hobe*, AVR 37 (1999), 253 (254); *Jägers*, in: Addo, Human Rights Standards, S. 259; *Kamminga*, in: Alston, EU & HR, S. 553 (556); *Epping*, in: Ipsen, Völkerrecht, § 11 Rn. 16.

48 Zum Erfordernis einer weltweiten Ausrichtung der Unternehmensstrategie s. etwa *Hillemanns*, Global Compact, S. 20; *Emmerich-Fritsche*, AVR 45 (2007), 541 (542) m.w.N.; *Schmalenbach*, AVR 39 (2001), 57 (59); zum Erfordernis der bedeutsamen Kontrolle der Tochter- durch die Muttergesellschaft s. *Weilert*, ZaöRV 2009, 883 (886); zur Einschränkung auf besonders große Unternehmen mit einem bestimmten Jahresumsatz s. *Hennings*, Verhältnis, S. 17 m.w.N. (Umsatz als Indiz); ähnlich *Hillemanns*, Global Compact, S. 19, die zumindest kleine und mittlere Unternehmen ausdrücklich ausnehmen will.

49 S. *Weidmann*, OECD-Leitsätze, S. 44.

dest ihre wirtschaftliche Selbstständigkeit.[50] Für die Konzernierung sieht das deutsche Recht in §§ 16-19, 291, 292 AktG unterschiedliche rechtliche Ausgestaltungsmöglichkeiten vor. Bereits aus dem Wortlaut des Gesetzes ergibt sich, dass derart verbundene Unternehmen rechtlich selbstständig bleiben.[51] In der Praxis bestehen transnationale Unternehmen häufig aus vielschichtigen, netzwerkartigen Konzerngestaltungen, die durch mehrstufige Abhängigkeitsverhältnisse, gegenseitige Beteiligungen (vgl. § 19 AktG) und Beteiligungen von Gesellschaften unterschiedlicher Nationalitäten[52] geprägt sind.[53]

Eine grenzüberschreitende Tätigkeit und Verbindung von Unternehmen kann daneben auch in einer Form erfolgen, bei der die einzelnen Unternehmen prinzipiell rechtlich und wirtschaftlich selbstständig bleiben.[54] Dies kann etwa in Form von vertraglichen Vereinbarungen (z.B. Produktions- und Lieferverträge, sowohl einmalig als auch in Form langfristiger Vertragsbeziehungen), Arbeitsgemeinschaften, Kartellen, Wirtschaftsverbänden, Genossenschaften, Interessensgemeinschaften, strategischen Allianzen oder Joint Ventures erfolgen.[55] Insbesondere im Rahmen von langfristigen Vertragsbeziehungen können allerdings (zumindest faktische) Abhängigkeiten entlang der Lieferkette ähnlich wie bei der Mehrheitsbeteiligung entstehen.[56]

In transnationalen Menschenrechtsfällen geht es vor allem um die (unmittelbare) Rechtsverletzung durch abhängige Unternehmen oder durch Unternehmen entlang der Zuliefer- bzw. Wertschöpfungskette. Darüber

---

50 *Pausenberger*, in: Wittmann/Kern/Köhler/Küpper/von Wysocki, Handwörterbuch Betriebswirtschaft, Unternehmenszusammenschlüsse Sp. 4440–4441.

51 S. auch *Emmerich*, in: Emmerich/Habersack/Schürnbrand, KonzernR, § 15 AktG Rn. 24; *Emmerich/Habersack*, SB KonzernR, § 2 Rn. 19.

52 Das deutsche Konzernrecht gilt aufgrund seines Schutzzwecks (Schutz der deutschen abhängigen Gesellschaft) nicht für abhängige ausländische Tochterunternehmen, s. *Emmerich/Habersack*, SB KonzernR, § 11 Rn. 31-32; zur Geltung des Statuts der abhängigen Gesellschaft im Internationalen Unterordnungskonzern s. *Drinhausen*, in: MüHB-GesR VI, § 44 Rn. 7, 21, 30 m.w.N.; *Kindler*, in: MüKo-BGB, IntGesR Rn. 681; s. auch u. § 17 A. I.

53 S. auch *Wildhaber*, BDGVR 18 (1978), 7 (16).

54 *Pausenberger*, in: Wittmann/Kern/Köhler/Küpper/von Wysocki, Handwörterbuch Betriebswirtschaft, Unternehmenszusammenschlüsse Sp. 4439; zu Beispielen abgesehen von der gesellschaftlichen Beteiligung s. *Schmalenbach*, AVR 39 (2001), 57 (60); *Wildhaber*, BDGVR 18 (1978), 7 (16).

55 *Pausenberger*, in: Wittmann/Kern/Köhler/Küpper/von Wysocki, Handwörterbuch Betriebswirtschaft, Unternehmenszusammenschlüsse Sp. 4439–4440.

56 *Schmalenbach*, AVR 39 (2001), 57 (60); s. auch *Emmerich*, in: Emmerich/Habersack/Schürnbrand, KonzernR, § 17 AktG Rn. 15.

hinaus kommt eine Einstandspflicht des Unternehmens an der Spitze eines Konzerns oder einer Zuliefer- bzw. Wertschöpfungskette insbesondere im Fall von wirtschaftlichen und rechtlichen Abhängigkeitsverhältnissen in Betracht. Daher untersucht die vorliegende Arbeit ausschließlich Menschenrechtsverletzungen im Konzern sowie entlang der Zuliefer- und Wertschöpfungskette.

§ 5 *Die rechtliche Konzeption der Menschenrechte*

Neben dem Begriff des transnationalen Unternehmens ist auch derjenige der Menschenrechte zentral für die vorliegende Arbeit. Der folgende Abschnitt erarbeitet einen den folgenden Ausführungen zugrunde liegenden Begriff der Menschenrechte (A.) und stellt die völkerrechtlichen Grundlagen des Menschenrechtsschutzes (B.) dar.

A. Der Begriff der Menschenrechte

Das Schrifttum hat zahlreiche Definitionsansätze entwickelt, die versuchen, sich dem Begriff der Menschenrechte über ihre besonderen inhaltlichen Anforderungen zu nähern.[57] Vielfach findet sich zudem der Versuch, über einen breiteren Ansatz weitere Kriterien zu berücksichtigen.[58]

Gegenstand der vorliegenden Arbeit sind Verletzungen von im internationalen Recht verankerten Menschenrechten. Maßgeblich sollen dementsprechend die völkerrechtlich anerkannten Menschenrechte sein. Zugrunde gelegt wird mithin der von *Nowak* u.a. dargestellte rechtliche Zugang, der vor allem an der Positivierung im Recht orientiert ist: Menschenrechte sind „[…][d]ie Summe von bürgerlichen, politischen, wirtschaftlichen, sozialen, kulturellen und kollektiven Rechten, die in internationalen und regionalen Menschenrechtsinstrumenten sowie in den Verfassungen der Staaten festgeschrieben sind."[59]

---

57 S. z.B. *Blanca*, in: Tomuschat, Menschenrechte (1. Aufl. 1992), Vorwort S. 1 (*„Rechte, welche jedem Menschen ungeachtet aller sonstigen Eigenschaften allein kraft seines Menschseins zukommen [sollen]"*); ähnlich *Buergenthal/Thürer*, Menschenrechte, S. 1; differenzierend *Arndt*, Die Menschenrechte, S. 25.

58 S. z.B. *Kälin/Künzli*, Universeller MR-Schutz, Rn. 2.2; *Sandkühler*, in: Sandkühler, Menschenrechte, S. 15 (17).

59 *Nowak*, Menschenrechtssystem, S. 13; ähnlich *Buergenthal*, in: Wolfrum, MPEoIL, Human Rights Rn. 1.

B. Völkerrechtliche Grundlagen des Menschenrechtsschutzes

Da der hier zugrunde gelegte Begriff der Menschenrechte an die rechtliche Positivierung anknüpft, sollen im Folgenden die völkerrechtlichen Grundlagen des Menschenrechtsschutzes überblicksartig dargestellt werden.

Den Kern des Menschenrechtsschutzsystems der UN bildet die sogenannte Internationale Menschenrechtscharta (*„International Bill of Rights"*), die aus der Allgemeinen Erklärung der Menschenrechte (AEMR) und den beiden internationalen Pakten, dem Internationalen Pakt über bürgerliche und politische Rechte (IPBPR)[60] und dem Internationalen Pakt über wirtschaftliche, soziale und kulturelle Rechte (IPWSKR)[61], besteht.[62]

Die AEMR beinhaltet einen umfassenden Katalog der zu schützenden Menschenrechte, die als Grundlage für spätere völkervertragliche Regelungen dienten.[63] Sie schützt sowohl bürgerliche und politische als auch wirtschaftliche, soziale und kulturelle Rechte und steht damit sinnbildlich für ein *„einheitliches Verständnis von Menschenrechten"* sowie deren Unteilbarkeit.[64] Auch wenn sie ursprünglich als rechtlich unverbindliche Erklärung verabschiedet wurde,[65] entfalten heute zumindest einzelne in ihr garantierte Rechte rechtliche Wirkung als Völkergewohnheitsrecht oder als allge-

---

60 BGBl. 1973 II, S. 1534; für die BRD in Kraft getreten am 23.03.1976, vgl. BGBl. 1976 II, S. 1068.

61 BGBl. 1973 II, S. 1570; für die BRD in Kraft getreten am 03.01.1976, vgl. BGBl. 1976 II, S. 428.

62 S. statt vieler *Buergenthal/Thürer*, Menschenrechte, S. 29; *Kälin/Künzli*, Universeller MR-Schutz, Rn. 2.26; *Tomuschat*, in: Tomuschat, Menschenrechte, Einführung S. 21.

63 *Jötten/Tams*, in: Pollmann/Lohmann, Menschenrechte, S. 116 (120).

64 *Riedel*, in: Bundeszentrale für politische Bildung, Menschenrechte, S. 11 (14); *Fritzsche*, Menschenrechte, S. 58 f.; wohl kritisch *Muchlinski*, IA 77 (2001), 31 (34).

65 S. statt vieler *Buergenthal*, in: Wolfrum, MPEoIL, Human Rights Rn. 9; *Buergenthal/Thürer*, Menschenrechte, S. 31; *Kälin/Künzli*, Universeller MR-Schutz, Rn. 1.1, 1.34.

meine Rechtsgrundsätze.[66] Zudem kommt ihr insbesondere bei der Auslegung der Menschenrechtsverträge eine große Bedeutung zu.[67]

Die Pakte überführen die Bestimmungen der AEMR weitgehend[68] in Völkervertragsrecht.

Der IPBPR enthält die umfangreichsten Regelungen zum Schutz bürgerlicher und politischer Rechte auf universeller Ebene.[69] Er verpflichtet die Staaten in Art. 2 zur Achtung, zum Schutz und zur Gewährleistung der Menschenrechte, sogenannte Pflichtentrias.[70] Zur Durchsetzung der Rechte des IPBPR dienen ein Staatenberichtsverfahren (Art. 40 IPBPR),[71] ein Staatenbeschwerdeverfahren (Art. 41 IPBPR) sowie ein Individualbeschwerdeverfahren (Fakultativprotokoll I) vor dem Menschenrechtsausschuss (Art. 28 ff. IPBPR), wobei lediglich das erste obligatorisch ist.[72] Die im Zuge des Berichtsverfahrens abgegebenen (allerdings nicht bindenden) Allgemeinen Bemerkungen („*General Comments*", Art. 40 Abs. 4 IPBPR)

---

66 Die genaue Reichweite ist umstritten; für die gewohnheitsrechtliche Geltung einzelner Rechte: *Nowrot*, FW 79 (2004), 119 (131); *Buergenthal/Thürer*, Menschenrechte, S. 131; *Tomuschat*, in: Tomuschat, Menschenrechte, Einführung S. 17; für eine gewohnheitsrechtliche Geltung eines Großteils / der gesamten AEMR: *Riedel*, in: Bundeszentrale für politische Bildung, Menschenrechte, S. 11 (15–18); eine gewohnheitsrechtliche Geltung der gesamten AEMR ablehnend: ICHRP, Beyond Voluntarism, S. 59–60; *Kälin/Künzli*, Universeller MR-Schutz, Rn. 2.113; *Nordhues*, Haftung Muttergesellschaft, S. 76.

67 *Hillemanns*, Global Compact, S. 48.

68 Der IPBPR schützt im Gegensatz zur AEMR etwa ausdrücklich ethnische, religiöse oder sprachliche Minderheiten (vgl. Art. 27 IPBPR). Die Rechte auf Eigentum (Art. 17 AEMR), Asyl (Art. 14 AEMR) und Erwerb einer Staatsangehörigkeit (Art. 15 AEMR; s. für Kinder aber auch Art. 24 Abs. 3 IPBPR) wurden hingegen nicht übernommen; s. hierzu *Buergenthal*, in: Wolfrum, MPEoIL, Human Rights Rn. 14 a.E.; daneben beinhaltet der IPBPR im Gegensatz zur AEMR besondere Regelungen zum Schutz von Familie und Kindern (Art. 23, 24 IPBPR); der IPWSKR enthält über die AEMR hinaus das Recht auf Ernährung (Art. 11 IPWSKR), auf Wasser (Art. 11, 12 IPWSKR, CESCR, General Comment Nr. 15 (2002), UN-Dok. E/C.12/2002/11) und auf medizinische Versorgung (Art. 12 Abs. 2 lit. d) IPWSKR); s. hierzu insgesamt *Jötten/Tams*, in: Pollmann/Lohmann, Menschenrechte, S. 116 (120).

69 *Kälin/Künzli*, Universeller MR-Schutz, Rn. 2.30.

70 Eine Aufteilung der Pflichten in drei Dimensionen findet sich bereits 1980 bei *Shue*, Basic Rights, S. 52–53; die Aufteilung der Pflichten in „*obligations to respect, protect and fulfil*" findet sich bei *Eide*, HRLJ 10 (1989), 35 (37); s. auch *von Bernstorff*, Schutzpflichten, S. 8, 9.

71 S. hierzu allgemein *Tomuschat*, in: Tomuschat, Menschenrechte, Einführung S. 27–29.

72 S. auch *Buergenthal/Thürer*, Menschenrechte, S. 34, 36-37; s. allgemein *Nowak*, Menschenrechtssystem, S. 111, 114 f.

des Menschenrechtsausschusses spielen eine große Rolle für die Auslegung der Vertragsbestimmungen.[73] Die praktische Bedeutung des staatlichen Beschwerdeverfahrens ist hingegen gering: Beide Staaten müssen das Verfahren anerkannt haben, zudem ist es langwierig, umständlich und politisch unattraktiv.[74] Im Rahmen des Individualbeschwerdeverfahrens scheitern viele Beschwerden in der Praxis bereits an der formalen Zulässigkeit.[75] Zudem sind die Durchsetzungsmöglichkeiten der Entscheidungen des Menschenrechtsausschusses eingeschränkt.[76] Relevanz erlangt das Individualbeschwerdeverfahren vor allem dadurch, dass der Menschenrechtsausschuss hierdurch eine Praxis zur Auslegung und Anwendung des Paktes ausarbeiten kann.[77]

Spiegelbildlich zum IPBPR schützt der IPWSKR wirtschaftliche, soziale und kulturelle Rechte auf universeller Ebene am umfassendsten.[78] Aufgrund von Art. 2 Abs. 1 IPWSKR sind die Vertragsstaaten grundsätzlich nicht zur unmittelbaren Verwirklichung der Rechte des Paktes verpflichtet. Es ist vielmehr ausreichend, die Rechte des Paktes nach und nach im Rahmen der jeweiligen Möglichkeiten des Staates zu realisieren.[79] Der Pakt enthält also vor allem staatliche Handlungspflichten und Zielvorstellungen.[80] Dennoch lassen sich aus einigen Vorschriften des Paktes auch individuelle Ansprüche entnehmen.[81] Auch im Rahmen des IPWSKR dient vorrangig ein Berichterstattungsverfahren der Durchsetzung der in ihm

---

73 S. allgemein *Herdegen*, Völkerrecht, § 48 Rn. 2.

74 *Buergenthal/Thürer*, Menschenrechte, S. 36 f.; zur begrenzten Wirkung s. auch *Tomuschat*, in: Tomuschat, Menschenrechte, Einführung S. 29; *Nowak*, Menschenrechtssystem, S. 114–115.

75 *Buergenthal/Thürer*, Menschenrechte, S. 37.

76 S. hierzu *Kälin/Künzli*, Universeller MR-Schutz, Rn. 7.43; *Nowak*, Menschenrechtssystem, S. 116–117.

77 *Buergenthal/Thürer*, Menschenrechte, S. 37 f.

78 *Kälin/Künzli*, Universeller MR-Schutz, Rn. 2.27.

79 *Buergenthal/Thürer*, Menschenrechte, S. 40; ähnlich *Tomuschat*, Human Rights, S. 141.

80 *Riedel*, in: Bundeszentrale für politische Bildung, Menschenrechte, S. 11 (18 f.); *Tomuschat*, in: Tomuschat, Menschenrechte, Einführung S. 20; *Kälin/Künzli*, Universeller MR-Schutz, Rn. 2.27; teilweise abweichend *Buergenthal/Thürer*, Menschenrechte, S. 41.

81 CESCR, General Comment Nr. 3 (1990), Rn. 5, UN-Dok. E/1991/23 (in Bezug auf Art. 3, Art. 7 lit. a) i), Art. 8, Art. 10 Nr. 3, Art. 13 Abs. 2 lit. a), Abs. 3 und 4 und Art. 15 Abs. 3); *Tomuschat*, Human Rights, S. 142 (in Bezug auf Art. 8, Art. 13 Abs. 3 und 4 sowie Art. 15 Abs. 3); *Riedel*, in: Bundeszentrale für politische Bildung, Menschenrechte, S. 11 (19) sieht in Bezug auf Art. 2 Abs. 2, Art. 3, Art. 7 lit. a) i), Art. 10 Nr. 3 und Art. 13 Abs. 2 lit. a) Potential für die Ableitung von in-

enthaltenen Rechte (Art. 16 ff. IPWSKR). Zuständig für die Prüfung dieser Staatenberichte ist der Ausschuss für wirtschaftliche, soziale und kulturelle Rechte (CESCR).[82] Praktische Bedeutung gewinnt dessen Tätigkeit vor allem durch Kommentare und Analysen der Staatenberichte, die zur Klärung von ungenauen Formulierungen des Paktes beitragen können.[83] Das Fakultativprotokoll zum IPWSKR[84] eröffnet darüber hinaus die Möglichkeit der Staaten- oder Individualbeschwerde (vgl. Art. 10, Art. 2 ff. IPWSKR). Deutschland ist allerdings bisher nicht Vertragspartei dieses Fakultativprotokolls.

Weitere Menschenrechtsverträge auf UN-Ebene schützen einzelne Menschenrechte oder Personengruppen, konkretisieren die bereits in den internationalen Pakten von 1966 geschützten Rechte und beinhalteten detaillierte Regelungen für das jeweilige Menschenrecht.[85] In transnationalen Menschenrechtsfällen können beispielsweise das Übereinkommen betreffend die Sklaverei von 1926,[86] die Anti-Folterkonvention,[87] die Frauenrechtskonvention[88] mit dem dazugehörigen Fakultativprotokoll[89] sowie die Kinderrechtskonvention[90] von Bedeutung sein.

---

dividuellen Ansprüchen; allgemein (ohne konkrete Bezugnahme auf bestimmte Normen) BVerwG, Urt. v. 29.04.2009 – 6 C 16/08, BVerwGE 134, 1 (20 [Rn. 46]) = NVwZ 2009, 1562 (1567).

82 ECOSOC, Resolution 1985/17, UN-Dok. E/RES/1985/17; s. auch *Buergenthal/Thürer*, Menschenrechte, S. 41; *Kälin/Künzli*, Universeller MR-Schutz, Rn. 2.29.

83 *Buergenthal/Thürer*, Menschenrechte, S. 42.

84 UN-Generalversammlung, Resolution 63/117 (2008), UN-Dok. A/Res/63/117.

85 *Buergenthal*, in: Wolfrum, MPEoIL, Human Rights Rn. 15.

86 Für das Deutsche Reich in Kraft getreten am 12.03.1929, RGBl. 1929 II S. 64; s. auch das Protokoll zur Änderung des am 25.09.1926 in Genf unterzeichneten Übereinkommens über die Sklaverei, BGBl. 1972 II, S. 1970, für die BRD in Kraft getreten am 29.05.1973, BGBl. 1973 II, S. 1508 sowie das Zusatzübereinkommen über die Abschaffung der Sklaverei, des Sklavenhandels und sklavereiähnlicher Einrichtungen und Praktiken, BGBl. 1958 II, S. 204, für die BRD in Kraft getreten am 14.01.1959, BGBl. 1959 II, S. 407.

87 Übereinkommen gegen Folter und andere grausame, unmenschliche oder erniedrigende Behandlung oder Strafe von 1984, BGBl. 1990 II, S. 247; für die BRD in Kraft getreten am 31.10.1990, BGBl. 1993 II, S. 715.

88 Übereinkommen zur Beseitigung jeder Form von Diskriminierung der Frau von 1979, BGBl. 1985 II, S. 648, für die BRD in Kraft getreten am 09.08.1985, BGBl. 1985 II, S. 1234.

89 BGBl. 2001 II, S. 1238, für die BRD in Kraft getreten am 15.04.2002, BGBl. 2002 II, S. 1197.

90 Übereinkommen über die Rechte des Kindes von 1989, BGBl. 1992 II, S. 122, für die BRD in Kraft getreten am 05.04.1992, BGBl. 1992 II, S. 990; die ursprünglich

Daneben sind auch einige Konventionen der ILO für die Menschenrechte von Bedeutung, insbesondere deren acht Kernarbeitsnormen,[91] die die Grundprinzipien der ILO (Vereinigungsfreiheit und Recht auf Kollektivverhandlungen, Beseitigung der Zwangsarbeit, Abschaffung der Kinderarbeit, Verbot der Diskriminierung in Beschäftigung und Beruf)[92] näher ausgestalten. An diese Grundprinzipien sind nach der *„Erklärung der IAO über grundlegende Rechte und Prinzipien bei der Arbeit"* alle Mitglieder der ILO unabhängig von der Ratifizierung der jeweiligen Übereinkommen gebunden.[93]

---

eingelegten Vorbehalte hat die BRD am 15.06.2010 zurückgenommen, BGBl. 2011 II, S. 600.

91 Übereinkommen Nr. 29 über Zwangs- oder Pflichtarbeit (BGBl. 1956 II, S. 641, für die BRD in Kraft getreten am 13.06.1957, BGBl. 1957 II, S. 1694) inklusive des dazugehörigen Protokolls von 2014 (für eine deutsche Übersetzung des Textes s. http://www.ilo.org/wcmsp5/groups/public/---ed_norm/---normes/documents/nor mativeinstrument/wcms_319064.pdf (zuletzt aufgerufen am 19.06.2019), bisher noch nicht von der BRD ratifiziert, s. http://www.ilo.org/dyn/normlex/en/f?p=100 0:11300:0::NO:11300:P11300_INSTRUMENT_ID:3174672 (zuletzt aufgerufen am 19.06.2019)); Übereinkommen Nr. 87 über die Vereinigungsfreiheit und den Schutz des Vereinigungsrechts (BGBl. 1956 II, S. 2073, für die BRD in Kraft getreten am 20.03.1958, BGBl. 1958 II, S. 113); Übereinkommen Nr. 98 über die Anwendung der Grundsätze des Vereinigungsrechtes und des Rechtes zu Kollektivverhandlungen (BGBl. 1955 II, S. 1123; für die BRD in Kraft getreten am 08.06.1957, BGBl. 1957 II, S. 1231); Übereinkommen Nr. 100 über die Gleichheit des Entgelts männlicher und weiblicher Arbeitskräfte für gleichwertige Arbeit (BGBl. 1956 II, S. 24, für die BRD in Kraft getreten am 08.06.1957, BGBl. 1957 II, S. 1232); Übereinkommen Nr. 105 über die Abschaffung der Zwangsarbeit (BGBl. 1959 II, S. 442, für die BRD in Kraft getreten am 22.06.1960, BGBl. 1960 II, S. 2297); Übereinkommen Nr. 111 über die Diskriminierung in Beschäftigung und Beruf (BGBl. 1961 II, S. 98, für die BRD in Kraft getreten am 15.06.1962, BGBl. 1962 II, S. 819); Übereinkommen Nr. 138 über das Mindestalter für die Zulassung zur Beschäftigung (BGBl. 1976 II, S. 202, für die BRD in Kraft getreten am 08.04.1977, BGBl. 1976 II, S. 1739); Übereinkommen Nr. 182 über das Verbot und unverzügliche Maßnahmen zur Beseitigung der schlimmsten Formen der Kinderarbeit (BGBl. 2001 II, S. 1291, für die BRD in Kraft getreten am 18.04.2003, BGBl. 2002 II, S. 2352).

92 S. www.ilo.org/berlin/arbeits-und-standards/kernarbeitsnormen/lang–de/index.ht m (zuletzt aufgerufen am 19.06.2019).

93 Erklärung der ILO über grundlegende Prinzipien und Rechte bei der Arbeit und ihre Folgemassnahmen, angenommen von der Internationalen Arbeitskonferenz auf ihrer 86. Tagung, Genf, 18.06.1998, online verfügbar unter http://www.ilo.or g/wcmsp5/groups/public/--europe/--ro-geneva/--ilo-berlin/documents/normativei nstrument/wcms_193727.pdf (zuletzt aufgerufen am 19.06.2019).

Nicht zuletzt existieren auch auf regionaler Ebene zahlreiche völkerrechtliche Menschenrechtsverträge. Zentrales Element für den regionalen
Menschenrechtsschutz ist die Europäische Menschenrechtskonvention
(EMRK), die vor allem bürgerliche und politische Rechte garantiert. Für
die Durchsetzung der Rechte aus der EMRK ist der Europäische Gerichtshof für Menschenrechte (EGMR) (Art. 19-51 EMRK) zuständig. Zentrale
Durchsetzungsmaßnahmen sind auch hier ein Staaten- (Art. 33 EMRK)
und ein Individualbeschwerdeverfahren (Art. 34 EMRK). Da die Urteile
für die beteiligten Vertragsstaaten verbindlich sind (vgl. Art. 46 EMRK), ist
das Durchsetzungsverfahren praktisch effektiver als das der internationalen
Pakte der UN. Wirtschaftliche, soziale und kulturelle Rechte schützt auf
europäischer Ebene – parallel zum IPWSKR – die Europäische Sozialchar-
ta aus dem Jahr 1961.[94] Daneben existieren Konventionen, die einzelne
Menschenrechte schützen.[95]

Neben dem Vertragsrecht gewährleistet auch das Völkergewohnheitsrecht den Schutz der Menschenrechte. Dieses erlangt vorwiegend in Fällen, in denen ein Staat ein bestimmtes Menschenrecht nicht vertraglich garantiert, einen völkerrechtlichen Vertrag gekündigt oder einen wirksamen
Vorbehalt ausgesprochen hat, Bedeutung.[96] Da die Zahl der Ratifikationen
völkerrechtlicher Verträge stark gestiegen ist, hat die Bedeutung des Völkergewohnheitsrechts entsprechend abgenommen.[97] Nach Rechtsprechung des IGH bleibt das Völkergewohnheitsrecht allerdings auch bei
exakter Übereinstimmung mit dem Völkervertragsrecht eigenständig

---

94 BGBl. 1964 II, S. 1261, für die BRD in Kraft getreten am 26.02.1965, BGBl. 1965
    II, S. 1122; seit 1996 gibt es eine revidierte Fassung (SEV Nr. 163), deren deutsche
    Übersetzung online verfügbar ist unter https://www.coe.int/en/web/conventions/
    full-list/-/conventions/rms/090000168007cf92 (zuletzt aufgerufen am 19.06.2019);
    diese Fassung hat die BRD zwar unterzeichnet, aber nicht ratifiziert, s. https://ww
    w.coe.int/en/web/conventions/full-list/-/conventions/treaty/163/signatures?p_auth
    =99DEXPNr (zuletzt aufgerufen am 19.06.2019).

95 Z.B. Europäisches Übereinkommen zur Verhütung von Folter und unmenschli-
    cher oder erniedrigender Behandlung oder Strafe vom 26.11.1987, SEV Nr. 126,
    BGBl. 1989 II, S. 946, für die BRD in Kraft getreten am 01.06.1990, BGBl. 1990 II,
    S. 491 inklusive Zusatzprotokolle Nr. 1 und 2, SEV Nr. 151, 152, BGBl. 1996 II,
    S. 1114, für die BRD in Kraft getreten am 01.03.2002, BGBl. 2002 II, S. 1019;
    Übereinkommen des Europarats vom 16.05.2005 zur Bekämpfung des Menschen-
    handels, SEV Nr. 197, BGBl. 2012 II, S. 1107, für die BRD in Kraft getreten am
    01.04.2013, BGBl. 2013 II, S. 391.

96 *Kälin/Künzli*, Universeller MR-Schutz, Rn. 2.18, 2.108.

97 Ähnlich *Weiß*, in: Sandkühler, Menschenrechte, S. 145 (152).

anwendbar,[98] sodass sich die Betroffenen sowohl auf Völkervertrags- als auch auf -gewohnheitsrecht berufen können.[99] Für Menschenrechtsverletzungen durch transnationale Unternehmen ist beispielsweise das gewohnheitsrechtlich anerkannte Folter- und Sklavereiverbot von Belang.

§ 6 Menschenrechtsverletzungen durch transnationale Unternehmen in der Praxis: Fallbeispiele

In der Praxis lassen sich zahlreiche Fallbeispiele finden, in denen eine Verletzung bzw. Beeinträchtigung von Menschenrechten durch Unternehmen behauptet wird. Im Blickpunkt der Öffentlichkeit stehen häufig die Arbeitsbedingungen in Zulieferfabriken der Textil- und Spielzeugindustrie sowie die Verletzung von Menschenrechten im Rohstoffsektor.[100] Dies darf jedoch nicht darüber hinwegtäuschen, dass jedes Unternehmen im Rahmen seiner Tätigkeit ganz unterschiedliche Menschenrechte beeinträchtigen kann, was allerdings eine Systematisierung in typische Fallkonstellationen nicht ausschließt. Der folgende Abschnitt dient der Illustration derartiger typischer Fallkonstellationen für Menschenrechtsverletzungen durch transnationale Unternehmen.[101]

---

98 IGH, Urt. v. 26.11.1984, *Military and Paramilitary Activities in and Against Nicaragua (Nicaragua v. United States of America)*, Jurisdiction and Admissibility, Judgement, I.C.J. Reports 1984, 392 (424 f. [Rn. 73]); IGH, Urt. v. 27.06.1986, *Military and Paramilitary Activities in and against Nicaragua (Nicaragua v. United States of America)*, Merits, Judgement, I.C.J. Reports 1986, 14 (93-97 [Rn. 174-182]); s. auch *Oellers-Frahm*, AVR 30 (1992), 28 (29); anders wohl *Kälin/Künzli*, Universeller MR-Schutz, Rn. 2.18 (subsidiäre Bedeutung des Völkergewohnheitsrechts).

99 *Oellers-Frahm*, AVR 30 (1992), 28 (29).

100 Zu diesen beiden Fallkonstellationen s. *Saage-Maaß*, zfmr 2009, 102 (104–106); zu menschenrechtlichen Folgen im Kohlesektor s. etwa *Müller/Paasch*, Mitverantwortung.

101 Für eine umfangreiche Übersicht über zahlreiche Gerichtsverfahren in unterschiedlichen Ländern sei vor allem auf die Case Profiles des *Business and Human Rights Resource Center* verwiesen, online verfügbar unter https://business-human rights.org/en/corporate-legal-accountability/case-profiles/complete-list-of-cases-p rofiled (zuletzt aufgerufen am 19.06.2019); eine Zusammenstellung aus deutscher Perspektive findet sich auf dem Internetauftritt des European Center for Constitutional and Human Rights (ECCHR), https://www.ecchr.eu/de/unsere-t hemen/wirtschaft-und-menschenrechte.html (zuletzt aufgerufen am 19.06.2019); aufgrund außergerichtlicher Vergleiche muss allerdings häufig nicht abschließend gerichtlich über eine Verantwortlichkeit der Unternehmen

Der Begriff „Menschenrechtsverletzung" wird in der vorliegenden Arbeit im Sinne einer Verletzung völkerrechtlich garantierter Menschenrechte verstanden, allerdings unabhängig davon, ob das die Menschenrechte verletzende Rechtssubjekt hierfür nach dem Völkerrecht zur Verantwortung gezogen werden kann. Konkret bedeutet dies, dass auch für den Fall, dass Unternehmen völkerrechtlich nicht an die Menschenrechte gebunden sind,[102] die Verletzung eines völkerrechtlich verankerten Menschenrechtes durch ein Unternehmen als „Menschenrechtsverletzung" bezeichnet wird.[103]

Die typischen Fälle von Menschenrechtsverletzungen durch Unternehmen lassen sich grob in vier verschiedene Gruppen einteilen: Die Missachtung arbeitsrechtlicher Mindeststandards, die Verursachung von Umwelt- und damit zusammenhängenden Gesundheitsschäden, die illegale Landnahme und damit häufig verbundene Vertreibung von indigenen Völkern sowie die Unterstützung von dem Staat zurechenbaren Menschenrechtsverletzungen.[104] Die Grenzen sind in der Praxis häufig fließend und viele der unten genannten Fälle lassen sich aufgrund der Vielschichtigkeit der Vorwürfe nicht ausschließlich einer Kategorie zuordnen.

A. Missachtung arbeitsrechtlicher Mindeststandards

Vor allem Zulieferunternehmen der Textilindustrie wird immer wieder ein eklatanter Verstoß gegen arbeitsrechtliche Mindeststandards und eine Ausbeutung der Arbeitnehmer vorgeworfen.[105] Die täglich und wöchentlich maximal zulässige Anzahl der Arbeitsstunden wird missachtet, die Arbeiter sind z.B. zur Leistung von unbezahlten Überstunden verpflichtet. Daneben werden den Unternehmen Zwangs- und Kinderarbeit sowie insgesamt sklavereiähnliche Zustände vorgeworfen. Teilweise finden sich überdies Berichte darüber, dass die Arbeiter am Verlassen des Betriebsge-

---

für die Menschenrechtsverletzung nach nationalem (Haftungs-)Recht entschieden werden.

102 Zur völkerrechtlichen Verantwortlichkeit von transnationalen Unternehmen s.u. § 11.

103 Zum Begriff der Menschenrechtsverletzung im Zusammenhang mit der deliktischen Haftung von Unternehmen s. *Schall*, ZGR 2018, 479 (482–484).

104 Eine ähnliche Einteilung findet sich bei *Weilert*, Max Planck UNYB 14 (2010), 446 (450–454).

105 *Joseph*, NILR 46 (1999), 171 (173); *Joseph*, in: Kamminga/Zia-Zarifi, Liability, S. 75 (76).

ländes gehindert werden, gezwungen werden, sich an bestimmten Orten aufzuhalten,[106] oder während der Arbeitszeit in der Fabrik eingesperrt werden.[107] Häufig ist zudem die Möglichkeit, Gewerkschaften zu bilden und deren Mitglied zu werden, stark eingeschränkt oder nicht vorhanden. Des Weiteren wird von einer Diskriminierung von Arbeiterinnen berichtet.[108]

Daneben halten Produktionsstätten im globalen Süden häufig erforderliche Sicherheitsvorkehrungen nicht ein.[109] Der bereits in der Einleitung erwähnte Einsturz des Rana Plaza-Gebäudes in Bangladesch sowie der Brand in der Textilfabrik Ali Enterprises in Pakistan sind prominente Beispiele aus der jüngsten Vergangenheit.

Häufig sind die Arbeiter bei ihrer Arbeit zudem gesundheitsgefährdenden Stoffen ausgesetzt, die zu schweren Gesundheitsschädigungen führen können. Im Fokus steht hier oftmals die Rohstoff- und Minenindustrie.[110] Auch im Umgang mit Herbiziden und Pestiziden kommen die Arbeiter mit gefährlichen Substanzen in Berührung, die zu unterschiedlichsten Gesundheitsproblemen führen.[111] Dem Unternehmen *Bayer* wird z.B. vorgeworfen, beim Vertrieb von Pestiziden nach Indien im Gegensatz zu in Europa vertriebenen Produkten Warnungen u.a. für die Gefährdung für Schwangere unterlassen zu haben.[112]

---

106 S. *Osieka*, Zivilrechtliche Haftung, S. 183; *Heinen*, in: Krajewski/Saage-Maaß, Sorgfaltspflichten, S. 87 (96).

107 So ein Bericht von Zeit Online vom 02.07.2017, online verfügbar unter http://w ww.zeit.de/gesellschaft/2017-02/bangladesch-dhaka-textilindustrie-billigloehne (zuletzt aufgerufen am 19.06.2019) (im Abschnitt Bangladesch – die wichtigsten Informationen, Die Textilindustrie in Bangladesch); ähnlich *Heinen*, in: Krajewski/Saage-Maaß, Sorgfaltspflichten, S. 87 (96).

108 S. insgesamt *Saage-Maaß*, zfmr 2009, 102 (106) m.w.N.

109 *Joseph*, NILR 46 (1999), 171 (173).

110 Hierzu sind insb. in Großbritannien bereits einige gerichtliche Entscheidungen ergangen, zentral war das Urteil des *Court of Appeal* in der Rechtssache *Chandler v. Cape plc*, Court of Appeal (Civil Division), Urt. v. 25.04.2012, *Chandler v. Cape plc*, [2012] EWCA Civ 525.

111 S. z.B. die Vorwürfe gegen Red Lans Roses, https://business-humanrights.org/en /red-lands-roses-lawsuit-re-kenyan-workplace-injury (zuletzt aufgerufen am 19.06.2019) und Shell / BASF, https://business-humanrights.org/en/shellbasf-law suit-re-brazil (zuletzt aufgerufen am 19.06.2019).

112 S. hierzu https://www.ecchr.eu/fall/bayer-doppelstandards-beim-vertrieb-von-pes tiziden/ (zuletzt aufgerufen am 19.06.2019); zu ähnlichen Vorwürfen gegen den Schweizer Chemie-Konzern Sygenta s. https://www.ecchr.eu/fall/syngenta-pestiz ide-gefaehrden-bauern-und-plantagenarbeiter-innen/ (zuletzt aufgerufen am 19.06.2019).

Im Zusammenhang mit der Missachtung arbeitsrechtlicher Mindeststandards können beispielsweise das Sklavereiverbot und das Verbot der Zwangs- oder Pflichtarbeit nach Art. 8 IPBPR, das Recht auf persönliche Freiheit nach Art. 9 IPBPR, die Vereinigungsfreiheit nach Art. 22 IPBPR und das Verbot der Diskriminierung nach Art. 26 IPBPR verletzt sein. Im Hinblick auf wirtschaftliche, soziale und kulturelle Rechte gilt dies für das Recht auf gerechte und günstige Arbeitsbedingungen (woraus auch das Recht auf einen angemessenen Lohn abgeleitet werden kann)[113] nach Art. 7 IPWSKR, die Vereinigungsfreiheit nach Art. 8 IPWSKR und gegebenenfalls das Recht auf einen angemessenen Lebensstandard nach Art. 11 IPWSKR.[114] Im Falle der Benachteiligung von weiblichen Arbeiterinnen ist das Diskriminierungsverbot nach Art. 2 Abs. 1, Art. 26 IPBPR sowie Art. 2 Abs. 2 IPWSKR betroffen. Auch das Verbot der Kinderarbeit kann verletzt sein.[115] Kommt es am Arbeitsplatz zu Gesundheitsgefährdungen, kann ein Verstoß gegen das Recht auf Gesundheit nach Art. 12 IPWSKR vorliegen; führen die Arbeitsbedingungen gar zum Tod der Arbeitnehmer, ist das Recht auf Leben betroffen (Art. 6 IPBPR).

B. Verursachung von Umwelt- und damit zusammenhängenden Gesundheitsschäden

Ein weiterer häufiger Fall der Beeinträchtigung von Menschenrechten durch transnationale Unternehmen liegt in der Verursachung von Umweltverschmutzung oder -schäden mit negativen Auswirkungen auf die Gesundheit der betroffenen Menschen.[116] Die jeweiligen Fälle sind äußerst vielgestaltig und reichen beispielsweise von Unfällen, wissentlicher Entsorgung von giftigem Müll bis hin zu Beeinträchtigungen durch Minen oder beim Abbau von Öl.

---

113 *Joseph*, NILR 46 (1999), 171 (193).
114 S. auch *Jägers*, in: Addo, Human Rights Standards, S. 259 (261).
115 Differenzierend und mit dem überzeugenden Argument, dass die Familien in Ländern des globalen Südens häufig von den Einkommen der Kinder abhängig und diese dann häufig auf noch ausbeuterischere / gefährlichere Tätigkeiten angewiesen sind: *Joseph*, NILR 46 (1999), 171 (194 f.)
116 S. insgesamt und mit weiteren Beispielen auch *Saage-Maaß*, Stellungnahme, S. 10–11.

Ein extremes Beispiel für die erstgenannten Fälle ist einer der wohl größten Chemieunfälle des vergangenen Jahrhunderts in Bhopal in Indien.[117] Nachdem eine Klage in den USA gegen das Tochterunternehmen *Union Carbide* 1986 abgewiesen wurde, hatten sich die indischen Gerichte in zahlreichen zivil- und strafrechtlichen Gerichtsverfahren mit dem Unglück zu beschäftigen.[118]

Hierzu gehört auch der Fall *Trafigura*: Ein vom Unternehmen gechartertes Schiff lud seinen Abfall im August 2006 an der Elfenbeinküste auf offenen Plätzen ab, nachdem die Entsorgung im Hafen von Amsterdam wegen vermuteter Giftigkeit abgelehnt worden war. Im Anschluss hieran klagte die Bevölkerung über zahlreiche gesundheitliche Beschwerden. Mit diesem Fall hatten sich Zivil- und Strafgerichte der Elfenbeinküste, Frankreichs, der Niederlande und des Vereinten Königsreichs zu beschäftigen.[119]

Nicht zuletzt müssen sich vor allem Unternehmen der Ölindustrie immer wieder Vorwürfen von Umweltverschmutzungen im Zusammenhang mit dem Abbau von Öl stellen, konkret in Bezug auf negative Konsequenzen der Verbrennung[120] von Gasen oder die Kontaminierung von Boden und Wasser und damit verbundene gesundheitliche Konsequenzen.[121]

---

117 S. zum Folgenden insgesamt https://business-humanrights.org/en/union-carbide dow-lawsuit-re-bhopal (zuletzt aufgerufen am 19.06.2019).

118 Ein Überblick über acht verschiedene Gerichtsverfahren, hauptsächlich aus jüngerer Zeit, findet sich in einem Artikel von Legallyindia.com vom 03.12.2015, online verfügbar unter http://www.legallyindia.com/scoi-reports/today-31-years-after-bhopal-gas-tragedy-these-8-cases-that-show-justice-is-still-a-mirage-for-the-vi ctims (zuletzt aufgerufen am 19.06.2019).

119 Vgl. Case Profile, https://business-humanrights.org/en/trafigura-lawsuits-re-c%C 3%B4te-d%E2%80%99ivoire (zuletzt aufgerufen am 19.06.2019); s. auch *van Dam*, JETL 2 (2011), 221 (234).

120 So lauten Vorwürfe u.a. gegen *Total, Shell, Agip, Chevron* bzw. deren lokale Tochterunternehmen; zu den einzelnen Verfahren s. https://business-humanrig hts.org/en/gas-flaring-lawsuit-re-oil-companies-in-nigeria (zuletzt aufgerufen am 19.06.2019).

121 So die Vorwürfe gegen *Occidental Petroleum* von fünf Gemeinden, die entlang des Corrientes-Flusses in Peru leben, s. hierzu https://business-humanrights.org/ en/occidental-lawsuit-re-achuar-communities-contamination-peru (zuletzt aufgerufen am 19.06.2019); ähnlich lauten auch Vorwürfe gegen *Shell* i.R.v. Klagen in den Niederlanden und im Vereinigten Königreich, Gerechtshof Den Haag, Urt. v. 18.12.2015 – ECLI:NL:GHDHA:2015:3586, *Milieudefensie et al. v. Shell et al.*, Abschnitt 1.1, die englische Fassung des Urteils ist online verfügbar unter http://uitspraken.rechtspraak.nl/inziendocument?id=ECLI:NL:GHDHA:2 015:3586 (zuletzt aufgerufen am 19.06.2019); zum Verfahren in England s. Court of Appeal Civil Division, Urt. v. 14.02.2018 – *Okpabi and others v. Royal Dutch Shell Plc and another*, [2018] EWCA Civ 191; s. auch https://business-huma

In dieser Fallgruppe ist das Recht auf Leben (Art. 6 IPBPR) verletzt, wenn aus Umweltschäden resultierende Gesundheitsschäden zum Tod von Menschen führen.[122] Bleibt es nicht bei einer „bloßen" Umweltverschmutzung, sondern hat diese weiterreichende Auswirkungen, etwa auf die Gesundheit oder die Lebensgrundlage der Bevölkerung oder die Nahrungsmittelkette, können das Recht auf Gesundheit nach Art. 12 IPWSKR, das Recht auf Nahrung und einen angemessenen Lebensstandard nach Art. 11 IPWSKR, das Recht von Minderheiten aus Art. 27 IPBPR sowie das Selbstbestimmungsrecht der Völker aus Art. 1 IPBPR und IPWSKR betroffen sein.[123] Das Recht auf eine gesunde Umwelt ist hingegen nicht durch bindendes universelles Völkerrecht geschützt, sondern lediglich im Rahmen unverbindlicher Erklärungen.[124] Teilweise finden sich Regelungen im re-

---

nrights.org/en/shell-lawsuit-re-oil-pollution-in-nigeria (zuletzt aufgerufen am 19.06.2019); https://business-humanrights.org/en/shell-lawsuit-re-oil-spills-bodo-community-in-nigeria (zuletzt aufgerufen am 19.06.2019); in den USA und in Ecuador laufen Verfahren gegen *Texaco* bzw. *Chevron* wegen der Verschmutzung von Regenwäldern und Flüssen in Ecuador und Peru und damit verbundene Umwelt- und Gesundheitsschäden der Bevölkerung, s. hierzu https://busin ess-humanrights.org/en/texacochevron-lawsuits-re-ecuador (zuletzt aufgerufen am 19.06.2019).

122 S. auch *Joseph*, NILR 46 (1999), 171 (196) m.w.N.; *Saage-Maaß*, zfmr 2009, 102 (104).

123 S. auch *Joseph*, NILR 46 (1999), 171 (196) m.w.N., nach der außerdem die Rechte auf persönliche Freiheit und Sicherheit nach Art. 9 IPBPR und der Privatsphäre nach Art. 17 IPBPR betroffen sein können; *Joseph*, in: Kamminga/Zia-Za-rifi, Liability, S. 75 (76); *Saage-Maaß*, zfmr 2009, 102 (104) (zum Recht auf Leben, Gesundheit, Nahrung und Wasser).

124 S. etwa UN Conference on the Human Environment, Declaration on the Human Environment (1972), UN-Dok. A/CONF.48/14/Rev. 1; UN Conference on Environment and Development, Rio Declaration on Environment and Development (1992), UN-Dok. A/CONF.151/26 (Vol. I); *Joseph*, NILR 46 (1999), 171 (196).

gionalen Völkerrecht.[125] Inwiefern das geltende (bindende) Völkerrecht ein Recht auf Zugang zu sauberem Wasser beinhaltet, ist umstritten.[126]

C. Illegale Landnahme und damit verbundene Vertreibung von indigenen Völkern

Für die illegale Landnahme und die Vertreibung von indigenen Völkern durch transnationale Unternehmen lassen sich in der Praxis ebenfalls viele Beispiele finden.[127] Vertreibungen der lokalen Bevölkerung können zunächst Folge der soeben dargestellten Umweltverschmutzungen sein, etwa wenn diese die ursprüngliche Heimat der Bevölkerung unbewohnbar gemacht haben und die Bewohner zwingen, diese zu verlassen. Sie sind aber häufig auch Konsequenz der Ausweitung des Rohstoffabbaus, wie der Errichtung von Plantagen zum Anbau bestimmter Nahrungsmittel,[128] oder großer Infrastrukturprojekte, wie etwa Staudammprojekten.

So führte beispielsweise die Staatsanwaltschaft Frankfurt a.M. ein Ermittlungsverfahren gegen zwei Manager des deutschen Unternehmens *Lahmeyer International GmbH* wegen der Beteiligung an einem Dammbauprojekt im Nordsudan durch.[129] Mit dem Bau des Damms wurde begon-

---

125 Art. 24 der Afrikanischen (Banjul) Charta der Menschenrechte und Rechte der Völker vom 27.06.1981, eine englische Fassung ist online verfügbar unter http://www.achpr.org/files/instruments/achpr/banjul_charter.pdf (zuletzt aufgerufen am 19.06.2019); Art. 11 Abs. 1 Additional Protocol to the American Convention on Human Rights in the Area of Economic, Social and Cultural Rights, "Protocol of San Salvador", online verfügbar unter http://www.oas.org/juridico/englis h/treaties/a-52.html (zuletzt aufgerufen am 19.06.2019); *Joseph*, NILR 46 (1999), 171 (196).

126 UN Generalversammlung, Resolution 64/292 (2010), UN-Dok. A/Res/64/292; teilweise wird dies auch aus Art. 11 und 12 IPWSKR abgeleitet, s. CESCR, General Comment Nr. 15 (2002), Rn. 2-6, UN-Dok. E/C.12/2002/11 m.w.N.

127 Siehe hierzu insgesamt und mit weiteren Beispielen *Saage-Maaß*, Stellungnahme, S. 8–10.

128 Zu entsprechenden Vorwürfen im Zusammenhang mit der Koh Kong Zucker-Plantage in Kambodscha s. https://business-humanrights.org/en/koh-kong-sugar -plantation-lawsuits-re-cambodia (zuletzt aufgerufen am 19.06.2019); ein ähnliches Verfahren ist auch in Uganda im Zusammenhang mit der Errichtung einer Ölpalmen-Plantage anhängig, s. https://business-humanrights.org/en/oil-palm-u ganda-lawsuit-re-land-grabs-in-uganda (zuletzt aufgerufen am 19.06.2019).

129 Das Verfahren wurde Ende April 2016 eingestellt, https://www.ecchr.eu/de/unse re-themen/wirtschaft-und-menschenrechte/lahmeyer.html (zuletzt aufgerufen am 19.06.2019).

nen, ohne Umsiedlungspläne mit der vom Projekt betroffenen Bevölkerung auszuhandeln. Durch die Inbetriebnahme des Wasserkraftwerks wurden mehr als 30 Dörfer überflutet, mehr als 4700 Familien waren gezwungen, ihre Heimat zu verlassen und verloren ihre gesamte Lebensgrundlage.[130]

Auch die deutschen Unternehmen *Siemens* und *Voith* stehen aufgrund ihrer Beteiligung an zahlreichen Staudamm-Projekten durch die Lieferung von Turbinen für die Wasserkraftwerke immer wieder in der Kritik.[131]

Im Zusammenhang mit der illegalen Landnahme und der damit verbundenen Vertreibung von indigenen Völkern ist zunächst zu berücksichtigen, dass das Recht auf Eigentum aus Art. 17 AEMR nicht in die beiden internationalen Pakte übernommen wurde und mithin nicht durch bindendes Völkerrecht geschützt ist. Auch hier können aber das Recht der Völker auf Selbstbestimmung gemäß Art. 1 IPBPR und IPWSKR und die Minderheitenrechte des Art. 27 IPBPR betroffen sein. Die Rechte indigener Völker sind darüber hinaus im ILO-Übereinkommen Nr. 169 über Eingeborene und in Stämmen lebende Völker in unabhängigen Ländern[132] geschützt. Die Erklärung der Vereinten Nationen über die Rechte der indigenen Völker aus dem Jahr 2007[133] ist im Gegensatz dazu nicht rechtlich verbindlich. Führt die Enteignung oder Vertreibung zur Zerstörung religiöser Stätten der Völker, kann die Religionsfreiheit nach Art. 18 IPBPR betroffen sein.

---

130 S. hierzu insgesamt https://www.ecchr.eu/de/unsere-themen/wirtschaft-und-men schenrechte/lahmeyer.html (zuletzt aufgerufen am 19.06.2019); https://business-humanrights.org/en/lahmeyer-lawsuit-re-dam-construction-in-northern-sudan (zuletzt aufgerufen am 19.06.2019); s. auch *Saage-Maaß*, Stellungnahme, S. 20.

131 S. beispielsweise die Gegenanträge zur Hauptversammlung der Siemens AG des Dachverbands der Kritischen Aktionärinnen und Aktionäre vom 15.01.2019, online verfügbar unter https://www.kritischeaktionaere.de/siemens/gegenantrae ge-36/ (zuletzt aufgerufen am 19.06.2019); allein der *Belo Monte* Staudamm am Amazonas in Brasilien bedroht den Lebensraum von mehr als 20.000 Menschen, s. hierzu http://www.welt.de/kultur/article148850541/Siemens-der-Papst-und-die-Goetter-des-Dschungels.html (zuletzt aufgerufen am 19.06.2019).

132 Für eine deutsche Übersetzung s. http://www.ilo.org/wcmsp5/groups/public/---e d_norm/---normes/documents/normativeinstrument/wcms_c169_de.htm (zuletzt aufgerufen am 19.06.2019); zum Ratifikationsstand s http://www.ilo.org /dyn/normlex/en/f?p=1000:11300:0::NO:11300:P11300_INSTRUMENT_ID:3123 14 (zuletzt aufgerufen am 19.06.2019).

133 UN-Generalversammlung, Resolution 61/295, UN-Dok. A/Res/61/295.

D. Unterstützung von dem Staat zurechenbaren Menschenrechtsverletzungen – gewaltsame Verfolgung von sozialen Bewegungen bzw. Unterstützung von unterdrückerischen Regierungen oder Gruppen

Daneben sind transnationale Unternehmen teilweise auch an der staatlichen Verletzung von Menschenrechten bzw. der Verletzung von Menschenrechten, die dem Staat zurechenbar sind, etwa durch paramilitärische Gruppen, beteiligt. Eine solche Beteiligung wird den Unternehmen häufig im Zusammenhang mit der gewaltsamen Verfolgung von sozialen Bewegungen[134] und der Unterstützung unterdrückerischer Regierungen oder Gruppen vorgeworfen.

Insbesondere Unternehmen, die in ihrer Tätigkeit auf bestimmte Orte angewiesen sind, also vor allem im Rohstoffsektor, sind häufig zu einer Zusammenarbeit mit der lokalen Regierung und den lokalen Sicherheitskräften gezwungen. So überrascht es nicht, dass sich auch in diesem Zusammenhang oftmals Unternehmen im Ölsektor vor Gericht verantworten müssen. Häufig geht es um die Beteiligung des Unternehmens an der gewaltsamen Unterdrückung nationaler Proteste gegen die Projekte der Ölunternehmen und die damit verbundenen – oben bereits dargestellten – Umweltverschmutzungen, Gesundheitsschäden und Zerstörungen der Lebensgrundlage.

Ein Strafverfahren in Deutschland gegen den deutschen Manager des im Holzhandel tätigen Unternehmens *Danzer*, das an einem Angriff der lokalen Sicherheitskräfte im Dorf *Bongulu* in der Demokratischen Republik Kongo durch Zur-Verfügung-Stellung von Fahrzeugen und Fahrern und Bezahlung der Sicherheitskräfte seitens eines Tochterunternehmens von *Danzer* beteiligt gewesen sein soll, wurde eingestellt.[135]

Von besonderer Bedeutung im Hinblick auf die vom Gericht angestellten rechtlichen Erwägungen sind die Verfahren gegen *Unocal* und gegen *Shell* in den USA. *Unocal* wurde die Beteiligung an Menschenrechtsverletzungen wie Zwangsarbeit, Mord, Vergewaltigung und Folter durch das lokale Militär während des Baus einer Gas Pipeline in Myanmar, für deren

---

134 S. hierzu auch *Saage-Maaß*, Stellungnahme, S. 14–15.
135 https://www.ecchr.eu/de/unsere-themen/wirtschaft-und-menschenrechte/danzer. html (zuletzt aufgerufen am 19.06.2019); hierzu und auch zum Verfahren in der Demokratischen Republik Kongo s. https://business-humanrights.org/de/danzer -gruppe-siforco-gerichtsverfahren-bez-der-dem-rep-kongo (zuletzt aufgerufen am 19.06.2019); s. auch *Saage-Maaß*, Stellungnahme, S. 14.

Konstruktion *Unocal* und die Militärregierung von Myanmar ein Konsortium gebildet hatten, vorgeworfen.[136] In den Verfahren *Kiobel* v. *Shell* ging es um die Hinrichtung von neun *Ogoni*-Aktivisten, die sich in Bezug auf die Umweltschäden aufgrund des Ölabbaus in der *Ogoni*-Region in Nigeria engagiert hatten. Die Kläger warfen dem beklagten Tochterunternehmen von *Shell* vor, hieran beteiligt gewesen zu sein, indem es den nigerianischen Sicherheitskräften Transportmittel zur Verfügung gestellt hat, diese auf dem Firmengelände unterbrachte, sie mit Lebensmitteln versorgte und bezahlte.[137]

Teilweise wurde transnationalen Unternehmen eine Beteiligung an Menschenrechtsverletzungen durch den Gaststaat gegenüber Gewerkschaftsführern vorgeworfen,[138] wie z.B. gegen die Manager des Unternehmens *Nestlé* in Bezug auf die Entführung und Folter von und den Mord an dem Gewerkschaftsführer und Menschenrechtler *Luciano Romero* durch paramilitärische Gruppen. Ein Verfahren in der Schweiz endete mit einem Freispruch der Manager; der Vorfall ist aber noch Teil eines Verfahrens vor dem IStGH.[139]

Abseits der Rohstoffindustrie kann es zur Unterstützung von Menschenrechtsverletzungen durch den Staat insbesondere kommen, wenn Unternehmen in einem Staat operieren, der von einer Militärdiktatur beherrscht

---

136 S. https://business-humanrights.org/en/unocal-lawsuit-re-myanmar (zuletzt aufgerufen am 19.06.2019) (Beendigung durch außergerichtlichen Vergleich); zu einem ähnlichen Verfahren s. United States Court of Appeals, Ninth Circuit, Urt. v. 18.09.2002 – 395 F.3d 932 (9th Cir. 2002), *Doe et al. v. Unocal et al.*, der Text des Urteils ist online verfügbar unter https://law.justia.com/cases/federal/ap pellate-courts/F3/395/932/642537/ (zuletzt aufgerufen am 19.06.2019).

137 US Supreme Court, Urt. v. 17.04.2013 – No. 10-1491, *Kiobel et al. v. Royal Dutch Petroleum et al.*, 569 U.S. ___ (2013), s. hierzu https://www.ecchr.eu/de/unsere-th emen/wirtschaft-und-menschenrechte/atca-kiobel.html (zuletzt aufgerufen am 19.06.2019); https://business-humanrights.org/en/shell-lawsuit-re-nigeria-kiobel-wiwa (zuletzt aufgerufen am 19.06.2019).

138 S. zu den Gerichtsverfahren in den USA und im Vereinigten Königreich gegen *BP* in Bezug auf die Entführung und Folter eines Gewerkschafters in Kolumbien https://business-humanrights.org/en/bp-lawsuits-re-casanare-colombia (zuletzt aufgerufen am 19.06.2019).

139 https://business-humanrights.org/en/nestl%C3%A9-lawsuit-re-colombia (zuletzt aufgerufen am 19.06.2019); https://www.ecchr.eu/de/unsere-themen/wirtschaft-und-menschenrechte/nestle.html (zuletzt aufgerufen am 19.06.2019); zum Verfahren vor dem IStGH s. auch https://www.ecchr.eu/fall/gewalt-gegen-mensche n-rechtsverteidiger-innen-muss-endlich-aufgeklaert-werden/ (zuletzt aufgerufen am 19.06.2019).

wird. Beispiele hierfür sind Verfahren gegen *Daimler*,[140] *Ford*[141] und *Volkswagen*[142].

Die Unterstützung von unterdrückerischen Regierungen oder Gruppen kann darüber hinaus durch wirtschaftliche Unterstützung erfolgen. Ein Beispiel hierfür sind die Entschädigungsklagen gegen die Unternehmen *Barclays, Daimler, Ford, Fujitsu, General Motors, IBM, Rheinmetall und UBS* mit Bezug auf die Apartheid in Südafrika.[143] Zentrale rechtliche Frage in diesem Gerichtsverfahren war, inwiefern diese Handlungen als hinreichende Beihilfehandlung qualifiziert werden konnten.[144]

In jüngerer Zeit ist darüber hinaus die Unterstützung von derartigen Gruppen durch Zur-Verfügung-Stellen von Überwachungstechnik zum Aufspüren von Regierungsgegnern in den Blickpunkt geraten. In diesem Zusammenhang sind zwei Verfahren in Frankreich anhängig.[145]

---

140 Vorwurf gegen eine Tochtergesellschaft: Kollaboration mit der Militärdiktatur von Argentinien von 1976-1983 und Beteiligung an Entführungen, Festnahmen, Folter und Tötungen von Angestellten des Unternehmens, US Supreme Court, Urt. v. 14.01.2014 – No. 11-965, *Daimler AG v. Bauman et al.*, 571 U.S. ___ (2014), s. hierzu https://business-humanrights.org/en/daimler-lawsuit-re-argentina (zuletzt aufgerufen am 19.06.2019).

141 Vorwurf: Kollaboration mit der Militärdiktatur in Argentinien, wobei es u.a. zu Folter und Misshandlungen auf dem Firmengelände gekommen sein soll, s. https://business-humanrights.org/en/ford-lawsuit-re-argentina (zuletzt aufgerufen am 19.06.2019).

142 Vorwurf: Zusammenarbeit mit der Militärdiktatur in Brasilien von 1964-1983, Beteiligung an der Folter von ehemaligen Angestellten, s. https://business-humanrights.org/en/volkswagen-re-military-dictatorship-brazil (zuletzt aufgerufen am 19.06.2019).

143 Die Automobilunternehmen sollen durch die Weitergabe relevanter Informationen die Festnahme von Apartheidsgegnern ermöglicht haben und Militär- und weitere spezielle Fahrzeuge an das Regime geliefert haben. *IBM* und *Fujitsu* sollen der Regierung Technologien zur Verfügung gestellt haben, die u.a. die Aberkennung der Staatsbürgerschaft erleichtert haben sollen. *Rheinmetall* soll Waffen geliefert haben, die dem Regime zur Durchsetzung dienten und mit deren Hilfe außerrechtliche Tötungen vollzogen wurden. Den beiden Banken wurde vorgeworfen, die Regierung durch die Vergabe von Krediten unterstützt zu haben, *Saage-Maaß*, KJ 2010, 54 (60); s. auch https://www.ecchr.eu/de/unsere-themen/wirtschaft-und-menschenrechte/apartheid-faelle.html (zuletzt aufgerufen am 19.06.2019); zum Gang der Apartheidsverfahren s. https://business-humanrights.org/de/apartheid-entsch%C3%A4digungsklagen-bez-s%C3%BCdafrika (zuletzt aufgerufen am 19.06.2019).

144 *Saage-Maaß*, KJ 2010, 54 (59).

145 Das Unternehmen *Amesys* soll der *Gaddafi*-Regierung in Libyen Überwachungstechnologien zur Verfügung gestellt haben, mithilfe derer die Regierung private Internetkommunikation überwachen und Gegner identifizieren konnte, die die

Im Falle der Unterstützung von dem Staat zurechenbaren Menschenrechtsverletzungen sind zahlreiche unterschiedliche Menschenrechte betroffen. Dies gilt vor allem für bürgerliche und politische Rechte, beispielsweise das Recht auf Leben nach Art. 6 IPBPR, das Verbot der Folter, grau-
samer unmenschlicher oder erniedrigender Behandlung nach Art. 7
IPBPR, das Recht auf persönliche Freiheit und Sicherheit und das Verbot
der willkürlichen Festnahme und Haft nach Art. 9 IPBPR, die justiziellen
Rechte nach Art. 14 IPBPR (insbesondere das Recht auf ein faires Verfahren), die Meinungsfreiheit nach Art. 19 IPBPR, die Versammlungsfreiheit
nach Art. 21 IPBPR und die Vereinigungsfreiheit nach Art. 22 IPBPR und
Art. 8 IPWSKR; darüber hinaus auch das Verbot der Körperverletzung, das
sich aus einer Kombination von Art. 7 IPBPR (Verbot der Folter und der
grausamen und erniedrigenden Behandlung) und Art. 9 IPBPR (Schutz
der Sicherheit der Person) ergibt.[146]

Regierung festnahm und folterte, s. hierzu https://business-humanrights.org/en/
amesys-lawsuit-re-libya-0 (zuletzt aufgerufen am 19.06.2019); dem Unternehmen *Qosmos* wird vorgeworfen, durch die Lieferung von Überwachungstechno-
logie an die Assad-Regierung in Syrien an Menschenrechtsverletzungen beteiligt
gewesen zu sein, da die Technologie es der Regierung ermöglichte, Dissidenten
zu überwachen, aufzuspüren, festzunehmen und zu foltern, s. https://business-h
umanrights.org/en/qosmos-investigation-re-syria (zuletzt aufgerufen am
19.06.2019).

146 *Joseph*, NILR 46 (1999), 171 (198, Fn. 137).

Kapitel 3 Menschenrechtliche Verantwortlichkeit transnationaler Unternehmen und Corporate Social Responsibility

Die Diskussion über die Verantwortlichkeit transnationaler Unternehmen für Menschenrechtsverletzungen im Ausland erfolgt häufig unter dem Begriff *Corporate Social Responsibility*[147] (CSR). Für diesen Begriff existieren unterschiedliche Definitionen. Den folgenden Ausführungen soll der nachfolgend dargestellte CSR-Begriff der EU-Kommission zugrunde gelegt werden.

Nach einer Definition aus dem Jahr 2001 ist CSR *„ein Konzept, das den Unternehmen als Grundlage dient, auf freiwilliger Basis soziale Belange und Umweltbelange in ihre Unternehmenstätigkeit und in die Wechselbeziehungen mit den Stakeholdern zu integrieren“*.[148] CSR geht damit über die Einhaltung gesetzlicher Bestimmungen hinaus[149] und ist durch die Freiwilligkeit unternehmerischer Maßnahmen geprägt.

In der neuen EU-Strategie (2011-2014) für die soziale Verantwortung der Unternehmen der Kommission aus dem Jahr 2011 findet sich u.a. eine überarbeitete Definition von CSR, wonach diese als *„Verantwortung von Unternehmen für ihre Auswirkungen auf die Gesellschaft“* verstanden werden soll.[150] Dieser erfasst damit ausdrücklich auch die Einhaltung gesetzlicher Bestimmungen,[151] geht aber ebenfalls über die bloße Einhaltung gesetzlicher Bestimmungen hinaus und erfasst insbesondere freiwillige Maßnahmen.

Insbesondere auf internationaler Ebene haben sich zahlreiche Initiativen gebildet, die unterschiedliche freiwillige Verhaltensstandards für Unternehmen aufstellen. Daneben hat die Bedeutung globaler Rahmenabkommen und unternehmerischer Verhaltensstandards zugenommen. Im fol-

---

147 Im Deutschen auch: soziale Unternehmensverantwortung.
148 Kommission, Grünbuch Europäische Rahmenbedingungen für die soziale Verantwortung der Unternehmen, KOM(2001) 366 endg., S. 7 (Nr. 20).
149 Kommission, KOM(2001) 366 endg., S. 7 (Nr. 21).
150 Mitteilung der Kommission an das Europäische Parlament, den Rat, den Europäischen Wirtschafts- und Sozialausschuss und den Ausschuss der Regionen, Eine neue EU-Strategie (2011-14) für die soziale Verantwortung der Unternehmen (CSR), KOM(2011) 681 endg., S. 7.
151 Kommission, KOM(2011) 681 endg., S. 7; *Spießhofer*, NJW 2014, 2473 (2474).

genden Abschnitt soll geklärt werden, inwiefern diese Standards, auch als *Soft Law* oder *Transnational Private Regulation* bezeichnet, eine geeignete Möglichkeit darstellen, der Beachtung von Menschenrechten durch transnationale Unternehmen Geltung zu verschaffen. Auf diese unterschiedlichen internationalen Verhaltensstandards, insbesondere die UN-Leitprinzipien für Wirtschaft und Menschenrechte (§ 7), globale Rahmenabkommen (§ 8) und unternehmerische Verhaltensstandards (§ 9), wird im Folgenden näher eingegangen. Anschließend soll die Bedeutung von CSR-Standards bewertet werden (§ 10).

§ 7 *Internationale Verhaltensstandards*

Die zahlreichen existierenden CSR-Standards haben je nach Zielrichtung und standardsetzender Institution verschiedene CSR-Bereiche zum Gegenstand. Einige umfassen viele unterschiedliche Bereiche, andere beziehen sich ausschließlich auf einen bestimmten Bereich. Die zahlreichen Verhaltensstandards auf internationaler Ebene weichen mit Blick auf Inhalt, Umfang, Reichweite, Durchsetzung und andere Kriterien stark voneinander ab. Allen gemein ist indes ihre Freiwilligkeit und damit fehlende rechtliche Verbindlichkeit. Eine Sonderstellung kommt den UN-Leitprinzipien zu. Diese ergibt sich u.a. aus dem umfangreichen Entstehungsprozess, der Entwicklung auf UN-Ebene, der nachfolgenden Angleichung anderer Standards an deren Vorgaben sowie aus der Tatsache, dass viele Staaten nationale Aktionspläne zu deren Umsetzung auf nationaler Ebene entwickelt haben.

Angesichts der Vielfalt der existierenden internationalen Standards beschränkt sich die nachfolgende Darstellung (A.) auf ausgewählte, als besonders bedeutsam erachtete Standards. Dabei erfolgt eine Differenzierung nach Standards, die durch internationale Organisationen (I.), durch private Akteure (II.) oder unter Beteiligung unterschiedlicher Akteure (III.) entwickelt worden sind. Angesichts der besonderen Bedeutung der UN-Leitprinzipien insgesamt und für diese Arbeit soll anschließend näher auf diese eingegangen werden (B.).

A. Überblick über ausgewählte Verhaltensstandards

I. Durch internationale Organisationen gesetzte Standards

Neben den UN-Leitprinzipien für Wirtschaft und Menschenrechte existieren zwei unterschiedliche Regelwerke auf Ebene der OECD und der ILO.
Mit der Neufassung der *OECD-Leitsätze für multinationale Unternehmen*[152] (im Folgenden: OECD-Leitsätze) im Jahr 2011 enthalten diese ein eigenes Menschenrechtskapitel in Einklang mit den UN-Leitprinzipien sowie ein neues und umfassendes Konzept der Sorgfaltspflicht.[153] Sowohl die menschenrechtliche Sorgfaltspflicht in Leitsatz Nr. IV.5 und Erläuterung Nr. 45 als auch das verfahrensorientierte, allgemein geltende Sorgfaltskonzept in Abschnitt II weisen weitreichende Parallelen zu den UN-Leitprinzipien auf.[154] Die Maßstäbe für das unternehmerische Handeln beruhen auf dem Prinzip der Freiwilligkeit.[155] Für bestimmte Gebiete sind die OECD-Leitsätze weiter konkretisiert worden. So existieren Leitsätze bzw. Leitfäden für Lieferketten in Bezug auf Minerale aus Konflikt- und Hochrisikogebieten,[156] in der Landwirtschaft,[157] im Textil-[158] und im Finanzsektor[159]

---

152 Die deutsche Fassung ist online verfügbar unter http://mneguidelines.oecd.org/48808708.pdf (zuletzt aufgerufen am 19.06.2019).

153 Zu den Neuerungen i.d.F. von 2011 s. OECD-Leitsätze für multinationale Unternehmen, Ausgabe 2011, Vorwort (S. 4) (im Folgenden: OECD-Leitsätze 2011).

154 S. Erläuterung Nr. 45; OECD-Leitsätze 2011, Vorwort, S. 4, Allgemeine Grundsätze Nr. A.10-12 (S. 23).

155 OECD-Leitsätze 2011, Einführung Nr. 1 (S. 15), Begriffe und Grundsätze Nr. 1 (S. 19).

156 OECD-Leitsätze für die Erfüllung der Sorgfaltspflicht zur Förderung verantwortungsvoller Lieferketten für Minerale aus Konflikt- und Hochrisikogebieten, online verfügbar unter http://www.bmwi.de/Redaktion/DE/Downloads/M-O/oecd-leitsaetze-fuer-die-erfuellung-der-sorgfaltspflicht.pdf?__blob=publicationFile&v=5 (zuletzt aufgerufen am 19.06.2019).

157 OECD/FAO-Leitfaden für verantwortungsvolle landwirtschaftliche Lieferketten, online verfügbar unter http://www.bmwi.de/Redaktion/DE/Downloads/M-O/oecd-fao-guidance-de.pdf?__blob=publicationFile&v=2 (zuletzt aufgerufen am 19.06.2019).

158 OECD Due Diligence Guidance for Responsible Supply Chains in the Garment and Footwear Sector, online verfügbar unter http://www.bmwi.de/Redaktion/DE/Downloads/M-O/oecd-due-diligence-garment-and-footwear.pdf?__blob=publicationFile&v=4 (zuletzt aufgerufen am 19.06.2019).

159 Responsible Business Conduct for Institutional Investors, online verfügbar unter http://www.bmwi.de/Redaktion/DE/Downloads/P-R/responsible-business-

sowie ein Leitfaden zur Stakeholderbeteiligung im Bergbau, Öl- und Gassektor.[160] Eine Besonderheit der OECD-Leitsätze ist ein Beschwerdeverfahren zur Lösung von konkreten Problemfällen vor den Nationalen Kontaktstellen (NKS).[161] Da ihre Neufassung für den Bereich der Menschenrechte faktisch die Vorgaben der UN-Leitprinzipien übernommen hat, können diese zumindest mittelbar Gegenstand zum Verfahren vor den NKS werden. Auch wenn die Existenz des Beschwerdeverfahrens grundsätzlich positiv zu bewerten ist und etwa Einfluss auf den Ruf des Unternehmens und finanzielle Konsequenzen für das Unternehmen zur Folge haben kann,[162] bleibt die Durchsetzung der Rechte durch die NKS teilweise hinter ihrem Potential zurück. Insofern wird etwa die in vielen Staaten erfolgte Angliederung der NKS bei den Wirtschaftsministerien und eine damit verbundenen fehlende Objektivität,[163] die fehlende Vergleichbarkeit zwischen der Arbeit der NKS in den unterschiedlichen Staaten,[164] die fehlenden Untersuchungs- und Durchsetzungsmechanismen,[165] die fehlenden Mittel für angemessene Untersuchungen, fehlendes Training für ein effektives Mediationsverfahren sowie die fehlende Transparenz der Verfahren[166] bemän-

---

conduct-for-institutional-investors.pdf?__blob=publicationFile&v=4 (zuletzt aufgerufen am 19.06.2019).

160 OECD Due Diligence Guidance for Meaningful Stakeholder Engagement in the Extractive Sector, online verfügbar unter http://www.bmwi.de/Redaktion/DE/Downloads/M-O/oecd-due-diligence-stakeholder.pdf?__blob=publication-File&v=4 (zuletzt aufgerufen am 19.06.2019).

161 Die deutsche NKS ist beim BMWi angegliedert, s. http://www.bmwi.de/Redakti on/DE/Textsammlungen/Aussenwirtschaft/nationale-kontaktstelle-nks.html (zuletzt aufgerufen am 19.06.2019); zum Beschwerdeverfahren s. näher OECD-Leitsätze 2011, Teil II Umsetzungsverfahren, Verfahrenstechnische Anleitungen, I.C. (S. 82-84); *Zimmer*, Soziale Mindeststandards, S. 99–100; *Eickenjäger*, in: Krajewski/Saage-Maaß, Sorgfaltspflichten, S. 243 (270–272); *Kasolowsky/Voland*, NZG 2014, 1288 (1289–1291).

162 S. hierzu mit konkreten Beispielen etwa *Kasolowsky/Voland*, NZG 2014, 1288 (1291).

163 SRSG, Report 2008, Rn. 98, UN-Dok. A/HRC/8/5; differenzierend *Schnieder jahn*, in: Nikol/Schniederjahn/Bernhard, Transnationale Unternehmen, S. 101 (107); **dagegen** allerdings *Kasolowsky/Voland*, NZG 2014, 1288 (1292).

164 *Schniederjahn*, in: Nikol/Schniederjahn/Bernhard, Transnationale Unternehmen, S. 101 (106).

165 *Zimmer*, Soziale Mindeststandards, S. 105; *Schniederjahn*, in: Nikol/Schniederjahn/Bernhard, Transnationale Unternehmen, S. 101 (108).

166 SRSG, Report 2008, Rn. 98, UN-Dok. A/HRC/8/5; *Schniederjahn*, in: Nikol/Schniederjahn/Bernhard, Transnationale Unternehmen, S. 101 (107).

gelt. Angesichts dieser Durchsetzungsdefizite kann das Beschwerdeverfahren kein Ersatz für eine rechtliche Regulierung sein.[167]

Die *Dreigliedrige Grundsatzerklärung der ILO* über multinationale Unternehmen und Sozialpolitik[168] richtet sich an die Regierungen der Mitgliedstaaten der ILO, die beteiligten Arbeitnehmer- und Arbeitgeberverbände sowie die in den Mitgliedstaaten tätigen multinationalen Unternehmen[169] und bezieht sich vor allem auf Arbeitnehmerrechte. Allerdings enthält sie keine konkrete Aussage zu unternehmerischen Sorgfaltspflichten.

II. Durch private Akteure gesetzte Standards

Neben den Standards internationaler Organisationen existiert eine unüberschaubare Anzahl unterschiedlicher von privaten Akteuren gesetzter Standards.

Beispielsweise hat *Social Accountability International* (SAI), eine internationale Multi-Stakeholder-Organisation,[170] im Jahr 1997 den *Social-Accountability 8000-Standard* (im Folgenden: SA8000)[171] ins Leben gerufen. Dieser für Unternehmen freiwillige Standard fördert Menschenrechte bei der Arbeit unabhängig von der Branche. Gegenüber anderen Standards zeichnet ihn aus, dass er die Zertifizierung der Arbeitsstätten (nicht hingegen konkreter Produkte) ermöglicht.[172] Hat sich ein Unternehmen zur Zertifi-

---

167 Ähnlich auch *Nordhues*, Haftung Muttergesellschaft, S. 268.
168 Aktuelle Fassung: Dreigliedrige Grundsatzerklärung über multinationale Unternehmen und Sozialpolitik, angenommen vom Verwaltungsrat des Internationalen Arbeitsamtes auf seiner 204. Tagung (Genf, November 1977) und abgeändert auf seiner 279. (November 2000), 295. (März 2006) und 329. Tagung (März 2017), online verfügbar unter http://www.ilo.org/wcmsp5/groups/public/---ed_e mp/---emp_ent/documents/publication/wcms_579897.pdf (zuletzt aufgerufen am 19.06.2019).
169 Dreigliedrige Grundsatzerklärung über multinationale Unternehmen und Sozialpolitik, Nr. 4; zum Begriff des multinationalen Unternehmens s. Nr. 6 der Erklärung.
170 http://www.sa-intl.org/index.cfm?fuseaction=Page.ViewPage&pageId=472 (zuletzt aufgerufen am 19.06.2019).
171 Für eine deutsche Übersetzung des Standards i.d.F. von Juni 2014 s. http://www. sa-intl.org/_data/global/files/SA80002014_German(1).pdf (zuletzt aufgerufen am 19.06.2019).
172 http://www.saasaccreditation.org/certification (zuletzt aufgerufen am 19.06.2019).

zierung entschlossen, ist die Einhaltung der Vorgaben verpflichtend.[173] Wird im Rahmen der Audits die Nichteinhaltung der Standards festgestellt, können die jeweiligen Konsequenzen bis zur Suspendierung bzw. zum Verlust des Zertifikats führen.[174] Gleiche Auswirkungen können unter Umständen individuelle Beschwerden haben.[175] Zwar beinhaltet der Standard keine konkreten Aussagen zu Sorgfaltspflichten der zertifizierten Einrichtungen, allerdings sind die im Standard enthaltenen Anforderungen an die Unternehmen sehr konkret formuliert („darf nicht" / „soll nicht" / „muss").[176] Zur weiteren Konkretisierung tragen ein Leitfaden (*Guidance Document*) und ein Annex zur Anzeige der Erfüllung (*Performance Indicator Annex*) bei.[177]

Bei dem *amfori BSCI-Verhaltenskodex* handelt es sich um einen Standard, den der globale Unternehmensverband *amfori*[178] entwickelt hat. Die elf Grundsätze des Kodex beziehen sich vor allem auf arbeitsrechtliche Mindeststandards.[179] Sie sind angestrebte Ziele und Mindesterwartungen. Die Einhaltung wird als ein Prozess gesehen, bei dem es jederzeit zu Lücken, Mängeln, Störungen und unvorhersehbaren Ereignissen kommen könne.[180] Der Kodex nimmt die Teilnehmer und deren Vertragspartner in den

---

173 Zum Zertifizierungsverfahren s. http://www.sa-intl.org/index.cfm?fuseaction=Page.ViewPage&pageId=1791 (zuletzt aufgerufen am 19.06.2019); s. näher auch http://www.saasaccreditation.org/app-procedure (zuletzt aufgerufen am 19.06.2019).

174 S. hierzu ausführlich: Audit Requirements for Accredited Certification Bodies for the SA8000 Program, Version 3.1, issued February 2017 (SAAS Procedure 200:2015), Nr. 22 Non-Conformity Classification, S. 89-93, online verfügbar unter http://www.saasaccreditation.org/sites/default/files/u4/SAAS_Procedure_200_v 3.1_February.2017.pdf (zuletzt aufgerufen am 19.06.2019).

175 S. SAAS Global Procedure Guideline 304 (For Making a Complaint or Appeal), Nr. 5.9, online verfügbar unter http://www.saasaccreditation.org/sites/default/files/u7/Procedure%20304%2C%20January.2008_1.pdf (zuletzt aufgerufen am 19.06.2019).

176 S. etwa die Anforderungen im Bereich Zwangs- oder Pflichtarbeit Nr. IV.2.

177 SA8000:2014 Guidance Document (Updated June 2016) und SA8000:2014 Performance Indicator Annex; eine Liste der Dokumente zum SA8000 ist online verfügbar unter http://www.sa-intl.org/index.cfm?fuseaction=Page.ViewPage&pageId=1459 (zuletzt aufgerufen am 19.06.2019).

178 Bis Januar 2018: Foreign Trade Association, FTA.

179 S. zu den einzelnen Standards im Detail *amfori* BSCI-Verhaltenskodex, S. 4-9; die deutsche Übersetzung ist online verfügbar unter https://www.amfori.org/sites/default/files/amfori%20BSCI%20Code%20of%20Conduct_DE__0.pdf (zuletzt aufgerufen am 19.06.2019).

180 S. hierzu amfori BSCI-Verhaltenskodex, S. 3.

Blick.[181] Die unterschiedlichen Umsetzungsbedingungen für *amfori* BSCI-Teilnehmer,[182] für Geschäftspartner[183] sowie für in den *amfori* BSCI-Überwachungsprozess einzubeziehende Geschäftspartner (Produzenten)[184] sehen auch eine *Due Diligence* in der Lieferkette (für die dritte Gruppe: *Due Diligence* in ihren eigenen Einrichtungen und in ihrer Lieferkette) vor.[185] Hier ist ebenfalls die Parallele zur menschenrechtlichen Sorgfaltspflicht der UN-Leitprinzipien unverkennbar. Die Unterschrift durch die jeweiligen Unternehmen begründet einen einseitigen Vertrag mit der Konsequenz, dass ein Verstoß zu einer vertraglichen Haftung führen kann und eine Missachtung der Werte oder ein Verstoß gegen die Umsetzungsbedingungen einen hinreichenden Grund für einen Ausschluss des Teilnehmers darstellt.[186] Ein Verstoß durch die Geschäftspartner und Produzenten kann zur Kündigung der Vertragsbeziehungen führen.[187]

III. Ausgewählte Standards mit Beteiligung unterschiedlicher Akteure

In Bezug auf Standards, an denen unterschiedliche Akteure beteiligt sind, ist zuvörderst der *UN-Global Compact* zu nennen, auch wenn er sich selbst nicht als Verhaltensstandard, sondern als Dialog- und Lernplattform für die Integration transnationaler Unternehmen in die Arbeit der UN und

---

181 Amfori BSCI-Verhaltenskodex, S. 3 f.
182 Die deutsche Übersetzung ist online verfügbar unter http://www.amfori.org/site s/default/files/Terms%20of%20Implementation%20for%20BSCI%20Participants _DE.pdf (zuletzt aufgerufen am 19.06.2019) (im Folgenden: TOI Teilnehmer).
183 Die deutsche Übersetzung ist online verfügbar unter http://www.amfori.org/site s/default/files/Terms%20of%20Implementation%20for%20Business%20Partners _DE_.pdf (zuletzt aufgerufen am 19.06.2019). (im Folgenden: TOI Geschäfts-partner).
184 Die deutsche Übersetzung ist online verfügbar unter http://www.amfori.org/site s/default/files/Terms%20of%20Implementation%20for%20Business%20Partners -Producers_DE.pdf (zuletzt aufgerufen am 19.06.2019) (im Folgenden: TOI Produzenten).
185 S. TOI Teilnehmer, TOI für Geschäftspartner und TOI Produzenten, jeweils Abschnitt V.
186 Amfori BSCI-Glossar, Stichwort „Umsetzungsbedingungen (TOI)", die deutsche Übersetzung ist online verfügbar unter http://www.amfori.org/sites/default/files /amfori%20BSCI%20Glossary_DE.pdf (zuletzt aufgerufen am 19.06.2019); TOI Teilnehmer Nr. 2.6.
187 TOI Geschäftspartner und Produzenten Nr. 2.6.

ihrer Sonderorganisationen versteht.[188] Unter den Mitgliedern des *Global Compacts* sind circa 9500 Unternehmen aus über 160 Ländern.[189] Der *Global Compact* umfasst zehn Prinzipien, wobei für die Menschenrechte vor allem Prinzipien 1 und 2 und unter Umständen auch Prinzipien 3 bis 6 in Bezug auf Arbeitsnormen relevant werden können. Zwar enthalten die allgemein gehaltenen Prinzipien als solche keine ausdrücklichen Aussagen zu unternehmerischen Sorgfaltspflichten, die Erläuterungen zu Prinzip 1[190] beinhalten indes ein Konzept einer menschenrechtlichen Sorgfalt, das wiederum die gleichen Elemente wie das der UN-Leitprinzipien enthält. Der UN *Global Compact* geht insoweit über die UN-Leitprinzipien hinaus, als dass er zusätzlich die Förderung der Menschenrechte durch Unternehmen beinhaltet. Eine Erklärung des *Global Compact* und des *Office of the High Commissioner for Human Rights*[191] zeigt, dass die UN-Leitprinzipien auch zur Konkretisierung der Prinzipien des *Global Compact* zu den Menschenrechten herangezogen werden können. Problematisch mit Blick auf den *Global Compact* sind vor allem die fehlenden Durchsetzungsmechanismen:[192] Vom *Global Compact* werden nur Unternehmen ausgeschlossen, die den Berichtspflichten[193] nicht nachkommen. Es findet keine inhaltli-

---

188 Ausführlich *Zimmer*, Soziale Mindeststandards, S. 110–113; s. auch *Nowrot*, FW 79 (2004), 119 (135); *von Schorlemer*, in: von Schorlemer, Praxishandbuch, S. 507 (520–522).

189 https://www.unglobalcompact.org/what-is-gc (zuletzt aufgerufen am 19.06.2019); zu einer Liste der Mitglieder des Global Compact s. https://www.unglobalcompact.org/what-is-gc/participants/search?utf8=%E2%9C%93&search%5Bkeywords%5D=&search%5Bsort_field%5D=&search%5Bsort_direction%5D=asc (zuletzt aufgerufen am 19.06.2019).

190 S. hierzu https://www.unglobalcompact.org/what-is-gc/mission/principles/principle-1 (zuletzt aufgerufen am 19.06.2019).

191 United Nations Global Compact, Office of the High Commissioner for Human Rights, The UN Guiding Principles and Human Rights: Relationship to UN Global Compact Commitments, July 2011 (Updated June 2014), online verfügbar unter https://www.unglobalcompact.org/docs/issues_doc/human_rights/Resources/GPs_GC%20note.pdf (zuletzt aufgerufen am 19.06.2019).

192 S. zu allgemeiner Kritik am *Global Compact Zimmer*, Soziale Mindeststandards, S. 113–115; *von Schorlemer*, in: von Schorlemer, Praxishandbuch, S. 507 (535–540).

193 Zu den Anforderungen an die und Konsequenzen bei Nichteinhaltung der Berichtspflichten s. näher Richtlinien des Global Compacts der Vereinten Nationen zu Fortschrittsberichten, online verfügbar unter https://www.unglobalcompact.org/docs/communication_on_progress/translations/COP_Policy_DE.pdf (zuletzt aufgerufen am 19.06.2019), S. 1-3.

che Überprüfung der Berichte statt.[194] Der *Global Compact* kann insofern von Unternehmen, deren Praktiken im Widerspruch zu den Prinzipien stehen, zu Werbezwecken missbraucht werden.[195]

Auf nationaler Ebene ist insbesondere das *Bündnis für nachhaltige Textilien* (im Folgenden: Textilbündnis), immer wieder Gegenstand von Debatten. Hierbei handelt es sich um eine Multi-Stakeholder-Initiative,[196] an der insbesondere auch staatliche Institutionen beteiligt sind. Das Bündnis besteht derzeit aus etwa 120 Vertretern aus Bundesregierung, Wirtschaft, Nichtregierungsorganisationen, Gewerkschaften und Standardorganisationen.[197] Ziel des Bündnisses ist es, *„die sozialen und ökologischen Bedingungen in der weltweiten Textilproduktion zu verbessern".*[198] Das Textilbündnis setzt auf die individuelle Verantwortung des Unternehmens, auf gemeinsames Engagement in der Form von Bündnisinitiativen in den Produktionsländern und auf gegenseitige Unterstützung in Form einer Lern- und Dialogplattform.[199] In Bezug auf die individuelle Verantwortung müssen Unternehmen zunächst den individuellen Ausgangspunkt festlegen und dann jährliche Maßnahmenpläne und Fortschrittsberichte erstellen und veröffentlichen. Diese unterliegen im Hinblick auf ihre Plausibilität der externen Prüfung.[200] Daneben existieren ab 2018 für alle Mitglieder verbindliche Zeit- und Mengenziele sowie gemeinsame Bündnisziele.[201]

---

194 *Zimmer*, Soziale Mindeststandards, S. 111–112.
195 S. hierzu z.B. *Zimmer*, Soziale Mindeststandards, S. 114.
196 https://www.textilbuendnis.com/ (zuletzt aufgerufen am 19.06.2019).
197 Eine Übersicht über die Mitglieder findet sich unter https://www.textilbuendnis .com/uebersicht/ (zuletzt aufgerufen am 19.06.2019).
198 https://www.textilbuendnis.com/portrait-textilbuendnis/ (zuletzt aufgerufen am 19.06.2019).
199 https://www.textilbuendnis.com/portrait-textilbuendnis/ (zuletzt aufgerufen am 19.06.2019); zu Bündnisinitiativen s. https://www.textilbuendnis.com/buendnisi nitiativen/ (zuletzt aufgerufen am 19.06.2019).
200 S. zum Review-Prozess ausführlich https://www.textilbuendnis.com/der-review- prozess/ (zuletzt aufgerufen am 19.06.2019).
201 S. zu den Zeit- und Mengenzielen https://www.textilbuendnis.com/wp-content/ uploads/2017/12/Ziele-im-%C3%9Cberblick.pdf (zuletzt aufgerufen am 19.06.2019).

B. Im Besonderen: Die UN-Leitprinzipien für Wirtschaft und Menschenrechte

Nach Darstellung von Entstehungsgeschichte (I.) und Inhalt der UN-Leitprinzipien (II.) soll auf Kritik an diesen eingegangen und eine Bewertung der UN-Leitprinzipien vorgenommen werden (III.). Abschließend werden Entwicklungen im Anschluss an die UN-Leitprinzipien aufgezeigt (IV.).

I. Entstehungsgeschichte

Bereits seit den 1970er Jahren wird auf UN-Ebene immer wieder versucht, transnationale Unternehmen zu regulieren. Der erste Versuch zur Entwicklung eines Verhaltenskodex für transnationale Unternehmen (*Code of Conduct on transnational Corporations*)[202] wurde im Jahr 1992 aufgrund unüberbrückbarer Differenzen zwischen den Staaten aufgegeben.[203] Von zentraler Bedeutung für Inhalt und Ausgangspunkt der UN-Leitprinzipien waren die von einer Arbeitsgruppe entworfenen *Normen der Vereinten Nationen für die Verantwortlichkeiten transnationaler Unternehmen und anderer Wirtschaftsunternehmen im Hinblick auf die Menschenrechte* (im Folgenden: UN-Normen).[204] Diese waren nicht als freiwilliges Instrument[205] gedacht und beinhalteten weitreichende Verpflichtungen der Unternehmen (s. Nr. 1 der Normen).[206] Allerdings hat die Menschenrechtskommission die Normen nicht angenommen und in einer Stellungnahme aus 2004 deren fehlende rechtliche Bedeutung betont.[207] Dies hat der ECOSOC bestä-

---

202 S. hierzu ausführlich *Muchlinski*, in: Kamminga/Zia-Zarifi, Liability, S. 97 (98–102); *Sauvant*, JWIT 16 (2015), 11.

203 *Joseph*, in: Kamminga/Zia-Zarifi, Liability, S. 75 (84) m.w.N.; *Muchlinski*, in: Kamminga/Zia-Zarifi, Liability, S. 97 (101); *Sauvant*, JWIT 16 (2015), 11 (55).

204 UN-Dok. E/CN.4/Sub.2/2003/2/Rev. 2; s. auch den Kommentar zu diesen Normen, UN-Dok. E/CN.4/Sub.2/2003/38/Rev. 2; zu einer deutschen Übersetzung s. http://www.un.org/Depts/german/wiso/e-cn.4-sub.2-2003.pdf (zuletzt aufgerufen am 19.06.2019); s. zu den Normen auch *Muchlinski*, MNE & Law, S. 518–524, 531-536; *Nowrot*, UN-Norms; *Fastenrath*, in: von Schorlemer, "Wir, die Völker (…)", S. 69; *Weissbrodt/Kruger*, AJIL 97 (2003), 901.

205 S. auch *Fastenrath*, in: von Schorlemer, "Wir, die Völker (…)", S. 69 (75); *Weissbrodt/Kruger*, AJIL 97 (2003), 901 (913–915).

206 Zu einem Überblick über den Inhalt der Normen s. *Nowrot*, UN-Norms, S. 10–21; *Hillemanns*, GLJ 4 (2003), 1065 (1072–1078).

207 CHR, Decision 2004/116, Abschnitt (c), UN-Dok. E/CN.4/DEC/2004/116.

tigt.[208] Im Anschluss hieran bestellte die Menschenrechtskommission *John Ruggie* als Sonderbeauftragten des Generalsekretärs für Wirtschaft und Menschenrechte. Dessen Mandat ist vor dem Hintergrund des Scheiterns der UN-Normen zu betrachten.[209] Er sollte u.a. Standards unternehmerischer Verantwortung identifizieren und klären.[210] Die UN-Leitprinzipien basieren vor allem auf dem Bericht aus dem Jahr 2008, in dem *Ruggie* ein auf drei Säulen („*Protect*", „*Respect*", „*Remedy*") basierendes Rahmenwerk vorstellte.[211] Die einzelnen Säulen stehen grundsätzlich für sich, ergänzen und verstärken sich aber gegenseitig.[212]

Nach Veröffentlichung eines Entwurfs und anschließendem breit angelegten Konsultationsprozess, in den zahlreiche Stakeholder einbezogen wurden,[213] stellte *Ruggie* im Juni 2011 die UN-Leitprinzipien vor, die der Menschenrechtsrat im Konsens billigte und begrüßte.[214]

Das gesamte Mandat des UN-Sonderbeauftragten ist geprägt von weit angelegten Konsultationsverfahren und der weitreichenden Einbeziehung vieler Stakeholder.[215]

II. Der Inhalt der UN-Leitprinzipien – insbesondere die Verantwortung der Unternehmen zur Achtung der Menschenrechte

Die UN-Leitprinzipien übernehmen die Kategorien des Reports von 2008. Sie sind ebenfalls aufgeteilt in drei Säulen: die Pflicht des Staates zum

---

208 ECOSOC, Decision 2004/279.
209 *López*, in: Deva/Bilchitz, HR Obligations, S. 58 (61); *Winkler*, zfmr 2011, 164 (165).
210 Pressemeldung der UN vom 28.07.2005, SG/A/934, online verfügbar unter https://www.un.org/press/en/2005/sga934.doc.htm (zuletzt aufgerufen am 19.06.2019); s. auch den Antrag der UN-Menschenrechtskommission, Resolution 2005/69, UN-Dok. E/CN.4/RES/2005/69.
211 SRSG, Report 2008, UN-Dok. A/HRC/8/5; s. auch *Winkler*, zfmr 2011, 164 (165 f.).
212 SRSG, Report 2008, Rn. 9, UN-Dok. A/HRC/8/5; SRSG, Report 2011, Rn. 6, UN-Dok. A/HRC/17/31; s. auch *López*, in: Deva/Bilchitz, HR Obligations, S. 58 (64).
213 SRSG, Report 2011, Rn. 10, UN-Dok. A/HRC/17/31.
214 HRC, Resolution 17/4 (2001), Rn. 1, UN-Dok. A/HRC/17/4.
215 Nach eigenen Angaben hat er bis Januar 2011 insgesamt 47 internationale Konsultationen auf allen Kontinenten durchgeführt und Unternehmen und lokale Stakeholder in mehr als 20 Ländern besucht, s. SRSG, Report 2011, Rn. 8, UN-Dok. A/HRC/17/31.

Schutz der Menschenrechte (1.), die Verantwortung des Unternehmens zur Achtung der Menschenrechte (2.) und den Zugang zu Abhilfe (3.). Sie werden durch Kommentare mit Auslegungshilfen und weiteren Details ergänzt.

Die vorgelagerten Allgemeinen Prinzipien betonen u.a. die Anwendbarkeit auf alle Staaten und sämtliche Wirtschaftsunternehmen, geben eine am *Telos* orientierte Auslegung vor und heben darüber hinaus hervor, dass die UN-Leitprinzipien weder neue völkerrechtliche Verpflichtungen schaffen noch staatliche menschenrechtliche Verpflichtungen einschränken oder untergraben sollen.

1. Die Pflicht der Staaten zum Schutz der Menschenrechte („Protect")

Nach Leitprinzip 1 sind die Staaten zum Schutz vor Menschenrechtsverletzungen durch Dritte auf ihrem Hoheitsgebiet bzw. in ihrer Jurisdiktion verpflichtet. Sie sollen auf allen Ebenen der Gewaltenteilung geeignete Maßnahmen zur Prävention, Untersuchung, Ahndung und Wiedergutmachung zur Verfügung stellen. Darüber hinaus sollen sie bei grenzüberschreitend tätigen Unternehmen zum Ausdruck bringen, dass sie für in- und ausländische Tätigkeit eine Achtung der Menschenrechte erwarten (LP 2). Nach Leitprinzip 3 sollen die Staaten ihrer Schutzpflicht beispielsweise durch die Durchsetzung von Rechtsvorschriften oder die Bereitstellung von wirksamen Handlungsanleitungen nachkommen.

2. Die Verantwortung der Unternehmen zur Achtung der Menschenrechte („Respect")

Die Verantwortung der Unternehmen zur Achtung der Menschenrechte umfasst nach Leitprinzip 11, dass Unternehmen es vermeiden sollen, die Menschenrechte anderer zu beeinträchtigen und bei etwaiger Beteiligung an nachteiligen menschenrechtlichen Auswirkungen diesen begegnen sollen. Leitprinzip 12 nennt als Mindeststandard für die einzuhaltenden Menschenrechte die Internationale Menschenrechtscharta und die Erklärung der ILU über die grundlegenden Rechte und Prinzipien bei der Arbeit.

Die sich anschließenden Prinzipien konkretisieren den Umfang der unternehmerischen Verantwortung. Diese sollen zunächst eigene nachteilige Auswirkungen, sei es durch Verursachung oder durch Beteiligung, auf die Menschenrechte vermeiden und etwaigen Beeinträchtigungen begegnen.

Auch wenn es selbst nicht zu den Auswirkungen beiträgt, soll sich ein Unternehmen bemühen, negative Auswirkungen, die aufgrund einer Geschäftsbeziehung oder mit der Geschäftstätigkeit, den Produkten oder Dienstleistungen unmittelbar verbunden sind, zu verhüten oder zu mindern (LP 13). Insbesondere die Einbeziehung von Geschäftsbeziehungen und der Geschäftstätigkeit eines Unternehmens zeigt deutlich auf, dass Unternehmen auch für die Einhaltung der Menschenrechte entlang der Zuliefer- und Wertschöpfungskette verantwortlich sind. Die Anforderungen an die von den Unternehmen zu treffenden Maßnahmen sind abhängig von deren Größe, Sektor, operativem Umfeld, Eigentumsverhältnissen, Struktur und der Schwere der nachteiligen menschenrechtlichen Auswirkungen (LP 14). Entscheidende Elemente der unternehmerischen Verantwortung sind gemäß Leitprinzip 15 eine Grundsatzverpflichtung (s. hierzu LP 16), ein Verfahren zur Gewährleistung der Einhaltung der menschenrechtlichen Sorgfaltspflicht und ein Verfahren zur Wiedergutmachung menschenrechtlicher Auswirkungen.

Für die Frage nach den rechtlichen Sorgfaltspflichten eines Unternehmens kann die der UN-Leitprinzipien möglicherweise große Bedeutung erlangen,[216] sodass eine nähere Betrachtung der menschenrechtlichen Sorgfalt in den UN-Leitprinzipien geboten ist. Hiernach muss das Unternehmen zunächst die durch eigene Tätigkeit oder Geschäftsbeziehungen entstehenden menschenrechtlichen Auswirkungen ermitteln und bewerten (s. näher LP 18). Ein zweiter Schritt besteht in der Integration der Erkenntnisse aus dieser Prüfung in die internen Geschäftsbereiche und Abläufe und dem Ergreifen entsprechender Maßnahmen. Welche Maßnahmen genau zu treffen sind, richtet sich nach der Art der Beteiligung des Unternehmens und dessen Möglichkeiten, der nachteiligen Auswirkung zu begegnen (LP 19). Anschließend soll das Unternehmen die Wirksamkeit seiner Gegenmaßnahmen anhand qualitativer und quantitativer Indikatoren und Rückmeldungen interner und externer Quellen verfolgen (LP 20). Der letzte Schritt besteht schließlich in der externen Kommunikation (s. näher LP 21).

Die menschenrechtliche Sorgfaltspflicht der UN-Leitprinzipien erstreckt sich sowohl auf die Auswirkungen, die das Unternehmen durch eigenen Tätigkeiten verursacht oder zu denen es beiträgt, als auch auf solche, die mit der Geschäftstätigkeit, den Produkten oder den Dienstleistungen unmittelbar verbunden sind (vgl. LP 17) und schließt damit abhängige Un-

---

216 S. hierzu u. § 16 B. II. 3. c) bb).

ternehmen und Unternehmen entlang der Zuliefer- und Wertschöpfungskette ein.

Bei nachteiligen menschenrechtlichen Auswirkungen durch die Aktivi-
tät von transnationalen Unternehmen oder Beteiligung hieran sieht Leitprinzip 22 ein Wiedergutmachungsverfahren vor. Leitprinzip 24 gibt
schließlich eine Anleitung für eine möglicherweise erforderliche Priorisierung.

3. Zugang zu Abhilfe („Remedy")

Leitprinzip 25 weist zunächst darauf hin, dass der Zugang zur Abhilfe Bestandteil der staatlichen Schutzpflicht ist und für Verletzungen innerhalb
des staatlichen Hoheitsgebiets bzw. der jeweiligen Jurisdiktion durch gerichtliche, administrative, gesetzgeberische oder andere Mittel erfolgen
kann. Die nachfolgenden Prinzipien gehen detailliert auf staatliche gerichtliche Mechanismen (LP 26), staatliche außergerichtliche Mechanismen (LP 27) und nicht staatliche Beschwerdemechanismen (LP 28) als
mögliche Abhilfemechanismen ein.

III. Kritik und Bewertung

Die UN-Leitprinzipien wurden nicht nur positiv aufgenommen. Vorrangig das Verfahren der Regelsetzung, Sprache und Inhalt der Leitprinzipien
sind Gegenstand von Kritik geworden. Die folgenden Ausführungen stellen die wesentlichen Kritikpunkte dar, systematisieren und bewerten sie.
Dabei ist zu berücksichtigen, dass die UN-Leitprinzipien wohl das Maxi-
mum sind, das derzeit auf Ebene der Vereinten Nationen „regulierungs-
technisch" möglich ist. Insofern mag die geäußerte Kritik zwar teilweise
der Sache nach überzeugen, einige Forderungen sind allerdings in der Praxis derzeit nicht durchsetzbar.

1. Meinungsstand

In *verfahrensrechtlicher* Hinsicht waren vor allem das Ziel der Herbeiführung eines Konsenses zwischen sämtlichen betroffenen Stakeholdern und
die Beteiligung der unterschiedlichen Stakeholder an den Konsultationen
Gegenstand von Kritik. Durch ersteres seien nur konsensfähige Aspekte

ausgewählt und Streitfragen außer Betracht gelassen worden.[217] Aufgrund des pragmatischen Ansatzes bleibe die Schwelle für die Verantwortlichkeit auf einem niedrigen Niveau.[218] Ferner sei auf Einwände und abweichende Ansichten der Nichtregierungsorganisationen und Zivilgesellschaft nicht hinreichend eingegangen worden.[219]

Bei den Konsultationen habe der Unternehmenssektor einen zu großen Einfluss gehabt, während Zivilgesellschaft und Nichtregierungsorganisationen nicht ausreichend beteiligt worden seien.[220] Daneben seien direkt von Menschenrechtsverletzungen betroffene Individuen und Gruppen gar nicht in den Konsultationsprozess einbezogen worden.[221] Zudem sei die Bedeutung der Konsultationen stark eingeschränkt gewesen, da der Kern des Regelwerks von Beginn an unantastbar gewesen sei.[222]

Inhaltlich wird vor allem die fehlende rechtliche Verbindlichkeit der Leitprinzipien beanstandet.[223] Diese beinhalteten im Ergebnis kein neues oder revolutionäres Konzept[224] (was allerdings auch nicht Ansatzpunkt des UN-Sonderbeauftragten war[225]) und seien mehrdeutig, widersprüchlich und in einigen Bereichen nicht ausreichend entwickelt.[226] Im Hinblick auf die staatliche Schutzpflicht blieben die Leitprinzipen in vielen Fällen hinter dem geltenden Völkerrecht bzw. dem aktuellen Diskussionsstand zu-

---

217 *Bilchitz/Deva*, in: Deva/Bilchitz, HR Obligations, S. 1 (11, 15, 16-17); *Deva*, in: Deva/Bilchitz, HR Obligations, S. 78 (86).

218 *Bilchitz*, in: Deva/Bilchitz, HR Obligations, S. 107 (123); *Bilchitz/Deva*, in: Deva/Bilchitz, HR Obligations, S. 1 (12); ähnlich *Nolan*, in: Deva/Bilchitz, HR Obligations, S. 138 (161).

219 *Deva*, in: Deva/Bilchitz, HR Obligations, S. 78 (84 f.).

220 *Bilchitz/Deva*, in: Deva/Bilchitz, HR Obligations, S. 1 (8 f.); *Deva*, in: Deva/Bilchitz, HR Obligations, S. 78 (84 f.); *López*, in: Deva/Bilchitz, HR Obligations, S. 58 (70).

221 *Deva*, in: Deva/Bilchitz, HR Obligations, S. 78 (83 f.); ähnlich *López*, in: Deva/Bilchitz, HR Obligations, S. 58 (69 f.); s. aber auch SRSG, Report 2011, Rn. 10, UN-Dok. A/HRC/17/31.

222 *Deva*, in: Deva/Bilchitz, HR Obligations, S. 78 (85 f.).

223 S. etwa *Bilchitz*, in: Deva/Bilchitz, HR Obligations, S. 107 (110–118); *López*, in: Deva/Bilchitz, HR Obligations, S. 58 (72); ähnlich *Nolan*, in: Deva/Bilchitz, HR Obligations, S. 138 (155–158); zu weiterer inhaltlicher Kritik s. etwa *Winkler*, zfmr 2011, 164 (169–173).

224 *Deva*, in: Deva/Bilchitz, HR Obligations, S. 78 (88); *López*, in: Deva/Bilchitz, HR Obligations, S. 58 (71).

225 SRSG, Report 2011, Rn. 14, UN-Dok. A/HRC/17/31.

226 *Bilchitz/Deva*, in: Deva/Bilchitz, HR Obligations, S. 1 (25).

rück,[227] beispielsweise in Bezug auf die staatlichen, insbesondere die extraterritorialen Schutzpflichten.[228] Die menschenrechtliche Verantwortung der Unternehmen sei nicht hinreichend klar umrissen.[229] Außerdem wird die Prozessbezogenheit des *Due Diligence*-Verfahrens bemängelt; diese könne nicht garantieren, dass die Unternehmen, die dieses Verfahren anwenden, menschenrechtskonform handeln.[230] Daneben fehlten Sanktionen für unternehmerische Verstöße gegen die Sorgfaltspflichten oder Wiedergutmachungsverfahren.[231] Darüber hinaus seien (bedingt durch das oben genannte Konsensverfahren) Streitfragen nicht berücksichtigt worden, wodurch die Leitprinzipien etwa keine Angaben zur Verantwortung / Haftung der Mutter- für Tochterunternehmen und keine Konkretisierung für den Bereich der unternehmerischen Beteiligung beinhalteten.[232] Einigen fehlt die Aufnahme einer Verantwortlichkeit der Unternehmen zur Förderung der Menschenrechte.[233]

Mit der Kritik am Inhalt der Leitprinzipien eng zusammen hängt eine solche an deren *Formulierung*. *Deva* bemängelt beispielsweise, dass im Rahmen der zweiten Säule von *„responsibility"* („Verantwortung") und nicht von *„duty"* („Pflicht")[234] sowie von *„impact"* („Auswirkungen") und nicht von *„violation"* („Verletzung") die Rede ist.[235]

Losgelöst von diesen drei Kategorien äußert das Schrifttum Kritik daran, dass durch die Vorbildfunktion bzw. Anerkennung der Leitprinzipien und der Anpassung anderer Regelwerke und neuer Initiativen an deren Vorga-

---

227 *López*, in: Deva/Bilchitz, HR Obligations, S. 58 (60); *Winkler*, zfmr 2011, 164 (174).
228 *Winkler*, zfmr 2011, 164 (174 f.); s. auch *de Schutter*, in: Deva/Bilchitz, HR Obligations, S. xv (xx–xxii).
229 *Deva*, in: Deva/Bilchitz, HR Obligations, S. 78 (88); indirekt auch *Winkler*, zfmr 2011, 164.
230 *Deva*, in: Deva/Bilchitz, HR Obligations, S. 78 (98–102).
231 *Deva*, in: Deva/Bilchitz, HR Obligations, S. 78 (87); ähnlich *López*, in: Deva/Bilchitz, HR Obligations, S. 58 (61).
232 *Deva*, in: Deva/Bilchitz, HR Obligations, S. 78 (87).
233 *Bilchitz*, in: Deva/Bilchitz, HR Obligations, S. 107 (126–136); ähnlich *Deva/Bilchitz*, HR Obligations, S. 95–96.
234 Ausführlich *Deva*, in: Deva/Bilchitz, HR Obligations, S. 78 (93–95); s. auch *van Dam*, JETL 2 (2011), 221 (245).
235 *Deva*, in: Deva/Bilchitz, HR Obligations, S. 78 (96–98); kritisch im Hinblick auf die Sprache der Leitprinzipien auch *Nolan*, in: Deva/Bilchitz, HR Obligations, S. 138 (159-161).

ben kein Raum für Verbesserungen und die Entwicklung weiterer Standards verbleibe.[236]

2. Stellungnahme

Dieser umfassenden Kritik an den UN-Leitprinzipien ist (nur) teilweise zuzustimmen. Zweifellos wären eine Einbeziehung der von Menschenrechtsverletzungen Betroffenen in die Konsultationen sowie eine gleichwertige Berücksichtigung der Äußerungen sämtlicher Stakeholder wünschenswert gewesen. Ein unverbindliches Regelwerk für Unternehmen ohne deren Zustimmung bzw. Unterstützung wäre hingegen in seiner praktischen Wirksamkeit stark eingeschränkt.[237] Dementsprechend kann – insbesondere vor dem Hintergrund des Scheiterns der UN-Normen 2003 – das Erreichen eines Mindeststandards zwischen Unternehmen, Zivilgesellschaft, Staaten und Nichtregierungsorganisationen trotz der damit verbundenen Nachteile nicht hoch genug bewertet werden.[238] Die UN-Leitprinzipien sollten als Minimalstandards anerkannt werden, da sie einer komplett fehlenden Regelung vorzuziehen sind[239] und eine Weiterentwicklung generell und auch die Entwicklung rechtlich verbindlicher Standards nicht ausschließen.

Die Normierung von Sanktionen für den Fall der Nichteinhaltung der Vorgaben der Leitprinzipien widerspräche zumindest in gewissem Maße dem Ansatz der Unverbindlichkeit und Freiwilligkeit. Darüber hinaus stellen Sanktionen nicht das einzige Mittel zur Erreichung der Einhaltung dar. Auch wenn ein Konsens auf internationale Ebene über ein einheitliches Regelwerk aktuell nicht zu erreichen ist, können zumindest auf nationaler Ebene Konsequenzen drohen. Ein Beispiel hierfür ist der Nationale Aktionsplan (NAP) in Deutschland, der für den Fall der Nichteinhaltung der Vorgaben weitergehende Schritte bis zu gesetzlichen Schritten vorsieht. Nicht zuletzt werden die UN-Leitprinzipien durch ihre faktische

---

236 *Bilchitz/Deva*, in: Deva/Bilchitz, HR Obligations, S. 1 (11); *López*, in: Deva/Bilchitz, HR Obligations, S. 58 (60, 67-68); anders *Spießhofer*, in: FS Paul Kirchhof, § 113 Rn. 9 (*„entwicklungsoffenes Instrument"*).

237 Ähnlich *Jägers*, in: Deva/Bilchitz, HR Obligations, S. 295 (296); *López*, in: Deva/Bilchitz, HR Obligations, S. 58 (70).

238 *Addo*, HRLR 2014, 133 (136, 141, 146); *de Schutter*, in: Deva/Bilchitz, HR Obligations, S. xv (xvii); *Kaltenborn/Norpoth*, RIW 2014, 402 (404); *Winkler*, zfmr 2011, 164 (178, 179–180).

239 *Winkler*, zfmr 2011, 164 (171).

Übernahme in die OECD-Leitsätze im Jahr 2011 mittelbar dem Beschwerdeverfahren vor den nationalen Kontaktstellen unterworfen.

Darüber hinaus kann man von einem Regelwerk, das den Anspruch hat, für sämtliche Unternehmen *„unabhängig von ihrer Größe, dem Sektor, dem sie angehören, ihrem operativen Umfeld, ihren Eigentumsverhältnissen und ihrer Struktur"* (Leitprinzip 14) zu gelten, nicht erwarten, klare Umrisse der Verantwortung dieser Unternehmen zu konturieren.[240] Eine Konkretisierung kann auch anderweitig erfolgen, etwa durch brancheninterne Standards, die Nationalen Aktionspläne, Vorschläge der Zivilgesellschaft und die Rechtsprechung.[241]

Der Kritik, dass die Leitprinzipien zahlreiche zentrale und in der Praxis entscheidende Fragen offenlassen, ist zuzustimmen. Dies gilt etwa für die fehlende Konkretisierung des Bereichs der unternehmerischen Beteiligung, aber auch für Fragen nach dem konkreten Adressaten im Unternehmen und nach der Drittwirkung der Sorgfaltspflichten gegenüber von Menschenrechtsverletzungen durch Unternehmen Betroffenen. Das Problem der fehlenden unmittelbaren Regelung der Verantwortlichkeit / Haftung der Mutter- für Tochterunternehmen könnte über einen Erst-recht-Schluss gelöst werden: Was für Geschäftsbeziehungen eines Unternehmens gilt, muss erst recht für Tochterunternehmen gelten, mit denen ein Unternehmen in der Regel enger verbunden ist. Alternativ ließe sich der Begriff „Geschäftsbeziehungen" so auslegen, dass er auch Tochterunternehmen erfasst.

Zusammenfassend sind die Leitprinzipien *„das Ende des Anfangs"* des Diskurses und damit ein vielversprechender Ausgangspunkt für weitere Diskussionen.[242] Erarbeiten viele Staaten Nationale Aktionspläne, können die Leitprinzipien als gemeinsame Grundlage zu einer einheitlichen Staatenpraxis in Bezug auf den Schutz vor Menschenrechtsverletzungen durch (transnationale) Unternehmen führen. Über eine derartige gemeinsame Übung könnten sie der Beginn für die Herausbildung von Völkergewohnheitsrecht sein, wobei allerdings das Kriterium der *opinio iuris* angesichts der fehlenden Verbindlichkeit zweifelhaft ist.[243] Da unverbindliche Regelungswerke häufig einen elementaren Schritt zur Herausbildung verbindli-

---

240 S. SRSG, Report 2011, Rn. 15, UN-Dok. A/HRC/17/31: *"one size does not fit all"*.
241 *de Schutter*, in: Deva/Bilchitz, HR Obligations, S. xv (xix).
242 SRSG, Report 2011, Rn. 13, UN-Dok. A/HRC/17/31; s. auch *Davitti*, HRLR 16 (2016), 55 (57); *de Schutter*, in: Deva/Bilchitz, HR Obligations, S. xv (xviii).
243 Offener, allerdings nicht überzeugend, *Weller/Thomale*, ZGR 2017, 509 (514) (*„werdendes Völkergewohnheitsrecht"*); ähnlich wie hier in Bezug auf die OECD-Leitsätze sowie die dreigliedrige Grundsatzerklärung und überdies auch am Kri-

chen Völkerrechts darstellen,[244] könnten sie außerdem Ausgangspunkt für eine (derzeit allerdings nahezu unwahrscheinliche) verbindliche völker(vertrags)rechtliche Regelung sein.[245] Nicht zuletzt können die Leitprinzipien einen Beitrag zur (einheitlichen) Auslegung unklarer Rechtsbegriffe des nationalen verbindlichen Rechts leisten.[246]

IV. Entwicklungen im Anschluss an die UN-Leitprinzipien

1. Schritte auf UN-Ebene

Mit einer Resolution aus dem Jahr 2011 gründete der Menschenrechtsrat eine Arbeitsgruppe (*Working Group on the Issue of Human Rights and Transnational Corporations and Other Business Enterprises*), die etwa die Implementierung der Leitprinzipien fördern, gute Praktiken bei der Umsetzung identifizieren, austauschen und fördern, beim *Capacity Building* und dem Gebrauch der Leitprinzipien unterstützen und Optionen erarbeiten, Länderbesuche durchführen sowie Empfehlungen in Bezug auf den Zugang zu effektiven Rechtsmitteln machen soll.[247] Die Arbeitsgruppe besteht aus fünf Experten aus geographisch gleichmäßig verteilten Ländern.[248]

Neben der Arbeitsgruppe wurde im Jahr 2011 vom Menschenrechtsrat das Forum Wirtschaft und Menschenrechte (*Annual Forum on Business and Human Rights*) ins Leben gerufen.[249] Dieses jährlich tagende Forum ist die Kernplattform zur Diskussion der UN-Leitprinzipien. Teilnehmen können Staaten, Wirtschaftsunternehmen und -verbände, zivilgesellschaftliche Organisationen, Gewerkschaften, Opfer, Wissenschaftler, Studenten, die Pres-

---

terium der Staatenpraxis zweifelnd *Nordhues*, Haftung Muttergesellschaft, S. 99–100.

244 S. hierzu *Weschka*, ZaöRV 2006, 625 (658); ähnlich *Nolan*, in: Deva/Bilchitz, HR Obligations, S. 138 (143) („*soft law [...] as a precursor to the introduction of hard law*").

245 Diesbezüglich allerdings kritisch *Bilchitz*, in: Deva/Bilchitz, HR Obligations, S. 107 (117).

246 Zur Frage, inwiefern die Leitprinzipien zur Konkretisierung der Verkehrspflichten herangezogen werden können s. ausführlich u. § 16 B. II. 3.

247 HRC, Resolution 17/4 (2011), Nr. 6 a-e, UN-Dok. A/HRC/Res/17/4; zur Verlängerung des Mandats s. HRC, Resolution 35/7 (2017), Nr. 11, UN-Dok. A/HRC/Res/35/7; s. zur Arbeitsgruppe und insb. zu den Länderbesuchen auch *Addo*, HRLR 2014, 133 (136–141).

248 HRC, Resolution 17/4 (2011), Nr. 6, UN-Dok. A/HRC/Res/17/4.

249 HRC, Resolution 17/4 (2011), Nr. 12, UN-Dok. A/HRC/Res/17/4.

se und weitere Stakeholder.[250] Daneben haben mehrere regionale Foren stattgefunden.[251]

Des Weiteren hat der Menschenrechtsrat im Juli 2014 eine zweite zwischenstaatliche Arbeitsgruppe (*open-ended intergovernmental working group on transnational corporations and other business enterprises with respect to human rights*) ins Leben gerufen und mit der Ausarbeitung eines bindenden völkerrechtlichen Instruments mandatiert.[252] Seit Juli 2018 gibt es einen ersten Entwurf eines rechtlich bindenden Instruments,[253] der im Oktober 2018 in der Arbeitsgruppe verhandelt wurde. Im Juni 2019 fanden offene, informelle Konsultationen statt.[254]

Der Entwurf der Arbeitsgruppe beinhaltet – anders als ursprünglich geplant[255] – keine unmittelbaren Pflichten der Unternehmen, sondern richtet sich stattdessen an die Staaten. In den Anwendungsbereich fallen ausschließlich unternehmerische Aktivitäten mit einem transnationalen Charakter (Art. 3 Nr. 1).[256] Zentrales Instrument zur Vermeidung von Menschenrechtsverletzungen ist zunächst die Verpflichtung der Staaten zur Einführung einer menschenrechtlichen Sorgfaltspflicht in das nationale Recht (Art. 9 Nr. 1). Diese soll mindestens folgende Bestandteile umfassen: eine Überwachung der menschenrechtlichen Auswirkungen, die Identifizierung und Bewertung von aktuellen oder potentiellen Menschenrechtsverletzungen, die Verhinderung von Menschenrechtsverletzungen, öffentliche und regelmäßige Berichterstattung über nichtfinanzielle Aspekte, vorherige und nachgelagerte Umwelt- und menschenrechtliche Folgenabschätzungen, Überlegungen in Bezug auf sämtliche vorgenannte Aspekte in allen vertraglichen Beziehungen, die transnationale unternehmerische Aktivitäten erfassen, und die Durchführung von Konsultationen mit potentiell Betroffenen und anderen relevanten Stakeholdern. Diese Pflicht

---

250 http://www.ohchr.org/EN/Issues/Business/Forum/Pages/ForumonBusinessandH umanRights.aspx (zuletzt aufgerufen am 19.06.2019); s. auch HRC, Resolution 17/4 (2011), Nr. 13, UN-Dok. A/HRC/Res/17/4.

251 S. hierzu *Addo*, HRLR 2014, 133 (137 f.).

252 HRC, Resolution 26/9 (2014), Nr. 1, UN-Dok. A/HRC/Res/26/9.

253 Zero draft legally binding instrument to regulate, in international human rights law, the activities of transnational corporations and other business enterprises vom 16.07.2018, online verfügbar unter: https://www.ohchr.org/Documents/ HRBodies/HRCouncil/WGTransCorp/Session3/DraftLBI.pdf (zuletzt aufgerufen am 19.06.2019).

254 https://www.ohchr.org/EN/HRBodies/HRC/WGTransCorp/Pages/IGWGOnTN C.aspx (zuletzt aufgerufen am 19.06.2019).

255 *Stöbener de Mora*, EuZW 2018, 963.

256 Kritisch *Stöbener de Mora*, EuZW 2018, 963.

bezieht sich auf eigene Aktivitäten, aber auch auf Aktivitäten von Tochtergesellschaften und solchen Einheiten, die das Unternehmen direkt oder indirekt kontrolliert oder die direkt mit seiner Tätigkeit, seinen Produkten oder seinen Dienstleistungen verbunden sind. Die menschenrechtliche Sorgfaltspflicht des Entwurfs geht also über die der UN-Leitprinzipien hinaus. Zentral für die vorliegende Arbeit ist überdies die Regelung der Haftung in Art. 10 des Entwurfs. Die Norm erfasst neben einer Verpflichtung zur Etablierung einer strafrechtlichen Haftung (Art. 10 Nr. 8-12) vor allem eine zivilrechtliche Haftung (Art. 10 Nr. 5-7). Anknüpfungspunkte einer solchen Haftung können die Kontrolle des Unternehmens über die Tätigkeit (Nr. 6 lit. a), eine hinreichende Nähebeziehung zur Tochtergesellschaft oder zur Gesellschaft in der Lieferkette bei starker und direkter Verbindung zwischen dem Verhalten des Unternehmens und dem Unrecht, das das Opfer erleiden muss (Nr. 6 lit. b) oder die Vorhersehbarkeit der Menschenrechtsverletzung in der Kette der Geschäftstätigkeit (Nr. 6 lit. c) sein. Im Ergebnis wird hiermit eine sehr weitreichende Haftung begründet.[257] Nach Art. 7 ist grundsätzlich das Recht des Forumstaates (inklusive des jeweiligen Kollisionsrechts) anwendbar, bemerkenswerterweise beinhaltet der Entwurf aber auch ein Wahlrecht des Opfers – wohl zugunsten des Sitzes (s. hierzu Art. 5 Nr. 2) des Unternehmens.[258] Daneben enthält der Entwurf u.a. Regeln zur Zuständigkeit (Art. 5), zu den Rechten der Opfer (Art. 8), zur gegenseitigen rechtlichen Unterstützung (Art. 11), zur internationalen Kooperation (Art. 12) sowie zur Einrichtung eines *Commitees* (Art. 14). Angesichts der zahlreichen Schwächen des Entwurfs sowie der Abkehr zahlreicher Staaten von dem Vorhaben ist die Zukunft des Instruments und die Effektivität für den Fall des Inkrafttretens ungewiss.[259]

---

257 Kritisch *Stöbener de Mora*, EuZW 2018, 963 („*widerspricht den üblichen Anforderungen an Kausalität und Verschulden*“).

258 Der Wortlaut ist insofern uneindeutig: "*where the involved person with business activities of a transnational character is domiciled*"; kritisch im Hinblick auf den Widerspruch zur Rom II-VO *Stöbener de Mora*, EuZW 2018, 963 (964).

259 *Stöbener de Mora*, EuZW 2018, 963 (964).

2. Staatliche Umsetzung der UN-Leitprinzipien durch Nationale Aktionspläne, insbesondere der Nationale Aktionsplan in Deutschland

Sowohl die Arbeitsgruppe der UN als auch die EU haben die Staaten aufgefordert, einen Nationalen Aktionsplan (NAP) zur Umsetzung der UN-Leitprinzipien zu erarbeiten.[260]

Das Bundeskabinett hat den deutschen NAP am 21. Dezember 2016 verabschiedet. Ihm waren eine Konsultationsphase (im Wesentlichen Plenumskonferenzen und Anhörungen) und eine Erstellungsphase durch die Bundesregierung vorausgegangen.[261] Insbesondere die Nichtregierungsorganisationen kritisieren, dass die ursprünglich vorgesehene Kommentierungsphase des endgültigen Aktionsplans aufgrund zeitlicher Verzögerungen entfiel.[262]

Nicht nur das Verfahren, sondern auch der Inhalt des NAP ist Gegenstand von Kritik insbesondere von Nichtregierungsorganisationen, aber auch vom Deutschen Institut für Menschenrechte (DIMR) geworden. Diese soll bei der der Darstellung der inhaltlichen Maßnahmen des NAP berücksichtigt werden.

Der deutsche NAP unterscheidet zwischen der Erwartungshaltung der Bundesregierung an die unternehmerische Sorgfalt in der Achtung der Menschenrechte (Abschnitt III) und Handlungsfeldern für den Staat (Abschnitt IV). Die Einhaltung soll durch ein Monitoring sichergestellt werden (Abschnitt VI).

Der Abschnitt zur Erwartungshaltung der Bundesregierung an die Unternehmen umfasst den Umfang und die praktische Ausgestaltung der Sorgfaltspflicht auf dem Gebiet der Menschenrechte sowie die Kernelemente der menschenrechtlichen Sorgfaltspflicht, die im Wesentlichen die

---

260 http://www.ohchr.org/EN/Issues/Business/Pages/NationalActionPlans.aspx (zuletzt aufgerufen am 19.06.2019); Kommission, Eine neue EU-Strategie (2011-14) für die soziale Verantwortung der Unternehmen (CSR), KOM(2011) 681 endg., S. 17; ein Überblick über die Staaten, die einen Nationalen Aktionsplan entwickelt haben oder sich im Entwicklungsprozess befinden, sowie Links zu den einzelnen Aktionsplänen finden sich unter http://www.ohchr.org/EN/Issues/Business/Pages/NationalActionPlans.aspx (zuletzt aufgerufen am 19.06.2019).

261 NAP S. 6 f.; s. hierzu und zu den entsprechenden Dokumentationen https://www.auswaertiges-amt.de/de/aussenpolitik/themen/aussenwirtschaft/wirtschaft-und-menschenrechte/expertenanhoerungen-node (zuletzt aufgerufen am 19.06.2019).

262 S. hierzu CorA *et al.*, Stellungnahme, S. 4, wonach dies im NAP fehlerhaft dargestellt werde.

Anforderungen der UN-Leitprinzipien wiedergeben.[263] Von besonderer Bedeutung sind die Maßnahmen, die die Bundesregierung am Ende dieses Abschnitts erwähnt. So soll u.a. die Umsetzung durch die Unternehmen ab 2018 jährlich überprüft werden und bis 2020 sollen 50 % aller in Deutschland ansässigen Unternehmen mit über 500 Mitarbeitern diese Elemente der Sorgfaltspflicht in ihre Praxis integriert haben bzw. anderenfalls darlegen, warum dies nicht geschehen ist. Werden diese Ziele nicht erreicht, kündigt die Bundesregierung weitere Schritte bis zur Prüfung gesetzlicher Maßnahmen an.[264] Sowohl die Nichtregierungsorganisationen als auch das DIMR begrüßen diese Maßnahmen grundsätzlich. Ihnen fehlen allerdings effektive Durchsetzungsmechanismen für die Umsetzung. Überdies seien die vorgesehenen Konsequenzen zu unverbindlich, etwa wird die Prüfung gesetzlicher Maßnahmen lediglich angekündigt.[265]

In Bezug auf die Handlungsfelder für den Staat unterscheidet der NAP zwischen der staatlichen Schutzpflicht, den Herausforderungen in der Unternehmenspraxis, Unterstützungsangeboten für die praktische Umsetzung sowie dem Zugang zu Abhilfe und Wiedergutmachung.

Für die staatliche Schutzpflicht differenziert der NAP zwischen Maßnahmen im Bereich der wirtschaftspolitischen Rahmenbedingungen, des öffentlichen Beschaffungswesens, der staatlichen Förderung und Unternehmen im öffentlichen Eigentum.[266] Angesichts des Schwerpunkts der vorliegenden Arbeit sollen vor allem die Herausforderungen in der Unternehmenspraxis und der Zugang zu Abhilfe und Wiedergutmachung näher beleuchtet werden.

Mit Blick auf die Sicherstellung des Menschenrechtsschutzes in Liefer- und Wertschöpfungsketten sieht der NAP beispielsweise vor, dass die Bundesregierung die systematische Aufnahme von Nachhaltigkeitskapiteln in Freihandelsabkommen[267] unterstützt, eine Studie zur Identifikation von besonders relevanten Risikobranchen und -regionen veröffentlicht und da-

---

263 NAP, S. 7-12; kritisch CorA *et al.*, Stellungnahme, S. 3 (Abweichung von den Vorgaben der UN-Leitprinzipien, da im Rahmen des Beschwerdemechanismus ausschließlich präventive aber keine Wiedergutmachungsmaßnahmen vorgesehen sind).

264 NAP, S. 12.

265 S. hierzu und zu weiterer Kritik CorA *et al.*, Stellungnahme, S. 6; DIMR, Stellungnahme, S. 5–6.

266 Ausführlich NAP, S. 13-26; kritisch CorA *et al.*, Stellungnahme, S. 3, 7-11; teilweise kritisch auch DIMR, Stellungnahme, S. 6–8.

267 Grundsätzlich besteht für die gemeinsame Handelspolitik eine ausschließliche Zuständigkeit der EU nach Art. 3 Abs. 1 lit. e) AEUV. Betrifft ein Abkommen

rauf basierend branchenspezifische Handlungsanleitungen und *Best-Practice*-Beispiele zu menschenrechtlichen Sorgfaltspflichten entwickelt und die Umsetzung von Nachhaltigkeitsstandards in den Produktionsländern unterstützt. Daneben erwähnt der NAP das Textilbündnis sowie den Runden Tisch „Menschenrechte im Tourismus".[268] In Bezug auf die Transparenz und Kommunikation über menschenrechtliche Auswirkungen von Unternehmen verweist die Bundesregierung auf die Umsetzung der CSR-Richtlinie[269] und die Prüfung der Einführung einer Gewährleistungsmarke, die u.a. die Einhaltung menschenrechtlicher Standards entlang der Wertschöpfungs- bzw. Zulieferkette zertifizieren kann.[270] Sowohl die Nichtregierungsorganisationen als auch das DIMR sehen diese Maßnahmen als unzureichend an. Es handele sich um einen *„der schwächeren Teile des NAP"*;[271] die deutsche Umsetzung der CSR-Richtlinie bliebe hinter den Anforderungen der UN-Leitprinzipien zurück und die Gewährleistungsmarke sei für die gebotene Transparenz nicht ausreichend.[272]

Daneben sieht der NAP zahlreiche Unterstützungsangebote für Unternehmen zur praktischen Umsetzung der Erwartungen der Bundesregierung vor.[273] Die Nichtregierungsorganisationen begrüßen den Ausbau des Beratungsangebots zwar grundsätzlich, stehen aber den konkreten Maßnahmen teilweise kritisch gegenüber.[274]

In Bezug auf den Zugang zu Recht und Gerichten, insbesondere im Zivilrecht, sieht die Bundesregierung keinen umfassenden Handlungsbe-

---

hingegen sowohl EU-Kompetenzen als auch solche der Mitgliedstaaten, ist eine Beteiligung der Mitgliedstaaten erforderlich. Die neuen Freihandelsabkommen werden werden dementsprechend als gemischte Abkommen zwischen der EU und den Mitgliedstaaten auf der einen und dem Drittstaat auf der anderen Seite abgeschlossen, s. *Schroeder*, EuR 2018, 119 (125).

268 NAP, S. 29, teilweise begrüßend, teilweise kritisch CorA *et al.*, Stellungnahme, S. 11–12; DIMR, Stellungnahme, S. 8.

269 Richtlinie 2014/95/EU des Europäischen Parlaments und des Rates vom 22. Oktober 2014 zur Änderung der Richtlinie 2013/34/EU im Hinblick auf die Angabe nichtfinanzieller und die Diversität betreffender Informationen durch bestimmte große Unternehmen und Gruppen, ABl. (EU) Nr. L 330, S. 1 (im Folgenden: CSR-RL).

270 NAP, S. 30.

271 DIMR, Stellungnahme, S. 8–9, kritisch auch S. 11.

272 CorA *et al.*, Stellungnahme, S. 12.

273 Dies sind im Wesentlichen ein *Helpdesk* und eine Erstberatung, Informationsangebote und *Best-Practice*-Beispiele, Schulungs- und Dialogangebote sowie die Schaffung eines *Global Level-Playing-Fields*, NAP, S. 34 f.

274 CorA *et al.*, Stellungnahme, S. 13.

darf.[275] Sowohl das DIMR als auch die Nichtregierungsorganisationen verweisen indes insbesondere auf unzureichende Regelungen im Zivilverfahren, etwa zu kollektiven Klagemöglichkeiten oder zur Offenlegung von Informationen.[276] In Bezug auf außergerichtliche Beschwerdemaßnahmen setzt die Bundesregierung vor allem auf den Ausbau und die Stärkung der Tätigkeit der NKS für die OECD-Leitsätze.[277] Während das DIMR dies eher positiv bewertet,[278] begrüßen die Nichtregierungsorganisationen diese Maßnahmen zwar grundsätzlich, sehen aber etwa das Mediationsverfahren, sowie die fehlende Unabhängigkeit der NKS als problematisch an.[279]

Die Umsetzung der Maßnahmen des NAP soll durch ein Monitoring durch einen interministeriellen Ausschuss und durch die Begleitung durch das Nationale CSR-Forum der Bundesregierung überprüft werden.[280] Die Nichtregierungsorganisationen kritisieren diesbezüglich z.B., dass die Maßnahmen unter dem Vorbehalt der haushälterischen Bewilligung stehen und sehen eine Überprüfung durch eine unabhängige und anerkannte Institution mit einer entsprechenden Expertise als zentral an.[281] Das DIMR begrüßt, dass der NAP implizit die Überarbeitung bis spätestens 2020 vorsieht, kritisiert aber, dass der Statusbericht keine weiterreichenden Konsequenzen nach sich zieht.[282]

Insgesamt sehen sowohl das DIMR als auch die Nichtregierungsorganisationen den NAP kritisch. Das DIMR führt an, die Chance zur Rechtssetzung auf nationaler Ebene sei nicht genutzt worden, der NAP sei wenig ambitioniert und ein politischer Wille zur Umsetzung und zur Schaffung allgemein verbindlicher Vorgaben fehle.[283] Nach den Nichtregierungsorganisationen werde der NAP der Erwartung einer rechtlich verbindlichen Regelung nicht gerecht. Insbesondere beinhalte er für freiwillige Angebote und Multi-Stakeholder-Dialoge konkrete Zusagen, während im Hinblick auf verbindliche Maßnahmen lediglich eine Prüfung zugesagt werde. Die

---

275 Zu den vorhergesehenen Maßnahmen s. NAP, S. 37.
276 S. mit weiteren Beispielen DIMR, Stellungnahme, S. 9; CorA *et al.*, Stellungnahme, S. 14.
277 NAP, S. 38 f.
278 DIMR, Stellungnahme, S. 10.
279 S. ausführlich CorA *et al.*, Stellungnahme, S. 14–15.
280 NAP, S. 40 f.; vorgesehen sind ab 2018 stichprobenartige, nach wissenschaftlichen Standards durchgeführte Erhebungen und die Erstellung eines aktualisierten Statusberichts zur Überarbeitung des NAP.
281 CorA *et al.*, Stellungnahme, S. 15–16.
282 DIMR, Stellungnahme, S. 6, 10.
283 DIMR, Stellungnahme, S. 11.

Effektivität der im NAP enthaltenen positiven Ansätze hinge vor allem von der konkreten Ausführung des Monitorings ab.[284]

§ 8 Globale Rahmenabkommen

Globale Rahmenabkommen (auch Globale Rahmenvereinbarungen[285], Internationale Rahmenvereinbarungen[286], internationale Rahmenabkommen[287], transnationale Betriebsvereinbarungen[288], im Englischen: *Global / International Framework Agreements*[289]) erlangen seit Anfang der 2000er Jahre zunehmende Bedeutung.[290] Hierbei handelt es sich um Vereinbarungen zwischen globalen Gewerkschaftsverbänden und (hauptsächlich europäischen[291]) Unternehmen, insbesondere transnationalen Konzernen.[292] Die Verbreitung von globalen Rahmenabkommen ist je nach Branche unterschiedlich.[293]

Die Rechtsnatur globaler Rahmenabkommen ist abhängig von deren konkreten Inhalt und Formulierung im Einzelfall. Sie sind zwar – sofern das deutsche Recht für sie maßgeblich ist – keine internationalen Kollek-

---

284 S. CorA *et al.*, Stellungnahme, S. 2–3, 5.

285 https://www.igmetall.de/20180110_Liste_Unternehmen_mit_GRV_2017_5d047 e317faa9f8ee482ac53a1c6eadc3b83474a.pdf (zuletzt aufgerufen am 19.06.2019); *Buntenbroich*, Verhaltenskodizes, S. 73.

286 *Platzer/Rüb*, Rahmenvereinbarungen.

287 *Zimmer*, Soziale Mindeststandards, S. 158.

288 http://ec.europa.eu/social/main.jsp?catId=978&langId=de&company=&hdCoun tryId=9&companySize=0&sectorId=0&year=0&esp=0&geoScope=0&refStandar d=&keyword=&disputeRes=ON&mode=advancedSearchSubmit (zuletzt aufgerufen am 19.06.2019).

289 *Platzer/Rüb*, Rahmenvereinbarungen, S. 3; *Zimmer*, Soziale Mindeststandards, S. 158.

290 *Platzer/Rüb*, Rahmenvereinbarungen, S. 3, 6; das erste Rahmenabkommen wurde 1989 mit *Danone* abgeschlossen, s. hierzu *Zimmer*, Soziale Mindeststandards, S. 160.

291 S. hierzu und zu den Gründen hierfür *Platzer/Rüb*, Rahmenvereinbarungen, S. 7; s. auch *Zimmer*, Soziale Mindeststandards, S. 160.

292 *Fichter et al.*, Arbeitsbeziehungen, S. 1; *Platzer/Rüb*, Rahmenvereinbarungen, S. 3; *Zimmer*, Soziale Mindeststandards, S. 158.

293 Einen Großteil haben die globale Industriegewerkschaft IndustriAll, die globale Dienstleistungsgewerkschaft UNI sowie die BHI für den Bau- und Holzarbeitersektor abgeschlossen. In der Textil- und Bekleidungsindustrie gestaltet sich der Abschluss von globalen Rahmenabkommen hingegen schwierig, s. hierzu *Platzer/Rüb*, Rahmenvereinbarungen, S. 7–9; zur Textil- und Bekleidungsindustrie s. auch *Zimmer*, Soziale Mindeststandards, S. 161–162.

tivverträge, da regelmäßig die Voraussetzungen von § 2 Abs. 2 und 3 TVG nicht erfüllt sein werden, können aber schuldrechtliche Beziehungen zwischen den Parteien begründen. Dies erfordert einen gewissen Verbindlichkeitsgrad der Vereinbarung, ansonsten handelt es sich um eine bloße Erklärung ohne Rechtswirkungen.[294]

Inhaltlich gibt es große Unterschiede zwischen den einzelnen Rahmenabkommen.[295] Die meisten beziehen sich zumindest auf die ILO-Kernarbeitsnormen[296] und die Einhaltung nationaler gesetzlicher Vorschriften,[297] teilweise zudem auf weitere internationale Regelwerke.[298] Außerdem können sie Regelungen zum Gesundheitsschutz, zu gerechter Bezahlung, zu Arbeitszeiten und Überstunden sowie Beteiligungsrechte und Ansprüche der Gewerkschaften enthalten.[299] Zumindest neuere Abkommen enthalten darüber hinaus mehrheitlich Vorgaben für die Informationen der Beschäftigten und Vertragspartner sowie Regelungen zur Überwachung der Einhaltung und zur Konfliktlösung.[300]

Globale Rahmenabkommen beziehen regelmäßig die ganze Unternehmensgruppe ein.[301] Ferner finden sich unterschiedliche Regelungen in Bezug auf die Zulieferkette, die von der bloßen Information der Zulieferer bis dahin reichen, dass die Einhaltung der Regelungen Voraussetzung für die Aufnahme von Geschäftsbeziehungen ist und diese bei einem Verstoß beendet werden können.[302]

---

294 S. hierzu insgesamt und ausführlich *Zimmer*, Soziale Mindeststandards, S. 267–279; s. auch *Buntenbroich*, Verhaltenskodizes, 74-81.

295 *Platzer/Rüb*, Rahmenvereinbarungen, S. 10.

296 *Fichter et al.*, Arbeitsbeziehungen, S. 1, 2; *Platzer/Rüb*, Rahmenvereinbarungen, S. 3, 10; ähnlich *Zimmer*, Soziale Mindeststandards, S. 167 („*Untergrenze*").

297 *Zimmer*, Soziale Mindeststandards, S. 190 (kritisch in Bezug darauf, dass die Abkommen vielfach nicht hierüber hinausgehen).

298 *Fichter et al.*, Arbeitsbeziehungen, S. 2; *Platzer/Rüb*, Rahmenvereinbarungen, S. 10–11.

299 S. hierzu *Platzer/Rüb*, Rahmenvereinbarungen, S. 11; zu den Gewerkschaftsrechten s. ausführlich *Zimmer*, Soziale Mindeststandards, S. 169–171; noch kritisch zu fehlenden / unzureichenden Regelungen zu Entlohnung, Arbeitszeit und Arbeitssicherheit *Zimmer*, Soziale Mindeststandards, S. 172–177.

300 *Fichter et al.*, Arbeitsbeziehungen, S. 1, 2; *Platzer/Rüb*, Rahmenvereinbarungen, S. 3, 11.

301 *Platzer/Rüb*, Rahmenvereinbarungen, S. 3; *Zimmer*, Soziale Mindeststandards, S. 177.

302 *Platzer/Rüb*, Rahmenvereinbarungen, S. 11; s. auch *Buntenbroich*, Verhaltenskodizes, S. 128–130; *Fichter et al.*, Arbeitsbeziehungen, S. 2; kritisch in Bezug auf die unzureichende Einbeziehung von Zulieferern auch *Zimmer*, Soziale Mindeststandards, S. 177–178.

Die tatsächliche Umsetzung der Abkommen ist insbesondere davon abhängig, wie aktiv die Parteien die Umsetzung vorantreiben und wie sich die Akteure vor Ort verhalten.[303] Zentral sind in erster Linie *„die Beteiligung lokaler Akteure während des gesamten [...] Prozesses“*[304] und *„funktionierende[...] gewerkschaftliche[...] Strukturen vor Ort“*.[305] Derzeit bestehen bei der Umsetzung in der Praxis noch zahlreiche Schwierigkeiten.[306]

Insgesamt sind globale Rahmenabkommen ein wichtiges Instrument zur Stärkung der sozialen Menschenrechte in transnational operierenden Unternehmen.[307] Sie schöpfen ihr Potential für den Bereich der CSR angesichts der bestehenden Umsetzungsdefizite allerdings noch nicht aus.[308]

§ 9 Unternehmerische Verhaltensstandards

Neben internationalen Verhaltensstandards und globalen Rahmenabkommen sind unternehmerische Verhaltensstandards (Verhaltenskodizes, *Codes of Conduct*) von zentraler Bedeutung und haben vor allem durch die UN-Leitprinzipien eine Aufwertung erhalten. Die Bundesregierung sieht die Selbstverpflichtung der Unternehmen durch eine Grundsatzverpflichtung in Leitprinzip 16 als Kernelement der menschenrechtlichen Sorgfaltspflicht an, dessen Einhaltung durch die Unternehmen sie erwartet.[309]

A. Grundlagen

Unternehmerische Verhaltensstandards werden von den Unternehmen freiwillig eingehalten und beinhalten nicht-bindende Zusagen.[310] Sie können unterschiedlich ausgestaltet sein und sich beispielsweise auf bestimm-

---

303 *Platzer/Rüb*, Rahmenvereinbarungen, S. 13; ähnlich in Bezug auf die Rolle der lokalen Akteure auch *Fichter et al.*, Arbeitsbeziehungen, S. 4.

304 *Fichter et al.*, Arbeitsbeziehungen, S. 5.

305 *Zimmer*, Soziale Mindeststandards, S. 188.

306 S. zu den einzelnen Umsetzungsproblemen (teilweise mit Beispielen) *Fichter et al.*, Arbeitsbeziehungen, S. 3–5; *Platzer/Rüb*, Rahmenvereinbarungen, S. 12 16.

307 *Platzer/Rüb*, Rahmenvereinbarungen, S. 6; ähnlich *Zimmer*, Soziale Mindeststandards, S. 192.

308 *Platzer/Rüb*, Rahmenvereinbarungen, S. 16–17.

309 NAP, S. 10.

310 *Buntenbroich*, Verhaltenskodizes, S. 66; *McLeay*, in: de Schutter, Transnational Corporations, S. 219 (222) mit Verweis auf entsprechende Definition der ILO und OECD.

te internationale Verhaltensstandards oder Multi-Stakeholder-Initiativen beziehen bzw. den Beitritt oder das Bekenntnis zu diesen beinhalten, aber auch von Unternehmen unabhängig hiervon selbst entwickelt worden sein.[311] Außerdem kann ihre Reichweite national oder international sein, nur die konkrete Gesellschaft oder den gesamten Konzern, direkte Vertragspartner oder die Lieferkette betreffen.[312] Im Hinblick auf den Detaillierungsgrad reichen die Standards von kurzen, grundlegenden Prinzipien bis hin zu umfangreichen Richtlinien.[313]

Unternehmerische Verhaltensstandards erfassen sehr unterschiedliche Bereiche. Schwerpunktsetzung und Detailliertheit sind abhängig von der Größe des Unternehmens, dessen Tätigkeitsbereich und der Relevanz für die Geschäftstätigkeit des Unternehmens.[314] Nach einer Studie der OECD von 2001 bezogen sich die untersuchten Verhaltensstandards auf die folgenden grob gegliederten Bereiche: Arbeitsstandards, Umweltverantwortung, Verbraucherschutz, Korruption, Wettbewerb, Offenlegung von Informationen, Wissenschaft und Technologie sowie Besteuerung.[315] Eine Untersuchung der UNCTAD von 2002 identifizierte aus den untersuchten 100 Verhaltensstandards Menschenrechte, Arbeitsstandards, Umwelt und Korruption als Hauptschwerpunkte.[316]

Häufig werden sie zur Verdeutlichung der Übernahme von Verantwortung etwa auf der Internetpräsenz des Unternehmens veröffentlicht.

B. Meinungsstand

Insbesondere vom Unternehmen selbst entwickelte Verhaltensstandards werden unterschiedlich bewertet. Positiv äußert sich vor allem *Fiona*

---

311 *Kaleck/Saage-Maaß*, JICJ 8 (2010), 699 (713); ähnlich *Birk*, GRUR 2011, 196.

312 *McLeay*, in: de Schutter, Transnational Corporations, S. 219 (223); s. auch *Zimmer*, Soziale Mindeststandards, S. 151, nach der Standards zunehmend auch Vertragspartner und deren Vertragspartner erfassen.

313 *Kinley/Tadaki*, VaJIntlL 44 (2004), 931 (954 f.).

314 *McLeay*, in: de Schutter, Transnational Corporations, S. 219 (223).

315 OECD, Codes of Corporate Conduct: Expanded Review of their Contents, OECD-Working Papers on International Investment, 2001/06, online verfügbar unter http://www.oecd.org/daf/inv/investment-policy/WP-2001_6.pdf (zuletzt aufgerufen am 19.06.2019).

316 UNCTAD, Corporate Social Responsibility in Global Value Chains. Evaluation and monitoring challenges for small and medium sized suppliers in developing countries, S. 6 f., online verfügbar unter http://unctad.org/en/PublicationsLibrary/diaeed2012d3_en.pdf (zuletzt aufgerufen am 19.06.2019).

McLeay: Gute Standards könnten die Einhaltung der Menschenrechte verbessern und sogar Auswirkungen auf die Akzeptanz von Menschenrechtsnormen durch den Gaststaat selbst haben, die Produktivität und damit den Gewinn des Unternehmens erhöhen und als flexible Regelung genau auf die besonderen Umstände des Unternehmens zugeschnitten werden. Häufig würden sie auch von den für die Umsetzung Verantwortlichen eher akzeptiert als „fremde" Verhaltensstandards.[317]

Andererseits werden solche unternehmerische Verhaltensstandards unter vielerlei Gesichtspunkten kritisch betrachtet. Derartige Maßnahmen könnten etwa als *Public-Relations*-Maßnahme vorrangig dem „*Greenwashing*"[318] des Unternehmens dienen, sodass deren Glaubwürdigkeit fraglich sei.[319] Inhaltlich könnten die Unternehmen sich die Aspekte heraussuchen, die sie ohnehin erfüllen und andere, problematische Bereiche verschleiern.[320] Insofern bestehe die Gefahr, dass nur ein Teil der relevanten Menschenrechte erfasst wird[321] und die Standards lediglich zu einer Festschreibung auf den kleinsten gemeinsamen Nenner führen.[322] Häufig seien die Aussagen in den Standards unbestimmt.[323] Zusätzliche Probleme ergäben sich im Hinblick auf die Transparenz, und zwar sowohl für die Entwicklung und die Implementierung der Standards als auch für die zur Verfügung gestellten Informationen, die vom Unternehmen selbst gesteuert werden.[324] Außerdem könne die Durchsetzung der Vorgaben der Stan-

---

317 S. hierzu insgesamt *McLeay*, in: de Schutter, Transnational Corporations, S. 219 (222, 232); zu positiven Aspekten aus Unternehmensperspektive s. auch *Zimmer*, Soziale Mindeststandards, S. 154–155.

318 Der Begriff stammt aus dem Bereich der Umweltwerbung und bezeichnet Aussagen, die den Anschein erwecken, ein Produkt sei umweltfreundlich oder zumindest umweltfreundlicher im Vergleich zu entsprechenden Produkten der Konkurrenz, obwohl dies nicht der Fall oder zumindest nicht nachweisbar ist, s. hierzu Kommission, KOM(2011) 681 endg., S. 11; *Balitzki*, GRUR 2013, 670 (671) m.w.N.; dieser Begriff wird inzwischen auch für Werbung mit der Übernahme von Verantwortung allgemein verwendet, s. etwa *Augsburger*, MMR 2014, 427 (431); *Birk*, GRUR 2011, 196 (199).

319 *Joseph*, in: Kamminga/Zia-Zarifi, Liability, S. 75 (83); *Jägers*, in: Deva/Bilchitz, HR Obligations, S. 295 (316 f.); *Kaltenborn/Norpoth*, RIW 2014, 402 (405).

320 *Weschka*, ZaöRV 2006, 625 (644); ähnlich *Weilert*, ZaöRV 2009, 883 (915).

321 S. auch *McLeay*, in: de Schutter, Transnational Corporations, S. 219 (233).

322 *McLeay*, in: de Schutter, Transnational Corporations, S. 219 (234).

323 *Kocher*, KJ 2010, 29 (30); ähnlich *Mark-Ungericht*, zfwu 2005, 324 (332).

324 *McLeay*, in: de Schutter, Transnational Corporations, S. 219 (233); zur Bedeutung der Verfügbarkeit von Informationen s. *Jägers*, in: Deva/Bilchitz, HR Obligations, S. 295 (304–306); zur fehlenden Transparenz in Bezug auf Umsetzungsmechanismen s. *Zimmer*, Soziale Mindeststandards, S. 153.

dards unzureichend sein, insbesondere bei fehlender (unabhängiger) oder unzureichender Überwachung ihrer Einhaltung[325] und bei fehlenden Sanktionen für Verstöße.[326] Überdies fehlten häufig Regelungen in Bezug auf Durchsetzungsmöglichkeiten für diejenigen, die von den Standards profitieren sollen.[327] Als problematisch könne es sich ferner erweisen, wenn der Gesetzgeber aufgrund der Existenz solcher Standards von der Regulierung absieht und die Unternehmen damit über ihre eigenen Pflichten letztlich selbst bestimmen können.[328]

C. Stellungnahme

Im Ergebnis lässt sich die Effektivität unternehmerischer Verhaltensstandards nicht pauschal beurteilen. Es kommt auf die konkrete Ausgestaltung der Regeln im Einzelfall an. Zur Wirksamkeit trägt es etwa bei, wenn sich die Standards auf konkrete menschenrechtliche Völkerrechtsnormen beziehen und inhaltlich hinreichend konkretisiert sind,[329] wenn diese von unabhängigen Dritten überwacht werden und Beschwerdemechanismen sowie Sanktionen für Verstöße existieren. Überdies erscheint es grundsätzlich vorzugswürdig, wenn nicht nur unternehmerische, sondern auch weitere Interessen einbezogen werden und sich Unternehmen insofern etwa Multi-Stakeholder-Initiativen anschließen oder diese zur Grundlage eigener Verhaltensstandards machen. Insbesondere die Beteiligung von Nichtregierungsorganisationen ist zentral.[330] Als wirksam erweisen sich unternehmerische Verhaltensstandards ferner, wenn ihre Nichteinhaltung mit

---

325 *Kinley/Tadaki*, VaJIntlL 44 (2004), 931 (955); s. auch *Joseph*, in: Kamminga/Zia-Zarifi, Liability, S. 75 (83); ähnlich und kritisch *Kocher*, KJ 2010, 29 (34).

326 *Kaleck/Saage-Maaß*, JICJ 8 (2010), 699 (713); *McLeay*, in: de Schutter, Transnational Corporations, S. 219 (234).

327 *Kaltenborn/Norpoth*, RIW 2014, 402 (405); *Kocher*, KJ 2010, 29 (34).

328 Ähnlich *Kocher*, KJ 2010, 29 (35); *Muchlinski*, MNE & Law, S. 526.

329 *McLeay*, in: de Schutter, Transnational Corporations, S. 219 (237 f.); kritisch im Hinblick auf die mit der Übernahme von internationalen Standards verbundene Durchsetzungs- und Interpretationshoheit bei den Unternehmen *Kocher*, KJ 2010, 29 (35).

330 S. im Hinblick auf die Überwachung *Nowrot*, in: Tietje, Int. WirtschaftsR, § 2 Rn. 97; s. in Bezug auf private Standards allgemein *Jägers*, in: Deva/Bilchitz, HR Obligations, S. 295 (305 f.); ähnlich *Kocher*, KJ 2010, 29 (34).

Konsequenzen oder Schäden für die Reputation des Unternehmens verbunden ist.[331]

Trotz Freiwilligkeit und Unverbindlichkeit können unternehmerische Verhaltensstandards rechtlich relevant werden, insbesondere durch Aufnahme in Verträge mit Geschäftspartnern,[332] aber auch im Kauf- und Wettbewerbsrecht.[333] Außerdem erscheint es zumindest nicht ausgeschlossen, ihre Regelungen zur Konkretisierung von Sorgfalts- bzw. Verkehrspflichten heranzuziehen.[334] Dafür kommt es u.a. darauf an, wie verbindlich und konkret die jeweiligen Standards formuliert sind.[335]

§ 10 Bedeutung von CSR-Standards

A. Wirksamkeit

Werden die von einem Regelwerk betroffenen Akteure an dessen Erstellung beteiligt, spricht diese Beteiligung und der in diesem Zusammenhang bestehende Einfluss auf den Inhalt des Regelwerks dafür, dass dessen Regelungen von diesen Akteuren eher akzeptiert und eingehalten werden. Dies stellt einen Vorteil von CSR-Standards, zumindest bei Beteiligung unterschiedlicher Stakeholder und auch von Unternehmen, insbesondere gegenüber gesetzlichen Regelungen dar. Die fachliche Expertise bei der Erstellung trägt zu einer besseren Qualität bei. Außerdem sind sie verglichen mit gesetzlichen Regelungen flexibler und können schneller an Veränderungen angepasst werden.[336] Über die Akzeptanz durch Regierungen, Unternehmen und sonstige Akteure der Zivilgesellschaft kann den Regelwerken trotz fehlender rechtlicher Verbindlichkeit eine soziale Bindungswirkung zukommen.[337]

---

331 Ausführlich *Nowrot*, in: Tietje, Int. WirtschaftsR, § 2 Rn. 98; zurückhaltend (nur kurzzeitige Aufmerksamkeit für derartige Meldungen) *van Dam*, JETL 2 (2011), 221 (240).

332 *Kocher*, GRUR 2005, 647 (648); *Muchlinski*, IA 77 (2001), 31 (37).

333 Ähnlich *Kocher*, KJ 2010, 29 (36); s. auch *Kinley/Tadaki*, VaJIntlL 44 (2004), 931 (957).

334 S. ausführlich u. § 16 B. II. 3.; s. auch *Kinley/Tadaki*, VaJIntlL 44 (2004), 931 (957).

335 S.u. § 16 B. II. 3. b) ee) (2), (3), c) bb) (3) (b), (c); s. auch *Zimmer*, Soziale Mindeststandards, S. 240.

336 S. zum Vorstehenden insgesamt *Jägers*, in: Deva/Bilchitz, HR Obligations, S. 295 (303).

337 *Nolan*, in: Deva/Bilchitz, HR Obligations, S. 138 (144).

Demgegenüber verhindert die fehlende Einheitlichkeit der Standards in Bezug auf Inhalt, Reichweite, Durchsetzung etc. eine Vergleichbarkeit zwischen Unternehmen, die unterschiedliche Standards einhalten. Mit den UN-Leitprinzipien sind allerdings erste Tendenzen zur Vereinheitlichung auszumachen.[338] Problematisch ist daneben, dass bestimmte Bereiche der Menschenrechte nicht erfasst werden und die tatsächliche Durchsetzung der Standards häufig unzureichend ist. CSR-Standards bieten darüber hinaus keine Lösung für Menschenrechtsverletzungen durch Unternehmen, die entsprechenden Initiativen und Standards nicht beigetreten sind und keine eigenen Standards erlassen haben.[339]

Letztlich hängt die Effektivität von CSR-Standards von unterschiedlichen Faktoren ab. In verfahrenstechnischer Hinsicht sind hier zunächst eine prozessuale Transparenz und eine gewisse Mindestzahl an Teilnehmern zu nennen.[340] Mit Blick auf den Inhalt erweisen sich möglichst umfassende und widerspruchsfreie Standards als besonders effektiv.[341] Zentral sind überdies die vorgesehenen Durchsetzungsmechanismen.[342] Sehr wirkungsvoll sind solche Standards, die neben einer Durchsetzung von Sanktionen *ex post* auch ein Monitoring *ex ante* (durch externe Dritte) vorsehen.[343] Eine besondere Bedeutung haben insofern Multi-Stakeholder-Initiativen, insbesondere wenn auch Nichtregierungsorganisationen an solchen beteiligt sind, da diese eine höhere Legitimität und eine wirksamere Durchsetzung für sich beanspruchen.[344]

Unverbindliche CSR-Standards bzw. *Soft Law* allein bieten jedoch keine hinreichende Lösung von transnationalen Menschenrechtsfällen.[345] Dies ergibt sich bereits aus der fehlenden rechtlichen Verbindlichkeit, die einer tatsächlichen Einhaltung vor allem bei fehlenden Überwachungs- und

---

338 S. auch *Buntenbroich*, Verhaltenskodizes, S. 93, der schon 2005 eine *„Entwicklung eines de facto-Standards"* erkennen wollte.

339 S. hierzu insgesamt SRSG, Report 2006, Rn. 53, UN-Dok. E/CN.4/2006/97; s. auch *Joseph*, in: Kamminga/Zia-Zarifi, Liability, S. 75 (83); ähnlich *Nordhues*, Haftung Muttergesellschaft, S. 270.

340 Zur Mindestzahl an Teilnehmern s. *Jägers*, in: Deva/Bilchitz, HR Obligations, S. 295 (304, 306).

341 Ähnlich *Nolan*, in: Deva/Bilchitz, HR Obligations, S. 138 (154).

342 *Nolan*, in: Deva/Bilchitz, HR Obligations, S. 138 (144); ähnlich *Nordhues*, Haftung Muttergesellschaft, S. 264–265.

343 *Jägers*, in: Deva/Bilchitz, HR Obligations, S. 295 (305).

344 *Jägers*, in: Deva/Bilchitz, HR Obligations, S. 295 (305–306, 310); zu Multi-Stakeholder-Initiativen s. auch *Nolan*, in: Deva/Bilchitz, HR Obligations, S. 138 (144).

345 Ähnlich *Jägers*, in: Deva/Bilchitz, HR Obligations, S. 295 (327); kritisch in Bezug auf Taten im Völkerstrafrecht auch *Kaleck/Saage-Maaß*, JICJ 8 (2010), 699 (714).

Sanktionsmechanismen entgegensteht. Potential haben diese Regelungen vor allem, wenn sie mit dem verbindlichen Recht verknüpft werden können, etwa über die Aufnahme in entsprechende Verträge, durch Berücksichtigung im Kauf- und im Lauterkeitsrecht oder durch Heranziehung zur Konkretisierung von Sorgfaltspflichten.[346]

B. Tendenz zur Verrechtlichung

Insbesondere in den vergangenen Jahren lässt sich eine Tendenz zur Verrechtlichung des CSR-Bereichs beobachten.

I. Der Bangladesh Accord

Ein erstes Beispiel hierfür ist der *Bangladesh Accord on Fire and Building Safety in Bangladesh* (im Folgenden: Accord). Dieser wurde 2013 als unmittelbare Reaktion auf den Einsturz des Rana Plaza-Gebäudes ins Leben gerufen. Ziel war die Schaffung sicherer Arbeitsbedingungen in der Textilindustrie in Bangladesch.[347] Nach dessen Ablauf wurde im Mai 2018 ein neuer Accord abgeschlossen, der bis zum 31. Mai 2021 läuft.[348] Im Gegensatz zu den oben dargestellten Instrumenten ist er ein rechtlich verbindliches, dem niederländischen Recht unterliegendes Instrument.[349] Für Streitigkeiten zwischen den Parteien sieht er in Abschnitt 3 zunächst ein internes Streitbeilegungsverfahren vor. Kann hierdurch keine Lösung gefunden werden, ist ein Schiedsverfahren nach den UNCITRAL-Regeln vor dem ständigen Schiedsgerichtshof in Den Haag vorgesehen.

Der Accord erfasst alle Zulieferer der unterzeichnenden Unternehmen. Er schreibt zahlreiche unterschiedliche Maßnahmen vor, wie etwa Sicherheitsinspektionen in allen erfassten Fabriken durch geschultes Personal verbunden mit schriftlichen Inspektionsberichten (s. hierzu Nr. 4-6 des Accords) und Maßnahmen, falls die Fabrik die erforderlichen Standards nicht erfüllt, umfangreiche Schulungsmaßnahmen und die Errichtung von Ge-

---

346 *Nolan*, in: Deva/Bilchitz, HR Obligations, S. 138 (140) sieht ein Bedürfnis nach stärkerer Verknüpfung von „*soft law*" und „*hard law*".

347 http://bangladeshaccord.org/about/ (zuletzt aufgerufen am 19.06.2019).

348 S. Accord 2018, S. 1; der Accord 2018 ist online verfügbar unter https://admin.b angladeshaccord.org/wp-content/uploads/2018/08/2018-Accord.pdf (zuletzt aufgerufen am 19.06.2019).

349 Nr. 24 des Accords 2018.

sundheits- und Sicherheitsausschüssen in jeder Fabrik (Nr. 11-12) sowie einen Beschwerdemechanismus für die Arbeiter (Nr. 13). Für den Fall der Schließung der Fabrik sowie bei nachvollziehbaren Gründen für die Unsicherheit der Arbeitsstätte sieht er unterschiedliche Arbeitnehmerrechte vor (s. hierzu insgesamt Nr. 7-10). Hervorzuheben sind überdies die Regelungen, die für die Nichteinhaltung der Standards durch einen Zulieferer eine Beendigung der Geschäftsbeziehungen (Nr. 16) und die eine solche Vertragsgestaltung zwischen Mitgliedern und Zulieferern vorsehen, dass die Unterhaltung sicherer Arbeitsplätze und die Einhaltung der Sicherheitsanforderungen für die Fabriken finanziell möglich ist (Nr. 17).

Der Accord wird zwar als rechtlich bindendes Instrument bezeichnet, sieht aber keine Regelungen für Verstöße gegen die Vorgaben durch die Unterzeichner vor. Die Durchsetzung kann insofern wohl allein über die vorgesehene Streitschlichtung und ein sich möglicherweise anschließendes Schiedsverfahren gewährleistet werden.

II. Regulierung auf EU-Ebene

Die fortschreitende Verrechtlichung der CSR hat ihre Grundlage daneben vor allem auf europäischer Ebene. Prominentestes Beispiel ist wohl die CSR-Richtlinie, die Unternehmen ab einer bestimmten Größe Berichtspflichten über nichtfinanzielle Informationen, u.a. über die Achtung der Menschenrechte, auferlegt.[350] Sie wertet bestimmte unverbindliche CSR-Standards auf, indem sie sie als Bezugspunkte für die Bereitstellung der Informationen nennt (s. EWG 9).[351]

Eine weitere Verrechtlichung erfahren CSR-Belange über die auf die Vergaberichtlinien der EU[352] zurückzuführende Modernisierung des Ver-

---

350 Zurückhaltend indes *Schrader*, ZUR 2013, 451 (455) (stärkere Verrechtlichung nur in geringem Grad).

351 *Kaltenborn/Norpoth*, RIW 2014, 402 (409); allerdings findet sich in der deutschen Umsetzung eine solche ausschließlich in der Gesetzesbegründung, s. BT-Drucks. 18/9982, S. 52.

352 Richtlinie 2014/23/EU des Europäischen Parlaments und des Rates vom 26.02.2014 über die Konzessionsvergabe, ABl. (EU) Nr. L 94, S. 1; Richtlinie 2014/24/EU des Europäischen Parlaments und des Rates vom 26.02.2014 über die öffentliche Auftragsvergabe und zur Aufhebung der Richtlinie 2004/18/EG, ABl. (EU) Nr. L 94, S. 65; Richtlinie 2014/25/EU des Europäischen Parlaments und des Rates vom 26.02.2014 über die Vergabe von Aufträgen durch Auftraggeber im Bereich der Wasser-, Energie und Verkehrsversorgung sowie der Post-

gaberechts. Diese ermöglicht die Berücksichtigung von sozialen, umweltbezogenen und innovativen Aspekten bei der öffentlichen Auftragsvergabe und zwar bei der Leistungsbeschreibung, beim Zuschlag und bei der Auftragsausführung.[353]

Von besonderer Bedeutung für die Verrechtlichung auf EU-Ebene sind ferner die sogenannte Holzhandelsverordnung[354] und die Konfliktmineralienverordnung[355]. Erstere dient der Bekämpfung des illegalen Holzeinschlags, der sowohl negative ökologische als auch soziale, politische und wirtschaftliche Konsequenzen hat (s. EWG 2, 3, 8 Holzhandelsverordnung). Dementsprechend verbietet die Verordnung in Art. 4 Abs. 1 das *„Inverkehrbringen von Holz oder Holzerzeugnissen aus illegalem Einschlag"*. Für das Inverkehrbringen von Holz sieht die Verordnung in Art. 6 eine Sorgfaltspflicht vor, die im Wesentlichen den Zugang zu Informationen, die Risikobewertung sowie eine Minderung der festgestellten Risiken umfasst (Art. 6 Abs. 1, EWG 17). Hierbei kann auf Sorgfaltspflichtregelungen von von der EU anerkannten Überwachungsorganisationen zurückgegriffen werden (s. hierzu Art. 4 Abs. 3, Art. 8). Die Einhaltung der Anforderungen wird nach Art. 10 durch die zuständigen Behörden kontrolliert. Die Festlegung von Sanktionen für Verstöße gegen die Verordnung obliegt ge-

---

dienste und zur Aufhebung der Richtlinie 2004/17/EG, ABl. (EU) Nr. L 94, S. 243.

353 Zur Leistungsbeschreibung s. § 121 GWB, § 31 Abs. 3 VgV, die auf Art. 42 der RL 2014/24/EU zurückgehen, s. BT-Drucks. 18/6821, S. 100; zum Zuschlag s. § 127 GWB, § 58 Abs. 2 S. 2 VgV, die der Umsetzung von Art. 67 der RL 2014/24/EU dienen, s. BT-Drucks. 18/6821, S. 111; zur Auftragsausführung s. § 128 GWB, § 61 VgV i.V.m. §§ 33 f. VgV, die der Umsetzung von Art. 18 Abs. 2, 70 der RL/2014/24/EU dienen, s. BT-Drucks. 18/6821, S. 113; besonders hervorzuheben ist auch die Regelung in § 34 GWB, nach der bestimmte Gütezeichen nachweisen können, dass bestimmte Merkmale der Leistungsbeschreibung erfüllt werden; s. allgemein https://www.bmwi.de/Redaktion/DE/Artikel/Wirtschaft/strategische-beschaffung.html (zuletzt aufgerufen am 19.06.2019).

354 Verordnung (EU) Nr. 995/2010 des Europäischen Parlaments und des Rates vom 20.10.2010 über die Verpflichtungen von Marktteilnehmern, die Holz und Holzerzeugnisse in Verkehr bringen, ABl. (EU) Nr. L 295, S. 23 (im Folgenden: Holzhandelsverordnung).

355 Verordnung (EU) 2017/821 des Europäischen Parlaments und des Rates vom 17.05.2017 zur Festlegung von Pflichten zur Erfüllung der Sorgfaltspflichten in der Lieferkette für Unionseinführer von Zinn, Tantal, Wolfram, deren Erzen und Gold aus Konflikt- und Hochrisikogebieten, ABl. (EU) Nr. L 130, S. 1 (im Folgenden: Konfliktmineralienverordnung); s. hierzu auch *Heße/Klimke*, EuZW 2017, 446–450; *Teicke/Rust*, CCZ 2018, 39–43; kritisch *Simons*, ZGR 2018, 316 (326 f.).

mäß Art. 19 den Mitgliedstaaten. Das deutsche Holzhandels-Sicherungs-Gesetz (HolzSiG) sieht Bußgelder (§ 7), strafrechtliche Konsequenzen (§ 8) und die Möglichkeit zur Einziehung der betroffenen Gegenstände vor (§ 9).

Die Konfliktmineralienverordnung enthält die zentralen Regelungen für die Unionseinführer (s. Art. 2 lit. l) der von der Verordnung erfassten Mineralien und Metalle in Art. 4 (Pflichten in Bezug auf das Managementsystem) und Art. 5 (Risikomanagementpflichten). Zur Erfüllung der Sorgfaltspflicht können die betroffenen Unternehmen auf Systeme zur Erfüllung der Sorgfaltspflicht in der Lieferkette von Regierungen, Industrieverbänden oder Gruppierungen interessierter Organisationen zurückgreifen. Art. 6 beinhaltet eine Pflicht der Unionseinführer von Mineralien oder Metallen zu Prüfungen durch Dritte. Daneben trifft die Unionseinführer eine Offenlegungspflicht nach Art. 7. Ferner sieht die Verordnung nachträgliche Kontrollen durch die zuständigen Behörden der Mitgliedstaaten vor (s. Art. 10-12). Sie enthält indes keine Regelungen für Verstöße gegen ihre Vorgaben, sondern überlässt diese in Art. 16 den Mitgliedstaaten. Insofern bleibt die nationale Umsetzung abzuwarten.[356]

Die Konfliktmineralienverordnung ist ein Beispiel dafür, wie freiwilligen CSR-Standards eine rechtlich verbindliche Wirkung zukommen kann. An entscheidenden Stellen, insbesondere in Bezug auf die Sorgfaltspflicht, verweist die Verordnung auf die OECD-Leitsätze für die Erfüllung der Sorgfaltspflicht zur Förderung verantwortungsvoller Lieferketten für Minerale aus Konflikt- und Hochrisikogebieten einschließlich Anhänge und Ergänzungen (s. z.B. Art. 4 lit. b), f) v), g) v), Art. 5 Abs. 1 lit. a), lit. b) ii), Abs. 3, Abs. 5, Art. 6 Abs. 1 lit. d)). Damit kann der konkrete Umfang der Sorgfaltspflichten erst mithilfe dieser Leitsätze bestimmt werden.[357] Darüber hinaus wird deren Anwendungsbereich über die Verpflichtung der Unionseinführer in Art. 4 lit. d), ihre im Einklang mit den Leitsätzen stehende Lieferkettenpolitik in Verträge und Vereinbarungen mit ihren Lieferanten aufzunehmen, auf die Lieferkette erweitert. Dies kann AGB-rechtlich problematisch werden.[358]

Die Konfliktmineralienverordnung könnte als Vorbild für andere Lebensbereiche dienen. Ausgangspunkt für eine derartige Entwicklung könnten die Entschließungen des Europäischen Parlaments zur Verant-

---

356 *Heße/Klimke*, EuZW 2017, 446 (449) sehen dies gleichzeitig als Chance und als Risiko, abhängig von der konkreten Ausgestaltung der nationalen Regelungen.

357 Kritisch insofern *Teicke/Rust*, CCZ 2018, 39 (43).

358 S. hierzu *Teicke/Rust*, CCZ 2018, 39 (42).

wortlichkeit von Unternehmen für schwere Menschenrechtsverletzungen in Drittstaaten[359] sowie zur EU-Leitinitiative für die Bekleidungsbranche[360] sein. Da auch die Konfliktmineralienverordnung auf mehrere Entschließungen des EU-Parlaments zurückzuführen ist,[361] erscheint eine derartige Entwicklung in Bezug auf die soeben genannten Initiativen des EU-Parlaments jedenfalls nicht ausgeschlossen.[362]

---

359 Entschließung des Europäischen Parlaments vom 25.10.2016 zur Verantwortlichkeit von Unternehmen für schwere Menschenrechtsverletzungen in Drittstaaten (2015/2315 (INI)), P8_TA(2016)0405.

360 Entschließung des Europäischen Parlaments vom 27.04.2017 zur EU-Leitinitiative für die Bekleidungsbranche (2016/2140(INI)), P8_TA(2017)0196.

361 S. hierzu und zur Entstehungsgeschichte der VO *Heße/Klimke*, EuZW 2017, 446 (448).

362 Eine weitere Verrechtlichung prognostizieren auch *Teicke/Rust*, CCZ 2018, 39 (43).

Kapitel 4 Völkerrechtliche Verantwortlichkeit für Menschenrechtsverletzungen durch transnationale Unternehmen

Eine völkerrechtliche Verantwortlichkeit transnationaler Unternehmen kann sich direkt und indirekt aus dem Völkerrecht ergeben. Eine indirekte Verantwortlichkeit ist einerseits über die Inanspruchnahme der Gaststaaten der transnationalen Unternehmen, andererseits über eine solche ihrer Heimatstaaten denkbar.[363] Das folgende Kapitel untersucht sowohl die völkerrechtliche Verantwortlichkeit transnationaler Unternehmen (§ 11) als auch eine staatliche Verantwortlichkeit für Menschenrechtsverletzungen durch transnationale Unternehmen (§ 12).

§ 11 Völkerrechtliche Verantwortlichkeit transnationaler Unternehmen

Für eine direkte völkerrechtliche Verantwortlichkeit transnationaler Unternehmen ist zunächst die Frage nach der Völkerrechtssubjektivität von Bedeutung. Es wird sich jedoch zeigen, dass dieses Konzept im Ergebnis wenig zielführend ist (A.). Dementsprechend erfolgt im Anschluss eine Prüfung, inwiefern konkrete völkerrechtliche Pflichten transnationaler Unternehmen zum Schutz der Menschenrechte aus Völkervertrags- (B.) und -gewohnheitsrecht (C.) abgeleitet werden können. Auch eine Herleitung völkerrechtlicher Verpflichtungen aus Verträgen zwischen Staat und Unternehmen (D.) sowie dem Völkerstrafrecht (E.) wird geprüft.

A. Völkerrechtssubjektivität von transnationalen Unternehmen

Entscheidend für die Völkerrechtssubjektivität ist die Fähigkeit, Träger von völkerrechtlichen Rechten und Pflichten zu sein.[364] Darüber hinaus fordern Teile der Literatur die Erfüllung weiterer Kriterien, wie etwa die

---

363 Zur Unterscheidung zwischen direkter und indirekter Verantwortlichkeit *Kamminga*, in: Alston, EU & HR, S. 553 (558).
364 *Reinisch*, in: Alston, Non-State Actors, S. 37 (70); *Walter*, in: Wolfrum, MPEoIL, Subjects of International Law Rn. 1; *Herdegen*, Völkerrecht, § 7 Rn. 1.

Fähigkeit zur Durchsetzung dieser Rechte und Pflichten auf internationaler Ebene bzw. die Existenz von Durchsetzungsmechanismen.[365]

Der Begriff der Völkerrechtssubjektivität hat nicht für jedes Völkerrechtssubjekt dieselbe Bedeutung, der konkrete Umfang der völkerrechtlichen Rechte und Pflichten hängt vielmehr vom einzelnen Völkerrechtssubjekt ab.[366]

Inwiefern transnationale Unternehmen bereits *de lege lata* partielle Völkerrechtssubjekte sind, ist umstritten.

Befürworter der Völkerrechtssubjektivität transnationaler Unternehmen berufen sich zunächst auf die Existenz von völkerrechtlichen Rechten des Unternehmens.[367] Eine mögliche (partielle) Völkerrechtssubjektivität in diesem Zusammenhang trifft allerdings noch keine Aussage über die Begründung völkerrechtlicher Pflichten.

Ob völkerrechtliche Verträge, die eine direkte (zivilrechtliche) Haftung von Unternehmen beinhalten,[368] gleichzeitig völkerrechtliche Verpflichtungen begründen, kann hier offen bleiben, da diese jedenfalls keine Regelungen zu menschenrechtlichen Pflichten von Unternehmen enthalten. Selbst wenn man von einer Verpflichtung der Unternehmen in Teilbereichen ausgeht, lassen sich hieraus keine Pflichten für andere Bereiche des Völkerrechts ableiten.[369]

Im Ergebnis ist damit das Konzept der Völkerrechtssubjektivität für die Frage nach der Verpflichtung von Unternehmen durch die Menschenrech-

---

365 *Clapham*, HR Obligations, S. 65; *Epping*, in: Ipsen, Völkerrecht, § 9 Rn. 5, 18 m.w.N.; *Herdegen*, Völkerrecht, § 7 Rn. 1 (*„in der Regel"*).

366 So bereits IGH, Advisory Opinion v. 11.04.1949, *Reparation for injuries suffered in the service of the United Nations*, Advisory Opinion, I.C.J. Reports 1949, S. 174 (178, 180); *Walter*, in: Wolfrum, MPEoIL, Subjects of International Law Rn. 22–23 m.w.N.

367 S. ausführlich *Geldermann*, Völkerrechtliche Pflichten, S. 86–98; *Emmerich-Fritsche*, AVR 45 (2007), 541 (542); anders für Menschenrechtsverträge auf UN-Ebene SRSG, Report 2007 Addendum 1, Rn. 5 Fn. 9, UN-Dok. A/HRC/4/35/Add.1; zum IPBPR s. HRC, General Comment Nr. 31 (2004), Rn. 9, UN-Dok. CCPR/C/21/Rev. 1/Add.13.

368 Z.B. Übereinkommen vom 29.07.1960 über die Haftung gegenüber Dritten auf dem Gebiet der Kernenergie, BGBl. 1975 II, S. 959; Internationales Übereinkommen von 1992 über die zivilrechtliche Haftung für Ölverschmutzungsschäden, BGBl. 1996 II, S. 671 (s. insb. Art. 1 Nr. 3 i.V.m. Nr. 2); s. hierzu auch (jeweils in Bezug auf einzelne der genannten Abkommen) *Kinley/Tadaki*, VaJIntlL 44 (2004), 931 (946); *van den Herik/Letnar Černič*, JICJ 8 (2010), 725 (732 f.); *Weissbrodt/Kruger*, in: Alston, Non-State Actors, S. 315 (333 f.).

369 Ähnlich *Ratner*, YaleLJ 111 (2001), 443 (476); wohl auch *Schmalenbach*, AVR 39 (2001), 57 (65).

te wenig hilfreich. Dies bringt *Fastenrath* gut auf den Punkt: „*Welche konkreten Pflichten TNCs [Transnational Corporations, Anm. d. Verf.] haben, lässt sich aber nicht aus deren Völkerrechtssubjektivität ableiten. Vielmehr bedarf es des Nachweises, dass sie sich aus Normen ergeben, die in einer der Völkerrechtsquellen entstanden sind und – zumindest auch – die TNCs zum Adressaten haben.*"[370]

Vor diesem Hintergrund wird teilweise vom Konzept der Völkerrechtssubjektivität Abstand genommen bzw. eine Abschaffung desselben gefordert.[371] Daneben existieren Ansätze, die von der „klassischen" Definition des Völkerrechtssubjekts abweichen und andere Kriterien anwenden.[372]

B. Ableitung von völkerrechtlichen Pflichten aus Völkervertragsrecht

Da das Konzept der Völkerrechtssubjektivität zur Herleitung konkreter völkerrechtlicher Pflichten ungeeignet ist, gilt zu prüfen, inwiefern sich völkerrechtliche Verpflichtungen transnationaler Unternehmen aus dem Völkervertragsrecht ableiten lassen. Im Vordergrund steht eine Untersuchung der beiden Internationalen Pakte; außerdem wird auf die unmittelbare Wirkung der Verträge im Rahmen des nationalen Rechts eingegangen.

I. Völkerrechtliche Verpflichtung durch die Bestimmungen der Internationalen Pakte

Ein erster Anhaltspunkt für eine mögliche Begründung völkerrechtlicher Pflichten aus den Internationalen Pakten sind deren wörtlich identische

---

370 *Fastenrath*, in: von Schorlemer, "Wir, die Völker (…)", S. 69 (84); ähnlich *Schmalenbach*, AVR 39 (2001), 57 (65).

371 *Higgins*, P&P, S. 49–50: „*Now, in this model, there are no 'subjects' and 'objects', but only participants. [...].*" (Hervorhebung im Original); zustimmend *Zerk*, Multinationals and CSR, S. 74; kritisch auch *Herdegen*, Völkerrecht, § 7 Rn. 8.

372 So etwa *Nowrot*, FW 79 (2004), 119 (140-143), der eine widerlegbare Vermutung der Völkerrechtssubjektivität aufgrund der machtvollen faktischen Position transnationaler Unternehmen begründen will; ähnlich bereits *Wildhaber*, BDGVR 18 (1978), 7 (43).

Präambeln.[373] Da allerdings zum Zeitpunkt der Ausarbeitung der beiden Pakte darüber Einigkeit bestand, dass der Einzelne bloß moralisch verpflichtet werden sollte,[374] die konkreten Pflichten nicht spezifisch ausgestaltet sind und nicht in den Hauptteil der Pakte aufgenommen worden sind,[375] begründen diese im Ergebnis keine völkerrechtlichen Pflichten.[376]

Auch aus Art. 2 Abs. 1 IPBPR bzw. Art. 2 Abs. 2 IPWSKR ergeben sich keine völkerrechtliche Pflichten transnationaler Unternehmen, da diese Vorschriften ausschließlich eine Verpflichtung der Staaten begründen.[377]

Die Art. 5 Abs. 1 der beiden Pakte sind eine Auslegungsregel und versagen den genannten Akteuren lediglich die Möglichkeit, sich auf die eigenen Freiheitsrechte zu berufen, um die freiheitliche Ordnung aufzuheben.[378] Daher können hieraus ebenfalls keine neuen Pflichten transnationaler Unternehmen abgeleitet werden.[379]

Auch der Ausschuss für wirtschaftliche, soziale und kulturelle Rechte geht nicht davon aus, dass sich aus den beiden internationalen Pakten rechtliche Verpflichtungen von Unternehmen ableiten lassen. Während einige *General Comments* insofern nicht eindeutig sind,[380] wird spätestens im *General Comment* Nr. 18 aus dem Jahr 2005 deutlich, dass der Ausschuss

---

373 Danach hat *„der einzelne gegenüber seinen Mitmenschen und der Gemeinschaft, der er angehört, Pflichten[...] und [ist] gehalten [...], für die Förderung und Achtung der in diesem Pakt anerkannten Rechte einzutreten“*; *Paust*, VJTL 35 (2001), 801 (813) will hieraus als Minimum die Pflicht von Individuen, die Menschenrechte nicht zu verletzen, ableiten; ähnlich *Weissbrodt/Kruger*, in: Alston, Non-State Actors, S. 315 (332).

374 *Hillemanns*, Global Compact, S. 50.

375 *Geldermann*, Völkerrechtliche Pflichten, S. 199; *Hillemanns*, Global Compact, S. 50; *Nordhues*, Haftung Muttergesellschaft, S. 86.

376 *Geldermann*, Völkerrechtliche Pflichten, S. 199 (in Bezug auf Individuen); *Nordhues*, Haftung Muttergesellschaft, S. 86–87; *Weber*, Extraterritoriale Staatenpflichten, S. 11; *Wiesbrock*, Internationaler Schutz, S. 42–44 (in Bezug auf Private im Allgemeinen).

377 HRC, General Comment Nr. 31 (2004), Rn. 8, UN-Dok. CCPR/C/21/Rev. 1/ Add.13; *Hillemanns*, Global Compact, S. 40–41; *Fastenrath*, in: von Schorlemer, "Wir, die Völker (...)", S. 69 (85).

378 *Geldermann*, Völkerrechtliche Pflichten, S. 199 (in Bezug auf Individuen); *Hörtreiter*, Wirtschaftsunternehmen, S. 61; *Fastenrath*, in: von Schorlemer, "Wir, die Völker (...)", S. 69 (86); *Schmalenbach*, AVR 39 (2001), 57 (66); Gleiches gilt für Art. 30 AEMR.

379 *Hillemanns*, Global Compact, S. 41 mit Verweis auf Wortlaut und Entstehungsgeschichte; *Nordhues*, Haftung Muttergesellschaft, S. 87.

380 S. z.B. CESCR, General Comment Nr. 12 (1999) zu Art. 11 IPWSKR, Rn. 20, UN-Dok. E/C.12/1999/5; nahezu wortgleich CESCR, General Comment Nr. 14 (2000) zu Art. 12 IPWSKR, Rn. 42, UN-Dok. E/C.12/2000/4.

nicht vom Bestehen rechtlicher Pflichten ausgeht: „*[…] Private enterprises – national and multinational – while not bound by the Covenant, […].*"[381] Ähnliches lässt sich auch aus dem *General Comment* Nr. 23[382] aus dem Jahr 2016 ableiten, in dem sich der Ausschuss in Bezug auf die Verpflichtungen von Wirtschaftsunternehmen in den Fußnoten auf die UN-Leitprinzipien bezieht, die ausdrücklich keine rechtliche Bindung begründen. Auch im General Comment Nr. 24[383] geht der Ausschuss nicht von völkerrechtlichen Pflichten von Wirtschaftsunternehmen aus. Hierfür streitet bereits der Wortlaut (*„are expected"*). Zudem bezieht sich der Ausschuss auch hier auf die UN-Leitprinzipien.

Im Ergebnis lässt sich aus den Internationalen Pakten keine völkerrechtlich begründete Rechtsbindung der Unternehmen an die Menschenrechte herleiten.[384]

II. Unmittelbare Wirkung der Verträge im Rahmen des nationalen Rechts

Für eine unmittelbare Wirkung eines völkerrechtlichen Vertrags im Rahmen des nationalen Rechts muss dieser im jeweiligen Staat gelten (der Staat also Vertragspartei sein) und die jeweilige Norm unmittelbar (das heißt ohne weiteren Umsetzungsakt) anwendbar (*„self-executing"*) und drittwirksam sein.[385]

Die unmittelbare Wirkung der Menschenrechte scheitert im Ergebnis jedenfalls an der in den *General Comments* Nr. 31 des HRC[386] und Nr. 18 des CESCR[387] angenommenen fehlenden Drittwirksamkeit der im IPBPR und

---

381 CESCR, General Comment Nr. 18 (2005) zu Art. 6 IPWSKR, Rn. 52, UN-Dok. E/C.12/G/18.

382 CESCR, General Comment Nr. 23 (2016) zu Art. 7 IPWSKR, Rn. 74 f., UN-Dok. E/C.12/GC/23.

383 CESCR, General Comment Nr. 24 (2017), Rn. 5, UN-Dok. E/C.12/GC/24.

384 *Geldermann*, Völkerrechtliche Pflichten, S. 102; *Hillemanns*, Global Compact, S. 50, 56; *Zerk*, Multinationals and CSR, S. 83; *Joseph*, NILR 46 (1999), 171 (175).

385 *Weilert*, ZaöRV 2009, 883 (902); ähnlich *Emmerich-Fritsche*, AVR 45 (2007), 541 (554).

386 HRC, General Comment Nr. 31 (2004), Rn. 9, UN-Dok. CCPR/C/21/Rev. 1/ Add.13.

387 CESCR, General Comment Nr. 18 (2005) zu Art. 6 IPWSKR, Rn. 52, UN-Dok. E/C.12/G/18.

IPWSKR garantierten Menschenrechte.[388] Auch die weiteren menschenrechtlichen Verträge und relevanten ILO-Abkommen richten sich entweder in erster Linie an die Vertragsstaaten oder beinhalten zwar möglicherweise eine Verpflichtung Privater, nicht jedoch von Unternehmen.[389]

III. Zwischenergebnis

Das Völkervertragsrecht enthält derzeit grundsätzlich keine rechtlich verbindlichen Pflichten transnationaler Unternehmen im Hinblick auf die Menschenrechte. Im Einzelfall können sich aber aus bestimmten Instrumenten einzelne rechtlich verbindliche Pflichten ergeben; man denke hier etwa an die teilweise vertretene unmittelbare Drittwirkung des Diskriminierungsverbots.[390]

C. Ableitung von völkerrechtlichen Pflichten aus Völkergewohnheitsrecht

Völkerrechtliche Pflichten transnationaler Unternehmen könnten sich außerdem aus dem Völkergewohnheitsrecht ergeben.

Aus der Präambel der AEMR eine Pflicht zur Achtung und zum Schutz der Menschenrechte abzuleiten, geht wohl bereits über deren Wortlaut hinaus.[391] Zudem gehört sie nicht zu den Teilen der AEMR, die als Völkergewohnheitsrecht anerkannt sind.[392] Gleiches gilt wohl auch für den Wortlaut der Art. 29[393] und 30 AEMR.[394] Überdies ist diesbezüglich bereits ungeklärt, inwiefern diese überhaupt völkergewohnheitsrechtliche Gel-

---

388 *Weilert*, ZaöRV 2009, 883 (905 f.) m.w.N.; zur Drittwirkung s. auch *Emmerich-Fritsche*, AVR 45 (2007), 541 (557) m.zahlr.w.N.

389 S. hierzu *Weilert*, ZaöRV 2009, 883 (906 f.) mit Bezug auf die entsprechenden Übereinkommen; s. auch *Hörtreiter*, Wirtschaftsunternehmen, S. 62–63.

390 Hierzu *Fastenrath*, in: von Schorlemer, "Wir, die Völker (...)", S. 69 (87) m.w.N.

391 Differenzierend *Hillemanns*, Global Compact, S. 48 f.

392 ICHRP, Beyond Voluntarism, S. 74; *Muchlinski*, MNE & Law, S. 519; *Weber*, Extraterritoriale Staatenpflichten, S. 13; *Nowrot*, FW 79 (2004), 119 (131).

393 S. hierzu auch ausführlich und i.E. ablehnend: *Hillemanns*, Global Compact, S. 49 f.; ebenso *Geldermann*, Völkerrechtliche Pflichten, S. 197–198 m.w.N.

394 *Fastenrath*, in: von Schorlemer, "Wir, die Völker (...)", S. 69 (85); zu Art. 30 und dem entgegenstehenden Willen der Verfasser s. ICHRP, Beyond Voluntarism, S. 60.

tung entfalten.[395] Da eine völkerrechtliche Verpflichtung nichtstaatlicher Akteure gerade nicht in die beiden internationalen Pakte aufgenommen wurde, ist eine völkergewohnheitsrechtliche Geltung der Präambel sowie von Art. 29 und 30 AEMR abzulehnen.[396]

Im Rahmen des Völkergewohnheitsrechts könnten auch freiwillige Verhaltensstandards bedeutsam werden. Dabei geht es nicht um die Einordnung der Standards selbst als Gewohnheitsrecht, sondern darum, ob sich gegebenenfalls inhaltsgleiches Gewohnheitsrecht gebildet hat.[397] Da insbesondere die fehlende rechtliche Verbindlichkeit dieser Instrumente immer wieder ausdrücklich betont wird, ist derzeit allerdings weder von einer allgemeinen Übung noch einer *opinio iuris* auszugehen.[398]

Einen besonderen Bereich des Völkergewohnheitsrechts stellt das *ius cogens* dar. Zwingendes Völkerrecht hat Vorrang vor Völkervertragsrecht (s. Art. 53 S. 1 WVK), gegenüber UN-Rechtsakten und bricht auch entgegenstehendes nationales Recht.[399]

Bis heute ist nicht abschließend geklärt, welche Teile des Völkergewohnheitsrechts zum *ius cogens* gehören. Einigkeit besteht wohl darüber, dass hierunter unter anderem elementare Menschenrechte fallen. Nach *Herdegen* umfassen diese „*das Verbot des Völkermordes, der Folter, der Sklaverei oder der Rassendiskriminierung*".[400] *Kälin* und *Künzli* legen den Begriff weiter aus und fassen hierunter „*das Genozidverbot, die Verbote der Sklaverei, der Folter, der unmenschlichen und erniedrigenden Behandlung, der systematischen Rassendiskriminierung, der willkürlichen Tötungen, der willkürlichen Haft sowie der Ausfällung von Kollektivstrafen*".[401] Nach *Sandkühler* gehören zum *ius cogens* „*das Verbot der vorsätzlichen Tötung, Folterung oder unmenschlichen Behandlung, der vorsätzlichen Verursachung großer Leiden, der rechtswidrigen Verschleppung oder Verschickung, der rechtswidrigen Gefangenhaltung, der Verweigerung eines ordentlichen Gerichtsverfahrens, der Geiselnahme sowie der un-*

---

395 ICHRP, Beyond Voluntarism, S. 74; *Zerk*, Multinationals and CSR, S. 77; *Kinley/Tadaki*, VaJIntlL 44 (2004), 931 (949).

396 *Geldermann*, Völkerrechtliche Pflichten, S. 102 (in Bezug auf die gesamte AEMR); *Hörtreiter*, Wirtschaftsunternehmen, S. 66; *Weber*, Extraterritoriale Staatenpflichten, S. 13; *Nowrot*, FW 79 (2004), 119 (131) m.w.N.

397 *Kinley/Tadaki*, VaJIntlL 44 (2004), 931 (952); *Schmalenbach*, AVR 39 (2001), 57 (68).

398 *Geldermann*, Völkerrechtliche Pflichten, S. 111; *Kinley/Tadaki*, VaJIntlL 44 (2004), 931 (952); *Schmalenbach*, AVR 39 (2001), 57 (68–70).

399 *Kälin/Künzli*, Universeller MR-Schutz, Rn. 2.116.

400 *Herdegen*, Völkerrecht, § 16 Rn. 14.

401 *Kälin/Künzli*, Universeller MR-Schutz, Rn. 2.115; ähnlich auch *Geldermann*, Völkerrechtliche Pflichten, S. 314.

gerechtfertigten, in großem Ausmaß rechtswidrig und willkürlich vorgenommenen Zerstörung und Aneignung von Eigentum."[402] Einen Orientierungspunkt für die Bestimmung des *ius cogens* kann daneben auch der Entwurf der Artikel über die Verantwortlichkeit der Staaten für völkerrechtswidrige Handlungen (im Folgenden: Artikel über die Staatenverantwortlichkeit)[403] der UN-Völkerrechtskommission darstellen. Diese nennen aus dem menschenrechtlichen Bereich das Verbot der Sklaverei und des Sklavenhandels, des Genozids, der Rassendiskriminierung, der Apartheid, der Folter und von Verbrechen gegen die Menschlichkeit.[404] Auch wenn teilweise Überschneidungen bestehen, zeigen bereits diese wenigen Beispiele, dass der Bestand der elementaren Menschenrechte höchst unterschiedlich beurteilt wird.

Teile des Schrifttums nehmen eine Bindung von Unternehmen an die Vorschriften des *ius cogens* an.[405] Insbesondere *Nordhues* beruft sich für die Bindung nichtstaatlicher Akteure auf die *erga omnes*-Wirkung der Menschenrechte.[406] Zumindest dies erscheint indes nicht überzeugend. Zwar ist grundsätzlich anerkannt, dass der Bestand des *ius cogens* regelmäßig *erga omnes*-Wirkung entfaltet.[407] Dies bedeutet, dass die Verpflichtung zur Einhaltung der entsprechenden Normen als Pflicht gegenüber der gesamten Staatengemeinschaft besteht.[408] Als Konsequenz kann sich jeder Staat bei einer Verletzung einer entsprechenden Pflicht durch einen anderen Staat auf die Verantwortlichkeit des verletzenden Staates berufen und von diesem die Beendigung der Rechtsgutsverletzung und auch eine Wiedergut-

---

402 *Sandkühler*, in: Sandkühler, Menschenrechte, S. 15 (27).

403 Diese wurden von der UN-Generalversammlung begrüßend zur Kenntnis genommen, s. Resolution 56/83 (2001), UN-Dok. A/56/589 und Corr. 1, Nr. 10.

404 Artikel über die Staatenverantwortlichkeit, Art. 26, Kommentar Nr. 5; Art. 40 Kommentar Nr. 4-6, online verfügbar unter: http://legal.un.org/ilc/texts/instrum ents/english/commentaries/9_6_2001.pdf (zuletzt aufgerufen am 19.06.2019); zustimmende Kenntnisnahme der Artikel (allerdings ohne die Kommentare) durch die Generalversammlung, Resolution 56/83 (2001), UN-Dok. A/56/589 und Corr. 1, Nr. 10.

405 *Geldermann*, Völkerrechtliche Pflichten, S. 307–315 m.w.N.; *Peters*, Jenseits der Menschenrechte, S. 91; ähnlich *Fastenrath*, in: von Schorlemer, "Wir, die Völker ( )", S. 69 (92), in diese Richtung wohl auch *Schall*, ZGR 2018, 479 (480 f.).

406 *Nordhues*, Haftung Muttergesellschaft, S. 94–95.

407 *Frowein*, in: Wolfrum, MPEoIL, Ius Cogens Rn. 10; *Frowein*, in: Wolfrum, MPEoIL, Obligations erga omnes Rn. 3; etwas zurückhaltender („*die meisten zwingenden Regeln*") *Herdegen*, Völkerrecht, § 16 Rn. 15.

408 Grundlegend IGH, Urt. v. 05.02.1970, *Barcelona Traction, Light and Power Company, Limited*, Judgment, I.C.J Reports 1970, S. 3 (32 [Rn. 33]).

machung fordern.[409] Allein aus der *erga omnes*-Wirkung des *ius cogens* auf eine Bindung auch von Unternehmen zu schließen, geht insofern fehl. Auch die *erga omnes*-Wirkung bezieht sich allein auf die Geltung zwischen Staaten.

D. Völkerrechtliche Pflichten durch Verträge zwischen Staat und Unternehmen

Eine weitere Rechtsquelle mit Relevanz für eine mögliche völkerrechtliche Verpflichtung transnationaler Unternehmen sind (Investitions-)Verträge zwischen Staaten und Unternehmen.[410] Auch wenn diese oftmals bestimmte Verhaltenspflichten für das beteiligte Unternehmen begründen,[411] führt dies nicht zu generellen völkerrechtlichen Pflichten des Unternehmens im Bereich der Menschenrechte. Sie können zwar durch Rechtswahl dem Völkerrecht unterstellt werden, die Rechtsfolgen gelten allerdings nur relativ zwischen den Vertragspartnern.[412]

E. Verantwortlichkeit im Rahmen des Völkerstrafrechts

Auch nach Völkerstrafrecht können Unternehmen im Ergebnis nicht zur Verantwortung gezogen werden.[413] Dieses erfasst nämlich ausschließlich schwerste Verbrechen wie Völkermord, schwerste Kriegsverbrechen und Verbrechen gegen die Menschlichkeit und (vor dem IStGH) das Verbrechen der Aggression (Art. 6-8 IStGH-Statut[414], Art. 8bis IStGH-Statut[415],

---

409 *Herdegen*, Völkerrecht, § 39 Rn. 3.
410 S. hierzu ausführlich *Dahm/Delbrück/Wolfrum*, Völkerrecht I/2, § 108 II 1. a) (S. 251); zur Rechtsnatur derartiger Verträge s. ausführlich *Geldermann*, Völkerrechtliche Pflichten, S. 77–86; *Weilert*, ZaöRV 2009, 883 (909).
411 S. hierzu *Geldermann*, Völkerrechtliche Pflichten, S. 124–125.
412 *Geldermann*, Völkerrechtliche Pflichten, S. 82; *Nordhues*, Haftung Muttergesellschaft, S. 84; ähnlich *Hörtreiter*, Wirtschaftsunternehmen, S. 202.
413 Zum (i.E. eingeschränkten) Potential der Heranziehung von Völkerstrafrecht für die Durchsetzung der Menschenrechte s. *van den Herik/Letnar Černič*, JICJ 8 (2010), 725 (739–742).
414 Römisches Statut des Internationalen Strafgerichtshofs, BGBl. 2000 II, S. 1394, für die BRD in Kraft getreten am 01.01.2002, BGBl. 2003 II, S. 293.
415 BGBl. 2013 II, S. 139, 144, 146, für die BRD in Kraft getreten am 03.06.2014, BGBl. 2013 II, S. 1042.

Art. 2-5 ICTY-Statut[416], Art. 2-4 ICTR-Statut[417]).[418] Hiervon ist eine Vielzahl der Beeinträchtigungen von Menschenrechten durch Unternehmen oder mit Beteiligung von Unternehmen bereits nicht erfasst.[419]

Eine völkerstrafrechtliche Verantwortlichkeit der Unternehmen für die von den Statuten erfassten Verbrechen scheitert an der fehlenden völkerstrafrechtlichen Verantwortlichkeit transnationaler Unternehmen: Da der Entwurf des Statuts des Internationalen Strafgerichtshofs eine solche Verantwortlichkeit noch vorsah, von der aber dann ausdrücklich abgesehen wurde,[420] können ausschließlich die für ein Unternehmen handelnden Individuen völkerstrafrechtlich zur Verantwortung gezogen werden,[421] nicht jedoch die Unternehmen selbst.[422]

F. Zwischenergebnis und Ausblick

Nach der hier vertretenen und wohl herrschenden (allerdings nicht unbestrittenen[423]) Ansicht kann *de lege lata* derzeit weder aus dem Völkervertrags-, noch aus dem -gewohnheits- oder -strafrecht oder aus Verträgen zwischen Staaten und Unternehmen eine rechtlich bindende Verantwortlich-

---

416 Statut des Internationalen Strafgerichtshofs für das ehemalige Jugoslawien, UN-Sicherheitsrat, Resolution 827 (1993), UN-Dok. S/RES/827 (1993), eine aktualisierte Fassung des Statuts aus dem Jahr 2009 findet sich unter http://www.icty.or g/x/file/Legal%20Library/Statute/statute_sept09_en.pdf (zuletzt aufgerufen am 19.06.2019).

417 Statut des Internationalen Strafgerichtshofs für Ruanda, UN-Sicherheitsrat, Resolution 955 (1994), UN-Dok. S/RES/955 (1994), eine Fassung des Statuts aus dem Jahr 2010 findet sich unter http://unictr.unmict.org/sites/unictr.org/files/le gal-library/100131_Statute_en_fr_0.pdf (zuletzt aufgerufen am 19.06.2019).

418 *Saage-Maaß*, zfmr 2009, 102 (111); *van den Herik/Letnar Černič*, JICJ 8 (2010), 725 (741); *Weilert*, ZaöRV 2009, 883 (901).

419 *Ratner*, YaleLJ 111 (2001), 443 (467 f.); *Saage-Maaß*, in: Sandkühler, Menschenrechte, S. 159 (167).

420 *Hörtreiter*, Wirtschaftsunternehmen, S. 64; *de Schutter*, in: Alston, Non-State Actors, S. 227 (232).

421 *Hörtreiter*, Wirtschaftsunternehmen, S. 64; *de Schutter*, in: Alston, Non-State Actors, S. 227 (231 f.); *Kaleck/Saage-Maaß*, JICJ 8 (2010), 699 (701); *Kälin/Künzli*, Universeller MR-Schutz, Rn. 3.18.

422 Statt vieler *de Schutter*, in: Alston, Non-State Actors, S. 227 (233); *Kaleck/Saage-Maaß*, JICJ 8 (2010), 699 (710); zu den zusätzlichen Schwierigkeiten im Hinblick auf die prozessuale Verfolgung s. *Saage-Maaß*, in: Sandkühler, Menschenrechte, S. 159 (167).

423 S. hierzu etwa ausführlich *Clapham*, HR Obligations, S. 251, 265-270.

keit der Unternehmen abgeleitet werden.[424] Eine solche kann sich allenfalls nach teilweise vertretener Auffassung aus dem *ius cogens* ergeben.[425]

Neue Ansätze zur Begründung einer völkerrechtlichen Verantwortlichkeit transnationaler Unternehmen für Menschenrechtsverletzungen in der Literatur, wie etwa von *Sarah Joseph*,[426] *Steven R. Ratner*[427] sowie *David Kinley* und *Junko Tadaki*[428], haben sich bislang nicht durchsetzen können.

Trotz Forderungen nach einer völkerrechtlichen Verantwortlichkeit der Unternehmen[429] und der Beauftragung einer Arbeitsgruppe mit der Ausarbeitung eines rechtlich bindenden Instruments für transnationale und andere Unternehmen durch den Menschenrechtsrat,[430] steht der Schaffung eines verbindlichen völkerrechtlichen Instruments zumindest derzeit wohl die fehlende Bereitschaft zahlreicher Staaten zur Ratifizierung eines solchen entgegen.[431] Dies schließt die Schaffung eines effektiven rechtlich bindenden Instruments auf internationaler Ebene für die Zukunft allerdings nicht aus. Die Anerkennung entsprechender Verpflichtungen im Rahmen freiwilliger Verhaltensstandards könnte einen ersten (vorsichtigen) Schritt in diese Richtung darstellen.[432]

---

424 I.E. ebenso *Alston*, in: Alston, Non-State Actors, S. 3 (36); *Kaleck/Saage-Maaß*, JICJ 8 (2010), 699 (710); *Weilert*, Max Planck UNYB 14 (2010), 446 (461).

425 *Geldermann*, Völkerrechtliche Pflichten, S. 307–315 m.w.N.; *Peters*, Jenseits der Menschenrechte, S. 91; ähnlich *Fastenrath*, in: von Schorlemer, "Wir, die Völker (…)", S. 69 (92); in diese Richtung wohl auch *Schall*, ZGR 2018, 479 (480 f.).

426 *Joseph*, NILR 46 (1999), 171 (183–187); *Joseph*, in: Kamminga/Zia-Zarifi, Liability, S. 75 (85–89).

427 *Ratner*, YaleLJ 111 (2001), 443 (496–526).

428 *Kinley/Tadaki*, VaJIntlL 44 (2004), 931 (960–993).

429 So z.B. *Deva*, in: Deva/Bilchitz, HR Obligations, S. 78 (103 f.); *Hobe*, AVR 37 (1999), 253 (280); ähnliche Forderungen finden sich bei *Kamminga*, in: Alston, EU & HR, S. 553 (568); *Weschka*, ZaöRV 2006, 625 (656, 659).

430 HRC, Resolution 26/9 (2014), Nr. 1, UN-Dok. A/HRC/Res/26/9.

431 So schon *Jenks*, in: Friedmann/Henkin/Lissitzyn, Transnational Law, S. 70 (82); *Nolan*, in: Deva/Bilchitz, HR Obligations, S. 138 (160); *Weschka*, ZaöRV 2006, 625 (657); *Wildhaber*, BDGVR 18 (1978), 7 (60); s. auch ICHRP, Beyond Voluntarism, S. 155–156.

432 *Nolan*, in: Deva/Bilchitz, HR Obligations, S. 138 (143); *Weschka*, ZaöRV 2006, 625 (658).

§ 12 Staatliche Verantwortlichkeit für Menschenrechtsverletzungen durch transnationale Unternehmen

Neben den transnationalen Unternehmen können möglicherweise sowohl die Gast- als auch die Heimatstaaten für eine unternehmerische Menschenrechtsverletzung völkerrechtlich verantwortlich sein, was teilweise auch als „indirekte" Verantwortung der Unternehmen bezeichnet wird.[433] Ergibt sich bereits nach diesen Grundsätzen eine für die Betroffenen hinreichende Durchsetzungsmöglichkeit ihrer Rechte gegenüber den Staaten, wäre eine Haftung der Unternehmen nach nationalem Recht überflüssig. Zu erörtern ist zunächst eine mögliche Zurechnung des Handelns privater Akteure (A.). Anschließend erfolgt eine Auseinandersetzung mit der Frage, inwiefern die Staaten selbst aufgrund (extraterritorialer) Schutzpflichten zur Regulierung und Verfolgung von Menschenrechtsbeeinträchtigungen transnationaler Unternehmen auf nationaler Ebene verpflichtet sind und inwiefern diese bei fehlender Regulierung oder Durchsetzung eine entsprechende Haftung trifft (B.).

A. Staatliche Verantwortlichkeit für das Handeln privater Akteure

Anknüpfungspunkte für eine Zurechnung des Verhaltens privater Akteure sind Art. 5 und 8 der von der Völkerrechtskommission erarbeiteten Artikel über die Staatenverantwortlichkeit. Diese spiegeln die völkergewohnheitsrechtlich anerkannten Regeln über die Staatenverantwortlichkeit wider, sodass auf sie für die Frage nach der Zurechnung von Handlungen privater Akteure zurückgegriffen werden kann.[434] Sie regeln ausschließlich die staatliche Verantwortlichkeit auf Sekundärebene, also Konsequenzen einer Pflichtverletzung. Ob eine solche vorliegt, entscheidet sich hingegen nach den primärrechtlichen Vorschriften.[435]

Die Artikel über die Staatenverantwortlichkeit ermöglichen u.a. die Zurechnung des Verhaltens von Personen oder Stellen, die hoheitliche Befugnisse ausüben (Art. 5) und von Personen(gruppen), die *„faktisch im Auftrag*

---

433 ICHRP, Beyond Voluntarism, S. 45, Zerk, Multinationals and CSR, S. 76; *Joseph*, NILR 46 (1999), 171 (176); *Kälin/Künzli*, Universeller MR-Schutz, Rn. 3.20.

434 *Weber*, Extraterritoriale Staatenpflichten, S. 14; ähnlich *Hörtreiter*, Wirtschaftsunternehmen, S. 38; *Chirwa*, MelbJIntlL 5 (2004), 1 (5); *Kälin/Künzli*, Universeller MR-Schutz, Rn. 3.6.

435 *Hörtreiter*, Wirtschaftsunternehmen, S. 38; *Weber*, Extraterritoriale Staatenpflichten, S. 14; *Dahm/Delbrück/Wolfrum*, Völkerrecht I/3, S. 173 II.1 (S. 867).

oder unter der Leitung oder Kontrolle" des Staates handeln (Art. 8). Art. 5 kann insbesondere im Falle der Privatisierung staatlicher Aufgaben, etwa im Zusammenhang mit der Beauftragung privater Sicherheitsdienste, relevant werden.[436] Eine Zurechnung der Verantwortung im Rahmen von Art. 8 wird häufig am Nachweis der staatlichen Kontrolle des transnationalen Unternehmens scheitern, kann jedoch im Rahmen von öffentlich-privaten Partnerschaften oder Joint Ventures Bedeutung erlangen.[437] Überdies gelten wohl strenge Anforderungen in Bezug auf das erforderliche Ausmaß dieser Kontrolle.[438]

Die Artikel über die Staatenverantwortlichkeit greifen nur für Handlungen innerhalb des eigenen Territoriums, sind also ausschließlich für eine Haftung der Gaststaaten von Belang. Inwiefern die Heimatstaaten für ihnen nach Art. 5 oder 8 zurechenbare Verstöße außerhalb des eigenen Staatsgebietes in gleicher Weise verantwortlich sind, ist eine Frage der Reichweite des Anwendungsbereichs der primärrechtlichen Norm.[439]

B. Staatliche Verantwortlichkeit aufgrund der Verletzung staatlicher Schutzpflichten

I. Umfang und Reichweite staatlicher Schutzpflichten

Die allgemein anerkannte Pflicht des Staates, seine Staatsangehörigen vor Verletzungen ihrer Rechte durch Private zu schützen[440] gilt grundsätzlich für sämtliche Menschenrechte.[441] Sie ergibt sich entweder ausdrücklich

---

436 S. auch *Hörtreiter*, Wirtschaftsunternehmen, S. 41; *Weber*, Extraterritoriale Staatenpflichten, S. 14; *Chirwa*, MelbJIntlL 5 (2004), 1 (6); *von Bernstorff*, AVR 49 (2011), 34 (43).

437 *Hörtreiter*, Wirtschaftsunternehmen, S. 44; *Weber*, Extraterritoriale Staatenpflichten, S. 15.

438 So IGH, Urt. v. 17.06.1986, *Military and Paramilitary Activities in and against Nicaragua (Nicaragua v. United States of America)*, Merits, Judgement, I.C.J. Reports 1986, S. 14 (62 [Rn. 109]); s. auch *Weber*, Extraterritoriale Staatenpflichten, S. 14–15; *Chirwa*, MelbJIntlL 5 (2004), 1 (7).

439 S. hierzu u. § 12 B. III.

440 S. statt vieler *Chirwa*, MelbJIntlL 5 (2004), 1 (11–14); *von Bernstorff*, Schutzpflichten, S. 8.

441 SRSG, Report 2007, Rn. 15, UN-Dok. A/HRC/4/035; *Weber*, Extraterritoriale Staatenpflichten, S. 9; zurückhaltend *Kälin/Künzli*, Universeller MR-Schutz, Rn. 3.100-3.104.

aus einzelnen speziellen Normen,[442] den allgemeinen Vorschriften der Art. 2 Abs. 1 IPBPR und Art. 2 Abs. 1 IPWSKR oder auf regionaler Ebene aus Art. 1 EMRK.[443]

Die für die Überwachung der Pakte zuständigen Organe gehen in zahlreichen *General Comments* ebenfalls von staatlichen Schutzpflichten aus, regelmäßig mit ausdrücklichem Bezug auf die Handlungen privater Unternehmen.[444] Weitere Anhaltspunkte für staatliche Schutzpflichten ergeben sich aus den abschließenden Bemerkungen im Zusammenhang mit dem Staatenberichtsverfahren sowie Entscheidungen im Individualbeschwerdeverfahren.[445]

Im Rahmen seiner Schutzpflichten ist der Staat zur Überwachung, Regulierung bzw. Verhinderung, Untersuchung, Verfolgung sowie Sanktionierung von Verstößen gegen die Rechte der Internationalen Pakte verpflichtet und muss den Betroffenen effektive Rechtsmittel zur Verfügung stellen.[446] Die konkreten Maßnahmen liegen in seinem Ermessen.[447] Es können solche auf rechtlicher, politischer, administrativer und kultureller

---

442 S. für das Recht auf Leben Art. 6 Abs. 1 IPBPR und Art. 2 Abs. 1 EMRK; für das Recht auf Privatleben Art. 17 Abs. 2 IPBPR; für den Schutz der Familie Art. 23 Abs. 1 IPBPR, in Bezug auf nicht-staatliche Akteure allgemein z.B. Art. 32 Kinderrechtskonvention, mit direktem Bezug auch auf private Unternehmen z.B. Art. 2 lit. e) Frauendiskriminierungskonvention; zur Ableitung von Schutzpflichten aus völkerrechtlichen Verträgen s. auch SRSG, Report 2007 Addendum 1, Rn. 12-17, UN-Dok. A/HRC/4/35/Add.1; *Hörtreiter*, Wirtschaftsunternehmen, S. 48–49; *Kälin/Künzli*, Universeller MR-Schutz, Rn. 3.101-3.103.

443 Anders wohl *Wiesbrock*, Internationaler Schutz, S. 87–89.

444 S. insb. allgemein und statt vieler CESCR, General Comment Nr. 24 (2017), Rn. 14, UN-Dok. E/C12/GC/24; CESCR, Statement on the obligations of States parties regarding the corporate sector and economic, social and cultural rights (2011), Rn. 5, UN-Dok. E/C.12/2011/1; HRC, General Comment Nr. 31 (2004), Rn. 8 f. m.w.N., UN-Dok. CCPR/C/21/Rev. 1/Add.13.

445 S. hierzu SRSG, Report 2007 Addendum 1, Rn. 28-36, UN-Dok. A/HRC/4/35/Add.1 m.w.N.

446 S. z.B. HRC, General Comment Nr. 31 (2004), Rn. 8, UN-Dok. CCPR/C/21/Rev. 1/Add.13; CESCR, Statement on the obligations of States parties regarding the corporate sector and economic, social and cultural rights (2011), Rn. 5, UN-Dok. E/C.12/2011/1; s. insgesamt ausführlich SRSG, Report 2007 Addendum 1, Rn. 39-62 m.w.N., UN-Dok. A/HRC/4/35/Add.1; s. auch IAGMR, Urt. v. 29.07.1988, *Velásquez Rodríguez v. Honduras*, Merits, 1988, Series C No. 4, Rn. 166, 175; online verfügbar unter http://www.corteidh.or.cr/docs/casos/articulos/seriec_04_ing.pdf (zuletzt aufgerufen am 19.06.2019).

447 SRSG, Report 2007 Addendum 1, Rn. 43, 55, 62, UN-Dok. A/HRC/4/35/Add.1; SRSG, Report 2008, Rn. 18, UN-Dok. A/HRC/8/5; *Emmerich-Fritsche*, AVR 45 (2007), 541 (546); *von Bernstorff*, AVR 49 (2011), 34 (36).

Ebene erforderlich sein.[448] Rechtlich können Regelungen sowohl im Straf- als auch im Zivil- oder Verwaltungsrecht getroffen[449] und auf Ebene aller drei Staatsgewalten umgesetzt werden.[450] Ein wirkungsvoller Schutz entsteht vor allem durch eine Kombination.[451]

Der Staat ist nicht für sämtliche Menschenrechtsverletzungen durch Private auf seinem Hoheitsgebiet verantwortlich.[452] Von ihm kann nur gefordert werden, angemessene (*„reasonable"/„appropriate"*) Maßnahmen zu treffen.[453] Entscheidend ist die Einhaltung der erforderlichen Sorgfalt (*„due diligence"*).[454] Eine Verletzung der Schutzpflicht liegt nur vor, wenn ein Staat keine oder nur unzureichende Maßnahmen trifft oder die gebotene Sorgfalt nicht einhält.[455]

---

448 IAGMR, Urt. v. 29.07.1988, *Velásquez Rodríguez v. Honduras*, Merits, 1988, Series C No. 4, Rn. 166, 175; online verfügbar unter http://www.corteidh.or.cr/docs/ca sos/articulos/seriec_04_ing.pdf (zuletzt aufgerufen am 19.06.2019); ähnlich CESCR, General Comment Nr. 24 (2017), Rn. 14, UN-Dok. E/C.12/GC/24.

449 SRSG, Report 2007 Addendum 1, Rn. 62, UN-Dok. A/HRC/4/35/Add.1.

450 Zu Pflichten der drei Staatsgewalten s. *Hörtreiter*, Wirtschaftsunternehmen, S. 51–53; s. auch *Kälin/Künzli*, Universeller MR-Schutz, Rn. 3.70, 3.107.

451 *Kälin/Künzli*, Universeller MR-Schutz, Rn. 3.107.

452 ICHRP, Beyond Voluntarism, S. 51; *Chirwa*, MelbJIntlL 5 (2004), 1 (17); *Saage-Maaß*, in: Sandkühler, Menschenrechte, S. 159 (175); *Skogly/Gibney*, HRQ 24 (2002), 781 (795).

453 S. z.B. HRC, General Comment Nr. 31 (2004), Rn. 8, UN-Dok. CCPR/C/21/ Rev. 1/Add.13; SRSG-Report 2007 Add.1, Rn. 8; IAGMR, Urt. v. 29.07.1988, *Velásquez Rodríguez v. Honduras*, Merits, 1988, Series C No. 4, Rn. 174; online verfügbar unter http://www.corteidh.or.cr/docs/casos/articulos/seriec_04_ing.pd f (zuletzt aufgerufen am 19.06.2019).

454 *Chirwa*, MelbJIntlL 5 (2004), 1 (14–18); *Davitti*, HRLR 16 (2016), 55 (62–68); ausführlich *Wiesbrock*, Internationaler Schutz, S. 175.

455 SRSG, Report 2007 Addendum 1, Rn. 7, UN-Dok. A/HRC/4/35/Add.1; CESCR, General Comment Nr. 18 (2005), Rn. 35, UN-Dok. E/C.12/GC/18; *Weber*, Extraterritoriale Staatenpflichten, S. 15; *Chirwa*, MelbJIntlL 5 (2004), 1 (17 f.); s. auch HRC, General Comment Nr. 31 (2004), Rn. 15 und Rn. 18, UN-Dok. CCPR/C/21/Rev. 1/Add.13.

II. Verantwortlichkeit des Gaststaates

Staatliche Schutzpflichten bestehen zunächst in Bezug auf Vorgänge auf dem eigenen Staatsgebiet.[456] In transnationalen Menschenrechtsfällen besteht damit primär eine Schutzpflicht des Gaststaates.[457]

Der Erfüllung der Schutzpflichten durch den Gaststaat stehen jedoch in der Praxis zahlreiche Hindernisse unterschiedlichster Art entgegen.[458] Durch die Globalisierung und die damit verbundene Macht und Größe, Internationalität und Mobilität der Unternehmen erweist sich die nationale Regulierung transnationaler Unternehmen oftmals als wenig effektiv.[459] Die Vollstreckung beispielsweise eines Zivilurteils eines Gaststaates gegen ein ausländisches (Mutter-)Unternehmen wegen einer Verletzung von Menschenrechten erfordert aufgrund des Grundsatzes der nationalen Souveränität und des Interventionsverbotes die Kooperation mit dem Heimatstaat,[460] sofern nicht die gegenseitige Anerkennung und Vollstreckung in Zivil- und Handelssachen staatsvertraglich geregelt ist.[461]

Teilweise mangelt es aber auch an der Fähigkeit der Gaststaaten, ihren Schutzpflichten nachzukommen: Die staatlichen Ressourcen sind nicht ausreichend, um beispielsweise unternehmerische Tätigkeiten zu überwachen und zu regulieren und Verstöße zu ermitteln und es fehlt die erfor-

---

456 *Weber*, Extraterritoriale Staatenpflichten, S. 9; *Augenstein/Kinley*, in: Deva/Bilchitz, HR Obligations, S. 271 (284); *Saage-Maaß*, in: Sandkühler, Menschenrechte, S. 159 (176).

457 *Massoud*, in: Nikol/Schniederjahn/Bernhard, Transnationale Unternehmen, S. 37 (55); *von Bernstorff*, AVR 49 (2011), 34 (46); *Weschka*, ZaöRV 2006, 625 (628).

458 Kritisch in Bezug auf die Annahme eines derartigen Rechtsgefälles *Pförtner*, in: Krajewski/Saage-Maaß, Sorgfaltspflichten, S. 311 (313–315).

459 *Chirwa*, MelbJIntlL 5 (2004), 1 (27); *Joseph*, NILR 46 (1999), 171 (176).

460 S. auch *Weilert*, ZaöRV 2009, 883 (892); ähnlich *Weber*, Extraterritoriale Staatenpflichten, S. 28–29; zur Möglichkeit der extraterritorialen Rechtsdurchsetzung s. u. § 14 A. III.

461 Zu einer Übersicht über entsprechende Staatsverträge s. *Gottwald*, in: MüKo-ZPO, § 328 Rn. 17–56; praktisch relevante bilaterale Anerkennungs- und Vollstreckungsverträge existieren derzeit nur mit Israel und Tunesien, *Gottwald*, in: MüKo-ZPO, § 328 Rn. 44; seit 1992 arbeitete die Haager Konferenz für Internationales Privatrecht überdies an einem Übereinkommen u.a. über die Anerkennung und Vollstreckung ausländischer Urteile in Zivil- und Handelssachen, s. hierzu https://www.hcch.net/de/projects/legislative-projects/judgments/ (zuletzt aufgerufen am 19.06.2019).

derliche finanzielle Ausstattung, um gegen die Unternehmen vorgehen zu können.[462]

Die Erfüllung der Schutzpflichten ist aber auch eine Frage des politischen Willens. Es liegt im Interesse der Gaststaaten, möglichst attraktiv für ausländische Investitionen zu sein und zu bleiben.[463] Um dies zu gewährleisten, verpflichten sie sich beispielsweise in Investitionsschutzverträgen dazu, ausländische Investoren von bestimmten Rechtsänderungen auch im Zusammenhang mit Umwelt- und Sozialstandards über längere Zeiträume auszunehmen.[464] Der Inhalt derartiger Verträge unterliegt regelmäßig der Schiedsgerichtsbarkeit.[465] Die Befürchtung, Unternehmen könnten durch eine Anhebung der Standards ihre Tätigkeit in andere Staaten mit für sie günstigeren Bedingungen verlagern, ist ebenfalls von Bedeutung.[466]

Problematisch ist überdies die Durchsetzung der staatlichen Schutzpflichten. Solange nämlich kein anderer Staat von der Verletzung von Menschenrechten eigener Staatsangehöriger betroffen ist, kommt weder ein Rücktritt vom Vertrag noch ein Verfahren vor dem IGH in Betracht. Überdies verfügen der Menschenrechts- sowie der Sozialausschuss nur über eingeschränkte Befugnisse und ein Individualbeschwerdeverfahren kann an einer fehlenden Ratifizierung des entsprechenden Zusatzprotokolls scheitern.[467]

III. Verantwortlichkeit des Heimatstaates – das Problem extraterritorialer Schutzpflichten

Aufgrund der soeben dargestellten Problematik stellt sich die Frage, inwiefern statt der Gast- die Heimatstaaten der Unternehmen für deren Menschenrechtsverletzungen im Ausland zur Verantwortung gezogen werden

---

462 Hierzu insgesamt *Zerk*, Multinationals and CSR, S. 85; *Chirwa*, MelbJIntlL 5 (2004), 1 (28); *Weilert*, ZaöRV 2009, 883 (898) m.w.N.; *Weschka*, ZaöRV 2006, 625 (628 f.).

463 SRSG, Report 2008, Rn. 15, UN-Dok. A/HRC/8/5; *Zerk*, Multinationals and CSR, S. 84–85; *Chirwa*, MelbJIntlL 5 (2004), 1 (27 f.); *de Schutter*, in: Alston, Non-State Actors, S. 227 (238).

464 SRSG, Report 2008, Rn. 35, UN-Dok. A/HRC/8/5; *Hamm/Scheper/Drebes*, MR und Unternehmen, S. 27–28, 31-32; *Weilert*, ZaöRV 2009, 883 (898).

465 S.u. § 16 F. I.

466 *Chirwa*, MelbJIntlL 5 (2004), 1 (27); *de Schutter*, in: Alston, Non-State Actors, S. 227 (238); *Joseph*, NILR 46 (1999), 171 (176); *Weschka*, ZaöRV 2006, 625 (628).

467 S. hierzu insgesamt *Weilert*, ZaöRV 2009, 883 (899).

können. Dies ist der Fall, wenn sie auch über ihr Staatsgebiet hinaus zum Schutz der Menschenrechte verpflichtet sind und dieser Pflicht nicht oder nur unzureichend nachkommen.

1. Territoriale Reichweite der staatlichen Pflichten im Völkervertragsrecht

Während die staatliche Pflicht zur Achtung der Menschenrechte auch außerhalb des eigenen Staatsgebiets weitgehend anerkannt ist,[468] ist derzeit unklar, inwieweit extraterritoriale staatliche Schutzpflichten bestehen und die Staaten zur Regulierung des Verhaltens privater Akteure im Ausland verpflichtet sind.

Das Schrifttum beantwortet die Frage nach der Existenz extraterritorialer Schutzpflichten uneinheitlich. Nach einer eher zurückhaltenden Auffassung sind die Staaten nicht zum Schutz der Menschenrechte im Ausland verpflichtet (wohl aber berechtigt).[469] Andere bejahen dagegen eine Existenz extraterritorialer Schutzpflichten bereits *de lege lata*.[470] Insofern wird der Hinweis in den UN-Leitprinzipien, dass Staaten derzeit nicht verpflichtet sind, das Verhalten „ihrer" Unternehmen im Ausland zu regulieren,[471] vielfach als unzureichend kritisiert.

Extraterritoriale Staatenpflichten in Bezug auf bürgerliche und politische Rechte bestehen nach Art. 2 Abs. 1 IPBPR („ *alle[...] in seinem Gebiet befindlichen und seiner Herrschaftsgewalt unterstehenden Personen [...]"*) grundsätzlich auch dann, wenn ein Staat Herrschaftsgewalt außerhalb seines Hoheitsgebietes ausübt. Das hierfür entscheidende Kriterium ist die ef-

---

468 *Weber*, Extraterritoriale Staatenpflichten, S. 20; zum IPWSKR s. CESCR, General Comment Nr. 24 (2017), Rn. 29, UN-Dok. E/C.12/GC/24.

469 So insb. SRSG, Report 2007 Rn. 15; UN-Leitprinzipien, Kommentar zu Leitprinzip 2, SRSG, Report 2011, Annex, UN-Dok. A/HRC/17/31; *de Schutter*, Extraterritorial Jurisdiction, S. 18–19 (mit Verweis auf die Möglichkeit, dass sich diese klassische Sichtweise ändern könnte); *Joseph*, NILR 46 (1999), 171 (180 f.), *Weilert*, ZaöRV 2009, 883 (891).

470 *Augenstein/Kinley*, in: Deva/Bilchitz, HR Obligations, S. 271 (275); *Davitti*, HRLR 16 (2016), 55 (65); *Künnemann*, in: Coomans/Kamminga, Extraterritorial Application, S. 201 (219 f.) (in Bezug auf wirtschaftliche, soziale und kulturelle Rechte).

471 UN-Leitprinzipien, Kommentar zu Leitprinzip 2, SRSG, Report 2011, Annex, UN-Dok. A/HRC/17/31.

fektive staatliche Kontrolle über ein bestimmtes Gebiet insgesamt, einen bestimmten Sachverhalt oder bestimmte Personen.[472]

Dieses Kriterium stößt allerdings für die Begründung extraterritorialer Schutzpflichten an seine Grenzen. Handeln private Akteure im Ausland, wird es regelmäßig an einer effektiven staatlichen Kontrolle über den Sachverhalt im Ausland oder die von den privaten Handlungen Betroffenen fehlen.[473] Im Zusammenhang mit der Verletzung von Menschenrechten durch Unternehmen im Ausland käme eine derartige Kontrolle für staatliche Unternehmen oder solche mit staatlicher (Mehrheits-)Beteiligung in Betracht. In allen anderen Fällen besteht dagegen keinerlei Zusammenhang zwischen dem Heimatstaat des Unternehmens und dem in Rede stehenden Sachverhalt bzw. den Opfern der Verletzung, sodass nicht von einer effektiven Kontrolle gesprochen werden kann.[474]

Der IPWSKR enthält keine Einschränkung des räumlichen Anwendungsbereiches. Teile des Schrifttums wollen daher ebenfalls an die Ausübung effektiver Kontrolle anknüpfen.[475]

Unabhängig von diesem Kriterium deuten allerdings einige *General Comments* des Sozialausschusses darauf hin, dass Staaten zum Schutz der

---

472 *Augenstein/Kinley*, in: Deva/Bilchitz, HR Obligations, S. 271 (281); *Kälin/Künzli*, Universeller MR-Schutz, Rn. 4.42; ähnlich HRC, General Comment Nr. 31 (2004), Rn. 10, UN-Dok. CCPR/C/21/Rev. 1/Add.13; an diese Kriterien knüpft auch der EMGR für die extraterritoriale Anwendbarkeit der EMRK an, zur Rspr. des EGMR s. *de Schutter*, in: Alston, Non-State Actors, S. 227 (240–251); *Kälin/Künzli*, Universeller MR-Schutz, Rn. 4.42.

473 *Hörtreiter*, Wirtschaftsunternehmen, S. 56–57; *Kälin/Künzli*, Universeller MR-Schutz, Rn. 4.64; ähnlich *von Bernstorff*, AVR 49 (2011), 34 (52).

474 *von Bernstorff*, AVR 49 (2011), 34 (54); *Kälin/Künzli*, Universeller MR-Schutz, Rn. 4.64; anders und i.E. zu weitgehend *Augenstein/Kinley*, in: Deva/Bilchitz, HR Obligations, S. 271 (285 f.), s. auch S. 288 und S. 291 f., nach denen die *de-jure*-Autorität der Staaten zur Regulierung / *de-jure* Beziehung zwischen Staat und Unternehmen eine faktische Macht des Staates über das Individuum begründet und Grundlage für extraterritoriale Staatenpflichten ist; die genaue Herleitung bleibt allerdings unklar; anders für die Kinderrechtskonvention wohl auch CRC, General Comment Nr. 16 (2013) on State obligations regarding the impact of the business sector on children's rights, Rn. 43, UN-Dok. CRC/C/GC/16.

475 *Augenstein/Kinley*, in: Deva/Bilchitz, HR Obligations, S. 271 (282); *von Bernstorff*, AVR 49 (2011), 34 (53–55) (jeweils mit ausführlicher Herleitung); s. auch CESCR, Concluding Observations of the Committee of Social, Economic and Cultural Rights: Israel (2003), Rn. 31, UN-Dok. E/C.12/1/Add.90; ähnlich IGH, Advisory Opinion v. 09.07.2004, Legal Consequences of the Construction of a Wall in the Occupied Palestinian Territory, Advisory Opinion, I.C.J. Reports 2004, S. 136, Rn. 112.

Menschenrechte auch im Ausland verpflichtet sind bzw. sein sollen.[476] Die dogmatische Grundlage dieser vom Ausschuss als *„international obligations"* bezeichneten Verpflichtung blieb in den älteren *General Comments* allerdings ebenso offen[477] wie die Frage, ob der Ausschuss von einer extraterritorialen *rechtlichen* Schutzpflicht der Staaten ausgeht[478] oder ob es sich um eine unverbindliche rechtspolitische Aufforderung handelt.[479] Der *General Comment* Nr. 24, der sich mit staatlichen Pflichten unter dem IPWSKR im Bereich von Unternehmensaktivitäten beschäftigt, deutet indes nun darauf hin, dass der Ausschuss von rechtlichen Verpflichtungen ausgeht. Dies ergibt sich bereits daraus, dass sich der Ausschuss zur Begründung extraterritorialer Pflichten im Allgemeinen (*„extraterritorial obligations"*) nun explizit auf Art. 2 Abs. 1 IPWSKR, Art. 55 der Charta der Vereinten Nationen[480], ein Urteil des IGH aus dem Jahr 2004 sowie Völkergewohnheitsrecht beruft.[481] Für die Entstehung derartiger Pflichten knüpft der Ausschuss an die Einflussmöglichkeiten des Staates auf die Situation außerhalb des Staatsgebietes und auf das Unternehmen an.[482] Nach Auffassung des Ausschusses erfordert die extraterritoriale Schutzpflicht, dass die Staaten Maßnahmen ergreifen, um Verletzungen von Rechten des Paktes außerhalb des Staatsgebiets aufgrund von unternehmerischen Tätigkeiten, über die sie Kontrolle ausüben können, zu verhindern und zu entschädigen. Dies gelte vor allem in Fällen, in denen vor den Ge-

---

476 S. etwa CESCR, General Comment Nr. 12 (1999), Rn. 36 f., UN-Dok. E/C.12/1999/5; General Comment Nr. 14 (2000), Rn. 39, UN-Dok. E/C.12/2000/4; General Comment Nr. 15 (2002), Rn. 33, UN-Dok. E/C.12/2002/11; General Comment Nr. 19 (2007), Rn. 54, UN-Dok. E/C.12/GC/19; General Comment Nr. 23 (2016), Rn. 70, UN-Dok. E/C.12/GC/23; allgemein CESCR, Statement on the obligations of States parties regarding the corporate sector and economic, social and cultural rights (2011), Rn. 5, UN-Dok. E/C.12/2011/1; CESCR, General Comment Nr. 24 (2017), Rn. 30-35.

477 *von Bernstorff*, AVR 49 (2011), 34 (52).

478 OHCHR, Report of the Office of the United Nations High Commissioner for Human Rights on the relationship between climate change and human rights (2009), Rn. 86, UN-Dok. A/HRC/10/61.

479 So etwa auch SRSG, Report 2007 Addendum 1, Rn. 86, UN-Dok. A/HRC/4/35/Add.1; SRSG, Report 2009, Rn. 15, UN-Dok. A/HRC/11/13; *Weilert*, ZaöRV 2009, 883 (891).

480 BGBl. 1973 II, S. 431; in der BRD in Kraft getreten am 18.09.1973, BGBl. 1973 II, S. 1397.

481 CESCR, General Comment Nr. 24 (2017), Rn. 27, UN-Dok. E/C.12/GC/24.

482 CESCR, General Comment Nr. 24 (2017), Rn. 28, 31, UN-Dok. E/C.12/GC/24.

richten der Heimatstaaten der Opfer Rechtsmittel nicht verfügbar oder nicht effektiv sind.[483]

Neuere Ansätze im Schrifttum, etwa für die Herrschaftsgewalt an die Einflussmöglichkeit auf den verletzenden nicht-staatlichen Akteur anzuknüpfen[484] oder die Verantwortlichkeit des Gaststaates über Beihilferegeln auf die des Heimatstaates zu erstrecken,[485] haben sich bislang nicht durchsetzen können.

2. Die Maastrichter Prinzipien zu den extraterritorialen Staatenpflichten im Bereich der wirtschaftlichen, sozialen und kulturellen Rechte

Die Maastrichter Prinzipien zu den extraterritorialen Staatenpflichten im Bereich der wirtschaftlichen, sozialen und kulturellen Rechte (im Folgenden: Maastrichter Prinzipien)[486] gehen von der Existenz extraterritorialer Staatenpflichten sowohl für die Achtung als auch für den Schutz und die Gewährleistung der Menschenrechte aus.[487]

Sie wurden von Experten im Völkerrecht und im Bereich der Menschenrechte, von Universitäten und Organisationen aus allen Regionen der Welt verfasst. Hierunter waren auch aktuelle und ehemalige Mitglieder von internationalen und regionalen Vertragsorganen sowie ehemalige und aktuelle Sonderberichterstatter des UN-Menschenrechtsrates.[488] Ausweislich ihrer Präambel und Prinzip 6 sollen die Maastrichter Prinzipien keine neuen staatlichen Pflichten schaffen, sondern sie sollen vielmehr aus dem be-

---

483 CESCR, General Comment Nr. 24 (2017), Rn. 30, UN-Dok. E/C.12/GC/24.

484 S. Maastricht Guidelines on Violations of Economic, Social and Cultural Rights, Nr. 18, online verfügbar unter http://hrlibrary.umn.edu/instree/Maastric htguidelines_.html (zuletzt aufgerufen am 19.06.2019); *Davitti*, HRLR 16 (2016), 55 (67); s. auch *Künnemann*, in: Coomans/Kamminga, Extraterritorial Application, S. 201 (219 f.) (in Bezug auf wirtschaftliche, soziale und kulturelle Rechte); *Sornarajah*, Foreign Investment, S. 169, 194-201.

485 *von Bernstorff*, AVR 49 (2011), 34 (57–61).

486 Der Text der Prinzipien inklusive Kommentierung findet sich bei *de Schutter et al.*, HRQ 34 (2012), 1084–1169; eine deutsche Übersetzung der Prinzipien findet sich unter http://www.etoconsortium.org/nc/en/main-navigation/library/ma astricht-principles/?tx_drblob_pi1[downloadUid]=62 (zuletzt aufgerufen am 19.06.2019).

487 Vgl. Prinzip Nr. 4, Nr. 19-22 (Achtungspflichten), Nr. 23-27 (Schutzpflichten), Nr. 28-35 (Gewährleistungspflichten); für die hier relevante Fragestellung sind insb. Prinzipien Nr. 24 und 25 lit. c) relevant.

488 *de Schutter et al.*, HRQ 34 (2012), 1084.

stehenden internationalen Recht abgeleitet werden.[489] Zur Begründung dienen – so ergibt es sich aus den Kommentaren – entsprechende Rechtsprechung auf internationaler Ebene, Äußerungen der Institutionen zu den unterschiedlichen Menschenrechtsinstrumenten, insbesondere *General Comments*, und diesbezügliches Schrifttum.

In Bezug auf die Entstehungsgründe staatlicher Schutzpflichten sowie die zu treffenden Maßnahmen differenzieren die Prinzipien nicht zwischen Pflichten zum Schutz innerhalb und außerhalb des staatlichen Territoriums (s. Prinzip 23). Prinzip 25 legt verschiedene Anknüpfungspunkte fest, aus denen Schutzpflichten entstehen können. Für Menschenrechtsverletzungen durch transnationale Unternehmen ist insbesondere lit. c) von Bedeutung, wonach den Staat eine Schutzpflicht trifft, *„wenn die Gesellschaft oder ihre Muttergesellschaft oder beherrschende Gesellschaft im betreffenden Staat ihr Tätigkeitszentrum hat, dort eingetragen oder niedergelassen ist, oder dort ihr hauptsächliches Geschäftsgebiet hat oder wesentliche Geschäftstätigkeiten ausübt"*. Weitere Anknüpfungspunkte für Schutzpflichten sind ein dem Territorium entspringender (drohender) Schaden (lit. a), die Nationalität des nichtstaatlichen Akteurs (lit. b), eine hinreichende Verbindung zwischen dem Staat und dem zu regulierenden Verhalten (lit. d) sowie die Verletzung einer zwingenden völkerrechtlichen Norm (lit. e). Die staatliche Schutzpflicht umfasst nach Nr. 24 das Ergreifen notwendiger Maßnahmen, um zu gewährleisten, dass nichtstaatliche Akteure, in Bezug auf die ein Anknüpfungspunkt nach Nr. 25 besteht, wirtschaftliche, soziale und kulturelle Rechte nicht beeinträchtigen bzw. deren Genuss unmöglich machen. Notwendige Maßnahmen erfassen solche auf Verwaltungs-, Gesetzgebungs-, Untersuchungs- und Rechtssprechungsebene sowie weitere Maßnahmen.

Die Maastrichter Prinzipien können in zweierlei Richtung Bedeutung erlangen: Zum einen fassen sie den Diskussionsstand zu extraterritorialen Staatenpflichten zusammen. Zum anderen können sie als *„Lehrmeinung der fähigsten Völkerrechtler der verschiedenen Nationen"* nach Art. 38 Nr. 1 lit. d) IGH-Statut als Hilfsmittel zur Feststellung von Rechtsnormen herangezogen werden, damit wiederum von der Rechtsprechung, den Vertragsorganen, auf UN-Ebene und von Nichtregierungsorganisationen zur Begründung extraterritorialer Staatenpflichten herangezogen werden und überhaupt ein Bewusstsein für derartige Pflichten schaffen.[490] Insofern können

---

489 S. auch *Coomans*, zfmr 2012, 27 (30), 31.
490 Ähnlich *Coomans*, zfmr 2012, 27 (29 f.)

sie einen Ausgangspunkt zur Begründung extraterritorialer Staatenpflichten im Völkerrecht darstellen.

3. Praktische Probleme, insbesondere Möglichkeit zur Durchsetzung potentieller extraterritorialer Staatenpflichten

Selbst wenn man von extraterritorialen staatlichen Schutzpflichten ausgeht, existieren zahlreiche praktische Probleme. Ein Nachweis der Verletzung dieser Pflichten wäre beispielsweise aufgrund der Unklarheit über deren Reichweite, des Ermessensspielraums der Staaten sowie des erforderlichen Nachweises, dass die Verletzungen vernünftigerweise vorhersehbar waren und der Staat die erforderliche Sorgfalt nicht eingehalten hat, praktisch schwierig.[491]

Damit diese Regelungen effektiv durchgesetzt werden können, ist außerdem eine Anerkennung durch die Staaten unerlässlich. Von dieser Seite ist allerdings wohl großer Widerstand zu erwarten und selbst bei einer entsprechenden Anerkennung bleibt das Problem der Durchsetzung. Die Möglichkeiten etwa des CESCR zur Reaktion auf staatliche Menschenrechtsverletzungen sind begrenzt. Insbesondere haben bisher nur wenige Staaten das Zusatzprotokoll zum IPWSKR ratifiziert. Gegen alle anderen Staaten ist ein Beschwerdeverfahren derzeit nicht möglich, sodass – selbst wenn man von der Existenz extraterritorialer Staatenpflichten ausgeht – vor allem für die Opfer von Menschenrechtsverletzungen nur stark eingeschränkte Abhilfemöglichkeiten bestehen.

§ 13 Fazit

Das Problem der Verantwortlichkeit transnationaler Unternehmen für Menschenrechtsverletzungen im Ausland lässt sich mithilfe völkerrechtlicher Instrumente derzeit nicht lösen.

Das Konzept der Völkerrechtssubjektivität an sich ist für die Begründung völkerrechtlicher Pflichten transnationaler Unternehmen nicht geeignet. Aus dem Völkervertragsrecht lässt sich keine rechtliche Bindung von Unternehmen an die Menschenrechte ableiten. Ferner existiert kein

---

491 S. ausführlich *Zerk*, Multinationals and CSR, S. 89–91; *Massoud*, in: Nikol/Schniederjahn/Bernhard, Transnationale Unternehmen, S. 37 (58) (in Bezug auf den Ermessensspielraum).

entsprechendes Gewohnheitsrecht – es besteht weder eine diesbezügliche allgemeine Übung noch eine *opinio iuris*. Aus Verträgen zwischen Staaten und Unternehmen lassen sich allgemeine menschenrechtliche Pflichten ebenfalls nicht ableiten, da diese nur relativ gelten. Das Völkerstrafrecht hilft ebenso wenig weiter, da durch dieses nur Individuen, nicht aber Unternehmen zur Verantwortung gezogen werden können. Auch in Zukunft wird das Völkerrecht mangels Willens der Staaten zur völkervertraglichen Bindung wohl kein verbindliches Instrument zur Regulierung dieses Problemkreises zur Verfügung stellen.

Gleichermaßen erweist sich die indirekte Verantwortlichkeit transnationaler Unternehmen über staatliche Schutzpflichten als wenig zielführend. Zwar ist deren Existenz an sich weitgehend anerkannt. Diese nehmen jedoch primär die ausländischen Gaststaaten der Unternehmen in die Pflicht, denen es allerdings häufig an einem entsprechenden Können oder Wollen in Bezug auf die Umsetzung fehlt. Ferner ist die effektive Durchsetzung der Schutzpflichten in der Praxis problematisch. Extraterritoriale Schutzpflichten der Heimatstaaten stehen in Bezug auf bürgerliche und politische Rechte vor dem Problem der fehlenden Geeignetheit des Kriteriums der effektiven Kontrolle; in Bezug auf wirtschaftliche, soziale und kulturelle Rechte ist die Existenz extraterritorialer Schutzpflichten zumindest unklar. Auch wenn es durchaus vielversprechende Ansätze für extraterritoriale Schutzpflichten gibt (insbesondere die Maastrichter Prinzipien) und sich das Völkerrecht in diesem Bereich im Fluss befindet, ist derzeit wohl (noch) nicht von der Anerkennung der Existenz staatlicher Schutzpflichten durch die Staaten auszugehen. Hierauf kommt es aber für eine effektive Um- und Durchsetzung an. Selbst wenn man bereits nach geltendem Recht von der Existenz extraterritorialer Schutzpflichten ausgeht, bleibt das Problem der fehlenden Durchsetzungsmöglichkeiten.

Kapitel 5 Haftung des Unternehmens gegenüber den Geschädigten nach deutschem Recht

Für eine Haftung des Unternehmens gegenüber den Geschädigten enthält das deutsche Recht zahlreiche Anhaltspunkte. Zunächst ist entscheidend, ob es überhaupt zulässig und geeignet ist, auf nationale Haftungstatbestände zurückzugreifen (§ 14). Nach einer kurzen Untersuchung vertraglicher Ansprüche (§ 15) steht die Analyse deliktischer Ansprüche im Vordergrund (§ 16). Abschließend erfolgt eine Erörterung möglicher gesellschaftsrechtlicher Ansprüche (§ 17).

§ 14 Zulässigkeit und Geeignetheit des Rückgriffs auf nationales Recht

A. Völkerrechtliche Zulässigkeit der Regulierung transnationaler Menschenrechtsfälle durch nationales Recht – das Problem der extraterritorialen Jurisdiktion

Der völkerrechtlichen Zulässigkeit[492] der extraterritorialen Jurisdiktion in grenzüberschreitenden Sachverhalten können insbesondere das Recht auf territoriale Unversehrtheit sowie der Grundsatz der nationalen Souveränität und das sich hieraus ergebende völkerrechtliche Interventionsverbot entgegenstehen.[493]

Extraterritoriale Jurisdiktion kann in drei unterschiedlichen Formen erfolgen, die mit diesen Prinzipien in unterschiedlichem Ausmaß in Konflikt stehen und die alle in transnationalen Menschenrechtsfällen relevant werden können: Erstens die extraterritoriale Rechtsetzung („*prescriptive extraterritorial jurisdiction*"), wenn der deutsche Gesetzgeber die Tätigkeit deutscher Unternehmen im Ausland regulieren und beispielsweise eine

---

492 *Muchlinski*, MNE & Law, S. 125; *Kamminga*, in: Wolfrum, MPEoIL, Extraterritoriality Rn. 7; grundlegend PCIJ, Urt. Nr. 9 v. 07.09.1927, *S.S. Lotus (France/ Turkey)*, P.C.I.J Reports 1927 Series A No. 10, Rn. 45-47, online verfügbar unter http://www.worldcourts.com/pcij/eng/decisions/1927.09.07_lotus.htm (zuletzt aufgerufen am 19.06.2019).

493 S. etwa *Weilert*, ZaöRV 2009, 883 (891 f.); s. auch *Kamminga*, in: Wolfrum, MPEoIL, Extraterritoriality Rn. 6; *Muchlinski*, MNE & Law, S. 125; zum völkerrechtlichen Interventionsverbot s. auch *Schmalenbach*, AVR 39 (2001), 57 (72 f.).

Haftung für die Verletzung von Menschenrechten einführen will; zweitens die extraterritoriale Rechtsanwendung („*adjucative extraterritorial jurisdiction*"), wenn die Rechtsprechung die Tätigkeit der Unternehmen im Ausland nach deutschen Gesetzen bewerten will, wie beispielsweise bei der im Folgenden ausführlich untersuchten Haftung nach § 823 Abs. 1 BGB; und drittens die extraterritoriale Rechtsdurchsetzung („*enforcement extraterritorial jurisdiction*"), wenn Urteile deutscher Gerichte im Ausland durchgesetzt werden sollen.[494]

I. Extraterritoriale Rechtsetzung

Eine extraterritoriale Rechtsetzung ist nur bei einer ausreichenden Verbindung zwischen dem rechtsetzenden Staat und dem geregelten Sachverhalt zulässig.[495] Für die Zulässigkeit der extraterritorialen Rechtsetzung in Bezug auf die grenzüberschreitende Tätigkeit von Unternehmen mit Sitz in Deutschland kann sowohl an das aktive Personalitätsprinzip[496] als auch an das Territorialitätsprinzip[497] angeknüpft werden. Insbesondere wenn sich die Regelung an menschenrechtlichen Standards orientiert und der betroffene ausländische Staat ebenfalls völkerrechtlich zur Einhaltung dieser Standards verpflichtet ist, verstößt eine derartige Regulierung nicht gegen das völkerrechtliche Interventionsverbot.[498]

Für die Regulierung der Tätigkeit ausländischer Vertragspartner und abhängiger ausländischer Unternehmen greifen weder das Personalitäts- noch das Territorialitätsprinzip. Eine solche stünde als Eingriff in die inneren Angelegenheiten in Konflikt mit dem Interventionsverbot und der na-

---

494 Zu diesen drei Formen allgemein *Kamminga*, in: Wolfrum, MPEoIL, Extraterritoriality Rn. 1; s. auch *de Schutter*, Extraterritorial Jurisdiction, S. 8–9; *Muchlinski*, MNE & Law, S. 129.

495 *Weber*, Extraterritoriale Staatenpflichten, S. 22; *Kamminga*, in: Wolfrum, MPEoIL, Extraterritoriality Rn. 9; missverständlich PCIJ, Urt. Nr. 9 v. 07.09.1927, *S.S. Lotus (France/Turkey)*, P.C.I.J Reports 1927 Series A No. 10, Rn. 46; dies ist allerdings wohl nicht unumstritten, s. hierzu ausführlich *de Schutter*, Extraterritorial Jurisdiction, S. 27

496 *de Schutter*, Extraterritorial Jurisdiction, S. 24, 28 f.; *Muchlinski*, MNE & Law, S. 130; *von Bernstorff*, AVR 49 (2011), 34 (58).

497 Ähnlich *Nordhues*, Haftung Muttergesellschaft, S. 325; s. allgemein auch *Muchlinski*, MNE & Law, S. 130; *Schmalenbach*, AVR 39 (2001), 57 (74 f.); *Weilert*, ZaöRV 2009, 883 (893).

498 *Nordhues*, Haftung Muttergesellschaft, S. 326; *Schmalenbach*, AVR 39 (2001), 57 (75 f.); *von Bernstorff*, AVR 49 (2011), 34 (58); *Weilert*, ZaöRV 2009, 883 (893 f.).

tionalen Souveränität der ausländischen Staaten, deren Gesellschaften von der Regelung betroffen wären. Da in der vorliegenden Arbeit die Haftung der deutschen (Mutter-)Unternehmen im Vordergrund steht, soll dieser Frage hier nicht weiter nachgegangen werden.[499]

II. Extraterritoriale Rechtsanwendung

Auch die Anwendung nationaler Gesetze auf Auslandssachverhalte erfordert eine hinreichende Verbindung des Sachverhalts zum nationalen Recht.[500] Diese Anknüpfungspunkte ergeben sich aus dem nationalen bzw. europäischen Internationalen Privatrecht,[501] für das Deliktsrecht also aus der Rom II-VO.

Problematisch ist wiederum die Anwendung nationalen Rechts auf ausländische Tochterunternehmen, denn für neugegründete juristisch selbstständige Tochtergesellschaften kann (trotz bestehender Unternehmensverbindung) nicht auf das Personalitätsprinzip zurückgegriffen werden.[502] Mangels Belegenheit auf deutschem Staatsgebiet greift auch das Territorialitätsprinzip nicht. Eine extraterritoriale Rechtsanwendung kommt allerdings möglicherweise für das *ius cogens* über das Universalitätsprinzip[503] in Frage.

III. Extraterritoriale Rechtsdurchsetzung

Eine extraterritoriale Rechtsdurchsetzung[504] ist grundsätzlich unzulässig, da diese gegen das Recht auf territoriale Unversehrtheit und politische Un-

---

499 S. zu möglichen Lösungsmöglichkeiten für derartige Fälle etwa *de Schutter*, Extraterritorial Jurisdiction, S. 31; *Hörtreiter*, Wirtschaftsunternehmen, S. 229–230; *Weber*, Extraterritoriale Staatenpflichten, S. 23; *Schmalenbach*, AVR 39 (2001), 57 (74 f.).

500 *Weber*, Extraterritoriale Staatenpflichten, S. 26; *Kamminga*, in: Wolfrum, MPEoIL, Extraterritoriality Rn. 9; missverständlich PCIJ, Urt. Nr. 9 v. 07.09.1927, *S.S. Lotus (France/Turkey)*, P.C.I.J Reports 1927 Series A No. 10, Rn. 46.

501 S. auch *de Schutter*, Extraterritorial Jurisdiction, S. 9.

502 S. allgemein *Weber*, Extraterritoriale Staatenpflichten, S. 26.

503 S. hierzu etwa *Weber*, Extraterritoriale Staatenpflichten, S. 26; *Kamminga*, in: Wolfrum, MPEoIL, Extraterritoriality Rn. 14.

504 S. hierzu etwa *Kamminga*, in: Wolfrum, MPEoIL, Extraterritoriality Rn. 22.

abhängigkeit der Staaten verstößt.[505] Abweichendes gilt nur, wenn der fremde Staat der extraterritorialen Rechtsdurchsetzung durch (völkerrechtlichen) Vertrag, Völkergewohnheitsrecht oder im Einzelfall zugestimmt hat.[506]

Diese Unzulässigkeit zeigt ein zentrales Problem transnationaler Menschenrechtsfälle auf. Klagen die Opfer von Menschenrechtsverletzungen vor Gerichten ihrer Heimatstaaten, können sie ein etwaiges Urteil gegen das ausländische (Mutter-)Unternehmen nur in das im jeweiligen Staat des Unternehmens belegene Vermögen vollstrecken, nicht aber in das Vermögen des Unternehmens in dessen Heimatstaat.[507] Daher sind die Betroffenen häufig auf Klagen gegen die ausländischen unmittelbar verletzenden (Tochter-)Unternehmen verwiesen, die allerdings vielfach nicht über eine entsprechende Finanzausstattung verfügen.

B. Geeignetheit des Rückgriffs auf das nationale Zivilrecht

Da sich das Völkerrecht mangels Bindungswirkung für Unternehmen und mangels Anwendbarkeit des Völkerstrafrechts auf Unternehmen als wenig hilfreich erweist, kommt es für die unternehmerische Haftung auf das nationale Recht an.

Die Geltendmachung ihrer Rechte vor den Gerichten der Heimatstaaten der Opfer, häufig Staaten des globalen Südens, ist in der Praxis ebenfalls mit zahlreichen Problemen verbunden. Insbesondere scheitert die Durchsetzung der Menschenrechte zwischen Privaten wie bereits dargelegt an ihrer konkreten Umsetzung in der Praxis. Überdies fehlt es häufig an der administrativen Infrastruktur zur effektiven Geltendmachung der Rechte. Da die Heimatstaaten der Opfer oftmals wirtschaftlich auf die Investitionen ausländischer Unternehmen angewiesen sind, wollen jene außerdem für diese möglichst attraktiv bleiben, sodass rechtliche Vorgaben teilweise

---

505 *de Schutter*, Extraterritorial Jurisdiction, S. 8; so i.E. auch PCIJ, Urt. Nr. 9 v. 07.09.1927, *S.S. Lotus (France/Turkey)*, P.C.I.J Reports 1927 Series A No. 10, Rn 45; *Weber*, Extraterritoriale Staatenpflichten, S. 28–29.

506 PCIJ, Urt. Nr. 9 v. 07.09.1927, *S.S. Lotus (France/Turkey)*, P.C.I.J Reports 1927 Series A No. 10, Rn. 45; *Weber*, Extraterritoriale Staatenpflichten, S. 29; *Kamminga*, in: Wolfrum, MPEoIL, Extraterritoriality Rn. 8, 23; weitergehend wohl *Weschka*, ZaöRV 2006, 625 (630).

507 Ähnlich *Muchlinski*, MNE & Law, S. 161.

nicht umgesetzt werden.[508] Daneben sind die unmittelbar verletzenden (Tochter-)Unternehmen regelmäßig für derartige Schadensersatzansprüche nicht hinreichend finanziell ausgestattet.[509]

Angesichts dieser Schwierigkeiten der Rechtsverfolgung vor den Gerichten der Heimatstaaten der Opfer ist zu überlegen, inwiefern das Recht der Heimatstaaten der Unternehmen Abhilfe schaffen kann. Im deutschen Recht erscheint grundsätzlich ein Rückgriff auf unterschiedliche Rechtsbereiche denkbar. Mangels Unternehmensstrafrechts ist eine strafrechtliche Verfolgung (zumindest gegenüber dem Unternehmen als juristischer Person) allerdings nicht möglich und es verbleibt allein die Sanktionsmöglichkeit nach § 130 OWiG. Entsprechende Verstöße können auch Konsequenzen im Vergabe- oder Außenwirtschaftsrecht nach sich ziehen. Einen Ausgleich für erlittene Schäden können die von Menschenrechtsverletzungen Betroffenen hierüber allerdings nicht erhalten. Einen vielversprechenden Ansatzpunkt mit Blick auf eine Verhaltenssteuerung der Unternehmen bieten das deutsche Vertrags- und Lauterkeitsrecht sowie die auf die CSR-Richtlinie zurückgehenden Berichtspflichten. Auch diese gewähren den Betroffenen hingegen keinen Ausgleich erlittener Schäden. Ein solcher kann nach derzeit geltendem Recht – wie zu zeigen sein wird – allein über das Deliktsrecht gewährt werden. Insofern ist aus Perspektive der Betroffenen die Geltendmachung derartiger Ansprüche gegen die ausländischen (Mutter-)Unternehmen vor deren heimatstaatlichen Gerichten (möglichst nach dem dort geltenden Recht) derzeit die einzige Möglichkeit, einen Ausgleich für erlittene Schäden zu erhalten.[510]

§ 15 Vertragsrecht

Eine vertragliche Haftung kommt vor allem im Zusammenhang mit der Missachtung arbeitsrechtlicher Mindeststandards und der Verursachung von Umwelt- und damit zusammenhängenden Gesundheitsschäden bei der Produktion in Betracht. Zunächst ist auf eigene vertragliche Ansprüche der Geschädigten einzugehen (A.). Anschließend ist zu fragen, inwie-

---

508 S. hierzu bereits ausführlich o. § 12 B. II. m.w.N.; s. auch *de Schutter*, Extraterritorial Jurisdiction, S. 35–36; kritisch zur Annahme eines derartigen Rechtsgefälles *Pförtner*, in: Krajewski/Saage-Maaß, Sorgfaltspflichten, S. 311 (313–315).

509 *Hartmann*, in: Krajewski/Saage-Maaß, Sorgfaltspflichten, S. 281 (285 f.); s. auch *de Schutter*, Extraterritorial Jurisdiction, S. 35–36; *van Dam*, JETL 2 (2011), 221 (228).

510 Ähnlich *Enneking*, ERPL 2008, 283 (292) (in Bezug auf den *Trafigura*-Fall).

fern die unternehmerischen Schutzpflichten möglicherweise dadurch aus-gedehnt werden, dass die von Menschenrechtsverletzungen Betroffenen als Dritte in vertragliche Schuldverhältnisse einbezogen sind (B.).

A. Eigene vertragliche Ansprüche der Geschädigten

Eigene vertragliche Ansprüche der Geschädigten, etwa aus Verletzung von (arbeits-)vertraglichen Schutzpflichten, bestehen nur, wenn zwischen der in Anspruch genommenen Gesellschaft und den Geschädigten unmittelbare vertragliche Beziehungen bestehen. Solche kommen von vorneherein grundsätzlich nur in den beiden oben genannten Fallgruppen in Betracht, sofern diese im Zusammenhang mit einem Arbeitsverhältnis stehen. Allerdings sind die Geschädigten regelmäßig nicht beim in Anspruch genommenen Unternehmen selbst angestellt, sondern bei Tochterunternehmen oder Unternehmen, die über eine Vielzahl an zwischengeschalteten Unternehmen in der Lieferkette mit dem transnationalen Unternehmen verbunden sind. Mangels direkter Vertragsbeziehungen zwischen transnationalen Unternehmen und Geschädigten bestehen aufgrund der Relativität der Schuldverhältnisse auch keine vertraglichen (Schadensersatz-)Ansprüche.[511]

B. Ausdehnung der unternehmerischen Sorgfaltspflichten: Einbeziehung der Geschädigten als Dritte in vertragliche Schuldverhältnisse

Etwaige Schutzpflichten der Unternehmen gegenüber den von Menschenrechtsverletzungen Betroffenen könnten sich durch eine entsprechende Auslegung einer Parteivereinbarung oder nach den Grundsätzen des Vertrages mit Schutzwirkung zugunsten Dritter ergeben. Mögliche Anknüpfungspunkte sind insbesondere der Kaufvertrag zwischen dem Endverkäufer und dem Endabnehmer sowie die Verträge eines Unternehmens mit seinen Zulieferern.

---

[511] I.E. ebenso *Güngör*, Sorgfaltspflichten, S. 165; *Nordhues*, Haftung Muttergesellschaft, S. 35; *Osieka*, Zivilrechtliche Haftung, S. 163–164; *Saage-Maaß*, Arbeitsbedingungen, S. 7; *Nordhues*, in: Krajewski/Saage-Maaß, Sorgfaltspflichten, S. 125 (129); in Bezug auf den KiK-Fall: LG Dortmund, Urt. v. 10.01.2019 – 7 O 95/15, Rn. 41, zitiert nach juris.

Die Ableitung von Pflichten aus im Konzern geltenden Compliance-Vorschriften oder „Beitrittserklärungen" zu CSR-Initiativen scheitert hingegen bereits daran, dass diese keine selbstständigen Schuldverhältnisse sind. Erstere sind ausschließlich Handlungsanweisungen an Mitarbeiter, Tochterunternehmen und deren Mitarbeiter, die bereits bestehende Schuldverhältnisse zwischen den Parteien konkretisieren. Bei Beitrittserklärungen zu CSR-Initiativen oder CSR-Bündnissen durch Erklärungen, sich an bestimmte Standards halten zu wollen, oder anderweitigen Bekenntnissen zu bestimmten CSR-Standards fehlt es aus Sicht des objektiven Empfängers schon an dem für eine Willenserklärung erforderlichen Rechtsbindungswillen[512] des Unternehmens, da sich die in Rede stehenden Verhaltensstandards gerade durch ihre Freiwilligkeit auszeichnen und ein Unternehmen insbesondere angesichts des unüberschaubaren Haftungsrisikos kaum rechtlich für die Umstände bei sämtlichen Zulieferunternehmen verantwortlich sein wollen wird.[513]

I. Anwendbares Recht

Schutzpflichten nach deutschem Recht können nur entstehen, wenn dieses überhaupt anwendbar ist.

Für die Auslegung eines Vertrages ist nach Art. 12 Abs. 1 lit. a) Rom I-VO[514] das auf diesen Vertrag anwendbare Recht maßgeblich. Sowohl Kauf- als auch Zulieferverträge sind von der Rom I-VO erfasst. Für das anwendbare Recht ist gemäß Art. 3 Rom I-VO (beachte für Verbraucherverträge Art. 6 Abs. 2 Rom I-VO) eine entsprechende Rechtswahl der Parteien vorrangig. Fehlt eine solche, gilt für Kaufverträge gemäß Art. 4 Abs. 1 lit. a) Rom I-VO außer bei Verbraucherverträgen (Art. 6 Abs. 1 Rom I-VO) das Recht des Staates, in dem der Verkäufer seinen gewöhnlichen Aufenthalt hat.

Zulieferverträge sind regelmäßig als (Dauer-)Werklieferungsverträge einzuordnen.[515] Da nach Art. 4 Abs. 1 lit. a) Rom I-VO der gewöhnliche Aufenthalt des Verkäufers maßgeblich ist und nach Art. 4 Abs. 1 lit. b)

---

512 Ähnlich *Augsburger*, MMR 2014, 427.
513 Ähnlich *Bachmann*, Private Ordnung, S. 297.
514 Verordnung (EG) Nr. 593/2008 des Europäischen Parlaments und des Rates vom 17.06.2008 über das auf vertragliche Schuldverhältnisse anzuwendende Recht (Rom I), ABl. (EU) Nr. L 177, S. 6 (im Folgenden: Rom I-VO.)
515 *Budde*, in: Martinek/Semler/Flohr, Handbuch VertriebsR, § 39 Rn. 28; *Hopt*, in: Baumbach/Hopt, HGB, Einleitung vor § 373 Rn. 30.

Rom I-VO der des Dienstleisters, kommt es nicht darauf an, ob es sich hierbei um einen Dienstleistungs- oder einen Kaufvertrag handelt.[516]

Das anwendbare Recht in Bezug auf den Vertrag mit Schutzwirkung zugunsten Dritter richtet sich hingegen nach dem Deliktsstatut; das Vertragsstatut ist allein für die Frage nach der Wirksamkeit des zugrunde liegenden Vertrags maßgeblich.[517] Dies wird einer Anwendung des deutschen Rechts häufig entgegenstehen.[518] Die folgenden Ausführungen beziehen sich ausschließlich auf Fälle, in denen nach den gerade dargestellten Grundsätzen das deutsche Recht anwendbar ist.

II. Schutzpflicht aufgrund Parteivereinbarung

Die Parteien eines Vertrages können aufgrund ihrer Vertragsfreiheit ihre (Schutz-)Pflichten gegenüber Dritten durch eine rechtsgeschäftliche Vereinbarung erweitern oder einschränken.[519] Ob sie eine derartige Abrede getroffen haben, ist durch eine (gegebenenfalls ergänzende) Auslegung des Vertrages zu ermitteln.[520] Grenze dieser Auslegung ist der übereinstimmende Wille der am Rechtsgeschäft beteiligten Parteien.[521]

Ist die Einhaltung bestimmter Sozialstandards zwar in irgendeiner Form zum Bestandteil des Vertrages geworden, fehlt hingegen eine konkrete Abrede zur Begründung von Schutzpflichten gegenüber Dritten, wird es im Ergebnis regelmäßig sowohl beim Kaufvertrag zwischen Endverkäufer und Endabnehmer als auch bei Verträgen entlang der Zulieferkette an einem

---

516 A.A. *Heinlein*, NZA 2018, 276 (279), die Art. 4 Abs. 2 Rom II-VO anwendet.
517 *Dutta*, IPRax 2009, 293 (294–298) (Anwendung von Art. 12 Abs. 2 Rom II-VO in Bezug auf die vorvertragliche Haftung gegenüber Dritten, S. 298); *Gottwald*, in: MüKo-BGB, § 328 Rn. 175 (Vertragsstatut in Bezug auf die Frage, ob der Dritte in den Schutzbereich des Vertrages einbezogen ist).
518 Zum anwendbaren Recht in transnationalen Menschenrechtsfällen s. ausführlich u. § 16 A.
519 BGH, Urt. v. 23.01.1985 – IVa ZR 66/83, NJW-RR 1986, 484 (485 f.); BGH, Urt. v. 14.06.2012 – IX ZR 145/11, BGHZ 193, 297 (302 [Rn. 16]) = NJW 2012, 3165 (3167); *Gottwald*, in: MüKo-BGB, § 328 Rn. 169; *Klumpp*, in: Staudinger, BGB (2015), § 328 Rn. 97; 109.
520 *Gottwald*, in: MüKo-BGB, § 328 Rn. 169; *Klumpp*, in: Staudinger, BGB (2015), § 328 Rn. 97.
521 BGH, Urt. v. 22.04.1953 – II ZR 143/52, BGHZ 9, 273 (278) = NJW 1953, 927; BGH, Urt. v. 10.02.2009 – VI ZR 28/08, NJW 2009, 1482 (1484 [Rn. 24]) m.w.N.; *Busche*, in: MüKo-BGB, § 157 Rn. 26; *Roth*, in: Staudinger, BGB (2015), § 157 Rn. 38.

entsprechenden Parteiwillen, auch Dritten gegenüber Schutzpflichten zu begründen, fehlen. Unklar wäre bereits, wer genau zu den geschützten Dritten gehört. Könnten sämtliche an der Produktion beteiligte Personen die Verletzung von vertraglichen Schutzpflichten geltend machen, führte dies zu einem für das Unternehmen unüberschaubaren Haftungsrisiko. Aber auch die Einbeziehung „lediglich" der Arbeitnehmer des jeweiligen Vertragspartners stellt für das transnationale Unternehmen aufgrund der großen Anzahl an Vertragsbeziehungen zu Zulieferunternehmen, des häufig fehlenden Einblicks in deren Arbeitsablauf und der teilweise eingeschränkten Einflussmöglichkeiten ein großes Risiko dar. Sich einem derartigen Haftungsrisiko auszusetzen, würde regelmäßig nicht dem Willen des Unternehmens entsprechen.[522]

Abweichend können hingegen Fälle zu beurteilen sein, in denen bestimmte CSR-Standards, insbesondere unternehmerische Verhaltensstandards, in den Vertrag mit selbstständigen Geschäftspartnern einbezogen werden. Hier kommt es auf die konkrete Ausgestaltung der jeweiligen Vereinbarung an. Enthält diese nicht nur bloße Bemühenserklärungen oder vage gehaltene Zielvorstellungen, sondern verpflichtet die Geschäftspartner zur Einhaltung ganz konkreter Vorgaben, die durch den Auftraggeber oder Dritte z.B. durch Kontrollen überprüft wird und deren Verletzung zu Konsequenzen führt, kann dies Schutzpflichten des Unternehmens auch gegenüber den Arbeitnehmern seines Vertragspartners begründen.[523]

---

522 Weitergehend *Heinlein*, NZA 2018, 276 (279 f.), die sogar einen Vertrag zwischen den Unternehmen und Beschäftigten vergleichbar der Gesamtzusage annimmt.

523 Ablehnend in Bezug auf den Verhaltenskodex von KiK im Rahmen der Haftung nach den Grundsätzen des VSD unter Verweis darauf, aus dem Dokument ginge nicht hervor, „[...][d]ass den Mitarbeitern der Beklagten hieraus Ansprüche unmittelbar gegen die Beklagte erwachsen sollen": LG Dortmund, Urt. v. 10.01.2019 – 7 O 95/15, Rn. 42, zitiert nach juris; *Habersack/Ehrl*, AcP 219 (2019), 155 (192 f.); ähnlich wie hier, allerdings bezüglich Leistungsnähe, Einbeziehungsinteresse und Erkennbarkeit beim VSD, *Güngör*, Sorgfaltspflichten, S. 169–171, s. auch S. 174 f.; *Heinlein*, NZA 2018, 276 (279) nimmt dies allgemein für Vereinbarungen, in denen „der Lieferant verspricht, Maßnahmen für die Arbeitssicherheit und zum Schutz der Gesundheit der bei ihm Beschäftigten durchzuführen" an und lehnt einen VSD daher ab.

III. Haftung nach den Grundsätzen des Vertrages mit Schutzwirkungen zugunsten Dritter

Schutzpflichten des Schuldners gegenüber Dritten können daneben über die Grundsätze des Vertrages mit Schutzwirkungen zugunsten Dritter (VSD) entstehen.[524] Erforderlich sind neben einem Schuldverhältnis die bestimmungsgemäße Leistungsnähe des Dritten, ein schutzwürdiges Interesse des Gläubigers an der Einbeziehung des Dritten, die Erkennbarkeit von Leistungsnähe und Gläubigerinteresse sowie die Schutzbedürftigkeit des Dritten.[525]

Da in den Vertrag einbezogene (unternehmerische) Verhaltensstandards bereits im Rahmen einer Schutzpflicht aufgrund einer ausdrücklichen Parteivereinbarung relevant werden, kommt es hierauf im Rahmen des VSD nicht mehr an.[526] Es geht also im Folgenden um die Schutzwirkung von Verträgen zwischen Auftraggeber und Zulieferbetrieben.

In der Regel scheitert eine unternehmerische Haftung nach den Grundsätzen des VSD allerdings bereits am Erfordernis des Schuldverhältnisses, da regelmäßig keine direkten Beziehungen zwischen dem Unternehmen, das die Produkte vertreibt, und dem Betrieb, in dem es zu den Menschenrechtsbeeinträchtigungen kommt, bestehen. Anders ist dies nur in den (in der Praxis wohl eher seltenen) Fällen, in denen ein direktes Schuldverhältnis zwischen dem Unternehmen und dem Betrieb, in dem die Menschenrechte verletzt werden, besteht.[527]

Aber auch dann verhelfen die Grundsätze des VSD den Betroffenen im Ergebnis nicht zu einer Haftung. Zwar ist für einen VSD die Wirksamkeit des zugrundeliegenden Vertrages nicht erforderlich (dann entsteht ein Schuldverhältnis i.S.v. §§ 311 Abs. 2, 241 Abs. 2 BGB),[528] sodass eine etwaige Unwirksamkeit des Vertrages zwischen Auftraggeber und Zulieferer we-

---

524 S. auch *Klumpp*, in: Staudinger, BGB (2015), § 328 Rn. 110.

525 Zu den einzelnen Voraussetzungen des VSD s. ausführlich *Gottwald*, in: MüKo-BGB, § 328 Rn. 184–191; *Klumpp*, in: Staudinger, BGB (2015), § 328 Rn. 111–128.

526 Anders *Güngör*, Sorgfaltspflichten, S. 169–171; für eine Berücksichtigung im Rahmen des VSD auch LG Dortmund, Urt. v. 10.01.2019 – 7 O 95/15, Rn. 41 f., zitiert nach juris.

527 *Osieka*, Zivilrechtliche Haftung, S. 165–166; ähnlich *Thomale/Hübner*, JZ 2017, 385 (390).

528 BGH, Urt. v. 10.01.1968 – VIII ZR 104/65, VersR 1968, 375 (376); *Klumpp*, in: Staudinger, BGB (2015), § 328 Rn. 108; ähnlich *Gottwald*, in: MüKo-BGB, § 328 Rn. 178.

gen Sittenwidrigkeit[529] unerheblich ist. Allerdings dient der VSD ausschließlich dazu, die im Verhältnis zwischen den beiden Vertragsparteien
bereits bestehenden Pflichten auf Dritte zu erweitern.[530] Keinesfalls kann
jedoch die Schutzpflicht so ausgeweitet werden, dass dem Dritten mehr
Rechte zustehen als dem Gläubiger des Vertrages selbst.[531] Der Dritte muss
also denselben Gefahren wie der Gläubiger ausgesetzt sein.[532] Die Gefahren, die sich bei Menschenrechtsverletzungen in Zulieferbetrieben realisiert haben, sind aber gerade nicht im Vertrag zwischen Abnehmerunter-
nehmen und Zulieferbetrieb angesiedelt; diesen Gefahren kann der letzterer im Rahmen des Zuliefervertrags überhaupt nicht ausgesetzt sein.[533]

Damit bestehen keine Schutzpflichten des Unternehmens gegenüber
den Arbeitnehmern in seinen Zulieferbetrieben nach den Grundsätzen des
VSD.[534]

§ 16 Deliktsrecht

Zentraler Ansatz für die Haftung deutscher Unternehmen in transnationalen Menschenrechtsfällen ist das Deliktsrecht. Allerdings bestehen in diesem Zusammenhang zahlreiche Schwierigkeiten, die im folgenden Abschnitt näher untersucht werden sollen.

Zunächst ist entscheidend, inwiefern derartige Sachverhalte überhaupt
nach deutschem Recht zu beurteilen sind (A.). Anschließend erfolgt eine
Untersuchung der Haftung aufgrund einer Verletzung von Verkehrspflich-

---

529 S. hierzu *Osieka*, Zivilrechtliche Haftung, S. 166–168.
530 *Klumpp*, in: Staudinger, BGB (2015), § 328 Rn. 129.
531 *Osieka*, Zivilrechtliche Haftung, S. 171; *Klumpp*, in: Staudinger, BGB (2015),
     § 328 Rn. 131, 144 jeweils mit ausführlichem Verweis auf entsprechende Rspr.
532 *Osieka*, Zivilrechtliche Haftung, S. 171; *Gottwald*, in: MüKo-BGB, § 328
     Rn. 184; *Klumpp*, in: Staudinger, BGB (2015), § 328 Rn. 185 (in Bezug auf Ange-
     hörige des Arbeitnehmers); ähnlich BGH, Urt. v. 26.06.2001 – X ZR 231/99,
     NJW 2001, 3115 (3116).
533 Ähnlich *Habersack/Ehrl*, AcP 219 (2019), 155 (191 f.).
534 I.E. ebenso *Osieka*, Zivilrechtliche Haftung, S. 171; das LG Dortmund, Urt.
     v. 10.01.2019 – 7 O 95/15, Rn. 42, zitiert nach juris, lässt eine Haftung an der er-
     forderlichen Leistungsnähe des Dritten scheitern; ebenso *Nordhues*, Haftung
     Muttergesellschaft, S. 35; *Nordhues*, in: Krajewski/Saage-Maaß, Sorgfaltspflich-
     ten, S. 125 (129); überdies könnte ansonsten die Haftung auch aufgrund der feh-
     lenden Schutzbedürftigkeit ausscheiden, wenn den Betroffenen eigene vertragli-
     che Ansprüche gegen ihren Arbeitgeber zustehen, s. hierzu *Habersack/Ehrl*, AcP
     219 (2019), 155 (192); *Thomale/Hübner*, JZ 2017, 385 (390).

ten gemäß § 823 Abs. 1 BGB (B.), für Verrichtungsgehilfen gemäß § 831 BGB (C.), für die Verletzung eines Schutzgesetzes gemäß § 823 Abs. 2 BGB (D.) sowie wegen vorsätzlicher sittenwidriger Schädigung gemäß § 826 BGB (E.). Der Schwerpunkt der Untersuchung liegt auf § 823 Abs. 1 BGB. Abgerundet wird dieser Abschnitt mit Ausführungen zur Rechtsdurchsetzung (F.).

A. Anwendbares Recht

Das auf unerlaubte Handlungen anzuwendende Recht bestimmt sich für schadensbegründende Ereignisse ab dem 11. Januar 2009 nach der Rom II-VO (vgl. Art. 31, 32 Rom II-VO).[535]

Da sowohl das Recht des Erfolgsortes als auch das Recht des Handlungsortes im Rahmen unterschiedlicher Vorschriften des EGBGB und der Rom II-VO relevant werden, soll im Vorfeld der Untersuchung des anwendbaren Rechts herausgearbeitet werden, wo Erfolgs- und wo Handlungsort in transnationalen Menschenrechtsfällen zu verorten sind (I.). Der Schwerpunkt der sich anschließenden Darstellung liegt aufgrund der praktischen Bedeutung auf der Bestimmung des nach der Rom II-VO anwendbaren Rechts (II.). Da in transnationalen Menschenrechtsfällen allerdings ebenfalls eine Verletzung des Allgemeinen Persönlichkeitsrechts möglich ist,[536] soll daneben kurz auf das nach Art. 40 ff. EGBGB anwendbare Recht eingegangen werden (III.).

I. Handlungs- und Erfolgsort in transnationalen Menschenrechtsfällen

Zentrale Anknüpfungspunkte im nationalen sowie im europäischen Kollisionsrecht sind der Erfolgs- und der Handlungsort. Nach der Rom II-VO ist (sofern die speziellen Kollisionsnormen der Art. 5-9 Rom II-VO nicht einschlägig sind) gemäß Art. 4 Abs. 1 Rom II-VO das Recht des Erfolgsortes maßgeblich. Das Recht des Handlungsortes ist ausschließlich im Rah-

---

535 EuGH, Urt. v. 17.11.2011 – C-412/10, *Deo Antoine Homawoo/GMF Assurances SA,* NJW 2012, 441 f.; ausführlich insb. in Bezug auf den nicht eindeutigen Wortlaut der Rom II-VO in Art. 31 und 32 *von Hein,* ZEuP 2009, 6 (10 f.); *Junker,* in: MüKo-BGB, Art. 32 Rom II-VO Rn. 3–4; *Picht,* in: Rauscher, EuZPR/EuIPR, Art. 31, 32 Rom II-VO Rn. 5.

536 S. hierzu u. § 16 A. II. 1. c) bb).

men von Art. 7 und 17 Rom II-VO relevant. Die Anknüpfung an den Erfolgsort schützt regelmäßig den Geschädigten – er kann sich darauf verlassen, dass das Recht des Ortes angewendet wird, an dem er sich zum Zeitpunkt der Rechtsgutsverletzung befindet.[537]

1. Erfolgsort

Nach der Terminologie der Rom II-VO ist das Recht des Erfolgsortes das *„Recht des Staates, in dem der Schaden eintritt"* (Art. 4 Abs. 1 Rom II-VO). Der EuGH definiert den Erfolgsort als den Ort, *„an dem die schädigenden Auswirkungen des haftungsauslösenden Ereignisses zulasten des Betroffenen eingetreten sind"*[538] und als den Ort, *„an dem das auslösende Ereignis seine schädigende Wirkung entfaltet, d.h. der Ort, an dem sich der durch das fehlerhafte Erzeugnis verursachte Schaden konkret zeigt"*.[539] Transnationale Menschenrechtsfälle sind regelmäßig dadurch gekennzeichnet, dass die Rechtsgutsverletzung bzw. der Schaden im Ausland eintritt und damit der Erfolgsort dort zu verorten ist. Knüpft eine Kollisionsnorm an das Recht des Erfolgsortes an, ist mithin ausländisches Recht anzuwenden.[540] Nicht überzeugend ist insofern der Gedanke von *Pförtner*, für den Erfolgsort in Bezug auf die Sorgfaltspflichtverletzung des Mutterunternehmens abweichend vom Erfolgsort der Rechtsverletzung des Opfers auf *„den Ort [...] abzustellen, [...] [an] dem die Sorgfaltspflicht verletzt wird."*[541] Für einen etwaigen Schadensersatzanspruch gegen das Mutterunternehmen aufgrund einer Sorgfaltspflichtverletzung ist der maßgebliche Erfolg die eingetretene Rechtsgutsverletzung. Der Ort, an dem die Sorgfaltspflicht verletzt wird, kann dementsprechend allein Handlungs-, nicht aber Erfolgsort sein.

---

537 *Stürner*, in: FS Coester-Waltjen, S. 843 (849); Wagner, IPRax 2006, 372 (376); *Junker*, in: MüKo-BGB, Art. 4 Rom II-VO Rn. 18; *Rauscher*, IPR, Rn. 1387.
538 EuGH, Urt. v. 07.03.1995 – C-68/93, *Shevill u.a./Presse Alliance S.A.*, NJW 1995, 1881 (1882 [Rn. 28]); s. auch BGH, Urt. v. 06.11.2007 – VI ZR 34/07, NJW-RR 2008, 516 (518 [Rn. 17]).
539 EuGH, Urt. v. 16.07.2009 – C-189/08, *Zuid-Chemie BV/Philippo's Mineralenfabriek NV/SA*, NJW 2009, 3501 (3502 [Rn. 27]).
540 *van Dam*, JETL 2 (2011), 221 (231); s. auch u. § 16 A. II. 2. c).
541 *Pförtner*, in: Krajewski/Saage-Maaß, Sorgfaltspflichten, S. 311 (324).

2. Handlungsort

Das Recht des Handlungsortes ist das „*Recht des Staates [...], in dem das schadensbegründende Ereignis eingetreten ist*" (Art. 4, 7 Rom II-VO[542]).

Auf den ersten Blick erscheint die Bestimmung des Handlungsortes in transnationalen Menschenrechtsfällen unproblematisch. Auch das Schrifttum geht häufig ohne weitere Begründung von einem Handlungsort am Sitz des Unternehmens (für deutsche Unternehmen also in Deutschland) bzw. am Ort der Geschäftsführung aus[543] oder legt ein solches Verständnis implizit zugrunde.[544] Lediglich vereinzelte Stimmen äußern sich zurückhaltend.[545] Dies erweist sich als zu oberflächlich. Zu differenzieren ist zwischen dem Handlungsort bei aktivem Tun (a)), bei Unterlassen (b)) und bei der Einschaltung von Gehilfen (c)).

Da die Rom II-VO primär an den Erfolgsort anknüpft und der Handlungsort ausschließlich für Art. 7 und Art. 17 Rom II-VO maßgeblich ist, finden sich diesbezüglich kaum Aussagen zur Bestimmung des Handlungsortes. Es kommt insofern entscheidend darauf an, ob ein Rückgriff auf die Konkretisierung des Begriffes im Rahmen von anderen Bestimmungen möglich ist.

Der Deliktsgerichtsstand nach Art. 7 Nr. 2 Brüssel Ia-VO[546] umfasst sowohl den Handlungs- als auch den Erfolgsort und beinhaltet ein entsprechendes Wahlrecht des Klägers,[547] da abhängig vom Einzelfall beide Orte „*für die Beweiserhebung und die Gestaltung des Prozesses*" Bedeutung haben

---

542 S. ähnlich EWG 32: „*Recht des Staates, in dem die schädigende Handlung begangen wurde*".

543 So etwa *Güngör*, Sorgfaltspflichten, S. 87; *Grabosch*, in: Nikol/Schniederjahn/Bernhard, Transnationale Unternehmen, S. 69 (83); *Thomale/Hübner*, JZ 2017, 385 (393); ähnlich *Hartmann*, in: Krajewski/Saage-Maaß, Sorgfaltspflichten, S. 281 (301); *Pförtner*, in: Krajewski/Saage-Maaß, Sorgfaltspflichten, S. 311 (325).

544 *Weller/Thomale*, ZGR 2017, 509 (524 f.).

545 S. etwa *Halfmeier*, in: Krajewski/Oehm/Saage-Maaß, Unternehmensverantwortung, S. 33 (41); *Stürner*, in: Krajewski/Oehm/Saage-Maaß, Unternehmensverantwortung, S. 73 (82); *Wagner*, RabelsZ 80 (2016), 717 (735) (in Bezug auf Art. 7 Nr. 2 Brüssel Ia-VO).

546 Verordnung (EU) Nr. 1215/2012 des Europäischen Parlaments und des Rates vom 12.12.2012 über die gerichtliche Zuständigkeit und die Anerkennung und Vollstreckung von Entscheidungen in Zivil- und Handelssachen, ABl. (EU) Nr. L 351, S. 1 (im Folgenden: Brüssel Ia-VO).

547 EuGH, Urt. v. 30.11.1976 – 21/76, *Bier/Mines de Potasse*, NJW 1977, 493 f. (zu Art. 5 Nr. 3 EuGVÜ); EuGH, Urt. v. 19.04.2012 – C-523/10, *Wintersteiger-AG/Products 4U Sondermaschinenbau-GmbH*, EuZW 2012, 513 (514 [Rn. 19]) (zu Art. 5 Nr. 3 Brüssel I-VO) m.w.N.

können.[548] Auch wenn den unterschiedlichen Anknüpfungen im Internationalen Zivilprozessrecht und im Internationalen Privatrecht unterschiedliche Wertungen zugrunde liegen[549], sind die den Verordnungen jeweils zugrunde liegenden Begriffe einheitlich auszulegen (s. auch EWG 7 Rom II-VO). Dies gebieten der *effet utile* sowie die Einheit der Rechtsordnung. Es wäre insofern widersinnig, an die Bestimmung des Handlungsortes für die Zuständigkeit des Gerichts andere Kriterien anzulegen als für das anwendbare Recht. Allerdings sind bei der Frage der Übertragbarkeit stets die unterschiedlichen Wertungen im Internationalen Zivilverfahrensrecht und im Internationalen Privatrecht zu berücksichtigen.[550]

Ferner können Ausführungen zu Art. 40 EGBGB herangezogen werden, wobei die autonome Auslegung der Rom II-VO zu beachten ist.

In Bezug auf die Feststellung des Handlungsortes sind viele Detailfragen umstritten. Eine detaillierte Darstellung der unterschiedlichen Auffassungen und ihrer jeweiligen Begründungen kann im Rahmen dieser Arbeit nicht erfolgen. Im Vordergrund der folgenden Ausführungen soll vielmehr die konkrete Bestimmung des Handlungsortes in transnationalen Menschenrechtsfällen stehen.

---

548 EuGH, Urt. v. 30.11.1976 – 21/76, *Bier/Mines de Potasse*, NJW 1977, 493 f. (zu Art. 5 Nr. 3 EuGVÜ); EuGH, Urt. v. 19.04.2012 – C-523/10, *Wintersteiger-AG/ Products 4U Sondermaschinenbau-GmbH*, EuZW 2012, 513 (514 [Rn. 19]) (zu Art. 5 Nr. 3 Brüssel I-VO) m.w.N.; *Leible*, in: Rauscher, EuZPR/EuIPR, Art. 7 Brüssel Ia-VO Rn. 117.
549 Im IZVR sind mehrere Gerichtsstände möglich, wobei das Interesse des Klägers am Rechtsschutz an einem „passenden" Ort im Vordergrund steht, während im IPR aufgrund der gebotenen Rechtssicherheit das Recht mit der (räumlich) engsten Verbindung anwendbar ist; s. etwa *Kropholler*, IPR, § 58 II 2 (S. 611 f.); zum IZVR s. EWG 15, 16 Brüssel Ia-VO; zum IPR s. EWG 14 Rom II-VO; *Leible*, Rom I und Rom II, S. 7; *von Hein*, ZEuP 2009, 6 (9).
550 S. aber auch EuGH, Urt. v. 16.01.2014 – C-45/13, *Andreas Kainz/Pantherwerke AG*, NJW 2014, 1166 (Handlungsort der Produkthaftung ist der Herstellungsort; keine Anlehnung an Art. 5 Rom II-VO); dies steht jedoch nicht in Widerspruch zu der hiesigen Argumentation, da in Art. 5 Rom II-VO gerade nicht der Handlungsort als maßgeblich angesehen wird und es insofern nicht allein um die Auslegung des Begriffes „Handlungsort" geht.

a) Handlungsort bei aktivem Tun

Für aktives Tun wird als Handlungsort grundsätzlich der Ort angesehen, *„an dem das schädigende Ereignis seinen Ausgang nahm".*[551] Darüber hinaus ist allgemein anerkannt, dass bloße Vorbereitungshandlungen für die Begründung eines Handlungsortes nicht ausreichend sind.[552]

In Bezug auf transnationale Menschenrechtsfälle lehnt *Wagner* einen Handlungsort am Sitz der Muttergesellschaft ab, da die Handlungen bloße Vorbereitungshandlungen der Organe seien.[553] Dies ist allerdings zu pauschal. Wie *von Hein* herausgearbeitet hat, ist der Handlungsort für jeden Deliktstatbestand gesondert zu beurteilen: *„Ein und dieselbe Handlung im natürlichen Sinne kann [...] rechtlich gesehen in bezug auf den einen Deliktstatbestand eine bloße Vorbereitungshandlung darstellen, zugleich aber im Rahmen eines anderen Tatbestandes ein selbständiges Begleitdelikt verwirklichen."*[554] Dementsprechend mag die Handlung der unternehmerischen Leitungsorgane zwar für die unmittelbare Rechtsgutverletzung durch den im Aus-

---

551 EuGH, Urt. v. 07.03.1995 – C-68/93, *Shevill/Press Alliance SA*, NJW 1995, 1881 (1882 [Rn. 24]); EuGH, Urt. v. 05.02.2004 – C-18/02, *Danmarks Redenriforening/LO Landsorganisationen i Sverige*, IPRax 2006, 161 (164 [Rn. 41]) (jeweils zu Art. 5 Nr. 3 EuGVÜ); zu Art. 7 Rom II-VO s. etwa *Dörner*, in: HK-BGB, Art. 7 Rom II-VO Rn. 3 („*Ort [...]an dem der Schädiger [...] eine für die Rechtsgutverletzung maßgebende Ursache durch positives Tun gesetzt hat*"); zu Art. 40 EGBGB s. etwa *Rauscher*, IPR, Rn. 1373; ähnlich *Kropholler*, IPR, § 53 IV 1. a) (S. 522) („*Ort, an dem sich der Täter bei der Begehung der Tat befindet*"); zu Art. 5 Nr. 3 Brüssel I-VO s. etwa *Kropholler/von Hein*, EuZPR, Art. 5 EuGVO Rn. 83a m.w.N.; zu Art. 7 Nr. 2 Brüssel Ia-VO s. *Leible*, in: Rauscher, EuZPR/EuIPR, Art. 7 Brüssel Ia-VO Rn. 134 („*Ort des schadensbegründenden Geschehens, dh der Ort, an dem das schadensbegründende Geschehen seinen Ausgang nahm*") m.w.N.

552 S. zu Art. 7 Rom II-VO *Dörner*, in: HK-BGB, Art. 7 Rom II-VO Rn. 3; zu Art. 40 EGBGB *von Hoffmann*, in: Staudinger, BGB (2001), Art. 40 EGBGB Rn. 17–18; *Kropholler*, IPR, § 53 IV 1. a) (S. 522); zu Art. 5 Nr. 3 Brüssel I-VO s. etwa *Geimer*, in: Geimer/Schütze, EuZVR, Art. 5 A.1 Rn. 250; *Wagner*, in: Stein/Jonas, ZPO, Art. 5 EuGVVO Rn. 146; zu Art. 7 Nr. 2 Brüssel Ia-VO *Leible*, in: Rauscher, EuZPR/EuIPR, Art. 7 Brüssel Ia-VO Rn. 135; für die Rechtslage vor Inkrafttreten des EGBGB s. etwa BGH, Urt. v. 30.06.1961 – I ZR 39/60, BGHZ 35, 329 (333 337) – NJW 1962, 37-39; *von Bar*, IPR II, Rn. 661.

553 *Wagner*, RabelsZ 80 (2016), 717 (735); dem folgend *Nordhues*, Haftung Muttergesellschaft, S. 174; *Stürner*, in: Krajewski/Oehm/Saage-Maaß, Unternehmensverantwortung, S. 73 (82); zurückhaltend zum Handlungsort auch *Halfmeier*, in: Krajewski/Oehm/Saage-Maaß, Unternehmensverantwortung, S. 33 (41); **ablehnend** *Mansel*, ZGR 2018, 439 (460 f.).

554 *von Hein*, Günstigkeitsprinzip, S. 276–277.

land handelnden unmittelbaren Verletzenden eine bloße Vorbereitungshandlung darstellen. In Bezug auf die Haftung wegen der Verletzung *eigener* Sorgfaltspflichten kann es sich hingegen um eine relevante Ausführungshandlung handeln. Hierfür spricht auch, dass richtigerweise der Handlungsort bei mehreren Verletzern für jeden gesondert zu bestimmen ist.[555] So hat auch der EuGH im Zusammenhang mit der internationalen Zuständigkeit eine Handlungsortzurechnung abgelehnt.[556] Haben die Leitungsorgane eines Unternehmens keinerlei Handlungen im Ausland vorgenommen und dort keine Entscheidungen getroffen, kann ihnen nicht der Handlungsort des unmittelbaren Verletzers zugerechnet werden.

Eine Anwendung des deutschen Rechts für unternehmerische Entscheidungen einer deutschen Gesellschaft an der Spitze eines Konzerns oder einer Zulieferkette ist entsprechend der oben dargestellten Grundsätze[557] grundsätzlich zulässig, da an das Territorialitätsprinzip angeknüpft werden kann. Für die Frage, inwiefern bereits diese eine relevante Ausführungshandlung darstellen, kommt es darauf an, wie zwischen Ausführungs- und bloßen Vorbereitungshandlungen zu differenzieren ist. Dies wird unterschiedlich beurteilt.

Eine im Schrifttum verbreitete Auffassung will für diese Abgrenzung das Recht des Vornahmeortes heranziehen.[558] Dann kommt es bereits bei der Ermittlung des anwendbaren Rechts auf materiellrechtliche Aspekte

---

555 Ähnlich in Bezug auf transnationale Menschenrechtsfälle *Mansel*, ZGR 2018, 439 (460 f.) (die Abgrenzung zu vorgelagerten Tatbeiträgen ist nur relevant, wenn es um mehrere Tatbeiträge einer Person geht); s. hierzu im Zusammenhang mit Art. 40 EGBGB für Nebentäter und bei Beteiligung mehrerer: *Junker*, in: MüKo-BGB, Art. 40 EGBGB Rn. 47–48; *von Hoffmann*, in: Staudinger, BGB (2001), Art. 40 EGBGB Rn. 38–40 mit Darstellung der Gegenauffassung und w.N.; **a.A.** *Wagner*, in: NK-BGB, Art. 40 EGBGB Rn. 17; wohl auch *Habersack/ Ehrl*, AcP 219 (2019), 155 (188 f.)

556 EuGH, Urt. v. 16.05.2013 – C-228/11, *Melzer/MF Global UK Ltd*, NJW 2013, 2099 (2101 [insb. Rn. 30-36]); BGH, Urt. v. 18.10.2016 – VI ZR 618/15, VersR 2017, 570 (571 f. [Rn. 18-22]); *Gottwald*, in: MüKo-ZPO, Art. 7 VO (EU) 1215/2012 Rn. 62; **ablehnend** etwa *Thole*, in: FS Schilken, S. 523 (530–533); ausführlich *Mankowski*, in: Magnus/Mankowski, Brussels Ibis Regulation, Art. 7 Rn. 282–294.

557 S.o. § 14 A.

558 *Habersack/Ehrl*, AcP 219 (2019), 155 (188 f.); *Hartmann*, in: Krajewski/Saage-Maaß, Sorgfaltspflichten, S. 281 (300); *Mankowski*, in: FS Geimer, S. 429 (440); *Mansel*, ZGR 2018, 439 (462) („*hypothetischer Handlungsort*"); *Junker*, in: MüKo-BGB, Art. 40 EGBGB Rn. 25; *Spickhoff*, in: Bamberger/Roth, BGB, Art. 40 EGBGB Rn. 18; wohl auch BGH, Urt. v. 16.06.1994 – I ZR 24/92, BGHZ 126, 252 (258) = NJW 1994, 2888 (2890) (zu § 26 Abs. 1 UrhG).

an und in Fällen der unerlaubten Handlung muss schon an dieser Stelle über die deliktsrechtliche Relevanz der jeweiligen Handlung entschieden werden.[559]

Andere Stimmen im Schrifttum, insbesondere *Stoll* und *von Hein*, lehnen eine derartige Abgrenzung u.a. mit Verweis auf die damit verbundene Möglichkeit des nationalen Gesetzgebers zur Erweiterung des Anwendungsbereichs seines internationalen Deliktsrechts durch inhaltliche Erweiterung der Deliktstatbestände,[560] die hiermit verbundene Qualifikation nach der *lex causae* anstelle der im Internationalen Privatrecht allgemein anerkannten Qualifikation nach dem Internationalen Privatrecht der *lex fori*[561] sowie die Ableitung aus der inzwischen überholten Rechtsprechung im Internationalen Wettbewerbsrecht ab.[562] *Stoll* will stattdessen auf den Ort abstellen, an dem die zu beherrschende Gefahr außer Kontrolle gerät, wobei der Ort der abstrakten Gefährdung nicht ausreichend sei.[563] Dem stimmt *von Hein* im Ausgangspunkt zu. Da eine Handlung aber bereits abgeschlossen sein könne, auch wenn der Täter noch auf das Geschehen einwirken kann, sei auf § 22 StGB analog zurückzugreifen. Entscheidend sei also, ob der Täter noch weitere Schritte zum Eintritt des tatbestandlichen Erfolges unternehmen muss oder ob dieser automatisch eintritt.[564]

Der EuGH steht einer Berücksichtigung des materiellen Rechts zur Bestimmung des Handlungsortes (konkret: in Bezug auf die wechselseitige Handlungsortzurechnung) ebenfalls eher kritisch gegenüber.[565] Aus seiner Rechtsprechung in unterschiedlichen Bereichen ergibt sich, wenngleich

---

559 S. allgemein auch *Mankowski*, in: FS Geimer, S. 429 (436); kritisch diesbezüglich *Stoll*, in: GS Lüderitz, S. 733 (736); wohl auch *von Hein*, Günstigkeitsprinzip, S. 275.

560 *Stoll*, in: GS Lüderitz, S. 733 (736 f.).

561 *von Hein*, Günstigkeitsprinzip, S. 275.

562 *von Hein*, Günstigkeitsprinzip, S. 274–275; ähnlich *Stoll*, in: GS Lüderitz, S. 733 (740).

563 Ausführlich *Stoll*, in: GS Lüderitz, S. 733 (737, 741-743); ähnlich *von Bar*, IPR II, Rn. 659 (Recht des Staates, in dem sich abstrakte Gefahr zu konkreter verdichtet hat); **kritisch** allerdings *Hartmann*, in: Krajewski/Saage-Maaß, Sorgfaltspflichten, S. 281 (300 f.); wohl auch *Spickhoff*, in: Bamberger/Roth, BGB, Art. 40 EGBGB Rn. 18.

564 Ausführlich *von Hein*, Günstigkeitsprinzip, S. 277–278; nach *Mankowski*, in: FS Geimer, S. 429 (439 f.) muss allerdings auch der Ansatz, der auf die Handlung abstellt, mit der der Täter das Geschehen aus der Hand gibt, auf das anwendbare Recht zurückgreifen.

565 EuGH, Urt. v. 16.05.2013 – C-228/11, *Melzer/MF Global UK Ltd.*, NJW 2013, 2099 (2101 [Rn. 34-37]).

nicht ausdrücklich so benannt, dass es auf den „*Ort [...], an dem der maß-gebliche Tatbeitrag geleistet wurde*" ankommen soll.[566]

Im Ergebnis erscheint es überzeugend, mit dem EuGH auf den Ort des maßgeblichen Tatbeitrages abzustellen. Dies vermeidet einem dem *lex-fori*-Prinzip der Rom II-VO entgegenstehenden Rückgriff auf die *lex causae*. Im Einzelfall wird der maßgebliche Tatbeitrag einfacher zu bestimmen sein als der Ort, an dem die Gefahr außer Kontrolle gerät, sodass diese Lösung Abgrenzungsschwierigkeiten vermeidet. Im Übrigen wird dies regelmäßig mit der nach *von Hein* maßgeblichen Handlung des Schädigers gleichlaufen, nach der er keine weiteren Schritte mehr zum Eintritt des tatbestandlichen Erfolges unternehmen muss.

Häufig wird es allerdings auch nicht darauf ankommen, welche der dargestellten Auffassungen vorzugswürdig ist, da zwischen diesen für transnationale Menschenrechtsfälle wohl allenfalls marginale Unterschiede bestehen.

Die bloße Aufnahme vertraglicher Beziehungen sowie die Gründung oder Übernahme eines abhängigen Unternehmens in einem Land, in dem bekanntermaßen sehr geringe Sicherheitsstandards existieren oder bestehende Sicherheitsstandards nicht eingehalten werden, sind weder nach materiellem deutschen Recht eine deliktisch relevante Handlung noch ein Außer-Kontrolle-Geraten einer Gefahr oder ein unmittelbares Ansetzen zur Tat noch ein maßgeblicher Tatbeitrag.

Eine andere Bewertung kann allerdings geboten sein, wenn es um die Entscheidung zur Zusammenarbeit mit einem Geschäftspartner geht, von dem das Unternehmen bereits wusste oder hätte wissen müssen, dass dort oder wiederum bei dessen Vertragspartnern bestimmte Sicherheitsstandards nicht eingehalten werden und es insofern wahrscheinlich ist, dass es auch im Rahmen der jeweiligen Vertragsbeziehung zu derartigen Menschenrechtsverletzungen kommt. Dies könnte nach deutschem Recht eine Verletzung der Pflicht zur sorgfältigen Auswahl der Vertragspartner darstellen. Erkennt man die Konkretisierung der Anforderungen von *Stoll* durch *von Hein* an, ist davon auszugehen, dass seitens des Unternehmens keine weiteren Schritte zur Rechtsgutverletzung mehr erforderlich sind, sodass auch nach dieser Auffassung die jeweilige Entscheidung einen Handlungsort begründen kann. Überdies kann man hierin auch den maßgeblichen Tatbeitrag des Unternehmens sehen.

---

566 So *Leible*, in: Rauscher, EuZPR/EuIPR, Art. 7 Brüssel Ia-VO Rn. 135; ähnlich *Mankowski*, in: FS Geimer, S. 429 (431) („*maßgebliche, [...] wesentliche Handlung*").

Ähnliches gilt für Fälle, in denen es beispielsweise um die Aufstellung verbindlicher Leitlinien der Unternehmenspolitik für einen Unternehmensverbund oder selbstständige Vertragspartner, Entscheidungen über einzelne Maßnahmen oder deren Unterlassen geht, die nicht ausreichend sind, um Rechtsverletzungen zu verhindern oder die möglicherweise sogar die Grundlage für solche darstellen, oder in denen ein Unternehmen die Vorgaben der UN-Leitprinzipien nicht hinreichend berücksichtigt. Dem Unternehmen kann überdies vorgeworfen werden, dass das herrschende Unternehmen nur eine unzureichende Organisationsstruktur zur Umsetzung der Vorgaben in Unternehmensgruppen eingeführt hat oder auf festgestellte Mängel zwar, allerdings nicht ausreichend, reagiert hat.[567] Dies ist – ohne an dieser Stelle bereits näher auf materielle Aspekte der Sorgfaltspflichten nach deutschem Recht einzugehen – nach deutschem Recht (sofern die Entscheidung in Deutschland getroffen wurde, s. hierzu sogleich) ebenfalls nicht eine bloße Vorbereitungshandlung sondern bereits eine deliktsrechtlich relevante Ausführungshandlung. Ferner lässt sich – je nach konkreter Fallgestaltung – unter Umständen davon ausgehen, dass keine weiteren Schritte des Unternehmens für eine Rechtsgutsverletzung erforderlich sind. Das gilt vor allem dann, wenn selbstständige Vertragspartner weisungsgebunden und daher vertraglich (gegebenenfalls vor dem Hintergrund ansonsten drohender Sanktionen) zur Umsetzung der Vorgaben verpflichtet sind. Dies lässt sich auch auf abhängige Unternehmen übertragen, die regelmäßig über einen Beherrschungs- oder Gewinnabführungsvertrag oder durch die faktische Beherrschung den Weisungen der herrschenden Gesellschaft unterliegen. Da dies außerdem die für eine potentielle Haftung entscheidende Handlung des Unternehmens darstellt, kann man hierin überdies den maßgeblichen Tatbeitrag des Unternehmens sehen.

Etwas anderes kann sich mitunter ergeben, wenn der Vorwurf gegen das Unternehmen daran anknüpft, dass es seine abhängigen Unternehmen oder vertraglichen Geschäftspartner zwar überwacht hat, diese Überwachung indes nicht ausreichend war. Hier kommt es maßgeblich darauf an, wie die Überwachungsmöglichkeiten im konkreten Fall ausgestaltet sind. Nimmt das Unternehmen selbst Kontrollen vor Ort etwa an den Produktionsstätten der zu überwachenden Betriebe vor, die sich als unzureichend

---

567 Zu Inhalt und Umfang der Verkehrspflichten in Bezug auf abhängige Unternehmen s. ausführlich u. § 16 B. II. 4. a); zu Inhalt und Umfang der Verkehrspflichten in Bezug auf selbstständige Vertragspartner s. ausführlich u. § 16 B. II. 4. b).

erweisen oder die nicht hinreichend sorgfältig durchgeführt werden, kommt es nach der zuerst genannten Auffassung darauf an, ob das dortige Recht darin bereits eine Ausführungs- oder eine bloße Vorbereitungshandlung sieht; die fehlerhafte oder unzureichende Kontrolle kann durchaus als maßgeblicher Tatbeitrag des Unternehmens angesehen werden. Zumindest zweifelhaft ist indes, ob dies auch der Ort ist, an dem keine weiteren Schritte des Unternehmens zur Herbeiführung der Rechtsgutsverletzung mehr erforderlich sind.

Knüpft man zur Bestimmung des Handlungsortes an den Ort der konkreten unternehmerischen Entscheidung an, folgt daraus indes eine erhebliche Rechtsunsicherheit: Derartige Entscheidungen können grundsätzlich an beliebigen Orten getroffen werden, je nachdem, wo sich das Leitungsorgan gerade befindet / zusammen kommt. Damit hinge das anwendbare Recht letztlich vom Zufall ab.[568] Des Weiteren kann sich die nachträgliche Ermittlung des konkreten Ortes, an dem die relevante Entscheidung getroffen worden ist, als schwierig erweisen. Vor allen Dingen wird der insofern beweisbelastete Kläger kaum den jeweiligen Handlungsort für die jeweils konkrete Entscheidung nachweisen können.[569] Weitere Schwierigkeiten können bei der Verwendung neuen Technologien entstehen – man denke etwa an eine Videokonferenz, an der die einzelnen Mitglieder der Leitungsorgane aus unterschiedlichen Staaten teilnehmen. Darüber hinaus bestünden bei einer derartigen Anknüpfung weitgehende Umgehungsmöglichkeiten, indem das Unternehmen bestimmte Entscheidungen bewusst an einem bestimmten Ort trifft und – sofern es für das anwendbare Recht auf den Handlungsort ankommt – damit z.B. eine Rechtsordnung mit niedrigen Standards zur Anwendung berufen kann.

Der EuGH hat in einer Entscheidung zum Internationalen Zivilverfahrensrecht über die Haftung eines Mitglieds des Verwaltungsrates und eines Anteilseigners einer Aktiengesellschaft für die Weiterführung der Geschäfte einer Aktiengesellschaft trotz Unterkapitalisierung die Außenhaftung von Organen und Gesellschaftern dem Deliktsstatut zugeordnet.[570] Er sah für diesen Fall den Ort als Handlungsort an, *„an dem der Geschäftsbetrieb*

---

568 Dieses Problem sieht auch *Halfmeier*, in: Krajewski/Oehm/Saage-Maaß, Unternehmensverantwortung, S. 33 (41), der hieraus jedoch andere Konsequenzen zieht.

569 S. allgemein *Mankowski*, in: FS Geimer, S. 429 (435).

570 EuGH, Urt. v. 18.07.2013 – C-147/12, ÖFAB, *Östergötlands Fastigheter AB/Frank Koot u.a.*, EuZW 2013, 703 (706 [Rn. 35-42]).

und die damit verbundene finanzielle Lage anknüpfen".[571] Zur Begründung
führte er u.a. die erforderliche Vorhersehbarkeit des Gerichtsstands für
Kläger und Beklagten und die Tatsache an, dass sowohl die Informationen
über die Gesellschaft, die diese zur Wahrnehmung ihrer Aufgaben benöti-
gen, als auch die *„Informationen über den behaupteten Verstoß gegen diese
Pflichten"* dort vorhanden seien.[572] Das Problem, dass bei *„der Haftung eines
Verwaltungsratsmitglieds oder Anteilseigners [...] an zahlreichen Orten tatsächlich gehandelt (bzw. nicht gehandelt) [wird]"* sieht auch das auf das Urteil bezogene Schrifttum.[573]

Die einheitliche Bestimmung des Handlungsortes für Entscheidungen
bzw. hier sogar Unterlassenshandlungen von Leitungsorganen und Aktionären im Interesse der Rechtssicherheit ist überzeugend. Nicht zu überzeugen vermag dagegen die Anknüpfung an den *„Ort des Geschäftsbetriebs"*
und die finanzielle Lage. Weder werden diese Begriffe vom Gerichtshof genauer bestimmt, noch bezieht sich die dem Urteil zugrunde liegende Brüssel I-VO[574] an anderer Stelle auf diese.[575] Insofern stellt das Schrifttum die
Verallgemeinerungsfähigkeit des Urteils infrage.[576] Die Ziele, die der
EuGH mit dieser Auslegung verfolgt (Vorhersehbarkeit für die Beteiligten
und damit Rechtssicherheit und Handlungsort am Ort der Information),
lassen sich aber auch auf eine Weise erreichen, die mit der Terminologie
der Brüssel I-VO gleichermaßen im Einklang steht, indem man nicht den
Ort des Geschäftsbetriebs, sondern den der Hauptverwaltung als den Ort,
*„an dem die grundlegenden unternehmerischen Entscheidungen getroffen wer-
den",*[577] für maßgeblich erachtet.

Diese Wertungen und Überlegungen gelten auch im Internationalen
Privatrecht. Insbesondere aufgrund der erforderlichen Rechtssicherheit
und zur Vermeidung von zufälligen Ergebnissen sollte auch hier bei unternehmerischen (Geschäftsführungs-)Entscheidungen Handlungsort der Ort

---

571 EuGH, Urt. v. 18.07.2013 – C-147/12, *ÖFAB, Östergötlands Fastigheter AB/Frank
 Koot u.a.*, EuZW 2013, 703 (706 [Rn. 55]).
572 EuGH, Urt. v. 18.07.2013 – C-147/12, *ÖFAB, Östergötlands Fastigheter AB/Frank
 Koot u.a.*, EuZW 2013, 703 (706 [Rn. 52-54]).
573 S. etwa *Landbrecht*, EuZW 2013, 707.
574 Verordnung (EG) Nr. 44/2001 des Rates vom 22. Dezember 2000 über die gerichtliche Zuständigkeit und die Anerkennung und Vollstreckung von Entscheidungen in Zivil- und Handelssachen, ABl. (EG) Nr. L 12, S. 1 (im Folgenden: Brüssel I-VO).
575 S. auch *Landbrecht*, EuZW 2013, 707 (708).
576 *Landbrecht*, EuZW 2013, 707 f.
577 BAG, Urt. v. 23.01.2008 – 5 AZR 60/07, NJW 2008, 2797 (2798 [Rn. 16]); s.
 auch *Dörner*, in: HK-ZPO, Art. 63 EuGVVO Rn. 6.

der Hauptverwaltung sein[578] – zumindest sollte man von einer entsprechenden Vermutung ausgehen.[579] Dass dies zu einem Gleichlauf von gewöhnlichem Aufenthalt der juristischen Person gemäß Art. 23 Rom II-VO und Handlungsort führt, ist im Interesse der gebotenen Rechtssicherheit hinzunehmen.

b) Handlungsort bei Unterlassen

Zahlreiche der transnationalen Menschenrechtsfälle werden sich bereits nach dem Vorstehenden lösen lassen. Es sind allerdings auch Fallkonstellationen möglich, in denen an ein Unterlassen anzuknüpfen ist. Dies kann etwa der Fall sein, wenn ein Unternehmen pflichtwidrig keinerlei Überwachungsmaßnahmen in Bezug auf abhängige Unternehmen oder selbstständige Vertragspartner oder es im Rahmen von Unternehmensverbindungen keine Organisationsstruktur zur Umsetzung konzernweit geltender Vorgaben getroffen oder nicht auf festgestellte Mängel reagiert hat. Liegt der Vorwurf darin, dass die Vorgaben oder getroffenen Maßnahmen, wie Überwachungen oder Kontrollen, eingeführte Organisationsstrukturen oder Reaktionen auf festgestellte Mängel, unzureichend sind oder waren, lässt sich bereits an eine Handlung des Unternehmens anknüpfen, für die die oben dargestellten Grundsätze gelten.

Für die Bestimmung des Handlungsortes bei Unterlassen lassen sich dem Schrifttum wiederum unterschiedliche Ansatzpunkte entnehmen.[580] Häufig findet sich der Verweis auf den Staat, in dem der Unterlassende

---

578 S. auch *Mankowski*, in: FS Geimer, S. 429 (435), nach dem eine subsidiäre Vermutung für den Handlungsort am Wohnsitz des Klägers oder eine entsprechende normative Bestimmung des Handlungsortes im IPR weiterhelfe; ähnlich i.E. im Zusammenhang mit Art. 40 EGBGB, indes ohne nähere Begründung, *Osieka*, Zivilrechtliche Haftung, S. 249 („*Ort der Verhaltenszentrale*"); eine Anknüpfung an die Zentrale zumindest für die Zukunft andenkend *von Plehwe*, in: NK-BGB, Art. 7 Rom II-VO Rn. 21; anders für transnationale Menschenrechtsfälle wohl *Halfmeier*, in: Krajewski/Oehm/Saage-Maaß, Unternehmensverantwortung, S. 33 (41); nach dem hypothetischen Handlungsort differenzierend *Mansel*, ZGR 2018, 439 (462 f., 467 f.).

579 S. hierzu auch *Mankowski*, in: FS Geimer, S. 429 (435, 441).

580 S. hierzu allgemein und mit Darstellung weiterer Auffassungen, auf die hier nicht näher eingegangen werden kann, *von Hein*, Günstigkeitsprinzip, S. 289–304.

nach den dort geltenden Vorschriften hätte handeln müssen.[581] Da der Schädiger häufig an verschiedenen Orten hätte handeln können, ist ein solches Vorgehen praktisch jedoch mit einigen Schwierigkeiten verbunden.[582] So hätte das Unternehmen in dem obigen Beispiel seiner Überwachungspflicht beispielsweise durch eine Überwachung von Deutschland aus nachkommen können (etwa durch Auswertung von Fragebögen, Bild- und Videomaterial etc. oder durch die Beauftragung von externen Unternehmen mit der Überwachung), ebenso jedoch eine Überwachung im konkreten Betrieb im Ausland durchführen können.[583]

Andere Stimmen im Schrifttum wollen den Ort der konkreten Gefährdung bzw. Gefahrenquelle als maßgeblich erachten. Teils soll dies allgemein gelten, teils erfolgt eine Differenzierung zwischen Überwacher- und Beschützergaranten.[584] Jedenfalls besteht Einigkeit darüber, dass für Überwachungsgaranten der Ort der Gefahrenquelle bzw. der konkreten Gefährdung maßgeblich ist.

Zur Bestimmung des Handlungsortes kommt es mithin entscheidend darauf an, wo man in transnationalen Menschenrechtsfällen die konkrete Gefahrenquelle lokalisiert. Man könnte diesbezüglich bereits an die Nichtvornahme einer Entscheidung durch die Leitungsorgane anknüpfen, etwa dass in Deutschland die Entscheidung hätte getroffen werden müssen, einen bestimmten Betrieb zu kontrollieren. Dies erscheint für den Einzelfall zumindest nicht ausgeschlossen. Häufig wird allerdings die konkrete Gefahrenquelle eher am Ort der jeweiligen Produktionsstätte o.Ä. anzusehen sein, sodass der Handlungsort nicht in Deutschland liegt. Dies könnte beispielsweise für Sachverhalte der Fall sein, in denen das Unternehmen seine abhängigen Gesellschaften bzw. Vertragspartner nicht überwacht

---

581 Zu Art. 7 Rom II-VO *Dörner*, in: HK-BGB, Art. 7 Rom II-VO Rn. 3; zu Art. 5 Nr. 3 Brüssel I-VO *Geimer*, in: Geimer/Schütze, EuZVR, Art. 5 A.1 Rn. 252; *Wagner*, in: Stein/Jonas, ZPO, Art. 5 EuGVVO Rn. 146; zu Art. 7 Nr. 2 Brüssel Ia-VO s. *Leible*, in: Rauscher, EuZPR/EuIPR, Art. 7 Brüssel Ia-VO Rn. 138; kritisch *von Hoffmann*, in: Staudinger, BGB (2001), Art. 40 EGBGB Rn. 22.

582 *von Hein*, Günstigkeitsprinzip, S. 293–296 mit weiteren Gegenargumenten.

583 Zu undifferenziert insofern *Nordhues*, Haftung Muttergesellschaft, S. 174, die in Bezug auf das Unterlassen effektiver Kontrollen stets an den Unternehmenssitz anknüpfen will.

584 Pauschal und nicht zwischen aktivem Tun und Unterlassen unterscheidend *Stoll*, in: GS Lüderitz, S. 733 (737, 741-743); kritisch gegenüber einer pauschalen Lösung *von Hein*, Günstigkeitsprinzip, S. 302–304; *von Hein* befürwortet daher eine Differenzierung zwischen Überwachungs- und Beschützergaranten, wobei er die Beschützergarantenpflicht akzessorisch anknüpfen will; ebenso *von Hoffmann*, in: Staudinger, BGB (2001), Art. 40 EGBGB Rn. 22.

oder kontrolliert oder nicht auf festgestellte Mängel reagiert hat. Anders mag dies wiederum sein, wenn der Schwerpunkt des Vorwurfs darauf liegt, das Unternehmen habe keine entsprechende Organisationsstruktur implementiert oder die vom Unternehmen durch seine Geschäftsführungsorgane getroffenen Vorgaben seien nur unzureichend gewesen. Insofern kann – abhängig von der konkreten Fallgruppe und dem Schwerpunkt des Vorwurfs – der Unterlassensort grundsätzlich sowohl am Sitz des Unternehmens in Deutschland als auch am Ort des Eintritts der Rechtsgutsverletzung im Ausland zu verorten sein.[585]

Es ist allerdings naheliegend, auch in Bezug auf ein Unterlassen das bereits oben erwähnte Urteil des EuGH zur internationalen Zuständigkeit für die Außenhaftung von Organen und Gesellschaftern heranzuziehen, da der dort angenommene Handlungsort am *„Ort des Geschäftsbetriebs und der damit verbundenen finanziellen Lage"* sich auf den Vorwurf des *„Unterlassen[s] der dem Verwaltungsratsmitglied und dem Anteilseigner obliegenden Kontrolle"* bezieht. Das Besondere an dem Fall war allerdings, dass die Beklagten die erforderlichen Handlungen an diesem Ort durchführen mussten, da sie nur dort Zugriff auf die relevanten Informationen hatten. Dies könnte in transnationalen Menschenrechtsfällen zumindest für den Fall der unterlassenen Überwachung zweifelhaft sein, da die erforderlichen Informationen vor allem an der konkreten Produktionsstätte verfügbar sind. Anders kann dies wiederum sein, wenn es um die unterlassene Implementierung einer Organisationsstruktur geht. Aufgrund der hiermit verbundenen Rechtsunsicherheiten erscheint es indes gerechtfertigt, auch bei Unterlassenshandlungen entsprechend der obigen Argumentation auf den Ort der Hauptverwaltung abzustellen.

c) Handlungsort bei der Einschaltung von Gehilfen

Ebenfalls nicht einheitlich beurteilt wird die Feststellung des Handlungsortes beim Einsatz von Gehilfen. *Lehmann* erachtet in diesem Fall für das Verhalten des Aufsichtspflichtigen das Recht des Staates als maßgeblich, *„in dem sich der Aufsichtspflichtige zur fraglichen Zeit befand"*.[586] Hierfür könnte – zumindest bei Beurteilung aus deutscher Perspektive – sprechen, dass die Gehilfenhaftung eine eigene Pflichtverletzung des Geschäftsherrn erfordert. Einer solchen Bestimmung des Handlungsortes hat sich *von*

---

585 Ähnlich (allerdings nicht nur zum Unterlassen) *Mansel*, ZGR 2018, 439 (462 f.).
586 *Lehmann*, in: NK-BGB, Art. 17 Rom II-VO Rn. 56.

Hein bereits vor Geltung der Rom II-VO unter Verweis darauf entgegen gestellt, dass es sich hierbei *„bei funktional-rechtvergleichender Betrachtung um eine Haftung für fremdes Verhalten handelt"*, sodass der Ort der Handlung des Gehilfen maßgeblich sein sollte.[587]

Für das anwendbare Recht bei der Einschaltung von Gehilfen ist Art. 15 lit. g) Rom II-VO zu berücksichtigen. Diese Vorschrift interpretiert das Schrifttum unterschiedlich. Nach teilweise vertretener Ansicht ist das auf die Handlung des unmittelbar Handelnden anwendbare Recht gleichsam maßgeblich für die Frage, inwiefern ein anderer für diese einzustehen hat.[588] Andere gehen hingegen davon aus, dass das für den unmittelbar Handelnden maßgebliche Recht zwar als Vorfrage für die Haftung eines anderen (Geschäftsherr, Aufsichtspflichtiger) relevant sein kann, die Frage nach der Existenz eigener Pflichten des Dritten (etwa Kontroll- oder Aufsichtspflichten) sich hingegen nach dem für diesen geltenden Deliktsstatut richtet.[589] Im Ergebnis ist der Wortlaut von Art. 15 Rom II-VO nicht weiterführend, da er lediglich beispielhaft und nicht abschließend aufzeigt, welche Umstände der Rom II-VO unterfallen,[590] und sich hieraus nicht zwingend darauf schließen lässt, dass für die Haftung des unmittelbar Handelnden und die *„Haftung für die von einem anderen begangenen Handlungen"* das gleiche Deliktsstatut anwendbar sein muss.

Für die zweite Auffassung spricht vor allem, dass es auch bei der Haftung für die Handlungen von Gehilfen letztlich um eine *eigene* Haftung des Geschäftsherrn oder Aufsichtspflichtigen geht. Daher erscheint es gerechtfertigt, für die Haftung des Geschäftsherrn an einen eigenen Handlungsort anzuknüpfen und dessen Haftung nicht pauschal dem auf die Haftung des Gehilfen anwendbaren Recht zu unterstellen. Nur über diese Lösung lässt sich überdies ein Einklang mit der Rechtsprechung des EuGH herstellen, der eine Handlungsortzurechnung für mehrere Verursacher

---

587 *von Hein*, Günstigkeitsprinzip, S. 286 (mit der Einschränkung der Vorhersehbarkeit für den Geschäftsherrn); so auch im Zusammenhang mit Art. 17 Rom II-VO *von Hein*, in: FS v. Hoffmann, S. 139 (148); ebenso zu Art. 40 EGBGB *Spickhoff*, in: Bamberger/Roth, BGB, Art. 40 EGBGB Rn. 18 m.w.N.; i.E. ebenso für die Handlungsortzurechnung im IZVR *Thole*, in: FS Schilken, S. 523 (536 f.).

588 *Thole*, in: FS Schilken, S. 523 (537); *Junker*, in: MüKo-BGB, Art. 15 Rom II-VO Rn. 23.

589 *Spickhoff*, in: BeckOK, Art. 15 VO (EG) 864/2007 Rn. 10; ähnlich *Lehmann*, in: NK-BGB, Art. 17 Rom II-VO Rn. 56.

590 Allgemein *Spickhoff*, in: BeckOK, Art. 15 VO (EG) 864/2007 Rn. 2.

ausdrücklich abgelehnt hat.[591] Auch im Falle der Gehilfenhaftung geht es um die Zurechnung des Handlungsortes bei mehreren Verursachen. Dies spricht insofern dafür, dass auch der EuGH einer Zurechnung von Gehilfen in gleicher Weise zurückhaltend gegenüber steht.[592]

Damit ist in transnationalen Menschenrechtsfällen – sofern es um die Haftung für Handlungen eines unmittelbaren Vertragspartners oder eines abhängigen Unternehmens geht – der Handlungsort des Unternehmens an der Spitze einer Unternehmensgruppe oder einer Zulieferkette maßgeblich. Dies hat jedoch nicht zur Konsequenz, dass der Handlungsort zwingend in Deutschland liegt. Insofern gelten die obigen Ausführungen zur Bestimmung des Handlungsortes. Bei der Haftung für (weisungsgebundene) Gehilfen wird es insbesondere darauf ankommen, wie die genauen Umstände der Überwachung ausgestaltet sind.

d) Zwischenergebnis

Die Bestimmung des Handlungsortes wirft zahlreiche Probleme auf. Nach hier vertretener Auffassung sind etwa unternehmerische Entscheidungen über bestimmte Sicherheitsmaßnahmen, Organisationsstrukturen oder die allgemeine Sicherheitspolitik, diesbezügliche Weisungen oder solche zur Etablierung der menschenrechtlichen Sorgfaltspflicht der UN-Leitprinzipien nicht bloße Vorbereitungshandlungen und damit ausschlaggebend für den Handlungsort. Da der Handlungsort derartiger Entscheidungen jedoch häufig zufällig ist und damit letztlich auch das anwendbare Recht vom Zufall abhinge, ist im Interesse der Rechtssicherheit bei unternehmerischen Entscheidungen der Handlungsort am Ort der Hauptverwaltung des jeweiligen Unternehmens anzusehen.

Liegt der Schwerpunkt des Vorwurfs im Unterlassen, kann der Handlungsort je nach den Einzelfallumständen auch im Ausland liegen. Allerdings erscheint es dann im Interesse der Rechtssicherheit vorzugswürdig, ebenfalls auf den Ort der Hauptverwaltung abzustellen.

---

591 EuGH, Urt. v. 16.05.2013 – C-228/11, *Melzer/MF Global UK Ltd*, NJW 2013, 2099 (2101 [insb. Rn. 30-36]); BGH, Urt. v. 18.10.2016 – VI ZR 618/15, VersR 2017, 570 (571 f. [Rn. 18-22]); **ablehnend** etwa *Thole*, in: FS Schilken, S. 523 (530–533); ausführlich *Mankowski*, in: Magnus/Mankowski, Brussels Ibis Regulation, Art. 7 Rn. 282–294; der allerdings für den Fall, dass die Schädiger nicht bewusst und gewollt zusammenwirken, von einer gesonderten Betrachtung für die einzelnen Schädiger ausgeht.

592 S. auch *Thole*, in: FS Schilken, S. 523 (536).

Für die Haftung bei der Einschaltung von Gehilfen ist nach hier vertretener Auffassung das Deliktsstatut des Hintermannes selbstständig zu bestimmen. Damit ist ein Handlungsort in Deutschland möglich, aber nicht zwingend. Maßgeblich sind die allgemeinen Grundsätze für positives Tun und Unterlassen.

II. Anwendbares Recht nach der Rom II-VO

1. Eröffnung des Anwendungsbereichs der Rom II-VO

Der Anwendungsbereich der Rom II-VO ist eröffnet, wenn die Verletzung von Menschenrechten eine Zivil- oder Handelssache i.S.d. Verordnung ist (a)), ein grenzüberschreitender Sachverhalt vorliegt (b)) und die Bereichsausnahmen des Art. 1 Abs. 2 Rom II-VO nicht greifen (c)).

a) Verletzung von Menschenrechten als Zivil- oder Handelssache

Der Begriff der Zivil- oder Handelssache gemäß Art. 1 Rom II-VO ist als eigenständiger Begriff des europäischen Rechts autonom und für die Brüssel Ia-VO, die Rom I-VO[593] sowie die Rom II-VO einheitlich auszulegen (s. auch EWG 7 Rom II-VO).[594] Er bestimmt sich vor allem über eine Abgrenzung zum öffentlichen Recht.[595] Entscheidend ist nach der Rechtsprechung des EuGH zum Brüsseler Übereinkommen (EuGVÜ)[596], ob das Schuldverhältnis durch die Ausübung hoheitlicher Befugnisse begründet

---

593 Verordnung (EG) Nr. 593/2008 des Europäischen Parlaments und des Rates vom 17.06.2008 über das auf vertragliche Schuldverhältnisse anzuwendende Recht (Rom I), ABl. (EU) Nr. L 177, S. 6.

594 *Junker*, in: MüKo-BGB, Art. 1 Rom II-VO Rn. 2, 4; *Unberath/Cziupka*, in: Rauscher, EuZPR/EuIPR, Art. 1 Rom II-VO Rn. 7–8; allgemein *Leible*, Rom I und Rom II, S. 43–47.

595 *Junker*, in: MüKo-BGB, Art. 1 Rom II-VO Rn. 11; *Unberath/Cziupka*, in: Rauscher, EuZPR/EuIPR, Art. 1 Rom II-VO Rn. 8.

596 Übereinkommen über die gerichtliche Zuständigkeit und die Vollstreckung gerichtlicher Entscheidungen in Zivil- und Handelssachen, unterzeichnet am 27.09.1968, 72/454/EWG, ABl. (EG) Nr. L 299, S. 32 (im Folgenden: EuGVÜ).

wird.[597] Es kommt also darauf an, ob auch Privatpersonen die jeweilige Tätigkeit ausführen könnten.[598]

Der Einordnung der Verletzung von Menschenrechten als Zivil- oder Handelssache könnte entgegenstehen, dass diese dem Schutz des Individuums vor dem Staat dienen und damit das Verhältnis Staat – Bürger betreffen. In transnationalen Menschenrechtsfällen geht es allerdings um Rechtsgutsverletzungen, die zwar im „untechnischen" Sinne als Verletzung von durch menschenrechtliche Verträge geschützten Rechten zwischen Privaten anzusehen sind, die aber privatrechtlich gleichzeitig eine unerlaubte Handlung darstellen. Insofern handelt es sich – trotz des menschenrechtlichen Bezugs – ausschließlich um ein außervertragliches Schuldverhältnis aufgrund einer unerlaubten Handlung zwischen Privaten und dementsprechend um eine „Zivil- und Handelssache" i.S.v. Art. 1 Abs. 1 S. 1 Rom II-VO.[599]

b) Vorliegen eines grenzüberschreitenden Sachverhalts

Das Vorliegen eines grenzüberschreitenden Sachverhalts ergibt sich in transnationalen Menschenrechtsfällen bereits dadurch, dass das entsprechende Rechtsgut im Ausland verletzt wird und ausländische Geschädigte gegen deutsche Unternehmen Klage erheben. Da die Rom II-VO gemäß Art. 3 universelle Geltung beansprucht und auch drittstaatliches Recht zur Anwendung berufen kann, ist es unerheblich, dass der Sachverhalt in der Regel vor allem Berührungen zum Recht von außereuropäischen Drittstaaten aufweist.

---

597 S. aus der Rspr. etwa EuGH, Urt. v. 14.10.1976 – 29/76, *LTU Lufttransportunternehmen GmbH & Co. KG/Eurocontrol*, NJW 1977, 489 f. (Leitsatz 1, Rn. 4); EuGH, Urt. v. 16.12.1980 – 814/79, *Niederlande/Rüffer*, IPRax 1981, 169 (173 [Rn. 8]) (jeweils noch zum EuGVÜ); *Leible/Lehmann*, RIW 2007, 721 (722); *Junker*, in: MüKo-BGB, Art. 1 Rom II-VO Rn. 11 m.w.N.; *Unberath/Cziupka*, in: Rauscher, EuZPR/EuIPR, Art. 1 Rom II-VO Rn. 12.

598 *Junker*, in: MüKo-BGB, Art. 1 Rom II-VO Rn. 11 m.w.N.; *Unberath/Cziupka*, in: Rauscher, EuZPR/EuIPR, Art. 1 Rom II-VO Rn. 13.

599 I.E. ebenso *Osieka*, Zivilrechtliche Haftung, S. 226; *Stürner*, in: FS Coester-Waltjen, S. 843 (848).

c) Bereichsausnahmen des Art. 1 Abs. 2 Rom II-VO

Für transnationale Menschenrechtsfälle können insbesondere lit. d) und g) der Bereichsausnahmen des Art. 1 Abs. 2 Rom II-VO, die nach Auffassung der Kommission eng auszulegen sind,[600] relevant werden.

aa) Art. 1 Abs. 2 lit. d) Rom II-VO

Der Wortlaut des Art. 1 Abs. 2 lit. d) Rom II-VO, der insbesondere gesellschaftsrechtliche Ansprüche vom Anwendungsbereich der Rom II-VO ausschließt, zeigt bereits, dass es hierbei insbesondere um Ansprüche und Rechtsfragen im gesellschaftsrechtlichen Innenverhältnis geht. Diese unterliegen dem Gesellschaftsstatut. Zum Innenverhältnis gehören etwa die organschaftliche Geschäftsleiterhaftung[601] und Fragen der Durchgriffshaftung,[602] die damit dem Gesellschaftsstatut unterliegen.[603]

In den Anwendungsbereich der Rom II-VO fallen hingegen solche „allgemeinen" Delikte von Gesellschaften, die gleichermaßen von natürlichen Personen hätten begangen werden können[604] und damit auch die Außenhaftung der Gesellschaft.[605] Gleiches gilt für eine Haftung, die lediglich darauf beruht, dass die Gesellschaftsorgane die mit ihrer Eigenschaft verbundene *„faktisch vergrößerte[...] Möglichkeit zur Verursachung von Schäden bei der Gesellschaft oder externen Dritten"* ausnutzen.[606] Damit unterliegt die Frage nach einer eigenständigen, unabhängig von Verbindlichkeiten der

---

600 KOM(2003) 427 endg., S. 10 (zu den Ausnahmen des Art. 1 Abs. 2 allgemein, wobei die Ausnahme in lit. g) im ursprünglichen Entwurf noch nicht vorgesehen war); *Knöfel*, in: NK-BGB, Art. 1 Rom II-VO Rn. 34; *Unberath/Cziupka*, in: Rauscher, EuZPR/EuIPR, Art. 1 Rom II-VO Rn. 38.

601 *Bach*, in: Huber, Rome-II-Regulation, Art. 1 Rn. 46; *Unberath/Cziupka*, in: Rauscher, EuZPR/EuIPR, Art. 1 Rom II-VO Rn. 54; anders wohl *Wagner*, IPRax 2008, 1 (2).

602 S. hierzu etwa *Unberath/Cziupka*, in: Rauscher, EuZPR/EuIPR, Art. 1 Rom II-VO Rn. 55; umstritten ist, ob dies auch für die Existenzvernichtungshaftung gilt, s. hierzu *Unberath/Cziupka*, in: Rauscher, EuZPR/EuIPR, Art. 1 Rom II-VO Rn. 56–58.

603 S. zum anwendbaren Recht für diese Fälle ausführlich u. § 17 A.

604 *Bach*, in: Huber, Rome-II-Regulation, Art. 1 Rn. 43; ähnlich *Mansel*, ZGR 2018, 439 (454); *Spickhoff*, in: BeckOK, Art. 1 VO (EG) 864/2007 Rn. 15.

605 *Lorenz*, IPRax 1983, 85 (86); *Mansel*, ZGR 2018, 439 (454); wohl auch *Unberath/Cziupka*, in: Rauscher, EuZPR/EuIPR, Art. 1 Rom II-VO Rn. 60.

606 *Unberath/Cziupka*, in: Rauscher, EuZPR/EuIPR, Art. 1 Rom II-VO Rn. 54.

Gesellschaft bestehenden Haftung von Organen und Gesellschaftern (wenn sie ein außervertragliches Schuldverhältnis darstellt) dem Anwendungsbereich der Rom II-VO.[607]

Dies gilt auch in transnationalen Menschenrechtsfällen. Das anwendbare Recht für Fragen der Durchgriffs- und Organhaftung bestimmt sich aufgrund der Bereichsausnahme nach dem Gesellschaftsstatut, wohingegen die Außenhaftung der Gesellschaft oder von Organen gegenüber Geschädigten die allgemeine Deliktshaftung betrifft und damit der Rom II-VO unterfällt.[608] Abzulehnen ist angesichts der soeben dargestellten Abgrenzung zwischen Delikts- und Gesellschaftsstatut die Auffassung von *Schall*, der die Haftung der Konzernobergesellschaft nach § 831 und 823 Abs. 1 BGB der Ausnahme des Art. 1 Abs. 2 lit. d) Rom II-VO und damit dem Gesellschaftsstatut unterstellen will.[609]

bb) Art. 1 Abs. 2 lit. g) Rom II-VO

Art. 1 Abs. 2 lit. g) Rom II-VO enthält eine konstitutive Bereichsausnahme für *„außervertragliche Schuldverhältnisse aus der Verletzung der Privatsphäre oder der Persönlichkeitsrechte [...]"*.[610] Diese Bereichsausnahme kann auch in transnationalen Menschenrechtsfällen greifen, wenn das Unternehmen die Betroffenen in ihrem Allgemeinen Persönlichkeitsrecht verletzt.

Dieses umfasst das *„Recht des Menschen auf Achtung seiner Würde (Art. 1 GG) und das Recht auf freie Entfaltung seiner Persönlichkeit [...]"*[611] und soll dem Einzelnen *„einen autonomen Bereich der eigenen Lebensgestaltung zugesteh[...][en], in der er seine Individualität unter Ausschluss anderer entwickeln*

---

607 *Unberath/Cziupka*, in: Rauscher, EuZPR/EuIPR, Art. 1 Rom II-VO Rn. 55; ähnlich *Wagner*, IPRax 2008, 1 (2); unklar *Bach*, in: Huber, Rome-II-Regulation, Art. 1 Rn. 45.
608 *Habersack/Ehrl*, AcP 219 (2019), 155 (183 [Fn. 116]); *Mansel*, ZGR 2018, 439 (452–454).
609 *Schall*, ZGR 2018, 479 (508–510).
610 *Unberath/Cziupka*, in: Rauscher, EuZPR/EuIPR, Art. 1 Rom II-VO Rn. 40, 66.
611 BGH, Urt. v. 25.05.1954 – I ZR 211/53, BGHZ 13, 334 (338) = NJW 1954, 1404 (1405), ähnlich BGH, Urt. v. 02.04.1957 – VI ZR 9/56, BGHZ 24, 72 (76) = NJW 1957, 1146.

und wahrnehmen kann".[612] Es geht also um den Schutz der immateriellen Integrität und Selbstbestimmung des Einzelnen.[613]

Angesichts dieses Schutzbereiches wäre es zu weitgehend, sämtliche Menschenrechtsverletzungen als Bestandteil des Allgemeinen Persönlichkeitsrechts anzusehen.[614] In transnationalen Menschenrechtsfällen könnte allerdings insbesondere die Beteiligung des Unternehmens an Diskriminierungen sowie die Verpflichtung zu exzessiven Überstunden (ohne dass daraus eine Gesundheitsverletzung resultiert bzw. nachgewiesen werden kann) eine derartige Persönlichkeitsrechtsverletzung darstellen.

Eine Benachteiligung aufgrund eines der in § 1 AGG genannten Merkmale am Arbeitsplatz könnte als eine schwere Verletzung der Würde der Person grundsätzlich ebenfalls eine Verletzung des Allgemeinen Persönlichkeitsrechts darstellen. Allerdings greift das AGG nur gegenüber dem direkten Arbeitgeber, also regelmäßig nicht gegenüber dem transnationalen Unternehmen.[615]

In Bezug auf eine Verletzung des Allgemeinen Persönlichkeitsrechts im Zusammenhang mit der Missachtung arbeitsrechtlicher Mindeststandards, namentlich exzessive Überstunden bzw. eine Verpflichtung hierzu, kann die Rechtsprechung zur Zwangsarbeit im Nationalsozialismus herangezogen werden.[616] Diese überzeugt vor allem in ihrer Begründung über den Menschenwürdegehalt des Allgemeinen Persönlichkeitsrechts.[617] Vor allem die Verpflichtung zu exzessiven Überstunden, insbesondere, wenn diese mit der Drohung von Gewalt, Entlassung oder Lohnkürzungen erfolgt, kann der Zwangsarbeit zumindest nahe kommen. Mit Blick auf den Men-

---

612 BGH, Urt. v. 19.12.1995 – VI ZR 15/95, BGHZ 131, 332 (337) = NJW 1996, 1128 (1129).

613 *Rixecker*, in: MüKo-BGB, Anh § 12 AllgPersönlR Rn. 2; ähnlich *Hager*, in: Staudinger, BGB (2017), § 823 Rn. C 15.

614 Ebenso *Weller/Kaller/Schulz*, AcP 216 (2016), 387 (400 f.) (Fn. 74).

615 I.E. ähnlich *Güngör*, Sorgfaltspflichten, S. 239; *Saage-Maaß*, Arbeitsbedingungen, S. 10.

616 *Güngör*, Sorgfaltspflichten, S. 237–238; *Osieka*, Zivilrechtliche Haftung, S. 184 mit Verweis auf OVG Münster, Urt. v. 19.11.1997 – 14 A 362-93, NJW 1998 2302 (2305) m.w.N.; KG Berlin, Beschl. v. 06.06.2000 – 9 W 2104/00, Rn 9, zitiert nach juris; KG Berlin, Beschl. v. 19.02.2001 – 9 W 7474/00, Rn. 11, zitiert nach juris.

617 „[...] *denn damit setzten sich die Machthaber ohne rechtsstaatliche Grundlage über das Selbstbestimmungsrecht des Einzelnen hinweg, machten ihn zum Objekt fremden Willens und reduzierten seine Persönlichkeit in menschenverachtender Weise auf den wirtschaftlichen Wert seiner Arbeitskraft*", KG Berlin, Beschl. v. 06.06.2000 – 9 W 2104/00, Rn 9, zitiert nach juris.

schenwürdegehalt des Allgemeinen Persönlichkeitsrechts erscheint damit dessen Verletzung für diesen Fall, der mit der Reduzierung des Einzelnen auf seine Arbeitskraft einhergeht und sich über das Selbstbestimmungsrecht und das Recht auf freie Entfaltung des Einzelnen hinwegsetzt, zumindest denkbar.[618] Dies bleibt allerdings stets eine Frage des Einzelfalls und wird eher in extrem gelagerten Fällen zu bejahen sein. Aufgrund des eingangs dargestellten Umfangs des Allgemeinen Persönlichkeitsrechts und dessen Menschenwürdegehalt ist es indes zu weitgehend, die Unterdrückung von Gewerkschaftsaktivitäten ebenfalls als entsprechende Verletzung anzusehen.[619]

Im Ergebnis kann damit entgegen *Wagner*[620] eine Verletzung von Menschenrechten unter bestimmten Umständen das Allgemeine Persönlichkeitsrecht verletzen, sodass diese Bereichsausnahme auch in transnationalen Menschenrechtsfällen Bedeutung erlangt. Liegt ein solcher Fall vor, bestimmt sich das anwendbare Recht weiterhin nach nationalem Recht, in Deutschland also vor allem nach Art. 40-42 EGBGB.[621]

2. Einschlägige Kollisionsnormen

a) Vorrang der Rechtswahl gemäß Art. 14 Rom II-VO

Art. 14 Rom II-VO eröffnet den Parteien die Möglichkeit der Rechtswahl, der Vorrang vor den anderen Kollisionsnormen der Rom II-VO zukommt.[622]

In transnationalen Menschenrechtsfällen ist mangels kommerzieller Tätigkeit der Geschädigten ausschließlich eine Rechtswahl nach Eintritt des schadensbegründenden Ereignisses gemäß Art. 14 Abs. 1 lit. a) Rom II-VO

---

618 *Güngör*, Sorgfaltspflichten, S. 237–238; *Saage-Maaß*, Arbeitsbedingungen, S. 11; ähnlich in Bezug auf chinesische Arbeiter *Osieka*, Zivilrechtliche Haftung, S. 184; ähnlich *Heinen*, in: Krajewski/Saage-Maaß, Sorgfaltspflichten, S. 87 (96 f.), die allerdings das Verbot der Zwangsarbeit wohl unter die sonstigen Rechte i.S.v. § 823 Abs. 1 BGB einordnen will.

619 In diese Richtung aber *Saage-Maaß*, Arbeitsbedingungen, S. 11.

620 *Wagner*, RabelsZ 80 (2016), 717 (740); wohl auch *Habersack/Ehrl*, AcP 219 (2019), 155 (183); *Stürner*, in: FS Coester-Waltjen, S. 843 (848).

621 *Osieka*, Zivilrechtliche Haftung, S. 248; s. hierzu ausführlich u. § 16 A. III.

622 *Leible/Lehmann*, RIW 2007, 721 (726); *von Hein*, ZEuP 2009, 6 (20); *Picht*, in: Rauscher, EuZPR/EuIPR, Art. 14 Rom II-VO Rn. 1.

möglich.[623] Grundsätzlich erscheint aus Unternehmenssicht eine Wahl des strengeren Haftungsrechts nicht sinnvoll. Unter diesem Gesichtspunkt spricht vieles dafür, dass der Rechtswahl keine praktische Bedeutung zukommt, da das beklagte Unternehmen wohl kaum eine solche Vereinbarung treffen wird.[624] Indes sollten die Vorteile einer Rechtswahl, insbesondere der *lex fori*, auch aus Unternehmenssicht – trotz eventuell strengerer Haftungsstandards – nicht unterschätzt oder gar übersehen werden.[625] Allein die Tatsache, dass in Deutschland die Anwendung ausländischen Rechts nicht revisibel ist,[626] während den Unternehmen gegen die Entscheidung nach der *lex fori* möglicherweise das Rechtsmittel der Revision offensteht, kann allerdings nicht ausschlaggebend sein, da die fehlende Revisibilität aus Unternehmenssicht auch einen Vorteil darstellen kann und insbesondere schneller zu einer Rechtssicherheit für das Unternehmen führt. Allerdings wird der Ausgang des Rechtsstreits bei der Anwendung ausländischen Rechts nur schwer absehbar sein. Bei einer Wahl des „Heimatrechts" des Unternehmens kann der Ausgang eines Gerichtsverfahrens regelmäßig besser eingeschätzt werden. Daneben kann das entscheidende Gericht die *lex fori „schneller, leichter und zuverlässiger an[…]wenden"* als ein ihm unbekanntes ausländisches Recht, was eine hohe Qualität der entsprechenden Entscheidungen zur Konsequenz hat. Weiterhin entfallen die hohen Kosten für Gutachten zum ausländischen Recht.[627]

Haben die Parteien gemäß Art. 14 Abs. 1 lit. a) Rom II-VO nach Eintritt des schädigenden Ereignisses die Geltung deutschen Rechts vereinbart, so ist die unternehmerische Haftung nach diesem Recht zu bestimmen.

---

623 *Habersack/Ehrl*, AcP 219 (2019), 155 (189).

624 So *Habersack/Ehrl*, AcP 219 (2019), 155 (189); *Mansel*, ZGR 2018, 439 (463); *Weller/Kaller/Schulz*, AcP 216 (2016), 387 (394).

625 *Kadner Graziano*, RabelsZ 73 (2009), 1 (6); *Picht*, in: Rauscher, EuZPR/EuIPR, Art. 14 Rom II-VO Rn. 3; *Thomale/Hübner*, JZ 2017, 385 (392); zurückhaltend *Pförtner*, in: Krajewski/Saage-Maaß, Sorgfaltspflichten, S. 311 (322).

626 BGH, Beschl. v. 04.07.2013 – V ZB 197/12, BGHZ 198, 14 (Leitsatz, 18-21 [Rn. 15-23]) = NJW 2013, 3656 (3568); s. ausführlich etwa *Ball*, in: Musielak/Voit, ZPO, § 545 Rn. 7–8; *Krüger*, in: MüKo-ZPO, § 545 Rn. 11–12; im Rahmen einer Revision kann nur überprüft werden, welches Recht nach dem IPR für die Entscheidung anzuwenden ist und ob der Richter seiner Pflicht zur Ermittlung des anwendbaren Rechts (§ 293 ZPO) nachgekommen ist. Daneben kann eine Kontrolle des ausländischen Rechts am deutschen *ordre public* erfolgen, s. *Krüger*, in: MüKo-ZPO, § 545 Rn. 11–12 m.w.N.; allgemein zur fehlenden Revisibilität *Kadner Graziano*, RabelsZ 73 (2009), 1 (6).

627 S. hierzu insgesamt *Heinen*, in: Krajewski/Saage-Maaß, Sorgfaltspflichten, S. 87 (94); *Kadner Graziano*, RabelsZ 73 (2009), 1 (6); *Thomale/Hübner*, JZ 2017, 385 (392).

b) Sonderanknüpfung nach Art. 7 Rom II-VO

Vorbehaltlich des Vorrangs etwaiger internationaler Übereinkommen gemäß Art. 28 Rom II-VO[628] beinhaltet Art. 7 Rom II-VO eine Sonderkollisionsnorm für Umweltschädigungen. Diese ermöglicht neben der Anwendung des Rechts des Erfolgsortes dem Geschädigten die Wahl des Rechts des Handlungsortes. Insofern ist Art. 7 Rom II-VO eine der wenigen Vorschriften, die für außervertragliche Schuldverhältnisse das Ubiquitätsprinzip und damit, da der Geschädigte das Recht des Handlungsortes wählen wird, wenn dieses für ihn günstiger ist, auch das Günstigkeitsprinzip beinhaltet.[629]

aa) Umweltschädigung bzw. aus einer solchen Schädigung herrührender Personen- oder Sachschaden

Eine Definition des Umweltschadens findet sich in Erwägungsgrund 24. Aufgrund des engen Zusammenhangs zu den Begriffsbestimmungen der Umwelthaftungsrichtlinie[630] kann ergänzend auf diese zurückgegriffen werden, wobei die unterschiedlichen Schutzrichtungen zu berücksichtigen sind.[631]

Art. 7 Rom II-VO gilt auch für außervertragliche Schuldverhältnisse aus *„einem aus einer [...] [Umweltschädigung] herrührenden Personen- oder Sachschaden"*. Derartige Schäden stellen also nicht lediglich eine indirekte oder mittelbare Folge der Umweltschädigung, sondern einen selbstständigen Anknüpfungspunkt dar.[632] Insofern ist (vorbehaltlich eines Gebrauchmachens des Geschädigten von seiner Wahlmöglichkeit) der Erfolgsort des

---

628 In transnationalen Menschenrechtsfällen könnte etwa das Internationale Übereinkommen von 1992 über die zivilrechtliche Haftung für Ölverschmutzungsschäden, BGBl. 1996 II, S. 671 relevant werden.

629 *Fuchs*, in: Huber, Rome-II-Regulation, Art. 7 Rn. 2; *Unberath/Cziupka/Pabst*, in: Rauscher, EuZPR/EuIPR, Art. 7 Rom II-VO Rn. 3, 37; *von Plehwe*, in: NK-BGB, Art. 7 Rom II-VO Rn. 1.

630 Richtlinie 2004/35/EG des Europäischen Parlaments und des Rates vom 21.04.2004 über Umwelthaftung zur Vermeidung und Sanierung von Umweltschäden, ABl. (EU) Nr. L 134, S. 56.

631 *Matthes*, GPR 2011, 146 f.; ähnlich *Fuchs*, in: Huber, Rome-II-Regulation, Art. 7 Rn. 19; *von Hein*, in: Calliess, Rome Regulations, Art. 7 Rome II Rn. 7.

632 *Unberath/Cziupka/Pabst*, in: Rauscher, EuZPR/EuIPR, Art. 7 Rom II-VO Rn. 21, 25.

Personen- oder Sachschadens und nicht derjenige der Umweltschädigung maßgeblich.[633]

Auch in transnationalen Menschenrechtsfällen kann ein Sach- oder Personenschaden aus einer Umweltschädigung resultieren.[634] Dies gilt insbesondere für zahlreiche der oben unter der zweiten Fallgruppe geschilderten Fallkonstellationen, etwa wenn die wissentliche Entsorgung von giftigem Müll zu einer Verunreinigung von Boden, Wasser oder Luft und diese wiederum zu einer Beeinträchtigung der Gesundheit der Bevölkerung führt oder wenn Unfälle, der Betrieb von Minen, der Abbau von Öl oder ähnliche Vorgehensweisen eine Verseuchung von Grundwasser, Luft oder Boden zur Konsequenz und diese für die betroffenen Personen gesundheitlich nachteilige Folgen haben.[635]

bb) Wahlrecht des Geschädigten zugunsten des Handlungsortes

Wie bereits eingangs erwähnt, ermöglicht Art. 7 Rom II-VO dem Geschädigten die Wahl des Rechts des Handlungsortes. Die hinter der Entscheidung für das Ubiquitäts- und Günstigkeitsprinzip stehenden Erwägungen des Verordnungsgebers lassen sich im Wesentlichen dem Erwägungsgrund 25 entnehmen. Entscheidend ist demnach die im Primärrecht in Art. 191 AEUV (ex Art. 174 EGV) verankerte Erreichung eines hohen Schutzniveaus für Umweltschäden. Insofern ist Art. 7 Rom II-VO die einzige Vorschrift der Rom II-VO, in deren Rahmen inhaltliche Aspekte eine Rolle spielen.[636] Die Vorschrift beruht *„auf den Grundsätzen der Vorsorge und Vorbeugung, auf dem Grundsatz, Umweltbeeinträchtigungen vorrangig an ihrem Ursprung zu bekämpfen, sowie auf dem Verursacherprinzip"* (EWG 25). Im Interesse eines hohen Umweltschutzniveaus soll Art. 7 Rom II-VO vermeiden, dass der Schädiger von niedrigeren Schutzbestimmungen im Ausland durch Ausnutzung des internationalen Rechtsgefälles bzw. sogenann-

---

633 *Unberath/Cziupka/Pabst*, in: Rauscher, EuZPR/EuIPR, Art. 7 Rom II-VO Rn. 21, 25; **a.A.** wohl *Matthes*, GPR 2011, 146 (147).

634 Ähnlich *Enneking*, ERPL 2008, 283 (303, 307-308); *Hartmann*, in: Krajewski/Saage-Maaß, Sorgfaltspflichten, S. 281 (300); *Wesche/Saage-Maaß*, HRLR 2016, 370 (374).

635 S. zu Beispielsfällen auch *Mansel*, ZGR 2018, 439 (459 f.).

636 S. auch *von Hein*, in: FS Kropholler, S. 553 (564); kritisch im Hinblick auf die Verfolgung von inhaltlichen Zielen *Unberath/Cziupka/Pabst*, in: Rauscher, EuZPR/EuIPR, Art. 7 Rom II-VO Rn. 36; ähnlich *von Plehwe*, in: NK-BGB, Art. 7 Rom II-VO Rn. 2.

tes „*law shopping*" profitiert, wenn er etwa schadensträchtige Anlagen in Grenzregionen errichtet und bei Eintritt eines Schadens im Nachbarstaat dann aus dessen niedrigeren Standards Vorteile zieht.[637] Die Möglichkeit des Geschädigten zur Wahl des Handlungsortrechtes soll folglich einen Anreiz zur Verhaltenssteuerung bieten.[638] Daneben steht das Verursacherprinzip: Derjenige, der die wirtschaftlichen Nutzen aus einer schädigenden Tätigkeit zieht, soll als Ausgleich auch deren negative Folgen tragen.[639] Im Vordergrund der Regelung steht damit bewusst nicht das Prinzip der engsten Verbindung,[640] sondern die handlungssteuernde Funktion des internationalen Privatrechts.[641] Der angemessene Interessensausgleich tritt zugunsten des Geschädigten hinter das Ziel des Umweltschutzes zurück.[642] Die Regelung dient allerdings nicht dem Schutz des Geschädigten, sondern dem Umweltschutz. Das Wahlrecht des Geschädigten ist ausschließlich „*Mittel zum Zweck*".[643]

Im Schrifttum ist Art. 7 Rom II-VO unterschiedlich aufgenommen worden. Teilweise wurde die Vorschrift begrüßt[644]; sie ist aber auch auf unter-

---

637 KOM(2003) 427 endg., S. 22; zustimmend z.B. *Matthes*, GPR 2011, 146 (148); *Symeonides*, AmJCompL 56 (2008), 173 (210); kritisch *Sonnentag*, ZVgl-RWiss 105 (2006), 256 (296) (noch zu Art. 8 VO-Vorschlag 2006); ebenso *Wagner*, IPRax 2006, 372 (380).

638 *Matthes*, GPR 2011, 146 (148); s. auch *Symeonides*, AmJCompL 56 (2008), 173 (210); *Unberath/Cziupka/Pabst*, in: Rauscher, EuZPR/EuIPR, Art. 7 Rom II-VO Rn. 31.

639 KOM(2003) 427 endg., S. 22; kritisch zur Berufung auf das Verursacherprinzip: *Unberath/Cziupka/Pabst*, in: Rauscher, EuZPR/EuIPR, Art. 7 Rom II-VO Rn. 30.

640 Art. 4 Abs. 2 und 3 Rom II-VO sind im Rahmen von Art. 7 Rom II-VO nicht anwendbar, s. *Leible/Lehmann*, RIW 2007, 721 (729); *von Hein*, in: FS Kropholler, S. 553 (564 f.) (zu Abs. 3).

641 S. zur Verhaltenssteuerung auch *Matthes*, GPR 2011, 146 (148); kritisch *Unberath/Cziupka/Pabst*, in: Rauscher, EuZPR/EuIPR, Art. 7 Rom II-VO Rn. 36.

642 *von Plehwe*, in: NK-BGB, Art. 7 Rom II-VO Rn. 25; ähnlich *Matthes*, GPR 2011, 146 (149); *Unberath/Cziupka/Pabst*, in: Rauscher, EuZPR/EuIPR, Art. 7 Rom II-VO Rn. 33.

643 *Matthes*, GPR 2011, 146 (149); *Fuchs*, in: Huber, Rome-II-Regulation, Art. 7 Rn. 12; s. aber auch *Symeonides*, AmJCompL 56 (2008), 173 (191 f.) (Ausdruck der Rücksichtnahme auf die Politik des Staates des Handlungsortes).

644 Zustimmend etwa *Matthes*, GPR 2011, 146 (147–149); *Fuchs*, in: Huber, Rome-II-Regulation, Art. 7 Rn. 12; *von Hein*, in: Calliess, Rome Regulations, Art. 7 Rome II Rn. 2.

schiedliche Kritik gestoßen.[645] Zuzugeben ist, dass die Verfolgung inhaltlicher Ziele mit einer Kollisionsnorm dem grundsätzlichen Ansatzpunkt der Rom II-VO widerspricht, das räumlich nächste Recht zur Anwendung zu bringen. Insofern erscheint fraglich, ob das Kollisionsrecht ein geeigneter Ansatzpunkt zur Verfolgung inhaltlicher Ziele ist.[646] Auf der anderen Seite ist es eine legitime gesetzgeberische Entscheidung, auch mit dem Kollisionsrecht inhaltliche Ziele zu verfolgen. Die Regelung des Art. 7 Rom II-VO erscheint angesichts der hohen Bedeutung des Umweltschutzes im Primärrecht gerechtfertigt. Abgesehen von Art. 7 Rom II-VO bleibt es bei der Anwendung des räumlich nächsten Rechts. Überdies verhindert Art. 7 Rom II-VO, dass (potentielle) Schädiger unterschiedliche Umweltschutzniveaus in den einzelnen Staaten zu ihren Gunsten ausnutzen können.[647] Insbesondere durch eine zeitliche Einschränkung des Wahlrechts des Geschädigten[648] können Rechtsunsicherheiten und unbillige Härten für den Schädiger vermieden werden. Im Ergebnis ist die gesetzgeberische Entscheidung, mögliche Benachteiligungen und Rechtsunsicherheiten im Hinblick auf einen hohen Umweltschutzstandard hinzunehmen und dem Umweltschutz somit eine höhere Bedeutung beizumessen, *de lege lata* anzuerkennen.[649]

cc) Nach Art. 7 Rom II-VO anwendbares Recht in transnationalen Menschenrechtsfällen

Mit der primären Anknüpfung an das Recht des Erfolgsortes wird über Art. 7 Rom II-VO in transnationalen Menschenrechtsfällen zunächst aus-

---

645 Kritisch mit unterschiedlichen Argumenten *Leible*, Rom I und Rom II, S. 22; *Kadner Graziano*, RabelsZ 73 (2009), 1 (46); *Wagner*, IPRax 2008, 1 (9); *Unberath/Cziupka/Pabst*, in: Rauscher, EuZPR/EuIPR, Art. 7 Rom II-VO Rn. 4, 30-36; kritisch zur Beschränkung des Ubiquitätsprinzips auf Umweltschädigungen und eine Erweiterung auf weitere Fälle fordernd indes *Symeonides*, AmJCompL 56 (2008), 173 (210); ähnlich *Enneking*, ERPL 2008, 283 (311).

646 Ähnlich *Unberath/Cziupka/Pabst*, in: Rauscher, EuZPR/EuIPR, Art. 7 Rom II-VO Rn. 36; *von Plehwe*, in: NK-BGB, Art. 7 Rom II-VO Rn. 2.

647 *Fuchs*, in: Huber, Rome II-Regulation, Art. 7 Rn. 10, 12; ähnlich *von Hein*, in: Calliess, Rome Regulations, Art. 7 Rome II Rn. 2; kritisch etwa *Unberath/Cziupka/Pabst*, in: Rauscher, EuZPR/EuIPR, Art. 7 Rom II-VO Rn. 31–36.

648 *Fuchs*, in: Huber, Rome-II-Regulation, Art. 7 Rn. 11, 31; in Deutschland richtet sich dies nach Art. 46a EGBGB.

649 Ähnlich, aber für eine restriktive Handhabung *Unberath/Cziupka/Pabst*, in: Rauscher, EuZPR/EuIPR, Art. 7 Rom II-VO Rn. 36.

ländisches Recht zur Anwendung berufen. Macht der Geschädigte hingegen Gebrauch von seinem Wahlrecht zugunsten des Rechts des Handlungsortes, kann hierüber nach den oben dargestellten Grundsätzen[650] deutsches Recht anwendbar sein.

c) Anknüpfung an das Recht des Erfolgsortes gemäß Art. 4 Rom II-VO

Haben die Parteien keine Rechtswahlvereinbarung gemäß Art. 14 Abs. 1 lit. a) Rom II-VO getroffen und ist Art. 7 Rom II-VO nicht einschlägig, ist auf die allgemeine Kollisionsnorm des Art. 4 Rom II-VO zurückzugreifen. Da das transnationale Unternehmen und der Geschädigte regelmäßig keinen gewöhnlichen Aufenthalt im selben Staat haben, ist gemäß Art. 4 Abs. 1 Rom II-VO das Recht des Erfolgsortes maßgeblich.[651] Dieses ist so anzuwenden, wie es die Rechtsprechung des jeweiligen Landes geformt hat („*law in action*").[652] Die Anknüpfung an den Erfolgsort dient gemäß Erwägungsgrund 16 der Vorhersehbarkeit gerichtlicher Entscheidungen sowie einem angemessenen Interessensausgleich zwischen Schädiger und Geschädigtem. Es ist die Rechtsordnung anzuwenden, in deren Geltungsbereich sich der Geschädigte zum Zeitpunkt der Schädigung aufgehalten hat.[653] In transnationalen Menschenrechtsfällen findet mithin über Art. 4 Abs. 1 Rom II-VO regelmäßig nicht deutsches, sondern ausländisches Recht Anwendung.[654]

Eine abweichende Anknüpfung kann sich allerdings unter den Voraussetzungen der Ausweichklausel des Art. 4 Abs. 3 S. 1 Rom II-VO ergeben.

---

650 S. ausführlich o. § 16 A. I. 2.

651 Diese Anknüpfung befürwortend *Kadner Graziano*, RabelsZ 73 (2009), 1 (36 f.); *Sonnentag*, ZVglRWiss 105 (2006), 256 (266 f.) (noch zum VO-Vorschlag 2006); *Wagner*, IPRax 2008, 1 (5); kritisch *Symeonides*, AmJCompL 56 (2008), 173 (190–192).

652 BGH, Urt. v. 29.10.1962 – II ZR 28/62, NJW 1963, 22 (23); BGH, Urt. v. 21.01.1991 – II ZR 50/90, NJW 1991, 1418 (1419); *Stürner*, in: FS Coester-Waltjen, S. 843 (849) m.w.N.; *Wagner*, RabelsZ 80 (2016), 717 (750) m.w.N.

653 *Stürner*, in: FS Coester-Waltjen, S. 843 (849); *Weller/Kaller/Schulz*, AcP 216 (2016), 387 (393); kritisch gegenüber der Erfolgsortanknüpfung, insb. für transnationale Menschenrechtsfälle, etwa *Enneking*, ERPL 2008, 283 (309).

654 Statt vieler: *Heinen*, in: Krajewski/Saage-Maaß, Sorgfaltspflichten, S. 87 (92); *Mansel*, ZGR 2018, 439 (454); *Pförtner*, in: Krajewski/Saage-Maaß, Sorgfaltspflichten, S. 311 (323); *Stürner*, IJPL 2014, 350 (370); für eine Korrektur *de lege ferenda*, sobald die Sorgfaltspflicht zum „*hard law*" geworden ist, *Schall*, ZGR 2018, 479 (512).

Da in transnationalen Menschenrechtsfällen regelmäßig keine vertraglichen Beziehungen zwischen dem Geschädigten und dem deutschen Unternehmen bestehen, kann nicht auf Art. 4 Abs. 3 S. 2 Rom II-VO zurückgegriffen werden.[655] Zwar ist Art. 4 Abs. 3 S. 2 Rom II-VO ein nicht abschließendes Regelbeispiel (*„insbesondere"*), sodass Art. 4 Abs. 3 S. 1 Rom II-VO auch bei fehlenden Rechtsverhältnissen einschlägig sein kann; als Ausweichklausel und Ausnahme von der Erfolgsortanknüpfung ist Art. 4 Abs. 3 Rom II-VO aber restriktiv auszulegen.[656] Erforderlich ist überdies eine *„offensichtlich* engere Verbindung", also eine in besonderem Maße engere Verbindung zum Recht eines anderen Staates.[657] Eine derartige offensichtlich engere Verbindung zum deutschen Recht ist in transnationalen Menschenrechtsfällen nicht ersichtlich.[658] Insofern ist weder der Sitz des Unternehmens in Deutschland noch die Tatsache, dass das über Art. 4 Abs. 1 Rom II-VO anwendbare Recht hinter den Standards des deutschen Rechts zurückbleibt, ausreichend. Art. 4 Abs. 3 Rom II-VO dient nicht dazu, von der Anwendung eines Rechts abzusehen, dessen Rechtsfolgen unpassend erscheinen.[659]

d) Zwischenergebnis

Deutsches Recht kann bei einer diesbezüglichen Rechtswahl der Parteien gemäß Art. 14 Rom II-VO anwendbar sein. Gleiches gilt über Art. 7 Rom II-VO, wenn die Menschenrechtsverletzung als Personen- oder Sachschaden aus einer Umweltschädigung resultiert, der Geschädigte von seinem Wahlrecht zugunsten des Rechts des Handlungsortes Gebrauch macht und dieser in Deutschland liegt. In allen anderen Fällen ist gemäß Art. 4 Abs. 1 Rom II-VO das Recht des Erfolgsortes und damit regelmäßig ausländisches

---

655 *Enneking*, ERPL 2008, 283 (300); *Hübner*, in: Krajewski/Oehm/Saage-Maaß, Unternehmensverantwortung, S. 13 (25); *Weller/Kaller/Schulz*, AcP 216 (2016), 387 (394).

656 *Lehmann*, in: NK-BGB, Art. 4 Rom II-VO Rn. 138; *Unberath/Cziupka/Pabst*, in: Rauscher, EuZPR/EuIPR, Art. 4 Rom II-VO Rn 82 86.

657 S. ausführlich *Lehmann*, in: NK-BGB, Art. 4 Rom II-VO Rn. 141–142.

658 *Nordhues*, Haftung Muttergesellschaft, S. 169–170; *Grabosch*, in: Nikol/Schniederjahn/Bernhard, Transnationale Unternehmen, S. 69 (83 f.); ähnlich *Stürner*, IJPL 2014, 350 (371); *van Dam*, JETL 2 (2011), 221 (231).

659 *Mansel*, ZGR 2018, 439 (456); *Stürner*, in: FS Coester-Waltjen, S. 843 (851); ähnlich *Unberath/Cziupka/Pabst*, in: Rauscher, EuZPR/EuIPR, Art. 4 Rom II-VO Rn. 85.

Recht anwendbar. Eine Anknüpfung an deutsches Recht über die Ausweichklausel des Art. 4 Abs. 3 Rom II-VO ist mangels „offensichtlich engerer Verbindung" nicht möglich.

3. Korrekturmöglichkeiten

Gerade wenn die Standards des ausländischen hinter denen des deutschen Rechts zurückbleiben, Menschenrechte im jeweiligen Staat „mit den Füßen getreten [...] [werden]"[660] und das anzuwendende Recht augenscheinlich Menschenrechtsverletzungen nicht zu verhindern vermag oder nicht ausreichend sanktioniert, führt die Anwendung des ausländischen Rechts zu unbefriedigenden Ergebnissen.[661] Daher stellt sich die Frage, inwiefern das Internationale Privatrecht Möglichkeiten zur Korrektur des anwendbaren Rechts bietet. In diesem Zusammenhang ist zunächst der Vorschlag von *Thomale* und *Hübner* zu diskutieren, der Ausweichklausel des Art. 4 Abs. 3 Rom II-VO im Wege einer teleologischen Korrektur ein Wahlrecht des Geschädigten zu entnehmen (a)). Eine Wahlmöglichkeit des Geschädigten könnte sich daneben über eine analoge Anwendung von Art. 7 Rom II-VO ergeben (b)). Zu einer Korrektur des anwendbaren Rechts können darüber hinaus der *ordre public*-Vorbehalt des Art. 26 Rom II-VO (c)), die Anwendung von Eingriffsnormen gemäß Art. 16 Rom II VO (d)) sowie die Berücksichtigung von Sicherheits- und Verhaltensregeln gemäß Art. 17 Rom II-VO führen (e)).

a) Teleologische Korrektur von Art. 4 Abs. 3 Rom II-VO?

Thomale und *Hübner* wollen der Ausweichklausel des Art. 4 Abs. 3 Rom II-VO trotz der gebotenen engen Auslegung in transnationalen CSR-Klagen gegen Mutter- oder Abnehmergesellschaften ein Recht des Opfers entnehmen, das Recht des Handlungs- oder Sitzortes anstelle des Erfolgsortes zu wählen. Insofern soll eine „teleologische Korrektur im Sinne des Opferschutzes" vorgenommen werden. Zur Begründung führen sie an, dass die Anknüpfung an den Erfolgsort in der allgemeinen Kollisionsklausel des Art. 4

---

660 *Fischer*, in: FS Remmers, S. 447 (451).
661 *Fischer*, in: FS Remmers, S. 447 (451); *Halfmeier*, RabelsZ 68 (2004), 653 (672); *Stürner*, in: FS Coester-Waltjen, S. 843 (849); *Weller/Kaller/Schulz*, AcP 216 (2016), 387 (393).

Rom II-VO auch dem Opferschutz dienen soll. In transnationalen CSR-Klagen lege dieser es aufgrund der hohen Kosten und Rechtsunsicherheiten, die mit der Ermittlung ausländischen Rechts verbunden sind, sowie der mangelnden Durchsetzbarkeit der Ansprüche am Erfolgsort nahe, *„dieses Schutzdefizit durch einen in ein parteiautonomes Bestimmungsrecht transformierten Günstigkeitsvergleich zu kompensieren."* Dies stehe dem von Art. 4 Abs. 1 Rom II-VO verfolgten Interessensausgleich nicht entgegen, da auch der Schädiger abstrakt ein Interesse an der Anwendung seines Heimatrechts habe sowie abstrakt und konkret von geringeren Prozesskosten profitiere. Daneben käme eine Anknüpfung an den Erfolgsort dem Interesse des deutschen Gesetzgebers entgegen, mithilfe des Rechts das Verhalten von Gesellschaften, die sich in seinem Staatsgebiet befinden und in diesem handeln, zu steuern.[662]

Einer derartigen Auslegung stehen gewichtige Bedenken entgegen: Art. 4 Abs. 3 Rom II-VO gebietet als Ausweichklausel eine enge Auslegung und Anwendung nur im Einzelfall.[663] Die Rom II-VO verfolgt den Zweck, das räumlich nächste Recht ohne Rücksicht auf inhaltliche Aspekte anzuwenden. Insofern kann es im Rahmen von Art. 4 Abs. 3 Rom II-VO nicht darauf ankommen, ob die Anwendung eines anderen als des gemäß Art. 4 Abs. 1 oder 2 Rom II-VO anwendbaren Rechts inhaltlich zu besseren und gerechteren Ergebnissen führt.[664] Die Auslegung von *Thomale* und *Hübner* geht hingegen zumindest wohl in diese Richtung.

Zum gleichen Ergebnis führt die Auslegung nach dem Willen des Verordnungsgebers, der sich bewusst für eine allgemeine Anknüpfung an den Erfolgsort und gegen das Ubiquitäts- und Günstigkeitsprinzip entschieden hat.[665] Insofern erachtet er eine Anknüpfung an den Erfolgs- und nicht an den Handlungsort als am besten geeignet, um einen angemessenen Interessensausgleich und das erforderliche Maß an Rechtssicherheit und Vorher-

---

662 S. zum Vorstehenden insgesamt *Thomale/Hübner*, JZ 2017, 385 (391–393); ähnlich *Weller/Thomale*, ZGR 2017, 509 (524 f.); zur von ihm so benannten *„materiellrechtliche[n] Aushilfsfunktion des Günstigkeitsprinzips"* auch *von Hein*, Günstigkeitsprinzip, S. 139–141.

663 KOM(2003) 427 endg., S. 13; *Lehmann*, in: NK-BGB, Art. 4 Rom II-VO Rn. 138; ausführlich *Unberath/Cziupka/Pabst*, in: Rauscher, EuZPR/EuIPR, Art. 4 Rom II-VO Rn. 82–86.

664 *Habersack/Ehrl*, AcP 219 (2019), 155 (185); *Mansel*, ZGR 2018, 439 (457 f.); *von Hein*, in: FS Kropholler, S. 553 (564 f.); *Unberath/Cziupka/Pabst*, in: Rauscher, EuZPR/EuIPR, Art. 4 Rom II-VO Rn. 85.

665 KOM(2003) 427 endg., S. 13; ebenso argumentierend *Mansel*, ZGR 2018, 439 (457 f.).

sehbarkeit zu wahren.[666] Eine teleologische Auslegung von Art. 4 Abs. 3 Rom II-VO, wie *Thomale* und *Hübner* sie vorgeschlagen haben, setzt sich über diese grundlegende Entscheidung des Verordnungsgebers hinweg und führt „durch die Hintertür" das Ubiquitäts- und Günstigkeitsprinzip wieder ein, das nach dem Verordnungsgeber aber gerade nicht allgemein sondern ausschließlich für Umweltschädigungen gelten soll.

Nicht zuletzt stellt der Wortlaut die Grenze der (teleologischen) Auslegung dar.[667] Die von *Thomale* und *Hübner* vorgeschlagene teleologische Korrektur von Art. 4 Abs. 3 Rom II-VO im Hinblick auf eine Wahlmöglichkeit des Geschädigten überschreitet indes die Wortlautgrenze der Vorschrift: Art. 4 Abs. 3 Rom II-VO beinhaltet keine Wahlmöglichkeit.[668] Selbst dem Richter steht bei der Anwendung dieser Norm kein dahingehendes Ermessen zu, sondern er hat bei feststehender offensichtlich engerer Verbindung (wobei ihm etwa bei der Berücksichtigung der Gewichtung der dieser Wertung zugrunde liegenden Umstände im Einzelfall selbstverständlich ein Entscheidungsspielraum zusteht) das Recht dieses Staates anzuwenden.[669] Der insofern eindeutige Wortlaut der Vorschrift schließt eine teleologische Auslegung von Art. 4 Abs. 3 Rom II-VO im Hinblick auf eine Wahlmöglichkeit des Geschädigten aus.

Aufgrund dieser Bedenken im Hinblick auf die gebotene restriktive Auslegung der Norm, den Willen des Verordnungsgebers sowie den Wortlaut ist die von *Thomale* und *Hübner* vorgeschlagene teleologische Korrektur von Art. 4 Abs. 3 Rom II-VO im Ergebnis abzulehnen.[670]

b) Wahlmöglichkeit des Geschädigten gemäß Art. 7 Rom II-VO analog?

Eine Lösung der Problematik könnte über eine analoge Anwendung von Art. 7 Rom II-VO erfolgen.

Art. 7 Rom II-VO ist analogiefähig. Zwar wird teilweise die Analogiefähigkeit von Ausnahmevorschriften infrage gestellt, indes ist heute aner-

---

666 EWG 14, 16; KOM(2003) 427 endg., S. 12 f.

667 Zum Wortlaut als Grenze der Auslegung allgemein *Roth*, in: Staudinger, BGB (2018), Einleitung BGB § 1 Rn. 115, 158.

668 Ähnlich *Habersack/Ehrl*, AcP 219 (2019), 155 (184 f.) (systematische Erwägungen mit Blick auf Art. 14 und Art. 7 Rom II-VO).

669 *Lehmann*, in: NK-BGB, Art. 4 Rom II-VO Rn. 167; *Unberath/Cziupka/Pabst*, in: Rauscher, EuZPR/EuIPR, Art. 4 Rom II-VO Rn. 80, 86.

670 *Habersack/Ehrl*, AcP 219 (2019), 155 (184–186); ablehnend auch *Mansel*, ZGR 2018, 439 (456–458).

kannt, dass auch Ausnahmevorschriften im Rahmen ihrer *ratio* analogiefähig sind.[671] Letztlich kann diese Frage aber dahinstehen: Art. 7 Rom II-VO ist keine den Anwendungsbereich von Art. 4 Rom II-VO einschränkende Ausnahmevorschrift, sondern eine diesem vorgehende *lex specialis*.[672]

Eine vergleichbare Interessenlage liegt ebenfalls vor. Die zugrunde liegenden gesetzgeberischen Gründe für eine Wahlmöglichkeit des Geschädigten bei Umweltschädigungen und daraus resultierende Personen- und Sachschäden greifen gleichermaßen in transnationalen Menschenrechtsfällen: Ähnlich wie beim Umweltschutz besteht ein Interesse der EU an einem hohen menschenrechtlichen Schutzniveau. Zwar ist zuzugeben, dass eine dem Art. 11 AEUV vergleichbare Querschnittsklausel für die Menschenrechte fehlt. Dennoch sind die Menschenrechte an zahlreichen Stellen im EU-Primärrecht verankert.[673] Insbesondere der Beitritt der EU zur EMRK und die Kodifizierung von Grund- und Menschenrechten in der EU-Grundrechtecharta zeugen von deren überragender Bedeutung. Daneben besteht in transnationalen Menschenrechtsfällen ebenso die Gefahr, dass Unternehmen durch Verlagerung ihrer Tätigkeit ins Ausland das internationale Rechtsgefälle ausnutzen und vom sogenannten *„law shopping"* Gebrauch machen, sodass hier ebenfalls ein Bedürfnis nach einem Anreiz zu einer entsprechenden Verhaltenssteuerung besteht. Überdies lässt sich für Menschenrechtsverletzungen durch Unternehmen gleichermaßen das Verursacherprinzip heranziehen, wenn die unmittelbare Verletzung letztlich durch eine Handlung oder ein Unterlassen der Gesellschaft an der Spitze eines Konzerns oder einer Zuliefer- bzw. Wertschöpfungskette veranlasst wurde. Ferner zieht in derartigen Fällen insbesondere die gerade genannte Gesellschaft als Schädiger einen Vorteil aus ihrer Tätigkeit, sodass es gerechtfertigt erscheint, dass diese für hieraus entstehende Schäden einstandspflichtig ist.[674] Darüber hinaus ist es wenig sachgerecht, das anwendbare Recht in transnationalen Menschenrechtsfällen von dem teil-

---

671 *Engisch*, Juristisches Denken, S. 211–212; ausführlich zur Analogiefähigkeit von Ausnahmevorschriften *Würdinger*, AcP 206 (2006), 946 (956–968); s. auch *Säcker*, in: MüKo-BGB, Einleitung Rn. 121–123.

672 S. etwa *Junker*, in: MüKo-BGB, Art. 4 Rom II-VO Rn. 9; *Unberath/Cziupka/Pabst*, in: Rauscher, EuZPR/EuIPR, Art. 4 Rom II-VO Rn. 8–13.

673 Etwa in der Präambel des EUV, Art. 2, 3 Abs. 5, 6 Abs. 2 und 3, 21 Abs. 1, Abs. 2 lit. b) EUV, durch den Beitritt der EU zur EMRK (Protokoll Nr. 8 Art. 6 Abs. 2 EUV) sowie durch die Charta der Grundrechte der Union.

674 Zur Ähnlichkeit der hinter Art. 7 Rom II-VO stehenden Erwägungen und den Unzulänglichkeiten von Art. 4 Rom II-VO in transnationalen Menschenrechtsfällen s. *Enneking*, ERPL 2008, 283 (309 f.).

weise eher zufälligen Eintritt einer Umweltschädigung abhängig zu machen.[675]

Dieser Argumentation mag man ebenfalls entgegenhalten, dass inhaltliche Aspekte herangezogen werden, obwohl die Rom II-VO unabhängig vom Inhalt an das räumlich nächste Recht anknüpft. Dies erscheint allerdings im Zusammenhang mit Art. 7 Rom II-VO ausnahmsweise zulässig, da bereits der Gesetzgeber – unabhängig davon, wie dessen Begründung zu beurteilen ist – inhaltliche Gründe für die besondere Regelung des Art. 7 Rom II-VO angeführt hat.[676]

Im Ergebnis liegt in Fällen der Verletzung von Menschenrechten durch transnationale Unternehmen eine mit Umweltschädigungen vergleichbare Interessenlage vor. Ferner könnte insbesondere ein effektiver Menschenrechtsschutz das Zurücktreten des dem allgemeinen Interessensausgleich dienenden Art. 4 Abs. 1 Rom II-VO gebieten.

Für eine analoge Anwendung ist zudem eine planwidrige Regelungslücke der Rom II-VO erforderlich. Es existiert keine Sonderkollisionsnorm für transnationale Menschenrechtsfälle. Dies könnte dafür sprechen, dass der europäische Verordnungsgeber, vor allem da er sich des Ausnahmecharakters des Art. 7 Rom II-VO im Hinblick auf das Ubiquitäts- und Günstigkeitsprinzip bewusst war[677] und sich bewusst gegen eine allgemeine Geltung des Günstigkeitsprinzips entschieden hat,[678] transnationale Menschenrechtsfälle der allgemeinen Kollisionsnorm des Art. 4 Rom II-VO unterstellen wollte. Letztlich ist allerdings davon auszugehen, dass er die außervertragliche zivilrechtliche Haftung von Unternehmen in transnationalen Menschenrechtsfällen noch nicht im Blick hatte. Zwar beschäftigten sich auf UN-Ebene unterschiedliche Institutionen seit den 1970er Jahren mit der Thematik der Verletzung von Menschenrechten durch Unternehmen und wird die Problematik seit der Entscheidung in der Rechtssache *Doe v. Unocal* im Jahr 2002 auch im Zusammenhang mit dem ATS in den USA diskutiert. In diesen Fällen stand allerdings das Völkerrecht bzw. dessen Verletzung und nicht eine zivilrechtliche Haftung im Vordergrund. Die Problematik der zivilrechtlichen *Human Rights Litigation* hat in Europa erst in den letzten Jahren, insbesondere nach der *Kiobel*-Entscheidung des *US Supreme Courts*, Bedeutung erlangt. Hieran ändern vereinzelte Ge-

---

675 *Enneking*, ERPL 2008, 283 (311).
676 Ähnlich *Hartmann*, in: Krajewski/Saage-Maaß, Sorgfaltspflichten, S. 281 (307) (nicht in Bezug auf die analoge Anwendung von Art. 7 Rom II-VO).
677 *Kadner Graziano*, RabelsZ 73 (2009), 1 (46 f.).
678 KOM(2003) 427 endg., S. 13.

richtsverfahren beispielsweise in England, die bereits vor Erlass der Rom II-VO eine unternehmerische Haftung aufgrund eine Verletzung zivilrechtlicher Sorgfaltspflichten zum Gegenstand hatten,[679] nichts.[680] Dies gilt insbesondere vor dem Hintergrund, dass in diesen Verfahren bis 2005 vor allem die Frage der Zuständigkeit englischer Gerichte mit Blick auf die *forum non conveniens*-Doktrin im Vordergrund stand, diese durch außergerichtlichen Vergleich beendet oder aus anderen Gründen abgewiesen wurden[681] und eine Entscheidung über die Sorgfaltspflichten erst im Jahr 2012 erfolgte.[682]

Dies zugrunde gelegt, sollte Art. 7 Rom II-VO in transnationalen Menschenrechtsfällen analog angewendet werden.[683] Dann kann über die Ausübung des Wahlrechts des Geschädigten zugunsten des Handlungsortes deutsches Recht zur Anwendung gelangen. Zur Klarstellung und zur Schaffung von Rechtssicherheit erscheint überdies *de lege ferenda* eine diesbezügliche Sonderkollisionsnorm sinnvoll.[684]

Lehnt man demgegenüber eine analoge Anwendung von Art. 7 Rom II-VO ab, kommt eine Ergebniskorrektur über Art. 26 Rom II-VO, eine Durchbrechung des Statuts kraft Eingriffsnormen gemäß Art. 16 Rom II-VO sowie eine Berücksichtigung von Sicherheits- und Verhaltensregeln am Handlungsort gemäß Art. 17 Rom II-VO in Betracht.

---

679   Z.B. House of Lords, Urt. v. 24.07.1997, *Connelly v. RTZ Corporation Plc and others*, [1997] UKHL 30; House of Lords, Urt. v. 20.07.2000, *Lubbe and Others v. Cape Plc and Related Appeals*, [2000] UKHL 41; Court of Appeal (Civil Division), Urt. v. 28.09.2000, *Sithole and Others v. Thor Chemical Holdings and others*, 2000 WL 1421183.

680   S. zur Problematik des IPR in transnationalen Menschenrechtsfällen bereits vor Erlass der Rom II-VO *Enneking*, ERPL 2008, 283.

681   S. z.B. House of Lords, Urt. v. 24.07.1997, *Connelly v. RTZ Corporation Plc and Others*, [1997] UKHL 30, Rn. 28-33 (ablehnend Lord Hoffmann, Rn. 36-43); House of Lords, Urt. v. 20.07.2000, *Lubbe and Others v. Cape Plc and Related Appeals*, [2000] UKHL 41, Rn. 24-36; *Meeran*, in: Deva/Bilchitz, IIR Obligations, S. 378 (389).

682   Court of Appeal (Civil Division), Urt. v. 25.04.2012, *Chandler v. Cape plc*, [2012] EWCA Civ 525, insb. Rn. 80.

683   Ähnlich *Pförtner*, in: Krajewski/Saage-Maaß, Sorgfaltspflichten, S. 311 (330) (u.a. ausdehnende Anwendung von Art. 7 Rom II-VO als „denkbare[r] dogmatische[r] Weg[...]"); eine Erweiterung von Art. 7 Rom II-VO indes ablehnend *Mansel*, ZGR 2018, 439 (458 f.).

684   S. zu Überlegungen *de lege ferenda* insgesamt u. § 26.

c) Ergebniskorrektur durch ordre public-Vorbehalt gemäß Art. 26 Rom II-VO

Der *ordre public*-Vorbehalt des Art. 26 Rom II-VO kann zur Konsequenz haben, dass einzelne Vorschriften des eigentlich zur Anwendung berufenen Rechts nicht anwendbar sind. Für transnationale Menschenrechtsfälle ist – sofern man die hier vorgeschlagene analoge Anwendung von Art. 7 Rom II-VO ablehnt – entscheidend, inwiefern die Menschenrechte Bestandteil des nationalen *ordre public* sind (aa)), ob ein hinreichender Inlandsbezug vorliegt (bb)) und inwieweit die Anwendung ausländischen Rechts in transnationalen Menschenrechtsfällen einen Verstoß gegen *den ordre public* darstellt (cc)). Abschließend stellt sich die Frage nach den Rechtsfolgen eines solchen Verstoßes (dd)).

aa) Menschenrechte als Bestandteil des nationalen ordre public

Welche Vorschriften zum *ordre public* des Forumstaates gehören, richtet sich nach dem Recht des jeweiligen Mitgliedstaates.[685] Als Bestandteil des nationalen *ordre public* in Deutschland gelten wesentliche Grundätze des deutschen Rechts,[686] insbesondere *„grundrechtliche Wertungen, einfachgesetzliche Grundsätze (Gesetzeszwecke) fundamentaler Natur sowie die guten Sitten"*.[687] Auch europäisches Gemeinschaftsrecht kann, wenn es Teil der fundamentalen Grundprinzipien des nationalen Rechts ist, zum nationalen *ordre public* gehören.[688] Dies ist für die Grundfreiheiten, die EU-Grundrechtecharta sowie die EMRK anerkannt.[689] Völkerrecht kann über Art. 59

---

685 S. etwa *Leible*, Rom I und Rom II, S. 70; *Kadner Graziano*, RabelsZ 73 (2009), 1 (74); *Jakob/Picht*, in: Rauscher, EuZPR/EuIPR, Art. 26 Rom II-VO Rn. 16.

686 S. hierzu ausführlich *Schulze*, in: NK-BGB, Art. 26 Rom II-VO Rn. 15–17.

687 *Jakob/Picht*, in: Rauscher, EuZPR/EuIPR, Art. 26 Rom II-VO Rn. 17; zu den grundrechtlichen Wertungen s. BVerfG, Beschl. v. 04.05.1971 – 1 BvR 636/68, BVerfGE 31, 58 (74 f.) = NJW 1971, 1509 (1511); *Schulze*, in: NK-BGB, Art. 26 Rom II-VO Rn. 3.

688 *Leible*, Rom I und Rom II, S. 72; *Jakob/Picht*, in: Rauscher, EuZPR/EuIPR, Art. 26 Rom II-VO Rn. 18; *Junker*, in: MüKo-BGB, Art. 26 Rom II-VO Rn. 4.

689 *Junker*, in: MüKo-BGB, Art. 26 Rom II-VO Rn. 19; ähnlich BVerwG, Urt. v. 24.05.2000 – 9 C 34/99, BVerwGE 111, 223 (229) = NVwZ 2000, 1302 (1303) (in Bezug auf die EMRK); *Leible*, Rom I und Rom II, S. 72 (in Bezug auf die Grundfreiheiten und die EMRK); *Jakob/Picht*, in: Rauscher, EuZPR/EuIPR, Art. 26 Rom II-VO Rn. 20 (in Bezug auf EMRK und EU-Grundrechtecharta); differenzierend *Kokott*, BDGVR 38 (1998), 71 (92 f.).

Abs. 2 bzw. über Art. 25 GG ebenfalls Bestandteil des nationalen *ordre public* sein.[690] Insbesondere durch internationale Übereinkommen geschützte Menschenrechte werden aufgrund ihrer hohen Bedeutung und ihrer inhaltlichen Vergleichbarkeit mit den Grundrechten zu den fundamentalen Grundprinzipien des deutschen Rechts und damit zum deutschen *ordre public* gehören.[691]

Vereinzelt werden auch die UN-Leitprinzipien als Bestandteil des *ordre public* (allerdings i.S.v. Art. 6 EGBGB) angesehen.[692] Dies ist allerdings angesichts deren fehlender rechtlicher Verbindlichkeit abzulehnen.

bb) Hinreichender Inlandsbezug

Der *ordre public*-Vorbehalt greift nur in Ausnahmefällen.[693] Da dessen Anwendung nicht dazu führen darf, bei der Beurteilung von Sachverhalten ohne Bezug zum Inland inländische Gerechtigkeitsvorstellungen durchzusetzen, erfordert diese einen hinreichenden Inlandsbezug als ungeschriebenes Tatbestandsmerkmal.[694] Anhaltspunkte hierfür können etwa der gewöhnliche Aufenthalt einer Person, der Ort des Schadenseintritts oder der Ort, an dem eine Maßnahme der Geschäftsführung vorgenommen wird, aber auch die Staatsangehörigkeit sein.[695]

Die Anforderungen an einen hinreichenden Inlandsbezug sind umstritten. Anerkannt ist jedenfalls ein Zusammenhang zwischen der Schwere des Verstoßes gegen den *ordre public* und dem Inlandsbezug. Je schwerer

---

690 I.E. ebenso *Schulze*, in: NK-BGB, Art. 26 Rom II-VO Rn. 7; s. auch *Kokott*, BDGVR 38 (1998), 71 (106); *Osieka*, Zivilrechtliche Haftung, S. 247 (in Bezug auf die in UN-Abkommen anerkannten Menschenrechte); *Zimmer*, Soziale Mindeststandards, S. 258 (für die ILO-Kernarbeitsnormen).

691 BT-Drucks. 10/504, S. 44; *Stürner*, IJPL 2014, 350 (371); *Weller/Kaller/Schulz*, AcP 216 (2016), 387 (395) (teilweise begrenzt auf die universell anerkannten Menschenrechte); i.E. auch *Schulze*, in: NK-BGB, Art. 26 Rom II-VO Rn. 23.

692 *von Hein*, in: MüKo-BGB, Art. 6 EGBGB Rn. 145, 147 (trotz fehlender rechtlicher Verbindlichkeit).

693 S. etwa KOM(2003) 427 endg., S. 31; *Fuchs*, in: Huber, Rome-II-Regulation, Art. 26 Rn. 11.

694 I.E. ebenso *Jakob/Picht*, in: Rauscher, EuZPR/EuIPR, Art. 26 Rom II-VO Rn. 6; *Junker*, in: MüKo-BGB, Art. 26 Rom II-VO Rn. 20; *von Hein*, in: Calliess, Rome Regulations, Art. 26 Rome II Rn. 19; wohl auch *Stürner*, in: FS Coester-Waltjen, S. 843 (852).

695 *Jakob/Picht*, in: Rauscher, EuZPR/EuIPR, Art. 26 Rom II-VO Rn. 7; s. auch *Junker*, in: MüKo-BGB, Art. 26 Rom II-VO Rn. 20.

der Verstoß, desto geringer sind die Anforderungen an den Inlandsbezug (sogenannte Relativität des *ordre public*).[696]

Teile des Schrifttums fordern für (schwerste) Menschenrechtsverletzungen unter Berufung auf einen sogenannten transnationalen oder völkerrechtlichen *ordre public* sogar einen Verzicht auf das Kriterium des Inlandsbezuges.[697] Praktisch wird dies wohl nur selten relevant, da bereits die Zuständigkeit der inländischen Gerichte einen gewissen Inlandsbezug herstellt,[698] der zumindest für schwere Menschenrechtsverletzungen angesichts von deren fundamentaler völkerrechtlicher Bedeutung, ihrer universellen Geltung sowie der Schwere eines hiermit verbundenen Verstoßes gegen den nationalen *ordre public* ausreicht.[699]

In transnationalen Menschenrechtsfällen kann der erforderliche Inlandsbezug also bereits über die Zuständigkeit der deutschen Gerichte begründet werden.[700]

cc) Anwendung ausländischen Rechts in transnationalen Menschenrechtsfällen als Verstoß gegen den nationalen ordre public?

Entscheidend ist mithin, ob die Anwendung des ausländischen Rechts in transnationalen Menschenrechtsfällen (also für den Fall, dass die hier vorgeschlagene analoge Anwendung von Art. 7 Rom II-VO abgelehnt wird) einen Verstoß gegen den deutschen *ordre public* darstellt. Nach der Rechtsprechung des EuGH zu Art. 27 Nr. 1 EuGVÜ liegt ein solcher allgemein vor, *„wenn die Anerkennung oder Vollstreckung der in einem anderen Vertragsstaat erlassenen Entscheidung gegen einen wesentlichen Rechtsgrundsatz verstie-*

---

696 *Junker*, in: MüKo-BGB, Art. 26 Rom II-VO Rn. 20; *Schulze*, in: NK-BGB, Art. 26 Rom II-VO Rn. 19.

697 *Halfmeier*, RabelsZ 68 (2004), 653 (680); ausführlich *Kokott*, BDGVR 38 (1998), 71 (105–108); *von Hein*, in: Calliess, Rome Regulations, Art. 26 Rome II Rn. 19 (in Bezug auf universelles Völkerrecht; **dagegen** wohl *Stürner*, in: FS Coester-Waltjen, S. 843 (852 f.); ebenfalls kritisch *Weller/Kaller/Schulz*, AcP 216 (2016), 387 (395 f.) m.w.N.

698 *Schulze*, in: NK-BGB, Art. 26 Rom II-VO Rn. 20; ähnlich *Stürner*, in: FS Coester-Waltjen, S. 843 (853); s. zur internationalen Zuständigkeit deutscher Gerichte ausführlich u. § 16 F. II.

699 *Fischer*, in: FS Remmers, S. 447 (455); *Weller/Kaller/Schulz*, AcP 216 (2016), 387 (396 f.).

700 I.E. ebenso *Hartmann*, in: Krajewski/Saage-Maaß, Sorgfaltspflichten, S. 281 (307 f.); **a.A.** wohl *Wagner*, RabelsZ 80 (2016), 717 (749); s. zur internationalen Zuständigkeit deutscher Gerichte ausführlich u. § 16 F. II.

ße und deshalb in einem nicht hinnehmbaren Gegensatz zur Rechtsordnung des Vollstreckungsstaates stünde".[701]

Wie sich aus dem Wortlaut, den Gesetzgebungsmaterialien, dem Ziel der Rom II-VO (Schaffung eines einheitlichen Kollisionsrechts in den Mitgliedstaaten) sowie Erwägungsgrund 32 (*"unter außergewöhnlichen Umständen"*) ergibt, ist vom *ordre public*-Vorbehalt nur zurückhaltend Gebrauch zu machen.[702] Die *"offensichtliche Unvereinbarkeit"* erfordert einen gesteigerten Begründungsaufwand.[703] Allerdings dürften die Anforderungen hieran beim Verstoß gegen grund- oder menschenrechtliche Wertungen nicht allzu hoch sein.[704] Für das Vorliegen eines Verstoßes kommt es nicht auf den Inhalt der Norm, sondern auf das Ergebnis der Anwendung einer ausländischen Rechtsnorm im konkreten Fall an.[705] Auch wenn der *ordre public*-Vorbehalt vor allem im Zusammenhang mit einer Reduzierung der Haftung, insbesondere in Fällen des sogenannten Strafschadensersatzes, diskutiert wird, kann er ebenso haftungsbegründend oder -erweiternd wirken.[706] So können nicht nur die Anwendung einer ganz bestimmten Norm im konkreten Fall, sondern auch das Bestehen von Haftungslücken oder eine bestimmte Rechtslage, die dadurch entstanden ist, dass bestimmte Normen nicht existieren, einen Verstoß gegen den *ordre public* darstel-

---

701 EuGH, Urt. v. 28.03.2000 – C-7/98, *Dieter Krombach/André Bamberski*, NJW 2000, 1853 (1854 [Rn. 27]); EuGH, Urt. v. 11.05.2000 – C-38/98, *Régie nationale des usines Renault SA/Maxicar SpA und Orazio Formento*, NJW 2000, 2185 (2186 [Rn. 30]); ähnlich der BGH in st. Rspr., s. etwa BGH, Beschl. v. 17.09.1968 – VI ZB 501/68, BGHZ 50, 370 (376) = NJW 1969, 369 (371 f.) m.w.N.; nahezu wortgleich BGH, Beschl. v. 16.09.1993 – IX ZB 82/90, BGHZ 123, 268 (270) = NJW 1993, 3269 (3270) m.zahlr.w.N.

702 KOM(2003) 427 endg., S. 31; *Jakob/Picht*, in: Rauscher, EuZPR/EuIPR, Art. 26 Rom II-VO Rn. 1, 4 (mit Verweis auf Wortlaut und Ziel der Rom II-VO); *Junker*, in: MüKo-BGB, Art. 26 Rom II-VO Rn. 1 (mit Verweis auf Wortlaut, Materialien und EWG 32); so in Bezug auf transnationale Menschenrechtsfälle *Enneking*, ERPL 2008, 283 (306).

703 S. hierzu *Jakob/Picht*, in: Rauscher, EuZPR/EuIPR, Art. 26 Rom II-VO Rn. 26–27; *Schulze*, in: NK-BGB, Art. 26 Rom II-VO Rn. 18.

704 S. hierzu *Stürner*, in: FS Coester-Waltjen, S. 843 (853); *Jakob/Picht*, in: Rauscher, EuZPR/EuIPR, Art. 26 Rom II-VO Rn. 27 (zu grundrechtlichen Wertungen).

705 *Junker*, in: MüKo-BGB, Art. 26 Rom II-VO Rn. 12; *Schulze*, in: NK-BGB, Art. 26 Rom II-VO Rn. 11; *von Hein*, in: Calliess, Rome Regulations, Art. 26 Rome II Rn. 16.

706 *Spickhoff*, in: BeckOK, Art. 26 VO (EG) 864/2007 Rn. 3; *von Hoffmann*, in: Staudinger, BGB (2001), Art. 40 EGBGB Rn. 430; **a.A.** wohl *Wagner*, RabelsZ 80 (2016), 717 (748 f.).

len.[707] Dies hat grundsätzlich zur Konsequenz, dass die jeweilige Norm nicht angewendet wird, führt aber nicht ohne Weiteres zur Anwendung der *lex fori*.[708]

In transnationalen Menschenrechtsfällen wird sich aufgrund dieser Wertungen im Ergebnis wohl nur in seltenen Fällen ein Verstoß gegen den *ordre public* feststellen lassen. Angesichts der universellen Geltung der Menschenrechte wird in der Regel auch im Staat des Erfolgsortes ein gewisser Menschenrechtsstandard zu berücksichtigen sein.[709] Insofern wird ein Großteil der Staaten grundsätzlich über ein Deliktsrecht verfügen, das bestimmte Rechtsgutsverletzungen zwischen Privaten sanktioniert.[710] Die Konsequenzen, wenn das ausländische Recht eine deliktische Verantwortlichkeit ablehnt oder eine Ersatzpflicht ausschließt, werden unterschiedlich beurteilt. Nach *Stürner* reicht dies nicht aus, um einen Verstoß gegen den deutschen *ordre public* zu bejahen.[711] Andere verweisen allgemein darauf, dass der *ordre public* etwa greifen kann, wenn bei schwersten Verletzungen nur äußerst geringe Ansprüche gewährt werden,[712] bestimmte Haftungsansprüche fehlen[713] oder gegen Grundprinzipien des Haftungsrechts verstoßen wird.[714]

Ob die Anwendung des ausländischen Rechts in transnationalen Menschenrechtsfällen zu einem Verstoß gegen den *ordre public*-Vorbehalt führt, kann letztlich nur nach einer ausführlichen Analyse der anwendbaren ausländischen Normen und der jeweiligen Umstände des Einzelfalls entschieden werden. Denkbar erscheint ein solcher Verstoß etwa, wenn das anwendbare ausländische Recht keinerlei Sanktion für eine Verletzung der elementaren Menschenrechte durch Private vorsieht oder ein derartiger

---

707 *Schulze,* in: NK-BGB, Art. 26 Rom II-VO Rn. 12; *von Hoffmann,* in: Staudinger, BGB (2001), Art. 40 EGBGB Rn. 430.

708 S. hierzu sogleich § 16 A. II. 3. c) dd).

709 *Stürner,* in: FS Coester-Waltjen, S. 843 (851 f.); *Stürner,* IJPL 2014, 350 (371).

710 Ähnlich *Massoud,* in: Nikol/Schniederjahn/Bernhard, Transnationale Unternehmen, S. 37 (47) m.w.N; *Wesche/Saage-Maaß,* HRLR 2016, 370 (375).

711 *Stürner,* in: FS Coester-Waltjen, S. 843 (851).

712 *Kadner Graziano,* RabelsZ 73 (2009), 1 (73 f.); *Spickhoff,* in: BeckOK, Art. 26 VO (EG) 864/2007 Rn. 3; *von Hein,* in: Calliess, Rome Regulations, Art. 26 Rome II Rn. 23.

713 *Schulze,* in: NK-BGB, Art. 26 Rom II-VO Rn. 12, 31; ähnlich *Fischer,* in: FS Remmers, S. 447 (453 f.); *von Hein,* in: Calliess, Rome Regulations, Art. 26 Rome II Rn. 23.

714 S. etwa mit Beispielen *Schulze,* in: NK-BGB, Art. 26 Rom II-VO Rn. 32; ähnlich (Abweichen vom Prinzip der *restitutio in integrum*) *Kadner Graziano,* RabelsZ 73 (2009), 1 (74 f.).

Anspruch nicht hinreichend gerichtlich durchgesetzt werden kann,[715] denn dann hat der ausländische Staat seine Pflichten zum Schutz der Menschenrechte verletzt. Insofern kann auch ein Verstoß gegen den *ordre public* vorliegen, wenn das ausländische Recht keine Ersatzpflicht vorsieht. Dies wird entsprechend der obigen Ausführungen nur selten der Fall sein.[716]

dd) Rechtsfolgen bei Verstoß gegen den nationalen ordre public

Verstößt die Anwendung einer konkreten Rechtsnorm gegen den *ordre public*, ist diese gemäß Art. 26 Rom II-VO nicht anzuwenden. Damit hat der *ordre public* in erster Linie die „negative" Funktion der Nichtanwendung der ausländischen Norm.[717] Nach dem Grundsatz des geringst möglichen Eingriffs ist die entstehende Lücke zunächst mithilfe der ausländischen *lex causae* zu schließen. Nur wenn hierdurch ein *ordre public*-konformes Ergebnis nicht zu erreichen ist, kann auf die *lex fori* zurückgegriffen werden.[718]

Für transnationale Menschenrechtsfälle ist zu differenzieren: Verstößt z.B. die Höhe des nach der *lex causae* zugesprochenen Schadensersatzes gegen den deutschen *ordre public*, ist diese so anzugleichen, dass sie nach der *lex fori* „gerade noch angemessen erscheint" – es ist hingegen kein Schadensersatz in der Höhe zu leisten, die vom deutschen Recht vorgesehen ist.[719] Beruht der Verstoß gegen den *ordre public* allerdings auf einer im ausländischen Recht bestehenden Lücke für den Schutz von Menschenrechten zwischen Privaten, wird diese gerade nicht über dieses selbst geschlossen wer-

---

715 *Thomale/Hübner*, JZ 2017, 385 (392); *Weller/Kaller/Schulz*, AcP 216 (2016), 387 (393) sehen die „*Anwendung drittstaatlicher Rechtsordnungen [...], die Menschenrechtsverletzungen aus europäischer Sicht mitunter nicht hinreichend sanktionieren*" als problematisch an; zurückhaltend *Stürner*, in: FS Coester-Waltjen, S. 843 (851 f.).

716 *Thomale/Hübner*, JZ 2017, 385 (392 f.); ähnlich *Nordhues*, Haftung Muttergesellschaft, S. 173; einen Verstoß gegen den *ordre public* ablehnend, da im deutschen Recht „*noch keine strengeren Haftungsstandards für die Haftung von Muttergesellschaften*" verankert sind *Mansel*, ZGR 2018, 439 (469 f.).

717 *Jakob/Picht*, in: Rauscher, EuZPR/EuIPR, Art. 26 Rom II-VO Rn. 2; *Schulze*, in: NK-BGB, Art. 26 Rom II-VO Rn. 14.

718 *Stürner*, in: FS Coester-Waltjen, S. 843 (853 f.); *Thomale/Hübner*, JZ 2017, 385 (392); *Jakob/Picht*, in: Rauscher, EuZPR/EuIPR, Art. 26 Rom II-VO Rn. 28; so zu Art. 6 EGBGB auch BGH, Urt. v. 11.10.2006 – XII ZR 79/04, BGHZ 169, 206 (255 [Rn. 50]) = NJW-RR 2007, 145 (149).

719 *Stürner*, in: FS Coester-Waltjen, S. 843 (854).

den können, sondern erfordert einen Rückgriff auf die Regelungen der *lex fori*.[720] (Nur) dann führt ein Verstoß einer ausländischen Norm gegen den *ordre public* dazu, dass deutsche Gerichte die Haftung ausnahmsweise nach deutschem Recht beurteilen müssen.

d) Durchbrechung des Statuts kraft Eingriffsnormen gemäß Art. 16 Rom II-VO

Sofern man eine analoge Anwendung von Art. 7 Rom II-VO ablehnt, kann sich eine Anwendbarkeit einzelner Vorschriften des deutschen Rechts in transnationalen Menschenrechtsfällen ergeben, wenn diese Eingriffsnormen i.S.v. Art. 16 Rom II-VO sind. Derartige Vorschriften durchbrechen die ansonsten weiter anwendbare *lex causae* punktuell. Dies dient, wie auch aus Erwägungsgrund 32 S. 1 deutlich wird, dem öffentlichen Interesse und damit dem Steuerungsinteresse des Forumstaates.[721]

aa) Begriff der Eingriffsnormen

Die Rom II-VO enthält keine detaillierte Definition der Eingriffsnormen. Es kann jedoch die Definition des Art. 9 Rom I-VO herangezogen werden.[722]

Nicht sämtliche zwingende Normen des nationalen Rechts sind gleichzeitig Eingriffsnormen. Entscheidend ist vielmehr, dass die Norm vom Staat der jeweiligen *lex fori* als *international* zwingend angesehen wird.[723] Daneben muss sie zumindest auch der Wahrung des öffentlichen Interesses dienen, sodass rein individualschützende Normen von vorneherein

---

720 I.E. ebenso *Mansel*, ZGR 2018, 439 (469); *Weller/Kaller/Schulz*, AcP 216 (2016), 387 (395).

721 *Knöfel*, in: NK-BGB, Art. 16 Rom II-VO Rn. 1.

722 S. EWG 7; KOM(2003) 427 endg., S. 27 (Verweis auf das der Definition von Art. 9 Abs. 1 Rom I-VO zugrunde liegende *Arblade*-Urteil des EuGH); s. auch *Leible*, Rom I und Rom II, S. 62; *von Hein*, in: Calliess, Rome Regulations, Art. 16 Rome II Rn. 12.

723 *Fuchs*, in: Huber, Rome-II-Regulation, Art. 16 Rn. 5; *Jakob/Picht*, in: Rauscher, EuZPR/EuIPR, Art. 16 Rom II-VO Rn. 5; *von Hein*, in: Calliess, Rome Regulations, Art. 16 Rome II Rn. 12.

nicht als Eingriffsnormen in Betracht kommen.[724] Ferner ist die Einhaltung einer Norm für die Wahrung des öffentlichen Interesses nur bei einem gewissen Inlandsbezug relevant.[725]

Im Bereich der außervertraglichen Schuldverhältnisse wird die vorrangige Anwendung von Eingriffsnormen gegenüber der im Übrigen anwendbaren *lex causae* wohl eine Ausnahme bleiben: Die Kollisionsnormen der Art. 4 bis 9 Rom II-VO tragen dem Steuerungsinteresse der jeweiligen Staaten und damit auch der Wahrung des öffentlichen Interesses regelmäßig bereits hinreichend Rechnung.[726] Wenn also die Bestimmung des anwendbaren Rechts über Art. 4 bis 9 Rom II-VO nicht zu einer Anwendung des deutschen Rechts führt, wird für Art. 16 Rom II-VO regelmäßig kein hinreichender Inlandsbezug vorliegen.[727]

Ist eine Norm als Eingriffsnorm nach Maßgabe von Art. 16 Rom II-VO zu berücksichtigen, erfolgt dies ausschließlich im Rahmen des materiellen Rechts, also im Rahmen der nach dem Deliktsstatut anwendbaren *lex causae*.[728] Eingriffsnormen betreffen insofern regelmäßig nicht den gesamten deliktsrechtlichen Sachverhalt, sondern nur einen bestimmten Teil desselben (beispielsweise die Haftungsbeschränkung).[729]

bb) Grund- und Menschenrechte als Eingriffsnormen

Da sowohl die Grund- als auch die völker- und europarechtlich geschützten Menschenrechte ausschließlich im Rechtsverhältnis zwischen Bürger und Staat gelten und keine unmittelbare Drittwirkung zwischen Privaten entfalten, können sie bereits aufgrund der fehlenden unmittelbaren An-

---

724 *Jakob/Picht*, in: Rauscher, EuZPR/EuIPR, Art. 16 Rom II-VO Rn. 4; *Knöfel*, in: NK-BGB, Art. 16 Rom II-VO Rn. 8 mit Verweis auf die Rspr. zu Art. 34 EGBGB a.F.

725 *Jakob/Picht*, in: Rauscher, EuZPR/EuIPR, Art. 16 Rom II-VO Rn. 7.

726 *Wagner*, IPRax 2008, 1 (15); *Junker*, in: MüKo-BGB, Art. 16 Rom II-VO Rn. 21; *Knöfel*, in: NK-BGB, Art. 16 Rom II-VO Rn. 1a.

727 *Junker*, in: MüKo-BGB, Art. 16 Rom II-VO Rn. 21; ähnlich *Fuchs*, in: Huber, Rome-II-Regulation, Art. 16 Rn. 12; in Bezug auf transnationale Menschenrechtsfälle und den fehlenden Inlandsbezug s. *Wagner*, RabelsZ 80 (2016), 717 (744–748).

728 *Junker*, in: MüKo-BGB, Art. 16 Rom II-VO Rn. 22; kritisch *von Hein*, in: Calliess, Rome Regulations, Art. 16 Rome II Rn. 6.

729 *Junker*, in: MüKo-BGB, Art. 16 Rom II-VO Rn. 17.

wendbarkeit nicht als Eingriffsnormen gemäß Art. 16 Rom II-VO berücksichtigt werden.[730]

cc) Arbeitsrechtliche Schutzbestimmungen als Eingriffsnormen

Arbeitsrechtliche Schutzbestimmungen sind teilweise Eingriffsnormen. Anerkannt ist dies etwa für § 14 Abs. 1 MuSchG[731] und § 5 Abs. 1 JArbSchG angesichts der Formulierung als sanktionsbewehrtes Verbots- bzw. Gebotsgesetz.[732] *Güngör* will darüber hinaus weitere Verstöße gegen arbeitsrechtliche Schutzbestimmungen, wie etwa gegen das deutsche Arbeitszeitgesetz (bei massiven Überstunden) oder in Bezug auf die Gestaltung der Räumlichkeiten über § 823 Abs. 2 BGB als Eingriffsnormen ansehen.[733] Dies ist mit Blick auf die Kriterien der erforderlichen intendierten *international* zwingenden Geltung sowie der Bedeutung für das öffentliche Interesse des Forumstaates äußerst zweifelhaft.[734]

Ungeachtet dessen gelten sämtliche arbeitsrechtliche Schutzbestimmungen ausschließlich innerhalb des vertraglichen Verhältnisses zwischen Arbeitgeber und Arbeitnehmer, sodass mangels vertraglicher Beziehungen zwischen dem Geschädigten und den in Deutschland ansässigen Unternehmen diese Vorschriften in transnationalen Menschenrechtsfällen nicht als Eingriffsnormen berücksichtigt werden können.[735]

Ähnliches gilt auch für die Vorschriften des AGG: Unabhängig davon, ob diese als Eingriffsnormen anzusehen sind, gelten sie nicht für außerver-

---

730 Ähnlich *Osieka*, Zivilrechtliche Haftung, S. 245–246; *Pförtner*, in: Krajewski/ Saage-Maaß, Sorgfaltspflichten, S. 311 (327).

731 S. BAG, Urt. v. 12.12.2001 – 5 AZR 255/00, BAGE 100, 130 (Leitsatz 2, 139 f.) = NZA 2002, 734 (737 f.) (zu Art. 34 EGBGB a.F.); *Güngör*, Sorgfaltspflichten, S. 110; zur Eingriffsnormqualität von arbeitsrechtlichen Schutznormen allgemein *Jakob/Picht*, in: Rauscher, EuZPR/EuIPR, Art. 16 Rom II-VO Rn. 6.

732 *Grabosch*, in: Nikol/Schniederjahn/Bernhard, Transnationale Unternehmen, S. 69 (86 f.); zustimmend *Güngör*, Sorgfaltspflichten, S. 112.

733 *Güngör*, Sorgfaltspflichten, S. 111–112.

734 An späterer Stelle verweist *Güngör* – insofern wohl widersprüchlich – auch auf die ausschließliche Geltung „*für in Deutschland ansässige Arbeitgeber bzw. Unternehmen gegenüber ihren eigenen Arbeitern*", *Güngör*, Sorgfaltspflichten, S. 321.

735 Anders wohl *Grabosch*, in: Nikol/Schniederjahn/Bernhard, Transnationale Unternehmen, S. 69 (86 f.).

tragliche Schuldverhältnisse und kommen insofern als Eingriffsnormen in transnationalen Menschenrechtsfällen nicht in Betracht.[736]

dd) Strafrechtliche Normen (i.V.m. § 823 Abs. 2 BGB) als Eingriffsnormen

Inwiefern strafrechtliche Normen als Eingriffsnormen i.S.v. Art. 16 Rom II-VO BGB angesehen werden können, ist in der Literatur umstritten.[737] Jedenfalls steht eine derartige Einordnung von § 823 Abs. 2 BGB i.V.m. strafrechtlichen Vorschriften im Widerspruch zur gebotenen engen Auslegung und zurückhaltenden Anwendung von Art. 16 Rom II-VO sowie der durch die Rom II-VO erstrebten europäischen Rechtsvereinheitlichung:[738] Da die Schutzgüter des Deliktsrechts in der Regel im gleichen Maße strafrechtlich geschützt sind, würde sich letztlich das Regel-Ausnahme-Verhältnis der Rom II-VO umkehren und damit die Anwendbarkeit der *lex fori* im Gegensatz zum sorgfältig austarierten System der Kollisionsnormen der Art. 4 bis 9 Rom II-VO über Art. 16 Rom II-VO quasi zum Regelfall. Dies widerspräche dem Grundsatz der gleichberechtigten Anwendung von inländischem und ausländischem Recht.[739] Außerdem erscheint zweifelhaft, inwiefern die Berücksichtigung strafrechtlicher Normen im Zivilrecht über § 823 Abs. 2 BGB tatsächlich der Wahrung öffentlicher Interessen dient: 823 Abs. 2 BGB schützt ausschließlich die Individualinteressen des Geschädigten, während den öffentlichen Interessen bereits durch die unmittelbare Anwendung des Strafrechts Rechnung getragen wird.[740]

---

736 Anders wohl *Grabosch*, in: Nikol/Schniederjahn/Bernhard, Transnationale Unternehmen, S. 69 (87).

737 **Dafür** etwa *Jakob/Picht*, in: Rauscher, EuZPR/EuIPR, Art. 16 Rom II-VO Rn. 6 (ohne weitere Begründung); *Spickhoff*, in: BeckOK, Art. 16 VO (EG) 864/2007 Rn. 3 (i.R.v. § 823 Abs. 2 BGB); **dagegen** etwa *von Hein*, in: Calliess, Rome Regulations, Art. 16 Rome II Rn. 13; ausführlich *von Hoffmann*, in: FS Henrich, S. 283 (285–288).

738 Anders wohl *Grabosch*, in: Nikol/Schniederjahn/Bernhard, Transnationale Unternehmen, S. 69 (85); *Remien*, in: Prütting/Wegen/Weinreich, BGB, Art. 16 Rom II-VO Rn. 3; *Spickhoff*, in: BeckOK, Art. 16 VO (EG) 864/2007 Rn. 3.

739 *von Hoffmann*, in: FS Henrich, S. 283 (287).

740 Ähnlich *von Hoffmann*, in: FS Henrich, S. 283 (287); anders wohl *Grabosch*, in: Nikol/Schniederjahn/Bernhard, Transnationale Unternehmen, S. 69 (85).

ee) § 823 Abs. 1 BGB als Eingriffsnorm

Letztlich bleibt damit die Frage, inwiefern § 823 Abs. 1 BGB eine Eingriffs-norm i.S.v. Art. 16 Rom II-VO darstellt. Hierfür könnte man zunächst an-führen, dass § 823 Abs. 1 BGB der Übertragung der (öffentlich-rechtli-chen!) Grund- und Menschenrechte in das Verhältnis zwischen Privaten dient. Für ein öffentliches Interesse könnte darüber hinaus sprechen, dass der Gesetzgeber mit § 823 Abs. 1 BGB seinen grund- und menschenrechtli-chen Schutzpflichten nachkommt. Die Einhaltung kann aber nicht als be-sonders bedeutend für das öffentliche Interesse angesehen werden. Sinn und Zweck des Deliktsrechts ist vordergründig der Schutz der in § 823 Abs. 1 BGB genannten privaten Rechtsgüter. Auch der Ausschluss kollekti-ver Rechtsgüter aus dem Anwendungsbereich von § 823 Abs. 1 BGB zeigt, dass diese Vorschrift primär dem Individualschutz dient. Schon aus diesem Grund kann § 823 Abs. 1 BGB nicht als Eingriffsnorm i.S.v. Art. 16 Rom II-VO angesehen werden. Darüber hinaus würde hierdurch das Regel-Aus-nahme-Verhältnis der Rom II-VO noch stärker ausgehebelt als im Zusam-menhang mit § 823 Abs. 2 BGB: Wäre § 823 Abs. 1 BGB als Zentralnorm des deutschen Deliktsrechts Eingriffsnorm i.S.v. Art. 16 Rom II-VO, würde § 823 Abs. 1 BGB in nahezu sämtlichen Fällen der unerlaubten Handlung die *lex causae* über Art. 16 Rom II-VO verdrängen. Damit wären aber insbe-sondere Art. 4 bis 9 Rom II-VO faktisch gegenstandslos. Nicht zuletzt stün-de dieses Ergebnis im Gegensatz zum Grundsatz des Vorranges des EU-Rechts. Im Ergebnis ist also § 823 Abs. 1 BGB ebenfalls nicht als Eingriffs-norm i.S.v. Art. 16 Rom II-VO anzusehen.[741]

ff) Zwischenergebnis

Regelmäßig kommt in transnationalen Menschenrechtsfällen eine Durch-brechung der *lex causae* durch Eingriffsnormen i.S.v. Art. 16 Rom II-VO nicht in Betracht.[742] Insbesondere sind die Grund- und Menschenrechte als solche, § 823 Abs. 2 BGB i.V.m. strafrechtlichen Vorschriften und § 823 Abs. 1 BGB keine Eingriffsnormen in diesem Sinne. Unabhängig von der Eingriffsnormqualität sind arbeitsrechtsrechtliche Schutzbestimmungen

---

741 S. aber auch *Pförtner*, in: Krajewski/Saage-Maaß, Sorgfaltspflichten, S. 311 (330), die spezielle menschenrechtliche Sorgfaltspflichten als Eingriffsnormen ansehen würde.
742 Ähnlich i.E. *Mansel*, ZGR 2018, 439 (470).

sowie das AGG mangels vertraglicher Beziehung zwischen den deutschen Unternehmen und den ausländischen Geschädigten auf die hier relevanten außervertraglichen Schuldverhältnisse nicht anwendbar. Für den Fall, dass der Gesetzgeber unternehmerische menschenrechtliche Sorgfaltspflichten gesetzlich verankert, kann – sofern diese als Eingriffsnorm ausgestaltet werden – allerdings *de lege ferenda* über Art. 16 Rom II-VO deutsches Recht zur Anwendung gelangen.[743]

e) Berücksichtigung von Sicherheits- und Verhaltensregeln am Handlungsort gemäß Art. 17 Rom II-VO

Art. 17 Rom II-VO ermöglicht die Berücksichtigung der Sicherheits- und Verhaltensregeln am Ort des haftungsbegründenden Ereignisses. Aus Erwägungsgrund 34 ergibt sich, dass dies der Handlungsort ist.[744] Die Vorschrift trägt der Steuerungs- und Koordinationsfunktion des Haftungsrechts Rechnung[745] und soll den Schädiger schützen, der seine Handlungen regelmäßig an den Gesetzen ausrichtet, die am Handlungsort gelten.[746]

aa) Der Begriff der Sicherheits- und Verhaltensregeln

Sicherheits- und Verhaltensregeln i.S.v. Art. 17 Rom II-VO sind nach Erwägungsgrund 34 *„alle Vorschriften, die im Zusammenhang mit Sicherheit und Verhalten stehen"*. Der Begriff ist entsprechend weit auszulegen und insbesondere nicht auf gesetzlich verankerte Verhaltenspflichten beschränkt.[747] Daher sind vor allem von der Rechtsprechung entwickelte Sicherheits- und

---

743 S. zur Möglichkeit einer menschenrechtlichen Eingriffsnorm *de lege ferenda* auch *Mansel*, ZGR 2018, 439 (470–472), der allerdings Probleme etwa im Hinblick auf den Bestimmtheitsgrundsatz sieht; ebenso *Habersack/Ehrl*, AcP 219 (2019), 155 (187).

744 *von Hein*, in: FS v. Hoffmann, S. 139 (140); *Wagner*, IPRax 2008, 1 (5); *Junker*, in: MüKo-BGB, Art. 17 Rom II-VO Rn. 18.

745 *Wagner*, IPRax 2008, 1 (5); ähnlich *Eckert*, GPR 2015, 303 (305).

746 *von Hein*, in: FS v. Hoffmann, S. 139 (140).

747 *Eckert*, GPR 2015, 303 (306); *Junker*, in: MüKo-BGB, Art. 17 Rom II-VO Rn. 2; *von Hein*, in: Calliess, Rome Regulations, Art. 17 Rome II Rn. 19.

Verhaltensregeln zu berücksichtigen[748] und Art. 17 Rom II-VO gilt etwa auch für die Verkehrspflichten.[749] Inwiefern die Vorschrift auch den allgemeinen Sorgfaltsmaßstab einer Rechtsordnung erfasst, wird unterschiedlich beurteilt.[750] Ebenso können außerrechtliche Standards im Rahmen von Art. 17 Rom II-VO Bedeutung erlangen: Häufig werden diese bereits innerhalb der rechtlichen Verhaltensstandards eine Rolle spielen.[751] Ist dies nicht der Fall, so wird Art. 17 Rom II-VO im Allgemeinen aufgrund seines Rechtsgedankens analog angewendet.[752] Dabei wird allerdings – wie bei ungeschriebenen Regeln – zu fordern sein, dass diese Regelungen *„einen für den entsprechenden Verkehrskreis allgemein gültigen und für die betroffene Partei erkennbaren Verhaltensstandard schaffen".*[753]

In transnationalen Menschenrechtsfällen sind vor allem die von der Rechtsprechung entwickelten Verkehrspflichten Sicherheits- und Verhaltensregeln i.S.v. Art. 17 Rom II-VO.[754] Auf die Frage, ob CSR-Standards, insbesondere die UN-Leitprinzipien, als außerrechtliche Standards im Rahmen von Art. 17 Rom II-VO berücksichtigt werden können, kommt es zumindest für die UN-Leitprinzipien nicht an, da diese bereits im Rahmen der von Art. 17 Rom II-VO ohnehin erfassten Verkehrspflichten berücksichtigt werden können.[755]

---

748 *Eckert*, GPR 2015, 303 (306); *von Hein*, in: FS v. Hoffmann, S. 139 (147); *Lehmann*, in: NK-BGB, Art. 17 Rom II-VO Rn. 27; *Junker*, in: MüKo-BGB, Art. 17 Rom II-VO Rn. 10.

749 *Lehmann*, in: NK-BGB, Art. 17 Rom II-VO Rn. 27, 44.

750 **Dafür** *Wagner*, IPRax 2008, 1 (6); **dagegen** *Junker*, in: MüKo-BGB, Art. 17 Rom II-VO Rn. 16; *Lehmann*, in: NK-BGB, Art. 17 Rom II-VO Rn. 45; differenzierend *Mansel*, ZGR 2018, 439 (466); *Jakob/Picht*, in: Rauscher, EuZPR/EuIPR, Art. 17 Rom II-VO Rn. 5.

751 *Mansel*, ZGR 2018, 439 (466) (in Bezug auf transnationale Menschenrechtsfälle); *Lehmann*, in: NK-BGB, Art. 17 Rom II-VO Rn. 33; wohl für eine direkte Anwendung von Art. 17 Rom II-VO *von Hein*, in: Calliess, Rome Regulations, Art. 17 Rome II Rn. 19.

752 S. ausführlich mit Blick auf die planwidrige Regelungslücke und die vergleichbare Interessenlage in Bezug auf die FIS-Regeln *Eckert*, GPR 2015, 303 (308); s. auch *Lehmann*, in: NK-BGB, Art. 17 Rom II-VO Rn. 33; für eine direkte Anwendung von Art. 17 Rom II-VO wohl *von Hein*, in: FS v. Hoffmann, S. 139 (147); **ablehnend** wohl *Mansel*, ZGR 2018, 439 (466).

753 Für nicht ausdrücklich normierte Regeln s. *Jakob/Picht*, in: Rauscher, EuZPR/EuIPR, Art. 17 Rom II-VO Rn. 5; *Eckert*, GPR 2015, 303 (308) fordert im Hinblick auf die FIS-Regeln die *„Möglichkeit zumutbarer Kenntnisnahme"*.

754 *Grabosch*, in: Nikol/Schniederjahn/Bernhard, Transnationale Unternehmen, S. 69 (88 f.).

755 S. ausführlich u. § 16 B. II. 3; ähnlich *Mansel*, ZGR 2018, 439 (466).

bb) Rechtsfolge: faktische Berücksichtigung soweit angemessen

Sicherheits- und Verhaltensregeln sind nach Art. 17 Rom II-VO faktisch und soweit angemessen zu berücksichtigen, sodass es sich hierbei nicht um eine normale Kollisionsnorm handelt.[756] Sie entfalten Wirkung innerhalb der Tatbestände des materiellen Rechts des nach der Rom II-VO anwendbaren Deliktsstatuts und sind als Sachverhaltselement innerhalb dieser Rechtsordnung zu berücksichtigen.[757] Die Regeln können sich auf sämtliche Bestandteile des jeweiligen Tatbestandes der Norm beziehen, wobei sie wohl vorrangig im Rahmen der Pflichtverletzung, der Rechtswidrigkeit und des Verschuldens Bedeutung erlangen werden.[758] In Einzelfällen kann es schwierig sein, zwischen der Anwendung und der Berücksichtigung einer Regel zu unterscheiden.[759]

Ob dem Richter bei der Bestimmung der Angemessenheit der Berücksichtigung ein Ermessen oder Beurteilungsspielraum zusteht, wird unterschiedlich beantwortet.[760] Jedenfalls sind hierbei Art und Zweck der jeweiligen Sicherheits- und Verhaltensregel, die Konsequenzen der Berücksichtigung / Nichtberücksichtigung, Ziele und Inhalt der Regelung, eine mögliche Pflichtenkollision des Schädigers, dessen Vertrauen in die Geltung bestimmter Sicherheits- und Verhaltensvorschriften sowie die Voraussehbarkeit des Eintritts des Schadens in einem anderen Staat zu berücksichtigen.[761]

---

756 *Eckert*, GPR 2015, 303 (305); *Leible/Lehmann*, RIW 2007, 721 (725); *Junker*, in: MüKo-BGB, Art. 17 Rom II-VO Rn. 2; kritisch *Symeonides*, AmJCompL 56 (2008), 173 (212 f.).

757 S. auch KOM(2003) 427 endg., S. 28; *Leible/Lehmann*, RIW 2007, 721 (725); *von Hein*, in: FS v. Hoffmann, S. 139 (141); *Junker*, in: MüKo-BGB, Art. 17 Rom II-VO Rn. 2, 22; in Bezug auf transnationale Menschenrechtsfälle s. *Mansel*, ZGR 2018, 439 (465 f.).

758 *Jakob/Picht*, in: Rauscher, EuZPR/EuIPR, Art. 17 Rom II-VO Rn. 8; ähnlich *Eckert*, GPR 2015, 303 (309); *Junker*, in: MüKo-BGB, Art. 17 Rom II-VO Rn. 25.

759 *von Hein*, in: FS v. Hoffmann, S. 139 (141); ähnlich *Lehmann*, in: NK-BGB, Art. 17 Rom II-VO Rn. 62.

760 **Dagegen**: *Lehmann*, in: NK-BGB, Art. 17 Rom II-VO Rn. 80; **für** einen Ermessensspielraum insgesamt *von Hein*, in: FS v. Hoffmann, S. 139 (142, 153); *Junker*, in: MüKo-BGB, Art. 17 Rom II-VO Rn. 27 m.w.N.

761 S. hierzu ausführlich *Lehmann*, in: NK-BGB, Art. 17 Rom II-VO Rn. 74–79.

cc) Anwendung von Art. 17 Rom II-VO auch zulasten des Schädigers?

Die Anwendung von Art. 17 Rom II-VO wird hauptsächlich für Fälle diskutiert, in denen das Recht des Handlungsortes geringere Verhaltensanforderungen beinhaltet als das des Erfolgsortes. In transnationalen Menschenrechtsfällen geht es hingegen um den umgekehrten Fall: Hier erscheint das Recht des Erfolgsortes (bzw. dessen Durchsetzung) für den Geschädigten oft nachteilhaft und das Recht am Sitz des beklagten Unternehmens kann strengere Verhaltensanforderungen als das des Deliktstatuts beinhalten. Ob Art. 17 Rom II-VO auch zulasten des Schädigers angewendet werden kann, wird allerdings unterschiedlich beurteilt.

Die Stimmen in der Literatur, die Art. 17 Rom II-VO ausschließlich zugunsten des Schädigers anwenden wollen,[762] berufen sich in erster Linie auf dessen *Telos*: Die Vorschrift solle vor allem die Konsequenzen abmildern, die sich für den Schädiger aus der Anwendung des Erfolgsortrechts ergeben. Er solle vor schärferen Sicherheits- und Verhaltensregeln am Erfolgsort geschützt werden, insbesondere wenn er den Erfolgseintritt an einem anderen Ort nicht voraussehen konnte, und insofern darauf vertrauen können, dass sein Verhalten sich nicht nachteilig auswirkt, sofern es den Verhaltensregeln am Handlungsort nicht widerspricht.[763] Daneben habe auch der Geschädigte kein schutzwürdiges Interesse an der Anwendung anderer Sicherheits- und Verhaltensvorschriften als solchen, die an dem Ort gelten, wo er seinen Schaden erlitten hat.[764]

Dem in Erwägungsgrund 34 zum Ausdruck gebracht Ziel der „*Wahrung eines angemessenen Interessensausgleichs zwischen den Parteien*" lässt sich indes keine Beschränkung der Anwendung auf Fälle entnehmen, in denen die Verhaltensregeln am Handlungsort für den Schädiger günstiger sind als am Erfolgsort. Vielmehr kann es für einen angemessenen Interessensausgleich gerade geboten sein, die Regelung auch zulasten des Schädigers anzuwenden.[765] Für die Berücksichtigung von Sicherheits- und Verhaltensregeln des Handlungsortes auch wenn diese für den Schädiger strenger sind spricht darüber hinaus der neutrale Wortlaut der Vorschrift selbst, dem sich keine Anhaltspunkte für eine derartige Differenzierung entnehmen

---

762 S. etwa *Nordhues*, Haftung Muttergesellschaft, S. 170–171; *Bach*, in: Huber, Rome-II-Regulation, Art. 17 Rn. 10–11; wohl auch *Wagner*, IPRax 2008, 1 (5).

763 *Bach*, in: Huber, Rome-II-Regulation, Art. 17 Rn. 11; dies als allgemeinen Zweck der Vorschrift betonend etwa *Jakob/Picht*, in: Rauscher, EuZPR/EuIPR, Art. 17 Rom II-VO Rn. 1; *Lehmann*, in: NK-BGB, Art. 17 Rom II-VO Rn. 2.

764 *Bach*, in: Huber, Rome-II-Regulation, Art. 17 Rn. 11.

765 Ähnlich *Pförtner*, in: Krajewski/Saage-Maaß, Sorgfaltspflichten, S. 311 (326 f.).

lassen. Angesichts dessen erscheint es nicht gerechtfertigt, die Vorschrift zwar zum Schutz des Schädigers, nicht aber zu dessen Nachteil anzuwenden.[766] Daneben kann bereits die Feststellung, welches Recht für den Schädiger günstiger ist, eine umfangreiche Prüfung erfordern und Abgrenzungsschwierigkeiten beinhalten.[767] Dies geht letztlich mit einer entsprechenden Rechtsunsicherheit einher und läuft damit dem Zweck der Rom II-VO zuwider. Überdies knüpft die Rom II-VO grundsätzlich an das räumlich nächste Recht ohne Berücksichtigung inhaltlicher Aspekte an.[768] Ausschlaggebend ist schließlich, dass die Anwendung der Sicherheits- und Verhaltensregeln des Handlungsortes unabhängig von den konkreten Konsequenzen für den Schädiger regelmäßig dessen Erwartungen entspricht: Wer gegen Verhaltensstandards seines Handlungsortes verstößt, muss – unabhängig davon, wo die Konsequenzen auftreten – auf diesbezügliche haftungsrelevante Folgen eingestellt sein.[769] Insofern ist die Gegenansicht[770] überzeugender.

Im Ergebnis können damit auch Sicherheits- und Verhaltensregeln des Handlungsortes berücksichtigt werden, die für den Schädiger strengere Verhaltensanforderungen aufstellen als solche des Erfolgsortes. Ist in transnationalen Menschenrechtsfällen von einem Handlungsort in Deutschland auszugehen,[771] können über Art. 17 Rom II-VO in Deutschland geltende Sorgfalts-, Organisations- und Verhaltenspflichten bei der Anwendung des ausländischen Rechts berücksichtigt werden,[772] und zwar auch dann, wenn diese strengere Verhaltensanforderungen beinhalten als das anwendbare Recht.

---

766 Ähnlich *Symeonides*, AmJCompL 56 (2008), 173 (214).

767 S. auch *von Hein*, in: Calliess, Rome Regulations, Art. 17 Rome II Rn. 28 mit Verweis auf die inhaltliche Neutralität der Rom II-VO.

768 S. auch *von Hein*, in: FS v. Hoffmann, S. 139 (152, 157).

769 *von Hein*, in: FS v. Hoffmann, S. 139 (152); *Jakob/Picht*, in: Rauscher, EuZPR/EuIPR, Art. 17 Rom II-VO Rn. 12.

770 *Symeonides*, AmJCompL 56 (2008), 173 (213–215); *Jakob/Picht*, in: Rauscher, EuZPR/EuIPR, Art. 17 Rom II-VO Rn. 12; *von Hein*, in: Calliess, Rome Regulations, Art. 17 Rome II Rn. 28; zu transnationalen Menschenrechtsfällen *Grabosch*, in: Nikol/Schniederjahn/Bernhard, Transnationale Unternehmen, S. 69 (89 f.); *Mansel*, ZGR 2018, 439 (465–468).

771 S. hierzu o. § 16 A. I. 2.

772 So i.E. auch *Grabosch*, in: Nikol/Schniederjahn/Bernhard, Transnationale Unternehmen, S. 69 (89 f.); *Wesche/Saage-Maaß*, HRLR 2016, 370 (375); ähnlich in Bezug auf transnationale Menschenrechtsfälle allgemein *Enneking*, ERPL 2008, 283 (305); **ablehnend** *Heinen*, in: Krajewski/Saage-Maaß, Sorgfaltspflichten, S. 87 (94); *Nordhues*, Haftung Muttergesellschaft, S. 170–171.

4. Anwendbares Recht für Ansprüche sogenannter mittelbar Geschädigter

Vor allem in Fällen, in denen es zur Tötung eines Menschen kommt, stellt sich die Frage, nach welchem Recht sich mögliche Ansprüche Hinterbliebener – etwa auf Unterhalt, bei Schockschäden oder in Form des sogenannten Angehörigenschmerzensgeldes[773] – bestimmen. Umstritten ist, ob für derartige Ansprüche akzessorisch das Recht gilt, das auch für die Ansprüche des unmittelbar Geschädigten Anwendung findet,[774] oder ob derartige Ansprüche selbstständig nach der Rom II-VO anzuknüpfen sind.[775] Der EuGH hat im Sinne der ersten Auffassung Schäden von Angehörigen als indirekte Schadensfolgen i.S.v. Art. 4 Abs. 1 Rom II-VO angesehen.[776] Maßgeblich ist damit das Recht am Ort der unmittelbaren Schädigung. Für eine akzessorische Anknüpfung lässt sich die Regelung des Art. 15 lit. f) Rom II-VO und seine Entstehungsgeschichte anführen.[777] Eine derartige Lösung trägt überdies dem Erfordernis der Vorhersehbarkeit Rechnung (s. hierzu EWG 16) und verhindert, dass die Ansprüche von mittelbar und unmittelbar Geschädigten nach unterschiedlichen Rechtsordnungen beurteilt werden.[778] Daneben vermeidet sie komplizierte Anknüpfungsfragen auch bei grundsätzlich rein innerstaatlichen Delikten,[779] die sich bei einer selbstständigen Anknüpfung aus der fehlenden Vorher-

---

773 S. hierzu u. § 16 B. VI.

774 So beispielsweise *Kadner Graziano*, RabelsZ 73 (2009), 1 (31–35); *Junker*, in: MüKo-BGB, Art. 15 Rom II-VO Rn. 22; *Nordmeier*, in: NK-BGB, Art. 15 Rom II-VO Rn. 20.

775 S. *Mankowski*, JZ 2016, 310 (311 f.); *Unberath/Cziupka/Pabst*, in: Rauscher, EuZPR/EuIPR, Art. 4 Rom II-VO Rn. 53–58.

776 EuGH, Urt. v. 10.12.2015 – C 350/14, *Lazar/Allianz SpA*, NJW 2016, 466 (467 f. [Rn. 25-30]); zustimmend *Kadner Graziano*, RIW 2016, 227–229; im Ausgangspunkt zustimmend *Staudinger*, NJW 2016, 468; ablehnend *Mankowski*, JZ 2016, 310–313.

777 KOM(2003) 427 endg., S. 26; EuGH, Urt. v. 10.12.2015 – C 350/14, *Lazar/Allianz SpA*, NJW 2016, 466 (467 [Rn. 27]); *Kadner Graziano*, RIW 2016, 227; *Junker*, in: MüKo-BGB, Art. 4 Rom II-VO Rn. 29; *Unberath/Cziupka/Pabst*, in: Rauscher, EuZPR/EuIPR, Art. 4 Rom II-VO Rn. 55; a.A. *Mankowski*, JZ 2016, 310 (312).

778 EuGH, Urt. v. 10.12.2015 – C 350/14, *Lazar/Allianz SpA*, NJW 2016, 466 (467 f. [Rn. 29]); *Kadner Graziano*, RIW 2016, 227 (228); *Junker*, in: MüKo-BGB, Art. 4 Rom II-VO Rn. 29; kritisch *Mankowski*, JZ 2016, 310 (312).

779 S. ausführlich *Kadner Graziano*, RabelsZ 73 (2009), 1 (33); *Kadner Graziano*, RIW 2016, 227 f. (ansonsten könne anderes Recht als für die unmittelbare Schädigung gelten).

sehbarkeit des Lebensmittelpunktes etwaiger Angehöriger des Opfers ergeben können.

Selbst wenn man eine selbstständige Anknüpfung der Ansprüche mittelbar Geschädigter befürwortet, werden diese jedenfalls für die in transnationalen Menschenrechtsfällen relevante Geltendmachung von Ansprüchen durch Angehörige im Todesfall in einem so engen Zusammenhang zum „Erstschaden" stehen, dass über Art. 4 Abs. 3 Rom II-VO trotz selbstständiger Anknüpfung das Recht anwendbar sein wird, das auch auf den Erstschaden anwendbar ist.[780]

III. Anwendbares Recht nach Art. 40 ff. EGBGB

Das anwendbare Recht in Altfällen, also für schadensbegründende Ereignisse vor dem 11. Januar 2009, und für *„außervertragliche Schuldverhältnisse aus der Verletzung der Privatsphäre oder der Persönlichkeitsrechte"*, die gemäß Art. 2 lit. g) Rom II-VO von deren Anwendungsbereich ausgenommen sind, richtet sich nach Art. 40 ff. EGBGB. Wie bereits oben ausführlich dargestellt, kann auch in transnationalen Menschenrechtsfällen das Allgemeine Persönlichkeitsrecht der Betroffenen verletzt worden sein.[781]

Anders als die Rom II-VO knüpft Art. 40 Abs. 1 EGBGB für die Ansprüche aus unerlaubter Handlung grundsätzlich an das Recht des Handlungsortes an (S. 1). S. 2 beinhaltet ein Wahlrecht des Geschädigten zugunsten des Erfolgsortes. Unabhängig von den Einzelheiten des nationalen Kollisionsrechts gelten grundsätzlich die obigen Ausführungen zur Bestimmung des Handlungsortes in transnationalen Menschenrechtsfällen gleichermaßen im Rahmen von Art. 40 EGBGB. Insofern ist – wenn nach den obigen Ausführungen von einem Handlungsort in Deutschland ausgegangen werden kann – primär deutsches Recht anwendbar.[782] Auf die Berücksichtigung von Sicherheits- und Verhaltensregeln, die innerhalb des deutschen Kollisionsrechts im EGBGB trotz fehlender ausdrücklicher Normierung anerkannt ist, kommt es dann nicht mehr an.[783]

Angesichts der Schwierigkeiten im Zusammenhang mit der Anwendbarkeit des deutschen Rechts im Rahmen der Rom II-VO könnten die Op-

---

780 S. allgemein *Unberath/Cziupka/Pabst*, in: Rauscher, EuZPR/EuIPR, Art. 4 Rom II-VO Rn. 58; s. auch *Kadner Graziano*, RabelsZ 73 (2009), 1 (34 f.).

781 S.o. § 16 A. II. 1. c) bb).

782 S. hierzu auch *Osieka*, Zivilrechtliche Haftung, S. 249–251.

783 S. etwa *von Hoffmann*, in: FS Henrich, S. 283 (288 f.).

fer in transnationalen Menschenrechtsfällen dazu übergehen, sich in Fällen, in denen neben der Verletzung eines der von § 823 Abs. 1 BGB ausdrücklich genannten Rechtsgüter auch eine solche des Allgemeinen Persönlichkeitsrechtes vorliegt, primär auf diese Verletzung zu berufen, um in Genuss der insofern klägerfreundlicheren Regelung des Art. 40 EGBGB zu gelangen. Dies gilt insbesondere, sollte die Rechtsprechung entgegen der hier vertretenen Auffassung eine Anwendbarkeit des deutschen Rechts über Art. 7 Rom II-VO analog bzw. zumindest eine Berücksichtigung über Art. 17 Rom II-VO ablehnen.

IV. Zwischenergebnis

Deutsches Recht kann zunächst über eine entsprechende Rechtswahl nach Art. 14 Rom II-VO maßgeblich sein. Ansonsten ist in transnationalen Menschenrechtsfällen nach Art. 4 Rom II-VO grundsätzlich ausländisches Recht anwendbar. Für Ansprüche aufgrund eines Sach- oder Personenschadens, der aus einer Umweltschädigung resultiert, kann bei diesbezüglicher Rechtswahl des Geschädigten über Art. 7 Rom II-VO auch das Recht des Handlungsortes anwendbar sein. Nach hier vertretener Auffassung liegt dieser am Ort der Hauptverwaltung und damit in Deutschland. Angesichts der vorliegenden vergleichbaren Interessenlage und des Bestehens einer planwidrigen Regelungslücke sollte Art. 7 Rom II-VO analog überdies in transnationalen Menschenrechtsfällen allgemein gelten.

Lehnt man die hier vorgeschlagene analoge Anwendung von Art. 7 Rom II-VO ab, bietet vor allem Art. 17 Rom II-VO eine Möglichkeit zur Berücksichtigung der deutschen Verkehrspflichten und damit auch der UN-Leitprinzipien im Rahmen des jeweils anwendbaren ausländischen Rechts.

Ansprüche Hinterbliebener als mittelbar Geschädigter sind akzessorisch an das Recht des Ortes der unmittelbaren Schädigung anzuknüpfen.

Für Verletzungen des Allgemeinen Persönlichkeitsrechts und Altfälle ist das anwendbare Recht nach Art. 40 ff. EGBGB zu bestimmen. Hierüber kommt regelmäßig deutsches Recht als Recht des Handlungsortes zur Anwendung.

B. Haftung gemäß § 823 Abs. 1 BGB

Die zentrale Frage für die unternehmerische Haftung in transnationalen Menschenrechtsfällen ist die Haftung des Unternehmens für eine Verletzung von Verkehrspflichten gemäß § 823 Abs. 1 BGB. Entscheidend ist hierfür zunächst, inwiefern eine Verletzung von Menschenrechten gleichzeitig auch von § 823 Abs. 1 BGB geschützte Rechtsgüter verletzt (I.). Problematisch ist ferner insbesondere, ob Verkehrspflichten der Unternehmen in Bezug auf selbstständige Vertragspartner, insbesondere Zulieferunternehmen, und in Bezug auf abhängige Konzernunternehmen bestehen und welchen Inhalt diese haben (II.). Daneben sind die haftungsbegründende Kausalität (III.), die Rechtswidrigkeit (IV.), das Verschulden (V.), das Vorliegen eines ersatzfähigen Schadens (VI.) sowie die haftungsausfüllende Kausalität (VII.) zu thematisieren. Aus Gründen der Übersichtlichkeit wird die Untersuchung exemplarisch anhand der Fallgruppen der Missachtung arbeitsrechtlicher Mindeststandards und der Verursachung von Umwelt- und damit zusammenhängenden Gesundheitsschäden vorgenommen. Unter Berücksichtigung der konkreten Umstände des Einzelfalls können diese gegebenenfalls auf andere Fälle übertragen werden.

I. Verletzung eines von § 823 Abs. 1 BGB geschützten Rechtsguts

Der Bereich der von § 823 Abs. 1 BGB geschützten Rechtsgüter weist zahlreiche Parallelen zu den von IPBPR und IPWSKR geschützten Menschenrechten auf.[784] Dies ist nicht verwunderlich, erfüllt doch der Gesetzgeber über die deliktischen Normen seine Pflicht zum Schutz der Menschenrechte vor Eingriffen Privater.[785] Dennoch sind die Schutzbereiche von Deliktsrecht und Menschenrechten nicht vollständig deckungsgleich.[786] Der folgende Abschnitt ordnet die Menschenrechte, die von Unternehmen verletzt werden können, den von § 823 Abs. 1 BGB geschützten Rechtsgütern zu.

---

784 Ähnlich *Hennings*, Verhältnis, S. 126; *Saage-Maaß*, Arbeitsbedingungen, S. 9 (in Bezug auf höchstpersönliche Rechtsgüter); *Wagner*, RabelsZ 80 (2016), 717 (753).

785 *Habersack/Ehrl*, AcP 219 (2019), 155 (195); *Heinen*, in: Krajewski/Saage-Maaß, Sorgfaltspflichten, S. 87 (96); *Wagner*, RabelsZ 80 (2016), 717 (753); ähnlich *Habersack/Ehrl*, AcP 219 (2019), 155 (171); *van Dam*, JETL 2 (2011), 221 (243).

786 S. auch *van Dam*, JETL 2 (2011), 221 (243); weitergehend *Schall*, ZGR 2018, 479 (481) („*jede Menschenrechtsverletzung [...] [muss] ein Delikt i.S. des § 823 Abs. 1 BGB darstellen*“).

1. Leben

Das Recht auf Leben ist sowohl durch die Menschenrechte (Art. 6 IPBPR) als auch im Rahmen von § 823 Abs. 1 BGB geschützt. Haben schlechte Arbeitsbedingungen oder unzureichende Sicherheitsmaßnahmen den Tod eines Menschen zur Folge oder stirbt ein Mensch an den Folgen von aus Umweltschädigungen resultierenden Gesundheitsverletzungen, liegt eine Verletzung des Lebens nach § 823 Abs. 1 BGB vor.[787]

2. Körper und Gesundheit

Eine Verletzung des Körpers liegt nach dem BGH in *„jede[…][m] unbefugten, weil von der Einwilligung des Rechtsträgers nicht gedeckten Eingriff in die Integrität der körperlichen Befindlichkeit".*[788] Eine Gesundheitsverletzung definiert der BGH als *„jedes Hervorrufen oder Steigern eines von den normalen körperlichen Funktionen nachteilig abweichenden Zustandes, wobei unerheblich ist, ob Schmerzzustände auftreten oder bereits eine tiefgreifende Veränderung aufgetreten ist."*[789] Im Ergebnis gehen Körper- und Gesundheitsverletzung ineinander über und eine eindeutige Abgrenzung ist aufgrund der identischen Rechtsfolgen nicht erforderlich.[790] Die Menschenrechte schützen ebenfalls die Gesundheit / körperliche Unversehrtheit (Art. 12 IPWSKR) als solche, aber auch durch das Verbot der Sklaverei sowie das Folterverbot (Art. 7, 8 IPBPR).

Eine Gesundheits- oder Körperverletzung kommt in transnationalen Menschenrechtsfällen vor allem in den ersten beiden der oben dargestellten Fallgruppen, aber auch in der vierten Fallgruppe in Betracht. So ist etwa die Verletzung der Arbeiter in den bereits oben erwähnten Fällen des Einsturzes des Rana Plaza-Gebäudes oder des Brands in der Textilfabrik in Pakistan nach deutschem Recht als Gesundheitsverletzung zu beurteilen. Gleiches gilt, wenn die oben dargestellte Missachtung arbeitsrechtlicher Standards zu körperlichen Beeinträchtigungen bei den Arbeitern führt.[791]

---

787 Ähnlich *Nordhues*, Haftung Muttergesellschaft, S. 39–40 (in Bezug auf Art. 2 Abs. 2 GG).

788 BGH, Urt. v. 17.09.2013 – VI ZR 95/13, NJW 2013, 3634 (3635 [Rn. 12]) m.w.N.

789 S. z.B. BGH, Urt. v. 30.04.1991 – VI ZR 178/90, NJW 1991, 1948.

790 *Förster*, in: Bamberger/Roth/Hau/Poseck, BGB, § 823 Rn. 107; *Wagner*, in: MüKo-BGB, § 823 Rn. 177.

791 *Güngör*, Sorgfaltspflichten, S. 236 (in Bezug auf unfreiwilliges Ableisten von massiven Überstunden); *Nordhues*, Haftung Muttergesellschaft, S. 39 (in Bezug

Außerdem ist nach deutschem Recht von einer Körper- bzw. Gesundheitsverletzung auszugehen, wenn – wie bereits oben bei den Fallgruppen dargestellt – Arbeiter gesundheitsgefährdenden Stoffen ausgesetzt waren und dies später zu gesundheitlichen Konsequenzen, wie etwa Krebserkrankungen, Asbeststaublungen o.Ä. geführt hat.[792] Eine Gesundheitsverletzung ist daneben anzunehmen, wenn Umweltschäden aufgrund von Unfällen wie im Fall Bhopal, der Entsorgung von giftigem Abfall wie im Fall *Trafigura*, oder im Zusammenhang mit dem Rohstoffabbau, etwa bei der Verbrennung von Gasen, zu vom Normalfall abweichenden Beeinträchtigungen der körperlichen Unversehrtheit führen.[793] In der Praxis wird aber vor allem bei diesen Fällen häufig der Nachweis der Kausalität zwischen Missachtung arbeitsrechtlicher Mindeststandards bzw. Umweltschaden und Gesundheitsschädigung problematisch sein.[794]

3. Freiheit

Eine Verletzung der Freiheit i.S.v. § 823 Abs. 1 BGB erfasst ausschließlich die Beeinträchtigung oder den Entzug der körperlichen Bewegungsfreiheit, nicht hingegen die allgemeine Handlungs- und Entscheidungsfreiheit[795] und die Freiheit von Nötigung durch Drohung, Zwang oder Täuschung.[796]

Eine Freiheitsverletzung kommt für die oben dargestellten Fallgruppen vor allem für die vierte Fallgruppe in Betracht, wenn es zu Entführungen durch unterdrückerische Gruppen oder zu willkürlichen Festnahmen kommt.

Im Rahmen der Verletzung arbeitsrechtlicher Mindeststandards kann eine Freiheitsverletzung vorliegen, wenn – wie oben dargestellt – die Ar-

---

auf Art. 2 Abs. 2 GG); *Saage-Maaß*, Arbeitsbedingungen, S. 9–10 (in Bezug auf exzessive Überstunden).

792 *Heinen*, in: Krajewski/Saage-Maaß, Sorgfaltspflichten, S. 87 (96); *Heinlein*, NZA 2018, 276 (277); ähnlich *Nordhues*, Haftung Muttergesellschaft, S. 39 (in Bezug auf Art. 2 Abs. 2 GG).

793 Ähnlich *Nordhues*, Haftung Muttergesellschaft, S. 40 (in Bezug auf Art. 2 Abs. 2 GG); allgemein *Hager*, in: Staudinger, BGB (2017), § 823 Rn. B 189.

794 *Osieka*, Zivilrechtliche Haftung, S. 183 (in Bezug auf exzessive Überstunden); zum Beweisrecht s.u. § 16 B. III. 2.

795 *Hager*, in: Staudinger, BGB (2017), § 823 Rn. B 53; *Wagner*, in: MüKo-BGB, § 823 Rn. 210.

796 *Förster*, in: BeckOK, § 823 Rn. 117; *Wagner*, in: MüKo-BGB, § 823 Rn. 210.

beiter daran gehindert werden, das Betriebsgelände zu verlassen, dazu gezwungen werden, sich an bestimmten Orten aufzuhalten[797] oder während der Arbeitszeit in der Fabrik eingesperrt werden.[798]

4. Eigentum

Im Gegensatz zur AEMR enthalten weder der IPBPR noch der IPWSKR ein Recht auf Eigentum. Das Deliktsrecht geht insofern über das Völkerrecht hinaus. Deliktsrechtlich relevant sind zunächst Substanzverletzungen einer Sache, also deren Beschädigung oder Zerstörung.[799] Auch der Entzug einer Sache ist als Eigentumsverletzung anzusehen (beachte aber § 992 BGB).[800]

Umweltverschmutzungen, etwa Bodenverunreinigungen durch Schadstoffe,[801] können ebenfalls eine Eigentumsverletzung i.S.v. § 823 Abs. 1 BGB darstellen.[802] Dies gilt hingegen nicht für Verunreinigungen des Grundwassers.[803] Die Verursachung einer Überschwemmung kann wiederum eine Eigentumsverletzung sein.[804] Auch hier kann der Nachweis der Eigentumsposition der Möglichkeit einer Geltendmachung des Anspruchs entgegenstehen.

---

797 Ähnlich *Osieka*, Zivilrechtliche Haftung, S. 183; *Nordhues*, Haftung Muttergesellschaft, S. 106; *Heinen*, in: Krajewski/Saage-Maaß, Sorgfaltspflichten, S. 87 (96).

798 So ein Bericht von Zeit Online vom 02.07.2017, online verfügbar unter http://www.zeit.de/gesellschaft/2017-02/bangladesch-dhaka-textilindustrie-billigloehne (zuletzt aufgerufen am 19.06.2019) (im Abschnitt Bangladesch – die wichtigsten Informationen, Die Textilindustrie in Bangladesch); ähnlich *Heinen*, in: Krajewski/Saage-Maaß, Sorgfaltspflichten, S. 87 (96).

799 *Hager*, in: Staudinger, BGB (2017), § 823 Rn. B 64; *Wagner*, in: MüKo-BGB, § 823 Rn. 230.

800 *Hager*, in: Staudinger, BGB (2017), § 823 Rn. B 79; *Wagner*, in: MüKo-BGB, § 823 Rn. 228.

801 BGH, Urt. v. 25.11.1971 – VII ZR 82/70, VersR 1972, 274 (275); BGH, Urt. v. 13.12.1994 – VI ZR 283/93, NJW 1995, 1150.

802 S. auch *Wagner*, RabelsZ 80 (2016), 717 (753) mit Verweis auf Boden, Nutzpflanzen, Nutztiere und dem Jagd- und Fischereirecht unterliegende wilde Tiere; *Wagner*, in: MüKo-BGB, § 823 Rn. 230.

803 *Hager*, in: Staudinger, BGB (2017), § 823 Rn. B 59 m.w.N. und Verweis auf § 823 Abs. 2 BGB i.V.m. § 89 WHG.

804 RG, Urt. v. 10.02.1923 – V 277/22, RGZ 106, 283 (286); *Hager*, in: Staudinger, BGB (2017), § 823 Rn. B 81.

Problematisch ist daneben, dass eine reine Beeinträchtigung von Umweltgütern wie Luft, Wasser oder Boden, die nicht im Zusammenhang mit dem Eigentum einer bestimmten Person steht, vom Begriff des Eigentums im Rahmen von § 823 Abs. 1 BGB nicht erfasst ist.[805]

Auch die Gefährdungshaftung nach dem UmweltHG[806] bezieht sich auf den Schutz von Individualrechtsgütern (§ 1 UmweltHG) und ist insofern bei „reinen" Umweltschäden ohne Bezug zu einem der ausdrücklich genannten Individualrechtsgüter ebenfalls nicht anwendbar. Das Umweltschadensgesetz schließlich erfasst zwar „reine" Umweltschäden (zum Begriff s. § 2 Nr. 1 USchadG), das heißt *„den Schaden an der Natur selbst"*,[807] und statuiert Informations-, Gefahrenabwehr- und Sanierungspflichten des Verantwortlichen, beinhaltet jedoch keine privatrechtlichen Schadensersatzansprüche.[808]

5. Sonstige Rechte: Allgemeines Persönlichkeitsrecht

Wie bereits oben ausführlich erläutert, kann in bestimmten Fällen auch eine Verletzung des Allgemeinen Persönlichkeitsrechts vorliegen.[809] Dies gilt mit Blick auf die Rechtsprechung zur Zwangsarbeit im Nationalsozialismus[810] namentlich für Verstöße gegen arbeitsrechtliche Mindeststandards, die den Menschenwürdekern des Allgemeinen Persönlichkeitsrechts

---

805 Zur Frage, inwiefern derartige Güter sonstige Rechte i.S.v. § 823 Abs. 1 BGB darstellen s.u. § 16 B. I. 6.

806 Dessen Vorschriften sind gemäß § 18 Abs. 1 UmweltHG neben § 823 Abs. 1 BGB anwendbar.

807 *Wagner*, in: MüKo-BGB, § 823 Rn. 886; s. zum Begriff des Umweltschadens auch ausführlich *Kohler*, in: Staudinger, BGB (2017), Einl zum UmweltHR Rn. 363–374.

808 *Kohler*, in: Staudinger, BGB (2017), Einl zum UmweltHR Rn. 356; *Wagner*, in: MüKo-BGB, § 823 Rn. 885; allerdings können die Vorschriften des USchadG zur Konkretisierung der Verkehrspflichten und als Schutzgesetze i.S.v. § 823 Abs. 2 BGB dennoch privatrechtliche Bedeutung entfalten, s. hierzu ausführlich *Kohler*, im Staudinger, BGB (2017), Einl zum UmweltHR Rn. 296, 410; *Wagner*, in: MüKo-BGB, § 823 Rn. 887–888.

809 S.o. § 16 A. II. 1. c) bb).

810 OVG Münster, Urt. v. 19.11.1997 – 14 A 362-93, NJW 1998 2302 (2305) m.w.N.; KG Berlin, Beschl. v. 06.06.2000 – 9 W 2104/00, Rn 9, zitiert nach juris; KG Berlin, Beschl. v. 19.02.2001 – 9 W 7474/00, Rn. 11, zitiert nach juris; *Güngör*, Sorgfaltspflichten, S. 237–238; *Osieka*, Zivilrechtliche Haftung, S. 184.

betreffen.[811] Dies ist wiederum eine Frage des Einzelfalls und wird ausschließlich in extrem gelagerten Fällen anzunehmen sein. Insofern finden beispielsweise die Menschenrechte auf sichere und gesunde Arbeitsbedingungen sowie einen angemessenen Lohn (Art. 7 IPWSKR), das Recht auf einen angemessenen Lebensstandard (Art. 11 Abs. 1 IPWSKR) und das Verbot der Kinderarbeit (Art. 10 Nr. 3 IPWSKR, Art. 32 UN-Kinderrechtskonvention) – sofern in diesen Fällen keine Gesundheitsverletzung vorliegt – keine Entsprechung in den Rechtsgütern des § 823 Abs. 1 BGB.[812] Dies gilt vor allem für den Verstoß gegen Höchstarbeitszeiten, einen fehlenden Urlaubs-, Kündigungs- oder Mutterschutz etc., wenn diese keine Diskriminierung darstellen und auch nicht solche Ausmaße annehmen, dass sie der Zwangsarbeit nahe kommen.

6. Menschenrechte als sonstige Rechte

§ 823 Abs. 1 BGB schützt nach seinem ausdrücklichen Wortlaut auch sonstige Rechte. Nach dem Willen des historischen Gesetzgebers sind hiervon ausschließlich absolute subjektive Rechte erfasst,[813] die durch ihre Zuordnungs- bzw. Nutzungs- und Ausschlussfunktion gekennzeichnet sind.[814]

Menschenrechten als solchen kommt mit dem Schutz des Individuums zwar eine besondere Zuordnungs- bzw. Nutzungs- und Ausschlussfunktion zu, allerdings greift diese gerade nicht gegenüber jedermann, sondern ausschließlich gegenüber dem Staat.[815] Insofern sind sie nicht *per se* sonstige Rechte i.S.v. § 823 Abs. 1 BGB.

Das Schrifttum regt teilweise an, Umweltgüter wie Luft, Wasser und Boden als sonstige Rechte i.S.v. § 823 Abs. 1 BGB anzusehen.[816] Allerdings sind diese weder durch einen besonderen Zuweisungsgehalt noch durch

---

811 Ähnlich *Nordhues*, Haftung Muttergesellschaft, S. 109, die das Verbot der Sklaverei und der Zwangsarbeit als sonstige Rechte – allerdings nicht als Bestandteil des Allgemeinen Persönlichkeitsrechts – einordnet.

812 Dies indes in Bezug auf ausbeuterische Arbeitsbedingungen und Kinderarbeit nicht vollkommen ausschließend *Habersack/Ehrl*, AcP 219 (2019), 155 (195).

813 Mot. II, S. 726; RG, Urt. v. 29.02.1904 – VI 311/03, RGZ 57, 353 (356 f.); s. auch *Wagner*, in: MüKo-BGB, § 823 Rn. 267.

814 *Larenz/Canaris*, SchuldR II/2, § 76 I 1 c) (S. 375), II 4. a) (S. 392); *Wagner*, in: MüKo-BGB, § 823 Rn. 267.

815 *Weller/Kaller/Schulz*, AcP 216 (2016), 387 (400).

816 *Köndgen*, UPR 1984, 345 (348–351); ähnliche Überlegungen *de lege ferenda* anstellend auch *Godt*, ökologische Schäden, S. 149–153.

eine Ausschlussfunktion gekennzeichnet. Ferner stünde eine derartige Anerkennung im Widerspruch zum Zweck des § 823 Abs. 1 BGB, der ausschließlich Individualinteressen schützen soll, während es sich bei derartigen Umweltgütern um Kollektivgüter handelt.[817]

Damit wird beispielsweise die Verletzung des Rechts auf Zugang zu sauberem Wasser (Art. 11, 12 IPWSKR[818]) (vorbehaltlich einer Gesundheitsverletzung) nicht von § 823 Abs. 1 BGB erfasst.

II. Verletzung einer dem Unternehmen obliegenden Verkehrspflicht

Transnationale Menschenrechtsfälle, in denen die Handlung einer Person, für die das Unternehmen gemäß § 31 BGB einzustehen hat, *unmittelbar* zu einer Rechtsgutverletzung führt, sind nur schwer vorstellbar. Als Beispiel hierfür kann aber etwa die Verursachung von Umwelt- und Gesundheitsschäden durch Entsorgung giftiger Abfälle wie im Fall *Trafigura*[819] dienen – jedenfalls dann, wenn diese durch das transnationale Unternehmen selbst erfolgte.

Im weit überwiegenden Fall wird hingegen die mittelbare Verursachung einer Rechtsgutsverletzung oder ein Unterlassen im Vordergrund stehen. Es geht vor allem um die rechtliche Verantwortlichkeit eines Unternehmens für Sicherheitsmängel in Tochterunternehmen oder bei selbstständigen Vertragspartnern, die zu entsprechenden Rechtsgutsverletzungen führen. Hauptschwerpunkt der Vorwürfe gegen das in Anspruch genommene Unternehmen wird insofern sein, dass es eine eigene Sorgfaltspflicht verletzt hat, indem es beispielsweise seinen Vertragspartner nicht sorgfältig ausgewählt, Vertragspartner oder Tochterunternehmen nicht ausreichend überwacht oder keine Sicherheitsvorkehrungen getroffen hat.

Eine rechtliche Verantwortung nach § 823 Abs. 1 BGB für mittelbare Verletzungshandlungen und im Fall des Unterlassens kommt nur bei der

---

817 S. hierzu insgesamt und m.w.N. *Kohler*, in: Staudinger, BGB (2017), Einl zum UmweltHR Rn. 68–69; *Wagner*, in: MüKo-BGB, § 823 Rn. 309–310; *Spindler*, in: Bamberger/Roth, BGB, 3. Aufl. 2012, § 823 Rn. 568; ökologische Einflüsse können auch eine Verletzung des Eigentums und der Gesundheit darstellen, problematisch ist hier, ab wann von einer Verletzung gesprochen werden kann, s. *Spindler*, in: Bamberger/Roth, BGB, 3. Aufl. 2012, § 823 Rn. 569.

818 CESCR, General Comment Nr. 15 (2002), Rn. 3, UN-Dok. E/C.12/2002/11.

819 S. hierzu das Case Profile, https://business-humanrights.org/en/trafigura-lawsuit s-re-c%C3%B4te-d%E2%80%99ivoire (zuletzt aufgerufen am 19.06.2019).

Verletzung einer dem Geschädigten gegenüber bestehenden Verkehrspflicht in Betracht.[820] Verkehrspflichten dienen als Gefahrvermeidungs- und -abwehrpflichten der Begründung, aber auch der Beschränkung der Haftung bei Unterlassungen und mittelbaren Verletzungshandlungen.[821]

Zentrale Fragestellung in transnationalen Menschenrechtsfällen, der im folgenden Abschnitt nachgegangen werden soll, ist, inwiefern Verkehrspflichten eines Unternehmens gegenüber Arbeitnehmern von selbstständigen Geschäftspartnern oder Tochterunternehmen bzw. gegenüber der von deren Handlungen betroffenen lokalen Bevölkerung bestehen und welchen Inhalt diese haben.

Zunächst erfolgt eine Erörterung der Frage, wer Adressat von Verkehrspflichten ist und inwiefern diese „übertragen" werden können (1.) Außerdem sind Verkehrspflichten im Unternehmen zu thematisieren (2.). Nicht nur für die Verletzung von Menschenrechten im Ausland durch Vertragspartner oder abhängige Unternehmen, sondern für die unternehmerische Tätigkeit allgemein (auch im Inland) ist von Belang, inwiefern die UN-Leitprinzipien und unternehmerische Verhaltensstandards zur Konkretisierung der Verkehrspflichten herangezogen werden können. Daher wird diese Frage zunächst gesondert untersucht (3.). Anschließend sind die Verkehrspflichten der transnationalen Unternehmen für den konkreten Fall der Verletzung von Menschenrechten durch selbstständige Geschäftspartner oder abhängige Unternehmen im Ausland herauszuarbeiten (4.). Abschließend ist auf die Beweislast einzugehen (5.).

1. Adressat der Verkehrspflichten und „Übertragung" von Verkehrspflichten

Adressat der Verkehrspflicht ist derjenige, der die Gefahr verursacht oder eine Aufgabe übernommen hat sowie der Inhaber der Bestimmungsgewalt über einen Bereich.[822] Wenn mehrere (juristische oder natürliche) Personen für die Überwachung oder Unterhaltung einer Gefahrenquelle verant-

---

820 *von Bar*, Verkehrspflichten, S. 157; *von Caemmerer*, Wandlungen, S. 74–75; *Hager*, in: Staudinger, BGB (2009), § 823 Rn. E 3; *Larenz/Canaris*, SchuldR II/2, § 76 II 1 a)-c) (S. 400 f.).

821 *Hager*, in: Staudinger, BGB (2009), § 823 Rn. E 3 ; *Krause*, in: Soergel, BGB, § 823 Anh II Rn. 2.

822 *Hager*, in: Staudinger, BGB (2009), § 823 Rn. E 55; ähnlich *Wagner*, in: MüKo-BGB, § 823 Rn. 462.

wortlich sind oder eine Aufgabe übernommen haben[823] oder ein Rechtssubjekt eine Gefahrenquelle schafft und ein anderes diese beherrscht, sind
mehrere Personen nebeneinander verkehrspflichtig[824] und haften grundsätzlich als Gesamtschuldner.[825]

Die Verkehrspflicht besteht unabhängig davon, ob auch ein Dritter zum
Einschreiten verpflichtet ist.[826] In einem solchen Fall ist allerdings hinreichend zwischen dem konkreten Inhalt der Verkehrspflichten zu differenzieren und die jeweiligen Zuständigkeitsbereiche sind voneinander abzu-
grenzen.[827] Eine Verkehrspflicht kann insbesondere nur denjenigen treffen, der den Gefahrenbereich beherrschen kann[828] – es kommt also auf die
Einwirkungs- / Einflussmöglichkeiten an.

Dass mehrere Rechtssubjekte nebeneinander verkehrspflichtig sein können, zeigt auch die Möglichkeit zur Einschaltung Dritter bei der Erfüllung
von Verkehrspflichten,[829] regelmäßig als „Delegation" bezeichnet.[830] Dies
hat allerdings nicht eine vollständige Freistellung des ursprünglich Verkehrspflichtigen zur Folge. Dessen Verkehrspflichten bleiben vielmehr ne-

---

823 Zu Beispielen hierfür s. *Hager*, in: Staudinger, BGB (2009), § 823 Rn. E 56; *La-*
renz/Canaris, SchuldR II/2, § 76 III 5. a) (S. 418 f.).

824 *Hager*, in: Staudinger, BGB (2009), § 823 Rn. E 56; *Wagner*, in: MüKo-BGB,
§ 823 Rn. 463; *Larenz/Canaris*, SchuldR II/2, § 76 III 5. a) (S. 418); dies berücksichtigen *Weller/Kaller/Schulz*, AcP 216 (2016), 387 (401 f.) nicht hinreichend,
wenn sie eine Haftung des transnationalen Unternehmens bereits aus dem
Grund ablehnen, dass ausschließlich das Tochter- bzw. Zulieferunternehmen
die Gefahr geschaffen habe.

825 BGH, Urt. v. 12.11.1996 – VI ZR 270/95, NJW 1997, 582 (584) („*Gemeinschuld-*
nerschaft"); *Wagner*, in: MüKo-BGB, § 823 Rn. 463.

826 BGH, Urt. v. 09.10.1968 – VIII ZR 173/66, NJW 1969, 41 (42); BGH, Urt.
v. 21.11.1989, VI ZR 236/89, NJW 1990, 905 (906); *Hager*, in: Staudinger, BGB
(2009), § 823 Rn. E 56; *Katzenmeier*, in: NK-BGB, § 823 Rn. 143.

827 *Hager*, in: Staudinger, BGB (2009), § 823 Rn. E 57; *Larenz/Canaris*, SchuldR II/2,
§ 76 III 5. a) (S. 418).

828 *Förster*, in: Bamberger/Roth/Hau/Poseck, BGB, § 823 Rn. 304; ähnlich *Wagner*,
in: MüKo-BGB, § 823 Rn. 463.

829 *Hager*, in: Staudinger, BGB (2009), § 823 Rn. E 59 mit Beispielen; s. auch *Larenz/*
Canaris, SchuldR II/2, § 76 III 5.c) (S. 419 f.),

830 St. Rspr., s. etwa BGH, Urt. v. 19.12.1961 – VI ZR 108/61, VersR 1962, 238 f.
(„*Übertragung*"); BGH, Urt. v. 26.09.2006 – VI ZR 166/05, NJW 2006, 3628 (3629
[Rn. 11]); aus der Lit. s. etwa *Matusche-Beckmann*, Organisationsverschulden,
S. 89–92, 96; *Förster*, in: Bamberger/Roth/Hau/Poseck, BGB, § 823 Rn. 350
(„*Übertragung*"); *Wagner*, in: MüKo-BGB, § 823 Rn. 469 m.zahlr.w.N. aus der
Rspr.; **a.A.** *Larenz/Canaris*, SchuldR II/2, § 76 III 5. c) (S. 420 f.), die die Übertra-
gung der Verkehrspflichten auf einen Dritten als deren Erfüllung ansehen.

ben denen des Beauftragten bestehen und ändern sich in eine Kontroll- und Überwachungspflicht.[831]

Für transnationale Menschenrechtsfälle bedeutet dies, dass der unmittelbare Schädiger und das Unternehmen, dem die Verletzung von Verkehrspflichten vorgeworfen wird, nebeneinander rechtlich zur Verantwortung gezogen werden können. Geht es um die Delegation von Aufgaben, etwa indem die gefahrgeneigte Produktion bestimmter Güter auf Tochterunternehmen oder selbstständige Vertragspartner ausgelagert wird, führt allein diese Übertragung überdies nicht zu einer vollständigen Befreiung des Übertragenden von seiner ursprünglich bestehenden Verkehrspflicht.

2. Verkehrspflichten im Unternehmen

a) Zurechnung über § 31 BGB und anwendbares Recht

Unternehmen können als kollektive Rechtssubjekte nicht selbstständig handeln. Für ihre Haftung ist eine Zurechnung von Verhalten und Verschulden der Organe und verfassungsmäßig berufenen Vertreter erforderlich. Diese Funktion erfüllt § 31 BGB (analog),[832] wobei sich das Unternehmen nicht exkulpieren kann.[833] Gesellschaft und Organ / verfassungsmäßig berufener Vertreter haften als Gesamtschuldner nach § 840 BGB.[834]

§ 31 BGB greift nur bei Anwendbarkeit des deutschen Rechts. Das für die Zurechnung eines von einem Organ begangenen Delikts zu einer juristischen Person anwendbare Recht richtet sich in grenzüberschreitenden Sachverhalten nach Art. 15 lit. g) Rom II-VO, der *„die Haftung für die von einem anderen begangenen Handlungen"* dem Deliktsstatut unterstellt.[835] Ausnahmsweise kann auch das Gesellschaftsstatut greifen, wenn es um

---

831 S. etwa BGH, Urt. v. 02.10.1984 – VI ZR 125/83, NJW 1985, 270 (271); BGH, Urt. v. 04.06.1996 – VI ZR 75/95, NJW 1996, 2646 m.w.N.; *Brandes*, Organisationspflichtverletzung, S. 166–167; *Kleindiek*, Deliktshaftung, S. 300; *Martinek*, Repräsentantenhaftung, S. 165–166; *Larenz/Canaris*, SchuldR II/2, § 76 III 5. c) (S. 420).

832 *Kleindiek*, Deliktshaftung, S. 356–357; *Schirmer*, Körperschaftsdelikt, S. 236–237; *Spindler*, Unternehmensorganisationspflichten, S. 858–859.

833 Dies wird in der Lit. als einer der wenigen Fälle der Rechtsfigur des *respondeat superior* im deutschen Recht angesehen, s. *Brüggemeier*, AcP 191 (1991), 33 (38).

834 S. *Kleindiek*, Deliktshaftung, S. 355; *Brüggemeier*, AcP 191 (1991), 33 (38, 64).

835 *Güngör*, Sorgfaltspflichten, S. 126; *Osieka*, Zivilrechtliche Haftung, S. 253; *Jakob/Picht*, in: Rauscher, EuZPR/EuIPR, Art. 15 Rom II-VO Rn. 16; *Junker*, in: MüKo-BGB, Art. 15 Rom II-VO Rn. 24; **a.A.** (Maßgeblichkeit des Gesellschaftsstatuts)

eine Verletzung von Pflichten geht, die speziell aus der Organstellung erwachsen.[836] Bei der Verletzung allgemeiner Verkehrspflichten in transnationalen Menschenrechtsfällen ist demgegenüber das Deliktsstatut maßgeblich. Die Zurechnung der Delikte eines Organes zur juristischen Person richtet sich also nach dem Recht, das für das jeweilige Delikt einschlägig ist.

b) Adressat der Verkehrspflichten – Abgrenzung zwischen den
   Verkehrspflichten der juristischen Person und den Verkehrspflichten
   der Organe

§ 31 BGB ermöglicht nicht nur die Zurechnung von Eigendelikten von Organen und verfassungsmäßigen Vertretern, sondern auch die ausschließliche Haftung des kollektiven Rechtssubjektes für ausschließlich dieses treffende Verkehrspflichten.[837] Die Zurechnung von Handlungen und Verschulden von Organen und verfassungsmäßigen Vertretern hat insofern nicht zwingend einen Gleichlauf der Pflichten von kollektivem Rechtssubjekt und dessen Repräsentant zur Konsequenz.[838] Verkehrspflichten treffen vielmehr grundsätzlich die juristische Person oder Personengesellschaft selbst.[839] Regelmäßig ist es nämlich diese, die die Gefahrenquelle schafft.[840] Überdies richten sich die Sicherheitserwartungen des Verkehrs angesichts der Tatsache, dass dieser keine Kenntnis von internen Zuständigkeitsregelungen hat und die Organmitglieder wechseln können, an das kollektive Rechtssubjekt und nicht an die Organe und verfassungsmäßigen

wohl *Grabosch*, in: Nikol/Schniederjahn/Bernhard, Transnationale Unternehmen, S. 69 (90 f.).

836 *Junker*, in: MüKo-BGB, Art. 15 Rom II-VO Rn. 24; *Spickhoff*, in: BeckOK, Art. 15 VO (EG) 864/2007 Rn. 10.

837 S. hierzu ausführlich *Kleindiek*, Deliktshaftung, S. 355–357; s. auch *Gottschalk*, GmbHR 2015, 8 (9); *Krause*, in: Soergel, BGB, § 823 Anh II Rn. 67; s. zur Funktion von § 31 BGB auch ausführlich *Schirmer*, Körperschaftsdelikt, S. 185–241.

838 *Spindler*, Unternehmensorganisationspflichten, S. 857–858; ähnlich *Gottschalk*, GmbHR 2015, 8 (9); *Wagner*, in: MüKo-BGB, § 823 Rn. 108.

839 RG, Urt. v. 20.11.1902 – VI 268/02, RGZ 53, 53 (57); *Holle*, Legalitätskontrolle, S. 309–310, 313; *Schirmer*, Körperschaftsdelikt, S. 34, 230-232; *Spindler*, Unternehmensorganisationspflichten, S. 858; *Gottschalk*, GmbHR 2015, 8 (9); *Lutter*, ZHR 157 (1993), 464 (470 f.).

840 *Spindler*, Unternehmensorganisationspflichten, S. 858; ähnlich *Schirmer*, Körperschaftsdelikt, S. 230; *Wagner*, in: MüKo-BGB, § 823 Rn. 108.

Vertreter.[841] Die Verkehrspflichten im Außenverhältnis können ferner über die Addition der Pflichten der Organe und Mitarbeiter des Unternehmens hinausgehen und richten sich nach dem Gefahrenpotential des Unternehmens insgesamt.[842]

Zusammenfassend treffen Verkehrspflichten regelmäßig die juristische Person. Für die entsprechende Haftung werden über § 31 BGB analog Handlung und Verschulden von Organen und verfassungsmäßig berufenen Vertretern zugerechnet. Für die Zurechnung des Verschuldens muss insofern die Pflicht des kollektiven Rechtssubjektes als solche des Organs bzw. verfassungsmäßig berufenen Vertreters fingiert werden.[843] Auf dieser rechtlichen Konstruktion beruhen auch die folgenden Ausführungen – wenn von Handlungen oder Verschulden des Unternehmens die Rede ist, meint dies eine Handlung / das Verschulden eines Organes oder verfassungsmäßig berufenen Vertreters, die bzw. das über § 31 BGB zugerechnet wird.

Trotz dieser Differenzierung hat der VI. Zivilsenat des BGH mit der sogenannten Baustoff-Entscheidung aus dem Jahr 1989 die Grundlage für eine deliktische Außenhaftung des jeweils handelnden Organs gelegt.[844] Diese Entscheidung ist insbesondere im Schrifttum auf umfangreiche Kritik gestoßen.[845] Auch der II. Zivilsenat hat sich in einem *obiter dictum* von dieser Rechtsprechung distanziert.[846] Dennoch hat der VI. Zivilsenat etwa in einer Entscheidung aus dem Jahr 1996 noch an der Baustoff-Entscheidung festgehalten.[847] Im Jahr 2012 entschied derselbe Senat in Bezug auf eine Haftung eines Vorstandsmitglieds aus §§ 823 Abs. 2 BGB i.V.m. §§ 266

---

841 *Spindler*, Unternehmensorganisationspflichten, S. 858.

842 S. hierzu insgesamt *Wagner*, in: MüKo-BGB, § 823 Rn. 108.

843 *Kleindiek*, Deliktshaftung, S. 357; *Krause*, in: Soergel, BGB, § 823 Anh II Rn. 67.

844 Der BGH begründete die von ihm angenommene Außenhaftung des Geschäftsführers einer inzwischen insolventen GmbH mit *„der mit seinen Geschäftsführeraufgaben verbundenen Garantenstellung zum Schutz Außenstehender vor Gefährdung oder Verletzung ihrer Schutzgüter i.S. von § 823 Abs. 1 BGB"*, BGH, Urt. v. 05.12.1989 – VI ZR 335/88, BGHZ 109, 297 (304) = NJW 1990, 976 (978).

845 S. hierzu etwa *Spindler*, Unternehmensorganisationspflichten, S. 846–857; *Lutter*, ZHR 157 (1993), 464 (471–476); w.N. bei *Wagner*, in: MüKo-BGB, § 823 Rn. 113 (Fn. 346-353); zustimmend hingegen wohl *Brüggemeier*, AcP 191 (1991), 33 (64–66); im Ausgangspunkt zustimmend auch *Larenz/Canaris*, SchuldR II/2, § 76 III 5. d) (S. 423 f.); s. auch OLG Schleswig, Hinweisbeschl. v. 29.06.2011 – 3 U 89/10, NJW-RR 2012, 368 (369) und hierzu *Schirmer*, NJW 2012, 3398 (3399).

846 BGH, Urt. v. 13.04.1994 – II ZR 16/93, BGHZ 125, 366 (375 f.) = NJW 1994, 1801 (1803).

847 BGH, Urt. v. 12.03.1996 – VI ZR 90/95, NJW 1996, 1535.

Abs. 1, 27 StGB allerdings, dass sich „*[…][a]llein aus der Stellung als Geschäftsführer einer GmbH bzw. Mitglied des Vorstands einer AG […] keine Garantenpflicht gegenüber außenstehenden Dritten, eine Schädigung ihres Vermögens zu verhindern [ergibt]*".[848] Dies deutet zumindest darauf hin, dass der VI. Zivilsenat im Hinblick auf die Außenhaftung von Organen ebenfalls eine zurückhaltendere Position einnimmt.[849] Ob dies eine Abkehr vom Baustoff-Urteil darstellt, wird hingegen unterschiedlich beurteilt.[850]

Die persönliche Außenhaftung von Organen kann angesichts des Fokus dieser Arbeit auf der Haftung der Unternehmen selbst hier nicht vertieft werden.[851]

c) Unternehmerische Organisationspflichten im System zwischen Gehilfenhaftung und Verkehrspflichten

Von besonderer Bedeutung für die deliktische Haftung eines Unternehmens sind die sogenannten (betrieblichen) Organisationspflichten. Diese beinhalten die Pflicht desjenigen, der „*die Organisationsgewalt über ein betriebliches Unternehmen innehat, […] für Gefahrensicherung in seinem Organisationsbereich zu sorgen*",[852] es geht also darum, „*die innerbetrieblichen Abläu-*

---

848 BGH, Urt. v. 10.07.2012 – VI ZR 341/10, BGHZ 194, 26 = NJW 2012, 3439 (Leitsatz); zurückhaltend auch OLG Schleswig, Hinweisbeschl. v. 29.06.2011 – 3 U 89/10, NJW-RR 2012, 368 (369 f.); eine Außenhaftung kommt nach Auffassung des Senats nur aufgrund besonderer Anspruchsgrundlagen oder bei Übernahme weiterer Pflichten, die das Organ ausnahmsweise auch im Außenverhältnis treffen, infrage, BGH, Urt. v. 10.07.2012 – VI ZR 341/10, BGHZ 194, 26 (35 f. [Rn. 24, 26]) = NJW 2012, 3439 (3441 f.).

849 S. auch *Schirmer*, NJW 2012, 3398 (3399 f.); der konkreten Argumentation zustimmend, i.E. aber ablehnend *Dannecker*, NZWiSt 2012, 441 (443, 445-446).

850 Wohl **dafür** *Schirmer*, Körperschaftsdelikt, S. 31–33; *Bachmann*, NJW-Beil. 2014, 43 (46); **ablehnend** etwa *Holle*, Legalitätskontrolle, S. 310; *Wagner*, in: MüKo-BGB, § 823 Rn. 114.

851 S. hierzu ausführlich *Holle*, Legalitätskontrolle, S. 309–320; *Kleindiek*, Deliktshaftung, S. 368–472 (§§ 14-16); *Matusche-Beckmann*, Organisationsverschulden, S. 224–284, *Spindler*, Unternehmensorganisationspflichten, S. 844–870; zu einem neueren Ansatz s. *Schirmer*, Körperschaftsdelikt, S. 185–241, insb. S. 232-235, passim.

852 BGH, Urt. v. 30.01.1996 – VI ZR 408/94, NJW-RR 1996, 867 (868); ähnlich BGH, Urt. v. 25.10.1951 – III ZR 95/50, BGHZ 4, 1 (2 f.) = NJW 1952, 418; *Kleindiek*, Deliktshaftung, S. 301–302 (Pflicht zur schadensverhütenden Betriebsorganisation); *Matusche-Beckmann*, Organisationsverschulden, S. 113–121 sieht als Anknüpfungspunkte von Organisationspflichten den Einsatz von Ge-

fe so zu organisieren, dass Schädigungen Dritter in dem gebotenen Umfang ver-
mieden werden".[853] Eine Verletzung dieser Pflichten liegt vor, *„wenn sich an*
irgendeiner Stelle im Organisationsbereich des Unternehmens die erhöhte Gefahr
der Schädigung Dritter realisiert und wenn die Drittschädigung durch zumutba-
re Maßnahmen der Unternehmensleitung hätte verhindert werden können."[854]

Neben diesen allgemeinen Anforderungen hat die Rechtsprechung diese
für zahlreiche Organisationsbereiche weiter konkretisiert,[855] allerdings
(noch) nicht für die Bestimmung der Organisationspflichten transnationaler Unternehmen für Menschenrechtsverletzungen.

Da die Nähe der Organisationspflichten zu § 831 BGB unverkennbar ist
und in transnationalen Menschenrechtsfällen Zuliefer- oder abhängige
Unternehmen auch Verrichtungsgehilfen i.S.v. § 831 BGB sein können,[856]
stellt sich zunächst die Frage nach dem Verhältnis der Organisationspflichten zu Pflichten des Geschäftsherrn nach § 831 BGB (aa)). Anschließend
soll das Verhältnis zwischen Verkehrs- und Organisationspflichten (bb))
thematisiert werden.

aa) Das Verhältnis der Organisationspflichten zu den Pflichten des Geschäftsherrn nach § 831 BGB

Die bereits vom RG entwickelten Organisationspflichten, die nicht haf-
tungsbefreiend delegierbar sind, sollten die Haftungslücke schließen, die
sich im Rahmen von § 831 BGB durch die Anwendung des dezentralen

---

hilfen, die Organisation der technisch-gegenständlichen Abläufe und den Bereich der Betriebsabläufe insgesamt.

853 *Wagner,* in: MüKo-BGB, § 823 Rn. 97; ähnlich *Brandes,* Organisationspflichtverletzung, S. 116; *von Bar,* Verkehrspflichten, S. 96.

854 *Kleindiek,* Deliktshaftung, S. 302.

855 S. hierzu etwa *Brandes,* Organisationspflichtverletzung, S. 35–110; *Matusche-*
Beckmann, Organisationsverschulden, S. 143–223.

856 S. hierzu noch ausführlich u. § 16 C.

Entlastungsbeweises[857] ergab.[858] Heute ist § 823 Abs. 1 BGB in der Praxis weitaus relevanter als § 831 BGB.

Die Abgrenzung zwischen den Pflichten des Geschäftsherrn aus § 831 Abs. 1 BGB und den allgemeinen Organisationspflichten aus § 823 Abs. 1 BGB bereitet allerdings bis heute Schwierigkeiten. Diese Diskussion soll im Folgenden in ihren Grundzügen dargestellt werden.

Die Rechtsprechung differenziert häufig nicht zwischen diesen beiden Anspruchsgrundlagen, sondern gründet Organisationspflichten allgemein auf §§ 823 Abs. 1, 831 BGB. Das Schrifttum sieht teilweise § 831 BGB als Konkretisierung der allgemeinen Organisationspflicht nach § 823 Abs. 1 BGB an, sodass sich am Pflichteninhalt auch bei Wegfall des § 831 BGB nichts ändern würde. Die Bedeutung des § 831 BGB liege allein in der Beweislastumkehr.[859]

Die wohl mehrheitliche Auffassung in der Literatur will angesichts der unterschiedlichen Regelungen in Bezug auf die Beweislast sowie die Tatsache, dass § 831 BGB auch für Vermögensschäden greife, streng zwischen den Anwendungsbereichen dieser Vorschriften differenzieren.[860]

Insbesondere *Bernau* kritisiert bereits die Ableitung von Organisationspflichten aus § 823 Abs. 1 BGB.[861] Da die in § 831 Abs. 1 S. 2 BGB konkretisierten Pflichten letztlich beispielhaft seien, könnten alle Organisationspflichten aus § 831 BGB (analog) abgeleitet werden. Den Schwächen des

---

857 Danach kann sich der Geschäftsherr in Fällen, in denen *„der Umfang eines großen industriellen Betriebs oder einer sonstigen großen Verwaltung [...] dem Geschäftsherrn selbst die Auswahltätigkeit hinsichtlich der niederen Angestellten unmöglich mach[...][t]"*, durch die sorgfältige Auswahl, Überwachung und Anleitung der Personen auf der der Geschäftsführung nachgelagerten Ebene entlasten, s. RG, Urt. v. 14.12.1911 – VI 75/11, RGZ 78, 107 (108); ähnlich BGH, Urt. v. 25.10.1951 – III ZR 95/50, BGHZ 4, 1 (2) = NJW 1952, 418.

858 RG, Urt. v. 14.12.1911 – VI 75/11, RGZ 78, 107 (109) (allerdings noch auf § 831 BGB gründend); BGH, Urt. v. 25.10.1951 – III ZR 95/50, BGHZ 4, 1 (2 f.) = NJW 1952, 418; s. hierzu auch *Wagner*, in: MüKo-BGB, § 831 Rn. 45.

859 *Wagner*, in: MüKo-BGB, § 831 Rn. 11; s. auch *Kötz/Wagner*, Deliktsrecht, Rn. 316, wonach für den Fall der Entlastung auf § 823 BGB zurückgegriffen werden könne.

860 *Bernau*, in: Staudinger, BGB (2018), § 831 Rn. 10; s. zu Unterschieden für die Darlegungs- und Beweislast *Matusche-Beckmann*, Organisationsverschulden, S. 98; zum Schutz von Vermögensschäden durch die §§ 831 f. BGB s. auch *Canaris*, in: FS Larenz (1983), S. 27 (81 f.).

861 S. hierzu und zu den entsprechenden Argumenten *Bernau*, in: Staudinger, BGB (2018), § 831 Rn. 10–11; für eine Ableitung von Organisationspflichten aus §§ 831 f. BGB analog auch *Brüggemeier*, AcP 191 (1991), 33 (59–61); *Canaris*, in: FS Larenz (1983), S. 27 (82).

§ 831 BGB sei durch eine Einschränkung der Exkulpationsmöglichkeit Rechnung zu tragen. § 823 Abs. 1 BGB bleibe nur für Fälle einschlägig, in denen es um Pflichten geht, *„die sich von den in § 831 [BGB] vorausgesetzten im Wesentlichen unterscheiden"*, etwa Pflichten bei der Öffnung des Eigentums für den allgemeinen Verkehr oder bei der Ausübung eines gefährlichen Gewerbebetriebes.[862] Letzteres könnte in transnationalen Menschenrechtsfällen z.B. relevant werden, wenn die eingetretenen Rechtsgutsverletzungen darauf beruhen, dass sich die besondere Gefahr der Tätigkeit des Unternehmens realisiert hat, etwa wenn es zu Umwelt- und Gesundheitsschäden in der Rohstoffindustrie und zu gesundheitsgefährdenden Immissionen kommt. Andererseits ähneln die möglichen Pflichtverletzungen in transnationalen Menschenrechtsfällen regelmäßig denen in § 831 BGB stark und knüpfen z.B. an eine unzureichende Überwachung, Organisation oder Auswahl an,[863] sodass nach *Bernau* eher § 831 BGB einschlägig wäre.

An anderer Stelle wird danach unterschieden, ob es um Pflichten geht, die bei der Einschaltung von Gehilfen entstehen (dann § 831) oder um solche Verkehrspflichten, die bereits vor und unabhängig von der Beauftragung eines Gehilfen bestehen (dann § 823 Abs. 1 BGB).[864] § 831 verfolgt insofern nach dem von *Kleindiek* geprägten Begriff ein *„pointillistisches Konzept"*.[865] Die Pflichten nach § 823 Abs. 1 BGB gingen insofern über § 831 BGB hinaus, als dass sie den *„Aufbau einer geeigneten Betriebsorganisation"* erfordern, *„um eine lückenlose Kontrolle der Pflichterfüllung zu gewährleisten."*[866] Überschneidungen zwischen diesen beiden Anspruchsgrundlagen ergäben sich dann, wenn der Adressat einer bereits bestehenden Verkehrspflicht diese auf einen Verrichtungsgehilfen i.S.v. § 831 BGB überträgt.[867] Sofern in diesem Fall der dezentralisierte Entlastungsbeweis nicht greift,

---

862 S. hierzu insgesamt *Bernau*, in: Staudinger, BGB (2018), § 831 Rn. 12.
863 S. für den Konzern noch u. § 16 B. II. 4. a) cc) (3); für selbstständige Dritte, insb. Zulieferunternehmen, noch u. § 16 B. II. 4. b) bb) (2).
864 S. zum Vorstehenden insgesamt *Kleindiek*, Deliktshaftung, S. 291–292, 295, 304; s. auch bereits *Martinek*, Repräsentantenhaftung, S. 165–167.
865 *Kleindiek*, Deliktshaftung, S. 290–292.
866 *Kleindiek*, Deliktshaftung, S. 295, s. auch S. 291; ähnlich *von Bar*, Verkehrspflichten, S. 242–243.
867 *Kleindiek*, Deliktshaftung, S. 307–308; s. auch *Krause*, in: Soergel, BGB, § 823 Anh II Rn. 64.

sei ein Rückgriff auf § 831 BGB wegen der Beweislastverteilung in der Regel vorteilhaft für den Geschädigten.[868]

Einen etwas anderen Schwerpunkt setzt die Differenzierung, die § 831 BGB als *lex specialis* ansieht. § 831 BGB betreffe allein die Auswahl und Überwachung von Verrichtungsgehilfen, beinhalte aber keine Vorgaben für die konkrete Ausgestaltung interner Abläufe. Die Organisationspflichten nach § 823 Abs. 1 BGB beinhalteten insofern Pflichten in Bezug auf die generelle betriebliche Planung, die auch unabhängig von einem Delikt eines Gehilfen eintreten könnten. Überwachungsmaßnahmen, die Arbeitsabläufe insgesamt und nicht einzelne Mitarbeiter betreffen, fielen ebenfalls unter § 823 Abs. 1 BGB.[869]

Schon nach dem ausdrücklichen Wortlaut greift § 831 BGB ausschließlich in Bezug auf Delikte eines Verrichtungsgehilfen. Da nach hier vertretener Auffassung in der Regel weder selbstständige Geschäftspartner noch abhängige Unternehmen als Verrichtungsgehilfen einzuordnen sind,[870] kann eine Haftung des Auftraggebers bzw. des herrschenden Unternehmens ausschließlich über § 823 Abs. 1 BGB begründet werden und die genaue Abgrenzung zwischen den beiden Anspruchsgrundlagen erübrigt sich. Doch selbst wenn man selbstständige Vertragspartner, insbesondere in Zulieferkonstellationen, oder abhängige Unternehmen allgemein oder im Einzelfall als Verrichtungsgehilfen einordnet, sollte man die praktische Bedeutung der Abgrenzung nicht überschätzen. Da es bei Menschenrechtsverletzungen nicht um den Ausgleich bloßer Vermögensschäden geht und zudem bei der Verletzung der Verkehrspflichten im Rahmen von § 823 Abs. 1 BGB zahlreiche Beweiserleichterungen greifen,[871] werden die Unterschiede zwischen diesen beiden Vorschriften eingeebnet.[872]

868 *Kleindiek*, Deliktshaftung, S. 307–308; s. auch *Martinek*, Repräsentantenhaftung, S. 167.
869 *Matusche-Beckmann*, Organisationsverschulden, S. 99–100, 108-109; ähnlich *Brandes*, Organisationspflichtverletzung, S. 198–199; *Hassold*, JuS 1982, 583 (585).
870 S. hierzu u. § 16 C I., II.
871 S. hierzu u. § 16 B. II. 5, III. 2. d).
872 S. hierzu allgemein *Spindler*, Unternehmensorganisationspflichten, S. 692, 694-695.

bb) Das Verhältnis zwischen Verkehrs- und Organisationspflichten

Das Verhältnis der Organisations- zu den Verkehrspflichten und die Frage, inwiefern bereits die Arbeitsteilung als solche eine Gefahrenquelle begründet, an die entsprechende Pflichten anknüpfen können, ist bis heute nicht abschließend geklärt. Diese Diskussion soll im Folgenden vorrangig in ihren Grundzügen dargestellt werden, für Einzelheiten sei auf anderweitige Ausführungen zu dieser Fragestellung verwiesen.[873] Im Schrifttum findet sich häufig der pauschale Verweis, Organisationspflichten seien ein Unterfall der Verkehrspflichten.[874] Differenzierende Auffassungen, insbesondere *Kleindiek* und *Matusche-Beckmann*, sehen Aufsichts- und Organisationspflichten ebenfalls als Konkretisierungen der Verkehrspflichten an.[875] Ausgangspunkt für die Entstehung der Organisationspflichten sei die Arbeitsteilung.[876] Allerdings betonen sie, dass Organisationspflichten dementsprechend stets an bereits bestehende Verkehrspflichten anknüpfen und abhängig von der ursprünglichen Verkehrspflicht sind.[877] Insofern werden Organisationspflichten auch als „*Annex*" zu Verkehrs- bzw. deliktischen Pflichten allgemein[878] oder „*akzessorisch*"[879] zu den Verkehrspflichten bezeichnet. Organisationspflichten sind demnach „*[...] [d]er unübertragbare Rest der Verkehrspflichten des Geschäftsherrn*".[880] Diese Verantwortlichkeit verdichte sich „*[...] [f]ür arbeits-*

---

873 S. ausführlich etwa *Kleindiek*, Deliktshaftung, S. 292–303; *Matusche-Beckmann*, Organisationsverschulden, S. 87–97; *Spindler*, Unternehmensorganisationspflichten, S. 760–794.

874 *Hassold*, JuS 1982, 583 (584 f.); *Katzenmeier*, in: NK-BGB, § 823 Rn. 148; wohl auch *Brandes*, Organisationspflichtverletzung, S. 167–174, insb. S. 172 („*Verkehrspflicht [...] als etwas allgemeiner formulierte Grundlage der Definition der Organisationspflicht*").

875 *Kleindiek*, Deliktshaftung, S. 292; *Matusche-Beckmann*, Organisationsverschulden, S. 95 für Organisationspflichten im weiteren Sinne.

876 *Kleindiek*, Deliktshaftung, S. 292; s. zu Verkehrspflichten in Bezug auf den Einsatz von Hilfspersonen auch *Holle*, Legalitätskontrolle, S. 299–308.

877 *Kleindiek*, Deliktshaftung, S. 295, s. auch S. 292, 304, 309; *Matusche-Beckmann*, Organisationsverschulden, S. 91–92, 94, 96 („*abhängig von einer originären Pflicht*"); insofern ist es unglücklich, wenn sie derartige Pflichten an späterer Stelle (S. 96) als „*eigenständige[...] Organisationspflicht*" bezeichnet.

878 *Matusche-Beckmann*, Organisationsverschulden, S. 94.

879 *Bunting*, ZIP 2012, 1542 (1547); *Krause*, in: Soergel, BGB, § 823 Anh II Rn. 62; *Koch*, WM 2009, 1013 (1017).

880 *Matusche-Beckmann*, Organisationsverschulden, S. 91.

teilig strukturierte Organisationen [...] zum Gebot einer schadensverhütenden Betriebsorganisation."[881]

Diese Grundsätze werden indes ausschließlich für die betriebsinterne Übertragung von Verkehrspflichten herangezogen. Für die Beauftragung selbstständiger Dritter werden hingegen andere, insofern geringere Pflichten angenommen.[882]

Ähnlich argumentiert im Ausgangspunkt auch *Spindler*, nach dem allein die Eröffnung eines Betriebes und die damit verbundene Arbeitsteilung als solche und ebenso die alleinige Existenz einer juristischen Person keine Gefahrenquelle und als solche nicht ausreichend zur Begründung von Organisationspflichten sei. Die Gefahr ergäbe sich nicht aus der „Art und Weise der Organisation einer Tätigkeit" sondern erst durch die Gefährlichkeit der Tätigkeit als solche.[883] Insofern knüpften die Organisationspflichten akzessorisch an die durch eine bestimmte Tätigkeit begründeten Verkehrspflichten an, sind also Folge der primären Verkehrspflicht.[884] Aufgrund der weiten Auslegung der Organisationspflichten gemäß § 823 Abs. 1 BGB in Kombination mit einer entsprechenden Beweislastumkehr und der restriktiven Anwendung von § 831 BGB seien Organisationspflichten letztlich keine eigenständigen Pflichten mehr, sondern eine *„verkappte Zurechnungsregel"*, die die Zurechnung von Verletzungen von Verkehrspflichten aus dem Unternehmensbereich zum Unternehmensträger ermöglicht.[885] Konsequent sieht auch *Spindler* nicht § 823 Abs. 1 BGB, son-

---

881 *Kleindiek*, Deliktshaftung, S. 301, s. auch S. 295, 302, 309.

882 *Kleindiek*, Deliktshaftung, S. 302–303 geht von einer *„gestufte[n] Verantwortlichkeit"* aus; ähnlich *Krause*, in: Soergel, BGB, § 823 Anh II Rn. 63; *Matusche-Beckmann*, Organisationsverschulden, S. 114–121, differenziert zwischen dem Einsatz weisungsabhängiger Gehilfen, einem solchen weisungsunabhängiger Gehilfen und der Schaffung der gegenständlich-technischen Voraussetzungen für eine effektive Gefahrensteuerung. Damit ist die betriebsinterne und –externe Arbeitsteilung zwar nicht das zentrale Abgrenzungskriterium, diese Differenzierung wird aber wohl im Regelfall zu den gleichen Ergebnissen führen.

883 *Spindler*, Unternehmensorganisationspflichten, S. 761.

884 *Spindler*, Unternehmensorganisationspflichten, S. 696, 760 f., 763 f., 781, 786 f.

885 Ausführlich *Spindler*, Unternehmensorganisationspflichten, S. 781–784; dem folgend *Heinen*, in: Krajewski/Saage-Maaß, Sorgfaltspflichten, S. 87 (114); anders wohl *Krause*, in: Soergel, BGB, § 823 Anh II Rn. 66; entsprechende Überlegungen (*„strikte Erfolgshaftung des Unternehmens"*) *de lege ferenda* anstellend *Schirmer*, Körperschaftsdelikt, S. 240–241.

dern § 831 BGB analog als Grundlage einer derartigen Organisationspflicht an.[886]

Dies gilt auch nach *Spindler* wiederum grundsätzlich nicht für die unternehmensexterne Organisation.[887] Da bei unternehmensexterner im Gegensatz zur innerbetrieblichen Organisation die Risiken und der Nutzen auf mehrere Vertragspartner verteilt seien und überdies andere Grundsätze für die Koordination gelten,[888] bestünden bei der externen Organisation echte Pflichten nach §§ 823, 831 BGB.[889] Den fließenden Übergängen hinsichtlich unterschiedlicher Organisationsformen soll durch eine Erhöhung der jeweiligen Pflichten abhängig von den Einflussmöglichkeiten auf den Vertragspartner Rechnung getragen werden und nicht wie bei innerbetrieblicher Organisation durch Zurechnung, da diese im Widerspruch zum Rechtsträgerprinzip und der Tatsache stünde, dass der Konzern im Gesellschaftsrecht nicht als rechtliche Einheit betrachtet wird.[890] Dementsprechend soll dies gleichermaßen für Organisationspflichten im Konzern gelten.[891] Diese Konzeption lässt sich nur so verstehen, dass *Spindler* im Fall der externen Arbeitsteilung wiederum doch bereits diese Arbeitsteilung als solche für die Begründung von Organisationspflichten ausreichen lässt und insofern bei der Arbeitsteilung zwischen selbstständigen Unternehmen und auch in Konzernkonstellationen von primären Organisationspflichten ausgeht.

Sowohl bei *Kleindiek* und *Matusche-Beckmann* als auch bei *Spindler* findet sich damit – unabhängig vom genauen Verhältnis von Verkehrs- und Organisationspflichten – eine Differenzierung zwischen „innerbetrieblichen" Organisationspflichten und solchen in Bezug auf externe Dritte. Insbesondere wird der eingangs dargestellte Umfang der innerbetrieblichen Organisationspflichten nicht unbesehen auf externe Dritte übertragen.

---

886 *Spindler*, Unternehmensorganisationspflichten, S. 784–786; ablehnend und für § 823 Abs. 1 BGB als Rechtsgrundlage *Krause*, in: Soergel, BGB, § 823 Anh II Rn. 63.

887 *Spindler*, Unternehmensorganisationspflichten, S. 789–792 (für eine Ausnahme, wenn die Einflussmöglichkeiten der Abhängigkeit von Verrichtungsgehilfen nahekommen).

888 *Spindler*, Unternehmensorganisationspflichten, S. 789, s. auch S. 749.

889 *Spindler*, Unternehmensorganisationspflichten, 789, 790; dem folgend *Heinen*, in: Krajewski/Saage-Maaß, Sorgfaltspflichten, S. 87 (119).

890 *Spindler*, Unternehmensorganisationspflichten, S. 790, s. auch S. 750.

891 *Spindler*, Unternehmensorganisationspflichten, S. 791 mit Verweis auf *Spindler*, Unternehmensorganisationspflichten, S. 945 ff.

In transnationalen Menschenrechtsfällen geht es vorrangig um Pflichten in Bezug auf selbstständige Vertragspartner bzw. um die zwischen unternehmensinterner und externer Arbeitsteilung liegenden Fälle der Pflichten in Bezug auf abhängige Unternehmen und mithin nicht um Organisationspflichten in Bezug auf die rein innerbetriebliche Arbeitsteilung. Da sich der Begriff „Organisationspflichten" im Hinblick auf die Unterschiede zwischen unternehmensinternen Pflichten und solchen in Bezug auf außenstehende Dritte als missverständlich erweist, soll in Bezug auf die Pflichten eines Unternehmens in Bezug auf selbstständige Dritte und abhängige Unternehmen im Folgenden der allgemeinere Begriff der „Verkehrspflichten" verwendet werden.

3. Möglichkeit zur Berücksichtigung der UN-Leitprinzipien und unternehmerischer Verhaltensstandards bei der Konkretisierung von Verkehrspflichten

Auch wenn die vorstehenden Ausführungen erste Anhaltspunkte zur Bestimmung unternehmerischer Verkehrspflichten bieten, sind auch diese Anforderungen noch sehr allgemein gehalten und bedürfen einer weiteren Konkretisierung. Dafür bietet es sich an – sofern vorhanden – auf bereits existierende (außerrechtliche) Standards zurückzugreifen, die die erforderliche Interessensabwägung zumindest für typische Gefahrensituationen bereits getroffen haben.

Wie bereits oben dargestellt, existieren im Bereich der CSR zahlreiche Standards, die unterschiedliche Anforderungen an das von Unternehmen geforderte Verhalten aufstellen.[892] Damit drängt sich zwangsläufig die Frage auf, inwiefern diese bei der Bestimmung des Umfangs der Verkehrspflichten herangezogen werden können.[893]

Die Berücksichtigung nichtstaatlicher Standards ist dem deutschen Recht nicht fremd.[894] Im Bereich der Regeln der Technik existiert mit überbetrieblichen technischen Normen wie im Bereich der CSR ein geschriebenes Regelwerk, das von privaten Akteuren erarbeitet und verfasst

---

892 S.o. §§ 7-10.

893 Ähnlich *Nordhues*, Haftung Muttergesellschaft, S. 120–122, die eine Indizwirkung internationaler Standards in Bezug auf die Gefahrschaffung diskutiert, i.E. aber ablehnt.

894 S. hierzu ausführlich *Marburger*, Regeln der Technik, §§ 33–36, 53-54 (S. 302-326, 429-474).

wurde und von der Rechtsprechung zur Konkretisierung der Verkehrspflichten herangezogen wird. Daher wird diese Form nichtstaatlicher Regelsetzung im Folgenden näher untersucht (a)). Anschließend werden Kriterien herausgearbeitet, die diese kennzeichnen und Bedeutung dafür haben können, dass die Rechtsprechung sie zur Konkretisierung heranzieht (b)). Einen abschließenden Schritt stellt die Prüfung dar, inwiefern CSR-Standards zur Konkretisierung herangezogen werden können, insbesondere inwiefern die UN-Leitprinzipien diese Kriterien erfüllen und daher für die Konkretisierung der Verkehrspflichten durch die Rechtsprechung herangezogen werden können (c)).

a) Anerkannte Fälle der Berücksichtigung nichtstaatlicher Standards am Beispiel der überbetrieblichen technischen Normen

Es gibt viele Bereiche, in denen nichtstaatliche Standards innerhalb des geltenden Rechts berücksichtigt werden. Bedeutung erlangen in diesem Zusammenhang beispielsweise Spiel- und Sportregeln, die Regeln der ärztlichen Kunst, die Grundsätze ordnungsgemäßer Buchführung sowie die Regeln der Technik. Auch Allgemeine Geschäftsbedingungen sind letztlich private Regelwerke, die im Rahmen des staatlichen Rechts berücksichtigt werden.

Für die Sport- und Spielregeln ist anerkannt, dass diese dem Richter Anhaltspunkte für die Konkretisierung der im konkreten Fall zu erfüllenden Verkehrspflichten geben.[895] Da sie nicht über den Rang und Status staatlich gesetzter Normen verfügen,[896] sind sie allerdings für den Richter nicht bindend.[897] Sie sind ausschließlich Anhaltspunkte für den Richter zur

---

895 Zu den Parallelsportarten s. BGH, Urt. v. 11.01.1972 – VI ZR 187/70, BGHZ 58, 40 (43) = NJW 1972, 627 (627 f.) (Skisport); *Looschelders*, JR 2000, 265 (273); *Fritzweiler*, in: Fritzweiler/Pfister/Summerer, SportR, 5. Teil Rn. 20; zu den Kampfsportarten s. aus der Rspr. z.B. BGH, Urt. v. 05.11.1974 – VI ZR 100/73, BGHZ 63, 140 ff. = NJW 1975, 109 ff. (Fußball); BGH, Urt. v. 27.10.2009 – VI ZR 296/08, NJW 2010, 537 (538) (Fußball); aus der Lit. z.B. *Fleischer*, VersR 1999, 785 (787); *Grunsky*, JZ 1975, 109 (110); *Hager*, in: Staudinger, BGB (2017), Vorbem zu §§ 823 ff Rn. 55.

896 *Deutsch*, VersR 1974, 1045 (1048); *Zimmermann*, VersR 1980, 497 (498).

897 *Fleischer*, VersR 1999, 785 (787); *Looschelders*, JR 2000, 265 (270); dies ist schon verfassungsrechtlich unzulässig, s. allgemein *Schmidt-Preuß*, ZLR 1997, 249 (255); anders wohl *Eser*, JZ 1978, 368 (372); *Pfister*, in: FS Lorenz, S. 171 (187 f.).

Konkretisierung der deliktischen Verhaltensanforderungen im Einzelfall.[898]

Da die Konkretisierung der Verkehrspflichten durch nichtstaatliche Regelwerke in transnationalen Menschenrechtsfällen die größte Ähnlichkeit zu Fällen aufweist, in den technische Regelwerke bzw. überbetriebliche technische Normen die Verkehrspflichten konkretisieren, soll im Folgenden zunächst näher dargestellt werden, inwiefern diese von der Rechtsprechung zur Auslegung von Generalklauseln bzw. unbestimmten Rechtsbegriffen herangezogen werden.

Der Begriff „Technische Regelwerke" umfasst die überbetrieblichen technischen Normen,[899] die Regelwerke der öffentlich-rechtlichen technischen Ausschüsse[900] und die Unfallverhütungsvorschriften[901]. Vorwiegend Gegenstand der folgenden Ausführungen sind aufgrund ihrer besonderen Relevanz für die hier vorgenommene Untersuchung die überbetrieblichen technischen Normen, also *„die im Rahmen privatrechtlicher Verbände von Sachverständigenausschüssen aus Vertretern der interessierten Kreise aufgestellten technischen Regeln zu Vereinheitlichung von materiellen und immateriellen Gegenständen."*[902] Praktische Bedeutung auf nationaler Ebene haben vor allem die Normen des DIN sowie die Vorschriften des VDE und des VDI,[903] auf europäischer Ebene die des CEN und des CENELEC und auf internationaler Ebene die der ISO und der IEC.[904]

Auch wenn überbetriebliche technische Normen von juristischen Laien, insbesondere technischen Fachleuten, häufig als verbindliche Vorgaben angesehen werden,[905] sind sie keine Rechtsnormen.[906] Von der Rechtsprechung werden z.B. die DIN-Normen als *„auf freiwillige Anwendung ausge-*

---

898 *Grunsky*, JZ 1975, 109 (110); ähnlich *Füllgraf*, VersR 1983, 705 (711); *Heermann/Götze*, Sporthaftung, S. 43 (§ 4 I 3 d); wohl auch *Fleischer*, VersR 1999, 785 (787).

899 *Marburger*, Regeln der Technik, S. 43–44; *Marburger*, VersR 1983, 597 (598 f.).

900 S. hierzu *Marburger*, VersR 1983, 597 (599); *Lübbe-Wolf*, ZG 1991, 219 (224 f.).

901 S. hierzu *Marburger*, VersR 1983, 597 (599).

902 *Marburger*, VersR 1983, 597 (598).

903 *Marburger*, VersR 1983, 597 (598), *Lenckner*, in: FS Engisch, S. 490: s. auch ausführlich *Marburger*, Regeln der Technik, §§ 21–24 (S. 197-225).

904 S. hierzu ausführlich *Marburger*, Regeln der Technik, § 27 (S. 236-246).

905 *Buck-Heeb/Dieckmann*, Selbstregulierung, S. 160; in Bezug auf private Regelwerke und Kodizes allgemein *Bachmann*, Private Ordnung, S. 35.

906 S. z.B. BGH, Urt. v. 10.03.1987 – VI ZR 144/86, NJW 1987, 2222 (2223); BGH, Urt. v. 03.02.2004 – VI ZR 95/03, NJW 2004, 1449 (1450); BVerwG, Beschl. v. 30.09.1996 – 4 B 175/96, NVwZ-RR 1997, 214; *Buck-Heeb/Dieckmann*, Selbstregulierung, S. 160; *Schmidt-Preuß*, ZLR 1997, 249 (250); ausführlich *Lenckner*, in: FS Engisch, S. 490 (494–496).

richtete Empfehlungen [...]" bezeichnet;[907] die Literatur sieht diese etwa als *„unverbindliche private normative Regelungen mit Empfehlungscharakter"*,[908] *„Erkenntnisquelle"*[909], *„Erfahrungssätze"*[910] oder *„selbstregulative Auslegungsofferte"*[911], teilweise auch als *„antizipiertes Sachverständigengutachten"* an.[912] Trotz fehlender Rechtsnormqualität kommt ihnen in der Praxis eine hohe Bedeutung zu,[913] insbesondere da sie zur Konkretisierung von unbestimmten Rechtsbegriffen und Generalklauseln herangezogen werden können.[914]

Nach Auffassung der Rechtsprechung spiegeln DIN-Normen *„den Stand der für die betroffenen Kreise anerkannten Regeln der Technik wider und sind somit zur Bestimmung des nach der Verkehrsauffassung zur Sicherheit Gebotenen in besonderer Weise geeignet."*[915] Dementsprechend können sie *„regelmäßig zur Feststellung von Inhalt und Umfang bestehender Verkehrssicherungspflichten herangezogen werden"* auch wenn sie keine abschließenden Anforderungen an das Verhalten aufstellen.[916]

---

907 So bereits (allerdings wörtlich etwas abweichend) BGH, Urt. v. 25.09.1968 – VIII ZR 108/66, NJW 1968, 2238 (2240); ähnlich BGH, Urt. v. 13.03.2001 – VI ZR 142/00, NJW 2001, 2019 (2020); BGH, Urt. v. 03.06.2008 – VI ZR 223/07, NJW 2008, 3775 (3777).

908 *Marburger*, VersR 1983, 597 (600); ähnlich *Buck-Heeb/Dieckmann*, Selbstregulierung, S. 160.

909 *Kroitzsch*, BauR 1994, 673 (676).

910 *Singhof/Schneider*, BauR 1999, 465; ähnlich *Breuer*, AöR 101 (1976), 46 (80).

911 *Schmidt-Preuß*, ZLR 1997, 249 (256).

912 Ausführlich *Breuer*, AöR 101 (1976), 46 (82) m.w.N.; *Kroitzsch*, BauR 1994, 673 (676) m.w.N.; **kritisch** *Lübbe-Wolf*, ZG 1991, 219 (235–237) und *Schmidt-Preuß*, ZLR 1997, 249 (255 f.) mit dem m.E. richtigen Verweis darauf, dass die Regelwerke als Ergebnis von Kompromissen nicht nur Tatsachenfragen, sondern auch Wertungen zum Gegenstand haben; ausführlich und kritisch auch *Spindler*, Unternehmensorganisationspflichten, S. 534–543.

913 *Marburger*, VersR 1983, 597 (600); s. auch *Singhof/Schneider*, BauR 1999, 465 (466).

914 *Buck-Heeb/Dieckmann*, Selbstregulierung, S. 160; ähnlich in Bezug auf private Regelwerke allgemein *Bachmann*, Private Ordnung, S. 335, 355.

915 S. z.B. BGH, Urt. v. 01.03.1988 – VI ZR 190/87, BGHZ 103, 338 (342) = NJW 1988, 2667 (2668); BGH, Urt. v. 03.02.2004 – VI ZR 95/03, NJW 2004, 1449 (1450); kritisch und differenzierend *Marburger*, Regeln der Technik, 398-399, 462.

916 BGH, Urt. v. 13.03.2001 – VI ZR 142/00, NJW 2001, 2019 (2020); BGH, Urt. v. 09.09.2008 – VI ZR 279/06, NJW 2008, 3778 (3779); *Kroitzsch*, BauR 1994, 673 (676); *Singhof/Schneider*, BauR 1999, 465 (466, 470); *Hager*, in: Staudinger, BGB (2009), § 823 Rn. E 34; differenzierend *Marburger*, VersR 1983, 597 (604).

Die Konkretisierung der Verkehrspflichten erfolgt somit über ein „zwei-stufiges System": Die Verkehrspflichten nach § 823 Abs. 1 BGB werden durch die „anerkannten Regeln der Technik"[917] und diese dann wiederum durch die Vorgaben der überbetrieblichen technischen Normen konkretisiert. Da letztere u.a. von den Fachleuten verfasst werden, deren Auffassung maßgeblich dafür ist, was „allgemein anerkannte Regeln der Technik" sind, besteht eine widerlegliche Vermutung dafür, dass die überbetrieblichen technischen Normen Ausdruck der „anerkannten Regeln der Technik" sind.[918] Die Widerleglichkeit der Vermutung trägt zugleich dem Einwand Rechnung, dass technische Normen überholt sein und insofern nicht mehr dem anerkannten Stand der Technik entsprechen können.[919] Zur Konkretisierung können allerdings nur solche überbetrieblichen technischen Normen herangezogen werden, die dem Schutz vor Gefahren und der Sicherheit, also letztlich dem Schutz von in § 823 Abs. 1 BGB geschützten Rechtsgütern, dienen.[920] Außerdem sind Rechtsgüterschutz und Sicherheit gegenüber dem primären Ziel der Standardisierung von untergeordneter Bedeutung.[921] Bereits aus verfassungsrechtlichen Gründen können die überbetrieblichen technischen Regeln als nichtstaatliche Regelwerke indes keine rechtliche Bindungswirkung entfalten.[922] Die abschließende Beurteilung des Einzelfalls liegt immer in der Hand des jeweiligen Richters.

Für die haftungsrechtliche Bedeutung überbetrieblicher technischer Normen ist zwischen einem Verstoß gegen diese und ihrer Einhaltung zu differenzieren.

Zahlreiche Entscheidungen der Rechtsprechung ordnen einen Verstoß gegen überbetriebliche technische Regeln als Verstoß gegen die im Ver-

---

917 S. hierzu ausführlich *Marburger*, Regeln der Technik, S. 429–455.

918 *Marburger*, Regeln der Technik, S. 464–465; *Lübbe-Wolf*, ZG 1991, 219 (226); differenzierend in Bezug auf ISO 9000 ff. *Spindler*, Unternehmensorganisationspflichten, S. 801–802.

919 *Lenckner*, in: FS Engisch, S. 490 (497); *Spindler*, Unternehmensorganisationspflichten, S. 803; *Wagner*, in: MüKo-BGB, § 823 Rn. 448; so auch der BGH (zum Werkvertragsrecht), Urt. v. 14.05.1998 – VII ZR 184/97, BGHZ 139, 16 (20) = NJW 1998, 2814 (2815).

920 *Kroitzsch*, BauR 1994, 673 (674).

921 *Buck-Heeb/Dieckmann*, Selbstregulierung, S. 165; *Wagner*, in: MüKo-BGB, § 823 Rn. 448.

922 S. allgemein *Marburger*, Regeln der Technik, §§ 330–331; *Röthel*, Normkonkretisierung, S. 273–274; *Schmidt-Preuß*, ZLR 1997, 249 (252–255); zum Verfassungsrecht s. sogleich § 16 B. II. 3. b) aa).

kehr erforderliche Sorgfalt ein.[923] Bei Nichteinhaltung der Normen durch den Schädiger wendet der BGH für die Kausalität überdies die Grundsätze des Anscheinsbeweises an.[924] Die DIN-Normen sind insofern als Mindeststandards anzusehen.[925] Damit wird ihre Verletzung regelmäßig eine Verletzung der Verkehrspflichten zur Folge haben bzw. eine entsprechende widerlegliche Vermutung begründen.[926]

Diese Einordnung eines Verstoßes gegen überbetriebliche technische Normen als Verstoß gegen die im Verkehr erforderliche Sorgfalt ist zumindest teilweise auf Kritik gestoßen: Das erforderliche Sicherheitsniveau könne auch durch andere als die in den jeweiligen Regeln vorgesehenen Maßnahmen gewährleistet werden, hierüber könne auch ein höheres als das geforderte Sicherheitsniveau eingehalten werden und ohne Abweichungen sei ein technischer Fortschritt nicht möglich.[927] Insofern sei sogar eine Unterschreitung der Regeln nicht zwingend ein Verstoß gegen die erforderliche Sorgfalt.[928] Diesem Einwand kann jedoch bereits dadurch Rechnung

---

923 BGH, Urt. v. 01.03.1988 – VI ZR 190/87, BGHZ 103, 338 (341 f.) = NJW 1988, 2667 (2668); ähnlich BGH, Urt. v. 12.11.1996 – VI ZR 270/95, NJW 1997, 582 (583 f.); BGH, Urt. v. 04.12.2001 – VI ZR 447/00, NJW-RR 2002, 525 (527) (in den letzten beiden Entscheidungen allerdings mit Verweis auf das Bestehen einer entsprechenden Verkehrssicherungspflicht unabhängig von der DIN-Norm).

924 BGH, Urt. v. 19.04.1991 – V ZR 349/89, BGHZ 114, 273 (276) = NJW 1991, 2021 (2022); BGH, Urt. v. 13.03.2001 – VI ZR 142/00, NJW 2001, 2019 (2020); für die *„anerkannten Regeln"* oder den *„Stand der Technik"* s. auch *Marburger*, Regeln der Technik, S. 448–454, insb. S. 453 f. (Beweislastumkehr); *Kroitzsch*, BauR 1994, 673 (675 f.).

925 *Caspers*, in: Staudinger, BGB (2014), § 276 Rn. 40; *Hager*, in: Staudinger, BGB (2009), § 823 Rn. E 34; *Wagner*, in: MüKo-BGB, § 823 Rn. 447.

926 Ähnlich BGH, Urt. v. 29.11.1983 – VI ZR 137/82, NJW 1984, 801 (802); *Looschelders*, JR 2000, 265 (266) (Missachtung einer technischen Regel indiziert Vorliegen einer Verkehrspflichtverletzung); *Kroitzsch*, BauR 1994, 673 (676) (*„Mißachtung [begründet] in der Regel den Fahrlässigkeitsvorwurf [...]"*); für eine widerlegliche Vermutung auch *Buck-Heeb/Dieckmann*, Selbstregulierung, S. 166.

927 *Marburger*, Regeln der Technik, S. 469–470; *Marburger*, VersR 1983, 597 (602); ähnlich in Bezug auf die ISO 9000 *Spindler*, Unternehmensorganisationspflichten, S. 807.

928 *Marburger*, Regeln der Technik, S. 472; ähnlich *Lenckner*, in: FS Engisch, S. 490 (498) (zur strafrechtlichen Fahrlässigkeit); *Spindler*, Unternehmensorganisationspflichten, S. 805–806, der indes zugibt, dass die Beweislast des potentiellen Schädigers, dass er bei abweichendem Verhalten ein gleichwertiges Sicherheitsniveau eingehalten hat, einer widerleglichen Vermutung des Verstoßes bei Abweichung von der jeweiligen Norm nahe komme.

getragen werden, dass die entsprechenden Normen keinen für den Richter verbindlichen Mindeststandard darstellen und ihm stets die Möglichkeit einer abweichenden Einschätzung offensteht. Wird also z.B. trotz Abweichung von der Norm ein zumindest gleiches oder sogar ein höheres Sicherheitsniveau gewährt (hierfür ist der potentielle Schädiger beweispflichtig),[929] kann der Richter einen Verkehrspflichtenverstoß ablehnen.[930]

Im Gegensatz dazu ist – zumindest nach der Rechtsprechung – die Einhaltung von überbetrieblichen technischen Normen nicht zwingend ausreichend für die Einhaltung der rechtlichen Anforderungen, sondern maßgeblich sind stets die Umstände des Einzelfalls.[931] Für den potentiellen Schädiger stellt die Einhaltung der DIN-Normen insofern keinen „sicheren Hafen" dar. Als abstrakt-generelle Normen können überbetriebliche technische Normen nur Verhaltenspflichten in Bezug auf typische Gefahrenlagen zu statuieren,[932] nicht hingegen abschließende Anforderungen an das erforderliche Verhalten im konkreten Einzelfall beinhalten. In diesem können stets über die Anforderungen der überbetrieblichen technischen Normen hinausgehende Sicherheitsvorkehrungen erforderlich sein.[933] Dies gilt insbesondere (aber nicht ausschließlich), wenn der konkrete Sach-

---

929 S. allgemein *Marburger*, Regeln der Technik, S. 440, 472; *Spindler*, Unternehmensorganisationspflichten, S. 797; *Caspers*, in: Staudinger, BGB (2014), § 276 Rn. 40.

930 Für eine Einhaltung der Verkehrspflichten bei Gewährleistung eines gleichen Sicherheitsniveaus *Marburger*, Regeln der Technik, S. 473; *Singhof/Schneider*, BauR 1999, 465 (470).

931 S. z.B. BGH, Urt. v. 17.12.1982 – V ZR 55/82, NJW 1983, 751 (752) (wesentliche Beeinträchtigung durch Lärmeinwirkung beim Tennisspiel trotz Einhaltung der nach der entsprechenden VDI-Richtlinie zulässigen Richtwerte); BGH, Urt. v. 29.11.1983 – VI ZR 137/82, NJW 1984, 801-803 (Pflicht des Veranstalters eines Eishockeyspiels, die Zuschauer durch entsprechende Maßnahmen auch vor an den Längsseiten herausgeschleuderten Pucks zu schützen, obwohl die maßgebliche DIN-Norm dies nicht vorsah); BGH, Urt. v. 03.02.2004 – VI ZR 95/03, NJW 2004, 1449 (Verkehrssicherungspflichten bei Betrieb einer Röhrenrutsche im Schwimmbad, hier wurden nach Auffassung des BGH die Verkehrspflichten im Einzelfall eingehalten); BGH, Urt. v. 03.06.2008 – VI ZR 223/07, NJW 2008, 3775 (3776) (Verkehrssicherungspflicht des Betreibers einer Trampolinanlage).

932 *Glinski*, Private Regulierung, S. 275; *Lenckner*, in: FS Engisch, S. 490 (497) (in Bezug auf die strafrechtliche Fahrlässigkeit).

933 *Glinski*, Private Regulierung, S. 275; *Spindler*, Unternehmensorganisationspflichten, S. 797; s. auch BGH, Urt. v. 13.03.2001 – VI ZR 142/00, NJW 2001, 2019 (2020); BGH, Urt. v. 03.02.2004 – VI ZR 95/03, NJW 2004, 1449 (1450); *Hager*, in: Staudinger, BGB (2009), § 823 Rn. E 34; ausführlich in Bezug auf Organisationsnormen *Spindler*, Unternehmensorganisationspflichten, S. 809–811.

verhalt von der Regelung nicht erfasst ist, weil diese auf die jeweils vorliegende Gefahrenlage nicht zugeschnitten ist.[934] Die Beurteilung, ob die Einhaltung der überbetrieblichen technischen Normen im Einzelfall ausreichend ist oder ob weitere Sicherheitsvorkehrungen erforderlich sind, obliegt, das kann nicht oft genug betont werden, dem den jeweiligen Fall beurteilenden Richter.[935]

Überbetriebliche technische Normen können allerdings auch Bedeutung für die innere Sorgfalt erlangen.[936] So ist für den Fall, dass die jeweiligen Normen ausnahmsweise den Anforderungen an die äußere Sorgfalt nicht genügen, weil sie unzureichend, fehlerhaft oder unvollständig sind, regelmäßig davon auszugehen, dass der Schädiger zumindest die innere Sorgfalt gewahrt hat.[937] Zumindest, wenn er keine Kenntnis von der Fehlerhaftigkeit oder Unvollständigkeit hatte, war für ihn die Pflichtverletzung nicht erkenn- und vermeidbar, sodass er die innere Sorgfalt eingehalten hat und ihn kein Verschulden trifft.

Zusammenfassend gesagt: Ein Verstoß gegen überbetriebliche technische Regelwerke hat regelmäßig eine Haftung des Schädigers zur Konsequenz, wenn dieser nicht die Einhaltung des gleichen oder eines höheren Sicherheitsniveaus nachweist. Ihre Einhaltung führt hingegen nicht zwingend zu einer Haftungsfreistellung des Schädigers.

b) Kriterien für die Berücksichtigung außerrechtlicher Standards

Für die entscheidende Frage, inwiefern auch CSR-Standards zur Konkretisierung der Verkehrspflichten herangezogen werden können, ist am Beispiel überbetrieblicher technischer Normen zu untersuchen, ob bestimmte Kriterien existieren, die diese als nichtstaatlichen Regelungswerke aus-

---

934 *Marburger*, VersR 1983, 597 (600 f.); dementsprechend eine Heranziehung in atypischen Gefährdungslagen ablehnend *Buck-Heeb/Dieckmann*, Selbstregulierung, S. 166.

935 BGH, Urt. v. 29.11.1983 – VI ZR 137/82, NJW 1984, 801; *Glinski*, Private Regulierung, S. 278; *Röthel*, Normkonkretisierung, S. 273–274; *Spindler*, Unternehmensorganisationspflichten, S. 797; *Singhof/Schneider*, BauR 1999, 465 (470).

936 S. *Marburger*, Regeln der Technik, S. 458–462; *Singhof/Schneider*, BauR 1999, 465 (470 f.).

937 S. hierzu und zu Fällen, in denen auch die innere Sorgfalt nicht gewahrt wird, *Marburger*, Regeln der Technik, S. 466–468; zur Bedeutung der Einhaltung nichtstaatlicher Regelwerke für die Fahrlässigkeit im Strafrecht s. *Lenckner*, in: FS Engisch, S. 490 (503 f.).

zeichnen. Da verfassungsrechtliche Gesichtspunkte letztlich für alle Kriterien Bedeutung erlangen können, werden sie zu Beginn gesondert dargestellt (aa) und sofern erforderlich wird im Rahmen der einzelnen Kriterien auf diese zurückgegriffen. Daneben ist zwischen den Anforderungen an den Regelgeber (bb)) und an das Verfahren der Regelsetzung (cc)), der Rezeption durch die Regeladressaten (dd)) sowie der inhaltlichen Ausgestaltung der Regelungen (ee)) zu differenzieren.[938] Ferner existieren weitere Kriterien, die sich keiner dieser Kategorien zuordnen lassen (ff)). Abschließend erfolgt eine Bewertung dieser Kriterien (gg)).

aa) Verfassungsrechtliche Gesichtspunkte

Handelt es sich bei dem Regelgeber um einen Verband, ist die Aufstellung allgemeiner Regeln im eigenen Wirkungskreis grundsätzlich durch die Verbands- und Normungsautonomie aus Art. 9 Abs. 1 und Art. 12 Abs. 1 GG geschützt.[939]

Die Regelsetzung nichtstaatlicher Akteure berührt aber auch das Demokratie- und Rechtsstaatsprinzip.[940] Nur der Gesetzgeber ist *„legitimiert, befugt und befähigt, verbindliche und ggf. imperativ [...] durchsetzbare Regeln mit Geltung für alle zu setzen.“*[941] Von nichtstaatlichen Akteuren gesetzte Regeln können also keine allgemeingültige Verbindlichkeit, insbesondere nicht für den Staat, entfalten. Die abschließende Entscheidung über den Inhalt eines Gesetzes muss stets dem parlamentarischen Gesetzgeber obliegen. Insofern ist eine dynamische Verweisung auf nichtstaatliche Regelwerke verfassungsrechtlich bedenklich. Nach dem BVerfG darf der Gesetzgeber *„seine Normsetzungsbefugnis nicht in beliebigem Umfang außerstaatlichen Stellen überlassen“.*[942] Zwar hat das BVerfG eine dynamische Verweisung auf nichtstaatliche Regelwerke (im konkreten Fall tarifvertragliche Regelungen) nicht vollständig ausgeschlossen, erforderlich ist ist aber, dass

---

938 Ähnlich *Buck-Heeb/Dieckmann*, Selbstregulierung, S. 166–168 (Voraussetzungen für eine Rechtskonkretisierung durch technische Normen: Anwendungsbereich der technischen Norm, Sachverständigkeit des Normgebers, Objektivität und Neutralität des Normgebers, Publizität und Transparenz der Normgebung).

939 *Schmidt-Preuß*, ZLR 1997, 249 (252).

940 S. hierzu auch *Lübbe-Wolf*, ZG 1991, 219 (239); s. in Bezug auf die Einbeziehung privater Normen ins Recht auch *Glinski*, Private Regulierung, S. 229.

941 *Schmidt-Preuß*, ZLR 1997, 249 (252).

942 BVerfG, Beschl. v. 14.06.1983 – 2 BvR 488/80, BVerfGE 64, 208 (214) = NJW 1984, 1225.

der Inhalt der nichtstaatliche Normen, auf die verwiesen wird, „*im wesentlichen feststeht*".[943] Dies dürfte nur in wenigen Ausnahmefällen der Fall sein, sodass eine dynamische Verweisung auf nichtstaatliche Regelwerke regelmäßig ausgeschlossen ist.[944] Demgegenüber wäre eine statische Verweisung zulässig, aber aufgrund des ständig erforderlichen Anpassungsbedarfs wenig praktikabel.[945] Nach diesen Grundsätzen dürfen private Regelwerke regelmäßig auch keine unwiderlegliche Vermutung begründen.[946] Daher hat sich die Methode, bestimmte normative Standards durch die Verwendung von Generalklauseln und unbestimmten Rechtsbegriffen festzulegen, als besonders geeignet erwiesen.[947] Diese bedürfen einer Konkretisierung durch Exekutive und Judikative, die hierfür nichtstaatliche Regelwerke heranziehen können.[948] Auch für die staatliche Normsetzung durch Generalklauseln oder unbestimmte Rechtsbegriffe sind die Anforderungen der Wesentlichkeitstheorie des BVerfG[949] zu wahren.[950] Dies ist zu bejahen, da auch bei Generalklauseln „das Wesentliche" vom Gesetz fest-

---

943 BVerfG, Beschl. v. 14.06.1983 – 2 BvR 488/80, BVerfGE 64, 208 (214 f.) = NJW 1984, 1225; s. auch *Bachmann*, Private Ordnung, S. 66–67.

944 *Bachmann*, Private Ordnung, S. 66–67.

945 *Denninger*, Normsetzung, Rn. 137 (S. 137); ausführlich *Glinski*, Private Regulierung, S. 230–232; *Schmidt-Preuß*, ZLR 1997, 249 (253); zur Verweisung auf technische Regeln durch Rechtsvorschriften s. ausführlich *Denninger*, Normsetzung, Rn. 143–146 (S. 141-147) (in Bezug auf das Demokratieprinzip); *Marburger*, Regeln der Technik, §§ 48–52 (S. 379-426).

946 S. hierzu *Bachmann*, Private Ordnung, S. 339, 341, 372, nach dem eine unwiderlegliche Vermutung nur möglich ist, sofern diese als statische Verweisung erfolgt.

947 S. auch *Bachmann*, Private Ordnung, S. 372; zu diesbezüglichen verfassungsrechtlichen Bedenken s. *Bachmann*, Private Ordnung, S. 67 m.w.N; s. zu Generalklauseln auch *Glinski*, Private Regulierung, S. 232–236; zur Abgrenzung dieser beiden Begriffe s. etwa *Marburger*, Regeln der Technik, S. 166–167 m.w.N.

948 *Schmidt-Preuß*, ZLR 1997, 249 (253 f.), der dies als „*Generalklauselmethode*" bezeichnet; s. auch *Glinski*, Private Regulierung, S. 232; kritisch *Lübbe-Wolf*, ZG 1991, 219 (233).

949 Der Gesetzgeber muss „*in grundlegenden normativen Bereichen [...] alle wesentlichen Entscheidungen selbst [...] treffen*"; st. Rspr.; s. z.B. BVerfG, Beschl. v. 08.08.1978 – 2 BvL 8/77, BVerfGE 49, 89 (126) = NJW 1979, 359 (360) m.w.N.; BVerfG, Beschl. v. 20.10.1982 – 1 BvR 1470/80, BVerfGE 61, 260 (275) = BeckRS 1982, 05971 Rn. 104; BVerfG, Urt. v. 02.03.1993 – 1 BvR 1213/85, BVerfGE 88, 103 (116).

950 S. ausführlich *Denninger*, Normsetzung, Rn. 153–160 (S. 153-160) (in Bezug auf den Gesetzesvorbehalt); *Lübbe-Wolf*, ZG 1991, 219 (237–244); s. kritisch in Bezug auf die Legitimität über Verweisungen des Gesetzgebers *Glinski*, Private Regulierung, S. 246–248.

gelegt ist.[951] Im Bereich des Umweltrechts sind darüber hinaus nach der „*Kalkar-* / *„Schneller-Brüter"*-Entscheidung des BVerfG die sich aus dem Wesentlichkeitsgrundsatz ergebenden verfassungsrechtlichen Anforderungen aufgrund der hohen Komplexität des Gebiets und der schnellen technischen Entwicklung relativiert.[952] Der *„damit akzeptierte[...] Verlust an Rechtsstaatlichkeit, demokratischer Legitimation und verfahrensmäßigem Schutz der Grundrechte [...]"* ist durch bestimmte Verfahrensanforderungen, die vom Gesetzgeber näher auszugestalten sind, auszugleichen.[953]

Im Ergebnis ist eine Konkretisierung von Generalklauseln und unbestimmten Rechtsbegriffen durch Verwaltung und Rechtsprechung auch mithilfe nichtstaatlicher Regelwerke grundsätzlich verfassungsrechtlich zulässig. Das Verfassungsrecht verbietet aber eine unbesehene Übernahme durch die Rechtsprechung.[954] Insofern entfalten nichtstaatliche Regelwerke keine Bindungswirkung gegenüber den Behörden und Gerichten.[955]

bb) Anforderungen an den Regelgeber

Die Regelungsgeber nichtstaatlicher Regelungen, die von den Gerichten bei der Konkretisierung der Verkehrspflichten berücksichtigt werden, verfügen über einen hervorragenden Sachverstand, besondere fachliche Qualifikationen und eine entsprechende Autorität.[956] Daneben zeichnen sie sich insbesondere im Bereich der überbetrieblichen technischen Normen durch eine Berücksichtigung sämtlicher beteiligter Interessen und damit durch eine Neutralität aus.[957]

---

951 *Schmidt-Preuß*, ZLR 1997, 249 (254).
952 BVerfG, Beschl. v. 08.08.1978 – 2 BvL 8/77, BVerfGE 49, 89 (134-140) = NJW 1979, 359 (361-363); zustimmend *Lübbe-Wolf*, ZG 1991, 219 (241 f.).
953 *Lübbe-Wolf*, ZG 1991, 219 (243-244, 247); s. auch *Augsberg*, Rechtsetzung, S. 102–106; *Bachmann*, Private Ordnung, S. 68, 71; *Glinski*, Private Regulierung, S. 236, 248-251; *Spindler*, Unternehmensorganisationspflichten, S. 492–493; zu den Verfahrensanforderungen s.u. § 16 B. II. 3. b) cc).
954 *Bachmann*, Private Ordnung, S. 67, 341, 372.
955 *Bachmann*, Private Ordnung, S. 68, 341; *Schmidt-Preuß*, ZLR 1997, 249 (255).
956 Für die Normungsverbände technischer Regeln s. *Buck-Heeb/Dieckmann*, Selbstregulierung, S. 166–167; *Marburger*, Regeln der Technik, S. 464; *Röthel*, Normkonkretisierung, S. 272; ähnlich allgemein *Röthel*, Normkonkretisierung, S. 89, 258; *Schäfer/Ott*, ökonomische Analyse, S. 227–228; *Spindler*, Unternehmensorganisationspflichten, S. 492.
957 *Buck-Heeb/Dieckmann*, Selbstregulierung, S. 167; *Röthel*, Normkonkretisierung, S. 89–90, 258, 272; zum Erfordernis eines pluralistisch zusammengesetzten Ar-

Im Rahmen des Normungsverfahrens überbetrieblicher technischer Normen ist insbesondere die fehlende ausgewogene Beteiligung der betroffenen Interessensgruppen immer wieder Gegenstand von Kritik geworden.[958] Indes ist die staatliche Rechtsetzung ebenfalls dadurch gekennzeichnet, dass sich bestimmte Interessen durchsetzen. Überdies obläge ohne Konkretisierungsmöglichkeit die Bildung von Regeln ausschließlich dem Richter. Auch die demokratische Legitimation von Richterrecht ist allerdings zweifelhaft.[959]

Daneben ist der Sachverstand der Verbände von zentraler Bedeutung, da die zu regelnden Sachverhalte derart spezialisierte Fachkenntnisse erfordern, dass eine Normierung durch den Gesetzgeber nahezu unmöglich ist.[960]

cc) Anforderungen an das Verfahren der Regelsetzung

Anforderungen an das Verfahren der Regelsetzung haben insbesondere im Hinblick auf die verfassungsrechtliche Zulässigkeit der Heranziehung privater Regelwerke zur Konkretisierung von unbestimmten Rechtsbegriffen oder Generalklauseln zentrale Bedeutung. Diese gewährleisten die erforderliche „Gemeinwohlrichtigkeit" der Rechtsetzung.[961]

---

beitsgremiums in verfassungsrechtlicher Hinsicht s. BVerwG, Beschl. v. 30.09.1996 – 4 B 175/96, NVwZ-RR 1997, 214 (215); *Lübbe-Wolf*, ZG 1991, 219 (243 f.).

958 S. etwa *Buck-Heeb/Dieckmann*, Selbstregulierung, S. 167 m.w.N. (zur Überrepräsentierung wirtschaftlicher Interessen); *Spindler*, Unternehmensorganisationspflichten, S. 494, 496, 537, 809 f.; *Glinski*, Private Regulierung, S. 250; *Lübbe-Wolf*, ZG 1991, 219 (248); eine ausgewogene Beteiligung der betroffenen Interessensgruppen nehmen hingegen an: *Marburger*, Regeln der Technik, S. 464; *Breuer*, AöR 101 (1976), 46 (80 f.); s. auch BVerwG, Beschl. v. 30.09.1996 – 4 B 175/96, NVwZ-RR 1997, 214 (215).

959 So differenzierend auch *Bachmann*, Private Ordnung, S. 339–340, s. auch S. 368, 374; ähnlich *Glinski*, Private Regulierung, S. 255; *Röthel*, Normkonkretisierung, S. 89.

960 Ähnlich *Lübbe-Wolf*, ZG 1991, 219 (241 f.); *Schmidt-Preuß*, ZLR 1997, 249 (251).

961 *Bachmann*, Private Ordnung, S. 68, 71, 338, 364; *Spindler*, Unternehmensorganisationspflichten, S. 491 m.w.N.; ähnlich *Augsberg*, Rechtsetzung, S. 102.

(1) Meinungsstand

Schmidt-Preuß fordert beispielsweise Publizität, Transparenz und Repräsentanz, die Möglichkeit Dritter, Einwendungen zu erheben sowie ein mögliches Schiedsverfahren, wenn diese nicht berücksichtigt werden. Darüber hinaus seien die Veröffentlichung bzw. mindestens Zugänglichkeit der Normentwürfe, ein angemessenes Verhältnis bei der Repräsentation der relevanten Kreise sowie die Publikation der beschlossenen Regeln relevant.[962] Ähnliche Aspekte, nämlich die Gewährleistung von Transparenz und einer offenen Diskussion neben dem oben bereits erwähnten Erfordernis eines pluralistisch zusammengesetzten Normgebers, nennt auch *Lübbe-Wolf*.[963] *Bachmann* fasst die Forderungen des Schrifttums unter folgenden Kriterien zusammen: ausgewogene und unabhängige Zusammensetzung des Normsetzungsgremiums, ausreichende Gelegenheit der interessierten Öffentlichkeit zur Mitwirkung am Normsetzungsverfahren, Bekanntmachung der Normen in für jedermann zugänglicher Weise, eine überwachende Begleitung der Normsetzung durch die Exekutive und die Revision der privaten Normen.[964] An späterer Stelle stellt er selbst die Anforderungen auf, die Regel müsse *„durch repräsentative, sachkundige und unabhängige Personen in einem transparenten und beteiligungsoffenen Verfahren aufgestellt worden"* sein und dürfe *„keine marktabschottende Wirkung zu Lasten potentieller Wettbewerber"* haben.[965]

(2) Stellungnahme

Ein Blick in die Verfahrensnormen insbesondere des DIN bestätigt die vom Schrifttum herausgearbeiteten Kriterien für das Verfahren der Regelsetzung. Die Regelungen des DIN auf nationaler (DIN-Norm 820-4[966]) und der ISO auf internationaler Ebene legen sehr detaillierte Verfahrensvorgaben für die Normierung fest. Das Normungsverfahren ist gekenn-

---

962 *Schmidt-Preuß*, ZLR 1997, 249 (257); ähnlich *Breuer*, AöR 101 (1976), 46 (80 f.).

963 *Lübbe-Wolf*, ZG 1991, 219 (243 f.); ähnlich *Augsberg*, Rechtsetzung, S. 102–106; *Glinski*, Private Regulierung, S. 251; *Röthel*, Normkonkretisierung, S. 273.

964 *Bachmann*, Private Ordnung, S. 68, 364; eine Überwachung und Evaluation der Normen fordert beispielsweise *Glinski*, Private Regulierung, S. 271.

965 *Bachmann*, Private Ordnung, S. 338, ähnlich S. 355-356.

966 DIN 820-4 Normungsarbeit – Teil 4: Geschäftsgang, online verfügbar unter http://www.din.de/de/ueber-normen-und-standards/din-norm/din-820-4-189110 (zuletzt aufgerufen am 19.06.2019).

zeichnet durch Publizität und Transparenz und durch die Mitwirkung der beteiligten Interessensgruppen.[967] Durch den Grundlagenvertrag zwischen dem Wirtschaftsminister und dem DIN aus dem Jahr 1975[968] werden auch öffentliche Interessen berücksichtigt.[969] Darüber hinaus kann sich jeder durch Einwendungsmöglichkeiten und ein etwaiges Schiedsverfahren an der Regelsetzung beteiligen. Aufgrund dieser detaillierten Verfahrensanordnungen erfüllt das DIN-Normungsverfahren die nach dem Schrifttum erforderlichen Verfahrensanforderungen.[970]

dd) Rezeption durch die Regeladressaten

Die überbetrieblichen technischen Regeln werden durch die Regeladressaten allgemein anerkannt. Sie sind weit verbreitet, haben sich (über einen längeren Zeitraum) bewährt und werden von den Adressaten befolgt.[971] Diese weite Verbreitung und die allgemeine Anerkennung[972] lassen sich auf die Einheitlichkeit des Regelungswerkes, aber auch auf das ausgeglichene Normierungsverfahren zurückführen.[973] Gleichzeitig sind sie Ausdruck dafür, dass die Regeln von den Adressaten als inhaltlich sachgerecht

---

967 S. hierzu auch *Buck-Heeb/Dieckmann*, Selbstregulierung, S. 168; *Spindler*, Unternehmensorganisationspflichten, S. 494; kritisch in Bezug auf Publizität und Transparenz mit Blick auf die Kosten für den Bezug von DIN-Normen *Denninger*, Normsetzung, Rn. 167 (S. 164).

968 Vertrag zwischen der Bundesrepublik Deutschland und dem DIN Deutsches Institut für Normung e.V. vom 05.06.1975, Beil. zum BAnz. Nr. 114 v. 27.06.1975 = Arbeitsschutz 1975, 346-348.

969 *Marburger*, Regeln der Technik, S. 464 (Einhaltung der entsprechenden Normen führt zur Einhaltung der i.R.v. § 823 Abs. 1 BGB relevanten anerkannten Regeln der Technik).

970 *Schmidt-Preuß*, ZLR 1997, 249 (257); ähnlich *Spindler*, Unternehmensorganisationspflichten, S. 496; *Singhof/Schneider*, BauR 1999, 465 (465, 471); s. aber auch *Buck-Heeb/Dieckmann*, Selbstregulierung, S. 167 (nicht immer Einhaltung der verfahrensmäßigen Anforderungen).

971 Zur Bedeutung eines *„gewisse[...][n] Vertrauen[s]"* in die Einhaltung s. auch *Bachmann*, Private Ordnung, S. 338; zur Legitimation durch Bewährung s. *Glinski*, Private Regulierung, S. 252, 256.

972 S. hierzu *Marburger*, Regeln der Technik, S. 464; *Singhof/Schneider*, BauR 1999, 465 (465, 471); zurückhaltend in Bezug auf die ISO 9000 *Spindler*, Unternehmensorganisationspflichten, S. 807.

973 S. auch *Schmidt-Preuß*, ZLR 1997, 249 (251) (Akzeptanz der Regeln ist darauf zurückzuführen, dass auch Adressaten an privater Normsetzung beteiligt sind).

und nachvollziehbar angesehen werden.[974] Nur durch die allgemeine Anerkennung durch die Adressaten und die Verbreitung des Regelwerks können überbetriebliche technische Regelungen ihren Zweck, die Rationalisierung / Vereinheitlichung, die Gewährleistung eines fairen Wettbewerbs, die überbetriebliche Qualitätssicherung und den Schutz (insbesondere von Verbrauchern, Umwelt und der Arbeitnehmer) vor Gefahren,[975] erreichen.

ee) Inhaltliche Ausgestaltung der Regeln

Auch die inhaltliche Ausgestaltung der Regeln ist für die Frage, ob sie von der Rechtsprechung zur Konkretisierung unbestimmter Rechtsbegriffe und Generalklauseln herangezogen werden können, von Bedeutung. Mögliche Kriterien sind die Einheitlichkeit ((1)), der Konkretisierungsgrad ((2)) und die Verbindlichkeit ((3)) des Regelwerks.

(1) Einheitlichkeit

Die Einheitlichkeit des Regelwerks steht in engem Zusammenhang zur allgemeinen Anerkennung durch die Regeladressaten. Einheitliche Regeln bestehen dann, wenn für einen Lebensbereich lediglich ein einziges regulierendes Regelwerk besteht oder sich durchgesetzt hat oder wenn einzelne existierende Regelwerke aufeinander Bezug nehmen und entsprechend abgestimmt werden.

Ohne eine Einheitlichkeit überbetrieblicher technischer Normen könnte die Standardisierung als ein zentrales Ziel der Normierung nicht erreicht werden.[976] Einheitlichkeit wird auch über die nationalen Grenzen hinaus gewährleistet – etwa dadurch, dass eine Verpflichtung der Mitglieder des CEN und CENELEC zur Implementierung der europäischen in nationale Normen besteht. Eine Übernahme der ISO-Normen auf nationaler Ebene ist aber freiwillig.[977]

---

974 *Schmidt-Preuß*, ZLR 1997, 249 (252); ähnlich *Glinski*, Private Regulierung, S. 256.

975 Zum Zweck s. *Lenckner*, in: FS Engisch, S. 490; *Marburger*, VersR 1983, 597 (599); *Sonnenberger*, BB Beil. Nr. 4 (zu Heft 6) 1985, 3.

976 S. auch *Schmidt-Preuß*, ZLR 1997, 249 (250).

977 https://www.din.de/de/ueber-normen-und-standards/din-norm (zuletzt aufgerufen am 19.06.2019), unter *„Entstehung einer Europäischen Norm"* und *„Entstehung einer Internationalen Norm"*.

(2) Konkretisierungsgrad

Für die Heranziehung nichtstaatlicher Regelwerke zur Konkretisierung von unbestimmten Rechtsbegriffen / Generalklauseln, insbesondere der Verkehrspflichten, wird es bereits aus rein tatsächlichen Gründen auf einen gewissen Konkretisierungsgrad der jeweiligen nichtstaatlichen Regelung ankommen, da dies nur sinnvoll erscheint, wenn sie konkretere Handlungsvorgaben beinhalten als die zur Bestimmung der Verkehrspflichten verwendeten allgemeinen Formulierungen.[978] Hieran dürften jedoch im Hinblick auf die äußerst allgemeinen Anforderungen der Rechtsprechung an die Verkehrspflichten[979] keine allzu hohen Anforderungen zu stellen sein.[980] Darüber hinaus wird ein Richter aber wohl eher ganz konkrete Vorgaben nichtstaatlicher Regelungswerke berücksichtigen als solche, die zwar einen höheren Konkretheitsgrad als die Verkehrspflichten an sich, aber dennoch eher abstrakte, allgemein formulierte Regelungen beinhalten.

Überbetriebliche technische Normen beinhalten in der Regel ganz konkrete Vorgaben. Daneben gibt es allerdings auch Grundnormen, die lediglich allgemeine Grundlagen festlegen (und dann allerdings wieder als Grundlage für weitere Normen dienen).[981]

(3) Verbindlichkeit

Überbetriebliche technische Regelwerke, insbesondere DIN-Normen, stellen grundsätzlich freiwillige Standards dar. Ihnen wird trotz dieser Freiwilligkeit in der Praxis häufig eine faktische Orientierungswirkung zukommen, da Produkte, die die entsprechenden Anforderungen nicht einhalten, wohl auf eine geringere Resonanz von Kunden und Geschäftspartnern stoßen dürften.[982]

---

978 Ähnlich *Bachmann*, Private Ordnung, S. 367 („*Mindestmaß an Klarheit und Ausgewogenheit*").

979 Zu Inhalt und Umfang der Verkehrspflichten s.u. § 16 B. II. 4.

980 Zurückhaltend wohl *Spindler*, Unternehmensorganisationspflichten, S. 798, der einen Stand der Organisationstechnik „*höchstens für wiederholbare Ablaufprozesse*" anerkennen will.

981 Differenzierend und eher zurückhaltend für die ISO 9000 indes *Spindler*, Unternehmensorganisationspflichten, S. 806–807.

982 S. hierzu auch *Marburger*, Regeln der Technik, S. 297–298 mit Beispielen.

Da für den Verstoß gegen überbetriebliche technische Regeln von den jeweiligen Regelungswerken keine Sanktionen vorgesehen sind, ist die Sanktionsbewehrtheit von Verstößen ist hingegen keine zwingende Voraussetzung für die Berücksichtigung durch die Rechtsprechung.

ff) Darüber hinausgehende Kriterien

Einige weitere Eigenschaften von überbetrieblichen technischen Normen lassen sich keiner der oben gebildeten Kategorien zuordnen.

Überbetriebliche technische Normen zeichnen sich regelmäßig durch eine (langjährige) Bewährung aus.[983] Daneben ist insbesondere der schnelle technische Wandel, der eine schnelle, effiziente und flexible Regulierung erfordert, von elementarer Bedeutung. Diese Anforderungen kann der deutsche Gesetzgeber im ordentlichen Gesetzgebungsverfahren nicht erfüllen,[984] sodass die Verwendung von generalklauselartigen Formulierungen wie *„Stand der Technik"* oder *„Stand von Wissenschaft und Technik"* unvermeidbar ist.[985] Die Normierung durch private Institutionen gewährleistet hingegen grundsätzlich die erforderliche Schnelligkeit, Effizienz und Flexibilität.[986] Zumindest Zweifel an der tatsächlichen Schnelligkeit des Normsetzungsverfahrens weckt indes Nr. 4.1.2.8 der DIN-Norm 820-4, wonach die Dauer eines Normierungsverfahrens auf nationaler Ebene drei Jahre nicht überschreiten soll. Jedenfalls eröffnet das Normungsverfahren durch das DIN aber die *Möglichkeit* zu einer schnellen Regulierung und Anpassung. Darüber hinaus weisen technische Anlagen heute einen so hohen Komplexitätsgrad auf, dass es zweifelhaft erscheint, inwiefern der Gesetzgeber zu einer staatlichen Regulierung in der Lage wäre.[987]

---

983 S. *Singhof/Schneider*, BauR 1999, 465 (465, 470); zur Bedeutung dieses Erfordernisses allgemein auch *Bachmann*, Private Ordnung, S. 338; *Glinski*, Private Regulierung, S. 252, 256.

984 *Breuer*, AöR 101 (1976), 46 (49 f.); *Lenckner*, in: FS Engisch, S. 490; *Singhof/Schneider*, BauR 1999, 465 (466); ähnlich *Spindler*, Unternehmensorganisationspflichten, S. 489.

985 BVerfG, Beschl. v. 08.08.1978 – 2 BvL 8/77, BVerfGE 49, 89 (134-140) = NJW 1979, 359 (361-363); *Marburger*, Regeln der Technik, S. 117–119.

986 *Marburger*, BB Beil. Nr. 4 (zu Heft 6) 1985, 16 (17); *Singhof/Schneider*, BauR 1999, 465 (466).

987 *Lübbe-Wolf*, ZG 1991, 219 (241 f.); *Schmidt-Preuß*, ZLR 1997, 249 (251); ähnlich *Spindler*, Unternehmensorganisationspflichten, S. 490; *Breuer*, AöR 101 (1976), 46 (49 f.).

gg) Bewertung der Kriterien

Die vorstehenden Ausführungen zeigen, dass nichtstaatliche Regelsetzung, die die Rechtsprechung zur Konkretisierung von unbestimmten Rechtsbegriffen oder Generalklauseln heranzieht, eine Vielzahl von Kriterien erfüllt.

Damit stellt sich die Frage, welche Kriterien konkret dazu führen, dass die Rechtsprechung die jeweiligen Regelwerke bei der Konkretisierung unbestimmter Rechtsbegriffe und Generalklauseln berücksichtigt.

Im Ergebnis ist wohl eine Kombination der oben herausgearbeiteten Kriterien entscheidend. Je mehr der oben genannten Kriterien ein nichtstaatliches Regelwerk erfüllt und je besser es diese im Einzelnen ausfüllt, desto eher wird es von der Rechtsprechung herangezogen werden.[988] Erfüllt ein Regelwerk einzelne Kriterien nicht, bedeutet dies indes nicht, dass es von vornherein nicht herangezogen werden kann. Ein „Weniger" in Bezug auf eines der genannten Kriterien kann durch ein „Mehr" bei einem anderen ausgeglichen werden.

Dies entspricht dem inzwischen auch vom BGH aufgegriffenen Vorgehen bei der Bestimmung der Sittenwidrigkeit eines Rechtsgeschäfts gemäß § 138 BGB: Sowohl ein Zusammenspiel mehrerer beweglicher Elemente als auch ein einziges, besonders ausgeprägtes Element kann eine Sittenwidrigkeit zur Folge haben.[989] Auch hier wird insofern das „Weniger" bei einem Kriterium durch ein „Mehr" bei einem anderen ausgeglichen.

c) CSR-Standards im Lichte der Kriterien für die Berücksichtigung außerrechtlicher Standards

Entscheidend ist, inwiefern CSR-Standards im Lichte dieser Kriterien möglicherweise ebenfalls von der Rechtsprechung zur Konkretisierung der Sorgfaltspflichten herangezogen werden könnten. Das Schrifttum befürwortet dies bereits teilweise, allerdings fehlt an den entsprechenden Stellen

---

988 Ähnlich *Bachmann*, Private Ordnung, S. 341; in Bezug auf die prozeduralen Bedingungen *Bachmann*, Private Ordnung, S. 70.

989 BGH, Urt. v. 02.02.2012 – III ZR 60/11, BeckRS 2012, 4157 (Rn. 20) = VersR 2013, 370 (371); ausführlich *Armbrüster*, in: MüKo-BGB, § 138 Rn. 27–31; *Looschelders*, in: NK-BGB, § 138 Rn. 100; grundlegend zur Entwicklung eines beweglichen Systems im bürgerlichen Recht *Wilburg*, Bewegliches System, insb. S. 19 f. zur Wucher.

eine nähere Begründung.[990] Ob CSR-Standards tatsächlich zur Konkretisierung der Verkehrs- bzw. Sorgfaltspflichten herangezogen werden können, ist indes genauer zu untersuchen. Hierfür kommt es entscheidend auf die soeben herausgearbeiteten Kriterien und die Frage, inwiefern CSR-Standards diese ebenfalls erfüllen, an. Aufgrund der zentralen Unterschiede insbesondere mit Blick auf den Regelgeber und das Regelungsverfahren ist zwischen unternehmerischen und internationalen Verhaltensstandards zu unterscheiden. Die Untersuchung internationaler Verhaltensstandards erfolgt exemplarisch anhand der UN-Leitprinzipien, da diese aufgrund eines ausdrücklichen UN-Mandates entwickelt wurden und eine besondere Vorbildfunktion für andere CSR-Standards entfalten.

aa) Unternehmerische Verhaltensstandards und nichtfinanzielle
Erklärungen

Unternehmerische Verhaltensstandards können sich sowohl auf bereits existierende Standards, etwa von Internationalen Organisationen oder bestimmten Branchen berufen als auch eigenständig für ein Unternehmen oder eine Unternehmensgruppe entwickelt worden sein.

Hinsichtlich Verhaltensstandards im Bereich der CSR, die ein Unternehmen für sich selbst erarbeitet hat, sind sämtliche der oben entwickelten Kriterien problematisch: Mit Blick auf die Anforderungen an den Regelgeber könnte man zwar möglicherweise noch von einem besonderen Sachverstand der Unternehmenseinheit, die das Regelwerk entworfen hat, ausgehen; regelmäßig wird das Unternehmen aber weder über eine besondere fachliche Autorität verfügen noch neutral sein, sondern mit der Regelsetzung vor allem eigene Interessen verfolgen. Außerdem dienen solche Ver-

---

990 *Güngör*, Sorgfaltspflichten, S. 274, 280 (im Rahmen des Verschuldens); *Mansel*, ZGR 2018, 439 (450 f.) (für die *lex causae* allgemein); *Saage-Maaß/Klinger*, in: Krajewski/Oehm/Saage-Maaß, Unternehmensverantwortung, S. 249 (258 f.); *Spießhofer*, NJW 2014, 2473 (2476); s. bereits in Bezug auf die OECD-Leitsätze *Großfeld*, in: Staudinger, BGB (1998), IntGesR Rn. 1068; **zurückhaltend** *Holle*, Legalitätskontrolle, S. 301–303 (in Bezug auf Compliance-Standards); *Grabosch*, in: Nikol/Schniederjahn/Bernhard, Transnationale Unternehmen, S. 69 (97 f.) (keine gesetzeskonkretisierende Wirkung, aber Möglichkeit zur Heranziehung zur Substantiierung des Parteivortrages); *Nordhues*, in: Krajewski/Saage-Maaß, Sorgfaltspflichten, S. 125 (140 f.) (Betonung der Freiwilligkeit; strikte Ablehnung des Gesetzgebers); ablehnend auch *Simons*, ZGR 2018, 316 (325 f.); kritisch mit Blick auf den verfassungsrechtlichen Bestimmtheitsgrundsatz *Voland*, BB 2015, 67 (73).

haltensstandards teilweise dem sogenannten *„Greenwashing"*. Überdies werden derartige Standards weder in einem öffentlichen und transparenten Verfahren entwickelt, noch bestehen Beteiligungsmöglichkeiten für Interessierte oder Einwendungsmöglichkeiten für Dritte. Da die Standards ausschließlich für ein bestimmtes Unternehmen oder eine bestimmte Unternehmensgruppe gelten, sind sie weder allgemein anerkannt noch weit verbreitet. Über die tatsächliche Einhaltung lassen sich verlässliche Aussagen nur schwer treffen; eigene unternehmerische Angaben sind allerdings im Hinblick auf ein etwaiges *„Greenwashing"* mit Vorsicht zu behandeln. Außerdem existiert regelmäßig kein einheitliches Regelwerk, sondern eine unüberschaubare Anzahl unterschiedlicher unternehmerischer Verhaltensstandards nebeneinander, die inhaltlich ganz unterschiedlich ausgestaltet sein können. Der Verbindlichkeits- und Konkretisierungsgrad ist abhängig vom jeweiligen Regelungswerk, wird aber, zumindest wenn dieses zuvörderst eine Public-Relations-Maßnahme darstellt, eher gering sein. Es ist also fraglich, inwiefern derartige Verhaltensstandards letztlich konkretere Vorgaben für die Unternehmen beinhalten als die allgemeinen Anforderungen der Rechtsprechung an Verkehrs- und Organisationspflichten. Der CSR-Bereich steht erst in jüngerer Zeit vermehrt auf der Agenda der Unternehmen, sodass derartige Verhaltensstandards auch noch nicht langjährig gelten werden. Ein mit den überbetrieblichen technischen Normen vergleichbares Bedürfnis nach einer schnellen, effizienten und flexiblen Regulierung ist im Bereich unternehmensinterner Verhaltensstandards ebenfalls nicht ersichtlich.

Da eigene Verhaltensstandards der Unternehmen damit höchstens im Einzelfall vereinzelte der oben herausgearbeiteten Kriterien erfüllen, erscheint eine Heranziehung zur Konkretisierung der Verkehrspflichten durch die Rechtsprechung grundsätzlich wenig wahrscheinlich. Insbesondere wenn man die Einhaltung derartiger Standards für die Einhaltung der rechtlichen Verkehrspflichten als ausreichend erachten würde, könnten die Unternehmen selbst über die Reichweite ihrer eigenen Verkehrspflichten entscheiden und müssten so etwa bei der Aufstellung besonders niedriger Standards nur niedrige Verkehrspflichten erfüllen. Dies erscheint wenig überzeugend.[991]

Anderes gilt wiederum für die Frage, inwiefern bereits der Verstoß gegen unternehmerische Verhaltensstandards einen Verstoß gegen die Verkehrspflichten darstellt, also inwiefern diese als Mindeststandards grei-

---

991 Eine Enthaftungswirkung unilateraler privater Regeln allgemein ebenfalls ablehnend *Glinski*, Private Regulierung, S. 271.

fen.[992] Eine solche Berücksichtigung erscheint insbesondere geboten, wenn man sich in Erinnerung ruft, dass vor allem die Verkehrserwartungen maßgeblich für Inhalt und Umfang der Verkehrspflichten sind. Bringt ein Unternehmen durch Verhaltensstandards oder im Rahmen der nichtfinanziellen Erklärung nach §§ 289b ff. HGB die Einhaltung bestimmter Vorgaben (hierbei kann es sich sowohl um solche aus internationalen Verhaltensstandards als auch um solche, die das Unternehmen selbst für sich aufgestellt hat, handeln), etwa bei der Produktion, zum Ausdruck, so wird der Verkehr erwarten (dürfen), dass diese Standards auch tatsächlich eingehalten werden.[993] Dies bedeutet, dass solche Standards und Erklärungen – auch wenn sie wie oben dargelegt mangels Rechtsbindungswillens keine vertragliche Verpflichtung der Unternehmen begründen –[994] dennoch rechtlich relevant sein können und ein Verstoß gegen den Standard einen Verstoß gegen eine unternehmerische Verkehrspflicht darstellen kann.[995] Dass unternehmerische Verhaltensstandards grundsätzlich freiwillig sind, ist insofern unbeachtlich.[996] Entscheidend ist ausschließlich, welche Erwartungen im Verkehr hervorgerufen werden. Entsprechende Verkehrserwartungen werden nur entstehen, wenn der jeweilige Standard hinreichend konkret und „verbindlich" formuliert ist (beispielsweise „muss", „darf nicht").[997] Bloße Bemühensklauseln o.Ä. oder Formulierungen wie *„sind*

---

992 Zu einer rechtsgebietsübergreifenden Betrachtung der rechtlichen Bedeutung öffentlicher unternehmerischer Angaben s. auch noch u. § 24 B.

993 Ähnlich *Glinski*, Private Regulierung, S. 352; *Heinen*, in: Krajewski/Saage-Maaß, Sorgfaltspflichten, S. 87 (110–112); *van Dam*, JETL 2 (2011), 221 (238, 241); zur nichtfinanziellen Erklärung s. *Segger*, in: Krajewski/Saage-Maaß, Sorgfaltspflichten, S. 21 (50–52); ablehnend in Bezug auf die nichtfinanzielle Erklärung *Wagner*, RabelsZ 80 (2016), 717 (777 f.).

994 S.o. § 15 B. II.

995 **A.A.** wohl *Nordhues*, Haftung Muttergesellschaft, S. 136–137; *Habersack/Ehrl*, AcP 219 (2019), 155 (198, 202).

996 S. auch *Buntenbroich*, Verhaltenskodizes, S. 66; **a.A.** wohl *Nordhues*, Haftung Muttergesellschaft, S. 137.

997 Ähnlich *Zimmer*, Soziale Mindeststandards, S. 240; derartige Formulierungen enthält z.B. der amfori BSCI-Verhaltenskodex an einigen Stellen: „dürfen nicht" etwa in TOI Teilnehmer, Nr. 3.1; TOI Geschäftspartner Nr. 3.1.; „müssen" etwa in TOI Teilnehmer, Nr. 3.2, Nr. 5.5; TOI Geschäftspartner, Nr. 3.2, Nr. 5.4; TOI Produzenten, Nr. 3.1-3.5, Nr. 5.4.

bestrebt"[998] oder „*bemühen sich*"[999] reichen nicht aus, um eine Erwartung hinsichtlich einer *rechtlichen* Verpflichtung zu begründen.[1000]

Dies steht auch nicht im Widerspruch zu den oben herausgearbeiteten Kriterien in Bezug auf die Heranziehung nichtstaatlicher Standards zur Konkretisierung von Verkehrspflichten. Bei der Konkretisierung der Verkehrspflichten mithilfe von überbetrieblichen technischen Normen geht es um die Bestimmung der Verkehrspflichten losgelöst von entsprechenden Erklärungen des potentiell Verkehrspflichtigen. Im Gegensatz dazu kann bei hinreichend konkreten unternehmerischen Verhaltensstandards gerade an eine Erklärung des Unternehmens, bestimmte Standards einzuhalten, angeknüpft werden. Überdies geht es in diesem Fall nicht um die Bedeutung der Standards für die Konkretisierung allgemeingültiger, auch für Dritte verbindlicher Verkehrspflichten, sondern ausschließlich um den Sorgfaltsmaßstab für das konkrete Unternehmen.[1001] Entscheidend ist mithin eine Selbstbindung des Unternehmens durch Erklärung. Wenn ein unternehmerischer Verhaltensstandard also hinreichend konkretisierte und verbindliche Angaben zur Einhaltung bestimmter Standards beinhaltet, können diese Vorgaben aufgrund entsprechender Verkehrserwartungen als Mindeststandard für unternehmerische Verkehrspflichten angesehen werden.[1002] Dabei macht es keinen Unterschied, ob sich das Unternehmen auf existierende internationale CSR-Standards bezieht oder ob es sich um eigene Standards handelt.[1003] Dies kann die Konsequenz haben, dass Unternehmen ihre Standards möglichst unkonkret und unverbindlich formulieren, um der Entstehung entsprechender Verkehrserwartungen vorzu-

---

998 Z.B. amfori BSCI-Verhaltenskodex TOI Teilnehmer, Nr. 4.2, Nr. 5.3; TOI Geschäftspartner Nr. 4.2; TOI Produzenten, Nr. 4.2, Nr. 4.3, Nr. 5.2.

999 Z.B. amfori BSCI-Verhaltenskodex TOI Teilnehmer, Nr. 6.2; TOI Geschäftspartner Nr. 6.2; TOI Produzenten, Nr. 6.2.

1000 Ähnlich *Nordhues*, Haftung Muttergesellschaft, S. 136–137.

1001 S. auch *Glinski*, Private Regulierung, S. 265–266.

1002 *Glinski*, Private Regulierung, S. 265–266; zurückhaltend *Nordhues*, Haftung Muttergesellschaft, S. 136–137; eine ähnliche Diskussion wird auch im Zusammenhang mit der Bedeutung der Vorgaben des DCGK für die Sorgfaltspflicht nach § 93 Abs. 1 S. 1 AktG geführt; s. zum Meinungsstand etwa *Koch*, in: Hüffer/Koch, AktG, § 161 Rn. 26; ablehnend *Bayer/Scholz*, in: Spindler/Stilz, AktG, § 161 Rn. 24; *Koch*, in: Hüffer/Koch, AktG, § 161 Rn. 27; differenzierend *Lutter*, in: KK-AktG, § 161 Rn. 164. Da es sich beim DCGK jedoch um *best-practice*-Empfehlungen handelt, ist hier der Ausgangspunkt ein anderer.

1003 Differenzierend hingegen wohl *Stürner*, IJPL 2014, 350 (373 f.).

beugen.[1004] Ein vergleichender Blick ins Lauterkeitsrecht zeigt hingegen, dass dies *de lege lata* hinzunehmen ist. Es geht an dieser Stelle lediglich um die Festlegung von *Mindest*standards; die tatsächlichen Verkehrspflichten können also über die Anforderungen von derartigen Verhaltensstandards hinausgehen. Überdies hat die Nichtberücksichtigung bei fehlender inhaltlicher Konkretisierung und Verbindlichkeit nicht zwingend zur Folge, dass das Unternehmen keine Verkehrspflichten treffen und von der Haftung frei gestellt ist. Vielmehr stellt sich dann die Frage, ob und in welchem Umfang Verkehrspflichten unabhängig von unternehmerischen Verhaltensstandards bestehen und inwiefern diese – auch ohne entsprechenden Standard des Unternehmens – durch internationale Verhaltensstandards konkretisiert werden können. Dies ist im folgenden Abschnitt exemplarisch anhand der UN-Leitprinzipien zu untersuchen.

bb) Internationale Verhaltensstandards – exemplarisch anhand der UN-Leitprinzipien

(1) Regelgeber und Verfahren der Regelsetzung

Den UN-Leitprinzipien kommt gegenüber anderen CSR-Standards eine Sonderstellung zu. Bereits die Berufung von *John Ruggie* als UN-Sonderbeauftragter, aber auch seine Tätigkeit aufgrund eines UN-Mandats und jahrelange Arbeit als UN-Sonderbeauftragter zeugen von dessen besonderem Sachverstand und seiner fachlichen Autorität.[1005] Zweifel an seiner Neutralität könnten sich indes dadurch ergeben, dass seine grundsätzliche Linie als Hauptverfasser des *Global Compact*[1006] klar war und insofern der Kerngedanke (unverbindliches Regelwerke anstelle von völkerrechtlich verbindlichen Pflichten) trotz des umfangreichen Konsultationsverfahrens möglicherweise nicht zur Disposition stand.[1007]

Die einstimmige Annahme der UN-Leitprinzipien durch den UN-Menschenrechtsrat, die nach im Schrifttum vertretener Auffassung von einer

---

1004 S, ähnlich in Bezug auf die Aufnahme sozialer Verantwortlichkeit in die Unternehmenspolitik *Rott/Ulfbeck*, ERPL 2015, 415 (435 f.).

1005 S. in Bezug auf andere Verhaltenskodizes auch *Buntenbroich*, Verhaltenskodizes, S. 108–110.

1006 *Bilchitz/Deva*, in: Deva/Bilchitz, HR Obligations, S. 1 (9) m.w.N.; s. auch *Hörtreiter*, Wirtschaftsunternehmen, S. 161 (Fn. 906).

1007 So *Deva*, in: Deva/Bilchitz, HR Obligations, S. 78 (85 f.).

besonderen Autorität der UN-Leitprinzipien zeugt, [1008] ist mit Vorsicht zu behandeln. So äußerten sich beispielsweise die Vertreter aus Ecuador und dem Vereinigten Königreich kritisch.[1009] Nichtsdestotrotz verleihen sowohl das UN-Mandat als auch die Annahme durch den Menschenrechtsrat den Leitprinzipien eine Form von Legitimität, die anderen Regelwerken nicht zukommt.[1010]

Auch wenn für das Verfahren der Erarbeitung der Leitprinzipien keine Vorgaben existieren,[1011] weist dieses zahlreiche Parallelen zum Verfahren der Regelsetzung technischer Regelwerke auf und erfüllt viele der oben herausgearbeiteten Kriterien.

Die in gewisser Hinsicht problematische fehlende pluralistische Besetzung des Normgebers konnte zumindest teilweise durch das breite Konsultationsverfahren des UN-Sonderbeauftragten ausgeglichen werden. Dieses auf Beteiligung zahlreicher Stakeholder angelegte Verfahren stellt eine Besonderheit der UN-Leitprinzipien im Vergleich zu anderen CSR-Instrumenten dar. Mit Beteiligung der Unternehmen und von Nichtregierungsorganisationen, die sich für (potentielle) Opfer einsetzen, waren sowohl potentielle Schädiger als auch potentielle Geschädigte an der Entwicklung der Leitprinzipien beteiligt, was nach im Schrifttum vertretener Auffassung allgemein dazu führt, *„dass eine effiziente Lösung des Problems des Schadensvermeidungsaufwands gefunden worden ist“*.[1012]

Problematisch ist die bereits oben dargestellte Kritik, dass die einzelnen Interessensgruppen einen unterschiedlichen Einfluss auf den Inhalt des Regelwerks nehmen konnten. Auch hier sei darauf verwiesen, dass einem Regelwerk ohne Unterstützung der Unternehmen kaum praktische Wirksamkeit zugekommen wäre,[1013] sodass deren Interessen besonders zu berücksichtigen waren.

1008 Ähnlich *Addo*, HRLR 2014, 133 (141).
1009 *Deva*, in: Deva/Bilchitz, HR Obligations, S. 78 (90 f.); zu den Zweifeln Ecuadors und Südafrikas bei der Annahme des Rahmenwerks 2008 s. *López*, in: Deva/Bilchitz, HR Obligations, S. 58 (71).
1010 Ähnlich *Nolan*, in: Deva/Bilchitz, HR Obligations, S. 138 (158 f.); *Winkler*, zfmr 2011, 164 (179).
1011 S. zu entsprechender Kritik am Verfahren ausführlich o. § 7 B. III.
1012 *Schäfer/Ott*, ökonomische Analyse, S. 228.
1013 S. hierzu bereits o. § 7 B. III.; ähnlich *Jägers*, in: Deva/Bilchitz, HR Obligations, S. 295 (296); *López*, in: Deva/Bilchitz, HR Obligations, S. 58 (70).

Die umfassende Dokumentation der Arbeiten des Sonderbeauftragten und deren Veröffentlichung im Internet[1014] gewährleisteten eine hohe Publizität und Transparenz des Verfahrens. Die endgültige Fassung der UN-Leitprinzipien wurde zudem als offizielles UN-Dokument publiziert.[1015] Außerdem war der Text der UN-Leitprinzipien selbst Gegenstand weitgehender Konsultationen.[1016] Die Veröffentlichung eines Entwurfs der Leitprinzipien im Internet bot interessierten Personen die Möglichkeit, durch online-Eingaben und Stellungnahmen am Konsultationsprozess teilzunehmen.[1017] Deren Berücksichtigung wurde allerdings nicht über Schiedsverfahren oder ähnliche Instrumente abgesichert.

Es ließe sich des Weiteren einwenden, das Verfahren auf UN- und nicht auf nationaler Ebene könnte dazu geführt haben, dass die Diskussion insgesamt „zu weit weg" auf einer Ebene stattgefunden habe, die weder im Fokus der von den Leitprinzipien betroffenen Unternehmen noch der Öffentlichkeit steht, und damit nicht die erforderliche Aufmerksamkeit der Unternehmen selbst und der Öffentlichkeit gefunden habe. Die Besuche des Sonderbeauftragten in einzelnen Ländern haben dies zumindest teilweise abgemildert. Aufgrund der Internationalität der unternehmerischen Tätigkeit und der Wertschöpfungskette wäre eine Beschäftigung mit dem Thema allein auf nationaler Ebene außerdem wenig zielführend gewesen.

(2) Rezeption durch die Regeladressaten

Die UN-Leitprinzipien werden im Grundsatz sowohl von Unternehmen und Unternehmensverbänden als auch von der Zivilgesellschaft und von Nichtregierungsorganisationen unterstützt[1018] und als Minimalstandards allgemein anerkannt,[1019] auch wenn insbesondere die beiden letztgenann-

---

1014 Die umfangreiche Dokumentation dieser Arbeit mit den entsprechenden zugehörigen Dokumenten findet sich auf der Internetpräsenz des Business and Human Rights Resource Centre, online verfügbar unter https://business-humanri ghts.org/en/un-secretary-generals-special-representative-on-business-human-rig hts (zuletzt aufgerufen am 19.06.2019).

1015 Annex zu UN-Dok. A/HRC/17/31.

1016 S. hierzu SRSG, Report 2011, Rn. 12, UN-Dok. A/HRC/17/31.

1017 Nach Angaben von *Ruggie* hatte die Seite 3576 Besucher und es wurden ungefähr 100 Eingaben direkt an ihn gesendet: SRSG, Report 2011, Rn. 12, UN-Dok. A/HRC/17/31.

1018 *Addo*, HRLR 2014, 133 (136); s. auch *Winkler*, zfmr 2011, 164 (167).

1019 S. auch *Winkler*, zfmr 2011, 164 (179 f.); ähnlich *Addo*, HRLR 2014, 133 (141).

ten Gruppen teilweise darüber hinausgehende Standards fordern.[1020] Sie spiegeln damit das allgemeine Grundverständnis der involvierten Stakeholder über existierende Standards wider.[1021] Diese allgemeine Anerkennung durch die unterschiedlichen Stakeholder macht die UN-Leitprinzipien einzigartig.[1022] Sie stellen insofern den Ausgangspunkt für weitere Initiativen auf internationaler, europäischer und nationaler Ebene (Stichwort Nationale Aktionspläne) dar und gelten so als Vorbild, ohne jedoch das letzte Wort zu sein.[1023] Die CSR-Richtlinie, die neben anderen Standards auch die UN-Leitprinzipien in Bezug nimmt, zeugt ebenfalls von der allgemeinen Anerkennung der UN-Leitprinzipien auf europäischer Ebene.[1024]

Von besonderer Bedeutung ist die Anerkennung durch die Unternehmen als Adressaten der zweiten Säule. Diese lässt sich allerdings nicht allein aus entsprechenden Äußerungen durch Unternehmen und Unternehmensverbände ableiten. Verstoßen Unternehmen dennoch systematisch und regelmäßig gegen Menschenrechte, hat die öffentliche Anerkennung wenig Aussagekraft. Einzelne Verstöße lassen indes nicht an der allgemeinen Anerkennung zweifeln.

Einer allgemeinen Anerkennung durch die Unternehmen könnte entgegenstehen, dass die Leitprinzipien in der Praxis möglicherweise nicht ausreichend bekannt oder verbreitet sind oder die konkrete Umsetzung und Einhaltung der Standards vor allem in kleinen und Kleinstunternehmen kaum realisierbar ist. Die mediale Aufmerksamkeit in Bezug auf die Umsetzung der Vorgaben der Leitprinzipien in den NAP in Deutschland dürf-

---

1020 S. insb. Joint civil society statement: Advancing the global business and human rights agenda: Follow-up to the work of the Special Representative of the Secretary-General (SRSG) on human rights and transnational corporations and other business enterprises (Mai 2011) von 55 Organisationen der Zivilgesellschaft, online verfügbar unter https://www.fidh.org/IMG/pdf/Joint-civil-society-statement-on-business-and-human-rights-May-2011.pdf (zuletzt aufgerufen am 19.06.2019); weitere Stellungnahmen finden sich unter https://www.business-humanrights.org/en/un-secretary-generals-special-representative-on-business-human-rights/reports-to-un-human-rights-council/2011#85938 (zuletzt aufgerufen am 19.06.2019).

1021 SRSG, Report 2011, Rn. 14, UN-Dok. A/HRC/17/31; *Addo*, HRLR 2014, 133 (135); *Winkler*, zfmr 2011, 164 (167).

1022 S. auch *Addo*, HRLR 2014, 133 (136, 146-147).

1023 *Davitti*, HRLR 16 (2016), 55 (57); *de Schutter*, in: Deva/Bilchitz, HR Obligations, S. xv (xviii).

1024 Ähnlich *Kaltenborn/Norpoth*, RIW 2014, 402 (409); die nationale Umsetzungsvorschrift des § 289d HGB bezieht sich allerdings nicht unmittelbar auf die UN-Leitprinzipien.

te es den Unternehmen indes zumindest verwehren, sich auf eine fehlende Kenntnis zu berufen.

Da die UN-Leitprinzipien und insbesondere der NAP in Deutschland noch vergleichsweise junge Instrumente darstellen, lässt sich derzeit noch keine endgültige Aussage über die allgemeine Anerkennung der Leitprinzipien durch deutsche Unternehmen treffen. Diesbezüglich sind insbesondere die ersten Ergebnisse der im NAP ab 2018 vorgesehenen jährlichen Überprüfung der Einhaltung des Aktionsplans abzuwarten.

(3) Inhaltliche Ausgestaltung der Regeln

(a) Einheitlichkeit

Da im Bereich der CSR unzählige verschiedene Standards unterschiedlicher Akteure existieren, die allumfassend, sektorspezifisch oder ausschließlich unternehmensspezifisch Verhaltensanforderungen für Unternehmen im Zusammenhang mit Menschenrechten festlegen,[1025] erfüllen die CSR-Standards das Kriterium der Einheitlichkeit grundsätzlich nicht.

An dieser Stelle haben die UN-Leitprinzipien allerdings ebenfalls eine besondere Stellung: Sie systematisieren existierende Standards und Praktiken in einen einheitlichen Rahmen und fassen diesen zusammen.[1026] Außerdem wurden andere Regelwerke an die Vorgaben der UN-Leitprinzipien angepasst.[1027] So beinhalten beispielsweise die OECD-Leitsätze seit 2011 ein eigenes Kapitel zu den Menschenrechten, das sich am Konzept der menschenrechtlichen Sorgfaltspflicht der UN-Leitprinzipien orientiert und deren Vorgaben weitgehend übernimmt.[1028] Auch die ISO hat die Anforderungen der UN-Leitprinzipien in die ISO-26000 Norm inkorpo-

---

1025 S. hierzu o. § 7 A.

1026 SRSG, Report 2011, Rn. 14, UN-Dok. A/HRC/17/31; *Addo*, HRLR 2014, 133 (135); *Winkler*, zfmr 2011, 164 (166).

1027 S. auch *Kaltenborn/Norpoth*, RIW 2014, 402 (402, 409, 410); *Winkler*, zfmr 2011, 164 (168).

1028 Zu den Neuerungen i.d.F. von 2011 s. OECD-Leitsätze für multinationale Unternehmen, Ausgabe 2011, Vorwort (S. 4); s. auch *Addo*, HRLR 2014, 133 (143); *Deva*, in: Deva/Bilchitz, HR Obligations, S. 78; *Habersack/Ehrl*, AcP 219 (2019), 155 (176); allerdings gehen die OECD-Leitsätze etwa dadurch über die UN-Leitprinzipien hinaus, dass sie weitere Themenbereiche beinhalten und die Schaffung nationaler Kontaktstellen vorsehen, s. hierzu *Spießhofer*, in: FS Paul Kirchhof, § 113 Rn. 8.

riert.[1029] Darüber hinaus konkretisieren die UN-Leitprinzipien die ersten beiden Prinzipien des *Global Compact* und führen zu mehr Klarheit, auch wenn dieser die Pflicht zur Förderung der Menschenrechte enthält und damit über die Anforderungen der UN-Leitprinzipien hinausgeht.[1030] Daneben haben die UN-Leitprinzipien Einfluss auf CSR-Initiativen im Bereich der EU.[1031] Mit der CSR-Richtlinie und den mitgliedstaatlichen Umsetzungen rekurrieren nun auch rechtliche Normen auf die UN-Leitprinzipien.

Insgesamt lässt sich mit der Übernahme der Konzepte der Leitprinzipien in andere internationale Standards eine beginnende (inhaltliche) Vereinheitlichung feststellen. Eine Form der Einheitlichkeit wie etwa bei den überbetrieblichen technischen Normen ist indes (noch) nicht erreicht.

(b) Konkretisierungsgrad

Den UN-Leitprinzipien liegt ein prozessuales Verständnis der menschenrechtlichen Sorgfaltspflicht zugrunde (s. LP 17).[1032] Leitprinzipien 18 bis 21 konkretisieren die wesentlichen Bestandteile der Sorgfaltspflicht.[1033] Bereits der Wortlaut des Leitprinzips 17 (*„unter anderem"*) und das Ende des Kommentars zu diesem Prinzip[1034] zeigen allerdings deutlich, dass dieses Verfahren keine abschließende Regelung der menschenrechtlichen Sorgfaltspflicht beinhaltet.

1029 *Addo*, HRLR 2014, 133 (145); *Deva*, in: Deva/Bilchitz, HR Obligations, S. 78 (79); *Kaltenborn/Norpoth*, RIW 2014, 402 (409); *Spießhofer*, NJW 2014, 2473 (2474).

1030 S. hierzu United Nations Global Compact and Offices of the High Commissioner for Human Rights, The UN Guiding Principles on Business and Human Rights: Relationship to UN Global Compact Commitments, July 2011 (Updated June 2014), online verfügbar unter https://www.unglobalcompact.org/docs/issues_doc/human_rights/Resources/GPs_GC%20note.pdf (zuletzt aufgerufen am 19.06.2019).

1031 Eingehend *Kaltenborn/Norpoth*, RIW 2014, 402 (409); *Spießhofer*, in: FS Paul Kirchhof, § 113 Rn. 7, 10.

1032 S. auch *Eickenjäger*, in: Krajewski/Saage-Maaß, Sorgfaltspflichten, S. 243.

1033 S. hierzu auch bereits o. § 7 B. II. 2.

1034 *„Wirtschaftsunternehmen, die eine solche Sorgfaltspflicht walten lassen, sollten indessen nicht annehmen, dass dies allein sie automatisch und vollständig von der Verantwortung für Menschenrechtsverletzungen befreit, die sie verursacht oder zu denen sie beigetragen haben.".*

Zur Einhaltung der Verkehrspflichten sieht die Rechtsprechung solche Sicherungsmaßnahmen als erforderlich an, die *„ein umsichtiger und verständiger, in vernünftigen Grenzen vorsichtiger Mensch für notwendig und ausreichend hält, um andere vor Schäden zu bewahren".*[1035] Nach den UN-Leitprinzipien hängen zwar Umfang und Komplexität der konkret erforderlichen Maßnahmen von verschiedenen Faktoren wie der Größe des Unternehmens, dem Sektor und operativem Umfeld, den Eigentumsverhältnissen und der Struktur sowie der Schwere der nachteiligen menschenrechtlichen Auswirkungen ab (vgl. LP 14). Dennoch stellen die Leitprinzipien insbesondere mit den unterschiedlichen Bestandteilen der menschenrechtlichen Sorgfaltspflicht (LP 18 bis 21) Verhaltensanforderungen für Unternehmen auf, die im Vergleich zu den Anforderungen der Rechtsprechung an die Verkehrspflichten deutlich konkreter gefasst sind.

Allerdings beinhalten auch die Vorgaben der UN-Leitprinzipien letztlich einen gewissen Abstraktionsgrad. Welche Ebene und welcher Aufgabenbereich zur Integration der Ergebnisse aus den Verträglichkeitsprüfungen und welche konkreten Maßnahmen als wirksame Gegenmaßnahmen jeweils angemessen sind, legen sie beispielsweise nicht abschließend fest.[1036] Dies kann von einem Regelwerk, das sämtliche Unternehmen umfasst, allerdings auch nicht erwartet werden.[1037] Eine weitere Konkretisierung der Sorgfaltsanforderungen kann z.B. durch brancheninterne Leitlinien, Nationale Aktionspläne, Initiativen der Zivilgesellschaft oder die Rechtsprechung erfolgen.[1038] Am im Vergleich zu den allgemeinen Anforderungen der Rechtsprechung an die Verkehrspflichten höheren Konkretisierungsgrad ändert dies jedoch nichts.[1039]

1035 St. Rspr.; aus der neueren Rspr. s. etwa BGH, Urt. v. 02.10.2012 – VI ZR 311/11, BGHZ 195, 30 (32, Rn. 6) = NJW 2013, 48; BGH, Urt. v. 25.02.2014 – VI ZR 299/13, NJW 2014, 2104 (2105) jeweils m.zahlr.w.N.

1036 S. auch *Spießhofer*, NJW 2014, 2473 (2476).

1037 Ähnlich SRSG, Report 2011, Rn. 15, UN-Dok. A/HRC/17/31 (*„one size does not fit all."*).

1038 *de Schutter*, in: Deva/Bilchitz, HR Obligations, S. xv (xix, xxii).

1039 S. allerdings zurückhaltend *Spindler*, Unternehmensorganisationspflichten, S. 806–807, der eine Indizwirkung der ISO 9000 ablehnt, da die Norm nur generelle Vorgaben machen könne. Eine Konkretisierung sei nur *„bei den empirisch überprüf- und verifizierbaren Verfahren zur Qualitätskontrolle"* möglich; kritisch in Bezug auf die UN-Leitprinzipien auch *Simons*, ZGR 2018, 316 (325 f.) (*„Unschärfe der programmatisch-konkretisierungsbedürftigen Rechtsnormen und [...] Unvorhersehbarkeit des daraus resultierenden Pflichtenprogramms"*). Indes weisen diese Vorgaben immerhin einen höheren Konkretisierungsgrad auf als die allgemeinen Anforderungen der Rechtsprechung an die Verkehrspflichten und

(c) Verbindlichkeit

Bei den UN-Leitprinzipien handelt es sich nicht um bindendes (Völker-)Recht.[1040] Auch der NAP der Bundesregierung setzt grundsätzlich auf eine freiwillige Befolgung durch die erfassten Unternehmen. Allerdings erfolgt ab 2018 eine jährliche Überprüfung der Umsetzung der im Aktionsplan vorgesehenen Prozesse. Zudem sollen bis 2020 mindestens 50 % der deutschen Unternehmen mit über 500 Beschäftigten die Bestandteile der menschenrechtlichen Sorgfalt in die unternehmensinternen Prozesse eingegliedert haben und – falls dies in Bezug auf bestimmte Maßnahmen nicht erfolgt – die fehlende Umsetzung erklären (*„comply or explain"*). Zeigt die jährliche Überprüfung eine nur unzureichende Umsetzung oder wird das Ziel bis 2020 nicht erreicht, „drohen" weitergehende Schritte der Bundesregierung bis hin zu gesetzlichen Maßnahmen und einer Erweiterung des Kreises der zu erfassenden Unternehmen.[1041] Aufgrund dieser drohenden gesetzlichen Regelung entfalten die durch den NAP konkretisierten Vorgaben der UN-Leitprinzipien in Deutschland ebenso wie die überbetrieblichen technischen Normen zumindest eine faktische Orientierungswirkung.

(4) Darüber hinausgehende Kriterien

Überbetriebliche technische Normen zeichnen sich wie oben dargestellt darüber hinaus durch eine langjährige Bewährung sowie das Erfordernis einer schnellen, effizienten und flexiblen Regulierung und einen hohen Komplexitätsgrad der zu regulierenden Materie aus.[1042]

Die UN-Leitprinzipien sind hingegen ein relativ junges Instrument. Auch wenn sie als Konsens der beteiligten Stakeholder anerkannt werden, andere nichtstaatliche Regelwerken ihre Vorgaben übernehmen sowie zahlreiche Staaten Nationale Aktionspläne zur Umsetzung entwickelt ha-

---

insoweit ist der Haftungsmaßstab für den potentiellen Schädiger zumindest eher voraussehbar, als wenn ein Gericht vollständig ohne einen entsprechenden Anhaltspunkt entscheidet.

1040 UN-Leitprinzipien, Allgemeine Prinzipien: *„Diese Leitprinzipien sind nicht so auszulegen, dass durch sie neue völkerrechtliche Verpflichtungen geschaffen [...] würden.".*

1041 S. zum Vorstehenden insgesamt: NAP, S. 13; zum Vorgehen hinsichtlich der Überprüfung des Umsetzungsstandes s. NAP, S. 40 f.

1042 S.o. § 16 B. II. 3. b) ff).

ben bzw. entwickeln,[1043] lässt sich wohl noch nicht von einer langjährigen Bewährung, die zu einem allgemeinen Vertrauen auf die Einhaltung der jeweiligen Vorschriften geführt hat, sprechen. Dies kommt auch im NAP der Bundesregierung deutlich zum Ausdruck, der die Implementierung der Sorgfaltspflichten in die Prozessabläufe der Unternehmen ab 2018 vorsieht.

Teile des Schrifttums verweisen auch in Bezug auf CSR-Standards auf deren Flexibilität und Anpassungsfähigkeit an neu gewonnene Erkenntnisse.[1044] Dies erscheint jedoch zweifelhaft. Zum einen ist bereits fraglich, inwiefern die Veränderung des Diskussionsstandes im CSR-Bereich mit der Schnelligkeit des technischen Fortschritts vergleichbar ist (immerhin ist das gesamte Thema bereits seit den 1970er Jahren in der Diskussion).[1045] Zum anderen lassen die Zeiträume für die Entwicklung der Leitprinzipien (sechs Jahre), für die Entwicklung Nationaler Aktionspläne (in Deutschland 5,5 Jahre), für die Umsetzung der Vorgaben seitens der Unternehmen sowie für die Überprüfung der Einhaltung der Anforderungen der Nationalen Aktionspläne und der Wirksamkeit der getroffenen Maßnahmen eine Flexibilität und schnelle Anpassungsfähigkeit eher vermissen. Damit sind die UN-Leitprinzipien auch bezüglich der Erfordernisse der Flexibilität und Anpassungsfähigkeit an neu gewonnen Erkenntnisse nicht mit den überbetrieblichen technischen Normen vergleichbar.

Die obigen Ausführungen in Bezug auf den hohen Komplexitätsgrad im Bereich technischer Regelwerke, der die Kompetenzen des parlamentarischen Gesetzgebers überschreitet, lassen sich ebenfalls nur bedingt auf CSR-Verhaltensstandards, insbesondere die UN-Leitprinzipien, übertragen. Jedenfalls auf nationaler Ebene besteht grundsätzlich sehr wohl die Möglichkeit des Gesetzgebers zur Einführung konkreter menschenrechtlicher Sorgfaltspflichten. Anhaltspunkte dafür, dass der Gesetzgeber hierzu aufgrund fehlenden Sachverstands nicht in der Lage ist oder aufgrund der Komplexität der Materie nicht über erforderliche Fähigkeiten verfügt, sind nicht vorhanden.

1043 Zur einer Übersicht über die existierenden Nationalen Aktionspläne, Staaten, die mit der Entwicklung eines Nationalen Aktionsplans begonnen oder sich hierzu verpflichtet haben, sowie Staaten, in denen nationale Menschenrechtsinstitutionen oder die Zivilgesellschaft diesbezügliche erste Schritte unternommen haben, s. http://www.ohchr.org/EN/Issues/Business/Pages/NationalAction Plans.aspx (zuletzt aufgerufen am 19.06.2019).

1044 *Spießhofer*, in: FS Paul Kirchhof, § 113 Rn. 9.

1045 Kritisch in Bezug auf organisatorische Vorkehrungen auch *Spindler*, Unternehmensorganisationspflichten, S. 490.

Im Ergebnis erfüllen die UN-Leitprinzipien weder das Kriterium der langjährigen Bewährung noch das des Erfordernisses einer schnellen, effizienten und flexiblen Regulierung oder der Komplexität des zu regulierenden Bereichs, der eine gesetzgeberische Regelung unmöglich macht. Allein deshalb scheidet indes eine Heranziehung der UN-Leitprinzipien nicht aus. Wie bereits oben dargestellt, müssen nicht sämtliche der herausgearbeiteten Kriterien für die Heranziehung erfüllt sein, sondern es kommt auf das Zusammenspiel der jeweiligen Kriterien an.[1046]

(5) Mögliche Einwände gegen die Heranziehung der UN-Leitprinzipien

(a) Fehlende gesetzgeberische Legitimation

Vereinzelt finden sich im Schrifttum verfassungsrechtliche Bedenken gegen die Heranziehung von CSR- bzw. *Soft Law*-Standards zur Gesetzeskonkretisierung, etwa im Hinblick auf eine fehlende gesetzgeberische Legitimation.[1047] Dem mag zuzustimmen sein, wollte man diesen Standards eine generelle gesetzeskonkretisierende Wirkung zusprechen. Dies entspricht allerdings nicht dem hier entwickelten Ansatz. Es geht nicht um eine allgemeine, abstrakt gesetzeskonkretisierende Wirkung der Standards, sondern um eine Gesetzeskonkretisierung durch die Judikative *im Einzelfall*. Die Verwendung unbestimmter Rechtsbegriffe und Generalklauseln, die einer Konkretisierung durch Rechtsprechung und Verwaltung bedürfen, ist für den Gesetzgeber unabdingbar. Allein durch abstrakt-generelle Regelungen kann der parlamentarische Gesetzgeber weder eine gerechte Lösung für sämtliche Einzelfälle entwickeln noch kann er überhaupt alle von der Regelung erfassten Fälle im Blick haben.

1046 S. hierzu o. § 16 B. II. 3. b. gg); zum Zusammenspiel der Kriterien in Bezug auf die UN-Leitprinzipien s. u. § 16 B. II. 3. d).

1047 *Nordhues*, Haftung Muttergesellschaft, S. 122 (in Bezug auf eine mögliche Indizwirkung internationaler Standards für eine Gefahrenschaffung); *Grabosch*, in: Nikol/Schniederjahn/Bernhard, Transnationale Unternehmen, S. 69 (97); *Simons*, ZGR 2018, 316 (325 f.); in diese Richtung auch *Schall*, ZGR 2018, 479 (511); kritisch mit Blick auf den verfassungsrechtlichen Bestimmtheitsgrundsatz *Voland*, BB 2015, 67 (73).

Die fehlende gesetzgeberische Legitimation steht also einer Konkretisierung der Verkehrspflichten durch CSR-Standards durch den Richter *im jeweiligen Einzelfall* nicht entgegen.[1048]

(b) Ausgestaltung als unverbindliches Instrument

Eine Heranziehung der Leitprinzipien zur Konkretisierung der Sorgfaltspflichten im nationalen Recht steht daneben in einem gewissen Widerspruch zur Entscheidung auf internationaler Ebene, ein unverbindliches und freiwilliges Regelwerk und gerade keinen völkerrechtlich verbindlichen Vertrag zu schaffen. Da die Leitprinzipien kein völkerrechtlicher Vertrag sind, sind die Nationalstaaten jedoch an diese Entscheidung auf UN-Ebene gerade nicht unmittelbar gebunden.[1049] Die Leitprinzipien sollen – wie oben dargestellt[1050] – gerade keine neuen völkerrechtlichen Verpflichtungen schaffen. Entsprechend können sie keine Sperrwirkung gegenüber einer verbindlichen Regelung oder einer Berücksichtigung im Rahmen des verbindlichen Rechts auf nationaler Ebene entfalten. Auch die Inbezugnahme der UN-Leitprinzipien und weiterer CSR-Standards in der CSR-Richtlinie zeigt, dass deren Unverbindlichkeit einer Inbezugnahme durch rechtliche Regelungen nicht entgegensteht.

(c) Entgegenstehender gesetzgeberischer Wille durch Ablehnung entsprechender Anträge der Opposition

Der Konkretisierung der Sorgfaltspflichten durch die Rechtsprechung im Einzelfall könnte überdies der Wille des Gesetzgebers entgegenstehen.[1051]

1048 Dies wird auch von *Grabosch* zumindest indirekt eingestanden, wenn er darauf verweist, dass die Standards *„als Substantiierung des Parteivortrags zur ‚im Verkehr erforderlichen Sorgfalt‘, sowie Organisation und Verkehrssicherung"* angebracht werden können, *Grabosch*, in: Nikol/Schniederjahn/Bernhard, Transnationale Unternehmen, S. 69 (97 f.).

1049 I.E. auch *Spießhofer*, NJW 2014, 2473 (2474 f.).

1050 S.o. § 7 B. II.

1051 In diese Richtung wohl *Nordhues*, Haftung Muttergesellschaft, S. 122; *Nordhues*, in: Krajewski/Saage-Maaß, Sorgfaltspflichten, S. 125 (141).

DIE GRÜNEN forderten mit einem Antrag von Ende 2016[1052] die Verankerung menschenrechtlicher Sorgfaltspflichten im deutschen Recht und forderten die Bundesregierung u.a. dazu auf, ein Gesetz zu erarbeiten und dem Bundestag vorzulegen, das menschenrechtliche Sorgfaltspflichten gesetzlich verankert und eine fortlaufende menschenrechtsbezogene Risikoanalyse, geeignete Präventionsmaßnahmen zur Verhinderung von Menschenrechtsverletzungen und eine wirksame Abhilfe von Verstößen als Kernelemente normiert. Die Parallele zu den menschenrechtlichen Sorgfaltspflichten der UN-Leitprinzipien ist offensichtlich.[1053] Der federführende Ausschuss empfahl die Ablehnung des Antrags. Zunächst seien der Umsetzungsprozess und die Ergebnisse des Monitorings des NAP abzuwarten.[1054] Das Plenum des Bundestages hat den Antrag schließlich abgelehnt.[1055]

Schon die Existenz des NAP zeigt überdies, dass die Bundesregierung statt der rechtlichen Verankerung auf eine freiwillige Einhaltung der menschenrechtlichen Sorgfaltsanforderungen setzt.

Vor allem die Ablehnung des Antrags der GRÜNEN könnte man als eine bewusste Entscheidung des parlamentarischen Gesetzgebers gegen die rechtliche Verankerung menschenrechtlicher Sorgfaltspflichten ansehen. Würde nun die Rechtsprechung die bewusst unverbindlichen Anforderungen der UN-Leitprinzipien (und möglicherweise ebenso den NAP) zur Bestimmung der rechtlichen Sorgfaltspflichten heranziehen, könnte sie sich damit über diese gesetzgeberische Entscheidung hinwegsetzen. Dies wäre verfassungsrechtlich zumindest nicht unproblematisch.

Allerdings lässt sich allein von der Ablehnung des Antrags nicht auf einen ausdrücklichen Willen des Gesetzgebers, menschenrechtliche Sorgfaltspflichten von Unternehmen nicht rechtlich zu verankern, schließen. Hier wurde nicht über einen konkreten Gesetzesentwurf, sondern „lediglich" über einen Antrag zur Aufforderung der Bundesregierung zum Tätigwerden entschieden, dem nicht dieselbe Verbindlichkeit wie einem Gesetzentwurf zukommt. Insbesondere bei Ablehnung von Anträgen der Opposition haben zudem politische Gründe eine große Bedeutung.

1052 S. zu früheren ähnlichen Anträgen z.B. BT-Drucks. 17/4196; BT-Drucks. 17/11686; BT-Drucks. 17/13916; BT-Drucks. 18/5203; BT-Drucks. 18/7881; BT-Drucks. 18/10038.
1053 S. hierzu im Einzelnen und zu weiteren Forderungen BT-Drucks. 18/10255, S. 3.
1054 BT-Drucks. 18/12209, Erklärungen der Fraktionen der CDU/CSU und der SPD, S. 5.
1055 S. BT-Plenarprotokoll 18/237, S. 24077C-24077D.

Ferner wird vorliegend eine gesetzliche Verankerung der menschenrechtlichen Sorgfaltspflichten nicht ausdrücklich und abschließend abgelehnt, sondern eher auf einen späteren Zeitpunkt nach „Erprobung" des NAP vertagt. Entsprechend lässt sich aus der Ablehnung des Antrags nicht automatisch auf einen Willen des Gesetzgebers schließen, menschenrechtliche Sorgfaltspflichten von Unternehmen grundsätzlich nicht gesetzlich zu verankern.

Aber auch dies stünde der Konkretisierung der Verkehrspflichten mithilfe der UN-Leitprinzipien durch die Rechtsprechung außerdem nicht entgegen. Eine derartige Konkretisierung bedeutet gerade keine verbindliche Verankerung der Sorgfaltspflichten im deutschen Recht. Auch bei den DIN-Normen käme niemand auf die Idee, diese allein durch die Heranziehung der Rechtsprechung zur Konkretisierung der Verkehrspflichten als verbindlich im deutschen Recht verankert zu bezeichnen, vielmehr werden sie gerade ausschließlich als *„auf freiwillige Anwendung ausgerichtete Empfehlungen"*[1056] oder ähnlich[1057] bezeichnet.

Hierfür spricht auch die rechtstheoretische Bedeutung des Richterrechts.[1058] Richterrecht kommt keine gesetzesgleiche, sondern bloß eine gesetzesähnliche Wirkung zu.[1059] Richterliche Rechtsfortbildung ist grundsätzlich[1060] keine Rechtsetzung, sondern Rechtsanwendung.[1061] Ein Urteil bleibt stets eine Entscheidung im Einzelfall, die ausschließlich die an einem Rechtsstreit Beteiligten sowie ihre Rechtsnachfolger bindet (s.

1056 So bereits (allerdings wörtlich etwas abweichend) BGH, Urt. v. 25.09.1968 – VIII ZR 108/66, NJW 1968, 2238 (2240); ähnlich BGH, Urt. v. 13.03.2001 – VI ZR 142/00, NJW 2001, 2019 (2020); BGH, Urt. v. 03.06.2008 – VI ZR 223/07, NJW 2008, 3775 (3777).

1057 S. hierzu bereits o. § 16 B. II. 3. a).

1058 Dessen Einordnung im System der Rechtsquellen ist allerdings umstritten, für eine Einordnung als Rechtsquelle: *Degenhart*, in: Sachs, GG, Art. 70 Rn. 28; ausführlich *Rüthers/Fischer/Birk*, Rechtstheorie, Rn. 243–254; für eine Einordnung als Rechtsinhaltsquelle *Röhl/Röhl*, Allg. Rechtslehre, § 72 II. (S. 572).

1059 *Degenhart*, in: Sachs, GG, Art. 70 Rn. 28; *Rozek*, in: Mangoldt/Klein/Starck, GG, Art. 70 Rn. 34; *Uhle*, in: Maunz/Dürig, GG, Art. 70 Rn. 48.

1060 Anderes gilt nur, wenn Richterrecht zu Gewohnheitsrecht geworden ist, *Uhle*, in: Maunz/Dürig, GG, Art. 70 Rn. 48; *Röhl/Röhl*, Allg. Rechtslehre, § 72 II. (S. 572).

1061 Ähnlich *Hopfauf*, in: Schmidt-Bleibtreu/Hofmann/Henneke, GG, Vorb. v. Art. 92 Rn. 42; *Jachmann*, in: Maunz/Dürig, GG, Art. 95 Rn. 15; *Sachs*, in: Sachs, GG, Art. 20 Rn. 120.

z.B. § 325 Abs. 1 ZPO).[1062] Insbesondere sind auch höchstrichterliche Entscheidungen – abgesehen von Entscheidungen des BVerfG (vgl. § 31 BVerfGG) – trotz hoher faktischer Wirkung weder für die Instanzgerichte noch für den rechtsprechenden Spruchkörper selbst bindend.[1063] Insofern hat eine Konkretisierung der Verkehrspflichten durch die UN-Leitprinzipien durch die Rechtsprechung – zumindest solange diese nicht zu Gewohnheitsrecht wird – nicht die *gesetzliche* Verankerung derartiger menschenrechtlicher Sorgfaltspflichten zur Folge.

Zudem sind gesetzgeberische Tätigkeiten auf EU-Ebene von Bedeutung. Werden Sorgfaltspflichten im europäischen Recht verankert, ist ein möglicherweise entgegenstehender Wille des nationalen Gesetzgebers aufgrund des Anwendungsvorrangs des EU-Rechts unbeachtlich. Dies gilt insbesondere vor dem Hintergrund der Konfliktmineralien- und der Holzhandelsverordnung. Ferner bringen einige Entschließungen des europäischen Parlaments dessen Überzeugung zum Ausdruck, dass gesetzlich verankerte Sorgfaltspflichten erforderlich sind.[1064] Auch wenn diesen keine rechtliche Bindungswirkung zukommt, können sie dennoch einen ersten Schritt zu einer zukünftigen Regulierung auf EU-Ebene darstellen.

d) Zwischenergebnis

Die UN-Leitprinzipien erfüllen eine Vielzahl der Kriterien für die Berücksichtigung außerrechtlicher Standards zur Konkretisierung der Verkehrspflichten, die sich aus den anerkannten Fällen der Berücksichtigung bei überbetrieblichen technischen Normen ableiten lassen. Da es im Ergebnis auf ein Zusammenspiel der unterschiedlichen Kriterien ankommt und nicht alle erfüllt sein müssen, erscheint es vor allem mit Blick auf den Regelgeber, die Verfahrensanforderungen, die Rezeption durch die Regel-

---

1062 *Jachmann*, in: Maunz/Dürig, GG, Art. 95 Rn. 15 (auch zur fehlenden demokratischen Legitimation); ähnlich zu technischen Regeln *Marburger*, Regeln der Technik, S. 346–347.

1063 S. statt vieler BVerfG, Beschl. v. 26.06.1991 – 1 BvR 779/85, BVerfGE 84, 212 (227) = NJW 1991, 2549 (2550); BVerfG, Beschl. v. 03.11.1992 – 1 BvR 1243/88, BVerfGE 87, 273 (278) = NJW 1993, 996.

1064 S. Entschließung des Europäischen Parlaments vom 25.10.2016 zur Verantwortlichkeit von Unternehmen für schwere Menschenrechtsverletzungen in Drittstaaten (2015/2315 (INI)), P8_TA(2016)0405; Entschließung des Europäischen Parlaments vom 27.04.2017 zur EU-Leitinitiative für die Bekleidungsbranche (2016/2140(INI)), P8_TA(2017)0196.

adressaten sowie inhaltlich die beginnende Vereinheitlichung und die zumindest faktische Orientierungswirkung der Leitprinzipien sachgerecht, auch diese zur Konkretisierung von Verkehrspflichten heranzuziehen. Parallel zu den überbetrieblichen technischen Normen sind sie aber „lediglich" als Mindeststandards anzusehen. Ein Verstoß gegen die Vorgaben der Leitprinzipien kann mithin einen Verstoß gegen die Verkehrspflichten bedeuten,[1065] wohingegen deren Einhaltung nicht zwingend eine Einhaltung der im Verkehr erforderlichen Sorgfalt zur Konsequenz hat, sodass im Einzelfall durchaus höhere Anforderungen an ein verkehrsgemäßes Verhalten gelten können.[1066]

Die UN-Leitprinzipien stellen überdies keinen absoluten Standard dar. Es obliegt dem Richter, zu entscheiden, ob er die Leitprinzipien im Einzelfall zur Konkretisierung der Verkehrspflichten heranzieht und ob er die Vorgaben der Leitprinzipien als ausreichend erachtet. Auch bei Heranziehung der UN-Leitprinzipien bleibt ihm genügend Spielraum zur Berücksichtigung der Umstände des Einzelfalls und insbesondere auch der Situation von kleinen und Kleinstunternehmen, da die Leitprinzipien insbesondere für die Pflicht zur Integration der Erkenntnisse der Verträglichkeitsprüfungen in interne Geschäftsbereiche und Abläufe und zum Treffen entsprechender Maßnahmen weitgehend offen lassen, welche konkreten Maßnahmen im Einzelfall zu treffen sind.[1067]

Eine derartige Lösung zeichnet sich vor allem durch Flexibilität und die Möglichkeit zu gerechten Lösungen im Einzelfall aus. Damit einher geht allerdings eine erhebliche Rechtsunsicherheit, die sich vor allem in der fehlenden Voraussehbarkeit des Ausgangs der einzelnen Fälle manifestiert.[1068] Allerdings haben sich die Verkehrspflichten auch in anderen Lebensbereichen sukzessiv herausgebildet und in der Rechtsprechung gefestigt. Eine derartige Festigung der Rechtsprechung kann dann eine über die Einzelfallgerechtigkeit hinausgehende Rechtssicherheit gewährleisten. Vor diesem Hintergrund ist eine zu Beginn möglicherweise fehlende Voraussehbarkeit des Einzelfalls hinzunehmen.

1065 S. für die ISO 14000 und 9000 auch *Glinski*, Private Regulierung, S. 350.
1066 Ähnlich allgemein *Mansel*, ZGR 2018, 439 (450): *„indizielle Wirkung für die Bestimmung des verkehrsgerechten Verhaltens im Einzelfall"*.
1067 Ähnlich i.E. auch *Mansel*, ZGR 2018, 439 (451).
1068 S. auch *Graf von Westphalen*, in: FS Felix, S. 559 (564).

4. Verkehrspflichten eines transnationalen Unternehmens in Bezug auf Menschenrechtsverletzungen im Ausland

Im folgenden Abschnitt sollen die vorherigen Ausführungen in Bezug auf Verkehrspflichten auf transnationale Menschenrechtsfälle übertragen werden.

Verkehrspflichten treffen denjenigen, der eine Gefahrenlage schafft oder unterhält. Erforderlich sind solche Sicherungsmaßnahmen, die *„ein umsichtiger und verständiger, in vernünftigen Grenzen vorsichtiger Mensch für notwendig und ausreichend hält, um andere vor Schäden zu bewahren.“*[1069]

Wie *Larenz* und *Canaris* herausgearbeitet haben, entstehen Verkehrspflichten im Wesentlichen aufgrund der Eröffnung oder Duldung eines Verkehrs, der Übernahme einer Aufgabe sowie aus vorangegangenem Tun.[1070] Hiermit vergleichbar ist eine Unterscheidung zwischen Sicherungspflichten zur Kontrolle von Gefahrenquellen und dem Schutz der Umwelt vor einer Gefahrenquelle und Fürsorgepflichten zum Schutz eines Rechtsguts vor Gefahren aus der Umwelt.[1071] Den Verkehrspflichten liegen dabei die Gedanken des Schutzes berechtigter Vertrauenserwartungen, der Gefahrerhöhung und -beherrschung sowie die Tatsache zugrunde, dass derjenige, der Vorteile aus einer Gefahrenlage zieht, auch deren Risiken tragen muss.[1072]

Inhalt und Umfang der Verkehrspflichten richten sich nach den *„Sicherheitserwartungen des Verkehrs“*.[1073] In die wertende Interessensabwägung zur

---

1069 St. Rspr.; aus der neueren Rspr. s. etwa BGH, Urt. v. 02.10.2012 – VI ZR 311/11, BGHZ 195, 30 (32, Rn. 6) = NJW 2013, 48; BGH, Urt. v. 25.02.2014 – VI ZR 299/13, NJW 2014, 2104 (2105) jeweils m.zahlr.w.N.

1070 *Larenz/Canaris*, SchuldR II/2, § 76 III 3. (S. 406-412); zu Versuchen, die differenzierte Rechtsprechung in verschiedene Fallgruppen zu systematisieren s. etwa *Brandes*, Organisationspflichtverletzung, S. 163-165; *von Bar*, Verkehrspflichten, S. 44–61, 112-128; *Hager*, in: Staudinger, BGB (2009), § 823 Rn. E 12-E 22.

1071 *Wagner*, in: MüKo-BGB, § 823 Rn. 397; ähnlich *Krause*, in: Soergel, BGB, § 823 Anh II Rn. 19; diese Ansicht unterscheidet sich von der Auffassung von *Larenz/Canaris*, SchuldR II/2, § 76 III 3. (S. 406-412) nur insofern, als dass letztere das pflichtwidrige Vorverhalten als eigene Fallgruppe ansehen.

1072 *von Bar*, JuS 1988, 169 (170 f.); ähnlich *Raab*, JuS 2002, 1041 (1044 f.); *Larenz/Canaris*, SchuldR II/2, § 76 III 3. a) (S. 407 f.).

1073 St. Rspr., s. etwa BGH, Urt. v. 11.12.1984 – VI ZR 218/82, NJW 1985, 1076 f.; BGH, Urt. v. 20.09.1994 – VI ZR 162/93, NJW 1994, 3348 (3349); *Förster*, in: Bamberger/Roth/Hau/Poseck, BGB, § 823 Rn. 319; ausführlich *Wagner*, in: MüKo-BGB, § 823 Rn. 427–428.

Bestimmung von Inhalt und Umfang der Verkehrspflichten sind insbesondere die Wahrscheinlichkeit des Schadenseintritts und die Schwere des drohenden Schadens, die Wertigkeit des bedrohten Rechtsguts und der zur Vermeidung bzw. Abwendung der Gefahr erforderliche Aufwand einzubeziehen.[1074] Die Zumutbarkeit für den Verkehrspflichtigen begrenzt den Inhalt und Umfang der Verkehrspflichten.[1075] Insbesondere muss der potentiell Verkehrspflichtige rechtlich und tatsächlich dazu in der Lage sein, die Gefahr im Einzelfall zu steuern.[1076] Überdies ist auch der wirtschaftliche Aufwand zu berücksichtigen.[1077] Je nach Möglichkeit und Zumutbarkeit der Gefahrbeseitigung[1078] können als Ergebnis der Interessensabwägung Pflichten zur Kontrolle in Form von Warn-, Verbots- und Instruktionspflichten oder zur Beseitigung in Form von *„Gefahrenkontrollpflichten, Auswahl- und Aufsichtspflichten, Organisationspflichten, Erkundigungs- und Benachrichtigungspflichten sowie Obhuts- und Fürsorgepflichten"* entstehen.[1079] Diese Anforderungen erfahren eine erste Konkretisierung durch die Organisationspflichten. Bei der Aufgabenübertragung entsteht eine Pflicht zur sorgfältigen Kontrolle und Auswahl sowie (bei Weisungsgebundenheit) zur Weisung des Beauftragten. Daneben besteht die Pflicht, die innerbetriebliche Organisation so zu gestalten, dass Dritte möglichst nicht geschädigt werden.

Zur weiteren Konkretisierung der Verkehrspflichten in Fällen mit Menschenrechtsbezug kann der Richter im jeweiligen Einzelfall die UN-Leitprinzipien, insbesondere die hierin statuierte menschenrechtliche Sorgfalt, heranziehen.[1080] Diese wirken als Mindeststandards, sodass die Verkehrs-

---

1074 *Raab*, JuS 2002, 1041 (1044); ausführlich *Hager*, in: Staudinger, BGB (2009), § 823 Rn. E 27, E 31; *Larenz/Canaris*, SchuldR II/2, S. 414 (§ 76 III 4 b)).

1075 S. etwa BGH, Urt. v. 28.06.1965 – III ZR 35/64, BGHZ 44, 103 (106) = NJW 1965, 1760; BGH, Urt. v. 31.10.2006 – VI ZR 223/05, NJW 2007, 762 (763 [Rn. 11]) m.w.N.

1076 BGH, Urt. v. 15.06.1954 – III ZR 125/53, BGHZ 14, 83 (87) = NJW 1954, 1403 f.; BGH, Urt. v. 28.10.1986 – VI ZR 254/85, NJW 1987, 1013 (1014); *von Bar*, Verkehrspflichten, S. 122; *Wagner*, in: MüKo-BGB, § 823 Rn. 399; *Larenz/ Canaris*, SchuldR II/2, § 76 III 3. a) (S. 408).

1077 *von Bar*, Verkehrspflichten, S. 127; *Wagner*, in: MüKo-BGB, § 823 Rn. 399; s. für die Verkehrspflichten allgemein auch *Krause*, in: Soergel, BGB, § 823 Anh II Rn. 33.

1078 S. hierzu *Hager*, in: Staudinger, BGB (2009), § 823 Rn. E 35; *Krause*, in: Soergel, BGB, § 823 Anh II Rn. 32.

1079 *Hager*, in: Staudinger, BGB (2009), § 823 Rn. E 26; ausführlich *von Bar*, Verkehrspflichten, S. 83–100.

1080 S.o. § 16 B. II. 3.

pflichten im Einzelfall über die Vorgaben der Leitprinzipien hinausgehen können.

Zu prüfen bleibt damit, ob und welche unternehmerischen Verkehrspflichten in transnationalen Menschenrechtsfällen bestehen. Dabei geht es nicht darum, inwiefern ein Mutterunternehmen für die Rechtsgutsverletzung von Tochter- und Zulieferunternehmen ohne einen eigenen „Beitrag" haftet,[1081] sondern um die zentrale Frage, ob und wann ein Unternehmen im Hinblick auf abhängige Unternehmen (a)) und auf Zulieferunternehmen (b)) *eigene* Verkehrspflichten treffen, deren Verletzung zu einer entsprechenden Haftung führt.

a) Konzernweite Verkehrspflichten in Bezug auf abhängige Unternehmen

In transnationalen Menschenrechtsfällen können Menschenrechtsverletzungen von Unternehmen begangen werden, die zu dem in Anspruch genommenen Unternehmen in einem gesellschaftsrechtlichen Abhängigkeitsverhältnis stehen.

Eine Gefahrsetzung durch das transnationale Unternehmen kommt also etwa in Betracht, wenn Entscheidungen über bestimmte Konzernpolitiken mit menschenrechtlichen Auswirkungen auf der Geschäftsführungsebene des Mutterunternehmens getroffen und dann vom Tochterunternehmen ausgeführt werden. Ebenso könnte man es dem herrschenden Unternehmen vorwerfen, das abhängige Unternehmen nicht ausreichend überwacht / kontrolliert bzw. keinen entsprechenden Einfluss auf dieses ausgeübt zu haben.

Damit stellt sich die Frage nach der konzernweiten Anwendung von Verkehrspflichten. Zunächst werden die Tendenz zur einheitlichen Betrachtung des Konzerns in anderen Rechtsgebieten (aa)) sowie Rechtsprechung und Literatur zu konzernweiten Verkehrspflichten, insbesondere im Bereich der Produzentenhaftung, dargestellt (bb)). In der folgenden Stellungnahme werden dann Entstehung sowie Inhalt und Umfang von konzernweiten Verkehrspflichten in transnationalen Menschenrechtsfällen herausgearbeitet (cc)).

1081 S. hierzu ausführlich u. § 17 B.

aa) Tendenz zur einheitlichen Betrachtung des Konzerns in anderen
   Rechtsgebieten

Trotz des gesellschaftsrechtlichen Trennungsprinzips lässt sich in zahlreichen Rechtsgebieten eine Tendenz beobachten, den Konzern als Einheit zu betrachten.[1082] Dies gilt vor allem für rechtliche Regelungen auf europäischer Ebene bzw. solche, die ihre Grundlage im europäischen Recht haben.

Regelungen mit Konzernbezug finden sich etwa in den §§ 297 ff. HGB und im Steuerrecht.[1083] Im Insolvenzrecht zeugen zumindest die formellen Regelungen zur Konzentration des Verfahrens[1084] davon, dass der Konzern als Einheit in das Blickfeld des Gesetzgebers rückt.[1085]

Im Kartellrecht liegt der Praxis der Europäischen Kommission und der Europäischen Gerichte ein weiter, wirtschaftlich orientierter[1086] Unternehmensbegriff zugrunde. Demnach ist ein Unternehmen im Sinne des europäischen Wettbewerbsrechts *„eine wirtschaftliche Einheit [...], selbst wenn diese wirtschaftliche Einheit rechtlich aus mehreren natürlichen oder juristischen Personen gebildet ist"*.[1087] Dieser weite Unternehmensbegriff hat zur Konsequenz, dass unter bestimmten Umständen nach ständiger Rechtsprechung eine Zurechnung des Verhaltens der Tochtergesellschaft in Betracht kommt und die Kommission eine Geldbuße gegen die Muttergesellschaft verhängen kann, ohne dass diese selbst an dem Kartellrechtsverstoß beteiligt gewesen sein muss.[1088] § 81 Abs. 3a GWB und die Richtlinie über Scha-

---

1082   S. hierzu und zum Folgenden insgesamt *Wagner*, RabelsZ 80 (2016), 717 (762–764).

1083   S. insgesamt *Wagner*, RabelsZ 80 (2016), 717 (763).

1084   Beispielsweise durch Gerichtsstandsregeln (§ 3a InsO) und eine einheitliche Richterzuständigkeit (§ 3c InsO) und insb. Regelungen zur Koordinierung des Verfahrens von Schuldnern, die derselben Unternehmensgruppe (s. hierzu § 3e InsO) angehören (§§ 269a-i InsO).

1085   *Wagner*, RabelsZ 80 (2016), 717 (763).

1086   Zur wirtschaftlichen Orientierung s. *Emmerich*, JuS 2011, 651 (652).

1087   S. nur EuGH, Urt. v. 12.07.1984 – C 170/83, *Hydrotherm*, BeckRS 1984, 110226 Rn. 11 (nahezu wortgleich); EuGH, Urt. v. 10.09.2009 – C-97/08, *Akzo Nobel u.a.*, EuZW 2009, 816 (821 [Rn. 55]); EuGH, Urt. v. 10.04.2014 – 231/11 P, C-232/11 P, C-233/11 P, *Siemens*, EuZW 2014, 713 (714 [Rn. 43]).

1088   EuGH, Urt. v. 10.09.2009 – C-97/08, *Akzo Nobel u.a.*, EuZW 2009, 816 (821 [Rn. 59]); EuGH, Urt. v. 20.01.2011 – C-90/09 P, *General Química*, WRP 2011, 335 (338 [Rn. 38]).

densersatz wegen Verstößen gegen das Europäische Wettbewerbsrecht[1089] übernehmen diesen Unternehmensbegriff in das nationale Recht.[1090] Inwiefern der Wortlaut des neuen § 33a GWB diesem Erfordernis tatsächlich Rechnung trägt, ist zweifelhaft.[1091]

Dieser wirtschaftliche Unternehmensbegriff kann allerdings nicht auf das Haftungsrecht im Allgemeinen übertragen werden. Es handelt sich um eine nicht auf andere Rechtsbereiche übertragbare Besonderheit des Wettbewerbsrechts. Im allgemeinen Zivilrecht wird jede Konzerngesellschaft weiterhin für sich selbst tätig.[1092]

bb) Konzernweite Verkehrspflichten des Unternehmens, insbesondere im Recht der Produzentenhaftung

Die Erstreckung der Verkehrspflichten einer Gesellschaft auf weitere Konzern- und insbesondere Tochtergesellschaften wird vor allem im Zusammenhang mit dem Produkthaftungsrecht diskutiert. Da dieses letztlich aus den Verkehrspflichten eines Unternehmens in Bezug auf die Herstellung

---

1089 Richtlinie 2014/104/EU des Europäischen Parlaments und des Rates vom 26.11.2014 über bestimmte Vorschriften für Schadensersatzklagen nach nationalem Recht wegen Zuwiderhandlungen gegen wettbewerbsrechtliche Bestimmungen der Mitgliedstaaten und der Europäischen Union, ABl. (EU) Nr. L 349, S. 1.

1090 Zu § 81 Abs. 3a GWB s. *Klumpe/Thiede*, BB 2016, 3011; ausführlich und differenzierend *Timmerbeil/Blome*, BB 2017, 1544–1550; kritisch (noch zum Referentenentwurf der 9. GWB-Novelle) *Kahlenberg/Heim*, BB 2016, 1863 (1869 f.); in Bezug auf die Richtlinie über Schadensersatz geht die wohl h.M. vom europarechtlichen Verständnis des Unternehmens als wirtschaftliche Einheit aus, s. etwa *Haus/Serafimova*, BB 2014, 2883 (2884); *Kersting*, WuW 2014, 564 (565); *Makatsch/Mir*, EuZW 2015, 7 (8); **a.A.** *Suchsland/Rossmann*, WuW 2015, 973 (977–980); *Thomas/Legner*, NZKart 2016, 155 (156.)

1091 S. auch *Dose*, VuR 2017, 297 (298); *Petrasincu*, WRP 2017, 921 (924); kritisch *Kersting*, VersR 2017, 581 (596); *Klumpe/Thiede*, BB 2016, 3011 f.; die europarechtlichen Definition des Unternehmensbegriffs könnte aber durch eine europarechtskonforme Auslegung des deutschen Haftungsrechts berücksichtigt werden, s. *Kersting*, VersR 2017, 581 (584 f.); eine andere Möglichkeit stellt die Berücksichtigung i.R.v. § 33b GWB n.F. dar, vgl. BT-Drucks. 18/10207, S. 56; *Emmerich*, in: Immenga/Mestmäcker, GWB, § 33 Rn. 32 (je noch zu § 33 Abs. 4 GWB a.F.).

1092 S. hierzu und zum Vorstehenden insgesamt *Kersting*, Der Konzern 2011, 445 (452).

von Waren entwickelt wurde, kann die Diskussion zumindest teilweise auf die Verkehrspflichten im Allgemeinen übertragen werden.

(1) Die Haftung von Konzerngesellschaften in der Rechtsprechung

Im Produkthaftungsrecht hatte sich die Rechtsprechung vereinzelt mit der Haftung einzelner Konzerngesellschaften zu beschäftigen. In einem Urteil aus dem Jahr 1960 ging der BGH von besonderen Prüfpflichten einer Vertriebs-Muttergesellschaft aus, da der Geschäftsführer der Tochtergesellschaft gleichzeitig der persönlich haftende Gesellschafter der Muttergesellschaft war.[1093]

Nach Auffassung des BGH im sogenannten Asbestzementplatten-Urteil führt allein die Tatsache, dass der Hersteller Inhaber sämtlicher Kapitalanteile einer Vertriebsgesellschaft ist, nicht zur Haftung von letzterer. Gefahrabwendungspflichten der Vertriebsgesellschaft könnten allerdings aufgrund eines Erfahrungs- oder Meinungsaustauschs im Konzern entstehen oder wenn Organe oder verfassungsmäßige Vertreter in beiden Unternehmen tätig sind und in diesem Zuge Kenntnis über Unregelmäßigkeiten erlangen.[1094]

Im sogenannten Honda-Urteil nahm der BGH Produktbeobachtungs- und hieraus resultierende Instruktionspflichten in Bezug auf die von der Gesellschaft vertriebenen Produkte an, wenn eine Vertriebsgesellschaft eines ausländischen Herstellers deren einziger Repräsentant am deutschen Markt ist.[1095]

(2) Befürwortende Auffassungen im Schrifttum

Im Schrifttum gehen insbesondere *Oehler* und *Hommelhoff* grundsätzlich von konzernweiten Verkehrspflichten in Bezug auf das Produkthaftungsrecht aus. Nach *Oehler* sind die Verkehrspflichten eines Unternehmens in

---

1093 S. hierzu insgesamt BGH, Urt. v. 05.07.1960 – VI ZR 130/59, VersR 1960, 855 (856)

1094 BGH, Urt. v. 05.05.1981 – VI ZR 280/79, NJW 1981, 2250 f.; s. auch *Graf von Westphalen*, in: FS Felix, S. 559 (576).

1095 BGH, Urt. v. 09.12.1986 – VI ZR 65/86, BGHZ 99, 167 (167, 171) = NJW 1987, 1009 (1009, 1010); weitergehend *Graf von Westphalen*, in: FS Felix, S. 559 (578); zur bedingten Übertragbarkeit dieser Entscheidungen auf die Haftung von Konzernobergesellschaften s. *Oehler*, ZIP 1990, 1445 (1450 f.).

Bezug auf die Beauftragung selbstständiger Unternehmer lediglich Minimalanforderungen in Bezug auf konzernweite Organisationspflichten. Aufgrund der einheitlichen Leitung eines Konzerns, der Durchsetzung der gesellschaftsrechtlichen Beherrschung in Form von Weisungen sowie der fehlenden Grenze der Einflussnahme gingen die Pflichten im Konzern sogar darüber hinaus.[1096] Die Konzernmutter hafte dann, wenn ein Konzern wie ein Einheitsunternehmen geführt werde und die einzelnen Konzerngesellschaften die Funktion weisungsabhängiger, unselbstständiger Betriebsabteilungen übernähmen.[1097] Allein der Erwerb einer beherrschenden Kapitalmehrheit sei aber nicht ausreichend für eine Haftung des herrschenden Unternehmens, sondern erforderlich sei eine *„unternehmerische[…] Einflussnahme auf die Leitung des Unternehmens selbst"*.[1098] Für die dazwischen liegenden Fälle ist nach *Oehler* entscheidend, in welchem Umfang die unternehmerische Leitungsmacht an die Tochtergesellschaft abgetreten wird. Ein Ausschluss der Haftung des herrschenden Unternehmens aufgrund Nichteinmischung sei allerdings nur dann möglich, wenn eine entsprechende Kompetenzverteilung rechtlich in Gesellschafterbeschlüssen, Satzungsbestimmungen sowie Gesellschafts- und Konzernverträgen verankert ist. Solange das Unternehmen weiterhin für die Schaffung und den Betrieb der Gefahrenquelle verantwortlich sei, könnten auch bei der Abwälzung von Verkehrspflichten Gefahrabwendungspflichten bestehen. Gleiches gelte auch bei erhöhten Gefahrenlagen im Bereich des Tochterunternehmens.[1099]

Hommelhoff argumentiert ähnlich. Eine Haftungsbefreiung der Konzernspitze komme nur in Betracht, wenn sich die Muttergesellschaft nicht in den Produktionsprozess, also in die technisch-organisatorischen Bereiche der Produktion, einmischt.[1100] Verkehrspflichten der Muttergesellschaft entstünden nur dann nicht, wenn die Tochtergesellschaft ausschließlich

---

1096 *Oehler*, ZIP 1990, 1445 (1448); ähnlich bereits *Graf von Westphalen*, in: FS Felix, S. 559 (579, 580) (in Bezug auf Weisungen einer Hersteller- oder Besitzgesellschaft).

1097 *Oehler*, ZIP 1990, 1445 (1449); ähnlich bereits *Graf von Westphalen*, in: FS Felix, S. 559 (576) (in Bezug auf ausgegliederte Vertriebsgesellschaften Erweiterung der Verkehrssicherungspflicht bei allgemeinem Erfahrungs- und Meinungsaustausch).

1098 *Oehler*, ZIP 1990, 1445 (1449); ähnlich *Buxbaum*, GRUR 2009, 240 (243 f.) (für den Vertragskonzern, in Bezug auf Patentverletzungen); ähnlich für das Umwelthaftungsrecht *Westermann*, ZHR 155 (1991), 223 (240).

1099 S. hierzu insgesamt *Oehler*, ZIP 1990, 1445 (1449 f.).

1100 *Hommelhoff*, ZIP 1990, 761 (765, 767); dem folgend *Glinski*, Private Regulierung, S. 347; *Wellenhofer-Klein*, Zulieferverträge, S. 318; ähnlich für das Um-

und völlig eigenverantwortlich für den jeweiligen Bereich zuständig ist.[1101] Dieses Konzept läuft – wie *Hommelhoff* selbst darstellt – auf eine extrem dezentrale Konzernführung hinaus, will man eine Haftung der Konzernspitze vermeiden.[1102] Daneben bestehe sogar eine Verpflichtung des herrschenden Unternehmens zur hinreichenden finanziellen Risikovorsorge.[1103]

Unterschiedlich beurteilen *Hommelhoff* und *Oehler* die Frage, inwiefern eine *Pflicht* des herrschenden Unternehmens zur Einflussnahme auf seine Tochterunternehmen besteht, deren Verletzung zur Haftung im Außenverhältnis führt. *Hommelhoff* lehnt dies ab, da eine Konzernleitungspflicht lediglich im Innenverhältnis zwischen der Gesellschaft an der Konzernspitze und deren Geschäftsleitung bestehe. Zudem seien die Organisation und die Reichweite der Autonomie der Geschäftsführungen der Tochtergesellschaften Bestandteil der Organisationsfreiheit der Konzernspitze.[1104] Nach *Oehler* besteht hingegen eine Haftung, wenn ein Mutterunternehmen trotz Kenntnis, Möglichkeit und Gebotenheit nicht eingeschritten ist, um den Verkauf eines schadensverursachenden Produktes zu verhindern. Dies leite sich aus dem konzernrechtlichen Beherrschungsverhältnis (das herrschende Unternehmen ziehe Vorteile aus der Tätigkeit der Tochtergesellschaft und nutze diese im Interesse der eigenen Ziele) ab; insofern sei die konkrete Ausgestaltung der Weisungsbefugnisse nicht entscheidend. *Oehler* weist aufgrund der Möglichkeit des herrschenden Unternehmens zur Bestimmung über die „*Organisation, technische Ausstattung und Führungsbesetzung der von ihm abhängigen Unternehmen*" auf mögliche Pflichten des herrschenden Unternehmens zur Vermeidung und Abwendung von Gefahren unabhängig von einer Kenntnis der Gefahrenlage im Einzelfall hin, jedoch ohne hierüber abschließend zu entscheiden.[1105]

---

welthaftungsrecht *Westermann*, ZHR 155 (1991), 223 (238–240) („*bloße Kausalität irgendeines Akts der Obergesellschaft für die Inbetriebnahme einer Anlage*" und faktische Weisungsmöglichkeiten nicht ausreichend, Haftung aber, wenn „*die Konzernspitze über die Art des Einsatzes der Anlage und der Geräte bestimmte*".).

1101 *Hommelhoff*, ZIP 1990, 761 (765).

1102 *Hommelhoff*, ZIP 1990, 761 (766); kritisch *Teubner*, in: FS Steindorff, S. 261 (270 f.).

1103 *Hommelhoff*, ZIP 1990, 761 (770 f.); ähnlich in Bezug auf das Umwelthaftungsrecht *Westermann*, ZHR 155 (1991), 223 (241, 245); eher kritisch *Oehler*, ZIP 1990, 1445 (1451 f.); eine Pflicht zur Kapitalvorsorge allgemein ablehnend *Holle*, Legalitätskontrolle, S. 329–331.

1104 *Hommelhoff*, ZIP 1990, 761 (766 f.); ähnlich – und daher konzernweite Organisationspflichten im Allgemeinen ablehnend – *Koch*, WM 2009, 1013 (1019).

1105 *Oehler*, ZIP 1990, 1445 (1451).

(3) Kritische Auffassungen im Schrifttum

Daneben existieren auch kritische Stimmen in Bezug auf die konzernweite Erstreckung der Verkehrspflichten eines Unternehmens.

Ehricke beruft sich etwa allgemein darauf, das abhängige Unternehmen verrichte in der Regel[1106] eigene Geschäfte und nicht die des herrschenden Unternehmens, woran auch entsprechende Eingriffsmöglichkeiten nichts änderten. Daneben sei es problematisch, den Konzern als solchen als erhöhte Gefahr für den Verkehr anzusehen. Weiter hätte eine konzernweit geltende Verkehrspflicht letztlich eine Garantiehaftung des Verkehrspflichtigen mit einer damit verbundenen *„beträchtlichen Lähmung des Wirtschaftsverkehrs"* und eine *„weder ordnungspolitisch noch ökonomisch wünschenswert[e]"* zentralistische Organisation der Konzerne zur Konsequenz." Im Ergebnis lehnt *Ehricke* eine Haftung des herrschenden Unternehmens wegen Organisationspflichtverletzung insbesondere im Hinblick auf die Gefahr des Verlustes der Attraktivität der Konzernbildung und die ökonomischen Folgen ab.[1107]

Gegen eine konzernweite Erstreckung der Verkehrspflichten hat sich auch *Spindler* ausgesprochen.[1108] Die Ausgliederung von Funktionen auf Tochtergesellschaften sei insoweit nicht mit der Arbeitsteilung bzw. Übertragung von Aufgaben auf selbstständige Unternehmer vergleichbar, als dass der Nutzen der Arbeitsteilung dem Auftraggeber dort unmittelbar zugutekomme, während die Muttergesellschaft einen Nutzen aus der Tätigkeit der Tochtergesellschaft aufgrund der gesellschaftsrechtlichen Kapitalbindung nicht ziehen könne. Insofern sei die Pflicht zur sorgfältigen Auswahl und Überwachung selbstständiger Unternehmer nicht auf Konzerne übertragbar.[1109] Gegen eine Übertragbarkeit sprächen außerdem die im Fall der Ausgliederung von Funktionen auf Tochtergesellschaften im Gegensatz zur Übertragung auf selbstständige Unternehmer bestehenden gesellschaftsrechtlichen Ausgleichsmechanismen.[1110]

1106 Ausnahmen seien insb. bei Betriebsaufspaltungen oder abhängigen Unternehmen, die ausschließlich *„dienende"* Funktion haben, denkbar.

1107 S. zum Vorstehenden insgesamt *Ehricke*, Konzernunternehmen, S. 134–139; **dagegen** *Nordhues*, Haftung Muttergesellschaft, S. 118–119.

1108 S. insgesamt *Spindler*, Unternehmensorganisationspflichten, S. 945–958.

1109 *Spindler*, Unternehmensorganisationspflichten, S. 949; kritisch in Bezug auf das Vorliegen einer Delegation einer Tätigkeit auch *Ehricke*, Konzernunternehmen, S. 135.

1110 *Spindler*, Unternehmensorganisationspflichten, S. 949–950; ebenso *Koch*, WM 2009, 1013 (1019); **dagegen** *Nordhues*, Haftung Muttergesellschaft, S. 117–118.

Darüber hinaus beruft sich *Spindler* darauf, dass die Möglichkeiten der Konzernspitze zur Beherrschung und Gefahrsteuerung nur im Innenverhältnis zwischen Muttergesellschaft und deren Geschäftsleitung bestünden und die Leitungsmacht bereits durch gesellschafts- und konzernrechtliche Ausgleichsmechanismen hinreichend berücksichtigt würde.[1111] Außerdem verweist er auf eine mit konzernweiten Organisationspflichten verbundene, nicht zu rechtfertigende Privilegierung deliktischer Gläubiger.[1112]

Eine Pflicht zur angemessenen Kapitalausstattung bzw. zur Deckung durch einen entsprechenden Versicherungsschutz lehnt *Spindler* ab. Er verweist diesbezüglich auf den fehlenden Zwang zum Abschluss einer Versicherung, eine damit verbundene Umgehung der Regelungen des Gesellschafts- und Konzernrechts (namentlich Kapitalerhaltungsmechanismen und Ausgleichsansprüche bei Unterkapitalisierung einer Tochtergesellschaft) und die fehlende Außenwirkung einer solchen allenfalls im Verhältnis zwischen Mutter- und Tochtergesellschaft bestehenden Pflicht.[1113]

Da Organisationspflichten nach *Spindler* die Funktion einer Zurechnungsregel haben, würde deren konzernweite Geltung seiner Auffassung nach faktisch eine Anerkennung der Einheitstheorie des Konzerns bedeuten.[1114] Daneben beruft er sich auf Gründe der Praktikabilität: Eine konzernweite Organisationspflicht liefe letztlich auf eine Pflicht zur zentralen Konzernführung hinaus und es stelle sich die Frage, ob ein Unternehmen verpflichtet sei, einen bestimmten Mindestanteil an abhängigen Unternehmen zu erwerben und was Konsequenz sei, wenn das nötige Maß an Beherrschung / die erforderliche Anzahl an Anteilen nicht erreicht werden könnten.[1115]

Spindler lehnt zwar eine konzernweite Organisationspflicht (die er im Sinne einer Zurechnungsregel versteht) ab, geht aber in Bezug auf die „allgemeinen" deliktsrechtlichen Pflichten abhängig von den rechtlichen Einflussmöglichkeiten des Unternehmens anschließend dennoch von einer Verschärfung der Pflichten aus. Diese will er nicht über betriebliche oder körperschaftliche Organisationspflichten herleiten, sondern über eine Berücksichtigung der *„Tatsache der Konzernierung [...] bei der Intensität der Pflichten bei dem **jeweiligen Pflichtenträger** [Hervorhebung im Original], und*

1111 *Spindler*, Unternehmensorganisationspflichten, S. 950–951; ebenso *Koch*, WM 2009, 1013 (1019); *Mohamed*, JURA 2016, 1037 (1041).
1112 *Spindler*, Unternehmensorganisationspflichten, S. 951–952.
1113 *Spindler*, Unternehmensorganisationspflichten, S. 952–953.
1114 *Spindler*, Unternehmensorganisationspflichten, S. 953.
1115 *Spindler*, Unternehmensorganisationspflichten, S. 954–955.

*nicht bei der Konzernspitze [...] [. Dann] lassen sich die Anknüpfung der gesell-
schaftsrechtlichen Schutzmechanismen bei der abhängigen Gesellschaft und die
deliktsrechtlichen Anforderungen miteinander vereinbaren.*"[1116] Dass diese
Pflichten aber dann auch Muttergesellschaften treffen können, zeigen die
folgenden Ausführungen, wo *Spindler* bei Ausgliederung einer Teilfunkti-
on auf eine Tochtergesellschaft eine Pflicht der Muttergesellschaft zur ord-
nungsgemäßen Überwachung der Tochtergesellschaft je nach Leitungsin-
tensität innerhalb der konzernrechtlichen Grenzen annimmt.[1117] Auch bei
der vollständigen Ausgliederung auf eine oder verschiedene Konzerntoch-
tergesellschaften bestehen nach *Spindler* Überwachungspflichten, deren Intensität abhängig vom Grad der Abhängigkeit von der Konzernspitze und
der konzernrechtlich zulässigen Leitungsmacht sei. Etwas anderes gelte
nur dann, wenn die Muttergesellschaft ihre Herstellerfunktion vollständig
auf die Tochtergesellschaft übertragen hat.[1118] Nur für diesen Fall besteht
im Ergebnis auch wohl ein Unterschied zu den Befürwortern konzernweiter Organisationspflichten. Ansonsten wird *Spindler* – trotz seines wohl ge-
gensätzlichen Ausgangspunktes – regelmäßig zum gleichen Ergebnis kommen.[1119]

cc) Stellungnahme

Diesen Meinungsstand zu konzernweiten Verkehrspflichten im Bereich
der Produzentenhaftung zugrunde gelegt, stellt sich die Frage nach konzernweiten Verkehrspflichten in transnationalen Menschenrechtsfällen.
Im Gegensatz zu Zulieferkonstellationen haben herrschende gegenüber
abhängigen Unternehmen die Möglichkeit zur Einflussnahme – diese ist
gemäß § 17 AktG gerade Voraussetzung für die Abhängigkeit eines Unternehmens. Sowohl im Vertrags- als auch im faktischen Konzern bestehen
Weisungsmöglichkeiten des herrschenden Unternehmens.[1120] Für den Vertragskonzern ergibt sich dieses Weisungsrecht aus § 308 AktG. Im faktischen Konzern besteht kein rechtliches Weisungsrecht. Dass das herrschende Unternehmen dennoch faktisch Einfluss auf die abhängigen Un-

---

1116 *Spindler*, Unternehmensorganisationspflichten, S. 955–956.
1117 *Spindler*, Unternehmensorganisationspflichten, S. 956–957.
1118 *Spindler*, Unternehmensorganisationspflichten, S. 957–958.
1119 *Wagner*, RabelsZ 80 (2016), 717 (768).
1120 Dies missachtet *Bunting*, ZIP 2012, 1542 (1548) (Verkehrspflichten nur des abhängigen Unternehmens, wenn dieses u.a. keinen Weisungen durch die Obergesellschaft unterliegt).

ternehmen ausüben kann, zeigt § 311 AktG, der das Bestehen von Einfluss-möglichkeiten voraussetzt. Besonders weitgehend sind diese, wenn das herrschende Unternehmen über eine Kapitalmehrheit von mindestens ¾ des bei der Beschlussfassung vertretenen Grundkapitals innehält.[1121] Aber auch bei der einfachen Mehrheitsbeteiligung stehen dem Unternehmen mit Stimmenmehrheit weitreichende Einflussmöglichkeiten auf die Toch-tergesellschaft zu.[1122] Von besonderer Bedeutung ist der Einfluss auf die Personalbesetzung des abhängigen Unternehmens: Durch die Mehrheits-beteiligung kann das herrschende die Aufsichtsratsmitglieder des abhängi-gen Unternehmens bestimmen (§ 101 AktG), die gemäß § 84 AktG wiede-rum dessen Vorstand bestellen und abberufen. Da eine Wiederwahl und ein persönliches Fortkommen im Interesse der Organe der abhängigen Ge-sellschaft stehen, werden diese ihre Handlungen im Zweifel an den Wün-schen des herrschenden Unternehmens ausrichten.[1123]

Da der Haftungsmaßstab aus § 93 AktG und die hierzu ergangene Recht-sprechung nicht auf die Verkehrspflichten übertragbar sind ((1)), ist zu-nächst entscheidend, ob überhaupt Verkehrspflichten des herrschenden Unternehmens entstehen ((2)), wobei zwischen einer tatsächlichen Ein-flussnahme des herrschenden auf das abhängige Unternehmen ((a)) und der bloßen Möglichkeit ((b)) zu differenzieren ist. In letzterem Fall geht es mithin darum, inwiefern ein herrschendes Unternehmen zur Einflussnah-me verpflichtet ist. Abschließend sollen die Ergebnisse dahingehend über-prüft werden, ob sie mit gesellschafts- und konzernrechtlichen Wertungen im Einklang stehen ((c)). Sofern Verkehrspflichten entstehen, stellt sich die Frage nach deren Inhalt und Umfang ((3)). Die vorstehende Differen-zierung sowie die nachfolgend dargestellten möglichen Vorwürfe gegen herrschende Unternehmen stellen die nach Auffassung der Verfasserin ty-pischen und praktisch besonders relevanten Fälle dar. Sie sollen exempla-risch, aber keinesfalls abschließend Verkehrspflichten herrschender Unter-nehmen in transnationalen Menschenrechtsfällen aufzeigen.

1121 Eine Übersicht über die Rechte bei einer Mehrheit von mindestens ¾ des bei der Beschlussfassung vertretenen Grundkapitals findet sich bei *Arnold*, in: MüKo-AktG, § 133 Rn. 50.

1122 Zu Beschlüssen der Hauptversammlung, die eine einfache Stimmenmehrheit erfordern, s. *Arnold*, in: MüKo-AktG, § 133 Rn. 38.

1123 S. hierzu insgesamt *Bayer*, in: MüKo-AktG, § 17 Rn. 26–27; *Emmerich*, in: Em-merich/Habersack/Schürnbrand, KonzernR, § 17 AktG Rn. 6–7; ähnlich OLG Düsseldorf, Beschl. v. 08.07.2003 – 19 W 6/00 AktE, AG 2003, 688 (689); OLG Düsseldorf, Beschl. v. 07.05.2008 – VI-Kart 1/07 (V), AG 2008, 859 (860); OLG München, Beschl. v. 24.06.2008 – 31 Wx 83/07, AG 2008, 672 (673).

(1) Übertragbarkeit des Haftungsmaßstabs aus und der entsprechenden Rechtsprechung zu § 93 AktG

Vereinzelte Stimmen in der Literatur nehmen eine Übertragbarkeit insbesondere des *Siemens/Neubürger*-Urteils des LG München, in dem das Gericht unter anderem konkrete Anforderungen an eine Compliance-Organisation im Rahmen von § 93 AktG aufgestellt hat,[1124] auch auf die allgemeinen Organisationspflichten an, da *„beide Rechtsinstitute [...] eine ordnungsgemäße Betriebsorganisation zur Vermeidung von Schäden [bezwecken]“*.[1125] Dieses Urteil ist aber im Schrifttum sehr unterschiedlich aufgenommen worden und sehr umstritten.[1126]

§ 93 AktG und die deliktsrechtlichen Verkehrspflichten haben überdies unterschiedliche Regelungsgegenstände. Während die Haftung nach § 93 AktG ausschließlich die Haftung der Leitungsorgane im Innenverhältnis betrifft, beziehen sich die deliktsrechtlichen Verkehrs- und Organisationspflichten auf das Außenverhältnis. Da der delikts- und der gesellschaftsrechtlichen Haftung unterschiedlichen Wertungen zugrunde liegen, können die gesellschaftsrechtlichen Anforderungen an Inhalt, Umfang und Reichweite von Compliance-Maßnahmen und das Urteil des LG München in der Rechtssache *Siemens/Neubürger* zu § 93 AktG nicht einfach auf die deliktsrechtlichen Verkehrs- und Organisationspflichten übertragen werden. Eine Übertragung hätte außerdem zur Konsequenz, dass den Pflichten aus § 93 AktG zumindest mittelbar eine Außenwirkung zukäme, obwohl immer wieder betont wird, dass diese bzw. der Schadensersatzanspruch aus § 93 Abs. 2 AktG allein im Innenverhältnis zwischen der Gesellschaft und den Leitungsorganen besteht.[1127] Die gesellschaftsrechtlichen Pflichten zur Schaffung einer Compliance-Organisation können mithin

---

1124 LG München I, Urt. v. 10.12.2013 – 5 HK O 1387/10, ZIP 2014, 570-579; s. hierzu auch noch u. § 17 C.

1125 *Güngör*, Sorgfaltspflichten, S. 261 (allerdings mit vorherigem Verweis auf die Unterschiede zwischen aktienrechtlichem und deliktsrechtlichem Gläubigerschutz); *Saage-Maaß/Leifker*, BB 2015, 2499 (2502 f.); in diese Richtung auch *Schall*, ZGR 2018, 479 (506-508) (Haftung des Unternehmens über § 31 BGB für die Haftung der Organe nach dem Baustoffurteil i.V.m. der Entscheidung zu § 93 AktG in der Sache *Siemens/Neubürger*).

1126 S. hierzu noch u. § 17 C.

1127 S. etwa BGH, Urt. v. 10.07.2012 – VI ZR 341/10, BGHZ 194, 26 (Leitsatz, 33-35 [Rn. 22-24]) = NJW 2012, 3439 (3341 f.); *Fleischer*, in: Spindler/Stilz, AktG, § 93 Rn. 307–308; *Fleischer*, in: MüKo-GmbHG, § 43 Rn. 339–340; *Schneider*, in: Scholz, GmbHG, § 43 Rn. 307–308; *Spindler*, in: MüKo-AktG, § 93 Rn. 333, 343; *Wagner*, in: MüKo-BGB, § 823 Rn. 137.

nicht auf Entstehung, Inhalt und Umfang von Verkehrspflichten im Außenverhältnis übertragen werden.[1128]

(2) Entstehung von Verkehrspflichten

(a) Verkehrspflichten bei Einflussnahme durch das herrschende Unternehmen

Ein herrschendes Unternehmen kann auf seine abhängigen Unternehmen auf unterschiedliche Arten Einfluss nehmen. Hier ist insbesondere danach zu differenzieren, ob das Unternehmen durch konkrete Entscheidungen oder einzelne Weisungen oder durch allgemeine Vorgaben als solche, etwa durch rechtsträgerübergreifende Standards, Richtlinien oder Leitlinien, Einfluss auf ein abhängiges Unternehmen nimmt. Auch unternehmerische Verhaltensstandards lassen sich als eine Einflussnahme durch allgemeine Vorgaben ansehen.

In beiden Fällen lässt sich die Entstehung von Verkehrspflichten der herrschenden Gesellschaft über die allgemeinen Entstehungsgründe von Verkehrspflichten herleiten.[1129]

(aa) Entstehung von Verkehrspflichten bei konkreten Entscheidungen oder einzelnen Weisungen des herrschenden Unternehmens

Ist eine Rechtsgutsverletzung i.S.v. § 823 Abs. 1 BGB auf eine konkrete Entscheidung oder Weisung der herrschenden Gesellschaft zurückzufüh-

---

1128 Ähnlich *Habersack/Ehrl*, AcP 219 (2019), 155 (198); zum Kartellrecht auch *Rehbinder*, in: Loewenheim/Meessen/Riesenkampff/Kersting/Meyer-Lindemann, KartellR, § 33 GWB Rn. 38.

1129 Ähnlich *Glinski*, Private Regulierung, S. 334 (Haftung bei Einflussnahme auf die Produktion); *Nordhues*, Haftung Muttergesellschaft, S. 119 („*Einflussnahme [...] [als] Voraussetzung eines zivilen Handlungsgebotes*"); *Bunting*, ZIP 2012, 1542 (1548); *Grabosch*, in: Nikol/Schniederjahn/Bernhard, Transnationale Unternehmen, S. 69 (96 f.) (aufgrund von Informations- und Kontrollstrukturen u.a. in Konzern regelmäßig Möglichkeit der Gefahrerkennung und -vermeidung); *Wagner*, RabelsZ 80 (2016), 717 (770) (Verantwortlichkeit der Muttergesellschaft, „*wenn sie sich selbst in das Gefahrenmanagement der Tochtergesellschaft einmischt und selbst die sicherheitsrelevanten Entscheidungen trifft*"); **ablehnend** *Weller/Kaller/Schulz*, AcP 216 (2016), 387 (401 f.) (abhängiges Unternehmen als Urheber der Gefahrenquelle).

ren, die dann von der abhängigen Gesellschaft ausgeführt wird, ist es diese konkrete Entscheidung oder Weisung, die die Gefahrenquelle für die Rechtsgüter der Betroffenen darstellt. Hier kann der Zurechnungszusammenhang zwischen der konkreten Weisung und der anschließend eingetretenen Rechtsgutsverletzung unproblematisch hergestellt werden.[1130] Derartige Fälle, in denen die Einflussnahme oder Weisung z.B. darin besteht, das abhängige Unternehmen solle bestimmte Sicherheitsvorschriften nicht beachten, die Umsetzung bestimmter nationaler Vorgaben unterlassen, bestimmte Überprüfungen nicht vornehmen, Abfälle auf bestimmte Arten entsorgen oder bestimmte Abwässer in Flüsse leiten o.Ä., werden in der Praxis eher die Ausnahme darstellen.[1131] In solchen Fällen spricht vieles für eine zumindest auf *dolus eventualis* gestützte Vorsatzhaftung.

Weitaus häufiger wird es hingegen um Fälle gehen, in denen die Einflussnahme oder Weisung indirekte Auswirkungen auf die Einhaltung bestimmter Sicherheitsstandards, Arbeitsschutzvorschriften o.Ä. hat. Als Beispiel möge hier der Fall dienen, dass ein herrschendes Unternehmen, das die Warenproduktion auf ein Tochterunternehmen im Ausland übertragen hat, vorgibt, eine bestimmte Anzahl von Waren in einer bestimmten Zeit zu einem bestimmten Preis zu produzieren und die Zeiträume und Preise so niedrig sind, dass dies zwangsläufig auf Kosten der Sicherheitsstandards oder Arbeitsbedingungen gehen muss.[1132] Auch für die Umwelt (und damit zusammenhängende weitere Rechtsgutsverletzungen der lokalen Bevölkerung oder der Arbeitnehmer) kann dies einen Einfluss haben, wenn die Vorgaben so strikt sind, dass für eine fachgerechte Entsorgung, regelmäßige Überprüfung von Gefahrenquellen o.Ä. kein Spielraum verbleibt. Eine derartige indirekte Einflussnahme kann auch in Bereichen erfolgen, die auf den ersten Blick in keinem Zusammenhang mit der Einhaltung bestimmter Sicherheitsstandards stehen. Man denke hier etwa an den Fall, dass das herrschende Unternehmen Einfluss auf die Personalpolitik des abhängigen Unternehmens nimmt oder einen Stellenabbau beschließt, aufgrund dessen bestimmte Sicherheitsvorgaben schlicht mangels erforderlichen Personals nicht (mehr) erfüllt werden können. In derartigen Fällen ist es letztlich das herrschende Unternehmen, das durch diese Einflussnah-

---

1130 S. auch *Glinski*, Private Regulierung, S. 334; *Nordhues*, in: Krajewski/Saage-Maaß, Sorgfaltspflichten, S. 125 (143 f.), allerdings einschränkend dahingehend, dass sie eine wirtschaftliche Abhängigkeit der Tochtergesellschaft in der Form fordert, *„dass sie faktisch gezwungen ist, die vorgezeichnete Konzernpolitik umzusetzen"*.

1131 *Rott/Ulfbeck*, ERPL 2015, 415 (419 f.) (in Bezug auf Zulieferkonstellationen).

1132 Ähnlich für Zulieferkonstellationen *Rott/Ulfbeck*, ERPL 2015, 415 (420).

me bzw. die jeweilige Weisung an das abhängige Unternehmen die Gefahrenquelle schafft, auch wenn die tatsächliche Umsetzung erst durch das abhängige Unternehmen selbst erfolgt.[1133] Durch die konkrete Einflussnahme erscheint es nach objektiver Verkehrserwartung gerechtfertigt, dem herrschenden neben dem abhängigen Unternehmen Verkehrspflichten aufzuerlegen und dieses rechtlich zur Verantwortung zu ziehen.

(bb) Entstehung von Verkehrspflichten bei Einflussnahme durch allgemeine Vorgaben des herrschenden Unternehmens

Daneben kann das herrschende Unternehmen auch durch allgemeinere Vorgaben wie rechtsträgerübergreifende Richtlinien, Sicherheitsvorgaben oder Standards im Allgemeinen auf das abhängige Unternehmen einwirken.[1134] Auch unternehmerische Verhaltensstandards können solche allgemeinen Vorgaben enthalten. Hierbei handelt es sich ebenfalls um eine Einflussnahme der herrschenden auf die abhängige Gesellschaft.[1135] Eine solche kann sich unter Umständen je nach konkreter Ausgestaltung auch aus einer nichtfinanziellen Erklärung des herrschenden Unternehmens nach §§ 289b ff. HGB ergeben.[1136]

In derartigen Fällen scheint es schwierig, Verkehrspflichten aufgrund der Schaffung oder Unterhaltung einer Gefahrenquelle anzunehmen. Das Treffen allgemeiner Vorgaben im oben genannten Sinne allein begründet gerade keine Gefahrenquelle, sondern dient vielmehr der Vorbeugung der Realisierung von sich aus der Tätigkeit der abhängigen Unternehmen ergebenden Gefahren.[1137] Auf die Schaffung oder Unterhaltung einer Gefahrenquelle lässt sich nur abstellen, wenn man bereits an die Auslagerung

---

1133 Ähnlich unter Verweis auf § 830 Abs. 2 BGB auch *Nordhues*, Haftung Muttergesellschaft, S. 130–131, die allerdings für eine Haftung fordert, dass *„die Tochtergesellschaft wirtschaftlich derart abhängig von der Muttergesellschaft ist, dass diese tatsächlich die Produktionsbedingungen in der abhängigen Gesellschaft bestimmt [...].“*.

1134 S. auch *Wesche/Saage-Maaß*, HRLR 2016, 370 (378) (allerdings nicht zwischen abhängigen und selbstständigen Unternehmen differenzierend).

1135 S. auch *van Dam*, JETL 2 (2011), 221 (249) (*„it would be hard for a parent to argue that the CSR policy applied to the whole group but that, at the same time, the parent did not have control over ist subsidiaries.“*).

1136 Allgemein für die Begründung von Verkehrspflichten in diesem Fall auch *Segger*, in: Krajewski/Saage-Maaß, Sorgfaltspflichten, S. 21 (50–52).

1137 Ähnlich *Weller/Thomale*, ZGR 2017, 509 (521) (*„[primär] schafft [...] das ausländische Unternehmen die Gefahrenquelle“*).

einer Tätigkeit, die eigentlich vom herrschenden Unternehmen durchgeführt werden muss, anknüpft. Dies vermag jedoch zum einen die Entstehung von Verkehrspflichten für die Fälle nicht zu erklären, in denen das herrschende Unternehmen die Mehrheit eines Unternehmens übernimmt, das anschließend seine bisherige Tätigkeit weiterführt.[1138] Zum anderen müsste dann für sämtliche abhängige Unternehmen, unabhängig von der tatsächlichen Einflussnahme, von der Begründung einer Gefahrenquelle und damit verbundenen Verkehrspflichten ausgegangen werden.[1139]

Richtigerweise kommt es hier für die Begründung einer Haftung darauf an, dass das herrschende Unternehmen durch derartige Vorgaben die Verantwortung für die in den einzelnen abhängigen Konzernunternehmen bestehenden Gefahren, denen durch die Vorgaben Rechnung getragen werden soll, *tatsächlich übernimmt.*[1140] Trifft ein herrschendes Unternehmen entsprechende Vorgaben, besteht kein Anlass für die abhängigen Unternehmen (mehr), ebenfalls Vorgaben für die Vorbeugung des Eintritts derartiger Gefahren zu machen, auch wenn die konkrete Umsetzung der Vorgaben regelmäßig in den Händen des abhängigen Unternehmens liegt.[1141] Überdies schaffen – sofern sie öffentlich sind – derartige Vorgaben und Verhaltensstandards ebenso wie die unternehmerischen Verhaltensstandards[1142] entsprechende Erwartungen des Rechtsverkehrs, die für die Begründung von Verkehrspflichten aufgrund tatsächlicher Übernahme

---

1138 *Spindler,* Unternehmensorganisationspflichten, S. 948 (in Bezug auf die Eingliederung eines solchen Unternehmens); *Koch,* WM 2009, 1013 (1019); *Mohamed,* JURA 2016, 1037 (1041); ähnlich für transnationale Menschenrechtsfälle *Nordhues,* Haftung Muttergesellschaft, S. 132; *Nordhues,* in: Krajewski/Saage-Maaß, Sorgfaltspflichten, S. 125 (145).

1139 Dazu, dass gerade bei der fehlenden Ausübung von Einfluss keine Verkehrspflichten des herrschenden Unternehmens entstehen, s. sogleich unter § 16 B. II. 4. a) cc) (2) (b); eine Gefahrenquelle allein aufgrund von Arbeitsteilung im Unternehmensverbund ebenfalls ablehnend *Nordhues,* Haftung Muttergesellschaft, S. 125–126.

1140 Ähnlich *Glinski,* Private Regulierung, S. 336; *Güngör,* Sorgfaltspflichten, S. 265–266 (im Zusammenhang mit der Begründung einer Garantenpflicht); auf die Verkehrserwartungen bereits für die Begründung von Verkehrspflichten abstellend *Weller/Thomale,* ZGR 2017, 509 (522); enger wohl *Koch,* WM 2009, 1013 (1019) („*Obergesellschaft [muss] ihre Leitungsmacht so intensiv ausüb[...][en], dass sie selbst letztlich als der Verantwortliche erscheint, der die Eröffnung der Gefahrenquelle durch die abhängige Tochtergesellschaft verursacht hat*"); **a.A.** in Bezug auf die nichtfinanzielle Erklärung *Wagner,* RabelsZ 80 (2016), 717 (777 f.).

1141 Ähnlich allgemein *Holle,* Legalitätskontrolle, S. 339.

1142 S. hierzu o. § 16 B. II. 3. c) aa).

ebenfalls relevant sind.[1143] Diese Verkehrspflicht aufgrund von Verkehrserwartungen spricht insbesondere dafür, Angaben in CSR-Standards und nichtfinanziellen Erklärungen, die hinreichend konkrete Aussagen (beispielsweise in Bezug auf die Einhaltung bestimmter Standards oder auf getroffene Maßnahmen) beinhalten, als Grundlage für Verkehrspflichten anzusehen.[1144] Eine Begründung von Verkehrspflichten kraft tatsächlicher Übernahme ist allgemein anerkannt.[1145] Dabei kann es sich je nach Fallgestaltung sowohl um die Übernahme von Sicherungs- als auch um eine solche von Fürsorgepflichten handeln. So kann man sich einerseits darauf berufen, das herrschende Unternehmen übernehme über die Einflussnahme durch allgemeine Vorgaben im oben genannten Sinn die Verantwortung für die mit der Tätigkeit der abhängigen Unternehmen verbundenen Gefahrenquellen; andererseits lässt sich anführen, das Unternehmen übernehme durch derartige allgemeine Vorgaben die Verantwortung für die Rechtsgüter der von der Tätigkeit der abhängigen Unternehmen potentiell Betroffenen.[1146] Auf das Ergebnis hat dies jedoch keinen Einfluss – mit der tatsächlichen Übernahme der Verantwortung durch die allgemeinen Vorgaben geht die Entstehung entsprechender Verkehrspflichten, den Eintritt von Rechtsgutsverletzungen zu verhindern, einher.

(cc) Mögliche Schwierigkeit: Beweis der Einflussnahme

Je nach Fallgestaltung können sich Schwierigkeiten für die Geschädigten ergeben, eine eine Verkehrspflicht des herrschenden Unternehmens be-

---

1143 *Glinski*, Private Regulierung, S. 352; *Weller/Thomale*, ZGR 2017, 509 (521); s. allgemein auch *Holle*, Legalitätskontrolle, S. 339.

1144 S. zur Ableitung von Verkehrspflichten aus der nichtfinanziellen Erklärung unter Heranziehung der Kriterien für den VSD auch *Segger*, in: Krajewski/ Saage-Maaß, Sorgfaltspflichten, S. 21 (50–52); zur einer rechtsgebietsübergreifenden Betrachtung der rechtlichen Bedeutung öffentlicher Angaben von Unternehmen s.u. § 24 B.

1145 *Hager*, in: Staudinger, BGB (2009), § 823 Rn. E 21 m.zahlr.w.N. aus der Rspr.; *Krause*, in: Soergel, BGB, § 823 Anh II Rn. 26; *Larenz/Canaris*, SchuldR II/2, § 76 III 3. b) (S. 408).

1146 In diese Richtung in Bezug auf Zulieferfälle bei Kenntnis / Kennenmüssen auch – trotz einer ansonsten ablehnenden Haltung in Bezug auf Verkehrspflichten des Unternehmens an der Spitze der Zulieferkette – *Habersack/Ehrl*, AcP 219 (2019), 155 (202); **anders** u.a. mangels Rechtsbindungswillens *Nordhues*, Haftung Muttergesellschaft, S. 136–137.

gründende Einflussnahme zu beweisen.[1147] Dies gilt weniger im Falle unternehmerischer Verhaltensstandards, die häufig zur Verdeutlichung der Übernahme von Verantwortung etwa auf der Internetpräsenz des Unternehmens veröffentlicht werden. Lässt sich aus dem Inhalt derartiger Standards beispielsweise ableiten, dass im gesamten Unternehmensverbund bestimmte Sicherheitsstandards eingehalten werden oder auf bestimmte Belange besonders Rücksicht genommen wird, kann dies als Nachweis für eine Einflussnahme durch allgemeine Vorgaben und damit als Grundlage für die Entstehung von Verkehrspflichten dienen. Dies hat vor allem vor dem Hintergrund Bedeutung, dass immer mehr Unternehmen – insbesondere auch auf Druck aus der Zivilgesellschaft – derartige Standards entwickeln und publik machen. Von Belang ist daneben die sowohl in den UN-Leitprinzipien als auch im NAP enthaltene Grundsatzerklärung, die aufgrund der Anforderungen, die sie nach Leitprinzip 16 (c) bis (e) erfüllen muss, ebenfalls auf die tatsächliche Einflussnahme eines herrschenden auf ein abhängiges Unternehmen hindeuten kann.[1148]

Es kann allerdings auch Fälle geben, in denen eine derartige Einflussnahme und damit Übernahme von Verkehrspflichten nicht unmittelbar aus öffentlich verfügbaren Dokumenten hervorgeht, die Vorgaben also rein unternehmensintern gemacht und ausschließlich intern dokumentiert wurden.[1149] Dann ist es für Geschädigte nahezu unmöglich, diese Vorgaben als Ausgangspunkt für die Einflussnahme und die Übernahme der jeweiligen Aufgaben nachzuweisen, insbesondere da es im deutschen Zivilprozessrecht kein *„pre-trial-discovery"*-Verfahren gibt.[1150] Dieses Problem ließe sich über Beweislasterleichterungen im Wege einer Beweislastumkehr oder einer diesbezüglichen Vermutung lösen. Hierfür könnte man zunächst die hinter der Beweislastumkehr für die Verkehrspflichtverlet-

---

1147 Ebenso (im Zusammenhang mit § 831 BGB) *Nordhues*, Haftung Muttergesellschaft, S. 154; ähnlich, allerdings zur Regelung von Sorgfaltspflichten *de lege ferenda Massoud*, in: Nikol/Schniederjahn/Bernhard, Transnationale Unternehmen, S. 37 (54); s. allgemein *Bork*, ZGR 1994, 237 (263).

1148 Zu einer rechtsgebietsübergreifenden Betrachtung der rechtlichen Bedeutung öffentlicher Angaben des Unternehmens s.u. § 24 B.

1149 S. hierzu etwa das Gerichtsverfahren gegen *Shell* in den Niederlanden, in dem die Kläger aus diesem Grund Einsicht in unternehmensinterne Dokumente verlangten; der Gerechtshof Den Haag hat dieses Klagebegehren teilweise abgelehnt, Gerechtshof Den Haag, Urt. v. 18.12.2015, *Milieudefensie et al. v. Shell et al.*, ECLI:NL:GHDHA:2015:3586, Abschnitte 6.3-6.5; teilweise aber auch zugelassen, Gerechtshof Den Haag, Urt. v. 18.12.2015, *Milieudefensie et al. v. Shell et al.*, ECLI:NL:GHDHA:2015:3586, Abschnitte 6.10, 6.11.

1150 S. hierzu noch u. § 16 F. III. 3.

zung in der Produzentenhaftung stehenden Wertungen heranziehen.[1151] Auch in den hier geschilderten Fällen machen es die konkrete Gestaltung der Unternehmensbeziehungen, die Arbeitsteilung und interne Vorgänge für die Geschädigten nahezu unmöglich, die tatsächliche Einflussnahme nachzuweisen. Auch insofern ist das in Anspruch genommene Unternehmen „näher dran". Überdies kann man an dieser Stelle an die hinter § 18 Abs. 1 S. 3 AktG stehende Wertung anknüpfen – hat ein Unternehmen die Möglichkeit zur Einflussnahme, wird es hiervon regelmäßig Gebrauch machen.[1152]

(b) Verkehrspflichten allein aufgrund der Einflussnahmemöglichkeit des herrschenden Unternehmens – Pflicht zur Einflussnahme?

Hat ein herrschendes Unternehmen seinen abhängigen Unternehmen keine allgemeinen oder konkreten Vorgaben gemacht, also anders gesagt keinen Einfluss ausgeübt, stellt sich die Frage, ob eine Haftung aufgrund einer Verkehrspflichtverletzung bereits darauf gestützt werden kann, dass das Unternehmen keinen Einfluss genommen hat. Dies kann z.B. der Fall sein, wenn es sich um eine bloße Holding-Gesellschaft handelt, aber auch, wenn ein herrschendes Unternehmen zwar in anderen Bereichen, nicht aber in Bezug auf Sicherheitsvorgaben o.Ä. Einfluss auf das abhängige Unternehmen ausübt.[1153] In letzteren Fällen ist sorgfältig zu prüfen, ob die Einflussnahme in anderen Bereichen ursächlich für die eingetretene Rechtsgutsverletzung war. Dann liegt möglicherweise bereits eine konkrete Einflussnahme im Sinne der erstgenannten Fallgruppe vor. Überdies dürfte der praktische Anwendungsbereich der Frage nach der Pflicht zur Einflussnahme nach dem Vorstehenden eher gering sein, da viele Unternehmen inzwischen unternehmerische Verhaltensstandards veröffentlichen und auch die UN-Leitprinzipien eine derartige (wenngleich rechtlich nicht verbindliche) Verpflichtung enthalten.[1154] Dies gilt umso mehr, wenn man den oben vorgeschlagenen Beweisgrundsätzen folgt. Die fol-

---

1151 S. hierzu auch noch ausführlich u. § 16 B. II. 5; zu einer rechtsgebietsübergreifenden Betrachtung der Beweislast s.u. § 24 A.

1152 BT-Drucks. IV/171, S. 101; *Bayer*, in: MüKo-AktG, § 18 Rn. 46; *Koch*, in: Hüffer/Koch, AktG, § 18 Rn. 18; ähnlich allgemein auch *van Dam*, JETL 2 (2011), 221 (249).

1153 Ähnlich in Bezug auf Patentverletzungen *Buxbaum*, GRUR 2009, 240 (244 f.).

1154 Ähnlich *Grabosch*, in: Nikol/Schniederjahn/Bernhard, Transnationale Unternehmen, S. 69 (96 f.) (üblicherweise bestehen innerhalb von Konzernen (und

genden Grundsätze gelten danach nur, wenn das herrschende Unternehmen nachweisen kann, dass es von seinen bestehenden gesellschaftsrechtlichen Einflussmöglichkeiten keinen Gebrauch gemacht hat. Denkbar erscheint dies etwa in dem bereits genannten Fall, dass die herrschende die abhängige Gesellschaft nachweislich ausschließlich zu Kapitalanlagezwecken nutzt oder sich ein fehlender Einfluss über Gesellschafterbeschlüsse, Satzungsbestimmungen o.Ä. nachweisen lässt.[1155]

Dafür, dass bereits die Nichtnutzung der Einflussnahmemöglichkeit eine Verkehrspflichtverletzung begründet, könnte zunächst sprechen, dass zahlreiche Tatbestände im Konzernrecht bereits an die Abhängigkeit gemäß § 17 AktG und damit die Möglichkeit zur Einflussnahme und nicht an die Ausübung einheitlicher Leitung anknüpfen.[1156] Hiermit bringt der Gesetzgeber zum Ausdruck, dass die Gefahren, denen das Konzernrecht Rechnung tragen soll, seiner Auffassung nach bereits im Falle der Einflussnahmemöglichkeit und nicht erst bei tatsächlicher Einflussnahme entstehen.[1157] Das Konzernrecht soll aber zuvörderst Gläubiger und Minderheitsaktionäre und die abhängige Gesellschaft als solche davor schützen, dass das herrschende Unternehmen seine eigenen Interessen über entsprechende Einflussmöglichkeiten durchsetzt.[1158] Damit geht es im Konzernrecht allein um aus der Abhängigkeit entstehende Gefahrenlagen für das abhängige Unternehmen. Diese mögen durchaus bereits bei der bloßen Möglichkeit zur Einflussnahme bestehen. Dies kann jedoch nicht ohne Weiteres auf die allgemeine, außerhalb des Schutzbereichs des Konzernrechts befindliche Außenhaftung des herrschenden Unternehmens übertragen werden, da hier bereits die Gefahrenlage eine andere ist.[1159]

---

auch in Bezug auf Zulieferunternehmen) Informations- und Kontrollstrukturen).

1155 S. hierzu *Oehler*, ZIP 1990, 1445 (1449).

1156 So im Zusammenhang mit § 831 und § 823 BGB *Schall*, ZGR 2018, 479 (494–500, 504); allgemein *Bork*, ZGR 1994, 237 (263); *Bayer*, in: MüKo-AktG, § 17 Rn. 2 m.w.N.; *Koch*, in: Hüffer/Koch, AktG, § 17 Rn. 2; zu Tatbeständen, für die der Abhängigkeitsbegriff von Bedeutung ist, s. etwa *Schall*, in: Spindler/Stilz, AktG, § 17 Rn. 4–7.

1157 *Bayer*, in: MüKo-AktG, § 17 Rn. 2; *Koch*, in: Hüffer/Koch, AktG, § 17 Rn. 2; ähnlich BGH, Urt. v. 16.02.1981 – II ZR 168/79, BGHZ 80, 69 (74) = NJW 1981, 1512 (1514).

1158 BT-Drucks. IV/171, S. 214; *Koch*, in: Hüffer/Koch, AktG, § 15 Rn. 3–4; ausführlich und differenzierend *Schall*, in: Spindler/Stilz, AktG, Vorbem. §§ 15 ff. Rn. 27–28.

1159 Ähnlich allgemein in Bezug auf die Zurechnung *Bork*, ZGR 1994, 237 (263) (*„Die Tatsache, daß der Gesetzgeber die einfache Abhängigkeit als Zurechnungstat-*

Auch ansonsten drohende Umgehungsmöglichkeiten durch die Verlagerung bestimmter Tätigkeiten in abhängige Gesellschaften könnten für eine Pflicht des herrschenden Unternehmens zur Einflussnahme sprechen. Dieses Argument überzeugt bei genauerer Betrachtung allerdings nicht: Gliedert z.B. ein Unternehmen vorherige Betriebsabteilungen in abhängige Gesellschaften aus, führt diese aber faktisch wie zuvor weiter, ist bereits von einer tatsächlichen Einflussnahme auszugehen, sodass letztlich keine Umgehungsgefahr besteht.[1160]

Darüber hinaus stehen einer Pflicht des Unternehmens zur Einflussnahme auf abhängige Gesellschaften, etwa durch Vorgabe konzernweiter Sicherheitsvorschriften, weitere gewichtige Bedenken entgegen.

Bestünde eine Verpflichtung zur tatsächlichen Einflussnahme auf abhängige Gesellschaften und eine ansonsten drohende Haftung aufgrund einer Verkehrspflichtverletzung, liefe dies im Ergebnis auf eine im Außenverhältnis bestehende Konzernleitungspflicht des herrschenden Unternehmens hinaus, die allerdings allgemein abgelehnt wird.[1161]

Auch im Hinblick auf die allgemeinen hinter den Verkehrspflichten stehenden Wertungen scheint eine Pflicht zur Einflussnahme nicht gerechtfertigt. Zwar hat das herrschende Unternehmen über die Möglichkeit zur Einflussnahme auf das abhängige Unternehmen auch die Möglichkeit zur Beherrschung der Gefahrenquelle. Hat sich ein Unternehmen trotz bestehender Möglichkeit aber nicht in die Angelegenheiten eines von ihm abhängigen Unternehmens eingemischt, schafft und unterhält nur dieses eine Gefahrenquelle, nicht aber das herrschende Unternehmen.[1162]

Überdies liefe eine solche Pflicht letztlich auf eine Pflicht zur zentralen Organisation des Konzerns hinaus. Eine solche ist jedoch gesetzlich gerade

---

bestand besonders erwähnt hat, läßt vermuten, daß sie in den übrigen Fällen nicht ausreichen kann.“).

1160 Für die Begründung von Verkehrspflichten der herrschenden Gesellschaft für die *„Ausgliederung eines (besonders risikoreichen) Betriebszweigs der Obergesellschaft“* auch *Bunting*, ZIP 2012, 1542 (1548); dies übernehmend *Güngör*, Sorgfaltspflichten, S. 250; ähnlich (Verkehrspflichten, wenn die Tochtergesellschaft sich *„de facto nicht von einem unselbständigen Betriebszweig der Muttergesellschaft“* unterscheidet) *Nordhues*, Haftung Muttergesellschaft, S. 133.

1161 Ähnlich *Holle*, Legalitätskontrolle, S. 332–333; *Hommelhoff*, ZIP 1990, 761 (767 f.); *Koch*, WM 2009, 1013 (1019); s. mit Verweis auf die ansonsten überflüssigen Regeln in §§ 308, 310 AktG auch *Bork*, ZGR 1994, 237 (253).

1162 Ebenso *Nordhues*, Haftung Muttergesellschaft, S. 119.

nicht vorgesehen, vielmehr unterliegt es der Organisationsfreiheit des Unternehmens, ob ein Konzern zentral oder dezentral geführt wird.[1163]

Nicht zuletzt hätte eine Haftung allein aufgrund der Nichtnutzung bestehender Einflussnahmemöglichkeiten zur Konsequenz, dass eine Haftung für jede unmittelbare Rechtsgutsverletzung durch ein abhängiges Unternehmen darauf gestützt werden kann, dass das herrschende Unternehmen seine Einflussnahmemöglichkeit nicht ausgenutzt hat. Derartige Verkehrspflichten würden damit aber ausschließlich an die Beteiligung des herrschenden Unternehmens am abhängigen Unternehmen anknüpfen und stünden damit im Widerspruch zum gesellschaftsrechtlichen Trennungsprinzip.[1164]

Im Ergebnis besteht damit keine Pflicht des herrschenden Unternehmens zur Einflussnahme auf seine abhängigen Unternehmen in Form von internen Sicherheitsvorgaben o.Ä. und das Unterlassen einer solchen führt mithin nicht zu einer Haftung wegen einer Verkehrspflichtverletzung.[1165]

Dies hat allerdings zur Folge, dass ein Unternehmen, das konzernweite Vorgaben macht und damit eigentlich einen Beitrag zur Verbesserung der Situation leistet, unter Umständen strenger haftet als ein Unternehmen, das keine entsprechenden Anstrengungen unternimmt und sich aus den Angelegenheiten seiner abhängigen Unternehmen vollständig heraushält. Dieses Ergebnis ist jedoch *de lege lata* hinzunehmen. Ähnliche Wertungen liegen beispielsweise im Zivilrecht den Ansprüchen des Geschäftsherrn im

---

1163 *Hommelhoff*, ZIP 1990, 761 (767); ähnlich *Spindler*, Unternehmensorganisationspflichten, S. 954–955; *Koch*, WM 2009, 1013 (1019); trotz weiten Ansatzes eine grundsätzliche Zentralisierungspflicht ebenfalls ablehnend *Schall*, ZGR 2018, 479 (506).

1164 Ähnlich *Wagner*, RabelsZ 80 (2016), 717 (770 f.) (Aushebelung des Rechtsträgerprinzips); dem (nicht nur in Bezug auf Tochtergesellschaften) folgend *Habersack/Ehrl*, AcP 219 (2019), 155 (197); **a.A.** *Schall*, ZGR 2018, 479 (498–499, 504-505).

1165 Ähnlich *Glinski*, Private Regulierung, S. 346–347 (in Bezug auf die Produzentenhaftung); *Nordhues*, Haftung Muttergesellschaft, S. 119; *Koch*, WM 2009, 1013 (1019); *Wagner*, RabelsZ 80 (2016), 717 (758, 770-771) (keine Verpflichtung eines inländischen Unternehmens, *„das Verhalten seiner ausländischen Tochtergesellschaften [...] zu kontrollieren und zu steuern"*); *Nordhues*, in: Krajewski/Saage-Maaß, Sorgfaltspflichten, S. 125 (142); anders wohl *Saage-Maaß*, Arbeitsbedingungen, S. 15–17; *Thomale/Hübner*, JZ 2017, 385 (395) (*„Pflicht [...], mittels ihrer Kontrollbefugnisse als Überwachungsgarantin für die Rechtstreue ihrer Töchter zu sorgen"*); wohl weitergehend (allerdings im Zusammenhang mit § 831 BGB) *Schall*, ZGR 2018, 479 (494–500, 506), der allerdings u.a. im Fall der Entherrschung von einer Enthaftung ausgeht und für § 823 BGB eine Haftung aufgrund bloßer Einwirkungsmöglichkeit ablehnt.

Rahmen der Geschäftsführung ohne Auftrag zugrunde. Ein Schuldverhältnis verbunden mit entsprechenden (Schutz-)Pflichten entsteht erst durch die tatsächliche Übernahme der Tätigkeit.[1166] Die konkrete Ausgestaltung der Konzernstruktur unterliegt der unternehmerischen Organisationsfreiheit. Das Gesetz schreibt dem Unternehmen gerade keine bestimmte Organisationsform vor. Nicht zuletzt hat eine dezentrale Konzernstruktur nicht ausschließlich das Fehlen von Verkehrspflichten und damit verbundene Vorteile zur Konsequenz. Vielmehr korrespondieren mit einer solchen Konzernstruktur und dem Nichtnutzen bestehender Einflussmöglichkeiten auch entsprechende Nachteile für das herrschende Unternehmen.

Diesem Ergebnis mag man entgegenhalten, dass damit Unternehmen dazu angehalten würden, sich aus den Angelegenheiten ihrer abhängigen Gesellschaften vollständig herauszuhalten und möglichst keine Maßnahmen zu treffen, um den menschenrechtlichen Auswirkungen von deren Tätigkeit zu begegnen und diese durch eigene Maßnahmen zu verringern.[1167] Die tatsächliche unternehmerische Praxis spricht jedoch eine andere Sprache. Aufgrund des gesteigerten Bewusstseins der Öffentlichkeit, des gestiegenen Drucks der Zivilgesellschaft, der Anforderungen des NAP und den bei Nichterfüllung drohenden Konsequenzen können es sich die Unternehmen heute regelmäßig nicht mehr erlauben, sich vollständig aus den Angelegenheiten ihrer abhängigen Gesellschaften, deren Tätigkeit mit menschenrechtlichen Auswirkungen verbunden ist, herauszuhalten.

(c) Verstoß gegen gesellschafts- und konzernrechtliche Wertungen?

Gegen die soeben dargestellte Entstehung von Verkehrspflichten bei tatsächlicher Einflussnahme könnte sprechen, dass diese möglicherweise das gesellschaftsrechtliche Trennungsprinzip unterliefe bzw. dass das hieraus i.V.m. der Haftungsbeschränkung bei Kapitalgesellschaften abgeleitete Rechtsträgerprinzip dieser entgegenstünde.[1168] Nach dem gesellschaftsrechtlichen Trennungsprinzip, das auf dem Grundgedanken der Selbstständigkeit der Gesellschaft gegenüber ihren Organen, Mitgliedern und

---

1166 S. zur Geschäftsführung ohne Auftrag etwa *Schäfer*, in: MüKo-BGB, § 677 Rn. 13, 109; *Looschelders*, SchuldR BT, § 42 Rn. 1, § 43 Rn. 2.

1167 Ähnlich *Wagner*, in: MüKo-BGB, § 823 Rn. 100.

1168 *Weller/Kaller/Schulz*, AcP 216 (2016), 387 (402); anders aber dann *Weller/Thomale*, ZGR 2017, 509 (520 f.); kritisch *Wagner*, RabelsZ 80 (2016), 717 (761); zumindest ein Spannungsverhältnis annehmend *Fleischer/Danninger*, DB 2017, 2849 (2856).

Dritten fußt,[1169] haftet nur diese im Außenverhältnis für eigene Verbindlichkeiten; ein Durchgriff auf das Vermögen der Gesellschafter ist nicht möglich (§ 1 Abs. 1 S. 2 AktG, § 13 Abs. 2 GmbHG).

Wie bereits oben dargestellt, stünde die Entstehung von Verkehrspflichten allein aufgrund der bloßen Möglichkeit zur Einflussnahme und damit aufgrund bloßer Beteiligung des herrschenden Unternehmens im Widerspruch zum gesellschaftsrechtlichen Trennungsprinzip.[1170] Im Falle der tatsächlichen Einflussnahme geht es hingegen um *eigene* Verkehrspflichten und damit *eigene* Verbindlichkeiten der herrschenden Gesellschaft aufgrund über die Beteiligung hinausgehender Umstände.[1171] Dem steht das gesellschaftsrechtliche Trennungsprinzip nicht entgegen.[1172]

Gegen das Bestehen konzernweiter Verkehrspflichten könnte man aber auch anführen, dass das einer konzernweiten Verkehrspflicht zugrunde liegende Risiko bereits durch die Ausgleichsmechanismen des Gesellschafts- und Konzernrechts hinreichend berücksichtigt sei, die durch zusätzliche konzernweite Verkehrspflichten unterlaufen würden.[1173] Diese Argumentation missachtet jedoch die unterschiedlichen Zweckrichtungen von Ausgleichspflichten im Gesellschafts- und Konzernrecht einer- und solchen im Deliktsrecht andererseits. Die gesellschaftsrechtlichen Ausgleichsmechanismen regeln ausschließlich den Ausgleich im Innenverhältnis, während eine Verletzung möglicherweise bestehender konzernweiter deliktsrechtlicher Verkehrspflichten die Haftung der Gesellschaft im Außenverhältnis betrifft.[1174]

Das Konzernrecht dient außerdem vor allem dem Ausgleich von Gefahren, die sich aus der Abhängigkeit einer Gesellschaft für Minderheitsaktionäre und Gläubiger dieser Gesellschaft ergeben.[1175] Mit dem Schutz der Gläubiger der Tochtergesellschaft ist zwar auch das Außenverhältnis betroffen; die Regelungen des Konzernrechts sollen indes der Gefahr vorbeu-

---

1169 *Mülhens*, Haftungsdurchgriff, S. 23.
1170 Zur möglichen Durchbrechung des Trennungsprinzips s. ausführlich u. § 17 B. II.
1171 Dies betonend auch *Weller/Thomale*, ZGR 2017, 509 (521); ähnlich *Holle*, Legalitätskontrolle, S. 276, 340.
1172 *Thomale/Hübner*, JZ 2017, 385 (395).
1173 *Spindler*, Unternehmensorganisationspflichten, S. 951; *Koch*, WM 2009, 1013 (1019).
1174 Ähnlich *Glinski*, Private Regulierung, S. 351; i.E. ebenso *Nordhues*, in: Krajewski/Saage-Maaß, Sorgfaltspflichten, S. 125 (141).
1175 BT-Drucks. IV/171, S. 214; *Koch*, in: Hüffer/Koch, AktG, § 15 Rn. 3–4; ausführlich und differenzierend *Schall*, in: Spindler/Stilz, AktG, Vorbem. §§ 15 ff. Rn. 27–28.

gen, dass sich die Beherrschung der abhängigen Gesellschaft nachteilig auf deren Vermögen auswirkt und so die deren Gläubigern zur Verfügung stehende Haftungsmasse verringert.[1176] Dies steht aber in keinerlei Zusammenhang zu der Frage, ob bei der Verletzung von möglicherweise bestehenden Verkehrspflichten Ansprüche außenstehender Gläubiger gegen die Konzernobergesellschaft bestehen. Auch in anderen Fällen haben die Beziehungen im Innenverhältnis aufgrund der unterschiedlichen Wertungen keine Bedeutung für die Verhaltenspflichten eines Unternehmens nach außen.[1177] Die Wertungen und Ziele der gesellschafts- und konzernrechtlichen Ausgleichsmechanismen stehen insofern einer konzernweiten Erstreckung der Verkehrspflichten nicht entgegen.[1178]

Ergänzend sei an dieser Stelle auf den Zweck des Haftungsrechts hingewiesen. Anders als im Gesellschafts- und Konzernrecht geht es bei der Haftung gegenüber Dritten nicht bloß um den Ausgleich des entstandenen Schadens, sondern auch um eine Verhaltenssteuerung und damit um eine Schadensprävention. Eine Verhaltenssteuerung ist aber nur dann gewährleistet, wenn das *„wirtschaftliche Selbststeuerungszentrum"* Adressat der Haftungsnormen ist.[1179]

(3) Inhalt und Umfang der Verkehrspflichten bei tatsächlicher Einflussnahme durch allgemeine Vorgaben des herrschenden Unternehmens

Resultiert eine Rechtsgutsverletzung unmittelbar aus einer konkreten Entscheidung oder einzelnen Weisung eines herrschenden Unternehmens, lässt sich eine Verkehrspflichtverletzung unmittelbar hieran anknüpfen. Dann erübrigen sich weitere Ausführungen zu Inhalt und Umfang der Verkehrspflichten.

Bei einer tatsächlichen Einflussnahme durch allgemeine Vorgaben des herrschenden Unternehmens ist hingegen für die Bestimmung von Inhalt und Umfang der Verkehrspflichten weiter zu differenzieren. Ist eine Rechtsgutsverletzung eingetreten, kann an unterschiedliche mögliche

---

1176 BT-Drucks. IV/171, S. 214; s. auch *Koch*, in: Hüffer/Koch, AktG, § 15 Rn. 3.
1177 *Teubner*, in: FS Steindorff, S. 261 (275).
1178 *Nordhues*, Haftung Muttergesellschaft, S. 117–119; ähnlich *Holle*, Legalitätskontrolle, S. 275–276, 326 (mit Verweis auf ansonsten entstehende Schutzlücken).
1179 S. insgesamt *Teubner*, in: FS Steindorff, S. 261 (265 f.); s. auch *Hommelhoff*, ZIP 1990, 761 (770).

Pflichtverletzungen des Unternehmens angeknüpft werden. Diese Differenzierung wird im Folgenden anhand möglicher, beispielhafter Vorwürfe gegen das herrschende Unternehmen vorgenommen. Diese können etwa darauf gerichtet sein, dass das Unternehmen gegen unternehmerische Verhaltensstandards bzw. nichtfinanzielle Erklärungen verstoßen hat ((a)), dass dessen Vorgaben bereits als solche nicht ausreichend waren ((b)), dass es die Einhaltung der Vorgaben im Einzelfall nicht oder nicht hinreichend überwacht hat ((c)), dass es keine oder keine hinreichende Organisationsstruktur zur Umsetzung der Vorgaben geschaffen hat ((d)) oder dass es nicht oder nicht hinreichend auf festgestellte Mängel reagiert hat ((e)). Als Maßstab sind die berechtigten Verkehrserwartungen, an die auch die Entstehung der Verkehrspflichten anknüpft,[1180] heranzuziehen. Eine besondere Gefahr bei der Beurteilung von Inhalt und Umfang der Verkehrspflichten bei allgemeinen Vorgaben des herrschenden Unternehmens besteht in der abschließend zu thematisierenden *ex post*-Betrachtung der erforderlichen Maßnahmen ((f)).

(a) Verstoß gegen unternehmerische Verhaltensstandards bzw. nichtfinanzielle Erklärungen

Wie dargelegt, können unternehmerische Verhaltensstandards und nichtfinanzielle Erklärungen als Mindeststandard für die Verkehrspflichten eines Unternehmens angesehen werden.[1181] Hat ein Unternehmen einen unternehmerischen Verhaltensstandard aufgestellt bzw. eine nichtfinanzielle Erklärung abgegeben und beinhalten diese hinreichend konkrete Angaben darüber, dass ein Unternehmen bestimmte konzernweite Maßnahmen treffen will, und hat es diese Aussagen nicht eingehalten, stellt dies einen Verstoß gegen die Verkehrspflichten dar. Eine Haftung kann hieraus folgen, wenn dieser Verstoß kausal für die eingetretene Rechtsgutsverletzung ist.[1182]

1180 S.o. § 16 B. II. 4. a) cc) (2) (a) (bb).
1181 S.o. § 16 B. II. 3. c) aa).
1182 Zur Kausalität s. noch u. § 16 B. III; zu einer rechtsgebietsübergreifenden Betrachtung der rechtlichen Bedeutung öffentlicher Angaben von Unternehmen s. noch u. § 24 B.

(b) Unzureichende Vorgaben

Ausgangspunkt für die Frage, inwiefern unzureichende allgemeine Vorgaben, etwa in Bezug auf Sicherheitsstandards, Umgang mit Umweltgefahren o.Ä. eine Verkehrspflichtverletzung darstellen, sind auch hier die berechtigten Sicherheitserwartungen des Verkehrs. Insbesondere haben rechtsträgerübergreifende Vorgaben regelmäßig zur Konsequenz, dass abhängige Unternehmen selbst keine eigenen Standards mehr aufstellen werden. Vielmehr werden die Leitungsorgane der abhängigen Gesellschaften gerade davon ausgehen, dass die vom herrschenden Unternehmen aufgestellten Vorgaben ausreichend sind, um den Gefahren, die sich aus der Tätigkeit der einzelnen Konzerngesellschaften ergeben, hinreichend zu begegnen.[1183] Ferner besteht im Zusammenspiel von unternehmerischen Vorgaben und Weisungsgebundenheit der Leitungsorgane des abhängigen Unternehmens regelmäßig wohl kaum ein Spielraum zur Erarbeitung schärferer Vorschriften. Bei der Beurteilung des Inhalts der Sicherheitsstandards stellt sich dann das Problem der *ex post*-Betrachtung dieser Vorgaben.[1184]

(c) Fehlende oder unzureichende Überwachung der Einhaltung der Standards im Einzelfall

Ein anderer möglicher Vorwurf gegen das Unternehmen kann darauf gerichtet sein, dass es die Einhaltung der Standards im konkreten Fall nicht hinreichend überwacht und kontrolliert hat. Für die Frage, ob ein Unternehmen hierzu verpflichtet ist, spielen, wie oben dargelegt, insbesondere die Verkehrserwartungen als Anhaltspunkt für Inhalt und Umfang der Verkehrspflichten eine Rolle.[1185] So ist davon auszugehen, dass von einem herrschenden Unternehmen, das bestimmte konzernweite Standards vorgibt oder anderweitige Vorgaben macht, typischerweise auch erwartet wird, dass es die Einhaltung und Umsetzung dieser Vorgaben nachhält. Dies gilt insbesondere, wenn eine Überwachung der Einhaltung und Um-

---

1183 S. ähnlich, allerdings zum Strafrecht, *Lenckner*, in: FS Engisch, S. 490 (507 f.).

1184 S. hierzu noch u. § 16 B. II. 4. a) cc) (3) (f).

1185 S.o. § 16 B. II. 4. a) cc) (3); zur Bedeutung der Verkehrserwartungen für die Begründung von Verkehrspflichten (im Zusammenhang mit der tatsächlichen Übernahme von Verkehrspflichten) s.o. § 16 B. II. 4. a) cc) (2) (a) (bb); s. hierzu auch *Glinski*, Private Regulierung, S. 352; *Weller/Thomale*, ZGR 2017, 509 (521).

setzung durch unternehmerische Verhaltensstandards nach außen sugge-
riert wird.[1186] Insbesondere Zertifizierungen können die Erwartungen der
Verkehrsteilnehmer und damit den Haftungsstandard des Verkehrspflichtigen erhöhen.[1187] Dies gilt auch vor dem Hintergrund, dass eine Pflicht
zur sorgfältigen Auswahl und Kontrolle bereits für selbstständige Vertragspartner allgemein anerkannt ist.[1188] Wenn aber bereits allgemeine Vertragspartner sorgfältig ausgewählt und kontrolliert werden müssen, muss
dies erst recht für abhängige Unternehmen gelten, die dem herrschenden
Unternehmen näher stehen als selbstständige Vertragspartner. Während in
Bezug auf selbstständige Vertragspartner mangelnde Kontroll- aufgrund
fehlender Einflussmöglichkeiten durch erhöhte Anforderungen an die
Auswahl der Vertragspartner kompensiert werden, bestehen in Bezug auf
Tochterunternehmen faktisch keine Möglichkeiten zur Auswahl eines Unternehmens unter mehreren. Diese Einschränkung könnte wiederum
durch erhöhte Anforderungen an die Überwachung kompensiert werden.

Inhalt und Umfang von Verkehrspflichten sind allerdings durch die tatsächlichen und rechtlichen Möglichkeiten des und die Zumutbarkeit für
den Verkehrspflichtigen begrenzt. Insbesondere in großen Unternehmensverbindungen könnte es Verkehrspflichten zur Überwachung entgegenstehen, dass ein herrschendes Unternehmen oftmals eine große Anzahl abhängiger Unternehmen hat, sodass eine Kontrolle der Umsetzung und Einhaltung der Vorgaben tatsächlich gar nicht möglich oder zumindest nicht
zumutbar erscheint. Ließe man einen derartigen Einwand zu, hätte dies indes die widersprüchliche Konsequenz, dass ein Unternehmen je eher
Pflichten treffen, desto weniger abhängige Unternehmen es hat, sodass
kleinere Unternehmensverbindungen gegenüber großen benachteiligt
würden. Letztlich lässt sich dieses Problem darüber lösen, dass eine Überwachung durch das herrschende Unternehmen selbst nicht die einzige
Möglichkeit darstellt, die Umsetzung und Einhaltung der Vorgaben sicherzustellen. Es kommt allein darauf an, *dass* das Unternehmen die Umsetzung und Einhaltung der Vorgaben sicherstellt. Insbesondere bei herrschenden Unternehmen mit zahlreichen abhängigen Tochtergesellschaften, die dieses nicht alle selbst überwachen kann, bietet es sich etwa an, bestimmte Zertifizierungen von den jeweils abhängigen Unternehmen oder

---

1186 Zur Bedeutung der Kommunikation nach außen für Verkehrssicherungspflichten s. auch *Glinski*, Private Regulierung, S. 336.
1187 S. hierzu ausführlich *Spindler*, Unternehmensorganisationspflichten, S. 815–
816.
1188 S. hierzu noch u. § 16 B. II. 4. b) aa).

die Einhaltung von Organisationsvorgaben zu verlangen oder externe Dritte mit der Überwachung zu beauftragen.[1189]

Welche Maßnahmen konkret erforderlich, aber auch hinreichend sind, lässt sich abschließend nur im Einzelfall feststellen. Entscheidend sind hier etwa die Wahrscheinlichkeit und Schwere der drohenden Verletzung sowie der Aufwand zu deren Verhinderung. Im Hinblick auf die Zumutbarkeit der Maßnahmen für die herrschende Gesellschaft ist im Sinne einer menschenrechtskonformen Auslegung zu berücksichtigen, dass sich die drohenden Rechtsgutverletzungen gleichzeitig als Menschenrechtsverletzungen darstellen. Allgemein festhalten lässt sich aber, dass ein Unternehmen, das rechtsträgerübergreifende Richtlinien oder Standards erlässt, deren Einhaltung und Umsetzung sicherstellen muss.

(d) Fehlende oder unzureichende Organisationsstruktur zur Umsetzung der Vorgaben

In engem Zusammenhang mit den soeben dargestellten Pflichten zur Sicherstellung der Einhaltung der Überwachung steht der Vorwurf, das Unternehmen habe keine oder zumindest keine ausreichende Organisationsstruktur geschaffen, um die Vorgaben umzusetzen. Als Ausgangspunkt der Frage, inwiefern ein herrschendes Unternehmen eine diesbezügliche rechtliche Pflicht trifft, kann die Feststellung zum Ende des vorherigen Abschnitts dienen: Ein Unternehmen, das rechtsträgerübergreifende Richtlinien oder Standards erlässt, muss deren Einhaltung und Umsetzung sicherstellen. Ohne hinreichende Organisation ist dies nicht möglich. So sind beispielsweise Mechanismen zur Weitergabe entsprechender Informationen erforderlich. Dies gilt sowohl für die Information der abhängigen Unternehmen über die Existenz und den Inhalt der jeweiligen Standards als auch für die Informationen der herrschenden Gesellschaft über den Stand der Umsetzung und die (Nicht-)Einhaltung der Vorgaben bei den jeweiligen abhängigen Unternehmen. Überdies kann gerade auch die hinreichende Überwachung im Einzelfall nur durch eine Organisation der Überwachung und Kontrolle sichergestellt werden. Nur so kann den Verkehrserwartungen Rechnung getragen werden, dass ein Unternehmen, das über rechtsträgerübergreifende Vorgaben oder Richtlinien Einfluss auf die ab-

---

1189 Zur Beweisentlastung durch Zertifizierung einer Organisation und diese i.E. ablehnend *Spindler*, Unternehmensorganisationspflichten, S. 811–815.

hängigen Unternehmen nimmt, auch deren Einhaltung und Umsetzung gewährleistet.[1190]

(e) Fehlende oder unzureichende Reaktion auf festgestellte Mängel

Hat ein Unternehmen die Umsetzung und Überwachung der rechtsträgerübergreifenden Vorgaben oder Richtlinien sichergestellt, kann der Vorwurf allerdings auch lauten, dass das herrschende Unternehmen nicht hinreichend auf im Zuge dessen festgestellte Mängel reagiert hat. Auch dies kann Inhalt einer Verkehrspflicht sein.[1191] Es wäre widersprüchlich, ein Unternehmen zur Überwachung seiner abhängigen Unternehmen zu verpflichten, ohne dass es Konsequenzen aus der Überwachung zu ziehen und lediglich weiter zur Überwachung verpflichtet wäre. Es entspricht gerade dem Ziel und Wesen einer Überwachung, potentielle Missstände möglichst früh aufzudecken und frühzeitig Maßnahmen treffen zu können. Dies zeigt sich beispielsweise im Recht der Produzentenhaftung, das dem Hersteller nicht nur Produktbeobachtungspflichten auferlegt, sondern diesen bei Feststellung von Gefahren verpflichtet, Maßnahmen zu ergreifen, um Gefahren für die Nutzer des Produktes und potentiell gefährdete Dritte abzuwenden.[1192] Die UN-Leitprinzipien 17 und 19 sehen im Rahmen der menschenrechtlichen Sorgfaltspflicht ebenfalls u.a. das Treffen von Folgemaßnahmen vor.

Welche Maßnahmen der Auftraggeber treffen muss, ist abhängig von der Situation im Einzelfall. Dabei sind wiederum Umstände wie die Wahrscheinlichkeit des Schadenseintritts, die Schwere des drohenden Schadens, die betroffenen Rechtsgüter und der Aufwand zur Gefahrenabwehr heranzuziehen. Außerdem bieten sich die Anforderungen der Leitprinzipien zur

---

1190 Zur Verpflichtung zur Einrichtung eines konzernweiten Umwelt- und Sicherheitsmanagementsystems für die Produktion s. näher *Glinski*, Private Regulierung, S. 348–349.

1191 Ähnlich in Bezug auf Zulieferkonstellationen in der Produzentenhaftung bei Vereinbarung von Qualitätssicherungsvereinbarungen *Spindler*, Unternehmensorganisationspflichten, S. 725 m.w.N.

1192 *Hager*, in: Staudinger, BGB (2009), § 823 Rn. F 24 f.; *Veltins*, in: Hauschka/Moosmayer/Lösler, Corporate Compliance, § 24 Rn. 23; *Wagner*, in: MüKo-BGB, § 823 Rn. 840; zu aus Produktbeobachtungspflichten möglicherweise resultierenden Rückrufpflichten im Zusammenhang mit der Beauftragung von Zulieferunternehmen s. *Wellenhofer-Klein*, Zulieferverträge, S. 264–265.

Integration in die Geschäftsbereiche und zum Ergreifen von Gegenmaß-nahmen zur Konkretisierung der erforderlichen Maßnahmen an.[1193]

(f) Gefahr der ex post-Betrachtung

Wie bei den Verkehrs- und Organisationspflichten stellt sich bei Inhalt und Umfang der Verkehrspflichten eines herrschenden Unternehmens bei Einflussnahme durch allgemeine Vorgaben das Problem, dass diese bei eingetretener Rechtsverletzung stets *ex post* beurteilt werden. Im Nachhinein kann allerdings jede eingetretene Rechtsgutverletzung darauf gestützt werden, dass die Vorgaben als solche, die Überwachungsmechanismen und Organisationsstrukturen zur Sicherstellung der Umsetzung und Einhaltung oder die Reaktionen auf zuvor festgestellte Mängel nicht ausreichend waren. Rechtsgutsverletzungen können jedoch auch eintreten, ohne dass (in diesem Fall) das herrschende Unternehmen seine Verkehrspflichten verletzt hat.[1194] Verkehrspflichten können nicht vor dem Eintritt jeglicher Rechtsgutsverletzung schützen und somit kann nicht automatisch vom Eintritt einer Rechtsgutsverletzung auf eine Verkehrspflichtverletzung geschlossen werden.

An dieser Stelle könnten wiederum die UN-Leitprinzipien Bedeutung erlangen. Sie beinhalten die Maßnahmen, die die an ihrer Entwicklung Beteiligten auf internationaler Ebene als erforderlich erachten, um der menschenrechtlichen Verantwortung der Unternehmen nachzukommen. Hat ein Unternehmen seine tatsächlichen und potentiellen menschenrechtlichen Auswirkungen ermittelt, die Ergebnisse dieser Ermittlungen hinreichend berücksichtigt und Folgemaßnahmen getroffen, die getroffenen Maßnahmen nachgehalten und Angaben gemacht, wie das Unternehmen den Auswirkungen begegnet, könnte dies einen Anhaltspunkt dafür darstellen, dass das Unternehmen den Verkehrspflichten Rechnung getragen

---

1193 Damit findet das letzte Element der menschenrechtlichen Sorgfalt der Leitprinzipien, die externe Kommunikation, kein Äquivalent in den Verkehrspflichten. Dies schließt jedoch eine praktische Bedeutung nicht aus: Die externe Kommunikation und entsprechende Berichtsverfahren ermöglichen es nämlich dem Unternehmen, im Einzelfall (je nach entsprechender Beweislast) nachzuweisen, dass es die entsprechenden Anforderungen eingehalten hat. Auch wenn Unternehmen nach hier vertretener Auffassung rechtlich nicht zur externen Kommunikation verpflichtet sind, erscheint solche aus Unternehmenssicht zur Dokumentation der Einhaltung der Anforderungen sinnvoll.

1194 S. auch *Glinski*, Private Regulierung, S. 349.

hat.[1195] Im Widerspruch hierzu steht allerdings die Rechtsprechung zu DIN-Normen, die im Einzelfall auch bei der Normeinhaltung von einer Verkehrspflichtverletzung ausgeht.[1196] In diesem Sinne kann die Einhaltung der UN-Leitprinzipien gleichermaßen keinen „sicheren Hafen" für die Unternehmen darstellen.[1197] Abstrakt-generelle Regelungen wie die DIN-Normen und die UN-Leitprinzipien wollen indes vor allem den typischen Gefahrenlagen Rechnung tragen. Entsprechend sollte bei typischen Gefahrenlagen auf diese zurückzugreifen werden, sodass deren Einhaltung durchaus einen Anhaltspunkt auch für die Einhaltung der Verkehrspflichten darstellen können (allerdings würde die Einhaltung der jeweiligen Vorgaben regelmäßig gerade verhindern, dass sich eine derartige typische Gefahr in einer Rechtsgutsverletzung realisiert). Die Entscheidung hierüber kann letztlich nur im Einzelfall getroffen werden. Überdies stellen die UN-Leitprinzipien selbst wiederum allgemeine Sorgfaltsanforderungen auf und die Frage, ob das Unternehmen geeignete Folgemaßnahmen getroffen hat, unterliegt beispielsweise wiederum der Gefahr der *ex post*-Betrachtung.

Jedenfalls sollte herrschenden Unternehmen, die Strukturen zur Sicherstellung der Umsetzung und Einhaltung der allgemeinen Vorgaben getroffen oder auf festgestellte Mängel, etwa durch Anpassung der Organisation, reagiert haben, ein gewisser Umsetzungszeitraum zugebilligt werden, der abhängig von Schwere der drohenden Rechtsgutsverletzungen, Wahrscheinlichkeit des Schadenseintritts und Größe der Gefahr ist. Derartige Maßnahmen und Organisationen funktionieren nicht von heute auf morgen. Die Umsetzung braucht vielmehr Zeit und erst mit der Zeit kann sich herausstellen, ob die geschaffene Organisation die erforderlichen Wirkungen hat und erst dann kann diese an festgestellte Schwierigkeiten angepasst werden. Dies ist jedoch richtigerweise keine Frage der Verkehrspflichtverletzung als solche, sondern des jeweiligen Verschuldens. Insofern

---

1195 S. allgemein *Glinski*, Private Regulierung, S. 349, die eine „*Enthaftungsmöglichkeit bei Nachweis eines sog. ‚best practice'-Umweltschutz- bzw. Sicherheitssystems*" und eine entsprechende Beweislast der Konzernobergesellschaft fordert und hier die Möglichkeit zur „*rechtliche[n] Einbindung von Selbstregulierungsmechanismen*" sieht; indes verweist sie anschließend (S. 350) wiederum auf den Entscheidungsspielraum des erkennenden Gerichts.

1196 S. z.B. BGH, Urt. v. 17.12.1982 – V ZR 55/82, NJW 1983, 751 (752); BGH, Urt. v. 03.06.2008 – VI ZR 223/07, NJW 2008, 3775 (3776); s. hierzu auch o. § 16 C. II. 6. b) bb).

1197 S. ablehnend gegenüber einer grundsätzlichen „*Enthaftungswirkung*" privater Standards auch ausführlich *Glinski*, Private Regulierung, S. 272–278.

kommt dem Verschulden eine zentrale Bedeutung zu. Daher begründet – auch wenn die Anforderungen an die Verkehrspflichtverletzung insbesondere *ex post* sehr hoch erscheinen – eine Verkehrspflichtverletzung allein noch keine Haftung des herrschenden Unternehmens. Vielmehr kann die im Rahmen des Verschuldens erforderliche Erkennbarkeit zu einer sachgerechten Einzelfalllösung beitragen.

b) Verkehrspflichten in Bezug auf selbstständige Dritte, insbesondere Zulieferunternehmen

Ausgehend von den in Rechtsprechung und Literatur angenommenen Verkehrspflichten bei der Beauftragung selbstständiger Unternehmer (aa)) werden im folgenden Abschnitt Verkehrspflichten in Bezug auf selbstständige Dritte, insbesondere Zulieferunternehmen, in transnationalen Menschenrechtsfällen thematisiert (bb)). In Zulieferketten besteht die Besonderheit, dass die unmittelbare Rechtsgutsverletzung regelmäßig in einem Unternehmen in der Zulieferkette geschieht, das in keinen direkten vertraglichen Beziehungen zum Unternehmen an der Spitze der Zulieferkette steht. Entscheidend ist daher, inwiefern sich die unternehmerischen Verkehrspflichten auf sämtliche Ebenen der Zulieferkette bzw. des Zuliefernetzwerkes beziehen (cc)).

aa) Verkehrspflichten bei der Beauftragung selbstständiger Unternehmer

Einen ersten Anhaltspunkt für Verkehrspflichten eines Unternehmens bei der Beauftragung selbstständiger Unternehmer könnte die Rechtsprechung des BGH zur Haftung des Reiseveranstalters in Bezug auf seine Leistungsträger sein.[1198] Diese lässt sich jedoch nicht auf die Haftung eines Unternehmens für selbstständige Vertragspartner im Allgemeinen übertra-

---

1198 Nach Auffassung des BGH im sogenannten „Balkonsturzurteil" haftet ein Reiseveranstalter zwar nicht für die unerlaubte Handlung seines Leistungsträgers. Ihn treffe aber selbst eine Verkehrssicherungspflicht, die auch eine sorgfältige Auswahl und eine hinreichende und regelmäßige Überwachung und Kontrolle der Leistungsträger umfasse, BGH, Urt. v. 25.02.1988 – VII ZR 348/86, BGHZ 103, 298 (303-308) = IPRax 1989, 102-104; s. im Anschluss z.B. auch BGH, Urt. v. 09.06.2009 – Xa ZR 99/06, NJW 2009, 2811 (2813 [Rn. 25]) m.w.N.; das Balkonsturzurteil ist im Schrifttum unterschiedlich aufgefasst worden, kritisch etwa *Larenz/Canaris*, SchuldR II/2, § 76 III 7. b) (S. 428 f.); zu-

gen. Maßgeblich für den Umfang der deliktischen Pflichten des Reiseveranstalters sind die bestehenden vertraglichen Beziehungen zwischen Reisendem und Reiseveranstalter.[1199] Bei der Beauftragung Dritter im Allgemeinen bestehen hingegen keine derartigen vertraglichen Beziehungen zwischen den Geschädigten und dem transnationalen Unternehmen selbst, die Anhaltspunkt für deliktische Pflichten sein könnten.[1200]

Von besonderer Bedeutung für die Verkehrspflichten des Auftraggebers in Bezug auf selbstständige Unternehmer ist indes eine Entscheidung des BGH aus dem Jahr 1975. Das unter anderem beklagte Chemieunternehmen hatte ein selbstständiges Unternehmen mit der Vernichtung seiner Abfälle beauftragt. Dieses hatte jedoch einen Großteil der Abfälle nicht wie vereinbart verbrannt, sondern in den Boden eingeleitet. Nach Auffassung des Gerichtshofes in diesem Fall ist ein Unternehmen zwar nicht verpflichtet, selbst die Abfälle zu entsorgen, sondern kann dies auch einem selbstständigen Dritten übertragen. Es muss dann aber dafür Sorge tragen, *„daß die erforderlichen Sicherheitsvorkehrungen gegen eine Beeinträchtigung Dritter durch die Beseitigung ihrer Ölabfälle von diesem Unternehmen sachgemäß getroffen wurden."* Bei einer besonders erhöhten Gefahrenlage oder ernstem Anlass zu Zweifeln, ob der Beauftragte die jeweiligen Gefahren beachten und erforderlichen Sicherheitsmaßnahmen treffen wird, kann der Auftraggeber nach dem BGH zur Überwachung, notfalls sogar zum Eingreifen verpflichtet sein. Hat der Auftraggeber ein Unternehmen beauftragt, *„das keine Gewähr für die Beachtung der erforderlichen Sicherheitsvorkehrungen bietet"*, kann er sich laut BGH überdies nicht auf einen fehlenden Einfluss berufen, da er die Möglichkeit zur sorgfältigen Auswahl gehabt habe. Je geringer die Möglichkeiten zur Einflussnahme sind, desto höher seien insofern die Anforderungen an die Auswahlpflicht.[1201]

In einem anderen Fall zog der BGH eine Gemeinde für den Schaden eines Kurgastes bei einem Feuerwerk durch eine vom Personal des mit der Durchführung des Feuerwerks beauftragten Unternehmers sorgfaltswidrig verursachte Explosion eines Feuerwehrkörpers zur Verantwortung. Die Angestellten der Gemeinde hätten nach seiner Auffassung überprüfen

---

stimmend etwa *Geib*, in: Bamberger/Roth/Hau/Poseck, BGB, § 651n Rn. 15; *Hager*, in: Staudinger, BGB (2009), § 823 Rn. E 71.

1199 BGH, Urt. v. 25.02.1988 – VII ZR 348/86, BGHZ 103, 298 (304 f.) = IPRax 1989, 102 (103); s. auch *Hager*, in: Staudinger, BGB (2009), § 823 Rn. E 284.

1200 Ebenso *Wagner*, RabelsZ 80 (2016), 717 (775); *Weller/Kaller/Schulz*, AcP 216 (2016), 387 (402) (Fn. 81) (allerdings in Bezug Konzernkonstellationen).

1201 S. hierzu insgesamt BGH, Urt. v. 07.10.1975 – VI ZR 43/74, NJW 1976, 46 (47).

müssen, ob die zum Schutz der Zuschauer getroffenen Sicherheitsmaßnahmen ausreichend waren.[1202]

Nach Auffassung der Rechtsprechung bleiben also auch bei Übertragung von Verkehrspflichten (bzw. von Tätigkeiten allgemein) auf selbstständige Unternehmer Pflichten des Auftraggebers bestehen. Verletzt er diese, haftet er aufgrund der Verletzung *eigener* Pflichten.[1203] Auch das Schrifttum zieht diese Grundsätze zur allgemeinen Bestimmung der Verkehrspflichten in Bezug auf selbstständige Unternehmer heran.[1204]

Dies zugrunde gelegt, bleiben die Pflichten des Auftraggebers bei der Beauftragung selbstständiger Unternehmen zwar hinter denen im Rahmen der innerbetrieblichen Organisation zurück,[1205] es verbleiben aber solche zur Auswahl, Kontrolle und Überwachung der Auftragnehmer.[1206] Gründe hierfür sind die Verteilung der Nutzen und Risiken auf mehrere Vertragspartner und die abgeschwächten Einflussmöglichkeiten auf externe Vertragspartner.[1207] Insbesondere, wenn zweifelhaft ist, ob der Beauftragte Gefahren und Sicherheitserfordernisse hinreichend beachtet oder wenn dieser mit der Ausführung besonders gefährlicher Tätigkeiten beauftragt wird, besteht eine Pflicht zur Aufsicht und gegebenenfalls zum Eingreifen.[1208] Fehlende Überwachungs- und Einflussmöglichkeiten haben erhöhte Anforderungen an eine sorgfältige Auswahl zur Konsequenz.[1209]

1202 BGH, Urt. v. 14.10.1964 – Ib ZR 7/63, NJW 1965, 197; hierzu und zu weiteren Beispielen aus der deutschen und englischen Rspr. *Kötz*, ZEuP 2017, 283 (300–302).

1203 S. auch *Kötz*, ZEuP 2017, 283 (296-297, 299).

1204 *Wagner*, in: MüKo-BGB, § 823 Rn. 302–303; *Matusche-Beckmann*, Organisationsverschulden, S. 119; *Kötz*, ZEuP 2017, 283 (299–301).

1205 Mit ausführlicher Begründung *Spindler*, Unternehmensorganisationspflichten, S. 748–749, 789-791; ähnlich *Kötz*, ZEuP 2017, 283 (286 f.) (Vergleich zur Haftung für Hilfspersonen).

1206 *Matusche-Beckmann*, Organisationsverschulden, S. 119 m.w.N.; *Wellenhofer-Klein*, Zulieferverträge, S. 258; *Kötz*, ZEuP 2017, 283 (296 f.; 300); *Wagner*, in: MüKo-BGB, § 823 Rn. 469 jeweils m.zahlr.w.N. aus der Rspr.; für die Verlagerung der Produktion auf Dritte s. *Spindler*, Unternehmensorganisationspflichten, S. 730.

1207 *Spindler*, Unternehmensorganisationspflichten, S. 789, s. auch S. 749; s. hierzu auch bereits o. § 16 B. II. 2. c) bb).

1208 *Spindler*, Unternehmensorganisationspflichten, S. 727; *Kötz*, ZEuP 2017, 283 (300).

1209 BGH, Urt. v. 07.10.1975 – VI ZR 43/74, NJW 1976, 46 (47); *Spindler*, Unternehmensorganisationspflichten, S. 727; kritisch in Bezug auf Zulieferunternehmen *Spindler*, Unternehmensorganisationspflichten, S. 722; in Bezug auf die Abfallentsorgung *Spindler*, Unternehmensorganisationspflichten, S. 728.

Eine Überwachung und Kontrolle kann sich dann erübrigen, wenn es sich beim Auftragnehmer um einen zuverlässigen und bekannten Unternehmer handelt, er also Gewähr für die Einhaltung der erforderlichen Sicherheitsvorkehrungen bietet. Die Kontroll- und Überwachungsmöglichkeiten sind auch dann eingeschränkt, wenn die Ausführung der Tätigkeit besondere fachliche Kenntnisse voraussetzt und daher ein Fachmann beauftragt worden ist, da dem Auftraggeber in diesem Fall häufig die zur Kontrolle erforderliche Sachkunde fehlen wird. Anders kann dies wiederum sein, wenn der Auftraggeber dennoch selbst in der Lage ist, die bestehenden Gefahren einzuschätzen und die Maßnahmen des Beauftragten zu überprüfen. Auch in diesen Fällen bleibt bei Anlass zu Zweifeln, ob der Auftragnehmer den Gefahren und Sicherheitserfordernissen hinreichend Rechnung trägt, und bei Übertragung besonders gefährlicher Tätigkeiten außerdem eine Verpflichtung zur Aufsicht und gegebenenfalls zum Eingreifen besteht.[1210]

Diese Pflichten treffen den Auftraggeber nicht nur, wenn er Sicherungspflichten auf externe Dritte überträgt, wie etwa im Fall der Entsorgung gefährlicher Abfälle. Sie müssen ebenso bei der Aufgabenübertragung als solcher gelten, da mit der Übertragung einer Aufgabe insgesamt auch die hiermit verbundenen Sicherungs- bzw. Verkehrspflichten übertragen werden.[1211]

Der genaue Umfang der Pflichten des Auftraggebers ist damit im Ergebnis – ähnlich wie bei § 831 BGB[1212] – abhängig von der Sachkunde, die die übertragene Tätigkeit erfordert, der Gefährlichkeit der Tätigkeit und der Zuverlässigkeit des beauftragten Unternehmers. Der begrenzten Einflussmöglichkeit auf den beauftragten Unternehmer durch dessen Selbstständigkeit ist durch eine erhöhte Sorgfaltspflicht bei dessen Auswahl Rechnung zu tragen.[1213]

1210 S. zum Vorstehenden insgesamt *Kleindiek*, Deliktshaftung, S. 302–303, 308.
1211 I.E. ähnlich *Spindler*, Unternehmensorganisationspflichten, S. 730.
1212 S. hierzu z.B. *Wagner*, in: MüKo-BGB, § 831 Rn. 39.
1213 BGH, Urt. v. 07.10.1975 – VI ZR 43/74, NJW 1976, 46 (47); *Spindler*, Unternehmensorganisationspflichten, S. 727.

bb) Verkehrspflichten in Bezug auf selbstständige Dritte, insbesondere Zulieferunternehmen, in transnationalen Menschenrechtsfällen

Auch transnationale Menschenrechtsfälle können dadurch gekennzeichnet sein, dass bestimmte Aufgaben und Pflichten auf selbstständige Unternehmer übertragen werden. Der wohl praktisch bedeutendste Fall ist die Beauftragung von Zulieferunternehmen mit Teilen der Produktion oder der Rohstoffgewinnung.

Die Einflussmöglichkeiten eines Auftraggebers auf seinen Auftragnehmer sind im Vergleich zu solchen auf abhängige Unternehmen grundsätzlich eingeschränkt. Etwas anderes kann sich allerdings aus der jeweils konkreten Vertragsgestaltung im Einzelfall oder aufgrund einer besonderen wirtschaftlichen Abhängigkeit des Auftragnehmers (insbesondere in Zulieferkonstellationen, wenn ein Zulieferer hauptsächlich für einen Auftraggeber tätig wird, entsprechend auf diese Vertragsbeziehung angewiesen ist und der Auftraggeber insofern beispielsweise Preise und Lieferzeiten weitgehend frei vorgeben kann) ergeben.[1214]

(1) Entstehung von Verkehrspflichten

Entscheidend für die Begründung von Verkehrspflichten in transnationalen Menschenrechtsfällen ist zunächst, inwiefern an einen der oben dargestellten Entstehungsgründe für Verkehrspflichten angeknüpft werden kann.

Im Ergebnis lässt sich die Entstehung von Verkehrspflichten hier – je nach Fallgestaltung – auf drei unterschiedliche Gründe zurückführen.

Menschenrechtliche Gefährdungslagen etwa für die Angestellten in Zulieferbetrieben können erstens ihre Grundlage bereits in den jeweiligen Vertragsbestimmungen zwischen Auftraggeber und Zulieferunternehmen haben. Wie auch in Konzernkonstellationen nehmen enge Preiskalkulationen dem Auftragnehmer den finanziellen Spielraum, geltende Sicherheitsvorschriften einzuhalten und können kurze Lieferfristen häufig nicht anders als durch eine hohe Anzahl an Überstunden gewahrt werden, die mit negativen Konsequenzen für die Gesundheit der betroffenen Arbeitnehmer verbunden sind. Derartige Vertragskonditionen stellen insofern den

---

1214 S. auch *Habersack/Ehrl*, AcP 219 (2019), 155 (164); *Rott/Ulfbeck*, ERPL 2015, 415 (420).

Ausgangspunkt für eine Gefahrschaffung durch das beauftragende Unternehmen dar.[1215]

Verkehrspflichten können sich zweitens – ähnlich wie in Bezug auf abhängige Unternehmen – aus deren tatsächlicher Übernahme durch das beauftragende Unternehmen ergeben. Dies kann wiederum durch vertragliche Vereinbarungen erfolgen, etwa durch die Vorgabe der Einhaltung bestimmter Sicherheitsvorgaben oder die Einbeziehung eines unternehmerischen Verhaltensstandards (vor allem, wenn dieser öffentlich bekannt ist),[1216] und gilt insbesondere, aber nicht ausschließlich, wenn bereits diese Vereinbarungen bzw. Standards Überwachungs- und Kontrollbefugnisse beinhalten.

Der dritte Anknüpfungspunkt besteht schließlich in der Arbeitsteilung als solcher. Letztlich handelt es sich bei der Beauftragung selbstständiger Unternehmer stets um eine Delegation von Verkehrspflichten. Dies gilt nicht nur für die ausschließliche Übertragung einer Verkehrspflicht, sondern auch für eine weitergehende Aufgabenübertragung.[1217] Verlagert ein Unternehmen z.B. die Produktion bestimmter Waren vollständig auf ein selbstständiges Unternehmen, so „überträgt" es auch die damit zusammenhängenden Verkehrspflichten auf seinen Vertragspartner.[1218] Nach den

---

1215 Ähnlich *Güngör*, Sorgfaltspflichten, S. 249; *Osieka*, Zivilrechtliche Haftung, S. 189–190; *Saage-Maaß*, Arbeitsbedingungen, S. 14; **a.A.** *Habersack/Ehrl*, AcP 219 (2019), 155 (201); differenzierend *Heinen*, in: Krajewski/Saage-Maaß, Sorgfaltspflichten, S. 87 (107 f.).

1216 *Güngör*, Sorgfaltspflichten, S. 265–266 in Bezug auf den *Code of Conduct* von KiK; ausführlich auch *Heinen*, in: Krajewski/Saage-Maaß, Sorgfaltspflichten, S. 87 (104–107) (für die Einmischung in Arbeitsschutz/Arbeitsbedingungen); *Thomale/Hübner*, JZ 2017, 385 (394) (in Bezug auf Inhalte des Verhaltensstandards allgemein); ähnlich in Bezug auf den KiK-Fall *Wesche/Saage-Maaß*, HRLR 2016, 370 (378) (allerdings nicht zwischen Tochter- und abhängigen Unternehmen unterscheidend); **a.A.** *Habersack/Ehrl*, AcP 219 (2019), 155 (198), wobei sie auf S. 202 zumindest von Fürsorgepflichten des Importeurs bei Kenntnis / Kennenmüssen ausgehen; *Wagner*, RabelsZ 80 (2016), 717 (776 f.).

1217 *Wesche/Saage-Maaß*, HRLR 2016, 370 (378) (Delegation durch Vorgabe und Implementierung von Gesundheits- und Sicherheitsstandards vor Ort); *Wagner*, RabelsZ 80 (2016), 717 (777) (Verkehrspflichten nur bei Anvertrauen einer gegenständlichen Gefahrenquelle).

1218 Überzeugend in Bezug auf Produktionsprozesse *Heinen*, in: Krajewski/Saage-Maaß, Sorgfaltspflichten, S. 87 (117): *„wertungsmäßige[...] Betrachtung, denn eine tatsächliche Delegation findet nicht statt"*; **a.A.** *Habersack/Ehrl*, AcP 219 (2019), 155 (200); wohl auch *Weller/Kaller/Schulz*, AcP 216 (2016), 387 (401 f. [Fn. 80]), (kein Fall der Delegation; keine Haftung des transnationalen Unternehmens, da ausschließlich das Tochter- bzw. Zulieferunternehmen die Gefahr geschaffen habe).

oben dargestellten allgemeinen Grundsätzen ist indes eine vollständige „haftungsbefreiende" Delegation von Verkehrspflichten gerade nicht ausreichend. Vielmehr wandeln sich die Pflichten in solche zur sorgfältigen Auswahl und Überwachung.[1219]

Problematisch ist hingegen, inwiefern ein Unternehmen eine Gefahrenquelle schafft, wenn menschenrechtliche Gefahrenlagen bereits vor Aufnahme der Vertragsbeziehungen und damit ohne aktives Zutun des transnationalen Unternehmens bestanden. Führt die Aufnahme von Vertragsbeziehungen zu einer weiteren Erhöhung der Gefahr, wird schon aus diesem Grund von der Schaffung einer Gefahrenquelle aufgrund der „Übertragung" der Pflichten auf den Auftraggeber auszugehen sein. Aber auch, wenn ein Unternehmen einen Zulieferer beauftragt, bei dem schon vor der Beauftragung etwa arbeitsrechtliche Mindeststandards missachtet wurden, die Gefahr also *in der ursprünglichen Form weiter existiert*, setzt und unterhält es in Bezug auf die Produktion der *eigenen* Waren eine eigene Gefahr.[1220]

(2) Inhalt und Umfang der Verkehrspflichten

Inhalt und Umfang der Verkehrspflichten können sich wiederum aus unternehmerischen Verhaltensstandards bzw. nichtfinanziellen Erklärungen ergeben ((a)). Außerdem ist zu differenzieren zwischen Pflichten zur sorgfältigen Auswahl ((b)) und zur sorgfältigen Überwachung ((c)). Ferner sind die konkreten Anforderungen an Auswahl und Überwachung zu bestimmen ((d)). Verkehrspflichten können sich darüber hinaus auch auf eine hinreichende Reaktion auf festgestellte Mängel beziehen ((ee)). Entsprechend der allgemeinen Grundsätze können von den Unternehmen nur rechtlich und tatsächlich mögliche Maßnahmen gefordert werden.[1221]

1219 Ebenso für die Produzentenhaftung, die Verlagerung der Produktion auf Dritte bzw. die Funktionsübertragung auf Dritte allgemein *Spindler*, Unternehmensorganisationspflichten, S. 730, 732; s. auch *Heinen*, in: Krajewski/Saage-Maaß, Sorgfaltspflichten, S. 87 (118).

1220 Abweichend für das Konzernrecht und eine fortgesetzte Unterhaltung einer Gefahrenquelle wohl ablehnend *Spindler*, Unternehmensorganisationspflichten, S. 948; nach dem hier vertretenen Ansatz geht es indes nicht um eine fortgesetzte, sondern um die Schaffung einer neuen Gefahrenquelle.

1221 S. *Heinen*, in: Krajewski/Saage-Maaß, Sorgfaltspflichten, S. 87 (100–102).

(a) Ableitung aus unternehmerischen Verhaltensstandards bzw. nichtfinanziellen Erklärungen

Für den sich aus unternehmerischen Verhaltensstandards bzw. nichtfinanziellen Erklärungen der Unternehmen ergebenden Inhalt und Umfang von Verkehrspflichten in Bezug auf selbstständige Dritte, insbesondere Zulieferunternehmen, gilt das im Zusammenhang mit abhängigen Unternehmen Ausgeführte entsprechend.[1222] Erforderlich ist insbesondere, dass sich aus der Erklärung hinreichend konkret ergibt, dass das Unternehmen bestimmte fest umrissene Maßnahmen in Bezug auf selbstständige Vertragspartner treffen will. Dies kann Grundlage für eine diesbezügliche Verkehrspflicht sein.[1223]

(b) Pflichten zur sorgfältigen Auswahl

Hat ein Unternehmen Vertragsbeziehungen zu einem anderen aufgenommen, obwohl es von den rechtsgutsverletzenden Arbeitsbedingungen oder Gesundheitsschädigungen Kenntnis hatte bzw. fahrlässig nicht hatte oder hat es diesen bei der Auswahl nicht hinreichend Rechnung getragen, kann dies eine Verkehrspflichtverletzung aufgrund unzureichender Auswahl darstellen.[1224]

Diese Pflichtverletzung bereits bei der Auswahl erweist sich auch für die oben erwähnten Fälle, dass die menschenrechtliche Gefährdungslage bereits vor Aufnahme der Vertragsbeziehungen bestand, als sachgerechter Anknüpfungspunkt. Zwar bestünde die menschenrechtliche Gefährdungslage in diesen Fällen weiter fort, wenn das Unternehmen von der Beauftragung dieses Geschäftspartners abgesehen hätte. Der Vorwurf gegen das beauftragende Unternehmen knüpft indes daran an, dass es den Auftrag dennoch an dieses Unternehmen vergeben und insofern seinen Vertragspartner nicht sorgfältig ausgewählt hat.

Insbesondere, wenn dem Auftraggeber keine oder nur eingeschränkte Einfluss- oder Überwachungsmöglichkeiten bezüglich seiner Auftragneh-

---

1222 S.o. § 16 B. II. 4. a) cc) (3) (a).
1223 S. hierzu allgemein o. § 16 B. II. 3. c) aa); explizit für Zulieferkonstellationen ablehnend *Habersack/Ehrl*, AcP 219 (2019), 155 (202).
1224 S. auch *Osieka*, Zivilrechtliche Haftung, S. 191; ähnlich *Nordhues*, Haftung Muttergesellschaft, S. 330 (Beachtung der Menschenrechte durch Auswahl der Vertragspartner).

mer zustehen, kann eine unsorgfältige Auswahl zentraler Anknüpfungspunkt für eine Verkehrspflichtverletzung sein, da dann erhöhte Anforderungen an die Auswahl des Vertragspartners zu stellen sind.[1225]

Gerade die Produktion oder Rohstoffgewinnung in Ländern des globalen Südens können aufgrund der dort oft vorherrschenden geringen Sicherheitsstandards oder der Nichteinhaltung existierender Standards und der damit verbundenen besonders erhöhten Gefährdungslage sowie der Wertigkeit der gefährdeten Rechtsgüter, insbesondere wenn es um Gefährdungen von Leib und Leben geht, ebenfalls erhöhte Anforderungen an eine sorgfältige Auswahl der Vertragspartner begründen. Dies kann umfangreiche Kontrollpflichten bereits vor Aufnahme der Vertragsbeziehungen erforderlich machen. Hier können wiederum Zertifizierungen des beauftragten Unternehmens von Bedeutung sein.[1226] Nimmt ein Unternehmen trotz konkreter Gefahrenlagen Vertragsbeziehungen auf, kann dies einen Verkehrspflichtenverstoß darstellen.

(c) Pflichten zur sorgfältigen Überwachung

Eine Verkehrspflichtverletzung kann ferner an eine fehlende oder nicht hinreichende Überwachung der Zulieferbetriebe anknüpfen.[1227]

Von einem Unternehmen können indes nur solche Vorkehrungen verlangt werden, die ihm rechtlich und tatsächlich möglich sind. Die Intensität der Pflichten richtet sich nach dem Einfluss des Auftraggebers.[1228] Insofern stehen einem Unternehmen, das nahezu alleiniger Auftraggeber ist, andere Einflussmöglichkeiten zu als einem solchen, dessen Auftrag nur einen geringen Teil der Tätigkeit des Auftragnehmers ausmacht. Auch macht es einen Unterschied, ob der Auftragnehmer ausschließlich für ein

---

1225 Ähnlich *Spindler*, Unternehmensorganisationspflichten, S. 790–791.

1226 Zurückhaltend für die Produzentenhaftung *Spindler*, Unternehmensorganisationspflichten, S. 724 m.w.N.; zurückhaltend in Bezug auf die Überwachungspflichten im Bereich der Produzentenhaftung auch *Wellenhofer-Klein*, Zulieferverträge, S. 259, nach der das Fordern von Prüfzertifikaten allein nicht ausreichend ist.

1227 Ähnlich *Osieka*, Zivilrechtliche Haftung, S. 191; kritisch im Hinblick auf Überwachungspflichten in Bezug auf Zulieferunternehmen *Wagner*, RabelsZ 80 (2016), 717 (771).

1228 *Spindler*, Unternehmensorganisationspflichten, S. 720 (in Bezug auf die Haftung des Herstellers in der Produzentenhaftung); ähnlich auch dort S. 749, 791; ähnlich *Rott/Ulfbeck*, ERPL 2015, 415 (435); *van Dam*, JETL 2 (2011), 221 (246).

oder auch für zahlreiche andere Unternehmen produziert. Die rechtlichen Grenzen der Einfluss-, insbesondere der Überwachungsmöglichkeiten richten sich also zum einen nach der wirtschaftlichen Abhängigkeit des Auftragnehmers vom Auftraggeber. Zum anderen ist die jeweilige Vertragsgestaltung von Bedeutung.

Indes ist eine Überwachung nicht in jedem Fall der Beauftragung selbstständiger Dritter erforderlich. Hat der Auftraggeber seinen Vertragspartner sorgfältig ausgewählt, ist es nicht erforderlich, dessen Tätigkeit bis ins kleinste Detail zu überwachen.[1229] Gleiches gilt, wenn sich ein Vertragspartner durch langjährige Zusammenarbeit im Hinblick auf die Einhaltung der Menschenrechte als zuverlässig erwiesen hat.[1230] Eine Überwachungspflicht besteht vor allem in Fällen der erhöhten Gefahr.[1231] Bei außergewöhnlichen Gefahrenlagen ist insbesondere eine stichprobenhafte Kontrolle der sorgfältigen Ausführung der Tätigkeit durch den Auftragnehmer durchzuführen.[1232] In transnationalen Menschenrechtsfällen wird dies vor allem erforderlich sein, wenn sich der Geschäftspartner in einem Land befindet, das für problematische Sicherheitsbedingungen bekannt ist. Dann besteht nämlich eine besonders erhöhte Gefahrenlage, der durch gesteigerte Anforderungen an Auswahl und Überwachung zu begegnen ist. Gleiches gilt – sofern in diesen Fällen nicht bereits eine Verletzung der Pflicht zur sorgfältigen Auswahl vorliegt –, wenn es in der Vergangenheit Anhaltspunkte für Mängel gab.

Von Bedeutung für die Überwachungspflicht sind überdies wiederum die Verkehrserwartungen: Bringt ein Unternehmen beispielsweise durch öffentliche Erklärungen, etwa in unternehmenseigenen Standards oder auf andere Weise zum Ausdruck, dass es die Einhaltung bestimmter Sicherheitsvorkehrungen bei seinen Vertragspartnern überprüft, kann dies Ver-

---

1229 S. für Zulieferkonstellationen im Bereich der Produzentenhaftung *Spindler*, Unternehmensorganisationspflichten, S. 723 m.w.N.
1230 BGH, Urt. v. 30.09.1986 – VI ZR 274/85, NJW-RR 1987, 147; s. auch *Spindler*, Unternehmensorganisationspflichten, S. 750.
1231 BGH, Urt. v. 07.10.1975 – VI ZR 43/74, NJW 1976, 46 (47); *Spindler*, Unternehmensorganisationspflichten, S. 727.
1232 BGH, Urt. v. 30.09.1986 – VI ZR 274/85, NJW-RR 1987, 147; zu Stichprobenkontrollen für Zulieferbeziehungen im Rahmen der Produzentenhaftung s. *Spindler*, Unternehmensorganisationspflichten, S. 723 m.w.N.; *Wagner*, in: MüKo-BGB, § 823 Rn. 788.

kehrspflichten aufgrund tatsächlicher Übernahme begründen.[1233] Es kommt hierfür allerdings entscheidend auf den Konkretisierungsgrad der jeweiligen Aussage an – insbesondere werden bloße Bemühensklauseln nicht ausreichend sein.

Die vorstehenden Ausführungen können abgesehen von den Zulieferkonstellationen auch Bedeutung für andere Fälle der Beauftragung selbstständiger Unternehmer erlangen. Zu beachten sind allerdings die Unterschiede in den Einwirkungsmöglichkeiten auf den jeweiligen Vertragspartner. Im Rahmen langfristiger Geschäftsbeziehungen wie im Falle von Zulieferkonstellationen stehen dem Auftraggeber andere Einflussmöglichkeiten auf seinen Auftragnehmer zu als wenn es sich lediglich um einen einzelnen Auftrag handelt. Insofern gilt der eingangs erwähnte Grundsatz, dass sich die Intensität der Pflichten nach dem Einfluss des Auftraggebers richtet, in besonderem Maße. Auch hier sind die wirtschaftliche Abhängigkeit und die jeweilige Vertragsgestaltung entscheidend. Kann der Auftraggeber mangels Einflusses seinen Auftragnehmer nicht überwachen, können – wie bereits oben erwähnt – gesteigerte Anforderungen für die Pflicht zur sorgfältigen Auswahl des Vertragspartners bestehen.

Unabhängig von der Frage nach einer Pflicht zur Durchführung von Überwachungen und Kontrollen besteht jedenfalls eine Pflicht zur sorgfältigen Durchführung der Kontrolle, wenn ein Auftraggeber diese tatsächlich durchführt.[1234]

Fraglich ist, ob ein Unternehmen wiederum ein selbstständiges Unternehmen mit der Überwachung seiner Vertragspartner betrauen kann. Hiergegen könnte sprechen, dass sich ein Unternehmen grundsätzlich seiner Verkehrspflichten nicht vollumfänglich durch die Übertragung von Aufgaben an Dritte entledigen kann. Allerdings verfügen externe Auditierungsunternehmen möglicherweise über eine wesentlich umfangreichere fachliche Expertise und umfangreichere personelle Kapazitäten als das überwachungspflichtige Unternehmen. Daneben kann eine Überprüfung und Überwachung durch externe Unternehmen auch objektiver und unabhängiger sein. Letztlich führt auch eine Übertragung der Überwachungspflichten nicht zu einer vollständigen Befreiung des Unternehmens von

---

1233 Ähnlich *Thomale/Hübner*, JZ 2017, 385 (394) (in Bezug auf die Einhaltung bestimmter Schutzstandards auch im Ausland); *Heinlein*, NZA 2018, 276 (281) (in Bezug auf Vereinbarungen zwischen Unternehmen und Lieferanten im Zusammenhang mit der von ihr angenommenen vertraglichen Haftung); zu einer rechtsgebietsübergreifenden Betrachtung der rechtlichen Bedeutung öffentlicher Angaben des Unternehmens s.u. § 24 B.

1234 Ähnlich wohl *Thomale/Hübner*, JZ 2017, 385 (394).

seinen Verkehrspflichten. In diesem Fall muss dann das die Überwachung durchführende Unternehmen sorgfältig ausgewählt und überwacht werden.[1235]

Diese Lösung zeigt Parallelen im Vergleich zu den oben herausgearbeiteten Pflichten in Bezug auf abhängige Unternehmen. So wie dort die bloße Abhängigkeit nicht ausreicht, um Verkehrspflichtverletzungen zu begründen, sondern weitere Umstände, hier die tatsächliche Einflussnahme, hinzukommen müssen, führt allein die Einflussnahmemöglichkeit auf selbstständige Zulieferunternehmen nicht zu einer Überwachungspflicht, sondern hierfür sind weitere Umstände wie besondere Gefahrenlagen erforderlich.[1236] Allerdings bestehen im Falle der Beauftragung selbstständiger Unternehmer weitergehende Auswahlmöglichkeiten des Vertragspartners als im Rahmen konzernrechtlicher Verhältnisse.

(d) Bestimmung der konkreten Anforderungen an Auswahl und Überwachung

Als problematisch erweist sich die Bestimmung dessen, was im konkreten Einzelfall für eine sorgfaltsgemäße Auswahl und Überwachung erforderlich ist.

Enthalten öffentliche Angaben des Unternehmens, aus denen sich entsprechende Verkehrserwartungen ableiten, hinreichend konkretisierte Angaben (z.B. Zusammenarbeit nur mit Unternehmen, die über eine bestimmte Zertifizierung verfügen, genaue Beschreibung, wie die Einhaltung der jeweiligen Standards durch die Vertragspartner überprüft wird, etc.), können diese einen ersten Anhaltspunkt für den Mindestumfang der Auswahl- und Überwachungspflichten darstellen.[1237]

Eine weitere Orientierungshilfe liefern die UN-Leitprinzipien, die – wie oben ausführlich hergeleitet – zur Konkretisierung der Verkehrspflichten und damit auch zur Bestimmung der Anforderungen an Auswahl und

---

1235 S. auch *Spindler*, Unternehmensorganisationspflichten, S. 732 u.a. für die Übertragung der Qualitätskontrolle auf Dritte; i.E. eine Übertragung auf Dritte ebenfalls für möglich haltend *Rott/Ulfbeck*, ERPL 2015, 415 (436).

1236 Wohl weitergehend und die Kontrollmöglichkeit für ausreichend erachtend *Rott/Ulfbeck*, ERPL 2015, 415 (434–436).

1237 Zu einer rechtsgebietsübergreifenden Betrachtung der rechtlichen Bedeutung öffentlicher Angaben des Unternehmens s.u. § 24 B.

Überwachung von Zulieferunternehmen herangezogen werden können.[1238]

Ist ein Unternehmen rechtlich zur sorgfältigen Auswahl und Überwachung seiner selbstständigen Vertragspartner verpflichtet, entspricht dies faktisch der in den Leitprinzipien enthaltenen Pflicht zur Ermittlung und Bewertung der menschenrechtlichen Auswirkungen. Insofern könnte die Rechtsprechung beispielsweise fordern, dass bereits bei Auswahl der selbstständigen Vertragspartner die jeweiligen menschenrechtlichen Risiken ermittelt und bewertet werden oder dass hierbei internes und/oder unabhängiges Fachwissen herangezogen wird oder die betroffenen Stakeholder konsultiert werden (vgl. LP 18 (a) und (b)). In bestimmten Fällen (wenn etwa vor der Zusammenarbeit Missstände festgestellt wurden, deren Behebung in irgendeiner Art und Weise Bestandteil der Vereinbarungen zwischen den Unternehmen war) lassen sich auch Parallelen zur Kontrolle der Wirksamkeit ziehen. Dann könnte die Rechtsprechung z.B. die Wahl geeigneter qualitativer und quantitativer Indikatoren und die Einbeziehung entsprechender Rückmeldungen von internen und externen Quellen fordern (vgl. LP 20 (a) und (b)).

Trotz Heranziehung der UN-Leitprinzipien und möglicher öffentlicher Erklärungen des Unternehmens zur Bestimmung der konkreten Anforderungen an Auswahl und Überwachung verbleiben Unsicherheiten, welche Maßnahmen ein Unternehmen konkret treffen muss, um seinen Verkehrspflichten zu genügen. Dies hängt wiederum von den Umständen des Einzelfalls ab.[1239]

(e) Hinreichende Reaktion auf festgestellte Mängel

In bestimmten Fällen müssen die Pflichten in Bezug auf selbstständige Unternehmen auch über die sorgfältige Auswahl und Überwachung hinausgehen. Dies gilt insbesondere, wenn ein Unternehmen bei der Überwachung Mängel feststellt. Waren diese bei der Auswahl des Unternehmens für den Auftraggeber nicht erkennbar oder treten sie während der vertraglichen Beziehungen erstmalig auf, kann dem Auftraggeber kein Vorwurf bei der Auswahl seines Vertragspartners gemacht werden. Dann muss ein

---

1238 S.o. § 16 B. II. 3. c) bb).
1239 S. auch *Wellenhofer-Klein*, Zulieferverträge, S. 259–260 (zur Produzentenhaftung); *Heinlein*, NZA 2018, 276 (281) (Umfang der Kontrollpflicht im Rahmen der vertraglichen Haftung).

Unternehmen aber über die sorgfältige Auswahl und Überwachung hinaus verpflichtet sein, Konsequenzen aus den Ergebnissen der Überwachung zu ziehen.[1240] Diesbezüglich kann auf die obigen Ausführungen zu Verkehrspflichten in Bezug auf abhängige Unternehmen verwiesen werden:[1241] Auch in Bezug auf selbstständige Vertragspartner wäre es widersprüchlich, dem Unternehmen bei der Vorgabe von rechtsträgerübergreifenden Standards oder Richtlinien Pflichten zur Gewährleistung und Überwachung der Umsetzung und Einhaltung, nicht aber eine damit korrespondierende Pflicht bei der Feststellung von Mängeln aufzuerlegen.

Welche Maßnahmen ein Unternehmen treffen muss, um sorgfaltsgemäß auf festgestellte Mängel reagieren zu können, ist auch hier eine Frage des Einzelfalls. Entscheidend sind insbesondere die rechtlichen und tatsächlichen Reaktionsmöglichkeiten des Auftraggebers.[1242] Besteht beispielsweise trotz wirtschaftlicher Selbstständigkeit des Auftragnehmers ein vertraglich verankertes oder auf wirtschaftlicher Abhängigkeit beruhendes faktisches Weisungsrecht, stehen dem Unternehmen ganz andere Reaktionsmöglichkeiten zur Verfügung als ohne ein solches. Von Bedeutung sind insbesondere sogenannte Compliance-Klauseln.[1243] Diese enthalten als Rechtsfolge für einen Verstoß des Vertragspartners gegen die Compliance-Verpflichtung z.B. Informationspflichten, Vertragsstrafen, Schadensersatz- oder Freistellungsansprüche oder außerordentliche Kündigungsrechte.[1244] Reagiert ein Unternehmen trotz Möglichkeit durch eine solche vertragliche Gestaltung nicht auf derartige Mängel, kann dies einen Verstoß gegen die Verkehrspflichten darstellen.

Aber auch wenn sich aus dem Vertragsverhältnis keine Einflussmöglichkeiten des Auftraggebers ergeben, sind ihm nicht vollständig die Hände gebunden: Er hat jedenfalls die Möglichkeit zur Beendigung der Vertragsbeziehungen.[1245] Da es sich bei Zulieferverträgen um Dauerschuldverhält-

---

1240 Ähnlich zu Zulieferkonstellationen in der Produzentenhaftung bei Vereinbarung von Qualitätssicherungsvereinbarungen *Spindler*, Unternehmensorganisationspflichten, S. 725 m.w.N.
1241 S.o. § 16 B. II. 4. a) cc) (3) (e).
1242 Ähnlich allgemein *Spindler*, Unternehmensorganisationspflichten, S. 749.
1243 S. sogleich u. § 16 B. II. 4. b) bb) (3).
1244 *Teicke/Matthiesen*, BB 2013, 771 (773).
1245 Problematisch bleibt an dieser Lösung – das ist zuzugeben –, dass damit den von der Rechtsgutsverletzung Betroffenen nicht zwingend geholfen ist, da sie auf ihre Tätigkeit in dem Betrieb zur Erwirtschaftung ihres Lebensunterhalts angewiesen sind. Insofern erscheint eine Beendigung der Geschäftsbeziehungen nur im äußersten Fall sachgerecht und es sollten vorher anderweite Abhilfemöglichkeiten in Betracht gezogen werden.

nisse handelt,[1246] kommt – die Anwendbarkeit deutschen Rechts vorausgesetzt und vorbehaltlich etwaiger für das Unternehmen möglicherweise günstigerer vertraglicher Kündigungsrechte – vor allem die Kündigung aus wichtigem Grund nach § 314 BGB in Betracht. Ein wichtiger Grund im Sinne der Vorschrift wird vor allem bei schweren Menschenrechtsverletzungen vorliegen. Anders kann dies hingegen bei kleineren Verstößen beispielsweise gegen die Höchstarbeitszeiten (die ohnehin bereits keine Rechtsgutsverletzung i.S.v. § 823 Abs. 1 BGB darstellen) sein. Allerdings ist in der Regel ist zunächst eine Abmahnung des Vertragspartners zu fordern. Insbesondere die Frage, wann ein „wichtiger Grund" im Sinne der Vorschrift vorliegt und für welche Fälle eine vorherige Abmahnung erforderlich ist, ist in der Praxis erheblichen Unsicherheiten ausgesetzt. Insofern kann ein vertragliches Kündigungsrecht Abhilfe schaffen.

Da eine Beendigung der Vertragsbeziehungen in der Regel nicht im Interesse der Vertragsparteien liegen wird,[1247] können dem Unternehmen abhängig vom jeweiligen Einzelfall möglicherweise überdies trotz fehlender vertraglicher Regelungen faktisch weitere Einflussmöglichkeiten zustehen, sodass sich die Kündigung dann als *ultima ratio* darstellt. Hierin unterscheiden sich Zulieferkonstellationen auch von solchen Fällen, in denen es ausschließlich um die einmalige Beauftragung eines selbstständigen Unternehmers geht. Faktische Einflussmöglichkeiten bestehen insbesondere, wenn ein Unternehmen nahezu ausschließlich für einen Hauptauftraggeber produziert. Wie diese Einflussmöglichkeiten genau ausgestaltet sind und ob und wann ein Unternehmen verpflichtet ist, hiervon Gebrauch zu machen, lässt sich nur anhand der Umstände des jeweiligen Einzelfalls bestimmen.

(3) Die Bedeutung von Compliance-Klauseln

Insbesondere angesichts der ansonsten eingeschränkten Reaktionsmöglichkeiten des Auftraggebers auf Missstände und des grundsätzlichen Interesses beider Parteien an der Fortführung der Geschäftsbeziehungen bieten sich vertragliche Vereinbarungen an. Vor allem bei wirtschaftlich ungleich verteilten Machtverhältnissen zwischen den Parteien hat das auftraggebende Unternehmen häufig einen beträchtlichen Einfluss auf die Vertragsge-

---

1246 S. ausführlich *Wellenhofer-Klein*, Zulieferverträge, S. 77–101; *Budde*, in: Martinek/Semler/Flohr, Handbuch VertriebsR, § 39 Rn. 8 i.V.m. Rn. 28 f.
1247 S. auch *Jütte-Overmeyer*, VRÜ 41 (2008), 375 (383).

staltung. In der Praxis erfreuen sich sogenannte „Compliance-Klauseln" oder im Korruptionsrecht „(Anti-)Korruptions-Klauseln" immer größerer Beliebtheit.[1248]

(a) Compliance-Klauseln und AGB-Recht

Unter der Voraussetzung, dass für die Verträge deutsches Recht gilt, stellen Compliance-Klauseln regelmäßig den §§ 305 BGB unterliegende AGB dar.[1249]

Als weitgehend unproblematisch erweisen sich Verpflichtungen der Vertragspartner zur Einhaltung der geltenden Rechtsvorschriften (s. § 307 Abs. 3 S. 1 BGB),[1250] zur Einhaltung bestimmter Verhaltensstandards (sofern diese wirksam einbezogen sind, die Anforderungen an wirksame AGB erfüllen und gegebenenfalls mitbestimmungsrechtliche Anforderungen eingehalten werden)[1251] und zur Beachtung internationaler Standards und Grundprinzipien.[1252]

Bedenken mit Blick auf das Transparenzgebot gemäß § 307 Abs. 1 S. 2 BGB und eine mögliche unangemessene Benachteiligung gemäß § 307 Abs. 2 Nr. 1 BGB finden sich im Schrifttum bezüglich der Verpflichtung zur Einhaltung ausländischer Normen, deren Anwendungsbereich eigentlich nicht eröffnet ist,[1253] einer solchen, wiederum eigene Vertragspartner zur Einhaltung der jeweiligen Vorgaben zu verpflichten sowie eine Haftung beim Verstoß hiergegen durch Dritte,[1254] einer Verpflichtung zur Abgabe bestimmter Erklärungen (beispielsweise die Bestätigung, dass der Vertragspartner *„keine Kenntnis von Kinderarbeit oder Zwangsarbeit bei der Herstellung der Waren hat"*) zusammen mit einer entsprechenden Verschie-

---

1248 S. hierzu und zur Problematik bei fehlender Vertragsparität *Meyer*, Korruption im Vertrag, S. 354.

1249 *Gilch/Pelz*, CCZ 2008, 131; *Teicke/Matthiesen*, BB 2013, 771 (772); *Passarge*, in: Martinek/Semler/Flohr, Handbuch VertriebsR, § 79 Rn. 191.

1250 *Teicke/Matthiesen*, BB 2013, 771 (772); ähnlich *Gilch/Pelz*, CCZ 2008, 131 (133); zurückhaltend *Spießhofer/Graf von Westphalen*, BB 2015, 75 (80) (Verpflichtung zur Einhaltung *„alle[r] rechtliche[r] Vorgaben"* stellt einen Verstoß gegen das Transparenzgebot dar).

1251 *Teicke/Matthiesen*, BB 2013, 771 (772); nur i.E., nicht aber in der Begründung überzeugend *Spießhofer/Graf von Westphalen*, BB 2015, 75 (80).

1252 *Gilch/Pelz*, CCZ 2008, 131 (133) für das Beispiel Kinderarbeit.

1253 *Teicke/Matthiesen*, BB 2013, 771 (772); ähnlich *von Busekist/Uhlig*, in: Hauschka/Moosmayer/Lösler, Corporate Compliance, § 35 Rn. 85.

1254 S.u. § 16 B. II. 4. b) cc) (2).

bung der Beweislast[1255] oder zur umfassenden Freistellung des Auftraggebers[1256] und auch mit Blick auf weitgehende Auditierungsrechte[1257].

In Bezug auf die Festlegung von Rechtsfolgen durch Compliance-Klauseln sind solche, die eine verschuldensunabhängige Schadensersatzpflicht als solche oder für die Handlungen Dritter,[1258] ein Kündigungsrecht aufgrund von Gründen, die innerhalb der gesetzlichen Grenzen des Zumutbaren liegen,[1259] oder ein Kündigungsrecht ohne vorherige Fristsetzung oder Abmahnung (s. § 314 BGB) vorsehen,[1260] bedenklich.

Besondere Schwierigkeiten können sich ergeben, wenn derartige Klauseln in Deutschland unwirksam, im ausländischen Recht aber wirksam und gerade gefordert sind.[1261]

(b) Einhaltung der Verkehrspflichten durch Compliance-Klauseln?

Allein die Aufnahme von Compliance-Klauseln in die Verträge mit den Geschäftspartnern führt nicht dazu, dass ein Unternehmen seine Verkehrspflichten einhält und insofern gegenüber den Geschädigten im Außenverhältnis nicht haftet, da das Unternehmen seine Verantwortung (zumindest im Außenverhältnis) nicht vollständig auf seinen Vertragspartner übertragen kann. Dies würde überdies einen nach deutschem Recht unzulässigen Vertrag zulasten Dritter darstellen, da dem Geschädigten hierdurch ein Anspruchsgegner genommen würde.[1262]

1255 *Gilch/Pelz*, CCZ 2008, 131 (133).

1256 *Spießhofer/Graf von Westphalen*, BB 2015, 75 (80 f.).

1257 *Teicke/Matthiesen*, BB 2013, 771 (773); nach *Gilch/Pelz*, CCZ 2008, 131 (135) sind Klauseln, die eine Verpflichtung zur Offenbarung von Geschäftsgeheimnissen beinhalten, überraschend i.S.v. § 305c Abs. 1 BGB; zu Auditierungsklauseln sowie Alternativen hierzu s. *Teicke/Matthiesen*, BB 2013, 771 (773 f.).

1258 *Gilch/Pelz*, CCZ 2008, 131 (136); *Spießhofer/Graf von Westphalen*, BB 2015, 75 (81 f.); *Teicke/Matthiesen*, BB 2013, 771 (773).

1259 *Spießhofer/Graf von Westphalen*, BB 2015, 75 (82); *Teicke/Matthiesen*, BB 2013, 771 (773); ähnlich *Gilch/Pelz*, CCZ 2008, 131 (136) (Verstoß gegen § 308 Nr. 3 i.V.m. § 307 Abs. 2 Nr. 1 BGB bei Fehlen eines hinreichenden sachlichen Grundes).

1260 *Gilch/Pelz*, CCZ 2008, 131 (136); ausführlich *Spießhofer/Graf von Westphalen*, BB 2015, 75 (82); so wohl auch *Teicke/Matthiesen*, BB 2013, 771 (773).

1261 S. auch *Passarge*, in: Martinek/Semler/Flohr, Handbuch VertriebsR, § 79 Rn. 195.

1262 S. ähnlich für die vertragliche Überwälzung der Qualitätskontrolle auf den Zulieferer im Bereich der Produzentenhaftung *Spindler*, Unternehmensorganisationspflichten, S. 723.

(c) Verpflichtung zur Aufnahme von Compliance-Klauseln in den Vertrag?

Hat ein Unternehmen keine Compliance-Klauseln in den Vertrag mit dem Geschäftspartner aufgenommen, stellt sich die Frage, ob bereits dieses Unterlassen Anknüpfungspunkt für eine Verkehrspflichtverletzung sein kann.

Compliance-Klauseln können inhaltlich ganz unterschiedliche Regelungen aufweisen. Von Bedeutung für die Frage, ob eine Verpflichtung zur vertraglichen Aufnahme von Compliance-Klauseln besteht, ist etwa, ob das Unternehmen über einen unternehmerischen Verhaltensstandard verfügt, dessen Inhalt von Bedeutung für die Verkehrspflichten ist, ob dieser Bestandteil des Vertrages ist oder sein muss etc. Es erscheint z.B. jedenfalls nicht ausgeschlossen, dass in bestimmten Fällen eine Verpflichtung zur vertraglichen Verankerung von Überwachungsrechten besteht. Bringt ein Unternehmen nämlich in einem unternehmerischen Verhaltensstandard zum Ausdruck, sicherzustellen, nur mit Vertragspartnern zusammen zu arbeiten, die bestimmte Mindeststandards einhalten, kann dies häufig nur durch diesbezügliche Überwachungsrechte gewährleistet werden. Stellen diese die einzige Möglichkeit dar, um den Verkehrserwartungen zu entsprechen, kann eine Verpflichtung zu einer entsprechenden vertraglichen Gestaltung bestehen. Gleiches kann gelten, wenn es um die Zusammenarbeit mit einem Vertragspartner geht, bei dem entsprechende Mängel in der Vergangenheit bestanden. Ist es etwa Teil der vertraglichen Vereinbarung, dass diese Mängel beseitigt werden, kann der Auftraggeber dies nur durch die Vereinbarung eines Überprüfungsrechtes oder indem es den Nachweis einer Zertifizierung verlangt, sicherstellen. In einigen Fällen kann also eine entsprechende vertragliche Vereinbarung erforderlich sein,[1263] da ansonsten die Auswahl des Vertragspartners eine Pflichtverletzung darstellt.

Angesichts der zahlreichen möglichen unterschiedlichen Fallgestaltungen, in denen eine Verpflichtung zur entsprechenden Vertragsgestaltung im Raum steht, ist eine abschließende Beurteilung an dieser Stelle nicht möglich und würde den Rahmen dieser Arbeit sprengen. Die folgen-

---

1263 So allgemein wohl *Spindler*, Unternehmensorganisationspflichten, S. 790–791: *„der Schwerpunkt der Haftungsanknüpfung [kann sich] auf [...] die Ausgestaltung der Vertragsbeziehung verlagern"*; *„Die vermeidbare Begebung von Einflußmöglichkeiten auf den Dritten kann daher [...] die Haftung nach § 823 BGB auslösen, da sie einer vollständigen Delegation auf den Dritten gleichkommt"*; ähnlich *Osieka*, Zivilrechtliche Haftung, S. 191.

den Ausführungen beleuchten insofer exemplarisch die Frage, ob Reaktionsmöglichkeiten oder Konsequenzen für den Fall der Feststellung von Mängeln oder Verstößen vertraglich verankert werden müssen.

Zunächst kann ein Unternehmen jedenfalls nicht rechtlich verpflichtet sein, unwirksame Klauseln in die Verträge zu seinen Geschäftspartnern aufzunehmen. Bedenklich erscheint eine Verpflichtung der Unternehmen zur vertraglichen Aufnahme derartiger Klauseln daneben auch im Hinblick auf die verfassungsrechtlich gewährleistete Vertragsfreiheit.[1264] Diese beinhaltet auch die sogenannte Vertragsgestaltungs- oder auch Inhaltsfreiheit, wonach die Vertragsparteien den Vertrag grundsätzlich inhaltlich nach Belieben gestalten können.[1265] Zwar begrenzen zwingende Regelungen für bestimmte Vertragstypen, §§ 134, 138, 242 BGB und die Inhaltskontrolle von AGB die inhaltlichen Gestaltungsfreiheit,[1266] diese greifen indes in den vorliegenden Fällen regelmäßig nicht, da die Nichtaufnahme derartiger Klauseln nicht gegen diese verstößt. Die hohe Bedeutung der Menschenrechte gebietet ebenfalls keinen derartigen Eingriff in die Inhaltsfreiheit. Die Vertragsgestaltung ist nicht der einzige Weg, den Menschenrechten zu einer effektiven Geltung zu verhelfen. Auch ohne vertragliche Ausgestaltung bleibt immer die Möglichkeit zur Beendigung der Vertragsbeziehungen. Vor diesem Hintergrund kann bereits mit Blick auf die inhaltliche Vertragsfreiheit nicht von einer Verpflichtung zur Aufnahme entsprechender Klauseln in den Vertrag ausgegangen werden. Dieses Ergebnis stimmt letztlich auch mit den den Verkehrspflichten zugrunde liegenden Wertungen überein: Notwendige und zumutbare Vorkehrungen, um eine Schädigung Dritter zu vermeiden, können nicht nur durch Vertragsgestaltung getroffen werden, sondern, wie gerade dargestellt, auch durch die Beendigung der Vertragsbeziehungen.

Überdies würde eine Verpflichtung zur Aufnahme von Compliance-Klauseln letztlich eine Verpflichtung zur Verschaffung von Einflussmöglichkeiten bedeuten. Dies ginge über die Begründung von Verkehrspflichten aufgrund bestehender Einflussmöglichkeiten hinaus. Eine solche anzunehmen, gleichzeitig aber die Entstehung von Verkehrspflichten in Bezug

---

1264 Zu den verfassungsrechtlichen Grundlagen der Vertragsfreiheit s. etwa *Busche*, in: MüKo-BGB, Vor § 145 Rn. 3; *Dilcher*, in: Staudinger, BGB (12. Aufl. 1980), Einl zu §§ 104-185 Rn. 8.

1265 *Busche*, in: MüKo-BGB, Vor § 145 Rn. 24; ähnlich *Dilcher*, in: Staudinger, BGB (12. Aufl. 1980), Einl zu §§ 104-185 Rn. 6.

1266 *Busche*, in: MüKo-BGB, Vor § 145 Rn. 24–26; ähnlich bereits *Dilcher*, in: Staudinger, BGB (12. Aufl. 1980), Einl zu §§ 104-185 Rn. 10.

auf abhängige Unternehmen allein aufgrund einer bestehenden Einflussmöglichkeit zu verneinen,[1267] wäre widersprüchlich.

Nach alldem besteht keine rechtliche Verpflichtung der Unternehmen zur Aufnahme von Compliance-Klauseln in ihre Verträge.[1268] Dennoch ist eine derartige Vertragsgestaltung für die Unternehmen empfehlenswert.[1269] Zum einen erweitern sich hierdurch ihre Reaktionsmöglichkeiten auf Verstöße gegen rechtliche oder vertragliche Vorgaben. Zum anderen können derartige Klauseln Rechtsklarheit schaffen[1270] sowie eine interessensgerechte Regelung für die Quotelung des Schadens im Innenverhältnis treffen. Nicht zuletzt dient sie auch der Sensibilisierung der Vertragsparteien für die bestehenden Risiken.[1271]

cc) Sonderfall Zulieferbeziehungen: Erstreckung der Verkehrspflichten auf sämtliche Ebenen der Zulieferkette?

Die vorstehenden Überlegungen beziehen sich ausschließlich auf Verkehrspflichten in Bezug auf die direkten Vertragspartner des Unternehmens, in Zulieferfällen also auf die „erste Ebene" der Zulieferer. In der Praxis sind Zulieferbeziehungen allerdings regelmäßig durch eine Vielzahl an einzelnen Gliedern, die durch unterschiedliche Geschäftsbeziehungen häufig in netzwerkartigen Strukturen miteinander verwoben sind, gekennzeichnet.[1272] Dies wird im Folgenden als Zulieferkette bezeichnet. Die Menschenrechtsverletzung geschieht meistens in einem Unternehmen, das mit dem in Anspruch genommenen Unternehmen nicht unmittelbar vertraglich verbunden ist. Entscheidend ist damit, inwiefern ein Unternehmen Verkehrspflichten entlang der gesamten Zulieferkette treffen.

1267 S. hierzu o. § 16 B. II. 4. a) cc) (2) (b).
1268 So in Bezug auf Korruption wohl auch *Meyer*, Korruption im Vertrag, S. 238 (Korruptionsklauseln als Ausdruck von *„best practices"*); ähnlich und diesbezüglich kritisch i.E. *Heinlein*, NZA 2018, 276 (277); nach *Herb*, in: Hauschka/Moosmayer/Lösler, Corporate Compliance, § 19 Rn. 43 kann eine Verpflichtung bei konkreten Anhaltspunkten oder wenn der Lieferant auf einer *blacklist* steht, bestehen; richtigerweise wird bei Aufnahme vertraglicher Beziehungen zu derartigen Lieferanten bereits eine Pflichtverletzung bei deren Auswahl vorliegen.
1269 S. ausführlich *Teicke/Matthiesen*, BB 2013, 771 (775 f.).
1270 *Teicke/Matthiesen*, BB 2013, 771 (776).
1271 *von Busekist/Uhlig*, in: Hauschka/Moosmayer/Lösler, Corporate Compliance, § 35 Rn. 87.
1272 S. auch *Heinen*, in: Krajewski/Saage-Maaß, Sorgfaltspflichten, S. 87 (91).

(1) Die Reichweite der menschenrechtlichen Sorgfalt in den UN-Leitprinzipien

Die Sorgfaltspflichten der UN-Leitprinzipien sind nicht auf die erste Ebene der Zulieferkette beschränkt. Dies zeigt bereits der Wortlaut von Leitprinzip 13. Die Definition des Begriffs der Geschäftsbeziehung nach dem Kommentar zu diesem Prinzip[1273] lässt deutlich erkennen, dass grundsätzlich die gesamte Zulieferkette erfasst ist. Letzte Zweifel hieran beseitigt der Kommentar zu LP 17.[1274] Allerdings nehmen bereits die Leitprinzipien selbst wiederum eine Einschränkung vor, indem sie bei umfangreichen Wertschöpfungsketten eine Priorisierung von Bereichen, in denen das größte Risiko nachteiliger menschenrechtlicher Auswirkungen besteht, vorsehen (vgl. Kommentar zu LP 17).

(2) Pflicht zur entsprechenden Vertragsgestaltung – Verpflichtung der Einhaltung der Regeln durch Dritte als Bestandteil von Compliance-Klauseln

Eine vertragliche Verpflichtung selbstständiger Vertragspartner, wiederum ihre Vertragspartner zur Einhaltung bestimmter Standards und Regeln zu verpflichten, ist AGB-rechtlich bedenklich. Klauseln, die eine Haftung des Lieferanten dafür vorsehen, dass sich die Sublieferanten nicht an die Vorgaben der Compliance-Klauseln halten, stellen eine unangemessene Benachteiligung gemäß § 307 Abs. 2 Nr. 1, Abs. 1 S. 1 BGB dar, da dies insbesondere bei den Rechtsfolgen der Haftung wie Schadensersatz oder Kündigung eine wesentliche Abweichung vom Grundgedanken des § 278 BGB darstellt (Sublieferanten sind in der Regel gerade keine Erfüllungsgehilfen).[1275] Überdies verstößt eine solche Klausel gegen den Grundsatz der

---

1273 Er umfasst „Beziehungen zu Geschäftspartnern, zu Einrichtungen in seiner Wertschöpfungskette und zu allen anderen nichtstaatlichen oder staatlichen Stellen, die mit seiner Geschäftstätigkeit, seinen Produkten oder Dienstleistungen unmittelbar verbunden sind".

1274 „Umfasst die Wertschöpfungskette eines Wirtschaftsunternehmens zahlreiche Einheiten, kann es unter Umständen unzumutbar schwierig sein bei allen Sorgfaltspflicht in Bezug auf nachteilige menschenrechtliche Auswirkungen walten zu lassen".

1275 Gilch/Pelz, CCZ 2008, 131 (133 f.); Spießhofer/Graf von Westphalen, BB 2015, 75 (81); Teicke/Matthiesen, BB 2013, 771 (773); a.A. Herb, in: Hauschka/Moosmayer/Lösler, Corporate Compliance, § 19 Rn. 30.

Privatautonomie und das Verbot eines Vertrages zulasten Dritter.[1276] Ein Verstoß gegen § 307 Abs. 2 Nr. 1 BGB kann auch in einer durch eine derartige Klausel begründeten Rechtsfolge einer verschuldensunabhängigen Haftung liegen.[1277]

Zulässig erscheinen hingegen Regelungen, die eine Verpflichtung zur sorgfältigen Auswahl und Überwachung der Sublieferanten beinhalten,[1278] oder sogenannte Bemühensklauseln, durch die es Aufgabe des Vertragspartners ist, *„im Rahmen des ihm Möglichen und Zumutbaren den jeweiligen Sublieferanten zur Einhaltung bestimmter Vorgaben und Standards aufzufordern".*[1279]

Die in den erstgenannten Klauseln beinhaltete Verpflichtung des Vertragspartners zur sorgfältigen Auswahl und Überwachung gibt letztlich die nach deutschem Deliktsrecht bereits ohnehin bestehende Rechtslage wieder. Insoweit hat eine derartige Klausel allenfalls deklaratorische Bedeutung.[1280] Wenn die in ihr enthaltenen Pflichten ohnehin der Gesetzeslage *de lege lata* entsprechen, kann aber keine Verpflichtung zur Aufnahme in den Vertrag bestehen.

Die Bemühensklauseln werden regelmäßig so allgemein gehalten sein, dass sich rechtliche Konsequenzen bei „fehlendem Bemühen" des Vertragspartners bzw. einer fehlenden Übernahme durch die Unterlieferanten wohl nur in besonders gelagerten Ausnahmefällen ableiten lassen.[1281] Können aber aus derartigen Klauseln keine rechtlichen Konsequenzen abgeleitet werden, so kann ebenfalls keine Pflicht zur Aufnahme solcher Klauseln bestehen. Überdies greifen auch hier die bereits oben dargestellten Argumente.[1282]

Trotz fehlender Verpflichtung erscheint eine Aufnahme von Bemühensklauseln oder solcher, die die ohnehin bestehende rechtliche Pflicht zur sorgfältigen Auswahl und Überwachung beinhalten, in den Vertrag prak-

---

1276 *Gilch/Pelz*, CCZ 2008, 131 (133); *Passarge*, in: Martinek/Semler/Flohr, Handbuch VertriebsR, § 79 Rn. 194.

1277 *Gilch/Pelz*, CCZ 2008, 131 (136); *Spießhofer/Graf von Westphalen*, BB 2015, 75 (81 f.); *Teicke/Matthiesen*, BB 2013, 771 (773).

1278 *Teicke/Matthiesen*, BB 2013, 771 (773).

1279 *Teicke/Matthiesen*, BB 2013, 771 (773); s. auch *Gilch/Pelz*, CCZ 2008, 131 (134); *von Busekist/Uhlig*, in: Hauschka/Moosmayer/Lösler, Corporate Compliance, § 35 Rn. 86.

1280 Anders kann dies sein, wenn auf die Beziehungen zwischen dem unmittelbaren Vertragspartner des Unternehmens und seinen Vertragspartner ausländisches Recht anzuwenden ist.

1281 Ähnlich *Gilch/Pelz*, CCZ 2008, 131 (134).

1282 § 16 B. II. 4. b) bb) (3).

tisch sinnvoll, da diese insbesondere für eine Sensibilisierung der jeweiligen Vertragsparteien[1283] und damit für den Schutz der Rechtsgüter Dritter sorgen können.

(3) Bestimmung der Reichweite der Verkehrspflichten anhand der allgemeinen Kriterien für die Entstehung von Verkehrspflichten

Bislang lassen sich – soweit ersichtlich – der Rechtsprechung keine Äußerungen im Hinblick auf Verkehrspflichten in Bezug auf Unternehmen entlang einer Zulieferkette, die mit dem in Anspruch genommenen Unternehmen nicht unmittelbar verbunden sind, entnehmen.[1284] Die Frage, inwiefern Unternehmen auch in diesen Fällen Verkehrspflichten treffen, ist also anhand der hinter diesen Pflichten stehenden allgemeinen Wertungen zu beantworten.

(a) Grundsatz: Beschränkung der Verkehrspflichten auf direkte Vertragspartner

Für das Bestehen von Verkehrspflichten von Unternehmen entlang der gesamten Zulieferkette spricht zunächst, dass das Unternehmen an der Spitze der Zulieferkette durch seine Tätigkeit die Gefahr für außenstehende Dritte (hier insbesondere für die Arbeitnehmer in Betrieben am Ende der Zulieferkette) schafft bzw. erhöht. Vereinfacht dargestellt will jedes Unternehmen entlang der Kette vor allem seine Vertragspflichten gegenüber dem eigenen Vertragspartner erfüllen. Dies dient letztlich der Erfüllung der Vertragspflichten, die sich aus dem Verhältnis zwischen dem Unternehmen an der Spitze der Zulieferkette und seinem unmittelbaren Vertragspartner ergeben. Daneben ist es vor allem das Unternehmen an der Spitze der Zulieferkette, das die Vorteile aus der vertraglichen Arbeitstei-

---

1283 S. auch *von Busekist/Uhlig*, in: Hauschka/Moosmayer/Lösler, Corporate Compliance, § 35 Rn. 87; allgemein auch *Teicke/Matthiesen*, BB 2013, 771 (775 f.).

1284 Dies ist wohl auch darauf zurückzuführen, dass Gerichte bisher nicht über solche Sachverhaltskonstellationen zu entscheiden hatten. Dies könnte sich allerdings angesichts der *Kiobel*-Entscheidung des US *Supreme Courts* und der damit verbundenen zunehmenden Attraktivität von Klagen in Europa für die Opfer ändern, s. hierzu *Pförtner*, in: Krajewski/Saage-Maaß, Sorgfaltspflichten, S. 311 (312); *Wesche/Saage-Maaß*, HRLR 2016, 370 (371); dies gilt allerdings nur, sofern deutsches Recht anwendbar ist, s. hierzu bereits o. § 16 A.

lung zieht: die Auslagerung der Produktion auf selbstständige Unternehmen vornehmlich in Länder des globalen Südens ermöglicht eine möglichst günstige Herstellung der Waren und damit eine Gewinnmaximierung. Zieht aber ein Unternehmen Vorteile aus der Arbeitsteilung und der Produktion durch eine Vielzahl unterschiedlich miteinander verbundener Vertragspartner, könnte es sachgerecht erscheinen, diesem Unternehmen auch die Risiken aus dieser vertraglichen Arbeitsteilung und Auslagerung der Produktion aufzuerlegen.[1285] Nicht zuletzt droht bei der Missachtung arbeitsrechtlicher Mindeststandards oder bestimmter Sicherheitsbedingungen ein schwerer Schaden für Leib und Leben der Arbeiter in den betroffenen Produktionsstätten und damit für die hochrangigsten von § 823 Abs. 1 BGB geschützten Rechtsgüter.

Andererseits können – wie oben dargelegt – Verkehrspflichten nur denjenigen treffen, der die Gefahr rechtlich und tatsächlich beherrschen kann.[1286] Es ist bereits zweifelhaft, inwiefern das Unternehmen an der Spitze der Zulieferkette überhaupt sämtliche Unternehmen entlang der Zulieferkette kontrollieren kann. Der Einflussbereich eines Unternehmens wird in der Regel (im Einzelfall aber je nach Abhängigkeiten und Vertragsgestaltung unterschiedlich) immer kleiner, je größer die Anzahl der vertraglichen Beziehungen entlang der Lieferkette ist, also je weiter ein Unternehmen entlang der Lieferkette vom Unternehmen an deren Spitze entfernt ist.[1287] Überdies wird ein Unternehmen jedenfalls in der Regel (wiederum vorbehaltlich anderweitiger Vertragsgestaltung oder faktischem Einfluss aufgrund wirtschaftlichen Ungleichgewichts) keinen Einfluss darauf haben, an welche Unternehmen sein jeweiliger Geschäftspartner seine Aufträge vergibt. Dementsprechend kann es schon aufgrund der fehlenden Einflussnahmemöglichkeit und der damit verbundenen fehlenden Beherrschbarkeit der Gefahrenquelle nicht zu den Verkehrspflichten eines Unternehmens gehören, sämtliche Glieder der Zulieferkette sorgfältig auszuwählen und zu kontrollieren.[1288]

Dies zugrunde gelegt, könnte man eine Haftung von der tatsächlichen Reichweite der Einflussmöglichkeiten, die im Einzelfall über die Ebene der direkten Vertragspartner hinausgehen können, abhängig machen. Es

---

1285 S. auch *Heinen*, in: Krajewski/Saage-Maaß, Sorgfaltspflichten, S. 87 (103); s. allgemein auch *Habersack/Ehrl*, AcP 219 (2019), 155 (162).

1286 S.o. § 16 B. II. 4.

1287 S. auch *van Dam*, JETL 2 (2011), 221 (252).

1288 S. aber auch *Osieka*, Zivilrechtliche Haftung, S. 190; *Saage-Maaß*, Arbeitsbedingungen, S. 18–19 mit Verweis darauf, dass das Unternehmen selbst für die Unmöglichkeit der Gefahrbeherrschung verantwortlich ist.

ist in der Praxis allerdings wohl nahezu unmöglich festzustellen, bis zu welcher Ebene der Zulieferkette ein Unternehmen noch Einfluss ausüben kann, und wann diese Einflussmöglichkeit so gering wird, dass sie nicht mehr mit einer entsprechenden rechtlichen Pflicht korrespondieren kann. Insofern hätte dies erhebliche Rechtsunsicherheiten und Abgrenzungsschwierigkeiten mit nahezu willkürlichen und unvorhersehbaren Ergebnissen im Einzelfall zur Konsequenz.

Grundsätzlich trifft ein Unternehmen damit eine Verkehrspflicht zur sorgfältigen Auswahl, Kontrolle und Überwachung nur in Bezug auf seine eigenen Vertragspartner, also die „erste Ebene" der Zulieferunternehmen.[1289]

Die Beschränkung der Verantwortlichkeit auf direkt vertraglich verbundene Zulieferunternehmen darf allerdings nicht dazu führen, dass Unternehmen sich ihrer Verkehrspflichten dadurch entledigen, dass sie eine Zulieferkette mit mehreren Gliedern „konstruieren", um einer Haftung zu entgehen. Abgesehen davon, dass dieses Verhalten wohl rechtsmissbräuchlich wäre und damit bereits gegen § 242 BGB verstieße, ist in derartigen Konstellationen eine tatsächliche Einflussnahme[1290] des Unternehmens auch auf Unternehmen am Ende der Zulieferkette besonders sorgfältig zu prüfen. Insofern erscheint es zumindest nicht abwegig, im Ausnahmefall, wenn nämlich der Auftraggeber seinen Auftragnehmer (vertraglich) zur Zusammenarbeit mit einem bestimmten weiteren Unternehmen verpflichtet, Verkehrspflichten der oben dargestellten Art anzunehmen, um eine bewusste Umgehung der Haftung zu vermeiden.

(b) Ausnahme: Verkehrspflichten bei entsprechenden Angaben in unternehmerischen Verhaltensstandards bzw. nichtfinanziellen Erklärungen

Verkehrspflichten können sich auch über die erste Ebene der Zulieferkette hinaus erstrecken, wenn sich dies aus unternehmerischen Verhaltensstandards oder nichtfinanziellen Erklärungen eines Unternehmens ergibt. Hierfür ist allerdings erforderlich, dass das Unternehmen mit einem gewissen Konkretisierungsgrad zum Ausdruck bringt, dass es bestimmte Standards entlang der kompletten Wertschöpfungskette sicherstellt. Dies wird

---

1289 Anders *Osieka*, Zivilrechtliche Haftung, S. 192.
1290 S. zu Verkehrspflichten bei tatsächlicher Einflussnahme sogleich § 16 B. II. 4. b) cc) (3) (c).

regelmäßig nicht der Fall sein, da derartigen Aussagen vielfach der erforderliche Konkretisierungsgrad fehlen wird und sie sich häufig auf ein „bloßes" Bemühen beschränken werden.

(c) Ausnahme: Verkehrspflichten bei tatsächlicher Einflussnahme

Auch wenn nicht zwingend Einflussmöglichkeiten entlang der gesamten Zulieferkette bestehen, gibt es wiederum Fälle, in denen ein Unternehmen von bestehenden Einflussmöglichkeiten (die auch durch Compliance-Klauseln begründet werden können) Gebrauch macht. Eine derartige tatsächliche Einflussnahme lässt sich z.B. dann annehmen, wenn ein Unternehmen tatsächliche Kontrollmaßnahmen etwa in den Betriebsstätten auch von Unternehmen, zu denen keine direkten vertraglichen Beziehungen bestehen, vornimmt oder wiederum andere Unternehmen mit einer entsprechenden Kontrolle beauftragt oder wenn es für die gesamte Zulieferkette die Einhaltung bestimmter, über die jeweiligen Sicherheitsvorschriften des Landes hinausgehende, Sicherheitsvorkehrungen vorgibt. Dies kann wiederum auch durch unternehmerische Verhaltensstandards erfolgen, die die gesamte Zulieferkette erfassen. Dann entstehen unternehmerische Verkehrspflichten aufgrund einer tatsächlichen Übernahme.

(d) Ausnahme: sorgfaltswidrige Auswahl unmittelbarer Vertragspartner

Wie oben dargelegt,[1291] kann sich eine Verantwortlichkeit eines Unternehmens für Menschenrechtsverletzungen / Mängel entlang seiner Zulieferkette auch ergeben, wenn diese auf eine Verletzung der Pflicht zur sorgfältigen Auswahl der eigenen Vertragspartner zurückzuführen sind: Geht ein Unternehmen vertragliche Beziehungen mit einem anderen Unternehmen ein, von dem bekannt ist, dass die Einhaltung bestimmter arbeitsrechtlicher Mindeststandards o.Ä. bei dessen Vertragspartnern bzw. entlang der Kette von dessen Vertragspartnern problematisch ist, so kann dies eine sorgfaltswidrige Auswahl darstellen. Die Anforderungen an die Nachforschungspflicht der Unternehmen in Bezug auf die Wertschöpfungskette des Vertragspartners sollten allerdings im Hinblick auf das Kriterium der Zumutbarkeit nicht allzu hoch angesetzt werden. Problematisch bleibt in diesem Fall der Nachweis der jeweiligen Kenntnis.

1291 § 16 B. II. 4. b) bb) (2) (b).

5. Beweislast

Grundsätzlich obliegt der Beweis der Verletzung einer Verkehrspflicht dem Kläger.[1292] Dies stellt die Kläger in transnationalen Menschenrechtsfällen vor große Schwierigkeiten, da für einen Nachweis einer Verkehrspflichtverletzung durch das Unternehmen an der Konzernspitze oder der Spitze einer Zulieferkette ein Einblick in konzerninterne Abläufe und Strukturen bzw. in die jeweilige vertragliche Gestaltung erforderlich ist.

Neben der bereits oben im Zusammenhang mit den Verkehrspflichten in Bezug auf abhängige Unternehmen dargestellten Modifizierung der Beweislast für den Nachweis der tatsächlichen Einflussnahme[1293] könnte sich eine Abweichung hiervon ergeben, wenn die Regelungen der UN-Leitprinzipien bei der Verteilung der Beweislast berücksichtigt werden könnten.

So verstößt derjenige, der von einer überbetrieblichen technischen Norm abweicht, nicht gegen die äußere Sorgfalt, wenn er nachweist, dass er trotz Abweichung die gleiche Sicherheit garantiert. Dies beruht auf der Annahme, dass er durch die Abweichung die Gefahr über das gewöhnliche Maß erhöht hat.[1294] Eine Übertragung dieses Gedankens auf transnationale Menschenrechtsfälle erscheint zwar möglich.[1295] Dies hilft dem Geschädigten in der Praxis indes wenig weiter, da gerade der Nachweis der Verletzung der Verkehrspflichten als solche und damit der Nachweis des Abweichens von den Vorgaben der UN-Leitprinzipien diese vor hohe Hürden stellt.

Im Bereich der Produzentenhaftung ist (unabhängig von der komplexen Beweislastverteilung bei den unterschiedlichen Verkehrspflichten des Produzenten[1296]) eine generelle Beweislastumkehr anerkannt. Zu deren Begründung stützt sich der BGH auf den Sphärengedanken. Die Ursache für die Unaufklärbarkeit des Sachverhaltes liege im Bereich des Produzenten,

---

1292 S. z.B. BGH, Urt. v. 14.03.1985 – III ZR 206/83, VersR 1985, 641 f.; BGH, Urt. v. 28.04.2005 – III ZR 399/04, BGHZ 163, 53 (56) = NJW 2005, 1937 (1938); *Hager*, in: Staudinger, BGB (2009), § 823 Rn. E 72 m.w.N.; *Wagner*, in: MüKo-BGB, § 823 Rn. 85.

1293 S.o. § 16 B. II 4. a) cc) (2) (a).

1294 S. etwa *Marburger*, VersR 1983, 597 (603); s. hierzu auch o. § 16 B. II. 3. a).

1295 Z.B. indem ein Unternehmen, das von den Vorgaben an die menschenrechtliche Sorgfalt der UN-Leitprinzipien abweicht, nachweisen müsste, dass es trotz Abweichung die gleiche Sicherheit gewährleistet.

1296 S. hierzu z.B. *Spindler*, Unternehmensorganisationspflichten, S. 739–744; *Hager*, in: Staudinger, BGB (2009), § 823 Rn. F 38-F46; *Wagner*, in: MüKo-BGB, § 823 Rn. 858–866.

da dieser *„näher dran"* sei und die Größe des Betriebs, die interne Arbeitsteilung und komplizierte interne Vorgänge es dem Geschädigten faktisch unmöglich machten, die Ursache für den Schaden zu finden.[1297] Eine solche Verteilung der Beweislast nach der Einflusssphäre gilt auch in anderen Rechtsbereichen, etwa im Werkvertrags- oder im Arzthaftungsrecht.[1298]

Bei einer Verletzung von unternehmerischen Verkehrspflichten hat der Geschädigte ebenfalls eine unzureichende Auswahl, Überwachung oder Kontrolle von Gehilfen oder eine unzureichende allgemeine betriebliche Organisation nachzuweisen, ohne einen Einblick in die interne Organisation und Aufgabenverteilung des Unternehmens zu haben. Hier ist das Unternehmen selbst an der Sachverhaltsaufklärung in gleicher Weise „näher dran". Insofern spricht vieles dafür, die Grundsätze zur Beweislastumkehr bei der Produzentenhaftung auf die Organisations- und Verkehrspflichtverletzung durch Unternehmen im Allgemeinen zu übertragen.[1299] Da die Organisationspflichten aus § 823 Abs. 1 BGB in engem Zusammenhang zu den Pflichten aus § 831 BGB stehen,[1300] lässt sich auch die Wertung der Beweislastumkehr des § 831 Abs. 1 S. 2 BGB heranziehen, wonach es zweckmäßiger sei, *„von dem Aufsichtspflichtigen, der leicht im Stande sei, die Gründe seines Verhaltens darzulegen, die Erbringung des Entlastungsbeweises zu fordern als von dem Geschädigten die Herbeischaffung der belastenden Momente."*[1301]

Nimmt man eine Beweislastumkehr an, kann sich ein Unternehmen wiederum nicht bereits durch den Nachweis entlasten, bestimmte nichtstaatliche Standards eingehalten zu haben. Zum einen ist es eine Frage des Einzelfalls, ob die Rechtsprechung diese zur Konkretisierung der Verkehrspflichten heranzieht und zum anderen stellen diese bloße Mindeststan-

---

1297 BGH, Urt. v. 26.11.1968 – VI ZR 212/66, BGHZ 51, 91 (105 f.) = NJW 1969, 269 (275).

1298 S. z.B. im Vertragsrecht, BGH, Urt. v. 18.12.1990 – VI ZR 169/90, NJW 1991, 1540 (1541) m.w.N.; BGH, Urt. v. 17.01.1995 – X ZR 88/93, VersR 1995, 805 m.w.N.; *Spindler*, Unternehmensorganisationspflichten, S. 995 m.w.N.; allgemein zur Verteilung der Beweislast nach Verantwortungsbereichen BGH, Urt. v. 18.12.1952 – VI ZR 54/52, BGHZ 8, 239 (241 f.) = NJW 1953, 584 (585); BGH, Urt. v. 18.05.1994 – XII ZR 188/92, BGHZ 126, 124 (128-130) = NJW 1994, 2019 (2020), BGH, Urt. v. 22.10.2008 – VII ZR 148/06, NJW 2009, 142 f. (Rn. 14-16).

1299 Ausführlich und mit weiteren Argumenten *Matusche-Beckmann*, Organisationsverschulden, S. 130–132; s. auch *Spindler*, Unternehmensorganisationspflichten, S. 995–996; ablehnend wohl *Brandes*, Organisationspflichtverletzung, S. 189–190.

1300 *Spindler*, Unternehmensorganisationspflichten, S. 997.

1301 Prot. II, S. 595; s. auch *Matusche-Beckmann*, Organisationsverschulden, S. 130.

dards dar, über die die Verkehrspflichten im Einzelfall hinausgehen können.

Eine solche Lösung scheint auf den ersten Blick auch für transnationale Menschenrechtsfälle vielversprechend.[1302] Allerdings muss für eine solche Beweislastumkehr feststehen, dass die Ursache des Schadens im Organisationsbereich des Schädigers liegt.[1303] Hierfür bleibt der Geschädigte beweispflichtig.[1304] Gerade dieser Nachweis ist jedoch in transnationalen Menschenrechtsfällen ebenso problematisch wie der Nachweis der Verkehrspflichtverletzung an sich.[1305] Bedingt durch die Beteiligung unterschiedlicher rechtlich selbstständiger Akteure ist in diesen Fällen nämlich nicht nur die Aufgabenverteilung innerhalb eines Unternehmens entscheidend, sondern auch und insbesondere diejenige innerhalb eines Konzerns oder innerhalb der vertraglichen Abreden zwischen dem jeweiligen Unternehmen und seinen Vertragspartnern. Während der Nachweis der tatsächlichen Übernahme von Verkehrspflichten aufgrund öffentlich verfügbarer unternehmerischer Verhaltensstandards zumindest nicht unmöglich erscheint, erweist sich ein solcher für Fälle, in denen es auf konkrete gesellschaftsübergreifende Weisungen und Vorgaben oder die konkrete Vertragsgestaltung zwischen Unternehmen und seinen Vertragspartnern, auf getroffene Maßnahmen, die Vorgabe von internen Sicherheitsvorschriften o.Ä. ankommt, als schwierig.[1306] Dem Nachweis, dass die Ursache der Verkehrspflichtverletzung im Bereich der Gesellschaft an der Konzernspitze oder an der Spitze der Wertschöpfungskette liegt, steht wiederum der fehlende Einblick in interne Abläufe, Vorgänge und Entscheidungs-, Kontroll- und Überwachungsstrukturen und in die konkrete Vertragsgestaltung zwischen den Unternehmen entlang der Wertschöpfungskette entgegen.

Dies sind die gleichen Schwierigkeiten, die im Falle der Produzentenhaftung und der betriebsinternen Organisationspflichten Grundlage für

---

1302 S. auch *Güngör*, Sorgfaltspflichten, S. 279.

1303 *Matusche-Beckmann*, Organisationsverschulden, S. 132.

1304 BGH, Urt. v. 26.11.1968 – VI ZR 212/66, BGHZ 51, 91 (105 f.) = NJW 1969, 269 (274).

1305 Ähnlich *Massoud*, in: Nikol/Schniederjahn/Bernhard, Transnationale Unternehmen, S. 37 (54); *Saage-Maaß*, in: Sandkühler, Menschenrechte, S. 159 (173); s. hierzu allgemein in Bezug auf die Produzentenhaftung im Konzern *Oehler*, ZIP 1990, 1445 (1454).

1306 In Bezug auf abhängige Unternehmen sollte die tatsächliche Einflussnahme bei bestehender Einflussnahmemöglichkeit vermutet werden, s. hierzu o. § 16 B. II. 4. a) cc) (2) (a) (cc).

eine Modifizierung der Beweislast sind. Insofern erscheint es überzeugend, hier ebenfalls eine Beweislastumkehr zulasten des Unternehmens anzunehmen.[1307]

III. Haftungsbegründende Kausalität

1. Grundlagen

Für die haftungsbegründende Kausalität, also diejenige zwischen Verletzungshandlung und Rechtsgutsverletzung,[1308] gelten die allgemeinen Grundsätze. Ausgangspunkt ist die Äquivalenztheorie,[1309] die durch die Adäquanztheorie[1310] sowie den Schutzzweck der Norm[1311] eingeschränkt wird.

Abgesehen von der Schwierigkeit der Nachweisbarkeit der Kausalität stellen diese Anforderungen in transnationalen Menschenrechtsfällen regelmäßig keine allzu hohen Hürden dar. Zweifel an der Kausalität können aber bestehen, wenn es zu einer Rechtsgutsverletzung in einem Betrieb ge-

---

1307 In diese Richtung allgemein für die vertragliche Arbeitsteilung *Spindler*, Unternehmensorganisationspflichten, S. 743; zu einer rechtsgebietsübergreifenden Betrachtung der Beweislast s. noch u. § 24 A.

1308 S. statt vieler *Flume*, in: Bamberger/Roth/Hau/Poseck, BGB, § 249 Rn. 280; *Oetker*, in: MüKo-BGB, § 249 Rn. 105; *Wagner*, in: MüKo-BGB, § 823 Rn. 67.

1309 S. hierzu etwa BGH, Urt. v. 11.05.1951 – I ZR 106/50, BGHZ 2, 138 (141) = NJW 1951, 711; BGH, Urt. v. 06.06.2013 – IX ZR 204/12, NJW 2013, 2345 (2346 [Rn. 20]); *Oetker*, in: MüKo-BGB, § 249 Rn. 103; *Schiemann*, in: Staudinger, BGB (2017), § 249 Rn. 8; zur Kausalität des Unterlassens s. statt vieler BGH, Urt. v. 30.01.1961 – III ZR 225/95, BGHZ 34, 206 (215) = NJW 1961, 868 (870); BGH, Urt. v. 07.02.2012 – VI ZR 63/11, BGHZ 192, 298 (303 [Rn. 10]) = NJW 2012, 850 (851); *Oetker*, in: MüKo-BGB, § 249 Rn. 103; differenzierend *Schiemann*, in: Staudinger, BGB (2017), § 249 Rn. 9–10.

1310 S. statt vieler BGH, Urt. v. 14.10.1971 – VIII ZR 313/69, BGHZ 57, 137 (141) = NJW 1972, 36 (37); BGH, Urt. v. 16.04.2002 – VI ZR 227/01, NJW 2002, 2232 (2233) m.w.N.; ausführlich *Oetker*, in: MüKo-BGB, § 249 Rn. 109–119; *Schiemann*, in: Staudinger, BGB (2017), § 249 Rn. 12–26; kritisch *Wagner*, in: MüKo-BGB, § 823 Rn. 70.

1311 BGH, Urt. v. 22.04.1958 – VI ZR 65/57, BGHZ 27, 138 (140) = NJW 1958, 1041 f.; BGH, Urt. v. 16.06.2005 – IX ZR 27/04, BGHZ 163, 223 (230) = NJW 2005, 3071 (3073); s. insgesamt auch *Oetker*, in: MüKo-BGB, § 249 Rn. 120–126; *Schiemann*, in: Staudinger, BGB (2017), § 249 Rn. 27–33.

kommen ist, der für mehrere Auftraggeber tätig ist,[1312] sowie bei Einwänden des Unternehmens, es sei bereits ein anderer, unmittelbarer Schädiger für die Rechtsgutsverletzung verantwortlich bzw. die Rechtsgutsverletzung wäre auch bei Einhaltung der Verkehrspflichten eingetreten.

Im erstgenannten Fall liegt es für die Auftraggeber nahe, sich darauf zu berufen, die Rechtsgüter der Geschädigten wären auch verletzt worden, wenn der Betrieb nicht für das Unternehmen produziert hätte. Im Falle einer möglichen Unterlassenshaftung ist dieser Einwand für die Feststellung der Kausalität ohne Belang. Unter der Voraussetzung der entsprechenden Beweisbarkeit (s. hierzu sogleich) hätte nämlich die Vornahme der jeweiligen Handlung, etwa die Überwachung des Vertragspartners durch jeden einzelnen Auftraggeber, die existierenden Mängel feststellen können. Knüpft die mögliche Haftung hingegen an eine mittelbare Verletzungshandlung des Unternehmers an, ist möglich, dass sich nicht ermitteln lässt, die Handlung welches Auftraggebers für den Eintritt der Rechtsgutsverletzung kausal gewesen ist. Dann ist gemäß § 830 Abs. 1 S. 2 BGB, der auch bei fehlender subjektiver Beziehung und fehlendem objektiven Zusammenhang zwischen den Beteiligten gilt,[1313] jeder der Beteiligten für den Schaden verantwortlich. Dies gilt auch für Fälle, in denen nicht nachzuweisen ist, dass die Rechtsgutsverletzung gerade bei der Produktion für ein bestimmtes Unternehmen erfolgt ist.

Ein Unternehmen kann sich zweitens auch nicht darauf berufen, die Kausalität seiner Pflichtverletzung entfalle bereits dadurch, dass ein anderer als unmittelbarer Schädiger für die Rechtsgutsverletzung verantwortlich sei. An den Wegfall der Kausalität sind mit der Rechtsprechung hohe Anforderungen zu stellen – diese entfällt nur, wenn der erste Umstand für das Verhalten des Dritten völlig unerheblich war[1314] oder sich das Risiko des ersten Umstands nicht mehr verwirklicht.[1315] Bei Organisationspflichtverletzungen allgemein[1316] und insbesondere in transnationalen Men-

---

1312 S. hierzu auch *Osieka*, Zivilrechtliche Haftung, S. 192.

1313 *Wagner*, in: MüKo-BGB, § 830 Rn. 74.

1314 S. z.B. BGH, Urt. v. 01.02.1954 – II ZR 299/52, BGHZ 12, 206 (211) = NJW 1954, 715 (716); BGH, Urt. v. 16.02.1972 – VI ZR 128/70, BGHZ 58, 162 (165 f.) = NJW 1972, 94 (905 f.).

1315 S. z.B. BGH, Urt. v. 20.09.1988 – VI ZR 37/88, NJW 1989, 767 (768); BGH, Urt. v. 10.12.1996 – VI ZR 14/96, NJW 1997, 865 (866) m.w.N.; ausführlich in Bezug auf das Organisationsverschulden allgemein und m.zahlr.w.N. *Spindler*, Unternehmensorganisationspflichten, S. 991–992; s. auch *Oetker*, in: MüKo-BGB, § 249 Rn. 158.

1316 *Spindler*, Unternehmensorganisationspflichten, S. 991–992.

schenrechtsfällen setzt aber gerade das Unternehmen die Gefahr und damit die Grundlage für die Rechtsgutsverletzung durch einen unmittelbaren Schädiger.[1317] Dies zeigt bereits die Existenz der Verkehrspflichten, denen der Gedanke zugrunde liegt, dass auch derjenige, der als „mittelbarer" Schädiger eine Gefahr schafft, die sich unmittelbar erst durch eine Handlung des Geschädigten selbst, eines Dritten oder auch aufgrund der Natur realisiert, rechtlich hierfür verantwortlich sein kann. Insofern unterbricht das Dazwischentreten eines Dritten den Zurechnungszusammenhang grundsätzlich nicht.

2. Beweislast

Für den Nachweis der haftungsbegründenden Kausalität gilt der Grundsatz der freien richterlichen Beweiswürdigung nach § 286 ZPO.[1318] In diesem Rahmen kommt es entscheidend darauf an, dass der Nachweis *„ein[en] Grad von Gewissheit, der Zweifeln eines besonnenen, gewissenhaften und lebenserfahrenen Beurteilers Schweigen gebietet"*[1319], zur Konsequenz hat. Beweisprobleme stellen sich für das Unternehmen mit Blick auf den Einwand des rechtmäßigen Alternativverhaltens (a)). Abgesehen davon sind transnationale Menschenrechtsfälle aber vor allem durch eine Beweisnot der Geschädigten gekennzeichnet. Anschließend an eine Illustration typischer Beweisprobleme (b)) soll geprüft werden, inwiefern ein Verstoß gegen die UN-Leitprinzipien (c)) bzw. eine Verletzung von Verkehrspflichten (d)) die Beweislast modifizieren können.

a) Einwand des rechtmäßigen Alternativverhaltens

Grundsätzlich könnte das Unternehmen einwenden, dass es auch bei Einhaltung der Verkehrspflichten, also beispielsweise bei Einhaltung der menschenrechtlichen Sorgfalt entsprechend der UN-Leitprinzipien oder bei einer sorgfältigen Auswahl und Überwachung der vertraglich verbunde-

---

1317 Ähnlich *Osieka*, Zivilrechtliche Haftung, S. 193; s. in Bezug auf den Brand beim KiK-Zulieferer Ali Enterprises auch *Güngör*, Sorgfaltspflichten, S. 272.

1318 *Hager*, in: Staudinger, BGB (2009), § 823 Rn. H 22; *Oetker*, in: MüKo-BGB, § 249 Rn. 108.

1319 BGH, Urt. v. 08.07.2008 – VI ZR 259/06, NJW 2008, 2846 (2848 [Rn. 22]) m.w.N.; ähnlich BGH, Urt. v. 19.10.2010 – VI ZR 241/09, NJW 2011, 375 (376 [Rn. 21]) m.w.N.

nen oder abhängigen Unternehmen, zu einer Rechtgutsverletzung gekommen wäre (Einwand des rechtmäßigen Alternativverhaltens).[1320] Den hierfür erforderlichen Beweis wird das Unternehmen als diesbezüglich beweisbelasteter Schädiger[1321] wohl kaum führen können.[1322] Es wird regelmäßig davon auszugehen sein, dass z.B. eine Überwachung die jeweiligen Mängel ans Licht gebracht hätte. Angesichts des Grundsatzes der freien richterlichen Beweiswürdigung gemäß § 286 ZPO erscheint ein derartiger Einwand des Unternehmens allerdings zumindest nicht ausgeschlossen.

b) Typische Beweisprobleme in transnationalen Menschenrechtsfällen

Der Beweis der haftungsbegründenden Kausalität obliegt grundsätzlich dem Geschädigten.[1323] Je nach konkreter Fallgestaltung ist insbesondere der Nachweis der Kausalität einer Handlung / eines Unterlassens des Unternehmens an der Spitze eines Konzerns oder einer Zulieferkette für die Rechtsgutsverletzung für die Geschädigten mit großen praktischen Schwierigkeiten verbunden.[1324]

So obliegt bei Gesundheitsverletzungen aufgrund von Umweltschädigungen grundsätzlich dem Geschädigten der Nachweis, dass die Umweltschädigungen Grund für daraus resultierende Gesundheitsschäden waren. Dies erfordert regelmäßig umfassende Nachweise unter Einbeziehung zahlreicher Experten.

1320 S. hierzu allgemein etwa BGH, Urt. v. 07.02.1984 – VI ZR 174/82, BGHZ 90, 103 (111) = NJW 1984, 1297 (1399); BGH, Urt. v. 25.11.1992 – VIII ZR 170/91, BGHZ 120, 281 (285 f.) = NJW 1993, 520 (521); *Oetker*, in: MüKo-BGB, § 249 Rn. 217–223; *Schiemann*, in: Staudinger, BGB (2017), § 249 Rn. 102–106; s. auch *Osieka*, Zivilrechtliche Haftung, S. 193.

1321 Zur Beweislast s. statt vieler BGH, Urt. v. 07.02.1984 – VI ZR 174/82, BGHZ 90, 103 (111) = NJW 1984, 1297 (1399); BGH, Urt. v. 15.03.2005 – VI ZR 313/03, NJW 2005, 1718 (1719) m.w.N.; *Oetker*, in: MüKo-BGB, § 249 Rn. 224 m.zahlr.w.N.

1322 S. für die Organisationspflichten im Allgemeinen *Spindler*, Unternehmensorganisationspflichten, S. 990–991.

1323 BGH, Urt. v. 07.02.2012 – VI ZR 63/11, BGHZ 192, 298 (302 [Rn. 9]) = NJW 2012, 850 f.; *Spickhoff*, in: Soergel, BGB, § 823 Rn. 157; *Wagner*, in: MüKo-BGB, § 823 Rn. 85.

1324 *Güngör*, Sorgfaltspflichten, S. 270; *Massoud*, in: Nikol/Schniederjahn/Bernhard, Transnationale Unternehmen, S. 37 (54); *Saage-Maaß/Klinger*, in: Krajewski/Oehm/Saage-Maaß, Unternehmensverantwortung, S. 249 (259).

Im Falle der Missachtung arbeitsrechtlicher Mindeststandards entlang der Wertschöpfungskette hat der Geschädigte in der Regel keinen Einblick in die vertraglichen bzw. gesellschaftsrechtlichen Beziehungen und den Unternehmensaufbau sowie in die unternehmensinternen Entscheidungs- und Kontrollstrukturen. Daher ist der Nachweis der Ursächlichkeit beispielsweise einer bestimmten geschäftlichen Entscheidung oder sorgfaltswidriger Auswahl, Überwachung und gegebenenfalls Einflussnahme kaum möglich. Dies gilt insbesondere für Fälle der tatsächlichen Einflussnahme, wenn der unmittelbare Schädiger und das beklagte Unternehmen durch eine Vielzahl an zwischengeschalteten Zulieferunternehmen oder umfangreiche, über mehrere Ebenen vermittelte gesellschaftsrechtliche Beziehungen miteinander verbunden sind.[1325]

c) Modifizierung der Beweislast bei Verstoß gegen die UN-Leitprinzipien

Einen ersten Anhaltspunkt für eine Modifizierung der Beweislast könnte ein Verstoß gegen die UN-Leitprinzipien darstellen. Rechtsprechung und Literatur gehen allgemein bei einem Verstoß gegen überbetriebliche technische Normen jedenfalls von einem Anscheinsbeweis für den Kausalzusammenhang zwischen der Missachtung der Norm und dem Schaden in Bezug auf die Kausalität aus,[1326] teilweise wird sogar eine Beweislastumkehr angenommen.[1327]

Der Beweis des ersten Anscheins gilt nach der Rechtsprechung *„bei typischen Geschehensabläufen"*.[1328] Er ist allerdings dann erschüttert, *„wenn der*

1325 Ähnlich für die Zulieferkette in der Textilbranche *Osieka*, Zivilrechtliche Haftung, S. 256; *Saage-Maaß*, Arbeitsbedingungen, S. 19 (je weiter unmittelbarer Schädiger und transnationales Unternehmen voneinander entfernt, desto schwieriger wird der Beweis der Kausalität).

1326 BGH, Urt. v. 13.03.2001 – VI ZR 142/00, NJW 2001, 2019 (2020); ähnlich BGH, Urt. v. 19.04.1991 – V ZR 349/89, BGHZ 114, 273 (276) = NJW 1991, 2021 (2022) (widerlegliche Vermutung); *Kroitzsch*, BauR 1994, 673 (675); *Wagner*, in: MüKo-BGB, § 823 Rn. 447.

1327 *Marburger*, Regeln der Technik, S. 473; s. ausführlich für einen Verstoß gegen *„die anerkannten Regeln"* oder den *„Stand der Technik" Marburger*, Regeln der Technik, S. 448–455; s. auch BGH, Urt. v. 19.04.1991 – V ZR 349/89, BGHZ 114, 273 (273 (Leitsatz), 276) = NJW 1991, 2021 (Leitsatz, 2022) (widerlegliche Vermutung).

1328 BGH, Urt. v. 14.06.2005 – VI ZR 179/04, BGHZ 163, 209 (212) = NJW 2005, 2614 (2615); BGH, Urt. v. 10.04.2014 – VII ZR 254/13, NJW-RR 2014, 1115 (Leitsatz 1, 1116) m.w.N.

Beweisgegner Tatsachen darlegt und gegebenenfalls zur vollen Überzeugung des erkennenden Gerichts [Hervorhebung im Original] *beweist, die ernsthafte, ebenfalls in Betracht kommende Möglichkeit einer anderen Ursache nahelegen".*[1329]

Spindler lehnt eine Heranziehung organisatorischer Regelwerke für den Anscheinsbeweis ab. Grundsätzlich seien organisatorische Abläufe nicht stetig wiederhol- und vergleichbar, sodass nicht von einem typischen Geschehensablauf gesprochen werden könne. Daneben könne *„nicht mit an Sicherheit grenzender Wahrscheinlichkeit davon ausgegangen werden, daß eine bestimmte organisatorische Lösung einen Schaden eher verhindert als eine andere".* Derartige Erfahrungssätze genügten den Anforderungen eines Anscheinsbeweises nicht.[1330]

Grundsätzlich liegt auch bei einem Verstoß gegen die UN-Leitprinzipien eine Gefahrerhöhung vor, die die Rechtsprechung bei Missachtung technischer Regelwerke für den Anscheinsbeweis als ausschlaggebend erachtet. Allerdings lassen sich auch die Bedenken von *Spindler* nicht von der Hand weisen, die im Ergebnis wohl ebenso für die UN-Leitprinzipien gelten. Gegen das Vorliegen eines typischen Geschehensablaufs könnte insbesondere sprechen, dass die Vorgaben der UN-Leitprinzipien gemäß Leitprinzip 14 für sämtliche Unternehmen gelten und die menschenrechtliche Sorgfaltspflicht von der *„Größe des Wirtschaftsunternehmens, des Risikos schwerer menschenrechtlicher Auswirkungen und der Art und des Kontexts seiner Geschäftstätigkeit"* abhängig ist (LP 17).

Die Frage nach der beweisrechtlichen Bedeutung der Leitprinzipien kann allerdings offenbleiben, wenn bereits die Verletzung von Verkehrspflichten als solche eine hinreichende Modifizierung der Beweisregeln zur Folge hat.

d) Modifizierung der Beweislast bei Verletzung von Verkehrspflichten

Für eine Beweislastumkehr bei der Verletzung von Verkehrspflichten auch in Bezug auf die haftungsbegründende Kausalität könnte erneut der Sphä-

---

1329 BGH, Urt. v. 26.01.2016 – XI ZR 91/14, NJW 2016, 2024 (2028 [Rn. 49]); ähnlich BGH, Urt. v. 18.12.1952 – VI ZR 54/52, BGHZ 8, 239 (240) = NJW 1953, 584; BGH, Urt. v. 17.01.1995 – X ZR 82/93, VersR 1995, 723 (724); s. auch und m.zahlr.w.N. aus der Rspr. *Spindler*, Unternehmensorganisationspflichten, S. 1003.

1330 S. hierzu insgesamt ausführlich und mit weiteren Argumenten: *Spindler*, Unternehmensorganisationspflichten, S. 1004–1005.

rengedanke streiten: Bei deren Nachweis ist der Geschädigte nämlich den gleichen Schwierigkeiten ausgesetzt wie bereits beim Nachweis der Pflichtverletzung: Bedingt durch den fehlenden Einblick in interne Unternehmensabläufe und Entscheidungsprozesse bzw. die konkrete vertragliche Ausgestaltung zwischen dem Unternehmen und seinen selbstständigen Auftragnehmern wird er in der Regel nicht nachweisen können, dass eine Verkehrspflichtverletzung in der Sphäre des herrschenden Unternehmens an der Konzernspitze bzw. des Unternehmens an der Spitze der Zulieferkette für seine konkrete Rechtsgutsverletzung ursächlich war.[1331] Geht es um die Verletzung von Verkehrspflichten des Unternehmens an der Spitze der Zulieferkette in Bezug auf Unternehmen entlang der Zulieferkette aufgrund einer tatsächlichen Einflussnahme, wird der Nachweis umso schwieriger, je weiter das Unternehmen, in dem die unmittelbare Rechtsgutsverletzung stattgefunden hat, und das in Anspruch genommene Unternehmen rechtlich und tatsächlich voneinander entfernt sind.[1332]

Einer möglichen Beweiserleichterung mag man – insbesondere in Kombination mit derjenigen in Bezug auf die Verkehrspflichtverletzung als solche und angesichts der in der Praxis hohen Anforderungen an die Entlastung – entgegenhalten, dass sie faktisch eine Gefährdungshaftung des Unternehmens zur Konsequenz habe, obwohl eine derartige Entscheidung eigentlich dem Gesetzgeber obläge. Im Unterschied zur Gefährdungshaftung bleibt dem Schädiger bei einer Beweislastumkehr allerdings die Möglichkeit, sich zu entlasten. Überdies erscheinen die hier angenommenen Beweiserleichterungen in transnationalen Menschenrechtsfällen vor allem vor dem Hintergrund einer effektiven Gewährleistung der Menschenrechte gerechtfertigt. Der staatliche Schutz der Menschenrechte auch zwischen Privaten ist Bestandteil der völkerrechtlich verankerten staatlichen Pflicht zum Schutz der Menschenrechte. Ohne Beweiserleichterungen würde ein Anspruch der Geschädigten aus § 823 Abs. 1 BGB in der Praxis regelmäßig am Beweisrecht scheitern. Aufgrund der vergleichbaren Interessenlage sowie der Pflicht zur effektiven Gewährleistung der Menschenrechte und zur

---

1331 Kritisch in Bezug auf Organisationspflichten bei Beauftragung eines selbstständigen Vertragspartners allerdings *Spindler*, Unternehmensorganisationspflichten, S. 999–1002, wobei nicht hinreichend deutlich wird, ob er sich hierbei auf die haftungsbegründende oder auf die haftungsausfüllende Kausalität bezieht.
1332 *Güngör*, Sorgfaltspflichten, S. 271.

Einhaltung der staatlichen Schutzpflicht sollte die Beweislast auch in Bezug auf die haftungsbegründende Kausalität umgekehrt werden.[1333]

Für den Fall, dass man die hier befürwortete Beweislastumkehr ablehnt, könnten jedenfalls die Grundsätze des Anscheinsbeweises gelten. Die Rechtsprechung nimmt einen solchen für die haftungsbegründende Kausalität auch an, wenn ein objektiver Verstoß gegen eine Verkehrspflicht feststeht und *„sich in dem Schadensereignis gerade diejenige Gefahr verwirklicht, der durch die Auferlegung der konkreten Verhaltenspflichten begegnet werden sollte"*.[1334] Auch die Verkehrspflichten sollen vor dem Eintritt von Gefahren schützen, die sich aus typischen Gefährdungen und damit Geschehensabläufen ergeben.[1335] Der Schädiger kann den Anscheinsbeweis allerdings unter den oben dargestellten Voraussetzungen entkräften.

Diese Grundsätze lassen sich – sofern man die hier befürwortete Beweislastumkehr ablehnt – auch in transnationalen Menschenrechtsfällen fruchtbar machen: Die oben herausgearbeiteten, durch die UN-Leitprinzipien konkretisierten unternehmerischen Verkehrspflichten in Bezug auf Zuliefer- und abhängige Unternehmen sollen vor unmittelbaren Rechtsgutsverletzungen durch abhängige Unternehmen und Unternehmen entlang der Wertschöpfungskette schützen. Steht ein Verstoß gegen die Verkehrspflichten fest, kann sich also das Unternehmen nach den oben dargestellten Grundsätzen für die Verkehrspflichtverletzung nicht entlasten, greift auch in transnationalen Menschenrechtsfällen jedenfalls der Beweis des ersten Anscheins für die Kausalität.

IV. Rechtswidrigkeit

Die Bedeutung der Rechtswidrigkeit in der Dogmatik des Deliktsrechts ist Gegenstand einer umfangreichen Kontroverse, die hier nicht ausführlicher dargestellt werden kann. Die heute herrschende und vorzugswürdige Auffassung vertritt eine Kombination aus der Lehre vom Erfolgs- und der Leh-

---

1333 Kritisch *Güngör*, Sorgfaltspflichten, S. 278–279; zurückhaltend auch *Saage-Maaß/Klinger*, in: Krajewski/Oehm/Saage-Maaß, Unternehmensverantwortung, S. 249 (263); s. rechtsgebietsübergreifend auch noch u. § 24 A.

1334 S. etwa BGH, Urt. v. 14.12.1993 – VI ZR 271/92, NJW 1994, 945 (946); nahezu wortgleich BGH, Urt. v. 09.09.2008 – VI ZR 279/06, NJW 2008, 3778 (3779); *Hager*, in: Staudinger, BGB (2009), § 823 Rn. E 72 m.zahlr.w.N. aus der Rspr.

1335 BGH, Urt. v. 14.12.1993 – VI ZR 271/92, NJW 1994, 945 (946); BGH, Urt. v. 09.09.2008 – VI ZR 279/06, NJW 2008, 3778 (3779).

re vom Verhaltensunrecht und differenziert zwischen unmittelbaren und mittelbaren Verletzungshandlungen. Bei unmittelbaren Verletzungshandlungen indiziert bereits die Rechtsgutsverletzung die Rechtswidrigkeit des Verhaltens (Lehre vom Erfolgsunrecht), während bei mittelbaren Verletzungshandlungen und Unterlassen ein Verstoß gegen eine Sorgfaltspflicht erforderlich ist (Lehre vom Verhaltensunrecht).[1336]

Da bei der Verletzung von Menschenrechten durch transnationale Unternehmen Unterlassens- und mittelbare Verletzungshandlungen im Vordergrund stehen, ist für die Rechtswidrigkeit der Verletzungshandlung grundsätzlich ein Sorgfaltspflichtverstoß erforderlich. Ein solcher ist bereits auf Tatbestandsebene festgestellt worden. Etwaige Rechtfertigungsgründe sind in den hier untersuchten Fallgestaltungen nicht ersichtlich.

Bedeutung entfaltet die Prüfung der Rechtswidrigkeit mithin vor allem für den Fall der Verletzung des Allgemeinen Persönlichkeitsrechts, also bei schweren Verstößen gegen die international vorgesehenen Höchstarbeitszeiten.[1337] Als sogenanntes Rahmenrecht ist dessen Tatbestand nicht hinreichend genug umgrenzt, sodass die Rechtswidrigkeit im Rahmen einer Güter- und Interessensabwägung festzustellen ist.[1338] Hierin einzubeziehen sind die Sphäre der Persönlichkeit, in die eingegriffen wurde, die Schwere des Eingriffs, dessen Motiv und Zweck sowie dessen Art und Weise[1339] und Grundrechte des Schädigers.[1340]

In transnationalen Menschenrechtsfällen stehen der Verletzung des Selbstbestimmungsrechts und des Rechts auf freie Entfaltung der Geschädigten vor allem wirtschaftliche Interessen, insbesondere die Gewinnmaximierung, die über Art. 12 Abs. 1 GG und Art. 14 GG geschützt sein kann, gegenüber. Angesichts des betroffenen Menschenwürdekerns des Allgemeinen Persönlichkeitsrechts dürfte dieses indes überwiegen. Insofern ist

---

1336 *Hager*, in: Staudinger, BGB (2009), § 823 Rn. H 16; *Larenz/Canaris*, SchuldR II/2, § 75 II 3. b) (S. 365-367); Probleme entstehen allerdings bei der Abgrenzung von unmittelbaren und mittelbaren Verletzungen, s. hierzu auch *Hager*, in: Staudinger, BGB (2009), § 823 Rn. H 16; *Katzenmeier*, in: NK-BGB, § 823 Rn. 102.

1337 S. hierzu o. § 16 A. II. 1. c) bb); B. I. 5.

1338 S. etwa *Wagner*, in: MüKo-BGB, § 823 Rn. 7 a.E.

1339 S. zu diesen Anforderungen ausführlich BGH, Urt. v. 28.10.2008 – VI ZR 307/07, BGHZ 178, 213 (217-221 [Rn. 17-24]) = NJW 2009, S. 757 (758-760); *Osieka*, Zivilrechtliche Haftung, S. 194; ähnlich *Bamberger*, in: Bamberger/Roth/Hau/Poseck, BGB, § 12 Rn. 266–267.

1340 *Bamberger*, in: Bamberger/Roth/Hau/Poseck, BGB, § 12 Rn. 266; *Katzenmeier*, in: NK-BGB, § 823 Rn. 197; ähnlich *Hager*, in: Staudinger, BGB (2017), § 823 Rn. C 9-C 11.

von der Unzulässigkeit und dementsprechend Rechtswidrigkeit des Verhaltens des Unternehmens auszugehen.[1341]

V. Verschulden

1. Verhältnis von Verkehrspflichten und Verschulden

Das Verhältnis der Verkehrspflichten zum Verschulden umstritten. Nach einer in der Literatur teilweise vertretenen Ansicht besteht kein Unterschied zwischen den Verkehrspflichten und der „im Verkehr erforderlichen Sorgfalt".[1342] Insofern beschränke sich die Verschuldensprüfung auf die Deliktsfähigkeit sowie den unvermeidbaren Verbotsirrtum.[1343] Die überwiegende Auffassung in der Literatur will hingegen zwischen Verkehrspflichten und Fahrlässigkeit differenzieren.[1344] Die Verkehrspflichten entsprächen der „äußeren Sorgfalt", also dem nach außen beobachtbaren sach- und normgemäßen von der Rechtsordnung an einen durchschnittlich sorgfältigen Menschen geforderten Verhalten. Die „innere Sorgfalt", das heißt die Erkennbarkeit und Erfüllbarkeit der Verkehrspflichten, sei hingegen Bestandteil der Verschuldensprüfung.[1345] Auch der BGH verwendet diese Terminologie.[1346] Insbesondere die Verletzung der inneren Sorgfalt ist jedoch in der Praxis schwer festzustellen. Da deren Einhaltung letztlich dazu führt, dass der Sicherungspflichtige die erforderlichen Maß-

---

1341 Ebenso *Güngör*, Sorgfaltspflichten, S. 273; *Osieka*, Zivilrechtliche Haftung, S. 194.

1342 *Spickhoff*, JuS 2016, 865 (871); *Wagner*, in: MüKo-BGB, § 823 Rn. 394 m.w.N.; ablehnend wohl *von Caemmerer*, Wandlungen, S. 74; *Deutsch*, HaftungsR, Rn. 367.

1343 *Spickhoff*, JuS 2016, 865 (872); *Wagner*, in: MüKo-BGB, § 823 Rn. 51–56, 82.

1344 Z.B. *Raab*, JuS 2002, 1041 (1047); *Förster*, in: Bamberger/Roth/Hau/Poseck, BGB, § 823 Rn. 297; *Deutsch*, HaftungsR, Rn. 367; *Larenz/Canaris*, SchuldR II/2, § 75 II 3. d) (S. 369 f.); *Looschelders*, SchuldR BT, § 59 Rn. 12.

1345 *Raab*, JuS 2002, 1041 (1047 f.); *Looschelders*, SchuldR BT, § 59 Rn. 12; ähnlich *Förster*, in: Bamberger/Roth/Hau/Poseck, BGB, § 823 Rn. 297, 391–392; ausführlich zur inneren und äußeren Sorgfalt *Deutsch*, JZ 1988, 993; *Deutsch*, HaftungsR, Rn. 385–392; kritisch zur Differenzierung zwischen äußerer und innerer Sorgfalt *Kreutz*, AL 2011, 191 (196); *Spickhoff*, JuS 2016, 865 (871).

1346 S. etwa BGH, Urt. v. 17.03.1981 – VI ZR 191/79, BGHZ 80, 186 (197, 199) = NJW 1981, 1603 (1605 f.); BGH, Urt. v. 31.05.1994 – VI ZR 233/93, NJW 1994, 2232 (2233).

nahmen zur Verhinderung der Gefahr treffen kann,[1347] wird teilweise eine Indizwirkung der Verletzung der äußeren für die Verletzung der inneren Sorgfalt angenommen.[1348] Andere schließen bei festgestellter Verletzung der äußeren im Wege des Anscheinsbeweises auf die Verletzung der inneren Sorgfalt.[1349] Eine Einhaltung der inneren Sorgfalt hat der BGH aber beispielsweise für den Fall der Änderung der Verhaltensanforderungen durch richterliche Rechtsfortbildung angenommen, die für den Schädiger bis dahin nicht erkennbar waren.[1350]

Teile des Schrifttums weisen zusätzlich darauf hin, die äußere Sorgfalt, also die Verkehrspflichten, seien aus einer *ex post*-Perspektive zu bestimmen, die auch nachträglich gestiegene Sicherheitsanforderungen des Verkehrs berücksichtigt, während für die innere Sorgfalt, also das Verschulden, eine *ex ante*-Perspektive maßgeblich sei, sodass vor allem die Erkennbarkeit der jeweiligen Pflichten berücksichtigt werden könne.[1351] Dies stellt zwar keine inhaltliche Erweiterung der dargestellten Abgrenzung dar, hilft aber bei der Differenzierung zwischen äußerer und innerer Sorgfalt.

Der von den Vertretern der ersten Auffassung geäußerten Kritik[1352] an der herrschenden Meinung ist zuzugeben, dass diese Differenzierung Gefahr läuft, im Rahmen der inneren Sorgfalt einen subjektiven Fahrlässigkeitsmaßstab anzulegen, der im Widerspruch zum objektiven Fahrlässigkeitsbegriff des Zivilrechts steht.[1353] Dennoch ist die Konzeption der inneren Sorgfalt an sich mit dem objektiven Fahrlässigkeitsbegriff vereinbar. Insofern ist bei der Beurteilung der inneren Sorgfalt (die in der Praxis regelmäßig ohnehin indiziert ist bzw. dem Anscheinsbeweis unterliegt) dafür Sorge zu tragen, dass die Erkennbarkeit aus der Perspektive eines

---

1347 *Looschelders*, SchuldR BT, § 59 Rn. 13; ähnlich *Deutsch*, JZ 1988, 993 (995).

1348 *Hager*, in: Staudinger, BGB (2009), § 823 Rn. E 72.

1349 BGH, Urt. v. 11.03.1986 – VI ZR 22/85, NJW 1986, 2757 (2758) (Indizierung und Anscheinsbeweis); s. auch *von Bar*, JuS 1988, 169 (174); differenzierend *Deutsch*, HaftungsR, Rn. 391–392; *Deutsch/Ahrens*, Deliktsrecht, Rn. 337.

1350 BGH, Urt. v. 23.10.1984 – VI ZR 85/83, NJW 1985, 620 (621) (zur Verkehrssicherungspflicht eines Schleppliftunternehmers); BGH, Urt. v. 14.03.1995, VI ZR 34/94, NJW 1995, 2631 (2632) (zur erforderlichen Warnung vor Gefahren durch die Oberleitung).

1351 *Raab*, JuS 2002, 1041 (1048); *Pfeiffer*, in: Soergel, BGB, § 276 Rn. 44, 81; *Looschelders*, SchuldR BT, § 59 Rn. 12.

1352 S. etwa *Spickhoff*, JuS 2016, 865 (871); *Wagner*, in: MüKo-BGB, § 823 Rn. 34–37.

1353 *Spickhoff*, JuS 2016, 865 (871).

durchschnittlichen Angehörigen des jeweiligen Verkehrskreises beurteilt wird.

2. Verschulden in transnationalen Menschenrechtsfällen

Der bei einer Verletzung von Verkehrspflichten verbleibende Anwendungsbereich des Verschuldens hängt vom gerade dargestellten Verhältnis zwischen Verkehrspflichtverletzungen und Verschulden ab.

Differenziert man wie hier zwischen äußerer und innerer Sorgfalt, sind neben der Deliktsfähigkeit und der Frage nach einem Verbotsirrtum auf Verschuldensebene die Erkennbarkeit und die Vermeidbarkeit / Erfüllbarkeit in der konkreten Situation relevant.[1354] Insbesondere für die Erkennbarkeit ist eine *ex ante*-Perspektive, also der Zeitpunkt der letztmöglichen Vermeidungsmaßnahme, maßgeblich.[1355]

Grundsätzlich wird der erforderliche Nachweis des Schädigers, dass (je nach vertretener Auffassung) die Rechtsgutsverletzung bzw. die Verkehrspflichtverletzung[1356] nicht erkennbar und nicht vermeidbar waren, in der Praxis nur selten gelingen.[1357] Dies erscheint in transnationalen Menschenrechtsfällen dennoch nicht ausgeschlossen. Konnte beispielsweise ein Unternehmen bei der Beurteilung *ex ante* nach objektiven Maßstäben davon ausgehen, dass die von ihm getroffenen Maßnahmen, etwa Überwachungsmaßnahmen oder durchgeführte Kontrollen, ausreichend sind, um vorhandene Mängel aufzudecken und kann es dies nachweisen, kann ein Verschulden mangels Erkennbarkeit entfallen. Gleiches kann gelten, wenn ein Unternehmen bestimmte Maßnahmen neu implementiert oder getroffen und hierdurch etwa auf festgestellte Mängel reagiert oder bestimmte Strukturen geschaffen hat, die die Einhaltung bestimmter Vorgaben sicherstellen sollen. Deren Wirksamkeit kann sich im Nachhinein als nicht hinreichend erweisen, aus einer *ex ante*-Perspektive können sie aber durchaus als geeignet erscheinen. Angesichts dessen kann es – wie bereits oben

---

1354 S. auch *Raab*, JuS 2002, 1041 (1047 f.); *Looschelders*, SchuldR BT, § 59 Rn. 12; *Larenz/Canaris*, SchuldR II/2, § 75 II 3. d) (S. 370).

1355 S. auch *Raab*, JuS 2002, 1041 (1048); *Pfeiffer*, in: Soergel, BGB, § 276 Rn. 44, 81; *Looschelders*, SchuldR BT, § 59 Rn. 12.

1356 Es ist umstritten, ob sich die Fahrlässigkeit auf die Rechtsgutsverletzung oder lediglich auf die Verletzung der Verkehrspflicht beziehen muss; diesem Streit kommt jedoch in der Praxis u.a. wegen der Beweislastverteilung keine große Bedeutung zu, s. hierzu *Hager*, in: Staudinger, BGB (2009), § 823 Rn. E 70.

1357 So wohl auch *Hager*, in: Staudinger, BGB (2009), § 823 Rn. E 70.

dargestellt[1358] – zumindest während eines gewissen Umsetzungszeitraums an der Erkennbarkeit der Rechtsguts- bzw. Verkehrspflichtverletzung und auch der Vermeidbarkeit für das Unternehmen fehlen. Nimmt man (entgegen der hier vertretenen Auffassung) Verkehrspflichten eines Unternehmens unabhängig von dessen tatsächlicher Einflussnahme für die gesamte Lieferkette an, kann eine Haftung ebenfalls am Verschulden, insbesondere an der Vermeidbarkeit scheitern. Es obliegt aber dem Unternehmen, einen diesbezüglichen Anscheinsbeweis zu widerlegen bzw. die entsprechende Indizwirkung zu entkräften.

VI. Ersatzfähiger Schaden

Art und Umfang des ersatzfähigen Schadens richten sich nach den §§ 249 ff. BGB. Da in transnationalen Menschenrechtsfällen die Fälle der Verletzung einer Person oder Beschädigung einer Sache am relevantesten sind, können die Geschädigten unabhängig von der Naturalrestitution eine Entschädigung in Geld verlangen (vgl. § 249 Abs. 2 S. 1 BGB). Ferner kann bei einer Verletzung des Körpers oder der Gesundheit auch ein Anspruch gemäß § 843 BGB auf Geldrente oder Kapitalabfindung bestehen.

Neben dem Ersatz von materiellen Schäden hat der Geschädigte im Falle der Verletzung von Körper, Gesundheit, Freiheit oder sexueller Selbstbestimmung gemäß § 253 Abs. 2 BGB einen Anspruch auf Ersatz immaterieller Schäden in Form von Schmerzensgeld. Bei einer Verletzung des allgemeinen Persönlichkeitsrechts ergibt sich dieser direkt aus Art. 1 und 2 GG.[1359] In Bezug auf die Höhe des Schmerzensgeldes ist es ausreichend, wenn der Geschädigte in seiner Klage eine bestimmte Größenordnung angibt und die Umstände darlegt, die zur Bemessung erforderlich sind. Das Gericht kann dann über die Höhe des Schmerzensgeldes frei entscheiden.[1360]

1358 S.o. § 16 B. II. 4. a) cc) (3) (f).
1359 BVerfG, Beschl. v. 14.02.1973 – 1 BvR 112/65, BVerfGE 34, 269 (292) = NJW 1973, 1221 (1226) – *Soraya*; BGH, Urt. v. 15.11.1994 – VI ZR 56/94, BGHZ 128, 1 (15) = NJW 1995, 861 (864 f.); *Beater*, in: Soergel, BGB, § 823 Anh IV Rn. 243; *Spindler*, in: Bamberger/Roth/Hau/Poseck, BGB, § 253 Rn. 25–26; konkret zu transnationalen Menschenrechtsfällen *Güngör*, Sorgfaltspflichten, S. 276–277.
1360 BGH, Urt. v. 13.10.1981 – VI ZR 162/80, NJW 1982, 340; (in Bezug auf die Angabe einer bestimmten Größenordnung); BGH, Urt. v. 10.10.2002 – III ZR 205/01, NJW 2002, 3769 m.w.N.; *Becker-Eberhard*, in: MüKo-ZPO, § 253

Grundsätzlich können Schadensersatzansprüche nur von demjenigen geltend gemacht werden, der in eigenen Rechtsgütern verletzt worden ist.[1361] Im Deliktsrecht durchbrechen die Ansprüche aus § 844 Abs. 1 und 2 BGB sowie § 845 BGB für den Fall der Tötung von Menschen diesen Grundsatz. Ein Anspruch auf darüber hinausgehenden Schadensersatz oder Schmerzensgeld der Angehörigen bei Tötung eines Menschen bestand hingegen bislang nur in einzelnen Fällen, etwa wenn die Angehörigen als Erben die auf sie übergegangenen Ansprüche des Verstorbenen geltend machen können oder in denen ihnen aufgrund eines Schockschadens ein eigener Schadensersatzanspruch zusteht.[1362] Dies kann in transnationalen Menschenrechtsfällen z.B. dann relevant werden, wenn die Angehörigen den Tod ihres Familienmitglieds miterlebt haben – beispielsweise wenn sie beim Einsturz oder Feuer in einer Textilfabrik selbst vor Ort waren oder nach ihren Angehörigen gesucht haben oder wenn sie Zeuge der Ermordung ihres Angehörigen waren.[1363] Mit dem neuen § 844 Abs. 3 BGB[1364] haben die Hinterbliebenen, die in einem besonderen Näheverhältnis zum Getöteten standen, nun auch einen eigenen Anspruch auf eine angemessene Entschädigung in Geld für das erlittene seelische Leid.

VII. Haftungsausfüllende Kausalität

Für die haftungsausfüllende Kausalität, also diejenige zwischen Rechtsgutsverletzung und Schaden,[1365] gelten die gleichen Grundsätze wie für die haftungsbegründende – die Rechtsgutsverletzung muss äquivalent und adäquat kausal für den eingetreten Schaden gewesen und der Schaden

---

Rn. 120–121; zur Höhe des Ersatzanspruchs bei Verletzungen des Allgemeinen Persönlichkeitsrechts chinesischer Zwangsarbeiter s. *Osieka*, Zivilrechtliche Haftung, S. 198–200.

1361 *Looschelders*, SchuldR AT, § 46 Rn. 1.

1362 Zu den Voraussetzungen an einen Schadensersatzanspruch bei derartigen Schockschäden s. ausführlich *Oetker*, in: MüKo-BGB, § 249 Rn. 149–156; *Schiemann*, in: Staudinger, BGB (2017), § 249 Rn. 43–45; *Looschelders*, SchuldR AT, § 45 Rn. 30-34.

1363 Zu Schockschäden im Fall des Brandes in der pakistanischen Fabrik Ali Enterprises s. *Güngör*, Sorgfaltspflichten, S. 276.

1364 BGBl. 2017 I, S. 2421; dieser greift gemäß Art. 229 § 43 EGBGB für alle Fälle, in denen *„die zum Tode führende Verletzung nach dem 22. Juli 2017 eingetreten ist"*.

1365 *Flume*, in: Bamberger/Roth/Hau/Poseck, BGB, § 249 Rn. 279; *Magnus*, in: NK-BGB, Vor §§ 249-255 Rn. 62; ähnlich *Oetker*, in: MüKo-BGB, § 249 Rn. 105.

muss vom Schutzzweck der Norm umfasst sein.[1366] Allerdings greifen hier die Beweiserleichterungen des § 287 ZPO,[1367] wonach der Nachweis einer überwiegenden Wahrscheinlichkeit ausreichend ist.[1368]

Im Gegensatz zur haftungsbegründenden ergeben sich bei der Feststellung der haftungsausfüllenden Kausalität in transnationalen Menschenrechtsfällen wohl keine besonderen Schwierigkeiten.

VIII. Zwischenergebnis

In vielen Fällen stellt eine Menschenrechtsverletzung gleichzeitig eine Rechtsgutsverletzung i.S.v. § 823 Abs. 1 BGB dar.

Zur Konkretisierung von Inhalt und Umfang der Verkehrspflichten von Unternehmen in transnationalen Menschenrechtsfällen kann auf unternehmerische Verhaltensstandards und die UN-Leitprinzipien für Wirtschaft und Menschenrechte zurückgegriffen werden. Die Konkretisierung der Verkehrspflichten durch hinreichend konkrete öffentlich verfügbare Verhaltensstandards oder nichtfinanzielle Erklärungen nach §§ 289b ff. HGB lässt sich vor allem auf berechtigte Verkehrserwartungen zurückführen. Da diese Standards allerdings ausschließlich als Mindeststandards anzusehen sind, können die Verkehrspflichten über diese hinausgehen. Die Konkretisierung durch die UN-Leitprinzipien (ebenfalls als Mindeststandards) unabhängig von einer Erklärung in Bezug auf deren Einhaltung entsprechend der Konkretisierung durch überbetriebliche technische Normen erscheint mit Blick auf den Regelgeber, das Regelsetzungsverfahren, die Rezeption durch die Regelungsadressaten sowie die beginnende Vereinheitlichung und zumindest faktische Orientierungswirkung sachgerecht. Die Heranziehung steht im konkreten Fall im Ermessen des Richters.

Herrschende Unternehmen treffen konzernweite Verkehrspflichten aufgrund tatsächlicher Übernahme bei einer Einflussnahme auf ihre abhängi-

---

1366 *Flume*, in: Bamberger/Roth/Hau/Poseck, BGB, § 249 Rn. 279; *Magnus*, in: NK-BGB, Vor §§ 249-255 Rn. 62; ähnlich *Oetker*, in: MüKo-BGB, § 249 Rn. 107–108.

1367 St. Rspr., s. nur BGH, Urt. v. 13.12.1951 – IV ZR 123/51, BGHZ 4, 192 (196) = NJW 1952, 301 (302); BGH, Urt. v. 12.02.2008 – VI ZR 221/06, NJW 2008, 1381 (1382 [Rn. 9]); *Hager*, in: Staudinger, BGB (2009), § 823 Rn. H 22; *Oetker*, in: MüKo-BGB, § 249 Rn. 108.

1368 BGH, Beschl. v. 14.01.2014 – VI ZR 340/13, NJW-RR 2014, 1147 (1148 [Rn. 5]) m.w.N. aus der Rspr.; *Prütting*, in: MüKo-ZPO, § 287 Rn. 17.

gen Unternehmen, wenn diese in unmittelbarem Zusammenhang zur jeweiligen Rechtsgutverletzung steht. Die Einflussnahme durch das herrschende Unternehmen ist zu vermuten. Allein die tatsächliche Möglichkeit zur Einflussnahme auf abhängige Unternehmen ist zur Begründung konzernweiter Verkehrspflichten hingegen nicht ausreichend. Eine Verkehrspflichtverletzung des herrschenden Unternehmens kann insbesondere vorliegen, wenn es gegen hinreichend konkrete Angaben in unternehmerischen Verhaltensstandards oder der nichtfinanziellen Erklärung verstößt, die Vorgaben, die es gemacht hat, unzureichend waren, es die Einhaltung der Standards nicht oder nur unzureichend überwacht bzw. nicht sichergestellt hat, es über keine oder keine geeignete Organisationsstruktur zur Umsetzung der Vorgaben verfügt oder es nicht oder nicht hinreichend auf festgestellte Mängel reagiert hat. Die konkret zu treffenden Maßnahmen sind abhängig vom Einzelfall und können nicht abschließend bestimmt werden.

Die Entstehung von Verkehrspflichten in Bezug auf selbstständige Dritte, insbesondere Zulieferunternehmen, lässt sich je nach Einzelfall auf entsprechende Vertragsbestimmungen, die tatsächliche Übernahme durch den Auftraggeber und auf die Arbeitsteilung als solche zurückführen. Eine Verkehrspflichtverletzung kann vorliegen, wenn ein Unternehmen gegen hinreichend konkrete Verhaltensstandards bzw. seine nichtfinanzielle Erklärung verstößt, seine Vertragspartner nicht hinreichend sorgfältig ausgewählt, nicht oder nicht ausreichend überwacht und kontrolliert oder nicht hinreichend auf festgestellte Mängel reagiert hat. Die zu treffenden Maßnahmen sind abhängig von der konkreten Situation. Für die Bestimmung des Umfangs der Verkehrspflichten kann auch die Vertragsgestaltung mithilfe von Compliance-Klauseln (unter dem Vorbehalt der AGB-rechtlichen Zulässigkeit) eine Rolle spielen.

Grundsätzlich sind diese Verkehrspflichten auf direkte Vertragspartner beschränkt. Wird dies durch vertragliche Gestaltung bewusst umgangen, erklärt ein Unternehmen in unternehmerischen Verhaltensstandards oder nichtfinanziellen Erklärungen hinreichend verbindlich die Einhaltung bestimmter Standards entlang der gesamten Wertschöpfungskette oder nimmt es auf Unternehmen, mit denen es nicht direkt vertraglich verbunden ist, Einfluss, bestehen allerdings Verkehrspflichten auch über die erste Ebene der Zulieferkette hinaus. Eine Verkehrspflichtverletzung kann sich in diesen Fällen auch ergeben, wenn die unmittelbare Rechtsgutverletzung auf eine sorgfaltswidrige Auswahl der unmittelbaren Vertragspartner zurückzuführen ist.

Für den Nachweis der Verkehrspflichtverletzung gilt entsprechend der Beweislastregelung bei der Produzentenhaftung eine Beweislastumkehr. Dies sollte auch für den Nachweis gelten, dass die Verkehrspflichtverletzung in der Verantwortungssphäre der Gesellschaft an der Spitze einer Unternehmensgruppe bzw. der Wertschöpfungskette liegt.

Regelmäßig ist die unternehmerische Handlung auch für die Rechtsgutsverletzung kausal. Auch hier ist von einer Beweislastumkehr, zumindest aber von einem Anscheinsbeweis, auszugehen.

Am Verschulden kann es in transnationalen Menschenrechtsfällen fehlen, wenn ein Unternehmen *ex ante* davon ausgehen konnte, dass die getroffenen Maßnahmen ausreichen, um Mängel aufzudecken oder hierauf zu reagieren und es dies nachweisen kann.

Geschädigte können für die erlittenen Schäden vor allem eine Entschädigung in Geld sowie Schmerzensgeld gemäß § 253 Abs. 2 BGB bzw. Art. 1, 2 GG verlangen. Angehörige können Schadensersatzansprüche und Schmerzensgeld aufgrund von Schockschäden sowie Schmerzensgeld für Verletzungen nach dem 22. Juli 2017 geltend machen.

C. Haftung gemäß § 831 Abs. 1 BGB

Zentral für die Haftung des Geschäftsherrn gemäß § 831 BGB ist der Begriff des Verrichtungsgehilfen. Entscheidende Kriterien für die Einordnung als Verrichtungsgehilfe sind die Weisungsgebundenheit und Abhängigkeit.[1369] Für die Weisungsgebundenheit *„genügt, daß der Geschäftsherr die Tätigkeit des Handelnden jederzeit beschränken oder entziehen oder nach Zeit und Umfang bestimmen kann".*[1370] Der Geschäftsherr muss nicht zwingend fachliche Weisungen erteilen können.[1371] Da Weisungsrechte auch bei losen Verbindungen bestehen können, ist zusätzlich eine Abhängigkeit er-

---

1369 *Förster*, in: BeckOK, § 831 Rn. 15; *Wagner*, in: MüKo-BGB, § 831 Rn. 14; s. zur Weisungsgebundenheit bereits RG, Urt. v. 25.03.1918 – VI 438/17, RGZ 92, 345 (346).

1370 BGH, Urt. v. 30.06.1966 – VII ZR 23/65, BGHZ 45, 311, (313) = NJW 1966, 1807 (1808) m.w.N.; BGH, Urt. v. 06.11.2012 – VI ZR 174/11, NJW 2013, 1002 (1003 [Rn. 15]) m.w.N.; *Bernau*, in: Staudinger, BGB (2018), § 831 Rn. 99; *Wagner*, in: MüKo-BGB, § 831 Rn. 14.

1371 *Bernau*, in: Staudinger, BGB (2018), § 831 Rn. 99; s. in Bezug auf Personen, die über besondere Erfahrungen oder Sachkunde verfügen, auch *Kötz*, ZEuP 2017, 283 (293, 307).

forderlich.[1372] Hierfür kommt es auf eine faktische Eingliederung in den Organisationskreis des Geschäftsherrn an.[1373] Die konkrete juristische Ausgestaltung der Beziehung ist unerheblich.[1374]

Diese Kriterien sind auf die Wertung zurückzuführen, dass der Geschäftsherr Maßnahmen zur Schadensprävention nur bei einer Einflussmöglichkeit auf seinen Gehilfen treffen und ausschließlich unter diesen Voraussetzungen seinen Betrieb so organisieren kann, dass möglichst keine Schäden für Dritte eintreten. Nur dann ist die strenge Haftung aus § 831 BGB gerechtfertigt.[1375]

§ 831 BGB statuiert Auswahl-, Beschaffungs- und Leitungspflichten des Geschäftsherrn. Dies ist in transnationalen Menschenrechtsfällen die juristische Person.[1376] Die Auswahlpflichten erfordern eine sorgfältige Prüfung bei der Einstellung des Gehilfen, eine fortdauernde Überwachung sowie dessen Einweisung und Anleitung.[1377]

Für die unternehmerische Haftung in transnationalen Menschenrechtsfällen kommt es in erster Linie darauf an, inwiefern selbstständige Vertragspartner, insbesondere Zulieferunternehmen (I.), und abhängige Unternehmen (II.) als Verrichtungsgehilfe angesehen werden können. Hier spielt auch die Beweislastverteilung eine Rolle (III.). Überdies kann eine Haftung für *Compliance Officer* als Verrichtungsgehilfen Bedeutung erlangen (IV.).

I. Verrichtungsgehilfeneigenschaft von selbstständigen Vertragspartnern, insbesondere Zulieferunternehmen

Grundsätzlich werden selbstständige Unternehmer regelmäßig keine Verrichtungsgehilfen sein.[1378] Allerdings verbietet sich eine pauschale Betrach-

---

1372 *Wagner*, in: MüKo-BGB, § 831 Rn. 15; ähnlich *Holle*, Legalitätskontrolle, S. 269.

1373 BGH, Urt. v. 10.03.2009 – VI ZR 39/08, NJW 2009, 1740 (1741 [Rn. 11]); *Wagner*, in: MüKo-BGB, § 831 Rn. 15, 17; ähnlich *Krause*, in: Soergel, BGB, § 831 Rn. 19 („*organisatorisch abhängige Stellung*").

1374 *Wagner*, in: MüKo-BGB, § 831 Rn. 17.

1375 *Kötz*, ZEuP 2017, 283 (292, 307, 309).

1376 S. ausführlich *Holle*, Legalitätskontrolle, S. 239–260.

1377 S. hierzu *Kleindiek*, Deliktshaftung, S. 286–290.

1378 S. aus der Rspr. statt vieler z.B. RG, Urt. v. 02.05.1912 – VI 260/11, RGZ 79, 312 (315); BGH, Urt. v. 19.03.1957 – VI ZR 277/55, BGHZ 24, 247 f. = NJW 1957, 1319; BGH, Urt. v. 21.06.1994 – VI ZR 215/93, NJW 1994, 2756

tung.[1379] Maßstab muss immer die konkrete Ausgestaltung der Zusammenarbeit sein. Auch ein selbstständiger Unternehmer kann im Einzelfall so in den Organisationsbereich eines Unternehmens eingegliedert sein, dass er als Verrichtungsgehilfe anzusehen ist.[1380]

Theoretisch können damit auch Zulieferunternehmen Verrichtungsgehilfen i.S.v. § 831 BGB sein. Vertragsbedingungen wie Stückzahlen, Lieferfristen und ähnliche Abreden werden in den Lieferverträgen häufig vom jeweiligen Abnehmer diktiert, ohne dass die Zulieferbetriebe einen Einfluss auf die konkrete Vertragsgestaltung haben.[1381] Dies könnte grundsätzlich für eine Weisungsgebundenheit der Zulieferunternehmen sprechen.[1382] Allerdings produziert ein Betrieb häufig für zahlreiche Auftraggeber und bestimmt eigenständig, wann und in welchem Umfang er seine Aufträge für die einzelnen Auftraggeber ausführt.[1383] Darüber hinaus sind das Unternehmen, unter dessen Namen das Endprodukt letztlich verkauft wird, und die Betriebe, die die einzelnen Bestandteile herstellen und in denen es zu einer Rechtsgutverletzung kommt, regelmäßig nicht direkt vertraglich, sondern über eine komplexe Zulieferkette miteinander verbunden. Der Weisung des Unternehmens, unter dessen Namen die Produkte verkauft werden, sind letztlich höchstens seine direkten Vertragspartner unterworfen. Auf die Auswahl und das Verhalten von dessen Vertragspart-

---

(2757); *Förster*, in: Bamberger/Roth/Hau/Poseck, BGB, § 831 Rn. 20; *Kötz/Wagner*, Deliktsrecht, Rn. 280.

1379 *Güngör*, Sorgfaltspflichten, S. 195; *Bernau*, in: Staudinger, BGB (2018), § 831 Rn. 102.

1380 S. z.B. BGH, Urt. v. 26.09.1956 – I ZR 129/54, NJW 1956, 1715 f. – *Coswig* (Generalvertreter als Verrichtungsgehilfe seines Lieferanten); BGH, Urt. v. 05.10.1979 – I ZR 140/77, NJW 1980, 941 – *Textildrucke* (Handelsvertreter als Verrichtungsgehilfe); BGH, Urt. v. 25.04.2012 – I ZR 105/10, GRUR 2012, 1279 (1283 [Rn. 45]) – *Das Grosse Rätselheft* (Tochterunternehmen als Verrichtungsgehilfe aufgrund Beherrschungs- und Gewinnabführungsvertrags); *Kötz*, ZEuP 2017, 283 (294); *Bernau*, in: Staudinger, BGB (2018), § 831 Rn. 102 m.w.N.

1381 Ähnlich, insb. mit Verweis auf die Aufnahme von *Codes of Conduct* in die entsprechenden Verträge, *Güngör*, Sorgfaltspflichten, S. 196–197.

1382 Ähnlich *Güngör*, Sorgfaltspflichten, S. 196–197; *Osieka*, Zivilrechtliche Haftung, S. 181.

1383 S. aber auch *Güngör*, Sorgfaltspflichten, S. 197 (Zulieferer in der Textilindustrie produzierten ausschließlich für einen Abnehmer); ablehnend gegenüber einer Weisungsgebundenheit auch *Hübner*, in: Krajewski/Oehm/Saage-Maaß, Unternehmensverantwortung, S. 13 (19); *Weller/Kaller/Schulz*, AcP 216 (2016), 387 (407).

nern hat das Unternehmen hingegen grundsätzlich keinen (direkten) Einfluss. Insofern fällt dieses nicht mehr in dessen Verantwortungsbereich.[1384]

Außerdem wird man in Fällen komplexer Zulieferbeziehungen wohl kaum von einer hinreichenden organisatorischen Eingliederung in den Organisationskreis sprechen können.[1385] Eine Einordnung jedes dieser Unternehmen entlang der Zulieferkette als Verrichtungsgehilfe steht außerdem in direktem Widerspruch zur *ratio* von § 831 BGB: Diese Vorschrift soll dem Verschuldensprinzip Rechnung tragen und über die Weisungsgebundenheit kommt die Eingliederung des Gehilfen in die Herrschaftssphäre des Geschäftsherrn zum Ausdruck.[1386] Dies ist allerdings bei Unternehmern, die nicht in direkten Vertragsbeziehungen stehen und lediglich über komplexe Zulieferketten miteinander verbunden sind, nicht der Fall.[1387]

Grundsätzlich sind selbstständige Vertragspartner, insbesondere Zulieferunternehmen, damit keine Verrichtungsgehilfen gemäß § 831 Abs. 1 BGB.[1388] Etwas anderes kann sich nur in Ausnahmefällen ergeben, wenn das Unternehmen, in dessen Verantwortungsbereich die Rechtsgutsverletzung eingetreten ist, aufgrund faktischer Gegebenheiten als „verlängerter Arm" oder wie eine Betriebsabteilung des in Anspruch genommenen Unternehmens geführt wird.[1389]

II. Verrichtungsgehilfeneigenschaft von Konzernunternehmen

1. Meinungsstand

Die Einordnung von abhängigen Unternehmen als Verrichtungsgehilfen wird häufig pauschal mit Verweis auf ein Urteil des BGH aus dem Jahr

---

1384 Ähnlich *Osieka*, Zivilrechtliche Haftung, S. 181.

1385 **A.A.** für die Textilindustrie *Güngör*, Sorgfaltspflichten, S. 197–198.

1386 *Bernau*, in: Staudinger, BGB (2018), § 831 Rn. 99; *Larenz/Canaris*, SchuldR II/2 § 79 III 2 a) (S. 478).

1387 S. auch *Osieka*, Zivilrechtliche Haftung, S. 181; ebenfalls an der Verrichtungsgehilfeneigenschaft zweifelnd *Thomale/Hübner*, JZ 2017, 385 (393); ablehnend auch *Wagner*, RabelsZ 80 (2016), 717 (772); *Weller/Kaller/Schulz*, AcP 216 (2016), 387 (407).

1388 I.E. ebenso *Spindler*, Unternehmensorganisationspflichten, S. 719; *Habersack/ Ehrl*, AcP 219 (2019), 155 (193); *Wagner*, RabelsZ 80 (2016), 717 (772); *Weller/ Kaller/Schulz*, AcP 216 (2016), 387 (407); *Wesche/Saage-Maaß*, HRLR 2016, 370 (376).

1389 Ähnlich *Osieka*, Zivilrechtliche Haftung, S. 181.

2012[1390] negiert.[1391] Auch wenn abhängige Unternehmen im Großteil der Fälle keine Verrichtungsgehilfen sein werden, kann dies im Einzelfall anders sein. Der BGH schränkt seine diesbezügliche Aussage ebenfalls ein („*in der Regel*" / „*regelmäßig*") und verweist für einen konkreten Fall darauf, dass die Klägerin „*keine konkreten Umstände aufgezeigt [hat], die eine Abweichung von dem für selbstständige Unternehmen geltenden Grundsatz rechtfertigen.*" Damit ist *e contrario* bei Vorliegen entsprechender Umstände eine abweichende Beurteilung möglich.[1392] Zumindest bei Vorliegen eines Beherrschungs- und Gewinnabführungsvertrags hat der BGH eine Verrichtungsgehilfeneigenschaft angesichts der hiermit verbunden Eingliederung in den Geschäftsbereich und eine entsprechende Weisungsgebundenheit sogar ausdrücklich bejaht.[1393]

Teile der Literatur lehnen die Verrichtungsgehilfeneigenschaft von abhängigen Unternehmen mit Verweis darauf ab, dass ausschließlich natürliche Personen Verrichtungsgehilfen i.S.v. § 831 BGB sein könnten.[1394] Dies ergebe sich aus der Entstehungsgeschichte.[1395] Zudem sei es im Hinblick auf eine mögliche Exkulpation für einen Konzern unmöglich zu beweisen, dass eine Untergesellschaft als juristische Person als solche generell geeignet ist, die ihr übertragenen Aufgaben zu erfüllen.[1396]

Andere gehen unterdessen unter Verweis auf § 308 AktG davon aus, dass ein abhängiges Unternehmen durchaus Verrichtungsgehilfe des herrschenden sein kann.[1397] Hierfür werden Sinn und Zweck von § 831 BGB sowie die erforderliche Gleichbehandlung von natürlichen und juristischen Per-

---

1390 BGH, Urt. v. 06.11.2012 – VI ZR 174/11, NJW 2013, 1002 (insb. 1003 [Rn. 16]) (Ablehnung für „*Konzernschwestern*").

1391 *Wagner*, RabelsZ 80 (2016), 717 (759); *Kötz/Wagner*, Deliktsrecht, Rn. 280; einschränkend aber etwa *Bernau*, in: Staudinger, BGB (2018), § 831 Rn. 102 („*in der Regel*").

1392 *Schall*, ZGR 2018, 479 (491 f.); ähnlich *Nordhues*, Haftung Muttergesellschaft, S. 144.

1393 BGH, Urt. v. 25.04.2012 – I ZR 105/10, GRUR 2012, 1279 (1283 [Rn. 45]); s. auch *Bernau*, in: Staudinger, BGB (2018), § 831 Rn. 102.

1394 *Ehricke*, Konzernunternehmen, S. 130; *Wimmer-Leonhardt*, Konzernhaftungsrecht, S. 409–410; *Koch*, WM 2009, 1013 (1018); *Mohamed*, JURA 2016, 1037 (1041 f.); a.A. *Nordhues*, Haftung Muttergesellschaft, S. 145–147.

1395 *Ehricke*, Konzernunternehmen, S. 130; *Wimmer-Leonhardt*, Konzernhaftungsrecht, S. 409; *Koch*, WM 2009, 1013 (1018); *Mohamed*, JURA 2016, 1037 (1041 f.).

1396 *Koch*, WM 2009, 1013 (1019); *Mohamed*, JURA 2016, 1037 (1042).

1397 *Bork*, ZGR 1994, 237 (254 f.); *Bunting*, ZIP 2012, 1542 (1547); differenzierend *Rehbinder*, Konzernaußenrecht, S. 532–539 (zumindest analoge Anwendung von § 831 BGB in bestimmten Fällen); von einer allgemeinen Stellung

sonen angeführt.[1398] Im faktischen Konzern sei für die Einordnung als Verrichtungsgehilfe der Grad der Abhängigkeit und die Organisationsstruktur im Einzelfall maßgeblich.[1399]

2. Stellungnahme

Allein die Weisungsbefugnis aus § 308 AktG bzw. aufgrund der Besetzungsbefugnis des Vorstands des herrschenden Unternehmens über den Aufsichtsrat reicht nach den eingangs dargestellten Grundsätzen nicht aus, um eine Verrichtungsgehilfeneigenschaft von abhängigen Unternehmen zu begründen.[1400] Vielmehr müssen Umstände hinzukommen, die über die bloße Beherrschung hinausgehen. Auch ganz konkrete Anweisungen der herrschenden Gesellschaft führen allein nicht zu einer Verrichtungsgehilfeneigenschaft des abhängigen Unternehmens. Denn im Regelfall wird ein abhängiges Unternehmen nicht derart in den Organisationsbereich des herrschenden Unternehmens eingegliedert sein, dass von einer Abhängigkeit i.S.v. § 831 BGB auszugehen ist. Die Ausgliederung und Übertragung von Tätigkeiten auf abhängige Unternehmen in einer Unternehmensgruppe dient gerade der Entlastung des herrschenden Unternehmens, indem die abhängigen Unternehmen ihre Geschäfte selbstständig führen.[1401] Dementsprechend scheitert eine Verrichtungsgehilfeneigenschaft mangels Eingliederung in den Organisationskreis des herrschenden Unternehmens regelmäßig an der für § 831 BGB erforderlichen Abhängigkeit des beherrschten Unternehmens (die sich insofern vom aktienrechtlichen Abhängigkeitsbegriff unterscheidet).[1402]

---

als Verrichtungsgehilfe ausgehend *Schall*, ZGR 2018, 479 (492–500); eine Weisungsgebundenheit von Tochtergesellschaften ablehnend *Fleischer/Danninger*, DB 2017, 2849 (2855 f.).

1398 S. ausführlich und mit weiteren Argumenten *Holle*, Legalitätskontrolle, S. 264–268; s. auch *Güngör*, Sorgfaltspflichten, S. 209.

1399 *Bork*, ZGR 1994, 237 (255); *Rehbinder*, Konzernaußenrecht, S. 539.

1400 So auch *Nordhues*, Haftung Muttergesellschaft, S. 152–153.

1401 BGH, Urt. v. 06.11.2012 – VI ZR 174/11, NJW 2013, 1002 (1003 [Rn. 16]); der BGH lehnt aufgrund dessen die Weisungsgebundenheit ab. Dies erscheint mit Blick auf die im Vertrags- und im faktischen Konzern bestehenden Weisungsmöglichkeiten der herrschenden Gesellschaft nicht überzeugend. Vielmehr spricht dies m.E. gegen eine Eingliederung in den Organisationsbereich und damit gegen eine Abhängigkeit i.S.v. § 831 Abs. 1 BGB.

1402 I.E. eine Verrichtungsgehilfeneigenschaft ebenfalls ablehnend *Fleischer/Danninger*, DB 2017, 2849 (2855 f.); *Weller/Kaller/Schulz*, AcP 216 (2016), 387

Im Einzelfall ist eine Einordnung als Verrichtungsgehilfe allerdings nicht ausgeschlossen, wenn etwa eine Unternehmensgruppe sehr zentral und abhängige Unternehmen faktisch wie „bloße" Betriebsabteilungen geführt werden. Dann kann durchaus eine Eingliederung in den Organisationskreis des herrschenden Unternehmens vorliegen.[1403] Häufig wird sich das herrschende Unternehmen dann jedoch mithilfe des dezentralen Entlastungsbeweises entlasten können.[1404]

III. Beweislast des Verletzten in Bezug auf die Verrichtungsgehilfeneigenschaft

Hohe Hürden stellen sich für den Verletzten auch im Hinblick auf die Beweislast. Er muss – wenn es sich bei dem unmittelbaren Schädiger nicht um einen Mitarbeiter des in Anspruch genommenen Unternehmens handelt – dessen Verrichtungsgehilfeneigenschaft nachweisen.[1405] Die Rechtsprechung lehnt in diesem Zusammenhang sogar eine sekundäre Darlegungslast ab.[1406] Mangels Einblicks des Verletzten in die konkrete vertragliche Ausgestaltung der Vertragsbeziehungen zu selbstständigen Unternehmen oder in konzerninterne Entscheidungs-, Weisungs- und Organisationsprozesse wird ihm der erforderliche Nachweis der Abhängigkeit, also der Einbindung in den Organisationskreis des in Anspruch genommenen Unternehmens, kaum gelingen.[1407]

Angesichts der Vergleichbarkeit der in Bezug auf die Verrichtungsgehilfeneigenschaft bestehenden Beweisschwierigkeiten mit denen bei unter-

---

(407); *Wesche/Saage-Maaß*, HRLR 2016, 370 (376); **a.A.** (§§ 17, 18 AktG als Grundlage für Verrichtungsgehilfeneigenschaft): *Schall*, ZGR 2018, 479 (494–496).

1403 S. ähnlich und ausführlich *Holle*, Legalitätskontrolle, S. 271–274; s. auch *Nordhues*, Haftung Muttergesellschaft, S. 153–154.

1404 *Nordhues*, in: Krajewski/Saage-Maaß, Sorgfaltspflichten, S. 125 (149); *Schall*, ZGR 2018, 479 (498); differenzierend *Nordhues*, Haftung Muttergesellschaft, S. 154–155.

1405 *Wagner*, in: MüKo-BGB, § 831 Rn. 50; im Zusammenhang mit der Verrichtungsgehilfeneigenschaft von Konzernunternehmen auch BGH, Urt. v. 06.11.2012 – VI ZR 174/11, NJW 2013, 1002 (1003 [Rn. 16]).

1406 BGH, Urt. v. 10.12.2013 – VI ZR 534/12, NJW-RR 2014, 614 (615 [Rn. 17]); BGH Urt. v. 03.06.2014 – VI ZR 394/13, NJW 2014, 2797 (2798 [Rn. 19-21]).

1407 Ähnlich *Nordhues*, Haftung Muttergesellschaft, S. 154; ähnlich in Bezug auf den KiK-Fall *Thomale/Hübner*, JZ 2017, 385 (393); s. aber auch *Güngör*, Sorgfaltspflichten, S. 233.

nehmerischen Verkehrspflichten gemäß § 823 Abs. 1 BGB sollten die dortigen Beweiserleichterungen[1408] auch auf den Fall des § 831 BGB übertragen werden.[1409]

IV. Haftung für Compliance Officer als Verrichtungsgehilfen

Das Unternehmen könnte über § 831 BGB auch für unerlaubte Handlungen von *Compliance Officern* haften. Problematisch im Hinblick auf die Verrichtungsgehilfeneigenschaft des *(Chief) Compliance Officers* ist zunächst dessen Weisungsgebundenheit. Nach Teilen des Schrifttums setzt die Unabhängigkeit des *Compliance Officers* dessen Weisungsfreiheit voraus.[1410]

Da es sich bei dem Aufgabenbereich des *Compliance Officers* regelmäßig um von der Vorstandsebene delegierte Aufgaben handelt und dieser seine (Letzt-)Verantwortung und Entscheidungsbefugnis nicht vollständig auf andere übertragen kann, erscheint es überzeugender davon auszugehen, dass eine weisungsfreie Tätigkeit des *Compliance Officers* zwar möglich, aber nicht zwingend ist. Hierfür sprechen auch das bestehende Haftungsrisiko der Leitungsorgane sowie die Tatsache dass ein *Compliance Officer* als Arbeitnehmer dem arbeitsrechtlichen Weisungsrecht aus § 106 GewO unterliegt. Ausnahmen können sich allerdings bei rechtswidrigen / rechtsmissbräuchlichen Weisungen ergeben.[1411]

Unabhängig davon wird der *Compliance Officer* – zumindest wenn es sich nicht um einen externen Beauftragten handelt – regelmäßig organisatorisch in den unternehmerischen Betrieb eingegliedert sein. Entsprechend ist grundsätzlich von dessen Verrichtungsgehilfeneigenschaft auszugehen.[1412]

Es kommt damit darauf an, ob der *Compliance Officer* ein Delikt in Ausführung der Verrichtung begangen hat. Da der Vorwurf in transnationalen Menschenrechtsfällen regelmäßig nicht darauf liegen wird, der *Compliance Officer* habe durch eigenes Verhalten unmittelbar eine Rechtsgutsverlet-

---

1408   S. hierzu o. § 16 B. II. 5.
1409   Zumindest für eine sekundäre Darlegungslast *Wagner,* in· MüKo-BGB, § 831 Rn. 51; s. hierzu rechtsgebietsübergreifend auch noch u. § 24 A.
1410   S. etwa *Meier-Greve,* CCZ 2010, 216 (221).
1411   S. hierzu insgesamt *Bürkle,* in: Hauschka/Moosmayer/Lösler, Corporate Compliance, § 36 Rn. 46–48; differenzierend *Schulz/Galster,* in: Bürkle/Hauschka, Compliance Officer, § 5 Rn. 17–18.
1412   I.E. ebenso *Bernau,* in: Staudinger, BGB (2018), § 831 Rn. 108 "Compliance".

zung verursacht, sondern, dass er diese nicht verhindert habe, ist für die Haftung nach § 823 Abs. 1 BGB entscheidend, inwiefern der *Compliance Officer* Verkehrspflichten verletzt hat, also insbesondere auch, inwiefern ihn Pflichten auch gegenüber außenstehenden Dritten treffen. Die Pflichten des *Compliance Officers* sind regelmäßig solche, die ihm Leitungsorgane im Wege der Delegation übertragen haben. Eine eigene Verkehrspflicht des *Compliance Officers* gegenüber außenstehenden Dritten besteht daher nur, wenn bereits das delegierende Organ entsprechende Pflichten gegenüber außenstehenden Dritten hat, die es auf den *Compliance Officer* übertragen kann.[1413] Diese Abgrenzung erweist sich in der Praxis als problematisch. Jüngste Urteile der BGH-Zivilsenate haben eine zurückhaltende Auffassung zum Ausdruck gebracht – die bloße Stellung als Vorstandsmitglied / Geschäftsführer ist demnach nicht ausreichend; für eine Verantwortlichkeit gegenüber Dritten müssen vielmehr zusätzliche Umstände hinzukommen.[1414]

Eine deliktische Haftung des *Compliance Officers* könnte sich auch über § 823 Abs. 2 BGB i.V.m. einem drittschützenden Strafgesetz ergeben. Auch hier wird der Vorwurf gegen den *Compliance Officer* regelmäßig im Unterlassen eines Einschreitens gegen Straftaten nachgeordneter Mitarbeiter liegen. Insbesondere die Rechtsprechung des 5. Strafsenats des BGH aus dem Jahr 2009, der in einem *obiter dictum* von einer Garantenstellung des *Compliance Officers* gegenüber Dritten ausgegangen ist,[1415] könnte für eine Haftung sprechen. Auch hier ist indes die Zurückhaltung der BGH-Zivilsenate im Hinblick auf die Außenhaftung von Organen zu berücksichtigen. Dieser ist mit Blick auf die erforderliche Differenzierung zwischen den Verkehrspflichten der juristischen Person und solchen des Organs sowie aufgrund der Tatsache, dass das Gesetz in § 93 AktG und § 43 GmbH grundsätzlich allein eine Innenhaftung der Organwalter vorsieht, zuzustimmen. Die sogenannte Legalitätspflicht der Organe, die auch die Verhinderung von Straftaten nachgeordneter Mitarbeiter umfasst, greift allein im Innenverhältnis zur Gesellschaft. Allein aus der Organstellung lässt sich keine Garantenstellung gegenüber außenstehenden Dritten ableiten.[1416] Insofern

---

1413 *Bayreuther*, in: FS Säcker, S. 173 (185).

1414 BGH, Urt. v. 10.07.2012 – VI ZR 341/10, BGHZ 194, 26 (26, 36, [Leitsatz, Rn. 26]) = NJW 2012, 3439; BGH, Urt. v. 18.06.2014 – I ZR 242/12, BGHZ 201, 344 (344, 351, [Leitsatz 2, Rn. 23]) = NJW-RR 2014, 1382 (1382, 1384); kritisch *Wagner*, in: MüKo-BGB, § 823 Rn. 114–115.

1415 BGH, Urt. v. 17.07.2009 – 5 StR 394/08, BGHSt 54, 44 (49 f. [Rn. 27]) = NJW 2009, 3173 (3175).

1416 S. hierzu insgesamt ausführlich o. § 16 B. II. 2. b).

kann für den *Compliance Officer* nichts anderes gelten, dessen Pflichten sich regelmäßig aus der Legalitätspflicht der Leitungsorgane ableiten. Eine Garantenpflicht gegenüber außenstehenden Dritten besteht damit nur, wenn im Einzelfall weitere Umstände hinzukommen, die zum Ausdruck bringen, dass der *Compliance Officer* besondere Pflichten im Hinblick auf die verletzten Rechtsgüter des Dritten übernommen hat.[1417]

Selbst wenn man mit dem 5. Strafsenat von einer Garantenstellung des *Compliance Officers* und darauf aufbauend von der Möglichkeit einer unerlaubten Handlung des *Compliance Officers* gegenüber Dritten ausgeht, wird sich das Unternehmen häufig nach § 831 Abs. 1 S. 2 BGB exkulpieren können.

V. Zwischenergebnis

Eine Haftung des Unternehmens aus § 831 Abs. 1 BGB kommt nur ausnahmsweise in Betracht, wenn selbstständige Vertragspartner oder abhängige Unternehmen als „verlängerter Arm" oder wie eine selbstständige Betriebsabteilung geführt werden.[1418] Regelmäßig wird es aber an einer Abhängigkeit bzw. in Zulieferkonstellationen je nach Fall auch an einer Weisungsgebundenheit fehlen. Sind selbstständige oder abhängige Unternehmen ausnahmsweise Verrichtungsgehilfen, wird eine Haftung im Regelfall daran scheitern, dass der Verletzte die Verrichtungsgehilfeneigenschaft nicht nachweisen kann.

Gelingt ausnahmsweise der Nachweis der Verrichtungsgehilfeneigenschaft, ist die Haftung aus § 831 Abs. 1 BGB aus Sicht des Geschädigten gegenüber der Haftung aus § 823 Abs. 1 BGB zwar angesichts des Exkulpationserfordernisses vorteilhaft, einem Anspruch aus § 831 BGB wird allerdings häufig der dezentrale Entlastungsbeweis entgegenstehen.[1419]

Ein *Compliance Officer* ist regelmäßig als Verrichtungsgehilfe anzusehen, eine Haftung des Unternehmens gemäß § 831 BGB wird indes in der Regel

---

1417 S. hierzu insgesamt ausführlich *Fabian/Mengel*, in: Bürkle/Hauschka, Compliance Officer, § 7 Rn. 17–18.

1418 I.E. ebenfalls einschränkend, teilweise indes widersprüchlich zu eigenen vorgehenden Ausführungen *Güngör*, Sorgfaltspflichten, S. 217–220; **ablehnend** *Schall*, ZGR 2018, 479 (493).

1419 *Güngör*, Sorgfaltspflichten, S. 232, 234; *Bunting*, ZIP 2012, 1542 (1546 f.) (in Bezug auf Konzernunternehmen); *Thomale/Hübner*, JZ 2017, 385 (393 f.) (in Bezug auf Zulieferkonstellationen).

daran scheitern, dass dieser keine im Außenverhältnis bestehende Pflicht verletzt hat bzw. sich das Unternehmen jedenfalls exkulpieren kann.

D. Haftung gemäß § 823 Abs. 2 BGB i.V.m. einem Schutzgesetz

Eine Haftung des transnationalen Unternehmens kann sich auch aus § 823 Abs. 2 BGB ergeben. Liegt bereits eine Verletzung von über § 823 Abs. 1 BGB geschützten Rechtsgütern vor, dient § 823 Abs. 2 BGB allenfalls als Präzisierung.[1420] Darüber hinaus ergänzt Abs. 2 den Abs. 1, sofern hierüber die Haftung bereits an eine rechtswidrige Gefährdung des jeweiligen Rechtsgutes anknüpft.[1421] Für nicht von § 823 Abs. 1 BGB erfasste Rechtsgüter, insbesondere Vermögensschäden, erweitert § 823 Abs. 2 BGB hingegen den Schutzbereich des Deliktsrechts.[1422] Da in transnationalen Menschenrechtsfällen häufig bereits von § 823 Abs. 1 BGB geschützte Rechtsgüter verletzt werden, kommt dem Abs. 2 nur eine untergeordnete Bedeutung zu. Entsprechend beschränkt sich die folgende Darstellung auf die wesentlichen Grundzüge der Haftung. Bedeutung kann § 823 Abs. 2 BGB allerdings dann entfalten, wenn über das Schutzgesetz auch die Verletzung von Menschenrechten sanktioniert wird, die kein Rechtsgut i.S.v. § 823 Abs. 1 BGB darstellen, wie etwa der Zugang zu sauberem Wasser oder die Verletzung der Religionsfreiheit.

Anknüpfungspunkte für die Verletzung eines Schutzgesetzes können vor allem die Verletzung der Menschenrechte als solche (II.), die Verletzung von internationalen Verhaltensstandards (III.), die Verletzung strafrechtlicher Normen (IV.) sowie die Verletzung von § 130 OWiG (V.)) sein. Zuvor ist jedoch kurz auf den Begriff des Schutzgesetzes i.S.v. § 823 Abs. 2 BGB einzugehen (I.).

1420 *Spickhoff*, Gesetzesverstoß, S. 61; *Hager*, in: Staudinger, BGB (2009), § 823 Rn. G 1; *Wagner*, in: MüKo-BGB, § 823 Rn. 475.
1421 *Hager*, in: Staudinger, BGB (2009), § 823 Rn. G 2; *Wagner*, in: MüKo-BGB, § 823 Rn. 475.
1422 S. hierzu *Förster*, in: Bamberger/Roth/Hau/Poseck, BGB, § 823 Rn. 265; *Hager*, in: Staudinger, BGB (2009), § 823 Rn. G 4; *Wagner*, in: MüKo-BGB, § 823 Rn. 476–477; s. allgemein auch *Spickhoff*, Gesetzesverstoß, S. 60–61.

I. Der Begriff des Schutzgesetzes i.S.v. § 823 Abs. 2 BGB

Nur Gesetze i.S.v. Art. 2 EGBGB, also Rechtsnormen, können Schutzgesetze[1423] i.S.v. § 823 Abs. 2 BGB sein. Erfasst sind formelle und materielle Gesetze.[1424]

Entscheidend für das Vorliegen eines Schutzgesetzes ist zunächst, dass ein Gesetz dem Individualschutz dient.[1425] Hierfür ist ausreichend, dass das Gesetz neben der Allgemeinheit auch den Einzelnen schützt.[1426] Dies ist anhand der anerkannten Auslegungsregeln zu ermitteln.[1427]

Überdies muss das Verhalten in den Schutzbereich der Norm fallen, die Norm mithin gerade den eingetretenen Schaden verhindern wollen. Der Geschädigte muss also zum geschützten Personenkreis gehören (persönlicher Schutzbereich), das Schutzgesetz muss gerade den eingetretenen Schaden verhindern bzw. das betroffene Rechtsgut schützen wollen (sachlicher Schutzbereich) und der Schaden muss auf eine Art und Weise eingetreten sein, die das Schutzgesetz gerade verhindern wollte (modaler Schutzbereich).[1428]

1423 S. ausführlich zu den Anforderungen an ein Schutzgesetz in § 823 Abs. 2 BGB *Spickhoff*, Gesetzesverstoß, S. 97–155 (§ 6).

1424 *Spickhoff*, Gesetzesverstoß, S. 75; *Hager*, in: Staudinger, BGB (2009), § 823 Rn. G 9; *Larenz/Canaris*, SchuldR II/2 § 77 II 1 a) (S. 433); ausführlich zu den von Art. 2 EGBGB erfassten Normen *Spickhoff*, Gesetzesverstoß, S. 76–95.

1425 *Spickhoff*, Gesetzesverstoß, S. 111; *Hager*, in: Staudinger, BGB (2009), § 823 Rn. G 19, G 21; *Kötz/Wagner*, Deliktsrecht, Rn. 228.

1426 BGH, Urt. v. 21.10.1991 – II ZR 204/90, BGHZ 116, 7 (13) = NJW 1992, 241 (242) m.zahlr.w.N.; *Spickhoff*, Gesetzesverstoß, S. 111–112; *Hager*, in: Staudinger, BGB (2009), § 823 Rn. G 19; *Wagner*, in: MüKo-BGB, § 823 Rn. 498 jeweils m.zahlr.w.N. aus der Rspr.

1427 BGH, Urt. v. 21.10.1991 – II ZR 204/90, BGHZ 116, 7 (13) = NJW 1992, 241 (242); BGH, Urt. v. 28.03.2006 – VI ZR 50/05, NJW 2006, 2110 (2112 [Rn. 17]); *Wagner*, in: MüKo-BGB, § 823 Rn. 500 (keine Bedeutung der teleologischen Auslegung, da es gerade um die Ermittlung des *Telos* geht); ähnlich *Hager*, in: Staudinger, BGB (2009), § 823 Rn. G 23.

1428 S. hierzu jeweils mit Beispielen *Hager*, in: Staudinger, BGB (2009), § 823 Rn. G 24, G 26 f.; *Kötz/Wagner*, Deliktsrecht, Rn. 231–242.

II. Verletzung der Menschenrechte als Schutzgesetzverletzung i.S.v. § 823 Abs. 2 BGB

Entscheidend ist zunächst, inwiefern die Menschenrechte Schutzgesetze i.S.v. § 823 Abs. 2 BGB sind. Menschenrechte dienen gerade dem Schutz des Individuums.[1429] Dennoch stellen sie keine Schutzgesetze i.S.v. § 823 Abs. 2 BGB dar.[1430] Da diese ebenso wie die Grundrechte ausschließlich im Verhältnis zwischen Staat und Bürger und gerade nicht zwischen Privaten gelten, sind auch Unternehmen gegenüber Individuen nicht unmittelbar an die Menschenrechte gebunden. Sähe man die Menschenrechte als Schutzgesetze gemäß § 823 Abs. 2 BGB an, würde dies faktisch zu einer unmittelbaren Drittwirkung der Menschenrechte führen, die für diese, ebenso wie für die Grundrechte, (noch) nicht anerkannt ist.[1431]

Demgegenüber steht die Tendenz in der jüngeren Rechtsprechung des BVerfG, den Grundrechten auch in Rechtsverhältnissen zwischen Privaten steigende Bedeutung zuzumessen. In der Stadionverbot-Entscheidung betont das BVerfG zwar, *„[...][e]in allgemeiner Grundsatz, wonach private Vertragsbeziehungen jeweils den Rechtfertigungsanforderungen des Gleichbehandlungsgebots unterlägen, folgt [...] aus Art. 3 I GG auch im Wege der mittelbaren Drittwirkung nicht".*[1432] In besonderen Fallkonstellationen könne Art. 3 Abs. 1 GG jedoch *„[...][g]leichheitsrechtliche Anforderungen für das Verhältnis*

1429 S. für die Grundrechte *Spickhoff*, Gesetzesverstoß, S. 157; *Wagner*, in: MüKo-BGB, § 823 Rn. 484; zur Übertragung auf die Menschenrechte *Wagner*, in: MüKo-BGB, § 823 Rn. 487.

1430 Ausführlich *Nordhues*, in: Krajewski/Saage-Maaß, Sorgfaltspflichten, S. 125 (130–136), die allerdings das Verbot der Sklaverei und der Zwangsarbeit aufgrund *der erga omnes*-Wirkung des *ius cogens* als Schutzgesetze ansehen will; s. zu einer ausführlichen Untersuchung der Schutzgesetzqualität von EMRK, EU-Grundrechtecharta, AEMR, IPBPR und IPWSKR, den ILO-Übereinkommen sowie Völkergewohnheitsrecht *Nordhues*, Haftung Muttergesellschaft, S. 39–96; eine Haftung der Muttergesellschaft soll nach *Nordhues* dann aber an einer fehlenden Zurechnungsmöglichkeit der Schutzgesetzverletzung scheitern, *Nordhues*, Haftung Muttergesellschaft, S. 103–105; wie hier *Habersack/Ehrl*, AcP 219 (2019), 155 (194); *Wagner*, in: MüKo-BGB, § 823 Rn. 485; ähnlich *Hager*, in: Staudinger, BGB (2009), § 823 Rn. G 21; in Bezug auf die EMRK *Segger*, in: Krajewski/Saage-Maaß, Sorgfaltspflichten, S. 21 (56 f.).

1431 S. zum Vorstehenden insgesamt für die Grundrechte ausführlich *Nordhues*, Haftung Muttergesellschaft, S. 43–50; *Spickhoff*, in: Soergel, BGB, § 823 Rn. 202; *Wagner*, in: MüKo-BGB, § 823 Rn. 485; für die Menschenrechte *Habersack/Ehrl*, AcP 219 (2019), 155 (170); *Wagner*, in: MüKo-BGB, § 823 Rn. 487.

1432 BVerfG, Beschl. v. 11.04.2018 – 1 BvR 3080/09, BVerfGE 148, 267 (283 [Rn. 40]) = NJW 2018, 1667 (1669).

zwischen Privaten" beinhalten. Im konkreten Fall eines bundesweit geltenden Stadionverbots folgert das BVerfG aus der aus dem Hausrecht resultierenden Entscheidungsmacht, dass für den Ausschluss von einem solchen Ereignis ein sachlicher Grund erforderlich ist. Dabei weist es auch darauf hin, dass sich die relevante Entscheidungsmacht auch aus einem Monopol oder struktureller Überlegenheit ergeben kann.[1433]

Trotz abweichender Bezeichnung seitens des BVerfG kommt dies im Ergebnis einer unmittelbaren Drittwirkung nahe.[1434] Es wäre allerdings zu vorschnell, aus dieser Entscheidung eine generelle Grundrechtsbindung Privater und damit eine unmittelbare Drittwirkung abzuleiten. Die Entscheidung erging zu einer spezifischen Situation, in der der Betroffene durch ein deutschlandweites Stadionverbot faktisch in erheblichem Umfang vom gesellschaftlichen Leben ausgeschlossen war. Dies kann nicht ohne Weiteres auf sämtliche private Rechtsbeziehungen übertragen werden. Zuzugeben ist indes, dass auch transnationale Menschenrechtsfälle durch eine strukturelle Überlegenheit der Unternehmen geprägt sind. Im Falle einer weiteren Ausweitung der Rechtsprechung des BVerfG wäre eine unmittelbare Drittwirkung der Grund- und auch der Menschenrechte auch in transnationalen Menschenrechten nicht völlig ausgeschlossen. Dann könnte eine Verletzung von Grund- und Menschenrechten eine Schutzgesetzverletzung darstellen, die einen Schadenersatzanspruch aus § 823 Abs. 2 BGB zur Konsequenz hätte. Bis dahin bleibt das Deliktsrecht zwar das zentrale Instrument des Staates, im Rahmen seiner Schutzpflicht eine effektive Wirkung der Grund- und Menschenrechte auch zwischen Privaten zu gewährleisten, und verpflichtet auch die Gerichte zu einer menschenrechtsfreundlichen Auslegung.[1435] Eine direkte Anwendbarkeit der Menschenrechte als Schutzgesetz hat dies jedoch nicht zur Konsequenz.[1436]

1433 S. zum Vorstehenden insgesamt BVerfG, Beschl. v. 11.04.2018 – 1 BvR 3080/09, BVerfGE 148, 267 (283 f. [Rn. 41]) = NJW 2018, 1667 (1669).

1434 Ähnlich *Hellgardt*, JZ 2018, 901 f.; *Michl*, JZ 2018, 910 (912 f.); *Smets*, NVwZ 2019, 34 (35).

1435 S. zu den Grundrechten *Wagner*, in: MüKo-BGB, § 823 Rn. 486; zu den Menschenrechten s. *Wagner*, in: MüKo-BGB, § 823 Rn. 487; zur Funktion der Grundrechte als Schutzgebote s. grundlegend *Canaris*, AcP 184 (1984), 201 (225–229).

1436 S. ausführlich zu den Grundrechten *Spickhoff*, Gesetzesverstoß, S. 158–168.

III. Verletzung von internationalen Verhaltensstandards als Schutzgesetzverletzung i.S.v. § 823 Abs. 2 BGB

Problematisch im Hinblick auf die Schutzgesetzeigenschaft von internationalen Verhaltensstandards ist insbesondere deren Rechtsnormqualität. Private Normen können nur bei einer staatlichen Ermächtigung, wie beispielsweise bei Tarifverträgen, als Schutzgesetze angesehen werden.[1437] Insofern sind etwa überbetriebliche technische Normen in Form von DIN-Normen mangels Rechtsnormqualität keine Schutzgesetze i.S.v. § 823 Abs. 2 BGB.[1438]

Nichts anderes gilt für internationale Verhaltensstandards: Dies leuchtet unmittelbar für Verhaltensstandards privater Akteure als ausschließlich private Rechtsetzung ohne staatliche Ermächtigung ein. Aber auch Regelwerke internationaler Organisationen können nicht als Rechtsnormen i.S.v. Art. 2 EGBGB angesehen werden. Dies ergibt sich bereits aus ihrer fehlenden rechtlichen Verbindlichkeit.[1439] Anderes kann nur gelten, wenn derartige Regelungen in einem völkerrechtlichen Vertrag getroffen werden, dem mit Bundesgesetz gemäß Art. 59 Abs. 2 S. 1 GG zugestimmt wurde.

IV. Verletzung strafrechtlicher Normen als Schutzgesetzverletzung i.S.v. § 823 Abs. 2 BGB

Bislang existiert in Deutschland kein Unternehmensstrafrecht.[1440] Dies hat hingegen keine Auswirkungen auf eine mögliche zivilrechtliche Haftung der juristischen Person als solche. Zwar kann diese das strafrechtliche Schutzgesetz nicht selbst verletzen, wohl aber ihr zurechenbare Organe

---

1437 *Hager*, in: Staudinger, BGB (2009), § 823 Rn. G 13.

1438 *Spickhoff*, Gesetzesverstoß, S. 75–76; *Marburger*, VersR 1983, 597 (605); *Hager*, in: Staudinger, BGB (2009), § 823 Rn. G 13; *Wagner*, in: MüKo-BGB, § 823 Rn. 489.

1439 S. auch *Nordhues*, Haftung Muttergesellschaft, S. 96–102; *Nordhues*, in: Krajewski/Saage-Maaß, Sorgfaltspflichten, S. 125 (135).

1440 Zu einem entsprechenden Entwurf s. Gesetzesantrag des Landes Nordrhein-Westfalen, Entwurf eines Gesetzes zur Einführung der strafrechtlichen Verantwortlichkeit von Unternehmen und sonstigen Verbänden aus dem Jahr 2013, online verfügbar unter https://www.landtag.nrw.de/portal/WWW/dokumentenarchiv/Dokument/MMI16-127.pdf (zuletzt aufgerufen am 19.06.2019).

und verfassungsmäßige Vertreter.[1441] Die juristische Person haftet dann über § 31 BGB.[1442]

Für die Frage nach der Verwirklichung des Straftatbestandes ist auf eine solche durch das Organ zurückzugreifen, wobei § 14 StGB zu beachten ist. Insofern erscheint auch eine Haftung des Organs aus § 823 Abs. 2 BGB i.V.m. der Verletzung des strafrechtlichen Schutzgesetzes naheliegend. Dies liefe allerdings der in der Literatur und nun wohl auch vom BGH anerkannten Beschränkung der persönlichen Haftung von Organwaltern[1443] insofern entgegen, als dass eine persönliche Haftung nun über die jeweilige Schutzgesetzverletzung begründet würde. Vor diesem Hintergrund und auch mit Blick auf die gesellschaftsrechtlichen Wertungen ist insbesondere eine Beihilfe durch Unterlassen nicht vorschnell anzunehmen.[1444] Eine Haftung des Organs kann über unterschiedliche Konstruktionen eingeschränkt werden.[1445] Da der Schwerpunkt dieser Arbeit auf der unternehmerischen Haftung liegt, soll hierauf nicht weiter eingegangen werden. Jedenfalls hat eine fehlende zivilrechtliche Haftung des Organwalters keinen Einfluss auf die Haftung der juristischen Person, da § 31 BGB nicht zwingend eine persönliche Haftung des Organwalters voraussetzt.[1446]

Der folgende Abschnitt untersucht mithin die Strafbarkeit des Organwalters als Grundlage für eine zivilrechtliche Haftung des Unternehmen i.V.m. §§ 823 Abs. 2 und 31 BGB. Auch wenn es um die Verletzung von

---

1441 Aus Gründen der Übersichtlichkeit wird im Folgenden ausschließlich der Begriff „Organ" / „Organwalter" verwendet. Dies schließt aber auch verfassungsmäßig berufene Vertreter ein.

1442 *Wagner*, in: MüKo-BGB, § 823 Rn. 478.

1443 S. hierzu o. § 16 B. II. 2. b).

1444 *Wagner*, in: MüKo-BGB, § 823 Rn. 135; ähnlich *Holle*, Legalitätskontrolle, S. 318.

1445 So will *Holle*, Legalitätskontrolle, S. 317–320, die Argumentation des BGH zur fehlenden Schutzgesetzeigenschaft von § 130 OWiG übertragen; *Spindler* will nicht zwingend von der strafrechtlichen Verantwortlichkeit des Organwalters auf eine entsprechende Schutzgesetzverletzung schließen. Eine solche Haftung bestünde nur, wenn dieser unmittelbar an der strafrechtlichen Rechtsgutsverletzung beteiligt sei, s. hierzu insgesamt *Spindler*, Unternehmensorganisationspflichten, S. 895; *Wagner* will zur Lösung dieses Problems darauf abstellen, „ob die verletzte Strafnorm eine Verpflichtung des Verbands begründen oder darüber hinaus das Organ persönlich in die Pflicht nehmen sollte", *Wagner*, in: MüKo-BGB, § 823 Rn. 136, s. auch Rn. 478; anders *Ransiek*, ZGR 1992, 203 (224 f.), der zumindest *de lege lata* von einer Gleichstellung von straf- und zivilrechtlicher Haftung ausgeht.

1446 Ähnlich *Wagner*, in: MüKo-BGB, § 823 Rn. 136; allgemein *Leuschner*, in: MüKo-BGB, § 31 Rn. 21; s. hierzu auch o. § 16 B. II. 2. b).

Strafnormen als Schutzgesetze geht, ist eine zivilrechtliche Betrachtungsweise erforderlich.[1447] Dies gilt insbesondere für das Verschulden[1448] und für die Beweislast.[1449]

Angesichts der grenzüberschreitenden Sachverhalte in transnationalen Menschenrechtsfällen stellt sich zunächst die Frage nach der Anwendbarkeit des deutschen Strafrechts (1.). Anschließend sollen Beispiele für möglicherweise verletzte Strafgesetze und deren Schutzgesetzeigenschaft dargestellt werden (2.). Losgelöst von der Erfüllung des Tatbestandes einer konkreten Strafnorm folgt sodann eine Untersuchung der Strafbarkeit der Organe in transnationalen Menschenrechtsfällen. In Betracht kommt sowohl eine Strafbarkeit aufgrund aktiven Tuns (3.) als auch eine solche aufgrund Unterlassens (4.). Abschließend ist zudem kurz auf eine mögliche Fahrlässigkeitsstrafbarkeit einzugehen (5.). Da der Schwerpunkt dieser Arbeit nicht im Strafrecht liegt, beschränkt sich die Darstellung auf Grundzüge. Für vertiefte Untersuchungen insbesondere der intensiven strafrechtlichen Diskussion zur Organisationsherrschaft und zur Geschäftsherrenhaftung sei auf die diesbezügliche strafrechtliche Literatur verwiesen.[1450]

1. Anwendbarkeit des deutschen Strafrechts

Für eine Schutzgesetzverletzung ist erforderlich, dass das jeweilige Schutzgesetz für den konkreten Fall überhaupt anwendbar ist. Es kommt also auch im Rahmen des Zivilrechts auf die internationale Anwendbarkeit der strafrechtlichen Vorschriften an, die sich nach dem internationalen Strafrecht richtet.[1451]

1447 S. etwa *Deutsch*, VersR 2004, 137 (142).

1448 S. etwa *Hager*, in: Staudinger, BGB (2009), § 823 Rn. G 34-G 38; *Wagner*, in: MüKo-BGB, § 823 Rn. 535–539 (allerdings für eine strafrechtliche Betrachtungsweise).

1449 S. hierzu etwa *Hager*, in: Staudinger, BGB (2009), § 823 Rn. G 39 f.; *Wagner*, in: MüKo-BGB, § 823 Rn. 534–537.

1450 Zur Organisationsherrschaft s. etwa: *Bosch*, Organisationsverschulden im Unternehmen; *Schlösser*, Soziale Tatherrschaft; *Schroeder*, Täter hinter dem Täter; *Urban*, Organisationsherrschaft; zur strafrechtlichen Geschäftsherrenhaftung s. etwa *Spring*, Geschäftsherrenhaftung; *Utz*, personale Reichweite; *Walter*, Pflichten des Geschäftsherrn.

1451 *Spickhoff*, Gesetzesverstoß, S. 107; *Remien*, in: Prütting/Wegen/Weinreich, BGB, Art. 16 Rom II-VO Rn. 3; anders wohl *von Hoffmann*, in: FS Henrich, S. 283 (286–288), der nach den Kollisionsnormen des IPR anknüpfen will. Da sich nach *von Hoffmann „die Verweisung auf Schutzgesetze in § 823 II BGB [...]*

Die nach § 9 StGB mögliche Anknüpfung an den Handlungsort führt für Straftaten von Organen eines deutschen Unternehmens in der Regel zur Anwendbarkeit des deutschen Strafrechts, da davon auszugehen ist, dass beispielsweise entsprechende Entscheidungen, Weisungen, Vorgaben etc. der Leitungsorgane bzw. auch andere Handlungen in einer deutschen Niederlassung des Unternehmens getroffen werden oder hätten getroffen werden müssen.[1452] Im Einzelfall ist es allerdings möglich, dass die Straftat im Ausland begangen wird. Dann scheitert eine Haftung gemäß § 823 Abs. 2 BGB i.V.m. einer (deutschen) Strafnorm bereits an der Anwendbarkeit des deutschen Strafrechts.

Agieren die Organe als Teilnehmer, ergibt sich die Anwendbarkeit des deutschen Strafrechts aus § 9 Abs. 2 S. 1 2. Alt. StGB. Aufgrund von § 9 Abs. 2 S. 2 StGB kann das Organ für eine Teilnahme an einer Tat im Ausland unabhängig von der Strafbarkeit des Haupttäters im Ausland strafbar sein.

2. Beispiele für potentiell verletzte Strafgesetze und deren Schutzgesetzeigenschaft

In transnationalen Menschenrechtsfällen können zahlreiche unterschiedliche Strafvorschriften verletzt worden sein. Da in einer abstrakten Betrachtung nicht sämtliche möglicherweise in Betracht kommenden Straftatbestände aufgezählt werden können, beschränken sich die nachfolgenden Ausführungen auf die Darstellung der als zentral erachteten Strafvorschriften, die keinen Anspruch auf Vollständigkeit erhebt. Es geht in erster Linie darum, möglicherweise verletzte Straftatbestände anhand der eingangs entwickelten Fallgruppen von Menschenrechtsverletzungen aufzuzeigen, ohne jedoch sämtliche Tatbestandsvoraussetzungen gesondert zu prüfen. Dies bleibt einer strafrechtlichen Untersuchung des Themas vorbehalten. Die Betrachtung erfolgt zunächst allgemein ohne Berücksichtigung der Art der möglichen Beteiligung des Unternehmens, der Begehungsweise (Tun oder Unterlassen) sowie des subjektiven Tatbestandes.

---

nicht auf inländische Strafnormen, sondern auf diejenigen des Tatorts [bezieht]", wird dies für die hier untersuchten transnationalen Menschenrechtsfälle wohl keine Bedeutung haben, da für die vom Organ des in Anspruch genommenen deutschen Unternehmens begangenen Straftaten Deutschland als Tatort anzusehen sein wird.

1452 S. zur Bestimmung des Handlungsortes im Rahmen des IPR o. § 16 A. 2.

Im Falle des Todes eines Menschen kommt grundsätzlich in allen vier der oben entwickelten Fallgruppen eine Strafbarkeit aufgrund eines *Tötungsdelikts* nach §§ 211, 212, 227 oder 222 StGB in Betracht. Deren Schutzgut ist das Leben und damit ein Individualgut, sodass diese Normen als Schutzgesetze gemäß § 823 Abs. 2 BGB anzusehen sind.[1453]

Ähnliches gilt für *Körperverletzungsdelikte* (§§ 223, 224, 226, 229 StGB), deren Verletzung bei der Missachtung arbeitsrechtlicher Mindeststandards, bei der Verursachung von Umwelt- und damit zusammenhängenden Gesundheitsschäden und bei der gewaltsamen Verfolgung von sozialen Bewegungen bzw. Unterstützung von unterdrückerischen Regierungen oder Gruppen in Betracht kommt. Diese dienen mit dem Schutzgut der körperlichen Unversehrtheit[1454] dem Individualschutz und sind daher Schutzgesetze i.S.v. § 823 Abs. 2 StGB.[1455]

Auch eine Verwirklichung von *Straftaten gegen die persönliche Freiheit* (etwa von §§ 239, 240, 241 StGB) ist möglich. Die durch diese geschützte Freiheit ist ebenfalls ein Individualrechtsgut.[1456]

Sachbeschädigungsdelikte, insbesondere nach §§ 303, 305 StGB, können vor allem in den letzten zwei Fallgruppen verletzt werden. Die genannten Vorschriften schützen fremdes Eigentum[1457] und sind damit individualschützende Schutzgesetze i.S.v. § 823 Abs. 2 StGB.

Aus dem Bereich der *gemeingefährlichen Straftaten* kommt eine Strafbarkeit nach § 313 und § 314 StGB in Betracht. § 313 StGB nennt ausdrücklich Leib, Leben und fremde Sachen von bedeutendem Wert als Schutzgut, die

---

1453 Zur eingeschränkten Möglichkeit der Angehörigen zur Geltendmachung eines entsprechenden Schadensersatzanspruchs s. bereits o. § 16 B. VI.; s. aber auch *Spickhoff*, Gesetzesverstoß, S. 152–154 (§ 823 Abs. 1 BGB als *lex specialis*).

1454 BT-Drucks. 13/8587, S. 35; *Sternberg-Lieben*, in: Schönke/Schröder, StGB, Vorbemerkungen zu den §§ 223 bis 231 Rn. 1–3; *Joecks/Hardtung*, in: MüKo-StGB, Vorbemerkung zu § 223 Rn. 1.

1455 RG, Urt. v. 06.04.1932 – IX 306/31, RGZ 140, 392 (394); BGH, Urt. v. 03.02.1976 – VI ZR 235/74, NJW 1976, 1143 (1444); *Ransiek*, ZGR 1992, 203 (205); s. aber auch *Spickhoff*, Gesetzesverstoß, S. 152–154 (§ 823 Abs. 1 BGB als *lex specialis*).

1456 Zu § 239 StGB s. OLG Bamberg, Urt. v. 05.12.2011 – 4 U 72/11, NJW-RR 2012, 467 (468); zu § 240 StGB s. BGH, Urt. v. 26.02.1962 – II ZR 22/61, NJW 1962, 910; BGH, Urt. v. 03.02.1976 – VI ZR 235/74, NJW 1976, 1143 (1145).

1457 *Hecker*, in: Schönke/Schröder, StGB, § 303 Rn. 1; *Wieck-Noodt*, in: MüKo-StGB, Vorbemerkung zu den §§ 303 ff. Rn. 1.

als Individualrechtsgüter anzusehen sind.[1458] § 314 StGB schützt mit den Schutzgütern Gesundheit und Leben[1459] ebenfalls Individualrechtsgüter.

Eine Verletzung von *Straftaten gegen die Umwelt* (namentlich gemäß §§ 324, 324a, 325, 326 (jeweils gegebenenfalls i.V.m. § 330) sowie § 330a StGB) ist ebenfalls für die Fallgruppe der Verursachung von Umwelt- und damit zusammenhängenden Gesundheitsschäden, aber auch für Fälle, in denen die Vertreibung indigener Völker die Konsequenz von Umweltverschmutzungen ist, denkbar. Nach herrschender Meinung schützen die Vorschriften des 29. Abschnitts bestimmte Umweltgüter als natürliche Lebensgrundlage des Menschen.[1460] Es sollte indes zwischen den einzelnen Tatbeständen differenziert werden.[1461] Ein Individualschutz kann angesichts der geschützten Rechtsgüter demgemäß folgenden Vorschriften zugesprochen werden: § 324a StGB und § 325 StGB (im Hinblick auf die genannten Schutzgüter der Gesundheit eines anderen und Sachen von bedeutendem Wert (und damit des Eigentums)[1462]), § 326 Abs. 1 Nr. 1 bis 3, Abs. 3 StGB (Schutzgüter: Leben und Gesundheit von Menschen[1463]), § 330 Abs. 2 StGB (Schutzgut: menschliches Leben und die Gesundheit[1464]) und § 330a StGB (Schutzgut: Leben und Gesundheit[1465]). § 324 StGB ist hingegen nicht individualschützend, da im Rahmen dieser Vorschrift der Schutz des Menschen gegenüber dem ökologischen Bestandteil in den Hintergrund tritt.[1466]

Für den Fall einer Zerstörung von Kultstätten o.Ä. ist überdies an eine Strafbarkeit nach §§ 166, 167 StGB zu denken. Schutzgut des § 166 StGB ist nach herrschender Meinung der öffentliche Friede.[1467] Insofern dient

---

1458 *Heine/Bosch*, in: Schönke/Schröder, StGB, § 313 Rn. 1; *Krack*, in: MüKo-StGB, § 313 Rn. 1.

1459 *Heine/Bosch*, in: Schönke/Schröder, StGB, § 314 Rn. 2; *Krack*, in: MüKo-StGB, § 314 Rn. 1.

1460 S. hierzu und zum Streitstand allgemein *Schmitz*, in: MüKo-StGB, Vorbemerkung zu den §§ 324 ff. Rn. 17–26; ähnlich *Heine/Schittenhelm*, in: Schönke/Schröder, StGB, Vormerkungen zu den §§ 324 ff. Rn. 8.

1461 *Schmitz*, in: MüKo-StGB, Vorbemerkung zu den §§ 324 ff. Rn. 25.

1462 Zu § 324a StGB s. *Alt*, in: MüKo-StGB, § 324a Rn. 4; zu § 325 StGB s. *Alt*, in: MüKo-StGB, § 325 Rn. 2.

1463 S. hierzu *Alt*, in: MüKo-StGB, § 326 Rn. 2.

1464 S. auch *Alt*, in: MüKo-StGB, § 330 Rn. 1.

1465 S. auch *Alt*, in: MüKo-StGB, § 330a Rn. 1.

1466 *Alt*, in: MüKo-StGB, § 324 Rn. 1; *Heine/Schittenhelm*, in: Schönke/Schröder, StGB, § 324 Rn. 1.

1467 *Bosch/Schittenhelm*, in: Schönke/Schröder, StGB, Vorbemerkungen zu den §§ 166 ff. Rn. 2 m.w.N.; zurückhaltend etwa *Hörnle*, in: MüKo-StGB, § 166 Rn. 2.

diese Vorschrift nicht dem Individualschutz und ist kein Schutzgesetz i.S.v. § 823 Abs. 2 BGB.[1468] § 167 StGB schützt neben dem Frieden *„die ungestörte Ausübung von Religion und Weltanschauung selbst [...], soweit diese durch ihre Institutionalisierung ein besonderes Gewicht erhält"*.[1469] Insbesondere vor dem Hintergrund von Art. 4 Abs. 2 GG scheint ein Individualschutz dieser Vorschrift geboten.

3. Strafbarkeit aufgrund vorsätzlichen aktiven Tuns

Für die Strafbarkeit wegen vorsätzlichen aktiven Tuns liegt der Schwerpunkt der folgenden Untersuchung auf der Frage, inwiefern sich die Organe des herrschenden Unternehmens / des Unternehmens an der Spitze der Wertschöpfungskette als mittelbare Täter über die sogenannte Organisationsherrschaft strafbar gemacht haben ((a)). Daneben soll auf eine etwaige Teilnahmestrafbarkeit eingegangen werden ((b)).

a) Mittelbare Täterschaft kraft Organisationsherrschaft

Eine unmittelbare Täterschaft der nach § 14 StGB Verantwortlichen, insbesondere von Vorstandsmitgliedern, Geschäftsführern oder *Compliance Officern*, scheitert bereits am Erfordernis der unmittelbaren Tatbegehung. Auch eine Mittäterschaft wird man in Unternehmen mangels Vorliegens eines gemeinsamen Tatplans wohl ausschließen können; die gemeinsame Tatausführung erscheint ebenfalls zumindest zweifelhaft.[1470] Dies gilt in transnationalen Menschenrechtsfällen umso mehr, da der unmittelbare Täter den Organen des in Anspruch genommenen Unternehmens regelmä-

---

1468 **A.A.** *Hager*, in: Staudinger, BGB (2009), § 823 Rn. G 42; *Wagner*, in: MüKo-BGB, § 823 Rn. 525 beide m.w.N. aus der Rspr., die sich indes alle auf § 266 StGB beziehen.

1469 *Bosch/Schittenhelm*, in: Schönke/Schröder, StGB, Vorbemerkungen zu den §§ 166 ff. Rn. 2; ähnlich *Hörnle*, in: MüKo-StGB, § 167 Rn. 1.

1470 *Ransiek*, Unternehmensstrafrecht, S. 49–51; *Brammsen/Apel*, ZJS 2008, 256 (262 f.); *Roxin*, GA 2012, 395 (404); *Rotsch*, in: Rotsch, Criminal Compliance, § 4 Rn. 6; ähnlich *Mittelsdorf*, ZIS 2011, 123 (124) (kein gemeinsamer Tatplan); *Heine/Weißer*, in: Schönke/Schröder, StGB, § 25 Rn. 28 (kein arbeitsteiliges Zusammenwirken auf Basis eines gemeinsamen Entschlusses); **a.A.** *Schünemann*, in: LK-StGB, § 25 Rn. 132; für eine Mittäterschaft bei organisatorischen Machtapparaten allgemein: *Jakobs*, NStZ 1995, 26 f.; *Otto*, JURA 2001, 753 (758 f.).

ßig völlig unbekannt sein wird. Folglich verbleibt die Möglichkeit einer mittelbaren Täterschaft.

Ausgangspunkt für eine mittelbare Täterschaft trotz voller strafrechtlicher Verantwortlichkeit des unmittelbar Tatausführenden kraft Organisationsherrschaft ist die von *Roxin* im Jahr 1963 entwickelte Figur der *„Willensherrschaft kraft organisatorischer Machtapparate".*[1471] Danach müssen für eine Strafbarkeit des mittelbaren Täters bei voller Verantwortung des unmittelbaren Täters drei Voraussetzungen erfüllt sein: es muss sich um die Ausübung von Befehlsgewalt im Rahmen einer Organisation handeln, diese muss sich im Bereich der strafrechtlichen Verantwortlichkeit der relevanten Tätigkeit vom Recht gelöst haben und der Einzelne, der die Tat unmittelbar ausführt, muss ersetzbar sein (sogenannte Fungibilität).[1472]

Diese Konstruktion ist im Schrifttum auf zahlreiche Kritik gestoßen.[1473] Insgesamt ist jedoch davon auszugehen, dass diese Figur heute zumindest für „rechtsgelöste" organisatorische Machtapparate anerkannt ist.[1474]

In der Rechtsprechung war das Urteil gegen die Mitglieder des Nationalen Verteidigungsrats der DDR aus dem Jahr 1994 zentral für die Begründung der mittelbaren Täterschaft aufgrund von Organisationsherrschaft.[1475]

1471 *Roxin*, GA 1963, 193; kritisch *Schroeder*, Täter hinter dem Täter, S. 166–169, der in diesen Fällen auf die Fallgruppe des Täters hinter dem Täter durch Benutzung eines Tatentschlossenen abstellen will, s. hierzu ausführlich *Schroeder*, Täter hinter dem Täter, S. 143–158; kritisch mit Verweis auf den vergleichbaren Fall eines bezahlten Killers, der unbedingt zur Tatausführung entschlossen sei und wobei es sich gerade um die klassische Anstiftungskonstellation handele etwa *Heinrich*, in: FS Krey, S. 147 (157) m.w.N.; s. hierzu wiederum *Schroeder*, Täter hinter dem Täter, S. 158–161.

1472 S. insb. *Roxin*, GA 1963, 193 (200–206); *Roxin*, GA 2012, 395 (396); s. auch *Heinrich*, Entscheidungsträgerschaft, S. 273–275; *Heinrich*, in: FS Krey, S. 147 (162–164), der als viertes Kriterium eine *„organisationstypische Tatgeneigtheit"* fordert.

1473 Vollständig ablehnend z.B. *Herzberg*, ZIS 2009, 576; *Jakobs*, ZIS 2009, 572 f.; *Weigend*, JICJ 9 (2011), 91 (99–105) m.w.N.; für w.N. s. etwa *Heine/Weißer*, in: Schönke/Schröder, StGB, § 25 Rn. 28; grundsätzlich anerkennend, allerdings kritisch im Hinblick auf die von *Roxin* aufgestellten Voraussetzungen etwa *Heinrich*, Entscheidungsträgerschaft, S. 275–279; kritisch im Hinblick auf das Kriterium der Fungibilität *Schroeder*, ZIS 2009, 569-570; s. zur geäußerten Kritik wiederum *Roxin*, GA 2012, 395 (399–415).

1474 S. statt vieler *Heine/Weißer*, in: Schönke/Schröder, StGB, § 25 Rn. 28 m.zahlr.w.N.

1475 BGH, Urt. v. 26.07.1994 – 5 StR 98/94, BGHSt 40, 218 (236) = NJW 1994, 2703 (2706).

Über die Anwendung auf organisatorische Machtapparate hinaus überträgt der BGH diese Grundsätze in einem *obiter dictum* auf die Verantwortlichkeit im Unternehmen.[1476] Anschließend ist er in zahlreichen Fällen zur Strafbarkeit im Unternehmen konsequent von einer derartigen mittelbaren Täterschaft aufgrund von Organisationsherrschaft ausgegangen.[1477] Hierbei verzichtet er faktisch auf die von *Roxin* aufgestellten Erfordernisse der Rechtsgelöstheit der Organisation und der Fungibilität des unmittelbaren Täters und stützt die mittelbare Täterschaft allein auf die Ausnutzung bestimmter Rahmenbedingungen durch Organisationsstrukturen und damit verbundene regelhafte Abläufe.[1478]

Diese Übertragung der mittelbaren Täterschaft kraft organisierter Machtapparate des BGH auf Wirtschaftsunternehmen ist im Schrifttum überwiegend auf Kritik gestoßen.[1479] Diese betrifft etwa die Unbestimmtheit der Anforderungen der Rechtsprechung,[1480] die fehlende Berücksichtigung der konkreten Handlungszusammenhänge[1481] sowie dass bei einem Unternehmen, dessen Wirtschaftätigkeit sich in den Grenzen des geltenden Rechts hält, nicht automatisch vom Ausnutzen regelhafter Abläufe zur Begehung von Straftaten ausgegangen werden könne.[1482] Der Kern der Kritik bezieht sich hingegen darauf, allein das Kriterium der Ausnutzung *„unternehmerische[r] [...] Organisationsstrukturen [...], innerhalb derer [...] [der] Tatbeitrag regelhafte Abläufe auslöst"* sei nicht ausreichend für die Begründung einer mittelbaren Täterschaft (insbesondere in Abgrenzung zur Anstiftung).[1483] Im Gegensatz zu in rechtsgelösten organisierten Machtap-

---

1476 BGH, Urt. v. 26.07.1994 – 5 StR 98/94, BGHSt 40, 218 (236) = NJW 1994, 2703 (2706).

1477 S. statt vieler BGH, Urt. v. 06.06.1997 – 2 StR 339/96, BGHSt 43, 219 (231 f.) = NStZ 1997, 544 (545); BGH, Beschl. v. 23.05.2013 – 2 StR 555/12, wistra 2013, 389 f.; zu w.N. aus der Rspr. s. *Heine/Weißer*, in: Schönke/Schröder, StGB, § 25 Rn. 29.

1478 *Heine/Weißer*, in: Schönke/Schröder, StGB, § 25 Rn. 29; *Rengier*, StrafR AT, § 43 Rn. 68; ähnlich *Schroeder*, JR 1995, 177 (179).

1479 Ablehnend z.B. *Heinrich*, Entscheidungsträgerschaft, S. 282–283; *Roxin*, Täterschaft und Tatherrschaft, Rn. 379–381 (S. 748-750); *Otto*, JURA 2001, 753 (759); *Joecks*, in: MüKo-StGB, § 25 Rn. 153; *Schünemann*, in: LK-StGB, § 25 Rn. 131; zustimmend wohl *Rogall*, ZStW 98 (1986), 573 (617 f.); differenzierend *Urban*, Organisationsherrschaft, S. 217–260.

1480 *Heinrich*, in: FS Krey, S. 147 (155).

1481 *Heine/Weißer*, in: Schönke/Schröder, StGB, § 25 Rn. 30.

1482 *Heine/Weißer*, in: Schönke/Schröder, StGB, § 25 Rn. 30; ähnlich *Mittelsdorf*, ZIS 2011, 123 (124); zur Rechtsgelöstheit bei Unternehhmen *Urban*, Organisationsherrschaft, S. 232–239.

1483 *Heinrich*, in: FS Krey, S. 147 (156).

paraten Handelnden hätten die Mitarbeiter in innerhalb des Rechts handelnden Unternehmen die Möglichkeit, die Ausführung rechtswidriger Anordnungen zu verweigern;[1484] dies werde von ihnen sogar erwartet.[1485] Insofern sei der Adressat rechtswidriger Anweisungen im Gegensatz zu rechtsgelösten organisatorischen Machtapparaten regelmäßig gerade nicht zur Ausführung einer rechtswidrigen Tat bereit[1486] und es bestehe keine ausreichende Tatherrschaft des Anweisenden.[1487] Im Gegensatz zu rechtsgelösten organisatorischen Machtapparaten müsse der unmittelbar Ausführende ferner jederzeit erwarten, dass sein Verhalten ans Licht kommt und strafrechtliche Konsequenzen nach sich zieht.[1488] Außerdem müsse der Anweisende im Unternehmen zunächst erst einmal einen Mitarbeiter finden, der überhaupt zu der jeweiligen Tat bereit ist. Ist aber in diesem Sinn zunächst eine „Überredung" des Haupttäters erforderlich, entspreche dies einer typischen Anstiftungskonstellation.[1489] Aufgrund der dezentralen Strukturierung von Wirtschaftsunternehmen wird überdies in Frage gestellt, ob einzelne Leitungspersonen überhaupt über die erforderliche Machtposition verfügen.[1490]

Eine mittelbare Täterschaft bei Delikten in Wirtschaftsunternehmen bliebe als solche kraft überlegenen Wissens dann möglich, wenn der Aus-

---

1484 *Mittelsdorf*, ZIS 2011, 123 (124); ähnlich *Heine/Weißer*, in: Schönke/Schröder, StGB, § 25 Rn. 30 (es sei grundsätzlich von der Rechtstreue von Unternehmensmitarbeitern auszugehen).

1485 *Roxin*, Täterschaft und Tatherrschaft, Rn. 379 (S. 749); *Brammsen/Apel*, ZJS 2008, 256 (262); *Joecks*, in: MüKo-StGB, § 25 Rn. 154; *Rengier*, StrafR AT, § 43 Rn. 69.

1486 *Ransiek*, Unternehmensstrafrecht, S. 47; ähnlich *Joecks*, in: MüKo-StGB, § 25 Rn. 154–155.

1487 *Rengier*, StrafR AT, § 43 Rn. 69; dies gilt nach *Brammsen/Apel*, ZJS 2008, 256 (262) regelmäßig auch mit Blick auf den drohenden Verlust des Arbeitsplatzes, insb. weil die Weigerung, eine rechtswidrige Anweisung auszuführen, keinen Kündigungsgrund darstelle; ähnlich *Ransiek*, Unternehmensstrafrecht, S. 47; ausführlich und differenzierend insb. in Bezug auf Kündigung und Mobbing *Urban*, Organisationsherrschaft, S. 243–250.

1488 *Roxin*, GA 2012, 395 (410); ähnlich *Urban*, Organisationsherrschaft, S. 242.

1489 *Brammsen/Apel*, ZJS 2008, 256 (262, 263-264); *Heinrich*, in: FS Krey, S. 147 (165); s. auch *Heinrich*, Entscheidungsträgerschaft, S. 282–283.

1490 *Heine/Weißer*, in: Schönke/Schröder, StGB, § 25 Rn. 30; ähnlich *Mittelsdorf*, ZIS 2011, 123 (124) (Führungsebene ist häufig primär mit strategischen Fragen beschäftigt).

führende keine Kenntnis über die Strafbarkeit seines Verhaltens hat oder er rechtliche oder tatsächliche Zusammenhänge nicht überblickt.[1491]

Im Ergebnis überzeugt die Kritik und damit die Ansicht des Schrifttums, die Täterschaft kraft Organisationsherrschaft nicht auf Wirtschaftsunternehmen zu übertragen. Die Haftung kraft mittelbarer Täterschaft bei voller Verantwortung des unmittelbaren Täters muss als Ausnahme zum gesetzlichen Regelfall an enge Voraussetzungen geknüpft sein. Allein die Ausnutzung bestimmter Organisationsstrukturen ist hierfür kein hinreichendes Kriterium. Damit bleibt vor allem eine Strafbarkeit wegen Anstiftung.[1492]

Selbst wenn man die Täterschaft kraft Organisationsherrschaft auch für Wirtschaftsunternehmen anerkennt, kann sie in transnationalen Menschenrechtsfällen nicht fruchtbar gemacht werden.[1493] Zum einen lässt sich bereits infrage stellen, inwiefern die Unternehmensorgane über einen Willen zur Begehung der Tat als eigene verfügen. Zum anderen erweist sich insbesondere die Feststellung des Vorsatzes als problematisch. Gehört ein Verletzungserfolg nicht zum Tatbestand des Schutzgesetzes, reicht es nach herrschender Auffassung aus, wenn sich das Verschulden auf die Verletzung des Schutzgesetzes bezieht.[1494] Inwiefern der in Deutschland agierende Organwalter des Unternehmens in transnationalen Menschenrechtsfällen Vorsatz (also zumindest Eventualvorsatz) in Bezug auf die Verwirklichung des jeweiligen Straftatbestandes durch den unmittelbar im Ausland Agierenden hat, ist abhängig vom Einzelfall. Insbesondere in der Fallgruppe der Unterstützung von dem Staat zurechenbaren Menschenrechtsverletzungen in Form der gewaltsamen Verfolgung von sozialen Bewegun-

---

1491 *Urban*, Organisationsherrschaft, S. 250–251; *Brammsen/Apel*, ZJS 2008, 256 (262); *Mittelsdorf*, ZIS 2011, 123 (124); *Heine/Weißer*, in: Schönke/Schröder, StGB, § 25 Rn. 30.

1492 S. auch *Brammsen/Apel*, ZJS 2008, 256 (261); *Jakobs*, NStZ 1995, 26; zurückhaltend *Roxin*, Täterschaft und Tatherrschaft, Rn. 382 (S. 750) (Anstiftung keine befriedigende Lösung); Unterschiede ergeben sich allerdings, wenn die Begehung der Haupttat missglückt (Strafbarkeit des Anstifters gemäß §§ 30, 12 StGB nur bei Verbrechen) sowie bei Sonderdelikten gemäß § 28 StGB, *Brammsen/Apel*, ZJS 2008, 256 (264).

1493 Zumindest eine theoretische Möglichkeit einer entsprechenden Haftung deutscher Unternehmen annehmend *Güngör*, Sorgfaltspflichten, S. 304–305.

1494 S. etwa RG, Urt. v. 01.07.1907 – VI 488/06, RGZ 66, 251 (255); BGH, Urt. v. 25.09.1952 – III ZR 322/51, BGHZ 7, 198 (207) = NJW 1953, 700 (701); BGH, Urt. v. 02.02.1988 – VI ZR 133/87, BGHZ 103, 197 (200) = NJW 1988, 1383 (1384); *Hager*, in: Staudinger, BGB (2009), § 823 G 34 f.; *Wagner*, in: MüKo-BGB, § 823 Rn. 536 jeweils m.w.N.

gen bzw. der Unterstützung von unterdrückerischen Regierungen oder Gruppen erscheint die zumindest billigende Inkaufnahme des Erfolgseintritts bzw. der Schutzgesetzverletzung möglich. Dies gilt insbesondere vor dem Hintergrund, dass die entsprechenden Organe wissen, dass es in der Vergangenheit bei der Zusammenarbeit mit Militärdiktaturen etwa in Brasilien, Argentinien und Südafrika zu Menschenrechtsverletzungen gekommen ist. In den anderen Fallgruppen wird der Verschuldensvorwurf regelmäßig eher auf einer Fahrlässigkeit der Organwalter liegen, wobei nicht ausgeschlossen werden kann, dass ein Organ im Einzelfall ausnahmsweise vorsätzlich gehandelt hat. Da bei der Verwirklichung eines Strafgesetzes der Anscheinsbeweis nicht greift,[1495] sind die Geschädigten in Bezug auf den Vorsatz des Organwalters allerdings beweispflichtig.[1496] Diesen Nachweis werden sie in transnationalen Menschenrechtsfällen kaum erbringen können.[1497]

b) Teilnahme

Für die Verletzung strafrechtlicher Schutzgesetze kann unmittelbar auf die §§ 25 ff. StGB zurückgegriffen werden.[1498] Eine strafbare Teilnahme setzt eine vorsätzliche rechtswidrige Haupttat voraus. Handelt es sich bei der Haupttat (im Ausland) „lediglich" um ein Fahrlässigkeitsdelikt, scheitert eine Teilnahmestrafbarkeit der Organe bereits am Erfordernis einer vorsätzlichen Haupttat.

Es wäre überdies verfehlt, bei Ausscheiden einer mittelbaren Täterschaft automatisch auf eine Anstiftung zu schließen. Insofern bereiten gerade in Wirtschaftsunternehmen die Feststellung einer konkreten Anstiftungshandlung und das Hervorrufen des Tatentschlusses beim Haupttäter Schwierigkeiten.[1499]

Grundsätzlich erscheint eine Anstiftungshandlung in transnationalen Menschenrechtsfällen je nach konkreter Gestaltung des Einzelfalls aller-

---

1495 BGH, Urt. v. 05.03.2002 – VI ZR 398/00, NJW 2002, 1643 (1645); s. auch BGH, Urt. v. 04.05.1988 – IVa ZR 278/86, BGHZ 104, 256 (261) = NJW 1988, 2040 (2041) (zum vorsätzlich herbeigeführten Versicherungsfall); *Hager*, in: Staudinger, BGB (2009), § 823 Rn. G 40.

1496 BGH, Urt. v. 20.12.2011 – VI ZR 309/10, NJW-RR 2012, 404 (Rn. 8) m.w.N.; *Wagner*, in: MüKo-BGB, § 823 Rn. 545.

1497 S. auch *Güngör*, Sorgfaltspflichten, S. 314.

1498 *Spickhoff*, Gesetzesverstoß, S. 227–228.

1499 *Mittelsdorf*, ZIS 2011, 123 (125).

dings nicht ausgeschlossen. Eine solche könnte man beispielsweise in Zulieferketten in einer entsprechenden Vertragsgestaltung, etwa der Vereinbarung niedriger Preise und kurzer Lieferfristen, sehen. Ist hingegen der
unmittelbare Täter bereits ohne Zutun des Organs eines Unternehmens
zur Tat entschlossen (sogenannter *omnimodo facturus*), scheidet eine Anstiftung aus und es kommt vor allem eine (psychische) Beihilfe in Betracht.[1500] Das Hervorrufen des Tatentschlusses wird überdies umso weniger nachgewiesen werden können, je weiter der unmittelbarere Täter vom
jeweiligen Organwalter entfernt ist. Dies gilt für Konzernunternehmen
z.B. dann, wenn der Haupttäter für eine abhängige Gesellschaft gehandelt
hat, deren Abhängigkeit aber durch zahlreiche dazwischen geschaltete Gesellschaften vermittelt ist, und für Zulieferketten, wenn das Unternehmen
des potentiellen Anstifters mit dem des Haupttäters nur über zahlreiche
dazwischen geschaltete Unternehmen miteinander verbunden ist.

Für eine Anstiftung ist ferner ein Vorsatz in Bezug auf die Begehung der
Haupttat und in Bezug auf das Hervorrufen des Tatentschlusses erforderlich. Auch wenn der Anstiftende nicht sämtlicher Tatumstände wie beispielsweise Zeit oder Ort der Tat oder Art ihrer Ausführung detailliert kennen muss, muss sich die Anstiftung dennoch auf eine bestimmte Tat beziehen.[1501] Wie bereits oben dargestellt, wird den Leitungsorganen in transnationalen Menschenrechtsfällen jedenfalls typischerweise regelmäßig
kein Vorsatz vorzuwerfen sein, sodass eine Anstiftung nicht in Betracht
kommt.[1502]

An diesem Vorsatzerfordernis wird grundsätzlich auch eine Beihilfestraf-
barkeit der Organe des in Anspruch genommenen Unternehmens scheitern.[1503] Überdies erscheint hier auch der Nachweis, dass diese durch ihre
Handlungen die Haupttat gefördert haben, äußerst schwierig.

1500 S. allgemein *Heine/Weißer*, in: Schönke/Schröder, StGB, § 26 Rn. 6; *Joecks*, in:
MüKo-StGB, § 26 Rn. 28 (jeweils mit zusätzlichem Verweis auf die versuchte
Anstiftung); zur Konstellation des *omnimodo facturus* im Rahmen von § 830
Abs. 2 BGB für den Fall, dass eine Gesellschaft eine andere übernimmt, die be-
reits unter menschenrechtswidrigen Arbeitsbedingungen produzieren lässt s.
Nordhues, Haftung Muttergesellschaft, S. 159.

1501 *Heine/Weißer*, in: Schönke/Schröder, StGB, § 26 Rn. 18 m.w.N.

1502 S. auch *Osieka*, Zivilrechtliche Haftung, S. 204; zum Vorsatz der Muttergesellschaft im Rahmen der Haftung nach § 830 Abs. 2 BGB s. *Nordhues*, Haftung
Muttergesellschaft, S. 159–161.

1503 S. auch *Osieka*, Zivilrechtliche Haftung, S. 205.

4. Strafbarkeit aufgrund vorsätzlichen Unterlassens

Die Strafbarkeit wegen Unterlassens ist relevant, wenn nicht an einen Beschluss o.Ä. der Geschäftsführung des Unternehmens an der Spitze der Zulieferkette oder eines Konzerns angeknüpft werden kann. Zentral ist die Garantenstellung der Organe des Unternehmens. Dies wird im Strafrecht insbesondere unter dem Stichwort der Geschäftsherrenhaftung diskutiert (s. hierzu a)). Anschließend ist auf die Besonderheiten der Unterlassensstrafbarkeit in transnationalen Menschenrechtsfällen einzugehen (b)).

a) Strafrechtliche Geschäftsherrenhaftung

Liegt der Schwerpunkt des Vorwurfs im Unterlassen, ist vor allem die Herleitung einer Garantenstellung der in § 14 StGB genannten Personen problematisch. Eine Beschützergarantenpflicht für außenstehende Dritte ist abzulehnen. Insbesondere ergibt sie sich nicht aus der Legalitätspflicht gemäß § 93 Abs. 1 S. 1 AktG, da diese ausschließlich das Innenverhältnis betrifft.[1504] Die Frage nach einer Überwachungsgarantenstellung wird im Strafrecht unter dem Begriff der sogenannten Geschäftsherrenhaftung diskutiert. Insbesondere in Bezug auf diese Garantenstellung sind viele Detailfragen umstritten.[1505]

aa) Rechtsprechung

Grundlage für die Anerkennung der Geschäftsherrenhaftung durch die Rechtsprechung sind zwei Urteile des BGH aus den Jahren 2009 und 2011.[1506]

In der Entscheidung von 2009[1507] ging der BGH davon aus, dass sich eine Übernahme von Überwachungs- und Schutzpflichten auch aus einem

---

1504 *Wittig*, WirtschaftsstrafR, § 6 Rn. 57b.

1505 Die unterschiedlichen vertretenen Ansichten können hier ausschließlich in Grundzügen dargestellt werden; zu einem Überblick über den Meinungsstand s. *Utz*, personale Reichweite, S. 113–138; *Schall*, in: FS Rudolphi, S. 267–283.

1506 Weitere Entscheidungen zur Geschäftsherrenhaftung existieren nicht, da die Fälle in der Praxis regelmäßig über § 130 OWiG gelöst werden, s. *Beulke*, in: FS Geppert, S. 23 (25).

1507 BGH, Urt. v. 17.07.2009 – 5 StR 394/08, BGHSt 54, 44-52 = NJW 2009, 3173-3176.

Dienstvertrag ergeben könne, wobei es maßgeblich auf die tatsächliche Übernahme der Aufgabe ankomme. Daneben sei *„ein besonderes Vertrauensverhältnis [erforderlich], das den Übertragenden gerade dazu veranlasst, dem Verpflichteten besondere Schutzpflichten zu überantworten.*" Für den Inhalt und Umfang der Garantenpflicht stellte der BGH auf den *„konkreten Pflichtenkreis, den der Verantwortliche übernommen hat"*, ab. Zentrale Bedeutung erlangte das Urteil aufgrund eines *obiter dictums*, wonach regelmäßig von einer Garantenstellung der Compliance-Beauftragten eines Unternehmens als *„notwendige Kehrseite ihrer gegenüber der Unternehmensleitung übernommenen Pflicht, Rechtsverstöße und insbesondere Straftaten zu unterbinden"*, auszugehen sei.[1508] Damit hat der BGH die Geschäftsherrenhaftung zumindest indirekt anerkannt.[1509]

Eine ausdrückliche Anerkennung der Geschäftsherrenhaftung aufgrund einer Überwachungsgarantenstellung seitens des BGH erfolgte in einem Urteil aus dem Jahr 2011, wonach sich *„aus der Stellung als Betriebsinhaber bzw. Vorgesetzter je nach den Umständen des einzelnen Falls eine Garantenpflicht zur Verhinderung von Straftaten nachgeordneter Mitarbeiter ergeben [kann]."* Diese gelte allerdings nur für die *„Verhinderung betriebsbezogener Straftaten".*[1510]

bb) Schrifttum

Insbesondere das erste Urteil des BGH ist Gegenstand unterschiedlicher Kritik aus dem straf- und gesellschaftsrechtlichen Schrifttum geworden,[1511]

1508 S. zum Vorstehenden insgesamt BGH, Urt. v. 17.07.2009 – 5 StR 394/08, BGHSt 54, 44 (50 [Rn. 25-27]) = NJW 2009, 3173 (3174 f.) m.w.N.

1509 S. insgesamt *Dannecker/Dannecker*, JZ 2010, 981 (991); *Rönnau/Schneider*, ZIP 2010, 53 (54); ähnlich *Ransiek*, AG 2010, 147 (149 f.); **a.A.** wohl *Spring*, GA 2010, 222 (227).

1510 BGH, Urt. v. 20.10.2011 – 4 StR 71/11, BGHSt 57, 42 (45 f. [Rn. 13]) = NJW 2012, 1237 (1238).

1511 Diese bezog sich z.B. auf die fehlende Differenzierung des BGH zwischen Beschützer- und Überwachungsgarant (*Beulke*, in: FS Geppert, S. 23 (27 f.); *Dannecker/Dannecker*, JZ 2010, 981 (983)), eine unzureichende Herleitung der Garantenstellung (*Dannecker/Dannecker*, JZ 2010, 981 (983 f.)), die Unterscheidung zwischen öffentlichen und privaten Unternehmen (*Spring*, GA 2010, 222 (224 f.); *Stoffers*, NJW 2009, 3176 f.; zustimmend hingegen *Dannecker/Dannecker*, JZ 2010, 981 (986 f.)), das Abstellen des BGH allein auf die Übernahme von Pflichten (*Beulke*, in: FS Geppert, S. 23 (27 f.); *Spring*, GA 2010, 222 (226 f.)), die Ableitung von Garantenpflichten im Außenverhältnis aus den zi-

die sich vor allem auf die sehr hohen Anforderungen an eine Compliance-Organisation sowie auf die Garantenstellung des *Compliance Officers* bezieht.[1512] Dennoch wird das Urteil des BGH im Ergebnis wohl weitestgehend anerkannt.[1513]

Auch das Schrifttum geht grundsätzlich davon aus, dass eine Garantenstellung des Geschäftsherrn nur für betriebsbezogene Straftaten bestehen kann.[1514] Unter welchen Umständen genau dies der Fall ist, ist allerdings umstritten.

Eine eher restriktive Sicht nimmt eine Garantenpflicht des Geschäftsherrn nur an, wenn eine besondere Gefahrenquelle vorhanden ist. Diese ergebe sich ausschließlich, wenn der Betrieb als besonders gefährlich einzustufen sei[1515] oder wenn es um das Verhalten von Mitarbeitern gehe, deren Verhalten bereits in der Vergangenheit nicht ordnungsgemäß war.[1516] Nach anderer Auffassung besteht eine Garantenstellung aufgrund der Eigenverantwortung des unmittelbar handelnden Mitarbeiters nur für sachliche Gefahrenquellen und nicht für solche, die durch den Einsatz von Personen entstehen.[1517] Am weitesten geht die Auffassung, die grundsätzlich von einer allgemeinen Garantenstellung des Geschäftsherrn ausgeht.[1518] Die Begründungen hierfür variieren wiederum.[1519]

---

vilrechtlichen Pflichten im Innenverhältnis (*Spindler*, RW 2013, 292 (314 f.)), das Kriterium des besonderen Vertrauensverhältnisses (*Ransiek*, AG 2010, 147 (152)) und auf die Herleitung der Garantenstellung des Compliance-Beauftragten (*Stoffers*, NJW 2009, 3176; wohl auch *Schneider/Gottschaldt*, ZIS 2011, 573 (574 f.); *Dannecker/Dannecker*, JZ 2010, 981 (992)).

1512 *Hüffer*, in: FS Roth, S. 299 (305 f.) m.w.N.; *Paefgen*, WM 2016, 433 (443) m.w.N.; *Hauschka/Moosmayer/Lösler*, in: Hauschka/Moosmayer/Lösler, Corporate Compliance, § 1 Rn. 35.

1513 *Dannecker/Dannecker*, JZ 2010, 981; *Ransiek*, AG 2010, 147.

1514 Z.B. *Dannecker/Dannecker*, JZ 2010, 981 (985); *Ransiek*, ZGR 1992, 203 (219); *Schall*, in: FS Rudolphi, S. 267 (280–283); ausführlich *Petermann*, in: FS Schiller, S. 538 (544–546).

1515 *Weigend*, in: LK-StGB, § 13 Rn. 56; ähnlich *Ransiek*, ZGR 1992, 203 (221).

1516 *Langkeit*, in: FS Otto, S. 649 (651–654).

1517 S. ausführlich etwa *Beulke*, in: FS Geppert, S. 23 (33–35); zur Garantenstellung in Bezug auf Sachgefahren s. ausführlich *Schünemann*, Unternehmenskriminalität, S. 95–101.

1518 *Petermann*, in: FS Schiller, S. 538; *Rönnau/Schneider*, ZIP 2010, 53 (56) m.w.N.; *Roxin*, StrafR AT II, § 32 Rn. 137; wohl ablehnend *Ransiek*, ZGR 1992, 203 (220 f.).

1519 Auf die Herrschafts- und Befehlsgewalt abstellend etwa *Rogall*, ZStW 98 (1986), 573 (616–618); wohl auch *Schünemann*, Unternehmenskriminalität, S. 101–103; differenzierend *Tiedemann*, WirtschaftsstrafR, Rn. 357; ausführlich, wenn auch i.E. ablehnend *Utz*, personale Reichweite, S. 120–124; für eine Her-

cc) Stellungnahme

Ausgangspunkt für die Garantenstellung des Geschäftsherrn ist der Betrieb insgesamt als Gefahrenquelle, die jener zu überwachen hat.[1520] Insofern geht es bei der Geschäftsherrenhaftung nicht ausschließlich um Gefahren, die durch den Einsatz von Personal entstehen. Vielmehr bringt der Betrieb eines Unternehmens eigene, unternehmensspezifische Gefahren mit sich, die über die vom einzelnen Mitarbeiter beherrschte Gefahr hinausgehen.[1521] Grundlage für derartige unternehmensspezifische Gefahren stellt die Arbeitsteilung im Unternehmen dar, beispielsweise „die Abgrenzung der betrieblichen Aufgaben, die ordnungsgemäße Zuordnung der jeweiligen Verantwortlichkeit und die Überwachung der Wahrnehmung der Aufgaben".[1522] Entschließt sich also jemand zum Betrieb eines Unternehmens (und damit zur Eröffnung einer Gefahrenquelle), muss hiermit zwangsläufig auch die Einstandspflicht für unzureichenden Schutz vor daraus resultierenden Gefahren korrespondieren.[1523] Vor diesem Hintergrund erscheint eine Differenzierung zwischen Sach- und Personengefahren wenig zielführend, zumal solche häufig schwierig sein wird.[1524]

---

anziehung der Gefahr aus dem Betrieb eines Unternehmens als solche: *Ransiek*, Unternehmensstrafrecht, S. 35–41; *Utz*, personale Reichweite, S. 124–134; *Otto*, in: FS Schroeder, S. 339 (340 f.); eine Verbindung dieser beiden Gründe annehmend *Petermann*, in: FS Schiller, S. 538 (542–544); *Schall*, in: FS Rudolphi, S. 267 (269); *Roxin*, StrafR AT II, § 32 Rn. 135, 137.

1520 S. ausführlich *Schall*, in: FS Rudolphi, S. 267 (277 f.); ähnlich i.E. auch *Beulke*, in: FS Geppert, S. 23 (39 f.); s. auch *Dannecker*, NZWiSt 2012, 441 (444).

1521 *Dannecker/Dannecker*, JZ 2010, 981 (990); *Petermann*, in: FS Schiller, S. 538 (543); ähnlich *Ransiek*, AG 2010, 147 (150); zum Betrieb als Gefahrenquelle allgemein s. *Schall*, in: FS Rudolphi, S. 267 (277 f.); ablehnend *Langkeit*, in: FS Otto, S. 649 (653).

1522 *Petermann*, in: FS Schiller, S. 538 (543); s. auch *Ransiek*, Unternehmensstrafrecht, S. 40–41 (besondere Gefahr aber nur bei mangelnder Information der Arbeitnehmer).

1523 *Rönnau/Schneider*, ZIP 2010, 53 (56); *Gaede*, in: NK-StGB, § 13 Rn. 53; ausführlich zur Überwachung einer Gefahrenquelle im Allgemeinen *Schall*, in: FS Rudolphi, S. 267 (274).

1524 *Beulke*, in: FS Geppert, S. 23 (35); *Roxin*, JR 2012, 305 (306); *Schall*, in: FS Rudolphi, S. 267 (276).

Birgt aber schon allgemein der Betrieb eines Unternehmens Gefahren, so erscheint es nicht sachgemäß, eine Garantenstellung nur bei Betrieben mit speziellem Gefährdungspotential anzunehmen.[1525]

Damit erscheint es überzeugend, von einer allgemeinen strafrechtlichen Geschäftsherrenhaftung für betriebsbezogene Straftaten bei Betrieb eines Unternehmens auszugehen. Allerdings ergeben sich für die Unterlassenshaftung im Wirtschaftsunternehmen weitere Probleme. In der Praxis wird sich insbesondere der Nachweis, dass der Erfolg bei Vornahme der gebotenen Handlung mit an Sicherheit grenzender Wahrscheinlichkeit nicht eingetreten wäre, als schwierig erweisen. Gleiches gilt für den Nachweis des Vorsatzes des Geschäftsherrn.[1526]

b) Unterlassensstrafbarkeit und entsprechende Haftung in transnationalen Menschenrechtsfällen

Auch wenn die allgemeine Geschäftsherrenhaftung im Strafrecht grundsätzlich anzuerkennen ist, ist fraglich, inwiefern diese auch im Rahmen der zivilrechtlichen Haftung nach § 823 Abs. 2 BGB herangezogen werden kann. Eine Anerkennung durch die zivilrechtlichen Senate des BGH scheint angesichts der Zurückhaltung bei der Organhaftung sehr zweifelhaft. Besonders deutlich zeigt dies das bereits oben dargestellte, den Entscheidungen der Strafsenate zeitlich nachfolgende Urteil des VI. Zivilsenats, wonach sich „ *[...][a]llein aus der Stellung als Geschäftsführer einer AG bzw. Mitglied des Vorstands einer AG [...] keine Garantenpflicht gegenüber außenstehenden Dritte [ergibt], eine Schädigung ihres Vermögens zu verhindern.*"[1527] Die Frage der Übertragbarkeit auf das Zivilrecht kann allerdings zumindest für transnationale Menschenrechtsfälle offen bleiben, wenn in

---

1525 *Utz*, personale Reichweite, S. 132–133; *Dannecker/Dannecker*, JZ 2010, 981 (991); *Ransiek*, AG 2010, 147 (151); so aber *Langkeit*, in: FS Otto, S. 649 (653); *Weigend*, in: LK-StGB, § 13 Rn. 56.

1526 *Wittig*, WirtschaftsstrafR, § 6 Rn. 59; ähnlich *Mittelsdorf*, ZIS 2011, 123 (125).

1527 BGH, Urt. v. 10.07.2012 – VI ZR 341/10, BGHZ 194, 26 = NJW 2012, 3439 (Leitsatz); s. hierzu *Holle*, Legalitätskontrolle, S. 356; *Paefgen*, WM 2016, 433 (443); der konkreten Argumentation zustimmend, i.E. aber ablehnend und kritisch in Bezug auf die fehlende Auseinandersetzung des BGH mit der strafrechtlichen Geschäftsherrenhaftung und eine zunehmende Bedeutung des Strafrechts für die zivilrechtliche Organhaftung prognostizierend *Dannecker*, NZWiSt 2012, 441 (442, 445-446, 450-451).

derartigen Fällen bereits die Voraussetzungen für eine strafrechtliche Geschäftsherrenhaftung nicht erfüllt sind.

Vor allen Dingen ist zweifelhaft, inwiefern diese über die Grenzen der juristischen Person hinaus auch auf selbstständige und abhängige Unternehmen allein unter Berufung auf die Schaffung einer entsprechenden Gefahr anwendbar ist.[1528] Dann bestünde nämlich eine potentielle strafrechtliche Verantwortlichkeit der Leitungsorgane eines Unternehmens für sämtliche Straftaten nicht nur im eigenen Betrieb, sondern auch für solche, die im Betrieb sämtlicher Vertragspartner und abhängiger Unternehmen (und – triebe man es auf die Spitze – wiederum in Betrieben von deren Vertragspartnern) begangen würden. Dies würde zu einer nahezu uferlosen Strafbarkeit führen und ginge klar über den Wortlaut von § 13 StGB hinaus. Überdies stünde eine derart weitreichende strafrechtliche Einstandspflicht im Widerspruch zum *ultima-ratio*-Prinzip des Strafrechts. Insbesondere dürfen strafrechtliche Pflichten nicht über solche des Zivilrechts hinausgehen. Ist also eine Handlung zivilrechtlich erlaubt, darf sie nicht strafrechtlich beachtlich sein.[1529] Die strafrechtlichen Pflichten dürfen insofern nicht über die bereits oben im Rahmen von § 823 Abs. 1 BGB erarbeiten Pflichten hinausgehen. Z.B. ergibt sich im Vertragskonzern eine Verantwortlichkeit des Vorstands des herrschenden Unternehmens allein aus § 309 AktG. Da aus dem dort verankerten Weisungsrecht allerdings keine Weisungspflicht folgt, kann auch im Strafrecht nicht von einer Weisungspflicht ausgegangen werden. Angesichts der fehlenden Existenz einer Konzernleitungspflicht und einem fehlenden formellen Weisungsrecht gilt dies auch im faktischen Konzern.[1530]

Nimmt man dennoch eine rechtsträgerübergreifende Garantenstellung der Geschäftsleitung des Unternehmens an der Spitze in Bezug auf selbstständige Vertragspartner und Konzernunternehmen an, wird es für eine

---

1528 Ablehnend im Hinblick auf die Verantwortung eines Holding-Vorstands zur Unterbindung von Straftaten der Geschäftsführung von Tochtergesellschaften *Langkeit*, in: FS Otto, S. 649 (655–657); in Bezug auf Konzernkonstellationen ablehnend *Schneider/Gottschaldt*, ZIS 2011, 573 (574); s. auch, mit Verweis auf zivilrechtliche Wertungen, *Holle*, Legalitätskontrolle, S. 384–389; anders wohl *Güngör*, Sorgfaltspflichten, S. 311–312.

1529 *Lüderssen*, in: FS Eser, S. 163 (170); s. auch *Schneider/Gottschaldt*, ZIS 2011, 573 (576); anders wohl *Hager*, in: Staudinger, BGB (2009), § 823 Rn. G 38.

1530 S. insgesamt *Langkeit*, in: FS Otto, S. 649 (655–657) (allerdings generell kritisch gegenüber einer allgemeinen Geschäftsherrenhaftung, s. *Langkeit*, in: FS Otto, S. 649 (651–654)).

Strafbarkeit regelmäßig an den weiteren Voraussetzungen der Unterlassenshaftung fehlen.

Eine Haftung kann – abhängig vom Einzelfall – an der tatsächlichen Möglichkeit zur Erfolgsabwendung scheitern. Nur wer zur Abwendung des Erfolges tatsächlich in der Lage war, kann sich wegen Unterlassens strafbar gemacht haben.[1531] Auch die Nichtvornahme rechtlich unmöglicher Handlungen kann nicht zur Strafbarkeit führen.[1532] Die Handlungsmöglichkeiten der Organe sind insofern auf die ihnen rechtlich zur Verfügung stehenden Instrumente beschränkt.[1533] Damit ist eine Haftung beispielsweise in Fällen, in denen keinerlei Weisungsbefugnis der Leitungsorgane des herrschenden Unternehmens in Bezug auf seine Vertragspartner bzw. das abhängige Unternehmen besteht, aufgrund der fehlenden tatsächlichen Möglichkeit zur Erfolgsabwendung abzulehnen.[1534] Dies gilt vor allem in Fällen, in denen die Straftat in einem Unternehmen an einer nachgeordneten Stelle der Liefer- bzw. Wertschöpfungskette begangen wird.

Neben diesen Voraussetzungen kann auch die Kausalität Probleme bereiten. Ein Unterlassen ist nur kausal, *„wenn der strafrechtliche relevante Erfolg bei pflichtgemäßem Handeln mit an Sicherheit grenzender Wahrscheinlichkeit verhindert worden wäre.“*[1535] Dies kann etwa zweifelhaft sein, wenn es um das Unterlassen erforderlicher Überwachungsmaßnahmen geht. Da

---

1531 BGH, Urt. v. 08.07.1960 – 4 StR 213/60, BGHSt 15, 18 (22) = NJW 1960, 1962 (1963); BGH, Beschl. v. 28.05.2002 – 5 StR 16/02, BGHSt 47, 318 (320) = NJW 2002, 2480 (2481); *Mitsch*, in: Baumann/Weber/Mitsch/Eisele, StrafR AT, § 21 Rn. 14–20; *Weigend*, in: LK-StGB, § 13 Rn. 65.

1532 Es ist allerdings umstritten, woran diese scheitert; für einen Ausschluss der Rechtswidrigkeit *Mitsch*, in: Baumann/Weber/Mitsch/Eisele, StrafR AT, § 21 Rn. 17; für einen Wegfall der Erfolgsabwendungspflicht *Roxin*, StrafR AT II, § 31 Rn. 14; *Bosch*, in: Schönke/Schröder, StGB, Vorbemerkungen zu den §§ 13 ff. Rn. 142/143; für einen Ausschluss der Garantenpflicht *Weigend*, in: LK-StGB, § 13 Rn. 65.

1533 S. in Bezug auf die Pflicht des Aufsichtsrates zum Einschreiten *Cramer*, in: FS Stree/Wessels, S. 563 (570 f.); dem folgend *Schneider/Gottschaldt*, ZIS 2011, 573 (576 f.); für Compliance-Beauftragte kann der Arbeitsvertrag oder die der Tätigkeit zugrunde liegende Stellenbeschreibung maßgeblich sein, *Schneider/Gottschaldt*, ZIS 2011, 573 (577).

1534 Ähnlich *Ransiek*, AG 2010, 147 (152) (keine Zurechenbarkeit des Erfolgs bei fehlenden Weisungsbefugnissen); ähnlich für den Compliance-Beauftragten *Schneider/Gottschaldt*, ZIS 2011, 573 (576 f.); s. allgemein *Dannecker*, NZWiSt 2012, 441 (448).

1535 S. z.B. BGH, Urt. v. 19.04.2000 – 3 StR 442/99, NJW 2000, 2754 (2757) m.w.N.; nahezu wortgleich: BGH, Urt. v. 07.01.2010 – 4 StR 413/09, NStZ 2010, 407 (408 [Rn. 3]).

eine ständige Überwachung den Zweck der Arbeitsteilung unterlaufen würde und insofern nur stichprobenartige Überwachungen gefordert sein können, kann im Einzelfall fraglich sein, ob diese den Eintritt des Erfolges mit an Sicherheit grenzender Wahrscheinlichkeit verhindert hätten.

Jedenfalls wird eine Unterlassensstrafbarkeit im Rahmen der Geschäftsherrenhaftung in der Regel am erforderlichen Vorsatz der Leitungsorgane scheitern. Es ist nicht davon auszugehen, dass die Leitungsorgane des Unternehmens vorsätzlich in Bezug auf den eingetretenen Erfolg, also beispielsweise die Tötung oder Körperverletzung eines Arbeitnehmers, gehandelt haben und den Eintritt des Erfolges *„billigend in Kauf nehmen"*. Hierfür reicht etwa die konkrete Ausgestaltung der Lieferbedingungen, die z.B. geringe Stückpreise oder kurze Lieferfristen vorsehen, nicht aus. Gleiches gilt auch für das Unterlassen von Kontrollen. Allein von der Produktion in Ländern des globalen Südens oder dem Unterhalten von Geschäftsbeziehungen mit selbstständigen Vertragspartnern in politisch schwachen Ländern auf einen *dolus eventualis* der Leitungsorgane des Unternehmens zu schließen, wäre ebenfalls zu weitgehend. Hier lässt sich exemplarisch das Verfahren gegen zwei Manager des Unternehmens *Lahmeyer* anführen: Das Ermittlungsverfahren in Bezug auf eine Überflutung im Zusammenhang mit einem Dammbauprojekt, an dem auch *Lahmeyer* beteiligt war, wurde (auch) wegen fehlenden Vorsatzes der Manager eingestellt.[1536]

Da diese Bedenken – unabhängig von der konkreten Abgrenzung – [1537] auch für die Beihilfe durch Unterlassen greifen, wird auch eine diesbezügliche Strafbarkeit der Organe und damit verbundene Haftung des Unternehmens über §§ 823 Abs. 2, 31 BGB regelmäßig ausscheiden. Handelt der Haupttäter „lediglich" fahrlässig, scheitert eine Beihilfe durch Unterlassen wie oben dargelegt überdies am Erfordernis einer vorsätzlichen rechtswidrigen Haupttat.

1536 S. hierzu https://www.ecchr.eu/fall/bauen-ohne-ruecksicht-das-unternehmen-la hmeyer-und-die-vertreibungen-beim-staudammbau-im-sudan/ (zuletzt aufgerufen am 19.06.2019).

1537 S. hierzu *Roxin*, Täterschaft und Tatherrschaft, S. 476–509, Rn. 483-503 (S. 787-794); *Freund*, in: MüKo-StGB, § 13 Rn. 266-287; *Weigend*, in: LK-StGB, § 13 Rn. 89-95.

5. Fahrlässigkeitsstrafbarkeit

Da nach dem Vorstehenden regelmäßig kein Vorsatz der Organwalter vorliegt, bleibt allenfalls eine Haftung wegen Fahrlässigkeit.

Ein Großteil der hier angeführten Straftatbestände erfordert eine vorsätzliche Tatbegehung (vgl. § 15 StGB), sodass eine Fahrlässigkeitshaftung ausscheidet. Dann bleibt allenfalls eine Verantwortlichkeit über § 130 OWiG.[1538] Auch für die zivilrechtliche Haftung ist insofern eine vorsätzliche Tatbegehung erforderlich.[1539] Möglich bleibt eine Strafbarkeit wegen Fahrlässigkeit allerdings im Rahmen der §§ 222, 229, 313 Abs. 2 i.V.m. § 308 Abs. 6, 324a Abs. 3, 325 Abs. 4, 326 Abs. 5 und 330a Abs. 5 (hier ist Leichtfertigkeit erforderlich) StGB.

Das deutsche Strafrecht weist in Bezug auf Fahrlässigkeitsstraftaten im Unternehmen zahlreiche Unzulänglichkeiten auf.[1540] Für die Beurteilung der Fahrlässigkeit im Rahmen von § 823 Abs. 2 BGB ist indes eine zivilrechtliche Betrachtung vorzunehmen.[1541] Nach überwiegender Auffassung gilt der objektive zivilrechtliche Fahrlässigkeitsmaßstab.[1542] Umschreibt bereits die Strafnorm als Schutzgesetz das gebotene Verhalten, kann von deren Verletzung auf ein entsprechendes Verschulden geschlossen werden und die Beweislast kehrt sich um.[1543] Auch hier gilt eine Beweislastumkehr für die Verletzung der inneren bei festgestellter Verletzung der äußeren Sorgfalt.[1544] In Bezug auf den Nachweis der haftungsbegründenden Kausa-

---

1538 *Ransiek*, AG 2010, 147 (149); *Wittig*, WirtschaftsstrafR, § 6 Rn. 59; kritisch *Schünemann*, in: GS Meurer, S. 37 (53).
1539 *Deutsch*, VersR 2004, 137 (140); s. auch *Spickhoff*, in: Soergel, BGB, § 823 Rn. 210.
1540 S. ausführlich *Bosch*, Organisationsverschulden im Unternehmen, S. 458–501; *Schünemann*, in: GS Meurer, S. 37–62.
1541 S. allgemein *Deutsch*, VersR 2004, 137 (142); *Förster*, in: Bamberger/Roth/Hau/Poseck, BGB, § 823 Rn. 284; *Hager*, in: Staudinger, BGB (2009), § 823 Rn. G 38.
1542 BGH, Urt. v. 16.01.1968 – VI ZR 134/66, VersR 1968, 378 (379); *Spickhoff*, Gesetzesverstoß, S. 215–221; *Deutsch*, VersR 2004, 137 (141); *Hager*, in: Staudinger, BGB (2009), § 823 Rn. G 38 m.w.N.; **a.A.** *Wagner*, in: MüKo-BGB, § 823 Rn. 537–538.
1543 BGH, Urt. v. 26.11.1968 – VI ZR 212/66, BGHZ 51, 91 (103 f.) = NJW 1969, 269 (274) (allerdings noch nicht in Bezug auf den notwendigen Inhalt des Schutzgesetzes); BGH, Urt. v. 19.11.1991 – VI ZR 171/91, BGHZ 116, 104 (114 f.) = NJW 1992, 1039 (1042) m.w.N.; *Hager*, in: Staudinger, BGB (2009), § 823 Rn. G 40; *Wagner*, in: MüKo-BGB, § 823 Rn. 545.
1544 *Spickhoff*, Gesetzesverstoß, S. 309–310; *Deutsch*, VersR 2004, 137 (139).

lität ist ein Anscheinsbeweis ausreichend; unter bestimmten Umständen ist die Beweislast umzukehren.[1545]

Angesichts der geforderten zivilrechtlichen Betrachtung können an dieser Stelle die im Rahmen von § 823 Abs. 1 BGB getroffenen Ausführungen zur Fahrlässigkeit und zur Kausalität übertragen werden. Dann ergibt sich aber kein großer Unterschied mehr zwischen der Haftung aus § 823 Abs. 1 BGB und der Verletzung aus § 823 Abs. 2 BGB i.V.m. einer strafrechtlichen Schutznorm.

Liegt der Schwerpunkt des Vorwurfs gegen den Organwalter im Unterlassen, kommt eine Strafbarkeit aufgrund eines fahrlässigen Unterlassens in Betracht. Da das fahrlässige Unterlassungsdelikt ebenso wie das vorsätzliche unter anderem eine Garantenstellung und eine Möglichkeit zur Erfolgsabwendung erfordert, stehen auch einer Strafbarkeit wegen fahrlässigen Unterlassens die obigen Ausführungen im Zusammenhang mit dem vorsätzlichen Unterlassungsdelikt entgegen. Eine solche scheidet mithin regelmäßig aus.

6. Zwischenergebnis

Auch wenn deutsche Strafgesetze in transnationalen Menschenrechtsfällen regelmäßig anwendbar sind und die Verwirklichung zahlreicher unterschiedlicher Strafgesetze in Betracht kommt, fehlt es in einer Vielzahl von Fällen an der erforderlichen Strafbarkeit eines Organs des in Anspruch genommenen Unternehmens. Eine Strafbarkeit wegen mittelbarer Täterschaft aufgrund von Organisationsherrschaft scheitert bereits an deren fehlender Übertragbarkeit auf Wirtschaftsunternehmen. Überdies wird es regelmäßig an einem entsprechenden Vorsatz des Organs fehlen. Aus diesem Grund ist auch eine mögliche Teilnahmestrafbarkeit abzulehnen. Diesbezüglich kann die Strafbarkeit außerdem bereits ausgeschlossen sein, wenn keine vorsätzliche rechtswidrige Haupttat vorliegt. Einer Strafbarkeit aufgrund vorsätzlichen Unterlassens stehen ebenfalls gewichtige Gründe entgegen. Es ist bereits fraglich, inwiefern die zivilrechtliche Rechtsprechung die allgemeine Geschäftsherrenhaftung des Strafrechts überhaupt anerkennt, jedenfalls gilt diese aber nicht rechtsträgerübergreifend. Überdies können einer Strafbarkeit die fehlende rechtliche Handlungsmöglichkeit sowie die fehlende Kausalität der Handlung für den Eintritt des Erfolges

---

1545 S. hierzu m.N. aus der Rspr. *Hager*, in: Staudinger, BGB (2009), § 823 Rn. G 39; *Wagner*, in: MüKo-BGB, § 823 Rn. 545.

entgegenstehen. Letztlich entfällt eine solche zumindest aufgrund des fehlenden Vorsatzes des handelnden Organwalters. An diesen Voraussetzungen scheitert auch eine Beihilfe durch Unterlassen. Entsprechendes gilt (mit Ausnahme des Vorsatzes) auch für eine Strafbarkeit aufgrund fahrlässigen Unterlassens.

Damit bleibt ausschließlich eine Strafbarkeit und Haftung aufgrund eines fahrlässigen Begehungsdelikts eines Organwalters, die sich indes im Ergebnis nicht von der nach § 823 Abs. 1 BGB unterscheidet. Eine eigenständige Bedeutung könnte § 823 Abs. 2 BGB i.V.m. strafrechtlichen Normen allenfalls insoweit zukommen als deren Schutz über die Rechtsgüter des § 823 Abs. 1 BGB hinausgeht. Die oben benannten Straftatbestände, die auch fahrlässig verwirklicht werden können, schützen allerdings entweder Rechtsgüter, die bereits ausdrücklich von § 823 Abs. 1 BGB erfasst sind, oder es handelt sich um Gefährdungstatbestände, die einen Schaden gerade nicht voraussetzen.

V. Verletzung von § 130 OWiG als Verletzung eines Schutzgesetzes i.S.v. § 823 Abs. 2 BGB

Die Frage, ob ein Unternehmen in transnationalen Menschenrechtsfällen gemäß § 823 Abs. 2 BGB i.V.m. § 130 OWiG haftet, beinhaltet zwei grundlegende Probleme: § 130 OWiG müsste Schutzgesetz i.S.v. § 823 Abs. 2 BGB und auf Konzernsachverhalte anzuwenden sein.

Die Literatur hat sich zur Schutzgesetzeigenschaft von § 130 OWiG vor allem im Zusammenhang mit der Außenhaftung eines GmbH-Geschäftsführers geäußert. Teilweise wird diese davon abhängig gemacht, gegen welche Pflicht im Unternehmen / Betrieb verstoßen worden ist. Eine Schutzgesetzeigenschaft liege vor, wenn der Mitarbeiter aufgrund der unterlassenen Aufsichtsmaßnahmen Pflichten verletzt, die ihrerseits als Schutzgesetze anzusehen sind.[1546]

Die Rechtsprechung sieht dies anders. Im Jahr 1994 hat der BGH die Schutzgesetzeigenschaft von § 130 OWiG zumindest in Bezug auf Vermö-

---

[1546] S. etwa *Spindler*, Unternehmensorganisationspflichten, S. 873; *Lutter*, ZHR 157 (1993), 464 (478); *Ransiek*, ZGR 1992, 203 (223); *Mertens*, in: MüKo-BGB, 2. Aufl. 1986, § 831 Rn. 41; *Stein*, in: MüKo-BGB, 3. Aufl. 1997, § 831 Rn. 45.

gensinteressen abgelehnt.[1547] Die Vorschrift schütze zwar auch individuelle Rechtsgüter, „deren Verletzung durch die einzelnen in § 130 Abs. 1 OWiG angesprochenen Vorschriften des Straf- und Ordnungswidrigkeitenrechts verhindert werden soll". Dies reicht nach Auffassung des Gerichts aber nicht aus. Das Gesetz müsse vielmehr einen zusätzlichen Schadensersatzanspruch schaffen wollen. Hierbei sei auch die anderweitige Absicherung des Geschädigten zu berücksichtigen.

§ 130 OWiG soll nach dem BGH die Lücke schließen, die dadurch entstehe, dass der Unternehmensinhaber sich im Wege der Arbeitsteilung und Delegation anderer Personen bediene, für die dieser dann allerdings nicht einzustehen habe, obwohl er etwa die Vorteile aus der betrieblichen Organisation ziehe. Diese Funktion erfüllten im Deliktsrecht bereits die §§ 831, 31 BGB. Adressat der Pflichten aus § 831 ist ausschließlich die juristische Person, nicht aber das für sie handelnde Organ. Eine Außenhaftung stehe im Widerspruch zu dem anerkannten Grundsatz, dass eine Organhaftung wegen einer Verletzung von Organisationspflichten ausschließlich im Innenverhältnis zwischen Gesellschaft und Leitungsorganen bestehe. Dafür, dass derartige Pflichten über § 130 OWiG auch auf das Außenverhältnis erstreckt werden sollten, bestünden keine hinreichenden Anhaltspunkte. Dementsprechend sei, auch wenn die Gesellschaft nicht nach §§ 831, 31 BGB hafte, die Haftung nicht über § 130 OWiG auf die Organmitglieder zu erstrecken. Ein Interesse des Geschädigten an der Inanspruchnahme der Organe / Gesellschafter neben der Gesellschaft bestünde nur im Falle von deren Insolvenz. Insofern schließt der BGH die Möglichkeit einer Haftung des Unternehmens gemäß § 823 Abs. 2, 130 OWiG für den Fall der Verletzung von Schutzgesetzen im Unternehmen, „die das Insolvenzrisiko der Gesellschaftsgläubiger betreffen", nicht aus.[1548]

Das Schrifttum verneint eine Schutzgesetzeigenschaft von § 130 OWiG heute überwiegend unter Verweis auf diese BGH-Entscheidung.[1549] Auch

---

1547 BGH, Urt. v. 13.04.1994 – II ZR 16/93, BGHZ 125, 366-382 = NJW 1994, 1801-1805; zustimmend z.B. *Spindler*, Unternehmensorganisationspflichten, S. 874–876; kritisch *Spickhoff*, Gesetzesverstoß, S. 134–136.

1548 S. zum Vorstehenden insgesamt BGH, Urt. v. 13.04.1994 – II ZR 16/93, BGHZ 125, 366 (373-377) = NJW 1994, 1801 (1803 f.); zum Argument der entgegenstehenden Wertungen im Gesellschaftsrecht s. *Wagner*, in: MüKo-BGB, § 823 Rn. 137; s. aber auch kritisch *Schmidt*, ZIP 1994, 837 (841 f.).

1549 *Förster*, in: Bamberger/Roth/Hau/Poseck, BGB, § 823 Rn. 290; *Hager*, in: Staudinger, BGB (2009), § 823 Rn. G 52; *Wagner*, in: MüKo-BGB, § 823 Rn. 532; kritisch wohl *Spickhoff*, in: Soergel, BGB, § 823 Rn. 252.

nachfolgende Rechtsprechung verweist insofern auf diese Entscheidung.[1550]

Die Ausführungen des Gerichtshofes in Bezug auf die Schutzgesetzeigenschaft von § 130 OWiG bezogen sich zwar ausschließlich auf Vermögensschäden. Die Begründung, namentlich der ansonsten entstehende Wertungswiderspruch zu dem Grundsatz, dass Organisationspflichten der Organe grundsätzlich nur im Innenverhältnis zur Gesellschaft bestünden und ein Interesse des Geschädigten an der Inanspruchnahme der Organe lediglich für Fälle der Insolvenz der Gesellschaft bestehe, lässt sich auch auf Fälle, in denen Rechtsgüter i.S.v. § 823 Abs. 1 BGB verletzt wurden, übertragen. Dies gilt umso mehr, als dass der BGH auch darauf abstellt, inwiefern der Geschädigte anderweitig ausreichend abgesichert ist. Bei Rechtsgutsverletzungen i.S.v. § 823 Abs. 1 BGB ist eine solche Absicherung über die Haftung der juristischen Person gewährleistet.

Die Begründung des BGH überzeugt vor allem im Hinblick darauf, dass bereits §§ 831, 31 BGB im Deliktsrecht die Funktion des § 130 OWiG erfüllen und insofern die im Rahmen von §§ 831, 31 BGB anerkannte ausschließliche Innenhaftung nicht durch eine Berücksichtigung von § 130 OWiG über § 823 Abs. 2 BGB umgangen werden darf. Damit ist § 130 OWiG grundsätzlich nicht als Schutzgesetz anzusehen. Vor dem Hintergrund dieser Rechtsprechung haben transnationale Menschenrechtsklagen, die einen Schadensanspruch der Geschädigten auf § 823 Abs. 2 BGB i.V.m. § 130 OWiG stützen, wohl keine Aussicht auf Erfolg. Insofern kommt es auf die konzernweite Anwendbarkeit des § 130 OWiG an dieser Stelle nicht mehr an.

VI. Zwischenergebnis

Eine Haftung des Unternehmens nach §§ 823 Abs. 2, 31 BGB i.V.m. den Menschenrechten, internationalen Verhaltensstandards oder § 130 OWiG scheitert bereits an deren Schutzgesetzeigenschaft. Eine solche aufgrund der Verletzung strafrechtlicher Normen kommt grundsätzlich mangels Vorsatzes und mangels Garantenstellung allein wegen eines von einem Organwalter begangenen Fahrlässigkeitsdelikts in Betracht. Aufgrund der gebotenen zivilrechtlichen Betrachtung im Rahmen der Schutzgesetzverletzung ergibt sich indes kaum ein Unterschied zu § 823 Abs. 1 BGB, sodass

---

1550 S. etwa KG Berlin, Urt. v. 20.07.2001 – 9 U 1912/00, AG 2003, 324 (325).

die praktische Bedeutung der Haftung nach § 823 Abs. 2 BGB gering bleibt.

E. Haftung gemäß § 826 BGB

Bevor auf die Haftung aufgrund vorsätzlicher sittenwidriger Schädigung gemäß § 826 BGB in transnationalen Menschenrechtsfällen eingegangen wird (II.), sollen zunächst die Grundlagen der Haftung nach dieser Vorschrift dargelegt werden (I.).

I. Grundlagen

1. Anwendbarkeit neben § 823 BGB

§ 826 BGB ergänzt § 823 Abs. 1 und Abs. 2 BGB insoweit, als dass er auch reine Vermögensschäden und jedes haftungsbegründende Verhalten erfasst.[1551] Eine vorsätzliche sittenwidrige Schädigung kann grundsätzlich auch bei einer Rechtsgutsverletzung i.S.v. § 823 Abs. 1 BGB vorliegen. Dann besteht Anspruchskonkurrenz zwischen § 826 BGB und § 823 BGB.[1552] Indes ist ein Rückgriff auf § 826 BGB bei festgestellter Haftung aus § 823 Abs. 1 BGB praktisch kaum erforderlich, zumal die Haftung nach § 826 BGB mit den Erfordernissen der Sittenwidrigkeit und des Vorsatzes strengeren Anforderungen als § 823 BGB unterliegt.[1553] Bedeutung hat § 826 BGB damit vor allem für Vermögensschäden und ideelle Interessen, insbesondere Beeinträchtigungen der Handlungsfreiheit, wenn keine anderweitigen Schutzvorschriften greifen.[1554]

[1551] *Katzenmeier*, in: NK-BGB, § 826 Rn. 1; *Schaub*, in: Prütting/Wegen/Weinreich, BGB, § 826 Rn. 1.

[1552] Dies (teilweise indirekt) voraussetzend etwa BGH, Urt. v. 30.05.1972 – VI ZR 6/71, BGHZ 59, 30 (34) = NJW 1972, 1366 (1367); BGH, Urt. v. 20.01.1981 – VI ZR 162/79, BGHZ 80, 25 (27 f.) = NJW 1981, 1089 f.; *Oechsler*, in: Staudinger, BGB (2018), § 826 Rn. 9, 135; *Larenz/Canaris*, SchuldR II/2 § 77 I 2 b) (S. 432).

[1553] S. auch *Oechsler*, in: Staudinger, BGB (2018), § 826 Rn. 9, 135 („*praktische Subsidiarität*"); ähnlich BGH, Urt. v. 16.06.1977 – III ZR 179/75, BGHZ 69, 128 (139) = NJW 1977, 1875 (1877).

[1554] *Wagner*, in: MüKo-BGB, § 826 Rn. 1–4; *Larenz/Canaris*, SchuldR II/2 § 78 I 1 a) (S. 447).

Da in transnationalen Menschenrechtsfällen regelmäßig bereits eine Rechtsgutsverletzung i.S.v. § 823 Abs. 1 BGB vorliegt, kommt der Vorschrift des § 826 BGB eine eher untergeordnete Bedeutung zu. Dementsprechend werden im Folgenden vorrangig die Grundzüge einer Haftung nach § 826 BGB dargestellt, ohne zu sehr auf Detailfragen einzugehen.

2. Eintritt eines Schadens

Im Rahmen von § 826 BGB reicht der Eintritt (irgend)eines Schadens aus.[1555] Dies könnte in transnationalen Menschenrechtsfällen insofern von Bedeutung sein, als dass die Geschädigten keine Rechtsgutsverletzung i.S.v. § 823 Abs. 1 BGB nachweisen müssen, sondern der Nachweis des Eintritts eines Vermögensschadens ausreichend ist. Zumindest bei schweren Menschenrechtsverletzungen liegen die Beweisschwierigkeiten jedoch an anderer Stelle.[1556] In Fällen, in denen Menschenrechte betroffen sind, die nicht von § 823 Abs. 1 BGB geschützt werden und für die § 826 BGB grundsätzlich Bedeutung erlangen könnte, liegt in der Regel kein Vermögensschaden vor. Denkbar erscheint dies allenfalls für das Menschenrecht auf einen angemessenen Lohn. Ein Schaden wird damit vor allem in Fällen anzunehmen sein, in denen bereits eine Rechtsgutsverletzung i.S.v. § 823 Abs. 1 BGB vorliegt.

3. Sittenwidrigkeit der Schädigung

Ausgangspunkt für die Bestimmung der Sittenwidrigkeit der Schädigung ist das *„Anstandsgefühl aller billig und gerecht Denkenden"*.[1557] Hierfür ist die Vorstellung des betroffenen Personenkreises maßgeblich.[1558] Deren Be-

---

1555 S. zum Schaden *Wagner*, in: MüKo-BGB, § 826 Rn. 41–43.

1556 S. hierzu o. § 16 B. II. 5, III. 2; zu einer rechtsgebietsübergreifenden Betrachtung der Beweislast s.u. § 24 A.

1557 S. nur RG, Urt. v. 11.04.1901 – VI 443/00, RGZ 48, 114 (124); BGH, Urt. v. 19.11.2013 – VI ZR 336/12, NJW 2014, 383 (384 [Rn. 9]) m.w.N.; *Katzenmeier*, in: NK-BGB, § 826 Rn. 2; *Schaub*, in: Prütting/Wegen/Weinreich, BGB, § 826 Rn. 5; kritisch *Wagner*, in: MüKo-BGB, § 826 Rn. 10.

1558 S. etwa BGH, Urt. v. 09.07.1953 – IV ZR 242/52, BGHZ 10, 228 (232) = NJW 1953, 1665 (zu § 138 BGB); *Schaub*, in: Prütting/Wegen/Weinreich, BGB, § 826 Rn. 5.

stimmung bereitet in einer pluralistischen Gesellschaft aber große Schwierigkeiten.[1559]

Im Ergebnis kommt es auf eine umfassende Bewertung und Abwägung der Einzelfallumstände an.[1560] Hierbei können auch verfassungsrechtliche Wertungen, vor allem die Grundrechte, eine Rolle spielen.[1561] Gleiches gilt insbesondere auch für die Menschenrechte. Insofern ist der Begriff der Sittenwidrigkeit völkerrechtsfreundlich auszulegen.

Die Sittenwidrigkeit des Verhaltens des Schädigers kann sich aus der Sittenwidrigkeit des verfolgten Zwecks, des verwendeten Mittels oder aus der Relation von Mittel und Zweck ergeben.[1562] In Fällen mit Auslandsberührung kommt es regelmäßig auf die Maßstäbe und Wertungen im Inland an.[1563] Sowohl aktives Tun als auch ein Unterlassen kann sittenwidrig sein, letzteres allerdings nur dann, *„wenn das geforderte Tun einem sittlichen Gebot entspricht"*.[1564] Die Aufrechterhaltung einer schädigenden Rechtslage kann sich nach Erlangung der entsprechenden Kenntnis ebenfalls als sittenwidrig darstellen.[1565]

1559 BGH, Urt. v. 22.01.2015 – 3 StR 233/14, BGHSt 60, 166 (178 [Rn. 41]) = NJW 2015, 1540 (1542) (zu § 228 StGB); s. auch *Oechsler*, in: Staudinger, BGB (2018), § 826 Rn. 26; *Wagner*, in: MüKo-BGB, § 826 Rn. 10; s. zur Konkretisierung dieses Kriteriums *Wagner*, in: MüKo-BGB, § 826 Rn. 19; *Larenz/Canaris*, SchuldR II/2 § 78 II 1 (S. 449-451).

1560 *Katzenmeier*, in: NK-BGB, § 826 Rn. 2.

1561 BVerfG, Urt. v. 15.01.1958 – 1 BvR 400/51, BVerfGE 7, 198 (206) = NJW 1958, 257; OLG Karlsruhe, Urt. v. 18.12.2007 – 12 U 117/07, VersR 2008, 522; *Katzenmeier*, in: NK-BGB, § 826 Rn. 1; *Oechsler*, in: Staudinger, BGB (2018), § 826 Rn. 55; zurückhaltend *Larenz/Canaris*, SchuldR II/2 § 78 II 2 a).

1562 S. statt vieler RG, Urt. v. 15.10.1930 – IX 63/30, RGZ 130, 89 (91); BGH, Urt. v. 13.12.2011 – XI ZR 51/10, BGHZ 192, 90 (101 f. [Rn. 28]) = NJW 2012, 1800 (1803); BGH, Urt. v. 28.06.2016 – VI ZR 536/15, NJW 2017, 250 (251 [Rn. 16]); *Katzenmeier*, in: NK-BGB, § 826 Rn. 3; *Wagner*, in: MüKo-BGB, § 826 Rn. 9, 20; kritisch in Bezug auf die Zweck-Mittel-Relation *Oechsler*, in: Staudinger, BGB (2018), § 826 Rn. 47–49, 52.

1563 *Wagner*, in: MüKo-BGB, § 826 Rn. 23; ähnlich (wobei der Auslandsbezug des Sachverhalts unklar bleibt) OLG Düsseldorf, Urt. v. 15.03.1990 – 6 U 185/89, NJW-RR 1990, 732 (734); s. zur Berücksichtigung der ausländischen Maßstäbe aber auch *Oechsler*, in: Staudinger, BGB (2018), § 826 Rn. 143.

1564 BGH, Urt. v. 10.07.2001 – VI ZR 160/00, NJW 2001, 3702 (3703); BGH, Urt. v. 03.12.2013 – XI ZR 295/12, NJW 2014, 1098 (1099 [Rn. 23]); *Katzenmeier*, in: NK-BGB, § 826 Rn. 6; *Wagner*, in: MüKo-BGB, § 826 Rn. 9.

1565 BGH, Urt. v. 15.09.1999 – I ZR 98/97, NJW-RR 2000, 393 (395) m.w.N.; *Katzenmeier*, in: NK-BGB, § 826 Rn. 6.

4. Vorsatz

Der Vorsatz des Schädigers muss sich auf die die Sittenwidrigkeit begründenden Umstände (und nicht auf die Sittenwidrigkeit als solche), den eingetretenen Schaden und die Kausalität des eigenen Verhaltens beziehen, wobei nicht erforderlich ist, dass der Täter eine genaue Vorstellung über den zu erwartenden Kausalverlauf hat.[1566] Der Vorsatz besteht aus einem Wissens- und einem Wollenselement.[1567] *Dolus eventualis* ist ausreichend.[1568]

Grundsätzlich ist der Geschädigte für alle Tatbestandsvoraussetzungen des § 826 BGB und damit auch für den Vorsatz beweispflichtig.[1569] Da dieser eine rein innere Tatsache ist, kann der Geschädigte diesen Nachweis in der Praxis aber faktisch nicht führen. Das Vorliegen bestimmter objektiver Umstände lässt jedoch im Regelfall aufgrund eines allgemeinen dahingehenden Erfahrungssatzes den Schluss darauf zu, dass der Schädiger mit Schädigungsvorsatz gehandelt hat. Insofern kann im Wege einer tatsächlichen Vermutung aufgrund objektiver Umstände auf einen Vorsatz des Schädigers geschlossen werden.[1570] So schließt die Rechtsprechung etwa von einer Handlung trotz hoher Wahrscheinlichkeit des Schadenseintritts oder von leichtfertigem Verhalten auf einen entsprechenden *dolus eventualis* des Schädigers,[1571] teilweise auch von der Sittenwidrigkeit auf den Vor-

---

1566 *Oechsler*, in: Staudinger, BGB (2018), § 826 Rn. 61, 78 m.w.N.; *Wagner*, in: MüKo-BGB, § 826 Rn. 25; *Larenz/Canaris*, SchuldR II/2 § 78 III (S. 454 f.).

1567 S. etwa BGH, Urt. v. 28.06.2016 – VI ZR 536/15, NJW 2017, 250 (253 [Rn. 25]); wohl auch *Oechsler*, in: Staudinger, BGB (2018), § 826 Rn. 75; ausführlich *Wagner*, in: MüKo-BGB, § 826 Rn. 27.

1568 S. statt vieler RG, Urt. v. 05.03.1938 – II 104/37, RGZ 157, 213 (219 f.); BGH, Urt. v. 30.01.1953 – I ZR 88/52, BGHZ 8, 387 (393) = GRUR 1953, 290 (292); BGH, Urt. v. 15.10.2013 – VI ZR 124/12, NJW 2014, 1380 (1381 [Rn. 12]) m.w.N.; s. ausführlich m.zahlr.w.N. *Wagner*, in: MüKo-BGB, § 826 Rn. 27; *Larenz/Canaris*, SchuldR II/2 § 78 III 1 b) (S. 454).

1569 *Wagner*, in: MüKo-BGB, § 826 Rn. 28, 51 m.w.N.

1570 Ausführlich *Oechsler*, in: Staudinger, BGB (2018), § 826 Rn. 96–98; ähnlich *Wagner*, in: MüKo-BGB, § 826 Rn. 28–29.

1571 BGH, Urt. v. 20.11.2012 – VI ZR 268/11, NJW-RR 2013, 550 (552 [Rn. 33]) (maßgeblich ist Würdigung der Gesamtumstände); zur Leichtfertigkeit s. etwa BGH, Urt. v. 12.12.1978 – VI ZR 132/77, VersR 1979, 283 (284) m.w.N.; BGH, Urt. v. 09.03.2010 – XI ZR 93/09, BGHZ 184, 365 (377 f. [Rn. 39]) = ZIP 2010, 786 (789); *Katzenmeier*, in: NK-BGB, § 826 Rn. 7 m.w.N.; s. ausführlich und m.zahlr.w.N. *Wagner*, in: MüKo-BGB, § 826 Rn. 29–32.

satz.[1572] Daneben kommt zumindest bei natürlichen Personen ein Schluss vom Wissens- auf das Wollenselement in Betracht.[1573]

Im Fall der Unternehmenshaftung ergeben sich hinsichtlich des Vorsatzes Besonderheiten: Ein Unternehmen kann nur nach § 826 BGB haften, wenn ihm das Wissen seiner verfassungsmäßig berufenen Vertreter zugerechnet werden kann. Besondere Probleme ergeben sich, wenn in einem Unternehmen keine natürliche Person allein den Tatbestand des § 826 BGB erfüllt.[1574] Eine Haftung des Unternehmens gemäß §§ 826, 31 BGB kommt dann nur in Betracht, wenn die Erfüllung der unterschiedlichen Voraussetzungen von § 826 BGB zusammengerechnet werden kann.[1575]

Einer solchen Zurechnung hat der BGH jedoch eine Absage erteilt: Für die Haftung einer juristischen Person nach §§ 826, 31 BGB sei erforderlich, dass eine von § 31 BGB erfasste Person allein sowohl den objektiven als auch den subjektiven Tatbestand von § 826 BGB erfüllt hat.[1576] Eine Wissenszusammenrechnung komme aufgrund des für § 826 BGB *„erforderlichen moralischen Unwerturteil[s]"* und des *„personalen Charakter[s] der Schadensersatzpflicht"* nicht in Betracht.[1577]

Daneben ist nach Auffassung des BGH nicht von dem Wissen (irgend)einer natürlichen Person innerhalb der juristischen Person auf eine Billigung zu schließen, da diese nicht losgelöst von der Kenntnis beurteilt werden könne und dies im Ergebnis einer Fiktion entspräche.[1578] Ein Schluss von der Kenntnis auf die Billigung ist damit bei juristischen Personen nur möglich, wenn ein verfassungsmäßig berufener Vertreter allein Kenntnis von sämtlichen die Sittenwidrigkeit begründenden Umständen hat.

1572 Z.B. RG, Urt. v. 29.03.1917 – VI 138/16, RGZ 90, 106 (109); BGH, Urt. v. 20.03.1995 – II ZR 205/94, BGHZ 129, 136 (177) = NJW 1995, 1739 (1749) m.w.N; s. hierzu *Oechsler*, in: Staudinger, BGB (2018), § 826 Rn. 96–98.

1573 BGH, Urt. v. 28.06.2016 – VI ZR 536/15, NJW 2017, 250 (253 [Rn. 26]).

1574 S. *Wagner*, in: MüKo-BGB, § 826 Rn. 38.

1575 Dafür trotz des anders lautenden BGH-Urteils vom 28.06.2016: *Wagner*, in: MüKo-BGB, § 826 Rn. 38–39.

1576 BGH, Urt. v. 28.06.2016 – VI ZR 536/15, NJW 2017, 250 (Leitsatz 1).

1577 BGH, Urt. v. 28.06.2016 – VI ZR 536/15, NJW 2017, 250 (252 f. [Rn. 23]); zustimmend *Meißner/Leoff*, DB 2016, 2893 f.; ebenso mit weiteren Argumenten *Oechsler*, in: Staudinger, BGB (2018), § 826 Rn. 81b; ablehnend *Wagner*, in: MüKo-BGB, § 826 Rn. 38.

1578 BGH, Urt. v. 28.06.2016 – VI ZR 536/15, NJW 2017, 250 (253 [Rn. 26]).

5. Kausalität

Das sittenwidrige und vorsätzliche Verhalten des Schädigers muss kausal für den Eintritt des Schadens geworden sein. Maßgeblich sind die allgemeinen Kausalitätsgrundsätze.[1579] Erfasst ist insofern bereits ein Nachteil, der lediglich mittelbar durch das Verhalten des Schädigers verursacht wurde.[1580]

II. Vorsätzliche sittenwidrige Schädigung in transnationalen Menschenrechtsfällen

Als Orientierung für die Frage, inwiefern ein Verhalten eine vorsätzliche sittenwidrige Schädigung darstellt, können die von der Rechtsprechung entwickelten unterschiedlichen Fallgruppen dienen.[1581] Maßgeblich bleiben jedoch die Umstände des Einzelfalls.[1582] Schädigungen in transnationalen Menschenrechtsfällen sind keiner der anerkannten Fallgruppen zuzuordnen.[1583] Da diese lediglich allgemeine Orientierungspunkte darstellen und nicht abschließend sind,[1584] schließt dies eine Haftung nach § 826 BGB allerdings nicht aus.

Über den Begriff der Sittenwidrigkeit können die Gerichte der Bedeutung der Menschenrechte hinreichend Rechnung tragen und so den staatlichen Schutzpflichten nachkommen. Eine Sittenwidrigkeit aufgrund des eingesetzten Mittels erscheint etwa dann denkbar, wenn ein Unternehmen sich das gesellschaftsrechtliche Trennungsprinzip im Konzern zunutze macht und abhängige Gesellschaften gründet, um durch diese (Menschen-)Rechtsverletzungen zu begehen, für die das herrschende Unterneh-

---

1579 *Schaub*, in: Prütting/Wegen/Weinreich, BGB, § 826 Rn. 9; s. zur Kausalität i.R.v. § 826 BGB auch ausführlich *Oechsler*, in: Staudinger, BGB (2018), § 826 Rn. 60-60b.

1580 RG, Urt. v. 05.03.1938 – II 104/37, RGZ 157, 213 (220); *Wagner*, in: MüKo-BGB, § 826 Rn. 8.

1581 Zu den einzelnen Fallgruppen s. ausführlich *Oechsler*, in: Staudinger, BGB (2018), § 826 Rn. 148a-559; *Wagner*, in: MüKo-BGB, § 826 Rn. 66–241.

1582 *Katzenmeier*, in: NK-BGB, § 826 Rn. 18; *Schaub*, in: Prütting/Wegen/Weinreich, BGB, § 826 Rn. 13.

1583 *Weller/Kaller/Schulz*, AcP 216 (2016), 387 (406) denken eine Weiterentwicklung der Fallgruppe *„Spekulation auf Kosten der Gläubiger"* für den Fall an, dass ein Unternehmen das Trennungsprinzip allein ausnutzt, um menschenrechtliche Standards zu umgehen.

1584 *Schaub*, in: Prütting/Wegen/Weinreich, BGB, § 826 Rn. 13.

men aufgrund des Trennungsprinzips nicht einzustehen hat.[1585] Abgesehen davon, dass dies nicht die typische Situation transnationaler Menschenrechtsfälle darstellt, wird eine solche bewusste Ausnutzung des Trennungsprinzips in der Praxis kaum nachzuweisen sein. Eine Sittenwidrigkeit aufgrund des Verhältnisses zwischen dem eingesetzten Mittel und dem erstrebten Zweck erscheint zumindest nicht ausgeschlossen, wenn ein Unternehmen nach „Gewinn um jeden Preis" strebt und schwerste Menschenrechtsverletzungen allein zur Erreichung wirtschaftlicher Zwecke in Kauf nimmt.

Problematisch könnte die Sittenwidrigkeit hingegen bereits sein, wenn dem Unternehmen an der Spitze der Wertschöpfungskette oder einer Unternehmensgruppe allein ein Unterlassen vorgeworfen wird. In diesen Fällen ist nämlich nach den oben dargestellten Grundsätzen ein entsprechendes Handlungsgebot erforderlich. Wie oben schon ausführlich dargestellt, ist bereits das Bestehen einer Rechtspflicht zum Handeln etwa für eine Menschenrechtsverletzung auf einer der unteren Ebenen der Zulieferkette mit mehreren dazwischen geschalteten Gliedern oder in Fällen, in denen ein Unternehmen keine Möglichkeit zur Einwirkung auf das Handeln seiner abhängigen Unternehmen hat, fraglich.

Daneben ist in transnationalen Menschenrechtsfällen insbesondere das Vorsatzelement problematisch. Im Lichte des oben dargestellten BGH-Urteils müsste ein verfassungsmäßig berufener Vertreter i.S.v. § 31 BGB das Wissens- und Wollenselement des Vorsatzes erfüllen. Insofern müsste dieser beispielsweise vorsätzlich im Hinblick auf die Gründung eines rechtlich selbstständigen Unternehmens zur Begehung von Rechtsgutsverletzungen gehandelt haben oder (für den Fall der Menschenrechtsverletzung durch einen direkten Vertragspartner) Kenntnis davon gehabt haben, dass sein Vertragspartner z.B. die Menschenrechte von Angestellten verletzt; für den Fall der Menschenrechtsverletzung durch eigene Vertragspartner der Vertragspartner müsste ein verfassungsmäßiger Vertreter wiederum erkannt haben, dass dieser (bzw. ein Unternehmen innerhalb der „Vertragskette") die Menschenrechte verletzt und dies billigend in Kauf nehmen. Allein die Aufnahme vertraglicher Beziehungen zu Geschäftspartnern aus diesbezüglich risikobehafteten Ländern oder solchen, in denen rechtsstaatliche Elemente nur schwach ausgeprägt oder gar nicht vorhanden sind, reicht hierfür nicht aus. Gleiches gilt für die konkrete Ausgestaltung der Lieferbedingungen. Anders ist die Situation möglicherweise dann, wenn ein Unternehmen vertragliche Beziehungen zu einem anderen aufnimmt,

---

1585   S. auch *Weller/Kaller/Schulz*, AcP 216 (2016), 387 (406).

von dem ein verfassungsmäßig berufener Vertreter weiß, dass dieses etwa arbeitsrechtliche Mindeststandards missachtet oder bei Ausführung ihm übertragener Aufgaben Menschenrechte beeinträchtigt. Dann kann möglicherweise von einer Kenntnis auf die billigende Inkaufnahme der Schädigung geschlossen werden. Gleiches kann gelten, wenn ein verfassungsmäßiger Vertreter eines Unternehmens im Nachhinein Kenntnis erlangt und (bei bestehenden Einflussmöglichkeiten) untätig bleibt.

Grundsätzlich trifft den Geschädigten die Beweislast für die Voraussetzungen von § 826 BGB.[1586] Insbesondere in Bezug auf den Vorsatz gelten wie oben dargelegt allerdings Beweiserleichterungen insofern, als dass zum Schluss hierauf auf objektive Umstände zurückgegriffen werden kann. Auch dies kann für Geschädigte in transnationalen Menschenrechtsfällen jedoch eine hohe Hürde darstellen. So ist es für sie mangels Einblicks in unternehmensinterne Abläufe beispielsweise ebenso schwierig, z.B. eine Kenntnis eines Organvertreters von Menschenrechtsverletzungen in Betrieben seiner abhängigen Unternehmen oder Vertragspartner nachzuweisen. Diese Beweisproblematik entspricht wiederum der bei § 823 Abs. 1 BGB. Insofern könnten die dort angenommenen Beweiserleichterungen auch im Rahmen der Haftung nach § 826 BGB greifen.[1587]

Dies ändert jedoch nichts daran, dass abgesehen von besonderen Einzelfällen eine Haftung nach § 826 BGB bereits am erforderlichen Vorsatzelement eines verfassungsmäßigen Vertreters des Unternehmens scheitert.[1588]

F. Rechtsdurchsetzung

Unabhängig vom tatsächlichen Bestehen entsprechender Ansprüche ist für Geschädigte in transnationalen Menschenrechtsfällen entscheidend, wie sie ihre Rechte durchsetzen können. Zunächst soll auf die Bedeutung von Schiedsverfahren eingegangen werden (I.), denen Vorrang vor Verfahren vor staatlichen Gerichtsverfahren zukommt. Wurde keine Schiedsvereinbarung getroffen (was den Regelfall darstellt), ist für die Betroffenen entscheidend, inwiefern deutsche Gerichte für ihre Klagen international zu-

---

1586 Der Geschädigte trägt die Beweislast für das Vorliegen sämtlicher Voraussetzungen von § 826 BGB; s. hierzu BGH, Urt. v. 18.12.2007 – VI ZR 231/06, BGHZ 175, 58, 63 [Rn. 21]) = ZIP 2008, 361 (363); ausführlich *Wagner*, in: MüKo-BGB, § 826 Rn. 51.

1587 S. hierzu rechtsgebietsübergreifend noch u. § 24 A.

1588 I.E. ebenso *Habersack/Ehrl*, AcP 219 (2019), 155 (194 [Fn. 168]).

ständig sind (II.). Abschließend werden tatsächliche und zivilprozessuale Schwierigkeiten in transnationalen Menschenrechtsfällen thematisiert (III.).

I. Menschenrechte in der Schiedsgerichtsbarkeit

Schiedsklauseln eignen sich besonders dazu, (freiwilligen) CSR-Regelwerken Autorität zu verleihen.[1589] In der Tat enthalten CSR-Standards häufig Mechanismen zur außergerichtlichen Streitbeilegung. Man denke nur an das für Verstöße gegen die OECD-Leitsätze vorgesehene Verfahren vor den NKS. Auch globale Rahmenabkommen treffen teilweise Vereinbarungen für eine außergerichtliche Lösung für Verstöße gegen deren Vorgaben.[1590] Eine Schiedsvereinbarung i.S.v. § 1029 ZPO muss hingegen mindestens die Entscheidung durch einen Schiedsrichter sowie einen ausdrücklichen oder konkludenten Ausschluss des staatlichen Rechtsweges beinhalten.[1591] An diesen Voraussetzungen wird es in Bezug auf Regelungen in CSR-Standards regelmäßig fehlen. Insofern handelt es sich eher um die Vereinba-

---

1589 *Kocher*, KJ 2010, 29 (33 f.) sieht Schieds- bzw. ähnliche Verfahren sogar als unabdingbar an, *„wenn nicht davon ausgegangen werden kann, dass die Standards aus allseitigem Eigeninteresse eingehalten werden"*. Dies sei bei CSR-Standards der Fall.

1590 Beispielsweise müssen Globale Rahmenvereinbarungen der IndustriALL Global Union *„einen effektiven Um- und Durchsetzungsmechanismus und ein Verfahren zur verbindlichen Schlichtung von Konflikten einschließen"*, s. Leitsätze der IndustriALL Global Union für Globale Rahmenvereinbarungen (GRV), S. 2, online verfügbar unter; http://www.industriall-union.org/sites/default/files/uploads/documents/GFAs/industriall_gfa_guidelines_final_version_exco_12-_2014_german.pdf (zuletzt aufgerufen am 19.06.2019); von den in der Datenbank der ILO und der Europäischen Kommission zu transnationalen Betriebsvereinbarungen aufgenommenen Rahmenabkommen beinhalten insgesamt 98 Schlichtungsverfahren bei Streitfällen; die entsprechenden Texte der einzelnen Abkommen sind dort online verfügbar, s. http://ec.europa.eu/social/main.jsp?catId=978&langId=de&company=&hdCountryId=0&companySize=0&sectorId=0&year=0&esp=0&geoScope=0&refStandard=&keyword=&disputeRes=ON&mode=advancedSearchSubmit (zuletzt aufgerufen am 19.06.2019); zurückhaltend *Zimmer*, Soziale Mindeststandards, S. 296.

1591 Zu diesen Erfordernissen s. allgemein *Schlüter*, JURA 2016, 1115 (1116 f.); *Münch*, in: MüKo-ZPO, § 1029 Rn. 93–95.

rung einer Schlichtung, die den Rechtsweg vor staatlichen Gerichten nicht ausschließt.[1592]

Dass aber auch CSR-Regelwerke (echte) Schiedsvereinbarungen beinhalten können, zeigt insbesondere der (verbindliche) *Bangladesh Accord* in der Form von 2018,[1593] der in Nr. 3 als letzte Form der Schlichtung ein Schiedsverfahren vorsieht.[1594] Dieses gilt allerdings ausschließlich für die Parteien der Vereinbarung und damit nicht für die Geltendmachung von Ansprüchen durch Betroffene. Für diese sieht der Accord in Nr. 13 einen Beschwerdemechanismus vor. Schiedsvereinbarungen sind außerdem in Zulieferverträgen denkbar.

Nach nationalem Recht können Schiedsvereinbarungen auch für Streitigkeiten in Bezug auf ein Rechtsverhältnis nichtvertraglicher Art (vgl. § 1029 ZPO) getroffen werden. Die Anwendbarkeit deutschen Rechts vorausgesetzt, erscheint es mithin grundsätzlich möglich, dass das in Anspruch genommene Unternehmen und die von Rechtsverletzungen Betroffenen im Nachgang an das schädigende Ereignis eine Schiedsvereinbarung treffen. Allerdings liegt ein solches Verfahren häufig nicht im Interesse der Geschädigten. Klagen in transnationalen Menschenrechtsfällen setzen vielfach gerade auf die Öffentlichkeit des Verfahrens und die damit verbundene Medienaufmerksamkeit, teilweise sind sie auch ein Mittel der strategischen Prozessführung. Oftmals führt der öffentliche Druck zu guten Chancen für einen außergerichtlichen Vergleich. Die Vertraulichkeit des Schiedsverfahrens[1595] liefe diesem Interesse gerade zuwider. Außerdem sollen durch derartige Klagen nicht selten Grundsatzentscheidungen für ähnlich gelagerte Sachverhalte geschaffen werden, was im Schiedsverfahren angesichts der Vertraulichkeit des Verfahrens ebenfalls nicht möglich ist.[1596] Ferner dürfte einer Schiedsvereinbarung entgegenstehen, dass im

---

1592 S. zur Schlichtung allgemein *Münch*, in: MüKo-ZPO, Vorbemerkung zu § 1025 Rn. 28; *Schlosser*, in: Stein/Jonas, ZPO, vor § 1025 Rn. 14.

1593 Der Text ist online verfügbar unter https://admin.bangladeshaccord.org/wp-co ntent/uploads/2018/08/2018-Accord.pdf (zuletzt aufgerufen am 19.06.2019), s. hierzu ausführlich o. § 10 B. I.

1594 Dieses Schiedsverfahren, das in Den Haag durch den ständigen Schiedshof durchgeführt wird, unterliegt vorbehaltlich anderer Vereinbarungen der UNCITRAL-Schiedsgerichtsordnung. Für die Anerkennung gilt – wenn anwendbar – das New Yorker Übereinkommen über die Anerkennung und Vollstreckung ausländischer Schiedssprüche.

1595 S. etwa *Schlüter*, JURA 2016, 1115 (1121); *Münch*, in: MüKo-ZPO, Vorbemerkung zu § 1025 Rn. 95–96; *Schütze*, in: Wieczorek/Schütze, ZPO, § 1025 Rn. 18.

1596 *Schütze*, in: Wieczorek/Schütze, ZPO, § 1025 Rn. 21.

Schiedsverfahren keine finanzielle Unterstützung, etwa in Form von Prozesskostenhilfe, gewährt wird.[1597] Gleiches gilt für die – abgesehen von § 1059 Abs. 2 ZPO – fehlende Möglichkeit zur Aufhebung und Überprüfung des Schiedsspruches, wodurch auch offensichtlich unrichtige Schiedssprüche nicht korrigiert werden können.[1598]

Schiedsverfahren spielen in Form von Investor-Staat-Schiedsverfahren auch im Internationalen Investitionsschutzrecht eine große Rolle.[1599] Diese können – je nach Regelungsgehalt – einer effektiven Durchsetzung der Menschenrechte und auch des Umweltschutzes im Einzelfall entgegenstehen.[1600] Wenn die Verschärfung nationaler Gesetze zum Schutz der Menschenrechte oder der Umwelt mit einer Verletzung von Rechten der Investoren verbunden ist, können diese ein Schiedsverfahren eröffnen. Insbesondere die damit verbundenen hohen Kosten und drohende Schadensersatzforderungen können den Staat davon abhalten, entsprechende Gesetze zu erlassen. Dies kann unter Umständen einen Verstoß gegen die staatliche Pflicht zum Schutz der Menschenrechte darstellen.[1601] Angesichts der negativen Auswirkungen auf die Menschenrechte fordert der Sonderbeauftragte der UN für die Förderung einer demokratischen und gerechten internationalen Ordnung sogar die Überarbeitung oder Beendigung derartiger Abkommen und eine Abschaffung der Investor-Staat-Schiedsverfahren.[1602]

1597 *Münch,* in: MüKo-ZPO, Vorbemerkung zu § 1025 Rn. 91 m.w.N.; s. zu den Kosten auch *Schütze,* in: Wieczorek/Schütze, ZPO, § 1025 Rn. 19.

1598 *Rudkowski,* JuS 2013, 398 (402); *Münch,* in: MüKo-ZPO, Vorbemerkung zu § 1025 Rn. 88a; zum fehlenden Instanzenzug s. auch *Schlüter,* JURA 2016, 1115 (1122).

1599 Von den von Deutschland abgeschlossenen mehr als 130 bilateralen Investitionsschutzverträgen beinhalten derzeit 89 ein solches Schiedsverfahren, https://www.bmwi.de/Redaktion/DE/Artikel/Aussenwirtschaft/investitionsschutz.html (zuletzt aufgerufen am 19.06.2019).

1600 S. SRSG, Report 2008, Rn. 37, UN-Dok. A/HRC/8/5; *van Dam,* JETL 2 (2011), 221 (223).

1601 S. hierzu insgesamt Report of the Independent Expert on the promotion of a democratic and equitable international order, insb. Rn. 6, 9, 23, 41, 44, 46, zu Beispielsfällen s. Rn. 30-37, UN-Dok. A/70/285; SRSG, Report 2008, Rn. 34-35, UN-Dok. A/HRC/8/5.

1602 S. hierzu insgesamt Report of the Independent Expert on the promotion of a democratic and equitable international order, insb. Rn. 14, 51, 53, 59 f., UN-Dok. A/70/285; zu Alternativen zu Investor-Staat-Schiedsverfahren s. dort Rn. 55.

II. Internationale Zuständigkeit deutscher Gerichte für Klagen gegen deutsche Konzernobergesellschaften / Gesellschaften an der Spitze der Zulieferkette

Nach Art. 1 Abs. 1 Brüssel Ia-VO[1603] gilt diese für Zivil- und Handelssachen unabhängig von der Art der Gerichtsbarkeit. Die hier näher untersuchten Ansprüche des Vertrags-, Delikts- und Gesellschaftsrechts sind, da sie materiellrechtlich dem Zivilrecht zuzuordnen sind,[1604] eine Zivil- oder Handelssache in diesem Sinne.[1605]

Vorbehaltlich einer abweichenden Zuständigkeitsvereinbarung nach Art. 25 Brüssel Ia-VO sind Klagen gegen Personen mit Wohnsitz im Hoheitsgebiet eines Mitgliedstaates gemäß Art. 4 Abs. 1 Brüssel Ia-VO vor Gerichten dieses Mitgliedstaates zu erheben. In Verbindung mit Art. 63 Brüssel Ia-VO können Unternehmen mit satzungsmäßigem Sitz, Hauptverwaltung oder Hauptniederlassung in Deutschland vor deutschen Gerichten verklagt werden. Der Ort des Eintritts der jeweiligen Rechtsgutsverletzung ist unerheblich.[1606] Nach der Entscheidung des EuGH in der Rechtssache *Owusu v. Jackson and others* aus dem Jahr 2005 ist den Gerichten die Einrede des *forum non conveniens*[1607] in Bezug auf nichtmitgliedstaatliche Gerichte verwehrt.[1608]

Teile des Schrifttums wollen für transnationale Menschenrechtsfälle daneben den Gerichtsstand der unerlaubten Handlung gemäß Art. 7 Nr. 2 Brüssel Ia-VO anwenden.[1609] Dies geht allerdings fehl, da dieser nach sei-

---

1603 Verordnung (EU) Nr. 1215/2012 des Europäischen Parlaments und des Rates vom 12.12.2012 über die gerichtliche Zuständigkeit und die Anerkennung und Vollstreckung von Entscheidungen in Zivil- und Handelssachen (Neufassung), ABl. (EU) Nr. L 351, S. 1.

1604 S. zur allgemeinen Definition der Zivil- und Handelssache *Gottwald*, in: MüKo-ZPO, Art. 1 VO (EU) 1215/2012 Rn. 1 m.w.N.

1605 Beachte allerdings auch Art. 1 Abs. 2 lit. d) Brüssel Ia-VO, der die Schiedsgerichtsbarkeit ausdrücklich vom Anwendungsbereich ausschließt.

1606 *Stürner*, IJPL 2014, 350 (361); *Stürner*, in: FS Coester-Waltjen, S. 843 (844); *Weller/Kaller/Schulz*, AcP 216 (2016), 387 (392); *Weller/Thomale*, ZGR 2017, 509 (523).

1607 Diese umfasst die Ablehnung der Zuständigkeit, weil das Gericht einen anderen Gerichtsstand als angemessener erachtet.

1608 EuGH, Urt. v. 01.03.2005 – C-281/02, *Owusu/Jackson u.a.*, EuZW 2005, 345.

1609 *Güngör*, Sorgfaltspflichten, S. 74–76; *Osieka*, Zivilrechtliche Haftung, S. 228 (noch zur Brüssel I-VO); wohl auch *Hartmann*, in: Krajewski/Saage-Maaß, Sorgfaltspflichten, S. 281 (287); i.E. ablehnend *Wagner*, RabelsZ 80 (2016), 717 (734 f.) (Tatbeiträge der Organe der Muttergesellschaft als bloße Vorbereitungshandlungen).

nem ausdrücklichen Wortlaut nur für Klagen gegen Personen mit Wohnsitz in einem Mitgliedstaat gelten soll, die in einem anderen Mitgliedstaat als dem ihres Wohnsitzes verklagt werden sollen.[1610] Bei einer Klage gegen deutsche Unternehmen vor deutschen Gerichten ist dies indes nicht der Fall. Insofern bleibt es beim allgemeinen Gerichtsstand gemäß Art. 4 Abs. 1 Brüssel I-VO, sodass es auch auf die Bestimmung von Handlungs- und Erfolgsort nicht ankommt.[1611]

Im Ergebnis können deutsche Gesellschaften (als Konzernobergesellschaft oder als solche an der Spitze einer Zulieferkette) auch in transnationalen Menschenrechtsfällen über Art. 4 Abs. 1, 63 Brüssel Ia-VO vor deutschen Gerichten verklagt werden.[1612]

Grundsätzlich liegt es angesichts der Nähe zur Tat und geringerer Beweisschwierigkeiten im Interesse der Geschädigten, auch ausländische abhängige Gesellschaften oder Vertragspartner eines deutschen Unternehmens in Deutschland zu verklagen.[1613] Diesbezüglich erweist sich die internationale Zuständigkeit deutscher Gerichte als problematisch. Angesichts der Fokussierung dieser Arbeit auf die Haftung deutscher Unternehmen an der Spitze einer Unternehmensgruppe oder einer Zuliefer- oder Wertschöpfungskette, soll auf diese Problematik hier allerdings nicht weiter eingegangen werden.[1614]

III. Tatsächliche und zivilprozessuale Schwierigkeiten in transnationalen Menschenrechtsfällen

Tatsächliche und zivilprozessuale Hürden für Klagen in transnationalen Menschenrechtsfällen bestehen insbesondere mit Blick auf die Verfahrenskosten (1.), fehlende kollektive Rechtsschutzmöglichkeiten (2.) sowie fehlende Auskunftsrechte (3.).

1610 S. hierzu auch *Mankowski*, in: von Hoffmann, Universalität, S. 139 (178); *Mankowski*, in: FS Geimer, S. 429 (431).

1611 S. hierzu ausführlich o. § 16 A. I.

1612 S. statt vieler *Nordhues*, Haftung Muttergesellschaft, S. 168; *Mansel*, ZGR 2018, 439 (449); *Stürner*, in: Krajewski/Oehm/Saage-Maaß, Unternehmensverantwortung, S. 73 (78 f.); *Thomale/Hübner*, JZ 2017, 385 (389); *Wagner*, RabelsZ 80 (2016), 717 (732); *Weller/Kaller/Schulz*, AcP 216 (2016), 387 (392).

1613 S. hierzu *Hartmann*, in: Krajewski/Saage-Maaß, Sorgfaltspflichten, S. 281 (286).

1614 S. hierzu statt vieler *Hartmann*, in: Krajewski/Saage-Maaß, Sorgfaltspflichten, S. 281 (288–295); *Stürner*, IJPL 2014, 350 (362–364); *Stürner*, in: FS Coester-Waltjen, S. 843 (845 f.).

1. Verfahrenskosten

Eine erste Hürde für von Menschenrechtsverletzungen im Ausland Betroffene stellen die mit einem Verfahren in Deutschland verbundenen Kosten dar. Grundsätzlich können auch ausländische Betroffene unter den Voraussetzungen von § 114 Abs. 1 ZPO Prozesskostenhilfe beantragen.[1615] Ist eine effektive Rechtsverfolgung allerdings auch im Ausland möglich, wird dies als „*mutwillig*" angesehen, sodass keine Prozesskostenhilfe gewährt wird.[1616] Juristische Personen können Prozesskostenhilfe überdies nur unter den Voraussetzungen von § 116 S. 1 Nr. 2 ZPO erhalten. Dies hindert beispielsweise drittstaatliche Opferorganisationen an der Geltendmachung derartiger Ansprüche.[1617] Erhält ein Kläger Prozesskostenhilfe, muss er z.B. nicht die häufig unkalkulierbaren Kosten der erforderlichen umfangreichen Beweisaufnahme tragen oder einen für ein Sachverständigengutachten gemäß §§ 402, 397 ZPO eingeforderten Auslagenvorschuss zahlen.[1618] Außerdem ist er gemäß § 122 Abs. 1 Nr. 2 ZPO von der Leistung von Prozesskostensicherheit nach § 110 Abs. 1 ZPO befreit.[1619] Allerdings verbleiben auch mit Prozesskostenhilfe wesentliche Kostenpunkte: So entstehen bereits in der Vorbereitung des gerichtlichen Verfahrens erhebliche Kosten, die nicht von der Prozesskostenhilfe gedeckt sind.[1620] Verliert der Kläger das Verfahren, hat er aufgrund von § 123 ZPO trotz Prozesskostenhilfe überdies die Kosten des Beklagten zu erstatten.[1621]

Unabhängig davon sind auch die Anwaltskosten zu berücksichtigen: Zwar ist unter den Voraussetzungen des § 4a RVG inzwischen auch in Deutschland die Vereinbarung eines Erfolgshonorars möglich, allerdings

---

1615 S. auch *Osieka*, Zivilrechtliche Haftung, S. 255.

1616 *Saage-Maaß/Klinger*, in: Krajewski/Oehm/Saage-Maaß, Unternehmensverantwortung, S. 249 (261).

1617 S. hierzu, auch mit Überlegungen *de lege ferenda*, *Stürner*, in: Krajewski/Oehm/Saage-Maaß, Unternehmensverantwortung, S. 73 (90 f.).

1618 S. hierzu insgesamt auch *Stürner*, in: Krajewski/Oehm/Saage-Maaß, Unternehmensverantwortung, S. 73 (94).

1619 *Wesche/Saage-Maaß*, HRLR 2016, 370 (382); missverständlich *Stürner*, in: Krajewski/Oehm/Saage-Maaß, Unternehmensverantwortung, S. 73 (91), der sich wohl ausschließlich auf Fälle bezieht, in denen keine Prozesskostenhilfe gewährt wird.

1620 *Saage-Maaß/Klinger*, in: Krajewski/Oehm/Saage-Maaß, Unternehmensverantwortung, S. 249 (261); *Wesche/Saage-Maaß*, HRLR 2016, 370 (382).

1621 *Wesche/Saage-Maaß*, HRLR 2016, 370 (382); eher kritisch auch *Saage-Maaß/Klinger*, in: Krajewski/Oehm/Saage-Maaß, Unternehmensverantwortung, S. 249 (260 f.).

gehen die Kosten des Verfahrens häufig über derartige Erfolgshonorare hinaus.[1622]

Im Ergebnis sind die Verfahren in transnationalen Menschenrechtsfällen mit einem hohen Kostenrisiko belastet, dem nur geringe Schadensersatzsummen gegenüber stehen.

2. Fehlende kollektive Rechtsschutzmöglichkeiten

Das deutsche Rechtssystem sieht – abgesehen von der Streitgenossenschaft in §§ 59 ff. ZPO – derzeit keine kollektiven Rechtsschutzmöglichkeiten vor. Auch die Streitgenossenschaft bietet allerdings keine Vereinfachung für die Geltendmachung von Ansprüchen durch eine große Zahl von Geschädigten.[1623] Vielmehr bleibt es bei einzelnen Prozessrechtsverhältnissen.[1624] Dies führt zu Forderungen etwa nach Musterfeststellungsklagen.[1625] Das Gesetz zur Einführung einer zivilprozessualen Musterfeststellungsklage[1626] ist für transnationale Menschenrechtsfälle wenig zielführend, da es nach § 606 ZPO ausschließlich das Verhältnis zwischen Verbrauchern und Unternehmen betrifft und § 13 BGB für den Verbraucherbegriff auf den Abschluss eines Rechtsgeschäftes abstellt. Auch Verbandsklagemöglichkeiten bestehen in transnationalen Menschenrechtsfällen nicht. Dies ändert auch der Richtlinienvorschlag der Europäischen Kommission in Bezug auf Verbandsklagen[1627] nicht. Der Vorschlag sieht in Art. 2 Abs. 1 Verbandsklagemöglichkeiten ausschließlich für Verstöße ge-

---

1622 *Saage-Maaß/Klinger*, in: Krajewski/Oehm/Saage-Maaß, Unternehmensverantwortung, S. 249 (261); positiver hingegen *Osieka*, Zivilrechtliche Haftung, S. 255; s. zu den Kosten, auch in Bezug auf das KiK-Verfahren, ebenfalls *Wesche/Saage-Maaß*, HRLR 2016, 370 (383 f.).

1623 *Saage-Maaß/Klinger*, in: Krajewski/Oehm/Saage-Maaß, Unternehmensverantwortung, S. 249 (260); ähnlich *Osieka*, Zivilrechtliche Haftung, S. 257 (*„stößt an tatsächliche Grenzen"*).

1624 *Saage-Maaß/Klinger*, in: Krajewski/Oehm/Saage-Maaß, Unternehmensverantwortung, S. 249 (260); ähnlich *Wesche/Saage-Maaß*, HRLR 2016, 370 (381).

1625 Ähnlich *Saage-Maaß/Klinger*, in: Krajewski/Oehm/Saage-Maaß, Unternehmensverantwortung, S. 249 (260); eher zurückhaltend *Stürner*, in: Krajewski/Oehm/Saage-Maaß, Unternehmensverantwortung, S. 73 (93) (keine Sonderbehandlung von Menschenrechtsklagen).

1626 BGBl. 2018 I, S. 1151.

1627 Vorschlag für eine Richtlinie des Europäischen Parlaments und des Rates über Verbandsklagen zum Schutz der Kollektivinteressen der Verbraucher und zur Aufhebung der Richtlinie 2009/22/EG, KOM(2018) 184 endg.

gen bestimmte Vorschriften, die in Anhang I[1628] aufgelistet werden, vor. Diese sind indes für die typischen Rechtsgutsverletzungen in transnationalen Menschenrechtsfällen nicht einschlägig. Bedeutung erlangen könnte der Entwurf allerdings für Klagen von Verbrauchern aufgrund öffentlicher Äußerungen der Unternehmen, da der Annex beispielsweise in Nr. 11 Verstöße gegen die UGP-Richtlinie[1629] erfasst.

3. Fehlende Auskunftsrechte – fehlende Verpflichtung zur Offenlegung unternehmensinterner Dokumente

Nach der allgemeinen Grundregel obliegt es im Zivilprozess grundsätzlich dem Kläger, sämtliche anspruchsbegründenden Tatsachen nachzuweisen.[1630] Im Gegensatz zum Zivilprozessrecht beispielsweise in den USA und im Vereinigten Königreich kennt das deutsche Recht kein sogenanntes *„pre-trial-discovery"*-Verfahren, das Unternehmen in einem Vorverfahren zur Offenlegung relevanter Informationen über Unternehmensinterna verpflichten könnte.[1631]

Das Erfordernis des Beweises sämtlicher anspruchsbegründender Tatsachen ist grundsätzlich eine hohe Hürde für die Kläger in transnationalen Menschenrechtsfällen, da diese regelmäßig keinen Einblick in unternehmensinterne Entscheidungsprozesse und Vorgaben haben.

Ein Auskunftsanspruch der Kläger gegen das jeweilige Unternehmen aus § 242 BGB könnte diesen Beweisschwierigkeiten Abhilfe schaffen. Dieser inzwischen gewohnheitsrechtlich anerkannte Anspruch[1632] setzt aber unter anderem voraus, dass zwischen den Beteiligten ein dem Grunde

---

1628 Anhänge des Vorschlags für eine Richtlinie des Europäischen Parlaments und des Rates über Verbandsklagen zum Schutz der Kollektivinteressen der Verbraucher und zur Aufhebung der Richtlinie 2009/22/EG, KOM(2018) 184 endg., ANNEXES 1 und 2.

1629 Richtlinie 2005/29/EG des Europäischen Parlaments und des Rates vom 11.05.2005 über unlautere Geschäftspraktiken von Unternehmen gegenüber Verbrauchern im Binnenmarkt, ABl. (EU) Nr. L 149, S. 22 (im Folgenden: UGP-Richtlinie).

1630 S. hierzu etwa *Foerste*, in: Musielak/Voit, ZPO, § 286 Rn. 35; *Prütting*, in: MüKo-ZPO, § 286 Rn. 111–112; ausführlich *Thole*, in: Stein/Jonas, ZPO, § 286 Rn. 105–114.

1631 *Osieka*, Zivilrechtliche Haftung, S. 256; *Saage-Maaß/Klinger*, in: Krajewski/Oehm/Saage-Maaß, Unternehmensverantwortung, S. 249 (262).

1632 *Bittner*, in: Staudinger, BGB (2014), § 260 Rn. 19; *Krüger*, in: MüKo-BGB, § 260 Rn. 12.

nach feststehender Leistungsanspruch besteht.[1633] Der Auskunftsanspruch bezieht sich mithin ausschließlich auf den Anspruchsinhalt. Für einen solchen im Rahmen des Schadensersatzanspruches nach § 823 Abs. 1 BGB müssen folglich sämtliche anspruchsbegründende Merkmale vorliegen.[1634] In transnationalen Menschenrechtsfällen wäre ein Auskunftsanspruch allerdings gerade erforderlich, um einen bestehenden Schadensersatzanspruch aus § 823 Abs. 1 BGB überhaupt nachweisen zu können. Mithin scheitert der Auskunftsanspruch aus § 823 Abs. 1 BGB bereits an einem dem Grunde nach feststehenden Leistungsanspruch.[1635]

Den Beweisschwierigkeiten der Geschädigten kann allerdings durch umfangreiche Beweislasterleichterungen bis hin zu Beweislastumkehrungen Rechnung getragen werden.[1636] Diese wurden bereits im Rahmen der Ausführungen zum materiellen Recht thematisiert.[1637] Dennoch verbleibt in transnationalen Menschenrechtsfällen ein hohes Prozessrisiko.[1638]

§ 17 Gesellschaftsrecht

Neben dem Deliktsrecht kann insbesondere das Gesellschaftsrecht Haftungsmöglichkeiten der Unternehmen bzw. ihrer Leitungsorgane beinhalten. Hierfür ist ebenfalls zunächst die Frage nach dem anwendbaren Recht relevant (A.). Anschließend werden die Haftung der herrschenden Gesellschaft kraft Haftungsdurchgriffs (B.) sowie eine Haftung der Leitungsorgane der Konzernobergesellschaft für fehlende bzw. unzureichende Compliance-Maßnahmen (C.) erörtert.

1633 Zu den Voraussetzungen allgemein *Bittner*, in: Staudinger, BGB (2014), § 260 Rn. 19–21; *Krüger*, in: MüKo-BGB, § 260 Rn. 13–20; zum bestehenden Leistungsanspruch dem Grunde nach im Besonderen s. BGH, Urt. v. 18.01.1978 – VIII ZR 262/76, NJW 1978, 1002; BGH, Urt. v. 07.12.1988 – IVa ZR 290/87, NJW-RR 1989, 450 jeweils m.w.N.; *Bittner*, in: Staudinger, BGB (2014), § 260 Rn. 19a; *Krüger*, in: MüKo-BGB, § 260 Rn. 15–17.

1634 BGH, Urt. v. 28.11.1989 – VI ZR 63/89, NJW 1990, 1358; *Krüger*, in: MüKo-BGB, § 260 Rn. 15 m.w.N.

1635 I.E. ebenfalls ablehnend, allerdings mit der unzutreffenden Begründung, § 242 BGB gelte nur in Vertragsbeziehungen, *Osieka*, Zivilrechtliche Haftung, S. 256.

1636 Ähnlich *Wesche/Saage-Maaß*, HRLR 2016, 370 (381).

1637 S. insb. o. § 16 B. II. 5., III. 2; rechtsgebietsübergreifend auch noch u. § 24 A.

1638 S. insgesamt *Saage-Maaß/Klinger*, in: Krajewski/Oehm/Saage-Maaß, Unternehmensverantwortung, S. 249 (262 f.) (Modifizierung der Beweislastgrundsätze durch die Rechtsprechung ist in transnationalen Menschenrechtsfällen derzeit schwer zu prognostizieren).

A. Anwendbares Recht

I. Anwendbares Recht für den Haftungsdurchgriff

Das Gesellschaftsstatut[1639] (auch Personalstatut[1640]) umfasst die Vorausset-
zungen der Entstehung, Fragen der inneren Organisation (etwa Satzung,
innere Willensbildung, Art, Bestimmung, Zusammensetzung, Rechte und
Pflichten der Organe), bestimmte Fragen des Außenverhältnisses (z.B.
Rechts-, Partei- und Prozessfähigkeit, Haftung für gesellschaftsrechtliche
Verbindlichkeiten, organschaftliche Vertretungsmacht) sowie Auflösung,
Abwicklung und Beendigung der Gesellschaft.[1641]

Die Voraussetzungen und der Umfang des Haftungsdurchgriffs auf die
Gesellschafter unterliegen nach herrschender Auffassung dem Gesellschaftsstatut.[1642] Nur die Rechtsordnung, die das Trennungsprinzip und
dessen Bedingungen festlegt, kann darüber entscheiden, unter welchen
Voraussetzungen eine Durchbrechung desselben möglich ist.[1643] Diese Anknüpfung kann für europäische und ausländische Gesellschaften jedoch
bei einer Rechtsumgehung korrigiert werden, wenn also eine Gesellschaft
in einem Land zwischengeschaltet wird, das engere oder gar keine Regelungen für den Haftungsdurchgriff vorsieht. Dann kann hilfsweise auf das
Statut am Ort des Vermögens der herrschenden Person und wiederum
hilfsweise auf deren Personalstatut zurückgegriffen werden.[1644]

Im internationalen Unterordnungskonzern bestimmt sich das anwendbare Recht grundsätzlich nach dem Gesellschaftsstatut des abhängigen Un-

---

1639 *Rauscher*, IPR, Rn. 628.

1640 *Kindler*, in: MüKo-BGB, IntGesR Rn. 351.

1641 S. zum Umfang des Gesellschaftsstatuts *Großfeld*, in: Staudinger, BGB (1998),
IntGesR Rn. 249–411; *Kindler*, in: MüKo-BGB, IntGesR Rn. 524–637; *Rauscher*,
IPR, Rn. 641–645.

1642 BGH, Urt. v. 05.11.1980 – VIII ZR 230/79, BGHZ 78, 318 (334) = NJW 1981,
522 (525) m.w.N.; *Kindler*, in: MüKo-BGB, IntGesR Rn. 615; *Servatius*, in:
MüHB-GesR VI, § 14 Rn. 50, 56-57; **a.A.** und für eine deliktische Qualifikation *Thomale/Hübner*, JZ 2017, 385 (395); *Weller/Thomale*, ZGR 2017, 509 (525);
differenzierend *Großfeld*, in: Staudinger, BGB (1998), IntGesR Rn. 353–357.

1643 *Kindler*, in: MüKo-BGB, IntGesR Rn. 615 m.w.N.; auf den „*Gefahrenschwer-
punkt*" abstellend *Großfeld*, in: Staudinger, BGB (1998), IntGesR Rn. 556
m.w.N.

1644 *Kindler*, in: MüKo-BGB, IntGesR Rn. 624.

ternehmens.[1645] Dieses ist mithin auch für den Haftungsdurchgriff maßgeblich,[1646] sodass bei einem Durchgriff von einer ausländischen Unter- auf eine deutsche Obergesellschaft das ausländische Gesellschaftsstatut der Untergesellschaft maßgeblich ist.[1647]

Wird die Beherrschung der unmittelbar verantwortlichen Gesellschaft über zahlreiche „dazwischen geschaltete" abhängige Unternehmen vermittelt, ist das anwendbare Recht „stufenweise" nach der jeweils abhängigen Gesellschaft zu ermitteln, sodass für den Durchgriff bis zur herrschenden Gesellschaft an der Spitze zahlreiche unterschiedliche Sachrechte zur Anwendung gelangen können.[1648]

Dies zugrunde gelegt, ist auch in transnationalen Menschenrechtsfällen für den Haftungsdurchgriff *de lege lata* das Recht der ausländischen Tochtergesellschaft anwendbar.[1649]

II. Anwendbares Recht für die Haftung der Leitungsorgane

Die Organhaftung unterliegt als Innenhaftung gegenüber der Gesellschaft ebenfalls dem Gesellschaftsstatut.[1650] Die Haftung der Leitungsorgane für fehlende bzw. unzureichende Compliance-Maßnahmen nach §§ 93 Abs. 2 AktG betrifft als reine Innenhaftung das Verhältnis der Gesellschaft zu

---

1645 BGH, Urt. v. 13.12.2004 – II ZR 256/02, ZIP 2005, 250 (251); *Großfeld*, in: Staudinger, BGB (1998), IntGesR Rn. 557; *Kindler*, in: MüKo-BGB, IntGesR Rn. 681.

1646 *Lorenz*, IPRax 1983, 85 (86); *Weller/Kaller/Schulz*, AcP 216 (2016), 387 (397); i.E. ebenso *Kindler*, in: MüKo-BGB, IntGesR Rn. 625; *Großfeld*, in: Staudinger, BGB (1998), IntGesR Rn. 557 i.V.m. 564.

1647 *Kindler*, in: MüKo-BGB, IntGesR Rn. 712 (Vertragskonzern), 713 (faktischer Konzern); wohl auch *Großfeld*, in: Staudinger, BGB (1998), IntGesR Rn. 557 i.V.m. Rn. 564.

1648 *Kindler*, in: MüKo-BGB, IntGesR Rn. 625; wohl ähnlich *Großfeld*, in: Staudinger, BGB (1998), IntGesR Rn. 356.

1649 *Mansel*, ZGR 2018, 439 (452 f.); *Weller/Kaller/Schulz*, AcP 216 (2016), 387 (397); **a.A.** und für eine deliktische Qualifikation *Thomale/Hübner*, JZ 2017, 385 (395); dagegen mit dem überzeugenden Verweis auf die hiermit verbundene Konsequenz, dass damit für die Durchbrechung des Trennungsprinzips abhängig von der Gläubigergruppe unterschiedliche Rechtsordnungen gelten würden *Mansel*, ZGR 2018, 439 (453).

1650 OLG Celle, Urt. v. 16.08.2006 – 9 U 20/06, GmbHR 2006, 1269 (LS 3); *Hübner*, in: Krajewski/Saage-Maaß, Sorgfaltspflichten, S. 61 (68); *Großfeld*, in: Staudinger, BGB (1998), IntGesR S. 317; *Kindler*, in: MüKo-BGB, IntGesR Rn. 630.

ihren Organen und ist dem Gesellschaftsstatut zuzurechnen.[1651] Für die Haftung der Leitungsorgane von AG und GmbH mit Satzungs- und Verwaltungssitz in Deutschland gilt damit das deutsche Gesellschaftsrecht.[1652]

Da sich das anwendbare Recht für grenzüberschreitende Unterordnungskonzerne regelmäßig nach dem Recht der abhängigen Gesellschaft bestimmt,[1653] richten sich die Einflussmöglichkeiten eines deutschen herrschenden Unternehmens auf ein abhängiges ausländisches Unternehmen und damit die Grenzen der Compliance-Verantwortung des Vorstands des herrschenden Unternehmens aber nach dem anwendbaren ausländischen Recht der abhängigen Gesellschaft.[1654]

B. Haftung der herrschenden Gesellschaft für Verbindlichkeiten abhängiger Gesellschaften kraft Haftungsdurchgriffs

In transnationalen Menschenrechtsfällen geht es regelmäßig um einen Durchgriff der Gläubiger einer ausländischen abhängigen Gesellschaft auf das Vermögen des inländischen herrschenden Unternehmens. Auch wenn hierfür regelmäßig ausländisches Recht maßgeblich ist, soll im Folgenden vor dem Hintergrund einer möglichen Anpassung des Internationalen Privatrechts *de lege ferenda* dennoch das deutsche Sachrecht untersucht werden.

Einem Durchgriff auf die herrschende Gesellschaft steht grundsätzlich das gesellschaftsrechtliche Trennungsprinzip gemäß § 13 Abs. 2 GmbHG bzw. § 1 Abs. 1 S. 2 AktG entgegen. Demnach sind die Gesellschaft und ihre Gesellschafter als selbstständige Rechtssubjekte anzusehen. Rechte,

---

1651 So für den Generaltatbestand der Innenhaftung auch *Kindler*, in: MüKo-BGB, IntGesR Rn. 630; i.E. auch *Hübner*, in: Krajewski/Saage-Maaß, Sorgfaltspflichten, S. 61 (68).

1652 *Mansel*, ZGR 2018, 439 (453); *Weller/Kaller/Schulz*, AcP 216 (2016), 387 (397) (maßgeblich ist das Gesellschaftsstatut der Muttergesellschaft); s. auch *Servatius*, in: MüHB-GesR VI, § 14 Rn. 90; legt man §§ 5 AktG und 4a GmbHG kollisionsrechtlich aus (was nicht unbestritten ist, anders etwa *Heider*, in: MüKo-AktG, § 5 Rn. 54), gilt das das deutsche Gesellschaftsrecht auch für Gesellschaften, die nach deutschem Recht gegründet worden sind und nur ihren Satzungssitz im Inland haben, s. hierzu *Kieninger*, in: MüHB-GesR VI, § 52 Rn. 19–22.

1653 BGH, Urt. v. 13.12.2004 – II ZR 256/02, ZIP 2005, 250 (251); *Drinhausen*, in: MüHB-GesR VI, § 44 Rn. 7; *Kindler*, in: MüKo-BGB, IntGesR Rn. 681; *Kropholler*, IPR, § 55 I.3.b) (S. 574).

1654 *Cichy/Cziupka*, BB 2014, 1482 (1484); *Paefgen*, WM 2016, 433 (442).

Pflichten und Vermögen der Gesellschaft bestehen unabhängig von Rechten, Pflichten und Vermögen der Gesellschafter.[1655] Dies gilt auch im Konzern.[1656] Allerdings wird das Trennungsprinzip in bestimmten Fallgruppen kraft Haftungsdurchgriffs durchbrochen. Anschließend an eine Darstellung dieser Fallgruppen (I.) soll auf die Möglichkeit eines Haftungsdurchgriffs in transnationalen Menschenrechtsfällen (II.) eingegangen werden.

I. Durchbrechung des gesellschaftsrechtlichen Trennungsprinzips kraft Haftungsdurchgriffs – Fallgruppen

Die Berücksichtigung des gesellschaftsrechtlichen Trennungsprinzips führt in einzelnen Fällen zu Ergebnissen, die mit unserer Rechtsordnung nicht im Einklang stehen.[1657] Dementsprechend soll in bestimmten Fällen trotz des gesellschaftsrechtlichen Trennungsprinzips ein Haftungsdurchgriff auf die Gesellschafter möglich sein. Haftungsdurchgriff im hier verwendeten Sinne meint die unmittelbare und persönliche Außenhaftung der Gesellschafter neben der Gesellschaft für deren Verbindlichkeiten gegenüber Gesellschaftsgläubigern.[1658] Die Durchgriffsproblematik stellt sich nur, wenn der Gesellschafter (in Konzernfällen also die herrschende Gesellschaft) nicht ohnehin selbst aus einem eigenständigen Rechtsgrund haftet.[1659]

1655 S. auch *Heider*, in: MüKo-AktG, § 1 Rn. 46–47.

1656 S. etwa *Heider*, in: MüKo-AktG, § 1 Rn. 65; dahinter steht der Gedanke, dass in Krisen oder bei Insolvenz einzelner Unternehmen nicht der gesamte Konzern in eine entsprechende Schieflage geraten soll, s. *Hommelhoff*, ZIP 1990, 761 (769); ähnlich *Wiedemann*, GesR I, § 4 I 3 b) (S. 203 f.); außerdem soll ein Konzern ohne Risiko für andere Geschäftsbereiche etwa in bestimmte mit Risiken verbundene Technologien investieren können, *Voet van Vormizeele*, WuW 2010, 1008 (1015).

1657 RG, Urt. v. 22.06.1920 – III 68/20, RGZ 99, 232 (234); s. auch BGH, Urt. v. 30.01.1956 – II ZR 168/54, BGHZ 20, 4 (12) = NJW 1956, 785 (786); BGH, Urt. v. 05.11.1980 – VIII ZR 230/79, BGHZ 78, 318 (333) = NJW 1981, 522 (525) (für treuwidriges Verhalten).

1658 Ein solches Verständnis des Haftungsdurchgriffs legt etwa auch *Heider*, in: MüKo-AktG, § 1 Rn. 63 zugrunde; ähnlich *von Arnim*, NZG 2000, 1001 (1002).

1659 BGH, Urt. v. 14.12.1959 – II ZR 187/57, BGHZ 31, 258 (271) = NJW 1960, 258 (288); *Bork*, ZGR 1994, 237 (257); *Schmidt*, GesR, § 9 IV 1. b) (S. 233).

Unabhängig von der Diskussion um dessen dogmatische Grundlagen[1660] will der BGH über den Haftungsdurchgriff im Einzelfall entscheiden.[1661] Ein solcher komme nur dann in Frage, wenn die Anwendung des Trennungsprinzips gegen Treu und Glauben verstoßen würde und sich die Ausnutzung des Trennungsprinzips als rechtsmissbräuchlich darstellt,[1662] wobei die Grenzen hierfür nicht zu niedrig angesetzt werden sollten.[1663] Die in Rechtsprechung und Literatur diskutierten Fallgruppen des Haftungsdurchgriffs stellen nicht abschließende Orientierungspunkte dar. Da sie im GmbH-Recht entwickelt worden sind, sind bestimmte aktienrechtliche Besonderheiten gegebenenfalls zu berücksichtigen.[1664] Anerkannt ist ein Haftungsdurchgriff für die Fälle der Vermögensvermischung.[1665] Das BSG und auch der mehrheitliche Teil des Schrifttums gehen auch für Fälle der materiellen Unterkapitalisierung[1666] von einem Haftungsdurchgriff aus,[1667] während der BGH einen solchen für diese Fälle verneint.[1668] Die früher in diesem Zusammenhang ebenfalls relevante Fallgruppe des exis-

---

1660 S. hierzu etwa *Schmidt*, GesR, § 9 II (S. 221-226); *Fock*, in: Spindler/Stilz, AktG, § 1 Rn. 38–51; *Heider*, in: MüKo-AktG, § 1 Rn. 48 jeweils m.w.N.

1661 S. z.B. BGH, Urt. v. 29.11.1956 – II ZR 156/55, BGHZ 22, 226 (230) = NJW 1957, 181 f. (in Bezug auf die Haftung des alleinigen Gesellschafters einer GmbH); BGH, Urt. v. 05.11.1980 – VIII ZR 230/79, BGHZ 78, 318 (333) = NJW 1981, 522 (525).

1662 BGH, Urt. v. 08.07.1970 – VIII ZR 28/96, BGHZ 54, 222 (224) = NJW 1970, 2015 (2016); BGH, Urt. v. 05.11.1980 – VIII ZR 230/79, BGHZ 78, 318 (333) = NJW 1981, 522 (525); ähnlich BGH, Urt. v. 10.12.2007 – II ZR 239/05, BGHZ 175, 12 (18 [Rn. 15]) = ZIP 2008, 364 (365).

1663 Es dürfe über *„die Rechtsform der juristischen Person [...] nicht leichtfertig oder schrankenlos hinweggegangen werden"*, BGH, Urt. v. 30.01.1956 – II ZR 168/54; BGHZ 20, 4 (11) = NJW 1956, 785 (786); nahezu wortgleich z.B. BGH, Urt. v. 05.11.1980 – VIII ZR 230/79, BGHZ 78, 318 (333) = NJW 1981, 522 (525).

1664 *Heider*, in: MüKo-AktG, § 1 Rn. 50.

1665 S. zu den Voraussetzungen hierfür etwa BGH, Urt. v. 12.11.1984 – II ZR 250/83, NJW 1985, 740; BGH, Urt. v. 14.11.2005 – II ZR 178/03, BGHZ 165, 85 (91 f. [Rn. 14 f.]) = NJW 2006, 1344 (1346) m.w.N. aus Rspr. und Lit.

1666 S. hierzu *Fock*, in: Spindler/Stilz, AktG, § 1 Rn. 61; *Heider*, in: MüKo-AktG, § 1 Rn. 76.

1667 BSG, Urt. v. 07.12.1983 – 7 RAr 20/82, BSGE 56, 76 (83) = NJW 1984, 2117 (2119); BSG, Urt. v. 01.02.1996 – 2 RU 7/95, NJW-RR 1997, 94 (95); *Heider*, in: MüKo-AktG, § 1 Rn. 76 m.zahlr.w.N. (Fn. 199); differenzierend *Schmidt*, GesR, § 9 IV 4 b) (S. 241-244).

1668 BGH, Urt. v. 04.05.1977 – VIII ZR 298/75, BGHZ 68, 312 (316-319) = NJW 1977, 1449 (1450); BGH, Urt. v. 28.04.2008 – II ZR 264/06, BGHZ 176, 204 (212-216 [Rn. 16-24])= NJW 2008, 2437 (2438-2440).

tenzvernichtenden Eingriffs löst die Rechtsprechung inzwischen über eine Innenhaftung des Gesellschafters gemäß § 826 BGB.[1669] Daneben verliert das gesellschaftsrechtliche Trennungsprinzip im Kartellrecht angesichts des weiten Unternehmensbegriffes auf europäischer Ebene, der an die wirtschaftliche Einheit anknüpft,[1670] an Bedeutung.

II. Haftungsdurchgriff in transnationalen Menschenrechtsfällen

Auf einen etwaigen Haftungsdurchgriff kommt es in transnationalen Menschenrechtsfällen nur an, wenn das herrschende Unternehmen nicht bereits aufgrund der Verletzung einer eigenen Pflicht gegenüber den von Menschenrechtsverletzungen Betroffenen unmittelbar haftet, wenn also eine Haftung aus §§ 823 Abs. 1 und 2, 826 und 831 BGB ausscheidet.[1671]

Die oben dargestellten Fallgruppen des Haftungsdurchgriffs sind in transnationalen Menschenrechtsfällen nicht einschlägig.[1672]

Allerdings könnte man in Konzernkonstellationen grundsätzlich überlegen, einen Haftungsdurchgriff aus dem Beherrschungsverhältnis herzuleiten. Dann würde allerdings das gesellschaftsrechtliche Trennungsprinzip im Konzern faktisch nicht gelten. Da dies jedoch erforderlich und auch allgemein anerkannt ist, kann ein Durchgriff auf herrschende Gesellschaften nicht allein aus dem Beherrschungsverhältnisses erfolgen.[1673] Überdies zeugen die gesetzlich vorgesehenen Ausgleichspflichten zwischen den Gesellschaften im Innenverhältnis nach §§ 291 ff. AktG davon, dass allein eine

---

1669 BGH, Urt. v. 16.07.2007 – II ZR 3/04, BGHZ 173, 246 (251-263 [Rn. 15-41]) = NJW 2007, 2689 (2690-2693); Bestätigung z.B. in BGH, Urt. v. 09.02.2009 – II ZR 292/07, BGHZ 179, 344 (349 [Rn. 15 f.]) = NJW 2009, 2127 (2128 f.).

1670 EuGH, Beschl. v. 12.07.1984 – 170/83, *Hydrotherm*, BeckRS 2004, 71951, Rn. 11; EuGH, Urt. v. 10.09.2009 – C-97/08, *Akzo Nobel u.a.*, EuZW 2009, 816 (821), Rn. 55; EuGH, Urt. v. 10.04.2014 – C-231/11 P, C-232/11 P, C-233/11 P, *Siemens*, EuZW 2014, 713 (714 [Rn. 43]); s. auch o. § 16 B. II. 4. a) aa).

1671 S. hierzu allgemein *Bork*, ZGR 1994, 237 (257).

1672 *Saage-Maaß*, Arbeitsbedingungen, S. 12; *Grabosch*, in: Nikol/Schniederjahn/ Bernhard, Transnationale Unternehmen, S. 69 (91); *Weller/Kaller/Schulz*, AcP 216 (2016), 387 (409).

1673 BGH, Urt. v. 04.07.1961 – VI ZR 84/60, WM 1961, 1103 (1104); BGH, Urt. v. 04.05.1977 – VIII ZR 298/75, BGHZ 68, 312 (320) = NJW 1977, 1449 (1450 f.); *Bork*, ZGR 1994, 237 (259); *Schmidt*, GesR, § 9 IV 3 (S. 237); eine Ausnahme stellt insofern § 322 Abs. 1 AktG dar, s. *Heider*, in: MüKo-AktG, § 1 Rn. 68.

Beherrschung i.S.v. § 17 AktG für einen Durchgriff im Außenverhältnis nicht ausreicht.[1674]

Die oben dargestellte Durchbrechung des Trennungsprinzips im Kartellrecht lässt sich angesichts ihres europarechtlichen Ursprungs nicht einfach auf weitere zivilrechtliche Schadensersatzansprüche übertragen.

Daneben kann ein Haftungsdurchgriff nach den obigen Ausführungen aber auch in Fällen geboten sein, die keiner der genannten Fallgruppen unterfallen, wobei das Trennungsprinzip *„nicht leichtfertig oder schrankenlos"*[1675] überwunden werden darf.

Entscheidend hierfür sind die hinter der Durchbrechung des Trennungsprinzips stehenden Wertungen. Zentral ist insofern der Schutz der Gläubiger. Der Haftungsdurchgriff stellt den Bestands- und Kapitalschutz der Gesellschaft sicher, wenn das Verhalten der Gesellschafter die Schutzvorschriften zur Aufbringung und Erhaltung des Haftkapitals verletzt. Gefährden die Gesellschafter selbst die Kapitalaufbringung und -erhaltung oder den Bestand der Gesellschaft, erscheint deren Schutz durch das gesellschaftsrechtliche Trennungsprinzip nicht gerechtfertigt.[1676] In transnationalen Menschenrechtsfällen steht ein derartiges Verhalten der Gesellschafter indes nicht im Vordergrund.

Daneben dient der Haftungsdurchgriff vor allem dem Ausgleich einer Insolvenz der Gesellschaft. In transnationalen Menschenrechtsfällen steht aber regelmäßig nicht der Schutz der Gläubiger vor einer möglichen Insolvenz des abhängigen Unternehmens im Vordergrund. Ein Haftungsdurchgriff soll vielmehr vor allem der Verhaltenssteuerung dienen.[1677] Insofern sind transnationale Menschenrechtsfälle nicht mit den oben dargestellten Fallgruppen vergleichbar.

Allerdings könnte eine völker- und menschenrechtskonforme Auslegung des nationalen Rechts eine Durchbrechung des Trennungsprinzips aus Treu und Glauben gebieten. Diese könnte beispielsweise durch die staatliche Schutzpflicht geboten sein. Dem Menschenrechtsschutz zwischen Privaten und auch den staatlichen Schutzpflichten trägt allerdings bereits das Deliktsrecht hinreichend Rechnung, weshalb eine Durchbrechung des Trennungsprinzips nicht erforderlich ist.

1674 *Schmidt*, GesR, § 9 IV 3 b) (S. 238 f.).

1675 BGH, Urt. v. 30.01.1956 – II ZR 168/54; BGHZ 20, 4 (11) = NJW 1956, 785 (786); nahezu wortgleich z.B. BGH, Urt. v. 05.11.1980 – VIII ZR 230/79, BGHZ 78, 318 (333) = NJW 1981, 522 (525).

1676 S. zum Vorstehenden insgesamt *Heider*, in: MüKo-AktG, § 1 Rn. 70.

1677 *Thomale/Hübner*, JZ 2017, 385 (394); *Weller/Kaller/Schulz*, AcP 216 (2016), 387 (409).

Darüber hinaus wird in transnationalen Menschenrechtsfällen häufig nicht von einem rechtsmissbräuchlichen Verhalten auszugehen sein. Allein die Gründung, der Erwerb oder das Halten abhängiger Unternehmen im Ausland stellt kein missbräuchliches Verhalten dar. Das Trennungsprinzip hat auch im Konzern seine Berechtigung und ist allgemein anerkannt.[1678] In Krisen oder bei Insolvenz einzelner Konzernunternehmen soll nicht der gesamte Konzern sofort in eine Schieflage geraten.[1679] Außerdem soll ein Konzern ohne Risiko für andere Geschäftsbereiche etwa in bestimmte mit Risiken verbundene Technologien investieren können.[1680] Für eine Gründung von Tochtergesellschaften im Ausland gibt es unterschiedliche Beweggründe, die nicht allein rechtlicher Art sein müssen, sondern auch beispielsweise steuerlicher oder wirtschaftlicher Art sein können. Dass Unternehmen Tochtergesellschaften im Ausland gründen und damit auch vom internationalen Rechtsgefälle profitieren, mag zwar moralisch fragwürdig sein, ist rechtlich jedoch zulässig.

Ein Rechtsmissbrauch ist somit höchstens in äußersten Fällen anzunehmen. Denkbar erscheint dies etwa, wenn ein abhängiges Unternehmen im Ausland explizit gegründet wird, um das gesellschaftsrechtliche Trennungsprinzip zu umgehen[1681] und dort menschenrechtliche Standards missachten zu können, für die das abhängige Unternehmen selbst nicht zur Verantwortung gezogen werden kann. Dies kann beispielsweise der Fall sein, wenn ein Unternehmen eine Tochtergesellschaft ausdrücklich gründet, um unter Missachtung arbeitsrechtlicher Mindeststandards produzieren zu können, ohne dafür belangt werden zu können. Ein derartiger Zweck wird in der Praxis allerdings kaum nachzuweisen sein. Zudem ist dies ist nicht der typische Fall transnationaler Menschenrechtsfälle. Ferner ist für den Missbrauch der Nachweis eines entsprechenden Vorsatzes erforderlich, was in der Praxis wohl nur selten gelingen wird. Insofern kommt eine Durchbrechung des Trennungsprinzips in transnationalen Menschenrechtsfällen nicht in Betracht.[1682]

1678 S. etwa *Heider*, in: MüKo-AktG, § 1 Rn. 65.

1679 *Hommelhoff*, ZIP 1990, 761 (769); ähnlich *Wiedemann*, GesR I, § 4 I 3 b) (S. 203 f.).

1680 *Voet van Vormizeele*, WuW 2010, 1008 (1015).

1681 Zur Durchbrechung des Trennungsprinzips bei rechtsmissbräuchlichem Verhalten z.B. BGH, Urt. v. 08.07.1970 – VIII ZR 28/96, BGHZ 54, 222 (224) = NJW 1970, 2015 (2016); BGH, Urt. v. 10.12.2007 – II ZR 239/05, BGHZ 175, 12 (18 [Rn. 15]) = ZIP 2008, 364 (365).

1682 I.E. *Rott/Ulfbeck*, ERPL 2015, 415 (428); *Weller/Kaller/Schulz*, AcP 216 (2016), 387 (409).

C. Haftung der Leitungsorgane der Konzernobergesellschaft gemäß §§ 93 Abs. 2, 76 Abs. 1 AktG für fehlende / unzureichende Compliance-Maßnahmen

In transnationalen Menschenrechtsfällen ist außerdem eine mögliche Haftung des Vorstands der Konzernobergesellschaft gemäß §§ 93 Abs. 2, 76 Abs. 1 AktG für fehlende oder unzureichende Compliance-Maßnahmen von Belang. Der Begriff der Compliance wird im Folgenden im Sinne der Definition von Nr. 4.1.3 des Deutschen Corporate Governance Kodex verstanden, wonach Compliance die Pflicht des Vorstands umfasst, *„für die Einhaltung der gesetzlichen Bestimmungen und der unternehmensinternen Richtlinien zu sorgen und [...] auf deren Beachtung durch die Konzernunternehmen hin[zuwirken]."*

Die jüngere gesellschaftsrechtliche Diskussion über Compliance ist in erster Linie durch das Urteil des LG München gegen den ehemaligen *Siemens*-Vorstand Heinz-Joachim Neubürger im Zusammenhang mit der *Siemens*-Korruptionsaffäre geprägt.[1683] Dieses Urteil, in dem der Spruchkörper unter anderem konkrete Anforderungen für eine Compliance-Organisation aufstellt, ist im Schrifttum sehr umstritten.[1684]

Ausgangspunkt der folgenden Überlegungen ist die Rechtslage in der AG. Zunächst stellt sich die Frage nach der Rechtsgrundlage für unternehmerische Compliance-Pflichten (I.). Nachfolgend soll auf deren konkreten Inhalt (II.) eingegangen werden. An die Frage nach Compliance-Pflichten des Aufsichtsrates (III.) schließen sich Ausführungen zu Compliance im Konzern an (IV.). Abschließend soll – nach einer kurzen Darstellung der Rechtsfolgen eines Verstoßes gegen die Compliance-Pflichten (V.) – die besondere Bedeutung von gesellschaftsrechtlicher Compliance in transnationalen Menschenrechtsfällen näher beleuchtet werden (VI.).

1683 LG München, Urt. v. 10.12.2013 – 5 HK O 1387/10, ZIP 2014, 570-579.
1684 **Befürwortend** z.B. *Fleischer*, NZG 2014, 321–329; *Grützner*, BB 2014, 850; *Meyer*, DB 2014, 1063–1068; *Simon/Merkelbach*, AG 2014, 318–321; **kritisch** etwa *Bachmann*, ZIP 2014, 579–583; *Paefgen*, WM 2016, 433; *Seibt/Cziupka*, DB 2014, 1598–1602.

I. §§ 93 Abs. 2, 76 Abs. 1 AktG als geeignete Rechtsgrundlage für Compliance-Pflichten des Vorstands

Die wohl herrschende Auffassung leitet Compliance-Pflichten aus der allgemeinen Leitungssorgfaltspflicht gemäß §§ 93, 76 AktG ab.[1685] Diese umfasst die Einhaltung der bestehenden Gesetze durch die Leitungsorgane selbst (sogenannte Legalitätspflicht[1686] oder auch Legalitätspflicht im engeren Sinn[1687]) sowie die Pflicht, für die Einhaltung der Gesetze durch nachgeordnete Mitarbeiter zu sorgen (sogenannte Legalitätskontroll-[1688] oder -durchsetzungspflicht[1689]). Für die Legalitätspflicht ist ein Ermessen der Leitungsorgane ausgeschlossen,[1690] während es für die Legalitätskontrollpflicht zumindest in Bezug auf das „Wie" allgemein anerkannt ist.[1691]

Die Pflicht zur Einhaltung bzw. zur Überwachung der Einhaltung von Rechtsnormen umfasst nach allgemeiner Auffassung auch ausländische Rechtsnormen.[1692] Dies gilt sowohl für solche, die über das deutsche Kollisionsrecht unmittelbar anwendbar sind (Ausnahme: Eingreifen des *ordre public*-Vorbehalts[1693]) oder die im Rahmen deutscher Sachnormen (etwa § 138 BGB) Berücksichtigung finden,[1694] als auch für solche, die im Aus-

---

1685 S. statt vieler *Bürgers*, ZHR 179 (2015), 173 (175); ausführlich *Harbarth*, ZHR 179 (2015), 136 (144–151); *Fleischer*, in: Spindler/Stilz, AktG, § 91 Rn. 50; *Spindler*, in: MüKo-AktG, § 91 Rn. 52; dagegen *Schneider*, NZG 2009, 1321 (1323); für eine Gesamtanalogie zu Sondervorschriften *Schneider*, ZIP 2003, 645 (648 f.); für eine Heranziehung von § 91 Abs. 2 AktG s. z.B. *Berg*, AG 2007, 271 (274 f.); *Dreher*, in: FS Hüffer, S. 161 (168–171).

1686 *Harbarth/Brechtel*, ZIP 2016, 241; *Paefgen*, WM 2016, 433 (435).

1687 So wohl *Verse*, ZHR 175 (2011), 401 (403 [Fn. 3]); zustimmend *Paefgen*, WM 2016, 433 (436); *Fleischer*, in: Spindler/Stilz, AktG, § 91 Rn. 47.

1688 *Bicker*, AG 2012, 542 (543); *Verse*, ZHR 175 (2011), 401 (403); *Fleischer*, in: Spindler/Stilz, AktG, § 91 Rn. 47.

1689 *Harbarth*, ZHR 179 (2015), 136 (145); *Harbarth/Brechtel*, ZIP 2016, 241.

1690 BT-Drucks. 15/5092, S. 11; *Bicker*, AG 2012, 542 (543); ausführlich *Kort*, in: FS Hopt I, S. 983 (990 f.); *Nietsch*, ZGR 2015, 631 (642 f.); *Paefgen*, WM 2016, 433 (435 f.).

1691 S. ausführlich u. § 17 C. II.

1692 LG München, Urt. v. 10.12.2013 – 5 HK O 1387/10, ZIP 2014, 570 (572 f.); *Bicker*, AG 2012, 542 (543); ausführlich *Cichy/Cziupka*, BB 2014, 1482– 1486; *Spindler*, in: MüKo-AktG, § 93 Rn. 22; differenzierend *Mertens/Cahn*, in: KK-AktG, § 93 Rn. 73.

1693 *Bicker*, AG 2014, 8 (12); *Cichy/Cziupka*, BB 2014, 1482 (1483 f.).

1694 S. hierzu *Cichy/Cziupka*, BB 2014, 1482 (1483 f.); ähnlich *Paefgen*, WM 2016, 433 (440); nicht differenzierend *Bicker*, AG 2014, 8 (12).

land nach dem dort geltenden Kollisionsrecht anwendbar sind.[1695] Abweichungen können sich für ausländische Normen ergeben, die primär „auf dem Papier" bestehen und in der Praxis nicht oder nur selten durchgesetzt werden.[1696]

II. Pflicht des Vorstands zur Compliance-Organisation

Für eine etwaige Schadensersatzpflicht kommt es darauf an, ob den Vorstand die Pflicht zu einer Compliance-Organisation trifft. Das LG München ist in der Entscheidung *Siemens/Neubürger* vom 10. Dezember 2013 grundsätzlich von einer solchen Pflicht ausgegangen.[1697] Deren Umfang richtet sich nach Auffassung des Gerichts nach *„Art, Größe und Organisation des Unternehmens, [...][den] zu beachtenden Vorschriften, [...]]der] geografische[n] Präsenz wie auch Verdachtsfälle[n] aus der Vergangenheit"*.

Die Bedeutung der Anforderungen des LG München für die Praxis sollte nicht überinterpretiert werden. Die Ausführungen des Gerichts sind auf den konkreten Fall der *Siemens*-Korruptionsaffäre bezogen und lassen sich nicht ohne Weiteres auf sämtliche Compliance-Fälle übertragen.[1698] Daneben wäre es verfehlt, aus dem Urteil eine allgemeine Pflicht zur Einrichtung einer formalisierten Compliance-Organisation abzuleiten. Die konkreten Anforderungen bezogen sich auf ein sehr großes, weltweit tätiges Unternehmen und können nicht unbesehen auf sämtliche, insbesondere auf kleinere Unternehmen übertragen werden.[1699]

Das Schrifttum beantwortet die Frage, ob ein Unternehmen zu einer Compliance-Organisation verpflichtet ist, unterschiedlich. Diese Differenzen beruhen wohl vorrangig auf einem unterschiedlichen Verständnis des Begriffs der Compliance-Organisation. Zum einen kann man hierunter sämtliche Maßnahmen verstehen, die der Vorstand zur Einhaltung seiner Compliance-Pflichten treffen muss, zum anderen kann man den Begriff auch enger fassen und darunter eine Organisation im Sinne institutionalisierter Strukturen verstehen.

1695 *Cichy/Cziupka*, BB 2014, 1482 (1484); *Paefgen*, WM 2016, 433 (440); nicht differenzierend *Bicker*, AG 2014, 8 (12).
1696 Ausführlich *Cichy/Cziupka*, BB 2014, 1482 (1484 f.); *Bicker*, AG 2014, 8 (12).
1697 S. insb. Leitsatz 1 der Entscheidung.
1698 Ähnlich *Reuter*, ZIP 2016, 597 (605).
1699 Zu Compliance-Pflichten in kleinen und mittleren Unternehmen, insb. in der GmbH s. z.B. *Kort*, GmbHR 2013, 566–575; *Merkt*, ZIP 2014, 1705–1714.

Nach inzwischen wohl allgemeiner Auffassung trifft die Leitungsorgane eines Unternehmens grundsätzlich eine Pflicht zum Ergreifen von Compliance-Maßnahmen.[1700] Bei nachweisbaren Verstößen gegen Gesetze oder bei diesbezüglichen Verdachtsmomenten existieren Pflichten zum Aufklären, Abstellen und Ahnden.[1701] In Bezug auf das „Ob" dieser Maßnahmen steht dem Vorstand grundsätzlich kein Ermessen zu.[1702] Gleiches gilt für die Überprüfung der Eignung der getroffenen Maßnahmen und entsprechende Anpassungen.[1703]

Die Bestimmung der genauen rechtlichen Anforderungen an die erforderlichen Compliance-Maßnahmen gestaltet sich schwierig. Existierende spezialgesetzliche Regelungen[1704] können zwar einen Orientierungspunkt darstellen, jedoch nicht ohne Weiteres auf sämtliche Unternehmen übertragen werden.[1705]

Letztlich sind für die Frage, welche Compliance-Maßnahmen ein Unternehmen treffen muss, u.a. die Größe und Organisationsstruktur des Unternehmens, das Risiko der Märkte, auf denen das Unternehmen tätig ist, seine Tätigkeitsorte, die vom Unternehmen einzuhaltenden Rechtsvorschriften und die Frage, ob es im Unternehmen selbst oder in anderen Unternehmen der Branche in der Vergangenheit bereits zu Verstößen oder Verdachtsfällen gekommen ist, entscheidend.[1706] Für das „Wie" der Compli-

---

1700 S. etwa *Goette*, ZHR 175 (2011), 388 (392); *Meier-Greve*, BB 2009, 2555 (2556); *Meyer*, DB 2014, 1063 (1065); *Spindler*, RW 2013, 292 (295).

1701 *Reichert/Ott*, NZG 2014, 241 (242); *Seibt/Cziupka*, DB 2014, 1598 (1599 f.); *Fleischer*, in: Spindler/Stilz, AktG, § 91 Rn. 57; ähnlich LG München, Urt. v. 10.12.2013 – 5 HK O 1387/10, ZIP 2014, 570 (573 f.); *Bicker*, AG 2012, 542 (546); *Reuter*, ZIP 2016, 597 (605).

1702 *Bicker*, AG 2012, 542 (547); *Bürgers*, ZHR 179 (2015), 173 (177 f.); *Hüffer*, in: FS Roth, S. 299 (305); *Winter*, in: FS Hüffer, S. 1103 (1107); kritisch *Harbarth*, ZHR 179 (2015), 136 (161 f.).

1703 *Bürgers*, ZHR 179 (2015), 173 (178); *Goette*, ZHR 175 (2011), 388 (400); *Simon/Merkelbach*, AG 2014, 318 (320); *Winter*, in: FS Hüffer, S. 1103 (1107).

1704 S. zum Wertpapierhandels-, Bank- und Versicherungsaufsichtsrecht *Spindler*, RW 2013, 292 (296–302); zu Compliance im Finanzdienstleistungssektor s. *Hauschka/Moosmayer/Lösler*, in: Hauschka/Moosmayer/Lösler, Corporate Compliance, § 1 Rn. 46–72.

1705 *Spindler*, RW 2013, 292 (305 f.).

1706 LG München, Urt. v. 10.12.2013 – 5 HK O 1387/10, ZIP 2014, 570 (1. Leitsatz, 573); *Harbarth*, ZHR 179 (2015), 136 (153); *Simon/Merkelbach*, AG 2014, 318 (319); *Fleischer*, in: Spindler/Stilz, AktG, § 91 Rn. 54; *Spindler*, in: MüKo-AktG, § 91 Rn. 67.

ance-Maßnahmen besteht ein Ermessensspielraum des Vorstands.[1707] Daher ist auch die *Business Judgement Rule* des § 93 Abs. 1 S. 2 AktG anwendbar.[1708] Der Ermessensspielraum kann allerdings eingeschränkt sein, wenn Branchenstandards existieren oder es bereits entsprechende Vorkommnisse im Unternehmen selbst oder in anderen Unternehmen derselben Branche gab.[1709]

Compliance-Maßnahmen sind aus einer *ex ante*-Perspektive zu bewerten. Bei einzelnen Verstößen trotz Bestehen einer Compliance-Organisation ist also nicht automatisch davon auszugehen, dass diese unzureichend ist.[1710]

Von der allgemeinen Pflicht des Vorstands, überhaupt Compliance-Maßnahmen zu treffen, ist die Frage zu unterscheiden, ob diesen obendrein eine Pflicht zur Einrichtung einer institutionalisierten Compliance-Organisation trifft. Dies wird vom Schrifttum allgemein abgelehnt,[1711] da das KWG und das VAG spezialgesetzliche Regelungen enthalten, die gerade nicht in andere Bereiche, hier das AktG, übernommen wurden.[1712] Hier steht dem Vorstand ebenfalls grundsätzlich ein Ermessensspielraum zu,[1713] der wiederum der *Business Judgement Rule* unterliegt.[1714] Das Ermessen kann allerdings auf Null reduziert sein.[1715] So wird man zumindest von einer börsennotierten AG regelmäßig die Schaffung institutionalisierter Compliance-Strukturen verlangen können.[1716]

1707 Statt vieler *Kort*, in: FS Hopt I, S. 983 (991); *Paefgen*, WM 2016, 433 (437); *Seibt/Cziupka*, DB 2014, 1598 (1599); *Fleischer*, in: Spindler/Stilz, AktG, § 91 Rn. 56.

1708 *Hüffer*, in: FS Roth, S. 299 (305); *Kort*, in: FS Hopt I, S. 983 (991); *Paefgen*, WM 2016, 433 (436 f.); *Spindler*, in: MüKo-AktG, § 91 Rn. 67.

1709 *Hüffer*, in: FS Roth, S. 299 (304 f.); *Fleischer*, in: Spindler/Stilz, AktG, § 91 Rn. 56; zu Konsequenzen von Unregelmäßigkeiten / Verstößen in der Vergangenheit s. *Winter*, in: FS Hüffer, S. 1103 (1105 f.); zur Ermessenseinschränkung s. *Reichert/Ott*, NZG 2014, 241 (243).

1710 *Fleischer*, CCZ 2008, 1 (3); ähnlich *Seibt/Cziupka*, DB 2014, 1598 (1599).

1711 Statt vieler *Cichy/Cziupka*, BB 2014, 1482 (1483); *Kort*, in: FS Hopt I, S. 983 (994 f.); *Meyer*, DB 2014, 1063 (1065); *Paefgen*, WM 2016, 433 (437).

1712 *Spindler*, in: MüKo-AktG, § 91 Rn. 65; ähnlich *Paefgen*, WM 2016, 433 (437).

1713 *Harbarth*, ZHR 179 (2015), 136 (153); *Oppenheim*, DStR 2014, 1063 (1064).

1714 *Harbarth*, ZHR 179 (2015), 136 (153); ähnlich *Paefgen*, WM 2016, 433 f.

1715 *Seibt/Cziupka*, DB 2014, 1598 (1599).

1716 *Harbarth*, ZHR 179 (2015), 136 (153); *Hüffer*, in: FS Roth, S. 299 (304); *Meyer*, DB 2014, 1063 (1065); *Winter*, in: FS Hüffer, S. 1103 (1119).

III. Compliance-Pflichten des Aufsichtsrates

Die den Aufsichtsrat einer Aktiengesellschaft treffenden Compliance-Pflichten[1717] knüpfen an dessen Pflicht aus § 111 Abs. 1 AktG an.[1718]
Der Aufsichtsrat hat Compliance-Maßnahmen des Vorstands sowohl präventiv als auch repressiv zu überwachen.[1719] Bei der Überprüfung, ob der Vorstand seinen Compliance-Pflichten nachkommt, hat der Aufsichtsrat stets das dem Vorstand hinsichtlich des „Wie" der Maßnahmen zustehende Ermessen zu berücksichtigen. Es kommt also auf die Vertretbarkeit der Entscheidung des Vorstands an.[1720]
Umfang und Intensität der Überwachungspflicht des Aufsichtsrates sind abhängig von den Umständen des Einzelfalls und der Risikosituation der Gesellschaft.[1721] Bei der Auswahl der Überwachungsmittel steht dem Aufsichtsrat grundsätzlich ein Ermessen zu.[1722] Über § 116 S. 1 AktG gilt auch für ihn, zwar nicht bei der Rechtsmäßigkeits-, wohl aber bei der Zweckmäßigkeitskontrolle des Handeln des Vorstands, die *Business Judgement Rule*.[1723] Die getroffenen Überwachungsmaßnahmen sind ebenfalls *ex ante* zu beurteilen.[1724]
Grundsätzlich kann sich der Aufsichtsrat bei der Überprüfung auf die Richtigkeit und Vollständigkeit der Berichte des Vorstandes verlassen.[1725] Sind diese allerdings erkennbar unvollständig, widersprüchlich oder falsch, bestehen weitere Aufklärungspflichten.[1726] Eigene Pflichten zur Sachverhaltsaufklärung können den Aufsichtsrat bei einem konkreten Verdacht der Beteiligung von Vorstandsmitgliedern am Compliance-Verstoß

1717 Allgemeine Auffassung, s. nur *Arnold*, ZGR 2014, 76 (85); *Bürgers*, ZHR 179 (2015), 173; *Kort*, in: FS Hopt I, S. 983 (997); s. auch Ziffer 3.4, 2. Abs. DCGK.

1718 *Reichert/Ott*, NZG 2014, 241 (241, 244); ähnlich *Bürgers*, ZHR 179 (2015), 173 (187); s. auch *Habersack*, AG 2014, 1 (2).

1719 *Reichert/Ott*, NZG 2014, 241 (242, 244); s. allgemein *Winter*, in: FS Hüffer, S. 1103 (1109); zu konkreten Maßnahmen s. *Lutter*, in: FS Hüffer, S. 617 (619 f.).

1720 *Reichert/Ott*, NZG 2014, 241 (247); ähnlich *Bürgers*, ZHR 179 (2015), 173 (188).

1721 *Bürgers*, ZHR 179 (2015), 173 (187 f.); *Reichert/Ott*, NZG 2014, 241 (246).

1722 *Schneider*, ZIP Beil. zu Heft 22 2016, 70 (72); konkrete Pflichten aufstellend hingegen *Lutter*, in: FS Hüffer, S. 617 (619 f.).

1723 *Kort*, in: FS Hopt I, S. 983 (998 f.); differenzierend allgemein *Hüffer*, NZG 2007, 47 (48).

1724 *Winter*, in: FS Hüffer, S. 1103 (1122).

1725 *Arnold*, ZGR 2014, 76 (90, 102); *Winter*, in: FS Hüffer, S. 1103 (1121).

1726 *Reichert/Ott*, NZG 2014, 241 (246); *Winter*, in: FS Hüffer, S. 1103 (1121).

und hierdurch entstehenden Zweifel an einer objektiven Sachverhaltsaufklärung durch den Vorstand treffen.[1727] Dies gilt vor allen Dingen für den konkreten Verdacht, dass die Mehrheit der Vorstandsmitglieder gegen ihre Compliance-Pflicht verstoßen hat.[1728]

IV. Compliance im Konzern

Da die einzelnen Gesellschaften trotz Konzernierung rechtlich selbstständig bleiben, bestehen die Compliance-Pflichten der Leitungsorgane grundsätzlich in jeder einzelnen Konzerngesellschaft gegenüber dieser.[1729] Entscheidend ist, inwiefern die Leitungsorgane der Konzernobergesellschaft darüber hinaus zu konzernweiten Compliance-Maßnahmen verpflichtet sind.

1. Herleitung konzernweiter Compliance-Pflichten

Spezialgesetzliche Regelungen, die Pflichten zu konzernweiten Compliance-Maßnahmen enthalten, können nicht als Grundlage für entsprechende allgemeine Pflichten dienen,[1730] u.a. da diese ausschließlich dem besonderen Interesse an einer Regulierung in bestimmten Bereichen Rechnung tragen.[1731]

Die wohl überwiegende Auffassung im Schrifttum geht derzeit davon aus, dass den Vorstand der Obergesellschaft – unabhängig von der Organisationsstruktur[1732] – gegenüber dieser auch Pflichten zu konzernweiten Compliance-Maßnahmen treffen.[1733]

1727 *Habersack*, in: FS Stilz, S. 191 (201); *Reichert/Ott*, NZG 2014, 241 (248 f.); *Schneider*, ZIP Beil. zu Heft 22 2016, 70 (73).

1728 *Bürgers*, ZHR 179 (2015), 173 (201); *Reichert/Ott*, NZG 2014, 241 (249 f.).

1729 S. statt vieler *Holle*, Legalitätskontrolle, S. 84; *Bicker*, AG 2012, 542 (548); *Fleischer*, in: Spindler/Stilz, AktG, § 91 Rn. 72; *Spindler*, in: MüKo-AktG, § 91 Rn. 82.

1730 So aber *Schneider/Schneider*, ZIP 2007, 2061 (2063); kritisch *Fleischer*, CCZ 2008, 1 (5).

1731 *Nordhues*, Haftung Muttergesellschaft, S. 205; *Holle*, Legalitätskontrolle, S. 106–107; *Verse*, ZHR 175 (2011), 401 (412).

1732 S. etwa *Bicker*, AG 2012, 542 (548); *Schneider*, NZG 2009, 1321 (1324); differenzierend *Habersack*, in: FS Möschel, S. 1175 (1183–1187).

1733 S. statt vieler etwa *Bicker*, AG 2012, 542 (548); *Lutter*, in: FS Goette, S. 289 (291 f.); *Schneider*, NZG 2009, 1321 (1324); differenzierend *Habersack*, in:

Ausgangspunkt für konzernweite Compliance-Pflichten ist wiederum die allgemeine Leitungssorgfaltspflicht des Vorstands aus §§ 76 Abs. 1, 93 Abs. 1 AktG.[1734] Die Leitungsverantwortung des Vorstands gemäß § 76 Abs. 1 AktG erfasst auch die Pflicht des Vorstands der Konzernobergesellschaft, den Beteiligungsbesitz der Gesellschaft pfleglich zu verwalten.[1735] Die sich hieraus ergebende Schadensabwendungspflicht des Vorstands der Konzernobergesellschaft erfordert die Überwachung und Kontrolle der abhängigen Gesellschaften.[1736] Eingetretene Schäden können auch aus Gesetzesverstößen von abhängigen Gesellschaften resultieren.[1737] Ein Eigeninteresse der Konzernobergesellschaft kann sich ferner durch ihre Pflicht zum Verlustausgleich ergeben.[1738]

Eine Pflicht zu konzernweiten Compliance-Maßnahmen besteht überdies, wenn konzernweite Pflichten zur Unterbindung von Rechtsverstößen der Konzernobergesellschaft im Außenverhältnis existieren.[1739] Ebenso können sich (allerdings wohl eher in wenigen Fällen) konzernweite Kontrollpflichten des Vorstands der Konzernobergesellschaft aus dem allgemeinen Zivilrecht ergeben.[1740]

FS Möschel, S. 1175; *Verse*, ZHR 175 (2011), 401 (413); zum GmbH-Konzern *Kort*, GmbHR 2013, 566 (572).

1734 S. etwa *Lutter*, in: FS Goette, S. 289 (291 f.); *Verse*, ZHR 175 (2011), 401 (407); *Fleischer*, in: Spindler/Stilz, AktG, § 91 Rn. 70.

1735 *Bicker*, AG 2012, 542 (548); *Verse*, ZHR 175 (2011), 401 (407); *Fleischer*, in: Spindler/Stilz, AktG, § 91 Rn. 70.

1736 *Bicker*, AG 2012, 542 (548); *Verse*, ZHR 175 (2011), 401 (408); ähnlich *Hüffer*, in: FS Roth, S. 299 (306); *Spindler*, RW 2013, 292 (317); *Fleischer*, in: Spindler/Stilz, AktG, § 91 Rn. 70; s. zur Herleitung einer Leitungs- und Überwachungspflicht aus der Schadensabwendungspflicht auch *Nordhues*, Haftung Muttergesellschaft, S. 199–200.

1737 Etwa als unmittelbarer Schaden, z.B. im Kartellrecht, s. hierzu *Verse*, ZHR 175 (2011), 401 (408); s. auch *Habersack*, in: FS Möschel, S. 1175 (1177–1180); durch Wertverlust der Anteile an der Tochtergesellschaft oder aufgrund auf die herrschende Gesellschaft durchschlagender Reputationsverluste, s. hierzu *Paefgen*, WM 2016, 433 (441); ähnlich *Verse*, ZHR 175 (2011), 401 (408); zur Problematik der Bestimmung des Reputationsvermögensschadens s. *Nordhues*, Haftung Muttergesellschaft, S. 251–256.

1738 *Bunting*, ZIP 2012, 1542 (1544); *Habersack*, in: FS Möschel, S. 1175 (1180 f.).

1739 *Bunting*, ZIP 2012, 1542 (1545); *Verse*, ZHR 175 (2011), 401 (409) für das KWG und das VAG; indirekt auch *Nordhues*, in: Krajewski/Saage-Maaß, Sorgfaltspflichten, S. 125 (158).

1740 *Verse*, ZHR 175 (2011), 401 (410 f.); indirekt auch *Nordhues*, Haftung Muttergesellschaft, S. 206 mit der Betonung, dass sich hieraus *„keine generelle konzernweite Legalitätskontrollpflicht"* ableiten lässt.

2. Inhalt konzernweiter Compliance-Pflichten

In Bezug auf das „Ob" der Pflichten ergibt sich kein Unterschied zu den obigen Ausführungen zur Einzelgesellschaft.[1741] Für einen Konzern ist es allerdings angesichts der großen Unterschiede in der konkreten Organisation im Einzelnen schwierig, den genauen Inhalt der zu treffenden Compliance-Maßnahmen festzuschreiben. Hierfür wird es auf die jeweiligen besonderen Gegebenheiten, wie etwa Größe, Organisationsform, Branche oder regionale Ausrichtung des Konzerns ankommen.[1742] Im Konzern besteht insofern ebenso ein weiter Ermessensspielraum bei der Umsetzung[1743] sowie der organisatorischen Verantwortung[1744] und es gilt die *Business Judgement Rule*.[1745]

Die Kontrolle, dass auf Ebene der nachgeordneten Konzerngesellschaften dezentrale Compliance-Maßnahmen getroffen wurden, kann ausreichen.[1746] Bei der Beurteilung ist ebenfalls eine *ex ante*-Perspektive zu beachten, sodass allein die Existenz von Unregelmäßigkeiten nicht zwingend zu einer Verantwortung des Vorstands führen muss.[1747]

Auch bei konzernweiten Compliance-Pflichten des Vorstands der Konzernobergesellschaft bleibt der Vorstand der abhängigen ebenso verant-

---

1741 *Habersack*, in: FS Möschel, S. 1175 (1183 f.) (der im Einheitskonzern sogar nicht zwischen Mutter- und Tochter- oder Enkelebene unterscheiden will); s. auch *Grundmeier*, Der Konzern 2012, 487 (500) (Ermessensreduktion auf Null); *Hübner*, in: Krajewski/Saage-Maaß, Sorgfaltspflichten, S. 61 (64); **a.A.** und differenzierend *Nordhues*, Haftung Muttergesellschaft, S. 245–247, nach der in Fällen, in denen der Vorstand im Außenverhältnis nicht gesetzlich zur konzernweiten Compliance verpflichtet ist, bereits das „Ob" der Erforderlichkeit der Einrichtung eines konzernweiten Compliance-Systems aufgrund der Schadensabwendungspflicht der *Business Judgement Rule* nach § 93 Abs. 1 S. 2 AktG unterliegt.

1742 *Habersack*, in: FS Möschel, S. 1175 (1184).

1743 Z.B. *Holle*, Legalitätskontrolle, S. 109–111; *Bicker*, AG 2012, 542 (549 f.); *Koch*, WM 2009, 1013 (1015); *Lutter*, in: FS Goette, S. 289 (292); *Spindler*, in: MüKo-AktG, § 91 Rn. 82.

1744 *Fleischer*, CCZ 2008, 1 (6); *Schneider/Schneider*, ZIP 2007, 2061 (2065).

1745 *Grundmeier*, Der Konzern 2012, 487 (500); *Hübner*, in: Krajewski/Saage-Maaß, Sorgfaltspflichten, S. 61 (64 f.); *Koch*, WM 2009, 1013 (1015); *Verse*, ZHR 175 (2011), 401 (415).

1746 *Verse*, ZIIR 175 (2011), 401 (415 f.); ähnlich *Holle*, Legalitätskontrolle, S. 96–99; *Schneider*, NZG 2009, 1321 (1326); *Habersack*, AG 2014, 1 (3) (Ähnlichkeit zur Compliance-Verantwortung des Aufsichtsrats); s. aber auch *Lutter*, in: FS Goette, S. 289 (293, 295, 297) (Pflicht der Konzernspitze zur zentralen Organisation und Verantwortung).

1747 *Habersack*, in: FS Möschel, S. 1175 (1184).

wortlich und muss für die Einhaltung der Gesetze in seinem Unternehmen sorgen.[1748]

Konzernweite Compliance-Pflichten treffen neben dem Vorstand überdies auch den Aufsichtsrat.[1749]

3. Grenzen konzernweiter Compliance-Pflichten

Die Compliance-Pflichten des Vorstands einer Konzernobergesellschaft können nicht über seine rechtlichen Einflussmöglichkeiten hinausgehen.[1750] Im Vertrags- oder Eingliederungskonzern lassen sich Compliance-Maßnahmen relativ unproblematisch über die Weisungsrechte des Vorstands der Obergesellschaft gemäß § 308 Abs. 1 AktG bzw. § 323 Abs. 1 AktG durchsetzen.[1751]

Im faktischen GmbH-Konzern lassen sich die Compliance-Maßnahmen über das Weisungsrecht aus § 37 Abs. 1 GmbHG durchsetzen.[1752] Im faktischen Aktienkonzern, in dem gerade kein Weisungsrecht der Muttergesellschaft besteht, ist zunächst eine freiwillige Delegation der Compliance-Funktionen von der Tochter- auf die Muttergesellschaft möglich.[1753] Darüber hinaus kann die herrschende Gesellschaft über den Aufsichtsrat auf die Organe der abhängigen Gesellschaft einwirken. Einschränkt werden können die erforderlichen Compliance-Maßnahmen allerdings etwa im

---

1748 *Bicker*, AG 2012, 542 (551); *Schneider*, ZGR 1996, 225 (244); *Verse*, ZHR 175 (2011), 401 (413); *Spindler*, in: MüKo-AktG, § 91 Rn. 84.

1749 *Lutter*, in: FS Hüffer, S. 617 (618).

1750 *Fleischer*, in: Spindler/Stilz, AktG, § 91 Rn. 74; ähnlich *Cichy/Cziupka*, BB 2014, 1482 (1484); *Grundmeier*, Der Konzern 2012, 487 (499, 495); *Spindler*, in: MüKo-AktG, § 91 Rn. 84; für den GmbH-Konzern *Kort*, GmbHR 2013, 566 (572).

1751 Ausführlich, auch in Bezug auf transnationale Menschenrechtsfälle, *Nordhues*, Haftung Muttergesellschaft, S. 234–236; allgemein *Holle*, Legalitätskontrolle, S. 206–209; s. auch *Bicker*, AG 2012, 542 (551); *Habersack*, in: FS Möschel, S. 1175 (1187); *Verse*, ZHR 175 (2011), 401 (418).

1752 *Nordhues*, Haftung Muttergesellschaft, S. 237–238; *Bicker*, AG 2012, 542 (551); *Habersack*, in: FS Möschel, S. 1175 (1187); *Lutter*, in: FS Goette, S. 289 (294); *Paefgen*, WM 2016, 433 (442); ausführlich zu den Schranken der Einflussnahme im faktischen GmbH-Konzern *Holle*, Legalitätskontrolle, S. 216–218.

1753 *Fleischer*, CCZ 2008, 1 (6); *Fleischer*, in: Spindler/Stilz, AktG, § 91 Rn. 74.

Hinblick auf eingeschränkte Informationsrechte im Unternehmensverbund.[1754]

In grenzüberschreitenden Konzernen sind ausländische Konzerngesellschaften in die konzernweiten Compliance-Maßnahmen einzubeziehen.[1755] Da sich hier die Einflussnahmemöglichkeiten nach dem Recht der abhängigen Gesellschaft richten, kann auch ausländisches Recht für die Bestimmung der Grenzen von konzernweiten Compliance-Maßnahmen maßgeblich sein.[1756]

V. Rechtsfolgen eines Verstoßes gegen die Pflicht aus §§ 76 Abs. 1, 93 Abs. 1 AktG

Ein Verstoß gegen die Pflicht aus §§ 76 Abs. 1, 93 Abs. 1 AktG kann eine Haftung des Organs gegenüber der Gesellschaft auf Schadensersatz gemäß § 93 Abs. 2 AktG zur Folge haben. Eine Pflichtverletzung kann etwa darin liegen, dass der Vorstand keine Compliance-Maßnahmen getroffen, auf Verstöße oder Verdachtsfälle nicht hinreichend reagiert oder getroffene Compliance-Maßnahmen nicht (hinreichend) überprüft hat. Angesichts des weiten Ermessensspielraums des Vorstands hinsichtlich der konkreten Ausgestaltung der Compliance-Maßnahmen und der Anwendbarkeit der *Business Judgement Rule* sind die Anforderungen an eine Pflichtverletzung allerdings hoch. Insbesondere ist nicht aus jedem Verstoß gleich auf einen

---

1754 S. ausführlich auch mit Verweis auf mögliche Wege zur Informationsbeschaffung *Holle*, Legalitätskontrolle, S. 123–206; zum Problem des Informationsflusses im faktischen Konzern im Hinblick auf Compliance s. auch *Habersack*, in: FS Möschel, S. 1175 (1188–1192); *Verse*, ZHR 175 (2011), 401 (420–423); s. aber auch ausführlich *Nordhues*, Haftung Muttergesellschaft, S. 209–233, nach der die Compliance-Pflicht nicht aufgrund fehlender Informationsmöglichkeiten begrenzt werde. *Nordhues* leitet eine Informationsmöglichkeit für die abhängige GmbH aus § 51a GmbHG her (S. 212-213). Für die abhängige AG sieht sie (unterschiedlich effektive) Informationsmöglichkeiten des Vorstandes der Muttergesellschaft über § 289b HGB (S. 210-212), § 294 Abs. 3 S 2 HGB (S. 215-217) und Vorstandsdoppelmandate (S. 219-224) sowie im Vertrags- und Eingliederungskonzern aufgrund eines generellen Auskunftsanspruchs des Muttervorstands aufgrund der Konzernierung, sofern die Informationen der Erfüllung seiner Leitungspflicht dienen (S. 225).

1755 *Cichy/Cziupka*, BB 2014, 1482 (1484); *Kort*, in: FS Hopt I, S. 983 (997); *Lutter*, in: FS Goette, S. 289 (294); *Verse*, ZHR 175 (2011), 401 (408).

1756 *Cichy/Cziupka*, BB 2014, 1482 (1484); *Paefgen*, WM 2016, 433 (442); dies berücksichtigt *Hübner*, in: Krajewski/Saage-Maaß, Sorgfaltspflichten, S. 61 (68) wohl nicht hinreichend.

Ermessensfehler bei der Ausgestaltung der Compliance-Maßnahmen zu schließen. Vielmehr hat die Beurteilung entsprechend der obigen Ausführungen aus einer *ex ante*-Perspektive zu erfolgen. Probleme ergeben sich in der Praxis diesbezüglich vor allem in Bezug auf den Nachweis der Kausalität von Compliance-Verstößen für konkrete Schäden[1757] und – sofern der Schaden auf Reputationsverluste zurückzuführen ist – in Bezug auf die Bestimmung der Schadenshöhe.[1758]

VI. Bedeutung der Haftung bei fehlenden / unzureichenden Compliance-Maßnahmen in transnationalen Menschenrechtsfällen

Die Haftung der Organmitglieder aufgrund fehlender / unzureichender Compliance-Maßnahmen nach §§ 93 Abs. 2, Abs. 1, 76 Abs. 1 AktG wird in Bezug auf transnationale Menschenrechtsfälle bisher nur vereinzelt diskutiert.[1759] Nach *Weller, Kaller* und *Schulz* ist diese der *„überzeugendste[...] Anknüpfungspunkt".*[1760]

Grundsätzlich gelten die Anforderungen an Compliance-Maßnahmen in gleicher Weise für transnationale Menschenrechtsfälle: Zwar erstreckt sich die Pflicht der Leitungsorgane einer Kapitalgesellschaft zur Sicherstellung der Einhaltung gesetzlicher Vorgaben im Unternehmen mangels Bindungswirkung nicht unmittelbar auf die Einhaltung der Menschenrechte; selbstverständlich sind jedoch solche Gesetze erfasst, die mittelbar dem Schutz der Menschenrechte zwischen Privaten dienen. Eine Haftung kommt mit Blick auf den von der *Business Judgement Rule* geschützten Ermessensspielraum der Leitungsorgane nur in Betracht, wenn diese gar keine Compliance-Maßnahmen getroffen haben, eine ausreichende Informationsgrundlage bei der Entscheidung fehlte, bei festgestellten Verstößen oder Verdachtsmomenten keine Maßnahmen getroffen wurden oder diese offensichtlich unzureichend waren. Der Ermessensspielraum wird aber durch die Tätigkeit in besonders risikobehafteten Branchen häufig einge-

---

1757 S. zur Kausalität und Anforderungen an deren Beweis *Fleischer*, NZG 2014, 321 (327 f.); zur Beweislast allgemein *Meier-Greve*, BB 2009, 2555 (2559 f.)
1758 S. hierzu ausführlich *Nordhues*, Haftung Muttergesellschaft, S. 251–255.
1759 S. etwa *Weller/Kaller/Schulz*, AcP 216 (2016), 387 (413–417); *Hübner*, in: Krajewski/Saage-Maaß, Sorgfaltspflichten, S. 61–86.
1760 *Weller/Kaller/Schulz*, AcP 216 (2016), 387 (420).

schränkt sein.[1761] Gleiches gilt, wenn es etwa bei Konkurrenten bereits zu entsprechenden Verstößen gekommen ist. Auch die Bedeutsamkeit von Rechtsgütern wie Leib und Leben sprechen für eine Einschränkung des Ermessensspielraums.[1762] Dennoch kann dieser einer Haftung entgegenstehen.[1763]

Konzernweite Compliance-Maßnahmen können nach den obigen Ausführungen ferner erforderlich sein, wenn die Konzernobergesellschaft entsprechende Pflichten im Außenverhältnis treffen. Ebenso besteht die Pflicht zu entsprechenden Maßnahmen aus Schadensabwehrgesichtspunkten.

Liegt eine Pflichtverletzung der Leitungsorgane vor, begründet § 93 Abs. 2 AktG ausschließlich eine Innenhaftung des Vorstands gegenüber den Gesellschaftern.[1764] Für Ansprüche der Geschädigten in transnationalen Menschenrechtsfällen kann die Organhaftung somit nur praktisch bedeutsam werden, wenn sich aus den genannten Vorschriften eine Drittwirkung zugunsten der Geschädigten mit der Konsequenz einer Außenhaftung ableiten ließe.

Dies hätte bereits Auswirkungen auf die Bestimmung des anwendbaren Rechts. Eine Außenhaftung wäre entsprechend der obigen Erwägungen deliktsrechtlich zu qualifizieren. Eine Anwendung des deutschen Rechts käme dann nur entsprechend der dortigen Ausführungen in Betracht.[1765]

Der BGH hat sich ausdrücklich gegen eine Drittwirkung von § 93 Abs. 1 AktG und § 43 Abs. 1 GmbHG im Rahmen von § 823 Abs. 2 BGB ausgesprochen.[1766] Auch im Schrifttum ist anerkannt, dass diese Vorschriften keine Schutzgesetze (und damit drittschützende Vorschriften) i.S.v. § 823 Abs. 2 BGB darstellen und sowohl die Pflichten als auch mögliche Scha-

---

1761 *Hübner*, in: Krajewski/Saage-Maaß, Sorgfaltspflichten, S. 61 (73) geht insofern von strengeren Compliance-Maßgaben für Branchen wie die Textilindustrie aus.

1762 Ähnlich *Hübner*, in: Krajewski/Saage-Maaß, Sorgfaltspflichten, S. 61 (74).

1763 S. hierzu auch *Nordhues*, in: Krajewski/Saage-Maaß, Sorgfaltspflichten, S. 125 (158 f.), die indes von einem weitreichenden Ermessensspielraum ausgeht.

1764 S. in Bezug auf transnationale Menschenrechtsfälle *Hübner*, in: Krajewski/Saage-Maaß, Sorgfaltspflichten, S. 61 (74 f.); allgemein: *Fleischer*, in: MüKo-GmbHG, § 43 Rn. 339–340; *Spindler*, in: MüKo-AktG, § 93 Rn. 333, 343; *Wagner*, in: MüKo-BGB, § 823 Rn. 137.

1765 S. hierzu auch *Hübner*, in: Krajewski/Saage-Maaß, Sorgfaltspflichten, S. 61 (82), der entsprechend aufgrund von Art. 4 Abs. 1 Rom II-VO auf das Recht am Erfolgsort abstellt. Dies greift jedoch zu kurz; s. hierzu ausführlich o. § 16 A.

1766 Etwa BGH, Urt. v. 10.07.2012 – VI ZR 341/10, BGHZ 194, 26 (Leitsatz, 33-35 [Rn. 22-24]) = NJW 2012, 3439 (3441 f.).

densersatzansprüche ausschließlich im Innenverhältnis zwischen Gesellschaft und Leitungsorgan gelten.[1767] Dies erscheint angesichts des klaren Wortlauts der Vorschrift überzeugend.

Gegen eine Ausweitung auf das Außenverhältnis spricht zudem der *Telos* der Legalitätspflicht. Diese soll Schäden von der Gesellschaft bzw. im Konzern Schäden von der Tochtergesellschaft mit potentiellen Auswirkungen für die Muttergesellschaft fernhalten.[1768] Dieser Schutzzweck greift gerade nicht im Außenverhältnis. Die Vorschriften bezwecken insofern nicht, Verstöße gegen Vorschriften aus anderen Bereichen, beispielsweise dem Kartell-, Kapitalmarkt- oder Umweltrecht, zu unterbinden.[1769]

Entscheidend für eine Drittwirkung von Normen ist des Weiteren regelmäßig die Schutzbedürftigkeit des Dritten bzw. eine entsprechende Regelungslücke – so beispielsweise im Rahmen des Vertrages mit Schutzwirkung zugunsten Dritter.[1770] Da nach hier vertretener Ansicht bereits Verkehrspflichten des Unternehmens mit dem oben ausführlich dargestellten Inhalt im Außenverhältnis bestehen, fehlt es gerade an einem Schutzbedürfnis der Geschädigten. Insofern ist auch fraglich, inwiefern eine Drittwirkung überhaupt erforderlich ist. Dies gilt vor allem vor dem Hintergrund, dass die Verkehrspflichten im Außenverhältnis keinem derartig großen Ermessensspielraum wie in Bezug auf die konkrete Ausgestaltung von Compliance-Maßnahmen im Rahmen von §§ 76 Abs. 1, 93 Abs. 1 AktG unterliegen, sodass diese einen geeigneteren und besseren Weg für die Geltendmachung der Ersatzansprüche der Geschädigten darstellen.[1771] Bleibt es demnach bei einer Innenhaftung der Leitungsorgane gegenüber dem Unternehmen und einer Außenhaftung des Unternehmens, gehen Ermessensspielräume der Leitungsorgane und die Anwendbarkeit der *Business Judgement Rule* sowie eine etwaige Zahlungsunfähigkeit der Leitungsorgane zulasten des Unternehmens und nicht zulasten der Geschädigten.

1767 S. in Bezug auf transnationale Menschenrechtsfälle *Hübner*, in: Krajewski/Saage-Maaß, Sorgfaltspflichten, S. 61 (74 f.); allgemein statt vieler : *Fleischer*, in: MüKo-GmbHG, § 43 Rn. 339–340; *Spindler*, in: MüKo-AktG, § 93 Rn. 333, 343.

1768 Zu den Zwecken des Schadensausgleichs und der Schadensprävention s. auch *Fleischer*, in: Spindler/Stilz, AktG, § 93 Rn. 2; *Koch*, in: Hüffer/Koch, AktG, § 93 Rn. 1; zum Zweck im Konzern s. *Koch*, WM 2009, 1013 (1014).

1769 *Koch*, WM 2009, 1013 (1014).

1770 S. statt vieler *Gottwald*, in: MüKo-BGB, § 328 Rn. 191; *Klumpp*, in: Staudinger, BGB (2015), § 328 Rn. 123–128.

1771 S. aber auch *Kort*, in: FS Hopt I, S. 983 (1001), nach dem die Compliance-Pflicht auch Bestandteil der allgemeinen Organisationspflicht sein kann.

Selbst wenn man eine Drittwirkung annehmen würde, gewährt § 93 Abs. 2 AktG ausschließlich Schadensersatzansprüche gegen die Geschäftsführungsorgane, nicht aber gegen die Gesellschaft als solche. Im Hinblick auf die Höhe der Ansprüche und die Zahlungsfähigkeit liegt es aber regelmäßig (abgesehen von Fällen der Insolvenz der Gesellschaft) eher im Interesse der Geschädigten, ihre Ansprüche gegen den Unternehmensträger selbst geltend zu machen.

Darüber hinaus ist der Eintritt einer Rechtsverletzung nicht zwingend auf einen Verstoß gegen die Compliance-Vorschriften im Innenverhältnis zurückzuführen.[1772] Der eingangs erwähnte Ermessensspielraum der Leitungsorgane kann einer Haftung in gleicher Weise entgegenstehen. Überdies erweist sich in transnationalen Menschenrechtsfällen die Feststellung eines konkreten Schadens der Gesellschaft und der haftungsausfüllenden Kausalität als problematisch.[1773] Nicht zuletzt böte eine Drittwirkung von § 93 Abs. 2 AktG keine Lösung für Menschenrechtsverletzungen entlang der Zulieferkette.

Im Ergebnis besteht also neben der Tatsache, dass eine Drittwirkung der Pflichten aus §§ 76 Abs. 1, 93 Abs. 1 AktG derzeit explizit abgelehnt wird, kein Bedürfnis für eine solche, da den Interessen der Geschädigten bereits durch Verkehrpflichten des Unternehmens im Außenverhältnis Rechnung getragen werden kann und diese aus Sicht der Geschädigten zur Geltendmachung ihrer Ansprüche geeigneter erscheinen.

1772 Ähnlich *Hübner*, in: Krajewski/Saage-Maaß, Sorgfaltspflichten, S. 61 (73).

1773 S. hierzu *Hübner*, in: Krajewski/Saage-Maaß, Sorgfaltspflichten, S. 61 (75–78); s. zum „*Reputationsvermögensschaden*" auch *Nordhues*, in: Krajewski/Saage-Maaß, Sorgfaltspflichten, S. 125 (159 f.).

Kapitel 6 Haftung des Unternehmens aufgrund fehlerhafter öffentlicher Angaben zu CSR-Maßnahmen

Unternehmen können Angaben über ihre Verantwortung in unterschiedlichen Formen machen, aus denen sich abweichende Rechtsfolgen ergeben können.

Besonders konkret sind Angaben in Bezug zu konkreten Produkten (im Folgenden *„produktbezogene Angaben"*). Auf besondere Eigenschaften konkreter Produkte oder Produktreihen kann z.B. in Werbeprospekten, im Onlineshop-Angebot, durch Etiketten mit besonderen Bezeichnungen (*„nachhaltig"*, *„fair"*, *„verantwortlich"*), durch grafische Kennzeichnung (beispielsweise mit unternehmenseigenen oder externen Siegeln oder Zertifizierungen), durch Hinweise auf die Einhaltung bestimmter Standards oder Mitgliedschaften in besonderen Bündnissen oder durch weiterführende Angaben in der konkreten Produktbeschreibung hingewiesen werden.

Angaben zur unternehmerischen Verantwortung können auch in der Form allgemeiner Aussagen zur Unternehmenspolitik erfolgen (im Folgenden: *„unternehmensbezogene Angaben"*). Dies können ebenfalls Informationen über die Einhaltung bestimmter (interner oder externer) Verhaltensstandards, die Mitgliedschaft in besonderen Bündnissen oder besondere Siegel und Zertifizierungen, die dem Unternehmen verliehen worden sind, sein. Derartige Angaben finden sich z.B. auf gesonderten Seiten in Werbeprospekten ohne Bezug zu konkreten Produkten oder auf der unternehmerischen Internetpräsenz. Eine besondere Bedeutung kommt hier sogenannten *Nachhaltigkeits- oder CSR-Berichten* zu, insbesondere wenn es sich hierbei um verpflichtende nichtfinanzielle Erklärungen nach den §§ 289b ff. HGB handelt. Letztere haben angesichts der rechtlichen Verbindlichkeit eine gegenüber Werbeaussagen gesteigerte Bedeutung.[1774]

Macht ein Unternehmen fehlerhafte Angaben zu CSR-Maßnahmen oder hält es diese nicht ein, etwa indem es angibt, Mitglied in bestimmten Bündnissen oder Initiativen zu sein, ohne sich an deren Verhaltensvorgaben zu halten oder indem es bestimmte Produkte als besonders nachhaltig kennzeichnet, ohne dass diese im Vergleich zu anderen angebotenen Pro-

---

1774 S. hierzu und insb. zur rechtlichen Verbindlichkeit *Segger*, in: Krajewski/Saage-Maaß, Sorgfaltspflichten, S. 21 (48 f.).

dukten solche besondere Eigenschaften aufweisen, kann dies rechtliche Konsequenzen haben.

Auf die Bedeutung von Angaben in unternehmerischen Verhaltensstandards und nichtfinanziellen Erklärungen für die Haftung gegenüber den Betroffenen nach § 823 Abs. 1 BGB ist bereits in diesem Zusammenhang eingegangen worden.[1775]

Darüber hinaus können fehlerhafte öffentliche Angaben zu CSR-Maßnahmen auch in weiteren Rechtsgebieten relevant werden. Es kann möglicherweise eine Anfechtungsmöglichkeit des Käufers eines Produktes aufgrund arglistiger Täuschung gemäß § 123 BGB bestehen (§ 18), diesem können Ansprüche nach dem Sachmängelgewährleistungsrecht (§ 19) und über eine etwaige *culpa in contrahendo* (§ 20) zustehen und überdies können fehlerhafte Werbeangaben auch im Lauterkeitsrecht virulent werden (§ 21). Ferner ist eine Haftung gemäß § 823 Abs. 2 BGB i.V.m. einem Schutzgesetz (§ 22) sowie aufgrund einer Verletzung der Pflicht zur nichtfinanziellen Erklärung aus §§ 289b, 315b HGB (§ 23) zu thematisieren.

§ 18 *Möglichkeit zur Vertragsanfechtung wegen arglistiger Täuschung*

Eine Vertragsanfechtung wegen arglistiger Täuschung eröffnet den von Menschenrechtsverletzungen im Ausland Betroffenen selbst keine Möglichkeit, ihren Rechten in Deutschland Geltung zu verleihen. Über die Anfechtung können ausschließlich die Abnehmer der Produkte von der Wirksamkeit eines Vertrages Abstand nehmen. Entscheidend für das Vorliegen einer arglistigen Täuschung ist zunächst, inwiefern Angaben über CSR-Maßnahmen Tatsachen i.S.v. § 123 BGB darstellen (A.).[1776] Anschließend ist zu prüfen, wann eine Täuschungshandlung vorliegt (B.) Überdies ist ein Kausalzusammenhang zwischen Täuschungshandlung, Irrtum und Willenserklärung erforderlich (C.)

1775 S.o. § 16 B. II. 3. c) aa), 4. a) cc) (2), (3) (a), 4. b) bb) (2) (a), cc) (3) (b).

1776 S. zu diesem Erfordernis allgemein: BGH, Urt. v. 19.09.2006 – XI ZR 204/04, NJW 2007, 357 (358 [Rn. 24]); *Armbrüster*, in: MüKo-BGB, § 123 Rn. 29; *Singer/von Finckenstein*, in: Staudinger, BGB (2017), § 123 Rn. 7; *Bork*, BGB AT, Rn. 866.

A. Angaben über CSR-Maßnahmen als Tatsachen

Die arglistige Täuschung ist nicht *per se* dadurch ausgeschlossen, dass es sich bei öffentlichen Angaben eines Unternehmens um Werbung oder ähnliche Maßnahmen handelt. Da diese heute auch der objektiven Information des Käufers dienen und ein persönliches Verkaufsgespräch ersetzen, ist entscheidend, inwiefern die jeweilige Information einen nachprüfbaren Tatsachenkern beinhaltet. Hierfür kommt es auf die konkreten öffentlichen Angaben bzw. den Konkretisierungsgrad der Werbung des Verkäufers oder Herstellers und insofern auf den Einzelfall an.

Aussagen wie *„ohne Kinderarbeit"* oder die Werbung mit der Einhaltung der im Produktionsland geltenden Höchstarbeitszeiten sind so konkret gefasst, dass sie (zumindest theoretisch) objektiv nachprüfbar sind. Gleiches gilt, wenn bestimmte Produkte mit offiziellen Gütesiegeln o.Ä., die die Einhaltung bestimmter Mindestvoraussetzungen erfordern, gekennzeichnet sind.

Auch allgemeinere Aussagen, etwa die Kennzeichnung eines Produktes als „nachhaltig" oder „fair" oder die Werbung eines Unternehmens damit, sich für die Verbesserung der Arbeitsbedingungen entlang der Wertschöpfungskette einzusetzen oder sich um die Einhaltung gerechter Arbeitsbedingungen zu bemühen, beinhalten einen nachprüfbaren Tatsachenkern dahingehend, dass sich die derart gekennzeichneten Produkte von nicht gekennzeichneten unterscheiden oder das Unternehmen derartige Bemühungen auch tatsächlich vornimmt. Da dies allerdings keinen nachprüfbaren Tatsachenkern im Hinblick auf die Einhaltung bestimmter Standards beinhaltet, kommt eine arglistige Täuschung in diesen Fällen nur in Betracht, wenn sich die gesondert gekennzeichneten Produkte nicht von den übrigen unterscheiden oder das Unternehmen entgegen seiner Angaben keine Bemühungen unternimmt.[1777]

1777 Zu einer rechtsgebietsübergreifenden Betrachtung der rechtlichen Bedeutung öffentlicher Angaben des Unternehmens s.u. § 24 B.

B. Täuschungshandlung

Für eine arglistige Täuschung muss der Täuschende vorsätzlich handeln,[1778] also Kenntnis von der Fehlerhaftigkeit seiner Aussagen sowie das Bewusstsein bzw. den Willen haben, hierdurch einen Irrtum beim Getäuschten hervorzurufen, der diesen schließlich zur Abgabe einer Willenserklärung veranlasst.[1779] *Dolus eventualis* ist ausreichend;[1780] eine Schädigungsabsicht ist gerade nicht erforderlich.[1781] Angaben „ins Blaue hinein" können eine arglistige Täuschung sein,[1782] etwa wenn der Anfechtungsgegner bei seiner Erklärung davon ausgeht, dass seine Angaben schon richtig sein werden oder er für ihn ungewisse Tatsachen als gesichertes Wissen darstellt.[1783]

Macht also ein Verkäufer eines Unternehmens im Verkaufsgespräch auf Nachfrage des Käufers Angaben z.B. zu Herstellungsbedingungen, verwendeten Rohstoffen, zur Nachhaltigkeit eines Produktes o.Ä., ohne über genaue Informationen hierüber zu verfügen, erfüllt dies als Angabe „ins Blaue hinein" die Anforderungen an eine arglistige Täuschung. Dieses „Wissen" wird dem Unternehmen über § 166 Abs. 1 BGB zugerechnet.

Da auf Seiten des Anfechtungsgegners regelmäßig ein arbeitsteilig organisiertes Unternehmen tätig geworden ist, sind einige Besonderheiten zu beachten, wenn nicht bereits eine Person allein das kognitive und das voluntative Element der Täuschung erfüllt.[1784] Macht der konkret han-

---

1778 BGH, Urt. v. 13.06.2007 – VIII ZR 236/06, NJW 2007, 3057 (3059 [Rn. 29]); *Armbrüster*, in: MüKo-BGB, § 123 Rn. 18; *Wendtland*, in: BeckOK, § 123 Rn. 17.

1779 BGH, Urt. v. 13.05.1957 – II ZR 56/56, NJW 1957, 988; BGH, Urt. v. 11.05.2001 – V ZR 14/00, NJW 2001, 2326 (2327); *Armbrüster*, in: MüKo-BGB, § 123 Rn. 14; *Singer/von Finckenstein*, in: Staudinger, BGB (2017), § 123 Rn. 50.

1780 BGH, Urt. v. 21.06.1974 – V ZR 15/73, NJW 1974, 1505 (1506); *Armbrüster*, in: MüKo-BGB, § 123 Rn. 15; *Singer/von Finckenstein*, in: Staudinger, BGB (2017), § 123 Rn. 50.

1781 BGH, Urt. v. 14.07.1954 – II ZR 190/53, BB 1954, 785; BGH, Urt. v. 21.06.1974 – V ZR 15/73, NJW 1974, 1505 (1506); *Armbrüster*, in: MüKo-BGB, § 123 Rn. 20; *Singer/von Finckenstein*, in: Staudinger, BGB (2017), § 123 Rn. 50; *Bork*, BGB AT, Rn. 874.

1782 BGH, Urt. v. 21.01.1975 – VIII ZR 101/73, BGHZ 63, 382 (388) = NJW 1975, 642 (645); BGH, Urt. v. 07.06.2006 – VIII ZR 209/05, BGHZ 168, 64 (69 [Rn. 13]) = NJW 2006, 2339 (2840); *Armbrüster*, in: MüKo-BGB, § 123 Rn. 16; *Singer/von Finckenstein*, in: Staudinger, BGB (2017), § 123 Rn. 50.

1783 S. im Zusammenhang mit CSR-Codes auch *Asmussen*, NJW 2017, 118 (122).

1784 Zu Beispielen s. *Asmussen*, NJW 2017, 118 (122).

delnde Mitarbeiter bestimmte Angaben, deren Fehlerhaftigkeit nicht ihm persönlich, aber anderen Mitarbeitern des Unternehmens bekannt ist,[1785] ist entscheidend, ob das Wissen eines Mitarbeiters dem konkret handelnden Mitarbeiter im Rahmen der arglistigen Täuschung zugerechnet werden kann (sogenannte Wissenszusammenrechnung).

Dies ist stark umstritten. Ablehnende Stimmen verweisen darauf, dass eine arglistige Täuschung ein subjektives Unrecht darstelle und der Grund der Sanktionierung in der verwerflichen Art der Einflussnahme liege.[1786] Sieht man für den Fall der arglistigen Täuschung durch nachgeordnete Mitarbeiter den Grund für die Sanktionierung allerdings im „*Erfordernis einer angemessenen Risikoverteilung*", ist eine Wissenszusammenrechnung möglich.[1787]

Die Wissenszusammenrechnung nachgeordneter Mitarbeiter folgt im Wesentlichen den gleichen Maßstäben wie eine solche zwischen Organmitgliedern.[1788] Ausgangspunkt für die Zurechnung der Kenntnis eines Mitarbeiters ist, dass Unternehmen, die als juristische Personen von der Arbeitsteilung profitieren, hierdurch im Rechtsverkehr nicht besser, sondern natürlichen Personen gleichgestellt sein sollen.[1789] Für die Wissenszurechnung nachgeordneter Mitarbeiter soll es darauf ankommen, ob die juristische Person und damit ihre Organe die interne Kommunikation und Dokumentation pflichtgemäß organisiert haben.[1790] Erforderlich sind Vorkehrungen für die Dokumentation, Weitergabe und Abfrage von Informa-

---

1785 Z.B., wenn ein Mitarbeiter CSR-Erklärungen abgibt, ohne zu wissen, dass an anderer Stelle im Unternehmen gegen diese verstoßen wird, s. *Asmussen*, NJW 2017, 118 (122).

1786 *Flume*, AcP 197 (1997), 441 (443).

1787 BGH, Urt. v. 08.12.1989 – V ZR 246/87, BGHZ 109, 327 (333) = NJW 1990, 975 (976); *Schwab*, JuS 2017, 481 (489); für eine Wissenszurechnung bei juristischen Personen im Zusammenhang mit einer arglistigen Täuschung BGH, Urt. v. 02.02.1996 – V ZR 239/94, BGHZ 132, 30 (35-39) = NJW 1996, 1339 (1340 f.).

1788 Ähnlich *Gasteyer/Goldschmidt*, AG 2016, 116 (122); allerdings kommt es bei nachgeordneten Mitarbeitern auf die Verletzung der Pflicht zur Organisation der Information durch die Leitungsorgane der Organisation an, s. *Schwab*, JuS 2017, 481 (485).

1789 BGH, Urt. v. 08.12.1989 – V ZR 246/87, BGHZ 109, 327 (332) = NJW 1990, 975 (976); BGH, Urt. v. 02.02.1996 – V ZR 239/94, BGHZ 132, 30 (35-39) = NJW 1996, 1339 (1340 f.); *Bork*, DB 2012, 33; s. zum Gleichstellungsargument allgemein *Schwab*, JuS 2017, 481 (483); *Bork*, BGB AT, Rn. 1666.

1790 *Bork*, DB 2012, 33 (35); *Gasteyer/Goldschmidt*, AG 2016, 116 (118); *Schwab*, JuS 2017, 481 (485); *Schilken*, in: Staudinger, BGB (2014), § 166 Rn. 6 m.zahlr.w.N.

tionen.[1791] Eine derartige Wissenszurechnung, die sich auf das Verhalten der Leitungsorgane und nicht des jeweiligen Mitarbeiters stützt, kann nur in Fällen eines unzureichenden Informationssystems erfolgen. Das individuelle Fehlverhalten eines Mitarbeiters ist irrelevant.[1792] Die Anforderungen an eine pflichtgemäße Organisation der Kommunikation und Dokumentation sind aus einer *ex ante*-Perspektive zu beurteilen.[1793] Bereits auf Ebene der Wissenszusammenrechnung ist zumindest Fahrlässigkeit in Bezug auf die unzureichende Organisation des Informationsflusses erforderlich.[1794]

Diese Wissenszurechnung gilt grundsätzlich nur innerhalb eines Einzelunternehmens. Eine generelle Wissenszurechnung im Konzern gibt es dagegen nicht.[1795] Unter welchen besonderen Umständen eine solche im Konzern erfolgen kann, wird unterschiedlich beurteilt.[1796] Jedenfalls ist sie abzulehnen, wenn die Konzernobergesellschaft über entsprechendes Wissen verfügt, nicht aber die den Vertrag abschließende Untergesellschaft, da diese keine Auskunftsansprüche gegen die Obergesellschaft hat, die Grundlage für eine Informations-Organisationspflicht sein könnten.[1797] Anders beurteilt dies hingegen das LG München, das im Zusammenhang mit dem VW-Abgasskandal eine Wissenszurechnung über eine durchge-

1791 S. etwa BGH, Urt. v. 27.03.2001 – VI ZR 12/00, NJW 2001, 2535 (2536) m.w.N.; ausführlich *Schubert*, in: MüKo-BGB, § 166 Rn. 53–58 m.w.N.; s. auch *Bork*, DB 2012, 33 (35); *Schwab*, JuS 2017, 481 (483); *Schilken*, in: Staudinger, BGB (2014), § 166 Rn. 32.
1792 *Gasteyer/Goldschmidt*, AG 2016, 116 (118); *Schwab*, JuS 2017, 481 (485).
1793 *Gasteyer/Goldschmidt*, AG 2016, 116 (121 f.).
1794 S. hierzu *Schwab*, JuS 2017, 481 (485 f.).
1795 S. etwa OLG Hamm, Urt. v. 19.02.2001 – 5 U 217/00, BKR 2002, 958 (960) (Ausnahme bei bewusstem Einsatz der abhängigen Gesellschaft *„zur Erreichung eines einheitlichen Unternehmenszieles [...] im Sinne eines arbeitsteiligen Konzepts"* zu erwägen); *Bork*, DB 2012, 33 (40); *Gasteyer/Goldschmidt*, AG 2016, 116 (123) m.w.N.; *Schilken*, in: Staudinger, BGB (2014), § 166 Rn. 32; *Schubert*, in: MüKo-BGB, § 166 Rn. 64–65 m.w.N.
1796 Auf ein *„bewusstes Zusammenwirken [...] im Rahmen eines arbeitsteiligen Vorgehens (unternehmerische Arbeitsteilung)"* abstellend etwa *Schubert*, in: MüKo-BGB, § 166 Rn. 64–65 m.w.N.; ähnlich *Bork*, DB 2012, 33 (40) (Wissenszurechnung nur, *„wenn ein Konzernunternehmen das Wissen eines anderen abfragt"*); *Schilken*, in: Staudinger, BGB (2014), § 166 Rn. 32 (Wissenszurechnung *„allenfalls aufgrund besonderer Ausübung von Leitungsmacht"*); ablehnend gegenüber dem Zusammenwirken als funktionale Einheit und bejahend nur bei Tätigwerden eines Konzernunternehmens als Abschluss- oder Verhandlungsvertreter eines anderen Konzernunternehmens *Gasteyer/Goldschmidt*, AG 2016, 116 (124).
1797 *Gasteyer/Goldschmidt*, AG 2016, 116 (125).

hende Beteiligungskette im Konzern ohne nähere Begründung an-nimmt.[1798]

Auch das erforderliche Wollenselement[1799] bereitet in arbeitsteiligen Or-ganisationen Schwierigkeiten: Wenn der den Vertrag abschließende Ver-treter des Unternehmens von der Fehlerhaftigkeit seiner Angaben keine Kenntnis hatte, hat er erst recht keinen entsprechenden Täuschungswillen. Nach neuerer Rechtsprechung des BGH zu § 826 BGB kann im Fall der Wissenszusammenrechnung nicht wie bei natürlichen Personen vom Wis-sen auf eine Billigung geschlossen werden. Die dann entbehrliche positive Feststellung des Wollenselementes werde nach dem BGH der Vorschrift des § 826 BGB nicht gerecht.[1800] Diese Argumentation lässt sich auf § 123 BGB übertragen. Ein Verzicht auf das Wollenselement im Fall der Wis-senszusammenrechnung ist im Hinblick auf die erforderliche Gleichstel-lung von natürlichen und juristischen Personen nicht angemessen. Ange-sichts derer erscheint es anders herum ebenfalls nicht sachgerecht, eine arglistige Täuschung im Falle der Wissenszusammenrechnung stets am Er-fordernis des Wollenselementes des Vorsatzes scheitern zu lassen. Insofern erscheint es sinnvoll, bei der Implementierung einer pflichtgemäßen Infor-mations-Organisation durch die Organe anzusetzen. Schaffen diese keine angemessene Informations-Organisation oder bewusst eine nur unzurei-chende, nehmen sie etwa Irrtümer der Mitarbeiter bei Vertragsschlüssen billigend in Kauf.[1801] Dies stellt in Fällen der Wissenszusammenrechnung bei arbeitsteiliger Organisation das für den Vorsatz erforderliche Wollens-element dar. Damit fehlt bei einer bloß fahrlässigen Verletzung der Pflicht zur Organisation der Informationsweitergabe das erforderliche Wollensele-ment und die juristische Person hat nicht vorsätzlich getäuscht.[1802]

Für öffentliche Äußerungen des *Herstellers*, die (zumindest ein) Beweg-grund für die Abgabe der auf Vertragsabschluss gerichteten Willenserklä-

---

1798 LG München I, Urt. v. 14.04.2016 – 23 O 23033/15, zfs 2017, 389.

1799 S. etwa BGH, Urt. v. 13.05.1957 – II ZR 56/56, NJW 1957, 988; BGH, Urt. v. 11.05.2001 – V ZR 14/00, NJW 2001, 2326 (2327); *Armbrüster*, in: MüKo-BGB, § 123 Rn. 14; *Feuerborn*, in: NK-BGB, § 123 Rn. 63.

1800 BGH, Urt. v. 28.06.2016 – VI ZR 536/15, NJW 2017, 250 (253 [Rn. 26]); anders noch (im Zusammenhang mit §§ 31, 89, 463 a.F. BGB) BGH, Urt. v. 08.12.1989 – V ZR 246/87, BGHZ 109, 327 (333) = NJW 1990, 975 (976).

1801 Ähnlich *Gasteyer/Goldschmidt*, AG 2016, 116 (117, 118, 121).

1802 I.E. ebenso *Asmussen*, NJW 2017, 118 (122); *Gasteyer/Goldschmidt*, AG 2016, 116 (118, 121); anders *Schwab*, JuS 2017, 481 (489) mit Verweis auf die *ratio legis* des § 166 Abs. 2 S. 1 BGB; ähnlich *Schilken*, in: Staudinger, BGB (2014), § 166 Rn. 6.

rung des Käufers sind, kommt es darauf an, inwiefern der Hersteller als „Dritter" i.S.v. § 123 Abs. 2 S. 1 BGB anzusehen ist. Der Begriff des „Dritten" wird heute eng ausgelegt. Kein Dritter ist derjenige, dessen *„Verhalten dem Erklärungsempfänger wegen besonders enger Beziehungen zwischen beiden oder wegen sonstiger besonderer Umstände billigerweise zugerechnet werden muss"*,[1803] der also im Lager des Erklärungsempfängers steht.[1804]

Ein Anhaltspunkt dafür, ob der Hersteller eines Produktes im Verhältnis zum konkreten Verkäufer als Dritter i.S.v. § 123 Abs. 2 S. 1 BGB anzusehen ist, findet sich in der Rechtsprechung der Instanzgerichte im Zusammenhang mit dem VW-Abgasskandal, die den Hersteller im Verhältnis zu Vertragshändlern als Dritten ansahen. Die dort bestehenden Einflussmöglichkeiten und Bindungen seien für die Begründung eines Näheverhältnisses jedenfalls in Richtung der Zurechnung des Herstellers nicht ausreichend.[1805] Auch eine Werbung mit Firmenlogos, Broschüren und Informationsschriften des Herstellers allein reiche nicht aus.[1806] Anders beurteilen die Gerichte dies teilweise wiederum, wenn der Vertragshändler Konzerntochter des Herstellers ist.[1807] Wenn aber nach diesen Grundsätzen der Hersteller schon im Verhältnis zum Vertragshändler Dritter i.S.v. § 123 Abs. 2 S. 1 BGB ist, muss dies erst recht für Verkäufer gelten, die nicht Vertragshändler sind, da deren Beziehung zum Hersteller noch weniger eng ist als die eines Vertragshändlers.

Handelt es sich also bei dem Verkäufer nicht um eine Konzerntochter des Herstellers, ist dieser als Dritter i.S.v. § 123 Abs. 2 S. 1 BGB anzusehen. Eine arglistige Täuschung durch den Verkäufer kommt mithin nur in Betracht, wenn er die Fehlerhaftigkeit der Aussage des Herstellers kannte oder kennen musste. Hier kann wiederum auf die oben dargestellten Grundsätze der Wissenszusammenrechnung zurückgegriffen werden. Eine Zurechnung des Wissens des Herstellers über § 166 Abs. 1 BGB (analog)

1803 BGH, Urt. v. 01.06.1989 – III ZR 261/87, NJW 1989, 2879 (2880); BGH, Urt. v. 20.11.1995 – II ZR 209/94, NJW 1996, 1051.

1804 *Armbrüster*, in: MüKo-BGB, § 123 Rn. 73; *Bork*, BGB AT, Rn. 879; ähnlich *Singer/von Finckenstein*, in: Staudinger, BGB (2017), § 123 Rn. 53.

1805 LG Frankfurt (Oder), Urt. v. 17.07.2017 – 13 O 174/16, Rn. 63, zitiert nach juris; ähnlich LG Ellwangen, Urt. v. 19.10.2016 – 3 O 55/16, Rn. 49, zitiert nach juris.

1806 LG Ellwangen, Urt. v. 19.10.2016 – 3 O 55/16, Rn. 50, zitiert nach juris, LG Frankfurt (Oder), Urt. v. 17.07.2017 – 13 O 174/16, Rn. 64, zitiert nach juris.

1807 So LG München I, Urt. v. 14.04.2016 – 23 O 23033/15, zfs 2017, 389 (zur Wissenszurechnung); LG Frankfurt (Oder), Urt. v. 17.07.2017 – 13 O 174/16, Rn. 63, zitiert nach juris.

kommt hingegen nicht in Betracht, da Hersteller und Verkäufer selbstständige juristische Personen sind[1808] und ansonsten die Wertung von § 123 Abs. 2 S. 1 BGB unterlaufen würde. Etwas anderes kann – je nach vertretener Auffassung – gelten, wenn es sich um zwei Konzernunternehmen handelt.[1809]

C. Kausalität zwischen Täuschungshandlung, Irrtum und Willenserklärung

Die Täuschung muss kausal für den Irrtum des Getäuschten sein und dieser Irrtum muss den Getäuschten zur Abgabe der Willenserklärung „bestimmt" haben.[1810] Ausreichend ist, dass der Irrtum zumindest mitursächlich für die Abgabe der Willenserklärung war.[1811]

Folglich können Angaben zu CSR-Maßnahmen von Unternehmen nur Bedeutung erlangen, wenn sie dem Anfechtenden bekannt und diese (zumindest ein) Grund für die Abgabe seiner Willenserklärung waren. Da Konsumenten immer mehr Wert auf produktspezifischen Kriterien wie Nachhaltigkeit oder Sozialverträglichkeit bei der Herstellung einer Sache legen, können konkrete produktbezogene Äußerungen oder die Verwendung bestimmter Siegel und Gütezeichen kausal für die Abgabe der Willenserklärung gewesen sein. Ähnliches kann auch für generelle Aussagen gelten, die sich auf sämtliche Produkte eines Unternehmens beziehen und über die sich der Käufer vor Vertragsschluss informiert hat, weil sie für ihn von Bedeutung waren. Gleiches gilt für Angaben, die Unternehmen in Nachhaltigkeitsberichten oder anderweitig aufgrund ihrer Verpflichtung zur nichtfinanziellen Berichterstattung aus §§ 289b ff. HGB machen.

1808 LG Bielefeld, Urt. v. 03.02.2010 – 3 O 222/09, Rn. 25, zitiert nach juris; LG Frankfurt (Oder), Urt. v. 17.07.2017 – 13 O 174/16, Rn. 56, 59, zitiert nach juris (zum Verhältnis Vertragshändler – Hersteller); i.E. ebenso LG Ellwangen, Urt. v. 19.10.2016 – 3 O 55/16, Rn. 40, zitiert nach juris.

1809 Für eine entsprechende Wissenszurechnung LG München I, Urt. v. 14.04.2016 – 23 O 23033/15, zfs 2017, 389; ablehnend *Gasteyer/Goldschmidt*, AG 2016, 116 (125).

1810 *Armbrüster*, in: MüKo-BGB, § 123 Rn. 21; *Singer/von Finckenstein*, in: Staudinger, BGB (2017), § 123 Rn. 48; *Bork*, BGB AT, Rn. 871.

1811 RG, Urt. v. 15.11.1911 – I 512/10, RGZ 77, 309 (314); BGH, Urt. v. 22.02.2005 – X ZR 123/03, NJW-RR 2005, 1082 (1083); *Armbrüster*, in: MüKo-BGB, § 123 Rn. 24; *Singer/von Finckenstein*, in: Staudinger, BGB (2017), § 123 Rn. 48.

Die Beweislast für die Kausalität liegt grundsätzlich beim Getäuschten. Diesem kommt jedoch eine Beweiserleichterung zugute, wonach es ausreicht, *„dass der Getäuschte Umstände dartut, die für seinen Entschluss bedeutsam sein konnten, und dass die arglistige Täuschung nach der allgemeinen Lebenserfahrung bei der Art des in Rede stehenden Rechtsgeschäfts die Entschließung beeinflusst"*,[1812] wobei auch hier Beweiserleichterungen greifen können.

§ 19 *Haftung nach dem Mängelgewährleistungsrecht: Nichteinhaltung von Angaben zu CSR-Maßnahmen als Grundlage für einen Sachmangel gemäß § 434 Abs. 1 S. 3 BGB*

Anschließend an eine Illustration der praktischen Bedeutung der Haftung nach dem Mängelgewährleistungsrecht (A.) ist zunächst zu prüfen, inwiefern Angaben zu CSR-Maßnahmen als öffentliche Äußerung i.S.v. § 434 Abs. 1 S. 3 BGB anzusehen sind (B.). Ferner soll auf die Person des Äußernden (C.), die berechtigte Erwartung bestimmter Eigenschaften (D.), einen möglichen Haftungsausschluss (E), die Rechtsfolgen (F.) und die Möglichkeit zum Regress beim Hersteller (G.) eingegangen werden.

A. Praktische Bedeutung

Die aus § 434 Abs. 1 S. 3 BGB resultierenden Ansprüche können nicht von den von Menschenrechtsverletzungen Betroffenen geltend gemacht werden, sondern nur von Käufern der jeweiligen Produkte. Dies können sowohl Endkunden/Endverbraucher als auch weitere Glieder entlang der Lieferkette sein.

Anspruchsgegner im Mängelgewährleistungsrecht ist ausschließlich der Verkäufer und damit in den seltensten Fällen das transnationale Unternehmen selbst. Dies gilt unabhängig davon, ob der Verkäufer oder der Hersteller[1813] die öffentliche Aussage getroffen hat. Eine direkte Verantwortlichkeit des Herstellers kommt nur in Betracht, wenn sich dessen unmittelbare

---

1812 *Armbrüster*, in: MüKo-BGB, § 123 Rn. 95 m.zahlr.w.N. aus der Rspr.; *Singer/von Finckenstein*, in: Staudinger, BGB (2017), § 123 Rn. 89.
1813 Zum Begriff s.u. § 19 C.

Vertragspartner auf seine öffentlichen Äußerungen berufen.[1814] Eine Verantwortung des Unternehmens, das die öffentliche Äußerung getroffen hat, kann sich aber über den Unternehmerregress nach §§ 445a, 478 BGB ergeben.[1815]

Allerdings stehen – auch wenn die Voraussetzungen der §§ 434 ff. BGB vorliegen – der Durchsetzung praktische Schwierigkeiten entgegen. Da den Käufer die Beweislast für die Mangelhaftigkeit der Kaufsache trifft (beachte § 477 BGB für den Verbrauchsgüterkauf), muss dieser konkret nachweisen, dass die Angaben zur Einhaltung von Verhaltensstandards, bestimmter Siegel o.Ä. fehlerhaft sind und die Kaufsache daher nicht die entsprechende Beschaffenheit aufweist. Der Nachweis, dass bei der Herstellung des konkreten Produktes gegen öffentliche Aussagen des Unternehmens verstoßen wurde, wird dem Käufer indes kaum gelingen,[1816] da dieser, insbesondere der Endabnehmer, üblicherweise weder Einblick in die Unternehmensabläufe noch überhaupt Kenntnis sämtlicher an der Herstellung eines Produktes beteiligter Akteure hat. Letztlich steht der Käufer damit vor ähnlichen Beweisschwierigkeiten wie die von Menschenrechtsverletzungen Betroffenen – mangels Einblicks in unternehmensinterne Prozesse und Entscheidungsstrukturen kann er einen Mangel, der sich aus den konkreten Produktionsbedingungen ergibt, nicht nachweisen. Angesichts der gleichgelagerten Interessenlage sollten auch dem Käufer Beweiserleichterungen zugestanden werden. Entsprechend der Ausführungen im Deliktsrecht ist an dieser Stelle von einer Beweislastumkehr auszugehen.[1817]

Auch wenn regelmäßig eine direkte Verantwortlichkeit des Herstellers nicht in Betracht kommt, können derartige Verfahren für das Unternehmen erhebliche finanzielle Einbußen zur Folge haben. Diese entstehen etwa, wenn solche Ansprüche von zahlreichen Käufern geltend gemacht

---

1814 Die ursprünglich vorgesehene direkte Verantwortung des Herstellers (s. hierzu Kommission der Europäischen Gemeinschaften, Grünbuch über Verbrauchsgütergarantien und Kundendienst, KOM(1993) 509 endg., S. 110-113), ist nicht in die der Vorschrift zugrunde liegende Verbrauchsgüterkaufrichtlinie (Richtlinie 1999/44/EG des Europäischen Parlaments und des Rates vom 25.05.1999 zu bestimmten Aspekten des Verbrauchsgüterkaufs und der Garantien für Verbrauchsgüter, ABl. (EG) Nr. L 171, S. 12) und entsprechend auch nicht in das BGB aufgenommen worden, s. auch *Weiler*, WM 2002, 1784 (1788).

1815 S. hierzu u. § 19 G.

1816 S. hierzu auch *Glinski*, Private Regulierung, S. 192–193.

1817 S. auch noch u. § 24 A.

werden.[1818] Zentral sind allerdings vor allem die mit einer Geltendmachung verbundenen Auswirkungen für die Reputation eines Unternehmens, die sich erheblich auf die wirtschaftliche Situation des Unternehmens auswirken können. Dies gilt wiederum in besonderem Maße, wenn viele Käufer ihre Mängelrechte geltend machen und dies in den Fokus der Öffentlichkeit gelangt. Aber auch schon die gelegentliche Inanspruchnahme von Kaufgewährleistungsrechten, gegebenenfalls im Zusammenhang mit einem Gerichtsverfahren (wenn es zu einem solchen kommt), kann eine hohe Aufmerksamkeit der Öffentlichkeit nach sich ziehen und zu finanziellen Einbußen des Unternehmens aufgrund von Reputationsschäden führen. Reputationsschäden können bei entsprechender Aufmerksamkeit der Öffentlichkeit bereits entstehen, wenn der bloße Verdacht aufkommt, das Unternehmen habe sich nicht an öffentliche Angaben gehalten. Insofern kann es im Ergebnis unerheblich sein, ob einer diesbezüglichen Klage letztlich stattgegeben wird oder ob diese beispielsweise an Beweisschwierigkeiten scheitert. Unabhängig davon, dass Mängelgewährleistungsrechte zwar nur gegenüber dem konkreten Vertragspartner geltend gemacht werden können, werden die Einbußen für die Reputation des Unternehmens vor allem den Hersteller des Produktes bzw. das Unternehmen, das sich durch Anbringen eines Marken- oder Kennzeichens als solcher ausgibt, treffen, da es vor allem diese Unternehmen sind, die im Fokus der Öffentlichkeit stehen.[1819]

Der folgende Abschnitt soll vor allem die zentralen Problempunkte im Zusammenhang mit der Geltendmachung von Mängelgewährleistungsrechten aufgrund öffentlicher Äußerungen herausstellen.

B. Angaben zu CSR-Maßnahmen als öffentliche Äußerung i.S.v. § 434 Abs. 1 S. 3 BGB

Werden öffentliche Äußerungen des Verkäufers oder des Herstellers ausdrücklich in den Vertrag einbezogen, handelt es sich um eine Beschaffenheitsvereinbarung i.S.v. § 434 Abs. 1 S. 1 BGB.[1820] Ist dies nicht der Fall

---

1818 Ähnlich *Glinski*, Private Regulierung, S. 193.
1819 Zurückhaltend im Hinblick auf Reputationsschäden (im Zusammenhang mit der Haftung nach § 823 Abs. 1 BGB unter Verweis darauf, dass die Produktionsbedingungen gerade im Niedrigpreissektor keinen Einfluss auf das Konsumverhalten haben) *Nordhues*, Haftung Muttergesellschaft, S. 130.
1820 *Faust*, in: Bamberger/Roth/Hau/Poseck, BGB, § 434 Rn. 77; *Matusche-Beckmann*, in: Staudinger, BGB (2014), § 434 Rn. 96; ähnlich *Grigoleit/Herresthal*, JZ

und auch keine bestimmte Verwendung der Kaufsache durch den Vertrag vorausgesetzt (§ 434 Abs. 1 S. 2 Nr. 1 BGB), ist die Mangelfreiheit der Sache gemäß § 434 Abs. 1 S. 2 Nr. 2 BGB nach einem objektiven Maßstab zu bestimmen. Nach § 434 Abs. 1 S. 3 BGB gehören auch Eigenschaften, die der Käufer aufgrund öffentlicher Äußerungen erwarten kann, zur Beschaffenheit i.S.v. § 434 Abs. 1 S. 2 Nr. 2 BGB (sofern nicht einer der Ausschlusstatbestände von § 434 Abs. 1 S. 3 a.E. BGB eingreift).[1821] Zu klären ist daher zunächst, inwiefern die oben dargestellten Angaben in Bezug auf die unternehmerische Verantwortung eine öffentliche Äußerung i.S.v. § 434 Abs. 1 S. 3 BGB darstellen.

I. Anforderungen an eine öffentliche Äußerung i.S.v. § 434 Abs. 1 S. 3 BGB

Weder § 434 Abs. 1 S. 3 BGB noch die der Vorschrift zugrunde liegende Verbrauchsgüterkaufrichtlinie definieren den Begriff der öffentlichen Äußerung. § 434 Abs. 1 S. 3 BGB selbst nennt *„Werbung"* und die *„Kennzeichnung über bestimmte Eigenschaften der Sache"* als Beispiele für eine öffentliche Äußerung.

Maßgebliches Kriterium für Werbung ist das Ziel des Werbenden, Kunden zu gewinnen bzw. den Absatz zu fördern.[1822] Eine Kennzeichnung im Sinne der Vorschrift zeichnet sich durch eine objektive Beschreibung der Kaufsache aus,[1823] wie durch *„DIN-Normen, Gütesiegel, Etiketten, Beschreibungen auf der Verpackung, der Kaufsache beigefügte Warenbeschreibungen*

2003, 233 (236 f.); *Lehmann*, DB 2002, 1090 (1091); *Westermann*, in: MüKo-BGB, § 434 Rn. 30.

1821 *Grigoleit/Herresthal*, JZ 2003, 233 (236); *Matusche-Beckmann*, in: Staudinger, BGB (2014), § 434 Rn. 99; ähnlich *Lehmann*, DB 2002, 1090 (1092); *Peifer*, JR 2001, 265 (268).

1822 Zur Definition von Werbung s. BGH, Beschl. v. 07.10.1991 – AnwZ (B) 25/91, NJW 1992, 45 (*„ein Verhalten, das darauf angelegt ist, andere dafür zu gewinnen, die Leistung desjenigen, für den geworben wird, in Anspruch zu nehmen"*); nur geringfügig im Wortlaut abweichend BGH, Urt. v. 01.03.2001 – I ZR 300/98, BGHZ 147, 71 (73) = NJW 2001, 2087 – Anwaltswerbung II; s. auch Art. 2 Nr. 1 der Richtlinie des Rates vom 10.09.1984 zur Angleichung der Rechts- und Verwaltungsvorschriften der Mitgliedstaaten über irreführende Werbung, ABl. (EG) Nr. L 250, S. 17 (RL 84/450/EWG); s. aber auch *Weiler*, WM 2002, 1784 (1786) (engerer Begriff im Kaufrecht, da es auf die Öffentlichkeit der Äußerung ankomme).

1823 *Matusche-Beckmann*, in: Staudinger, BGB (2014), § 434 Rn. 104.

o.Ä."[1824] Werbung und Kennzeichnungen sind keine abschließenden Beispiele für den Begriff der öffentlichen Äußerung (*„insbesondere"*).[1825]

Einen Anhaltspunkt für die Auslegung des Begriffs bietet vor allem der *Telos* der Norm. Da die öffentlichen Angaben regelmäßig das individuelle Verkaufsgespräch und die Sachkunde des Verkäufers ersetzen und der Information des Käufers im Vorfeld des Vertragsschlusses dienen,[1826] muss dieser besonders vor unzutreffenden öffentlichen Äußerungen geschützt werden. Die hierdurch gebotene weite Auslegung des Begriffs[1827] erfasst mithin alle Äußerungen, *„die sich an einen individuell nicht begrenzten Kreis von Personen wenden."*[1828]

II. Produkt- und unternehmensbezogene Angaben sowie solche in Nachhaltigkeitsberichten als öffentliche Äußerung

Produktbezogene Angaben zur unternehmerischen Verantwortung sind öffentliche Äußerungen gemäß § 434 Abs. 1 S. 3 BGB. Abhängig von der Angabe im konkreten Einzelfall können sie bereits als Werbung (z.B. wenn der Verkäufer in einem Verkaufsprospekt auf die Nachhaltigkeit der Ware hinweist) oder als Kennzeichnung (etwa bei Verwendung bestimmter Siegel auf dem Etikett der Ware) angesehen werden.

Da unternehmensbezogene Angaben keine objektive Beschreibung einer Kaufsache beinhalten, ist eine Einordnung als Kennzeichnung nicht möglich. Unternehmensbezogene Angaben können auf unterschiedliche Arten erfolgen, etwa im Rahmen des Internetauftritts des Unternehmens, in Werbeprospekten, durch die Veröffentlichung unternehmerischer Verhaltensstandards oder die Information über die Einhaltung von CSR-Standards bzw. den Beitritt zu solchen, über die von Leitprinzip 16 und dem NAP vorgesehene Grundsatzerklärung von Unternehmen oder durch Nachhaltigkeitsberichte und nichtfinanzielle Erklärungen. Diese können durchaus als Werbung einzuordnen sein, da auch allgemeinere, produktunspezifische Aussagen Kunden vom Kauf der Produkte überzeugen

---

1824 *Kasper*, ZGS 2007, 172.
1825 S. auch *Kasper*, ZGS 2007, 172.
1826 S. hierzu insgesamt *Kasper*, ZGS 2007, 172 (173); *Lehmann*, JZ 2000, 280 (287); *Peifer*, JR 2001, 265 (270); *Weiler*, WM 2002, 1784 (1786 f.).
1827 S. auch *Grigoleit/Herresthal*, JZ 2003, 233 (237).
1828 *Grigoleit/Herresthal*, JZ 2003, 233 (237); *Kasper*, ZGS 2007, 172; *Lehmann*, JZ 2000, 280 (283) (mit Verweis auf den Begriff der öffentlichen Bekanntmachung im Wettbewerbsrecht).

und den Absatz fördern können. Dies gilt vor allem, wenn sie in Werbeprospekten oder -katalogen getroffen werden. Unternehmensbezogene Angaben auf Internetseiten o.Ä. können ebenso nicht nur der Information potentieller Vertragspartner, sondern auch deren Überzeugung von den unternehmenseigenen Produkten dienen. Da sich die Angaben unabhängig von ihrer Produktbezogenheit an eine unbestimmte Anzahl von Personen richten,[1829] unterfallen sie jedenfalls aber der öffentlichen Äußerung i.S.v. § 434 Abs. 1 S. 3 BGB.[1830]

Für die Angaben in Nachhaltigkeitsberichten lassen sich grundsätzlich die Ausführungen zu den unternehmensbezogenen Angaben übertragen. Auch diese können dazu dienen, potentielle Vertragspartner vom Unternehmen und seinen Produkten zu überzeugen und hierdurch den Absatz zu erhöhen. Problematisch könnte allerdings sein, dass für bestimmte Unternehmen gemäß §§ 289b ff. HGB eine Pflicht zur Offenlegung nichtfinanzieller Informationen besteht. Inwiefern Angaben in solchen Berichten als Werbung anzusehen sind, kann im Ergebnis allerdings offenbleiben, da auch Angaben in Nachhaltigkeits-, CSR- oder anderen öffentlichen Berichten von Unternehmen sich an einen unbestimmten Kreis an Empfänger richten. Insofern stellen derartige Angaben eine öffentliche Äußerung gemäß § 434 Abs. 1 S. 3 BGB dar.

C. Person des Äußernden

Im Rahmen von § 434 Abs. 1 S. 3 BGB relevante öffentliche Äußerungen können vom Verkäufer selbst[1831], dem Hersteller oder einem Gehilfen[1832] stammen. Äußerungen von Zwischenhändlern sind nicht erfasst.[1833] Öffentliche Äußerungen des transnationalen Unternehmens sind über den

---

1829 Bedeutung erlangt der Bezug zu konkreten Produkten erst im Zusammenhang mit der Frage, welche Eigenschaften der Sache der Käufer erwarten kann darf; s. hierzu u. § 19 D.

1830 *Zimmer*, Soziale Mindeststandards, S. 247.

1831 Relevant sind diesbezüglich ausschließlich Äußerungen außerhalb des Verkaufsgesprächs, da ansonsten bereits eine Beschaffenheitsvereinbarung vorliegt, s. *Westermann*, in: MüKo-BGB, § 434 Rn. 32; ähnlich *Faust*, in: Bamberger/Roth/Hau/Poseck, BGB, § 434 Rn. 77.

1832 S. zum Begriff des Gehilfen *Grigoleit/Herresthal*, JZ 2003, 233 (237); *Kasper*, ZGS 2007, 172 (174); *Weiler*, WM 2002, 1784 (1789 f.).

1833 *Kasper*, ZGS 2007, 172 (174); *Faust*, in: Bamberger/Roth/Hau/Poseck, BGB, § 434 Rn. 82.

Verweis auf den Herstellerbegriff nach § 4 Abs. 1 und 2 ProdHaftG, insbesondere auf dessen Abs. 1 S. 2, relevant. Verkauft beispielsweise ein Einzelhändler ein bestimmtes Produkt an den Endabnehmer, so sind öffentliche Äußerungen des Unternehmens, das seinen Namen, seine Marke oder ein sonstiges der Unterscheidung dienendes Kennzeichen an der Sache angebracht hat, relevant.[1834]

D. Berechtigte Erwartung bestimmter Eigenschaften

Damit Angaben i.S.v. § 434 Abs. 1 S. 3 BGB für die Beschaffenheit nach § 434 Abs. 1 S. 2 Nr. 2 BGB berücksichtigt werden können, ist erforderlich, dass der Käufer aufgrund dieser Äußerung bestimmte Eigenschaften der Sache erwarten kann. Dieses eng auszulegende normative Kriterium relativiert die weite Auslegung des Begriffs der öffentlichen Äußerung und beugt u.a. einer unzumutbaren Belastung des Verkäufers vor.[1835]

Die öffentliche Äußerung muss sich zunächst auf bestimmte Eigenschaften der Kaufsache (die über die übliche Beschaffenheit i.S.v. § 434 Abs. 1 S. 2 Nr. 2 BGB hinausgehen)[1836] beziehen.[1837] Hierfür ist erforderlich, dass die öffentliche Äußerung hinreichend konkret ist.[1838] Allgemeine (reißerische) Anpreisungen sind nicht ausreichend.[1839] Inwiefern der Käufer bestimmte Eigenschaften erwarten kann, hängt vom konkreten Fall ab. Es ist auf den durchschnittlichen Adressaten der Äußerung abzustellen.[1840] Im Folgenden sollen mögliche „typische" Fälle sowie die Kriterien, die bei der

---

1834 S. hierzu ausführlich auch *Zimmer*, Soziale Mindeststandards, S. 248.

1835 S. auch *Lehmann*, JZ 2000, 280 (284) (zur zugrundeliegenden Verbrauchsgüterkaufrichtlinie); *Weiler*, WM 2002, 1784 (1790 f.).

1836 *Kasper*, ZGS 2007, 172 (174).

1837 BT-Drucks. 14/6040, S. 214; *Grigoleit/Herresthal*, JZ 2003, 233 (237); *Kasper*, ZGS 2007, 172 (174); *Lehmann*, DB 2002, 1090 (1092); *Weiler*, WM 2002, 1784 (1787).

1838 *Büdenbender*, in: NK-BGB, § 434 Rn. 40; *Matusche-Beckmann*, in: Staudinger, BGB (2014), § 434 Rn. 102.

1839 BT-Drucks. 14/6040, S. 214; dem folgend: *Kasper*, ZGS 2007, 172 (175); *Weiler*, WM 2002, 1784 (1787); s. auch *Matusche-Beckmann*, in: Staudinger, BGB (2014), § 434 Rn. 102.

1840 *Kasper*, ZGS 2007, 172 (175 f.); *Matusche-Beckmann*, in: Staudinger, BGB (2014), § 434 Rn. 101; *Westermann*, in: MüKo-BGB, § 434 Rn. 29.

Entscheidung im Einzelfall berücksichtigt werden sollten, erläutert werden.[1841]

I. Produktionsbedingungen o.Ä. als Bestandteil der Eigenschaft / Beschaffenheit einer Kaufsache

Da § 434 Abs. 1 S. 3 BGB die geschuldete Beschaffenheit der Kaufsache über die übliche Beschaffenheit hinaus erweitert,[1842] müssen die Äußerungen einen ausreichenden Bezug zur Beschaffenheit der Sache aufweisen.[1843]

Die genaue Reichweite des Begriffs der Beschaffenheit i.S.v. § 434 BGB wird unterschiedlich bestimmt.[1844] Insbesondere ist umstritten, inwiefern ein Bezug zu den physischen Merkmalen der Kaufsache erforderlich ist.[1845]

Ein derartiger Bezug liegt beispielsweise für Angaben zu Eigenschaften der zur Herstellung eines Produktes verwendeten Rohstoffe (z.B. Bio-Rohstoffe oder solche, die besonders zertifiziert sind) vor.

Nicht so eindeutig zu beurteilen ist hingegen die Frage, inwiefern auch Angaben zu Produktionsbedingungen im Allgemeinen einen hinreichenden Bezug zur Beschaffenheit einer Sache aufweisen. Zumindest dann, wenn bessere Herstellungsbedingungen dazu führen, dass eine Sache letztlich auch eine bessere Qualität aufweist, stehen auch solche Angaben in direktem Bezug zu physischen Eigenschaften der Kaufsache. Auch Angaben zu Anforderungen, die die verwendeten Rohstoffe erfüllen, haben Einfluss auf die physischen Eigenschaften einer Sache.[1846]

Die Art und die Bedingungen der Herstellung als solche werden aber häufig keinen derartigen Einfluss aufweisen. Diese gehören damit nur dann zur Beschaffenheit und zu den berechtigterweise zu erwartenden Ei-

---

1841 Zu einer rechtsgebietsübergreifenden Betrachtung der rechtlichen Bedeutung öffentlicher Angaben des Unternehmens s.u. § 24 B.

1842 *Faust*, in: Bamberger/Roth/Hau/Poseck, BGB, § 434 Rn. 57; ähnlich *Westermann*, in: MüKo-BGB, § 434 Rn. 27.

1843 *Westermann*, in: MüKo-BGB, § 434 Rn. 27; ähnlich *Faust*, in: Bamberger/Roth/Hau/Poseck, BGB, § 434 Rn. 86; *Reinicke/Tiedtke*, Kaufrecht, Rn. 333.

1844 Offenlassend: RegE, BT-Drucks. 14/6040, S. 213; zum Verhältnis zu § 459 BGB a.F. s. *Reinicke/Tiedtke*, Kaufrecht, Rn. 302–304.

1845 **Dafür** etwa *Faust*, in: Bamberger/Roth, BGB, 3. Aufl. 2012, § 434 Rn. 23; *Grunewald*, in: Erman-BGB, § 434 Rn. 3; **dagegen** *Dilling*, in: Winter, Umweltverantwortung, S. 283 (296–307); *Glinski*, Private Regulierung, S. 188 (zur zugrunde liegenden Richtlinie); *Reinicke/Tiedtke*, Kaufrecht, Rn. 307–308.

1846 S. auch *Zimmer*, Soziale Mindeststandards, S. 250.

genschaften, wenn man für die Beschaffenheit keinen Bezug zu physischen Eigenschaften der Sache fordert und einen irgendwie gearteten Bezug zur Kaufsache ausreichen lässt.[1847] Hierfür spricht zunächst, dass auch Aspekte ohne physischen Zusammenhang zur Kaufsache, etwa die Zahlungsfähigkeit der Mieter eines verkauften Hauses, Einfluss auf den Wert der Sache und die Kaufentscheidung haben können.[1848] Überdies lassen sich dem Wortlaut keine Anhaltspunkte für eine derartige Einschränkung entnehmen.[1849] Auch die Konzeption des subjektiven Mangelbegriffs und die Vermeidung von ansonsten drohenden Abgrenzungsschwierigkeiten sprechen dafür, keinen Bezug zu physischen Eigenschaften der Kaufsache zu fordern.[1850] Letztlich hängt die Frage, inwiefern die jeweiligen Aussagen einen konkreten Bezug zur Beschaffenheit beinhalten, von deren genauer Ausgestaltung im Einzelfall ab.

II. Rückschluss auf bestimmte Eigenschaften der Kaufsache aufgrund von CSR-Angaben

Für den Rückschluss von öffentlichen Angaben auf bestimmte Eigenschaften der Sache kommt es vor allem auf den Konkretisierungsgrad der Angabe an.

Wie bereits oben dargestellt, kann ein vernünftiger Durchschnittskäufer bei produktbezogenen Angaben, die bestimmte Produkte als „nachhaltig" oder „fair" bezeichnen oder derartige Eigenschaften im Vergleich zu anderen Produkten oder Produktreihen besonders hervorheben, zumindest erwarten, dass sich diese von den anderen Produkten unterscheiden.[1851] Bestehen tatsächlich aber keine Unterschiede, weicht die Sache von der übli-

---

1847 Dafür etwa *Zimmer*, Soziale Mindeststandards, S. 250; *Asmussen*, NJW 2017, 118 (120); *Matusche-Beckmann*, in: Staudinger, BGB (2014), § 434 Rn. 54; *Reinicke/Tiedtke*, Kaufrecht, Rn. 307.

1848 *Reinicke/Tiedtke*, Kaufrecht, Rn. 307; zum Einfluss von Produktionsbedingungen auf den Wert s. auch *Zimmer*, Soziale Mindeststandards, S. 250–252.

1849 *Reinicke/Tiedtke*, Kaufrecht, Rn. 308.

1850 *Asmussen*, NJW 2017, 118 (120); *Matusche-Beckmann*, in: Staudinger, BGB (2014), § 434 Rn. 54; *Reinicke/Tiedtke*, Kaufrecht, Rn. 309–310 (wohl in Bezug auf Beschaffenheitsvereinbarungen); in Bezug auf CSR-Angaben ebenfalls befürwortend *Asmussen*, NJW 2017, 118 (120); s. in Bezug auf ethische Produktionsstandards mit ausführlicher Argumentation auch *Dilling*, in: Winter, Umweltverantwortung, S. 283 (296–307).

1851 S.o. § 18 A.; ähnlich *Glinski*, Private Regulierung, S. 189 (Produktionsbedingungen als Element der Vertragsmäßigkeit der Ware); ähnlich zur Umwelt-

chen Beschaffenheit ab und es ist von einem Mangel i.S.v. § 434 Abs. 1 S. 2 Nr. 2, S. 3 BGB auszugehen. Allein die Kennzeichnung eines Produktes als „fair" oder „nachhaltig" o.Ä. berechtigt den Käufer jedoch nicht dazu, die Einhaltung ganz konkreter Standards zu erwarten, insbesondere wenn offen bleibt, welche Umstände konkret zur Kennzeichnung dieses Produktes führen. Insofern kann der Käufer (abgesehen von der oben dargestellten Abweichung von den anderen, „gewöhnlichen" Produkten) gerade nicht auf bestimmte konkrete Eigenschaften einer Sache schließen und es ist aufgrund fehlender berechtigter Erwartungen des Käufers wohl nicht von einem Sachmangel i.S.v. § 434 Abs. 1 S. 3 BGB auszugehen.

Sind spezifische Produkte mit bestimmten unternehmensinternen oder externen Siegeln o.Ä. besonders gekennzeichnet, kann der vernünftige Durchschnittskäufer eine Einhaltung der jeweiligen Anforderungen erwarten, wenn etwa für die Verleihung eines Siegels die Einhaltung konkret messbarer und nachprüfbarer Bedingungen erforderlich ist. Anders ist dies, wenn für das Siegel keine derartigen nachprüfbaren Kriterien erfüllt sein müssen, da sich hieraus dann keine konkreten Rückschlüsse auf die Einhaltung bestimmter Standards ziehen lassen und ein Käufer auch keine so konkreten Eigenschaften einer Sache erwarten kann, die einen Mangel gemäß § 434 Abs. 1 S. 2 Nr. 2, S. 3 BGB begründen würden.

Auch unternehmensbezogene Angaben lassen grundsätzlich Rückschlüsse auf bestimmte Eigenschaften einer Sache zu. Bekennt sich ein Unternehmen generell zur Einhaltung bestimmter Standards oder zur Mitgliedschaft in bestimmten Bündnissen oder Initiativen, wird und sollte sich der vernünftige Durchschnittskäufer darauf verlassen können, dass deren Anforderungen für sämtliche Produkte des Unternehmens eingehalten werden. Es ist insofern unerheblich, wenn ein Unternehmen die jeweiligen Angaben bloß zur Förderung seiner Reputation macht und diese vornehmlich dem *„Greenwashing"* dienen. Entscheidend ist stets der objektive Empfängerhorizont. Erwecken die Äußerungen aus Sicht des objektiven Empfängers also den Anschein, dass sich das Unternehmen an bestimmte Vorgaben oder Standards hält, darf der Käufer auch entsprechende Eigenschaften der Produkte erwarten.[1852]

Allerdings sind gerade Angaben zur CSR (und insbesondere solche, die hauptsächlich die öffentliche Wahrnehmung eines Unternehmens verbessern sollen) häufig von allgemeinen Absichtserklärungen geprägt bzw. so

---

freundlichkeit im Wettbewerbsrecht *Birk*, in: Walden/Depping, CSR und Recht, S. 191 (199).

1852 Ähnlich *Zimmer*, Soziale Mindeststandards, S. 249.

vage formuliert, dass hieraus kein Rückschluss auf bestimmte Produkteigenschaften gezogen werden kann. Gleiches gilt, wenn sich Unternehmen durch derartige CSR-Maßnahmen ausschließlich zu bestimmten Zielen verpflichten.

Aus Nachhaltigkeitsberichten lassen sich theoretisch ebenfalls bestimmte Eigenschaften der Produkte des Unternehmens ableiten. Dies gilt zumindest dann, wenn die Angaben zur unternehmerischen Verantwortung so gefasst sind, dass sie konkrete objektiv nachprüfbare bzw. messbare Anforderungen an Rohstoffgewinnung, Produktion o.Ä. aufstellen, z.B. wenn ein Unternehmen angibt, nur mit Zulieferunternehmen zusammen zu arbeiten, die die arbeitsrechtlichen Mindeststandards des jeweiligen Landes wahren. Anders ist dies jedoch, wenn ein Unternehmen lediglich vage Aussagen trifft oder sein Bemühen oder Bestreben für mehr Nachhaltigkeit im eigenen Unternehmen und bei Geschäftspartnern zum Ausdruck bringt. Für die Angabe der Einhaltung bestimmter Verhaltensstandards oder bestimmter Siegel in Nachhaltigkeitsberichten gilt das oben Gesagte – auch hier ist der Konkretisierungsgrad der Aussage entscheidend.

E. Kein Ausschluss der Haftung

Das Vorliegen eines der Ausschlusstatbestände des § 434 Abs. 1. 2. Hs. BGB ist in CSR-Fällen nur schwer vorstellbar. Dies gilt in Bezug auf die letzte Variante (die Äußerung konnte die Kaufentscheidung nicht beeinflussen) zumindest dann, wenn man einen abstrakten Maßstab zugrunde legt.[1853] Stellt man für die Frage, ob die Äußerung die Kaufentscheidung beeinflussen konnte, hingegen darauf ab, ob jene diese im konkreten Fall tatsächlich beeinflusst hat,[1854] erscheint ein Ausschluss durchaus möglich, wenn etwa für den Käufer bei Erwerb der Sache die Herstellungsbedingungen ohne Belang waren. Dies wird der beweisbelastete Verkäufer jedoch nur schwerlich beweisen können.[1855]

1853 *Zimmer*, Soziale Mindeststandards, S. 253; *Matusche-Beckmann*, in: Staudinger, BGB (2014), § 434 Rn. 112.

1854 *Grigoleit/Herresthal*, JZ 2003, 233 (238); *Weiler*, WM 2002, 1784 (1792 f.); *Faust*, in: Bamberger/Roth/Hau/Poseck, BGB, § 434 Rn. 90.

1855 *Grigoleit/Herresthal*, JZ 2003, 233 (239); *Kasper*, ZGS 2007, 172 (180); *Weiler*, WM 2002, 1784 (1793).

F. Rechtsfolgen

Liegt ein Sachmangel nach § 434 Abs. 1 S. 2 Nr. 2, S. 3 BGB vor, greifen die Rechtsfolgen des Mängelgewährleistungsrechts. Der Käufer kann vom Verkäufer zunächst Nacherfüllung verlangen. In Bezug auf die Einhaltung bestimmter Vorschriften im Herstellungsprozess ist eine Nachbesserung allerdings ausgeschlossen. Inwiefern eine Nachlieferung im Einzelfall möglich ist, hängt vom Einfluss des Verkäufers auf die Herstellungsbedingungen der Kaufsache ab.[1856]

Unter anderem bei Unmöglichkeit der Nacherfüllung kann der Käufer (sofern die weiteren Voraussetzungen vorliegen) vom Vertrag zurücktreten, den Kaufpreis mindern oder Schadensersatz verlangen.[1857]

G. Möglichkeit zum Regress beim Hersteller

Da Mängelgewährleistungsrechte ausschließlich im jeweiligen Vertragsverhältnis bestehen, richten sich die Ansprüche des Käufers auch aufgrund von Werbeaussagen des Herstellers ausschließlich gegen seinen Vertragspartner. Dies schließt allerdings eine Haftung des Herstellers nach dem Mängelgewährleistungsrecht nicht aus. Sofern im Verhältnis zwischen den einzelnen Lieferanten ein (Kauf-)Vertragsverhältnis vorliegt, können auch in diesen Vertragsverhältnissen Mängelgewährleistungsrechte bestehen (beachte auch § 478 BGB). Das letzte Verhältnis, in dem der Anspruch geltend gemacht werden kann, ist der zwischen dem Hersteller, der die (falsche) öffentliche Aussage getätigt hat, und dem ersten Lieferanten geschlossene Kaufvertrag. Grundsätzlich ist in sämtlichen einzelnen Vertragsverhältnissen zu prüfen, inwiefern der Käufer bestimmte Eigenschaften aufgrund einer öffentlichen Aussage des Herstellers erwarten können durfte und ob einer der Ausschlussgründe des § 434 Abs. 1 S. 3 2. Hs. BGB greift. Für den Fall, dass die Werbeaussage des Herstellers die Kaufentscheidung eines Lieferanten nicht beeinflussen konnte, etwa weil dieser sie nicht kannte, wird teilweise vorgeschlagen, durch eine teleologische Re-

---

1856 S. hierzu auch *Glinski*, Private Regulierung, S. 191, nach der bei systematischen Verstößen gegen die öffentlichen Äußerungen eine Unzumutbarkeit der Nachlieferung denkbar ist; ebenso *Zimmer*, Soziale Mindeststandards, S. 294.

1857 S. hierzu näher *Glinski*, Private Regulierung, S. 191–192, nach der der bewusste Verkäufer sich regelmäßig für den Rücktritt vom Vertrag entscheiden wird; ebenso *Zimmer*, Soziale Mindeststandards, S. 294.

duktion von der Anwendung dieser Ausnahme im Verhältnis zwischen den Lieferanten oder dem Lieferanten und dem Hersteller abzusehen.[1858]

Trifft der Hersteller die relevante öffentliche Äußerung erst, nachdem er die Sache geliefert hat oder nachdem diese innerhalb der Lieferkette weiterverkauft wurde, hat er nachträglich einen Sachmangel zulasten des Händlers herbeigeführt. Dies begründet einen Schadensersatzanspruch aus § 280 Abs. 1 BGB. Die hierdurch ebenfalls geschädigten folgenden Händler in der Vertragskette fallen in den Schutzbereich dieses Vertrages.[1859]

Einzelheiten über die Modalitäten des Regresses der Lieferanten untereinander ergeben sich vor allem aus den jeweils konkret geltenden Vertragsbestimmungen. Bei grenzüberschreitenden Verträgen sind die Voraussetzungen und Rechtsfolgen öffentlicher Äußerungen abhängig von einer Rechtswahl der Beteiligten bzw. dem ansonsten nach dem einschlägigen Internationalen Privatrecht anzuwendenden Recht zu bestimmen.

H. Zwischenergebnis

Sowohl produktbezogene als auch unternehmensbezogene Angaben und solche in Nachhaltigkeitsberichten sind eine „öffentliche Äußerung" i.S.v. § 434 Abs. 1 S. 3 BGB. Ob der Käufer aufgrund dessen eine bestimmte Eigenschaft des Produktes erwarten können darf, hängt von der konkreten Ausgestaltung der Angaben der Unternehmen ab. Je konkreter deren Angaben zur unternehmerischen Verantwortung sind, desto eher wird ein vernünftiger Durchschnittsverbraucher aufgrund dieser Aussagen bestimmte Eigenschaften der Kaufsache erwarten können dürfen. Wenn bestimmte Produkte im Vergleich zu anderen besonders gekennzeichnet sind, darf der Käufer erwarten, dass diese unter anderen Bedingungen hergestellt wurden als die anderen Produkte. Der Verweis auf die Einhaltung bestimmter Verhaltensstandards oder die Mitgliedschaft in bestimmten Bündnissen lässt allerdings aufgrund fehlender Konkretisierung und bloßer Absichtserklärung regelmäßig keine Rückschlüsse auf konkrete Eigenschaften der Sache zu.

1858 *Tiedtke/Schmitt*, ZIP 2005, 681 (687); *Faust*, in: Bamberger/Roth/Hau/Poseck, BGB, § 445a Rn. 14 Rn. 11; dem zustimmend *Reinicke/Tiedtke*, Kaufrecht, Rn. 790.

1859 S. BT-Drucks. 14/6040, S. 248; *Faust*, in: Bamberger/Roth/Hau/Poseck, BGB, § 445a Rn. 15; differenzierend *Lorenz*, in: MüKo-BGB, § 445a Rn. 32.

Beweisschwierigkeiten in Bezug auf die Fehlerhaftigkeit der Sache ist durch eine Beweislastumkehr Rechnung zu ragen. Nicht zuletzt bestehen Mängelgewährleistungsrechte ausschließlich gegenüber dem jeweiligen Vertragspartner, sodass sich der Endkäufer nicht an den Hersteller bzw. denjenigen, der die öffentliche Äußerung gemacht hat, halten kann. Dessen Verantwortlichkeit ergibt sich allein aufgrund einer Regresskette entlang der Lieferkette.

§ 20 Haftung aus culpa in contrahendo gemäß §§ 311 Abs. 1 Nr. 1, 241 Abs. 2 BGB

Eine Haftung aus *culpa in contrahendo* kommt vor allem in Bezug auf die Verletzung vorvertraglicher Wahrheitspflichten in Betracht.

Bezieht sich diese allerdings auf die Beschaffenheit der Kaufsache, ist nach Gefahrübergang nach herrschender Meinung eine Haftung aus *culpa in contrahendo* durch die abschließenden Regelungen des Mängelgewährleistungsrechts ausgeschlossen.[1860] Etwas anderes gilt bei Vorsatz des Verkäufers, da dann die strengeren Rechtsfolgen des Kaufrechts wie das Recht zur Nacherfüllung oder die kürzere Verjährung nicht greifen.[1861]

Da sich die hier entscheidenden Angaben auf die Beschaffenheit der Produkte beziehen und deren Fehlerhaftigkeit letztlich einen Mangel der Sache begründen kann, sind die Regeln der *culpa in contrahendo* grundsätzlich nicht anwendbar.

Für den Vorsatz in einem arbeitsteiligen Unternehmen kann auf die obigen Ausführungen zur arglistigen Täuschung verwiesen werden. Eine Wissenszusammenrechnung kommt in Betracht, wenn die Leitungsorgane der Organisation die interne Kommunikation und Dokumentation von Informationen nicht pflichtgemäß organisiert haben; für das Wollenselement ist zumindest ein diesbezüglicher *dolus eventualis* erforderlich.[1862] Insbe-

---

1860 BGH, Urt. v. 27.03.2009 – V ZR 30/08, BGHZ 180, 205 (212-214 [Rn. 19-23]) = NJW 2009, 2120 (2122); BGH, Urt. v. 12.01.2011 – VIII ZR 346/09, NJW-RR 2011, 462 (463 f. [Rn. 16]); *Matusche-Beckmann*, in: Staudinger, BGB (2014), § 437 Rn. 73; *Reinicke/Tiedtke*, Kaufrecht, Rn. 860; differenzierend *Westermann*, in: MüKo-BGB, § 437 Rn. 58–59; gegen einen Ausschluss: *Faust*, in: Bamberger/Roth/Hau/Poseck, BGB, § 437 Rn. 199.

1861 BGH, Urt. v. 27.03.2009 – V ZR 30/08, BGHZ 180, 205 (214 [Rn. 24]) = NJW 2009, 2120 (2122) m.w.N.; *Matusche-Beckmann*, in: Staudinger, BGB (2014), § 437 Rn. 74–75; *Reinicke/Tiedtke*, Kaufrecht, Rn. 861.

1862 S. ausführlich o. § 18 B.

sondere am Wollenselement wird eine Haftung des verkaufenden Unternehmens regelmäßig scheitern. Daher bleibt es bei der fehlenden Anwendbarkeit der *culpa in contrahendo.*

Etwas anderes gilt jedoch dann, wenn sich die Angaben des Unternehmens nicht konkreten oder sämtlichen Produkten des Unternehmens zuordnen lassen, sondern allgemeine Aussagen zur Unternehmenspolitik beinhalten. Dann kommt eine Haftung aus *culpa in contrahendo* wegen vorvertraglicher Informationshaftung, die vor allem bei fahrlässiger Unkenntnis die Lücke der arglistigen Täuschung schließt, in Betracht.[1863]

§ 21 Nichteinhaltung von Angaben zu CSR-Maßnahmen im Recht des unlauteren Wettbewerbs

Die Nichteinhaltung von Angaben zu CSR-Maßnahmen kann auch im Bereich des unlauteren Wettbewerbs von Bedeutung sein. Hierfür finden sich einige Beispiele in der Rechtsprechung.

Im sogenannten Asbestimporte-Urteil aus dem Jahr 1980[1864] lehnte der BGH einen Verstoß gegen die guten Sitten i.S.v. § 1 UWG a.F. durch den Vertrieb von im Ausland unter Einhaltung der dortigen Vorschriften, aber unter Verstoß gegen deutsche Sicherheitsvorschriften zum Schutze der Arbeitnehmer hergestellter Asbestware u.a. ab, weil die Einhaltung entsprechender Bedingungen nicht *„Ausdruck einer weltweit gültigen sittlichen Grundeinstellung"* sei, da das entsprechende ILO-Übereinkommen lediglich von 15 Staaten ratifiziert worden war.[1865] Zudem bestünde keine Verpflichtung, auf die Arbeitsverhältnisse bei der Produktion hinzuweisen.[1866] Das LG Stuttgart entschied 2006, dass die Verwendung eines Logos mit *„Wir unterstützen keine Kinderarbeit"* bei fehlenden geeigneten Kontrollmaßnahmen, die eine Herstellung ohne Beteiligung von Kindern sicherstellen sollen, irreführend ist, da der Verbraucher aufgrund des Siegels eine derartige Kontrolle erwarte.[1867] In einem in der Öffentlichkeit viel beachte-

---

1863 S. ausführlich *Asmussen*, NJW 2017, 118 (122 f.).

1864 BGH, Urt. v. 09.05.1980 – I ZR 76/78, NJW 1980, 2018 ff. – *Asbestimporte*.

1865 BGH, Urt. v. 09.05.1980 – I ZR 76/78, NJW 1980, 2018 (2019) – *Asbestimporte*; s. hierzu auch *Grabosch*, KJ 2013, 30 (34); zur Frage, inwiefern ein Verstoß gegen CSR-Maßnahmen heute einen Verstoß gegen die lauterkeitsrechtliche Generalklausel darstellt, s.u. § 21 F.

1866 BGH, Urt. v. 09.05.1980 – I ZR 76/78, NJW 1980, 2018 (2019) – *Asbestimporte*.

1867 LG Stuttgart, Urt. v. 12.04.2006 – 42 O 8/06 KfH, WRP 2006, 1154 (red. Leitsatz).

ten Verfahren[1868] aus dem Jahr 2010 am LG Heilbronn[1869] gegen Lidl warf die Verbraucherzentrale Hamburg Lidl vor, gegen § 5 Abs. 1 Nr. 1, § 5 Abs. 1 Nr. 3 UWG zu verstoßen, da Lidl auf seiner Internetseite und in Werbeprospekten u.a. Angaben zur Mitgliedschaft in der BSCI machte, in den Zulieferbetrieben aber gegen Mindeststandards der BSCI und der entsprechenden ILO-Konventionen verstoßen wurde. Der Rechtsstreit wurde durch eine außergerichtliche Einigung in Form einer Unterlassenserklärung von Lidl beendet.[1870]

Der folgende Abschnitt stellt die mögliche Haftung des Unternehmens im Lauterkeitsrecht überblicksartig dar. Zu Beginn wird die praktische Bedeutung der lauterkeitsrechtlichen Haftung erläutert (A.). Von Bedeutung ist danach zunächst, inwiefern Angaben zum CSR-Engagement überhaupt eine geschäftliche Handlung gemäß § 2 Abs. 1 Nr. 1 UWG darstellen (B.). Anschließend stellt sich die Frage, ob die Nichteinhaltung entsprechender Angaben einen Verstoß gegen das UWG darstellt. In Betracht kommen ein Verstoß gegen die „schwarze Liste" des Anhangs zu § 3 Abs. 3 UWG (C.), eine irreführende geschäftliche Handlung gemäß § 5 UWG (D.), ein Rechtsbruch gemäß § 3a UWG (E.) und eine unlautere geschäftliche Handlung gemäß § 3 Abs. 1 UWG (F.). Da im Vordergrund der vorliegenden Untersuchung Fälle stehen, in denen die Unternehmen tatsächlich Angaben zu CSR-Maßnahmen gemacht haben, bleibt die Frage nach etwaigen Informationspflichten des Unternehmens gemäß § 5a UWG außen vor.[1871]

A. Praktische Bedeutung

Auch eine etwaige Verantwortlichkeit der Unternehmen nach dem UWG führt nicht dazu, dass die von Menschenrechtsverletzungen Betroffenen für ihre Verletzungen entschädigt werden. Die praktisch bedeutendste Rechtsfolge des Verstoßes einer geschäftlichen Handlung gegen § 3 oder

---

1868 Siehe z.B. https://www.welt.de/wirtschaft/article7097089/Buendnis-klagt-Lidl-wegen-Ausbeutung-an.html (zuletzt aufgerufen am 19.06.2019); http://www.sp iegel.de/wirtschaft/unternehmen/vorwurf-der-ausbeutung-juristen-reichen-hun gerlohn-klage-gegen-lidl-ein-a-687643.html (zuletzt aufgerufen am 19.06.2019).

1869 Aktenzeichen 21 O 42/10; s. hierzu auch *Birk*, GRUR 2011, 196 (197).

1870 S. hierzu etwa *Birk*, GRUR 2011, 196 (197); https://www.ecchr.eu/de/unsere-th emen/wirtschaft-und-menschenrechte/arbeitsbedingungen-in-suedasien/bangla desch-lidl.html (zuletzt aufgerufen am 19.06.2019).

1871 S. hierzu etwa *Augsburger*, MMR 2014, 427 (430 f.); *Birk*, GRUR 2011, 196 (202 f.); *von Walter*, in: Hilty/Henning-Bodewig, CSR, 187-196 (193-195).

§ 7 UWG ist der Unterlassungs- und Beseitigungsanspruch aus § 8 Abs. 1 UWG.[1872] Dieser erfasst über den Verweis auf § 3 UWG („*Unlauter handelt*") auch Verstöße gegen §§ 3a bis 6 UWG.[1873] § 8 Abs. 3 UWG schränkt allerdings den Kreis der Anspruchsberechtigten stark ein. Die von unlauteren Handlungen betroffenen Verbraucher und auch Nichtregierungsorganisationen, die sich für den Schutz der Menschenrechte einsetzen, können keine Ansprüche geltend machen.

Weitere Rechtsfolgen eines Verstoßes sind etwa ein Schadensersatzanspruch von Mitbewerbern bei Vorsatz oder Fahrlässigkeit gemäß § 9 UWG sowie eine Inanspruchnahme durch die im Rahmen von § 8 Abs. 3 Nr. 2-4 UWG Berechtigten auf Herausgabe des Gewinns an den Bundeshaushalt gemäß § 10 UWG.

Daneben sind in der Praxis die Regeln zur Beweislast zu beachten. Wer sich beispielsweise auf eine Irreführung beruft, muss grundsätzlich entsprechende Anhaltspunkte hierfür darlegen und bei Bestreiten des Anspruchsgegners auch beweisen.[1874] Dieser Grundsatz wird allerdings durch zahlreiche Ausnahmen modifiziert: So gilt eine sekundäre Darlegungslast (aber keine Umkehr der Darlegungs- und Beweislast)[1875] des Anspruchsgegners u.a., wenn der Anspruchsteller – insbesondere aufgrund innerbetrieblicher Vorgänge – bestimmte Gegebenheiten nicht genau kennt, eine Aufklärung des Sachverhalts für ihn daher nicht möglich ist und der Anspruchsgegner das entsprechende Wissen hat.[1876] Dies wird wiederum

---

1872 *Goldmann*, in: Harte-Bavendamm/Henning-Bodewig, UWG, § 8 Rn. 1–2; ähnlich *Bornkamm*, in: Köhler/Bornkamm/Feddersen, UWG, § 8 Rn. 1.3 (nur in Bezug auf den Unterlassungsanspruch).

1873 *Goldmann*, in: Harte-Bavendamm/Henning-Bodewig, UWG, § 8 Rn. 37; *Ohly*, in: Ohly/Sosnitza, UWG, § 8 Rn. 5.

1874 S. statt vieler BGH, Urt. v. 13.07.1962 – I ZR 43/61, NJW 1962, 2149 (2150) – *Bärenfang*; BGH, Urt. v. 20.02.2013 – I ZR 175/11, GRUR 2013, 1058 (1060 [Rn. 22]) – *Kostenvergleich bei Honorarfactoring*; *Dreyer*, in: Harte-Bavendamm/ Henning-Bodewig, UWG, § 5 M Rn. 5 m.w.N.; *Ruess*, in: MüKo-UWG, § 5 Rn. 241.

1875 BGH, Urt. v. 08.01.2014 – I ZR 169/12, NJW 2014, 2360 (2361 [Rn. 18]) – *BearShare* m.w.N.; BGH, Urt. v. 11.06.2015 – I ZR 75/14, NJW 2016, 953 (955 [Rn. 37]) – *Tauschbörse III*; *Dreyer*, in: Harte-Bavendamm/Henning-Bodewig, UWG, § 5 M Rn. 13.

1876 S. z.B. BGH, Urt. v. 13.07.1962 – I ZR 43/61, NJW 1962, 2149 (2150) – *Bärenfang*; BGH, Urt. v. 19.02.2014 – I ZR 230/12, NJW 2014, 3033 (Rn. 14) – *Umweltengel für Tragetaschen*; s. hierzu *Dreyer*, in: Harte-Bavendamm/Henning-Bodewig, UWG, § 5 M Rn. 13 m.w.N.

durch die Zumutbarkeit für den Anspruchsgegner eingeschränkt, der z.B. nicht zur Offenlegung von Betriebsgeheimnissen verpflichtet ist.[1877]

Trotz Beweisproblematik und starker Einschränkung der Anspruchsberechtigten kann eine Geltendmachung von Ansprüchen nach dem UWG von hoher praktischer Relevanz sein. Kommt es zu Unterlassungsklagen wie z.b. im Fall Lidl,[1878] erfahren diese regelmäßig eine hohe mediale Aufmerksamkeit. Insofern können Klagen nach dem UWG ebenfalls zu starken Reputationsverlusten und hiermit einhergehenden Umsatzeinbußen führen.

B. Angaben zu CSR-Maßnahmen als geschäftliche Handlung

Unter bestimmten Umständen können öffentliche Äußerungen zur sozialen Verantwortung von Unternehmen als geschäftliche Handlung i.S.v. § 2 Abs. 1 Nr. 1 UWG den Anwendungsbereich des UWG eröffnen.

Zentral für die Frage, ob Angaben über CSR-Maßnahmen eine geschäftliche Handlung i.S.v. § 2 Abs. 1 Nr. 1 UWG darstellen, ist, ob ein objektiver Zusammenhang zur Förderung des Absatzes oder Bezugs von Waren oder Dienstleistungen vorliegt.

Dies erfordert zunächst eine Außenwirkung, denn nur dann kann eine Handlung den Absatz oder Bezug fördern.[1879] Eine solche ist für CSR-Maßnahmen allerdings bereits dann anzunehmen, wenn das Unternehmen beispielsweise seine CSR-Grundsätze auf seiner Website veröffentlicht.[1880]

Für den funktional auszulegenden erforderlichen objektiven Zusammenhang muss die Handlung objektiv darauf abzielen, *„durch Beeinflussung der geschäftlichen Entscheidung der Verbraucher oder sonstigen Marktteilnehmer den Absatz oder Bezug von Waren oder Dienstleistungen des eigenen*

1877 BGH, Urt. v. 20.02.2013 – I ZR 175/11, GRUR 2013, 1058 (1060 [Rn. 31]) – *Kostenvergleich bei Honorarfactoring*; *Dreyer*, in: Harte-Bavendamm/Henning-Bodewig, UWG, § 5 M Rn. 14.

1878 S. hierzu etwa https://www.ecchr.eu/de/unsere-themen/wirtschaft-und-mensch enrechte/arbeitsbedingungen-in-suedasien/bangladesch-lidl.html (zuletzt aufgerufen am 19.06.2019); https://www.welt.de/wirtschaft/article7275407/Lidl -gibt-umstrittene-Werbekampagne-auf.html (zuletzt aufgerufen am 19.06.2019).

1879 *Köhler*, in: Köhler/Bornkamm/Feddersen, UWG, § 2 Rn. 34.

1880 *Henning-Bodewig*, WRP 2011, 1014 (1020).

oder eines fremden Unternehmens zu fördern."[1881] Ein Unternehmen kann daneben auch weitere Zwecke verfolgen, maßgeblich ist allein, dass eine Handlung vorrangig der Förderung des Absatzes oder Bezugs dient.[1882]

Macht ein Unternehmen über den rein unternehmensinternen Bereich hinaus Angaben zu CSR-Maßnahmen, beispielsweise der Einhaltung bestimmter Standards, verfolgt es damit keine rein altruistischen Zwecke.[1883] Teilt es derartige Maßnahmen in der Werbung gegenüber Verbrauchern mit, ist es vorrangiges Ziel, die Adressaten der Werbung zum Kauf zu bewegen und hierdurch den Absatz zu fördern.[1884] Dies gilt auch, wenn das Unternehmen bestimmte Produkte als *„fair"*, *„nachhaltig"* oder *„sozial verantwortlich"* o.Ä. bezeichnet, auf die Einhaltung der Vorgaben bestimmter CSR-Regelungswerke hinweist oder die Produkte mit Siegeln oder Zertifikaten mit Bezug auf CSR kennzeichnet.[1885] Da Herstellungs- und Produktionsbedingungen und die Einhaltung entsprechender Standards eine wachsende Relevanz für die Kaufentscheidung der Verbraucher entfalten,[1886] dienen diesbezügliche Angaben der Abgrenzung zu Produkten von Mitbewerbern und gegebenenfalls auch zu eigenen, nicht gekennzeichneten Produkten.[1887] Ziel solcher Angaben ist mithin, dass der Käufer sich aufgrund der Kennzeichnung für dieses Produkt entscheidet.

Umstritten ist hingegen, inwiefern Angaben in Nachhaltigkeitsberichten als geschäftliche Handlung anzusehen sind. Gleiches kann auch für die nichtfinanzielle Berichterstattung nach §§ 289b ff. HGB gelten. Besonders *Axel Birk* äußert sich kritisch: Nachhaltigkeitsberichte wiesen keinen Zu-

---

1881 BGH, Urt. v. 10.01.2013 – I ZR 190/11, NJW 2013, 2756 (Rn. 17) – *Standardisierte Mandatsbearbeitung*; BGH, Urt. v. 11.12.2014 – I ZR 113/13, GRUR 2015, 694 (696 [Rn. 21 f.]) – *Bezugsquellen für Bachblüten*; s. auch *Keller*, in: Harte-Bavendamm/Henning-Bodewig, UWG, § 2 Rn. 52; *Köhler*, in: Köhler/Bornkamm/Feddersen, UWG, § 2 Rn. 48.

1882 BGH, Urt. v. 10.01.2013 – I ZR 190/11, NJW 2013, 2756 (2575 [Rn. 18]) – *Standardisierte Mandatsbearbeitung*; *Keller*, in: Harte-Bavendamm/Henning-Bodewig, UWG, § 2 Rn. 61; *Köhler*, in: Köhler/Bornkamm/Feddersen, UWG, § 2 Rn. 51.

1883 *Augsburger*, MMR 2014, 427; ähnlich *Ernst*, WRP 2010, 1304 (1306).

1884 *Balitzki*, GRUR 2013, 670 (673) (in Bezug auf Werbung, die auf unternehmerische Selbstverpflichtungen verweist); *Birk*, in: Walden/Depping, CSR und Recht, S. 191 (204).

1885 I.E. ebenso *Augsburger*, MMR 2014, 427.

1886 *Birk*, GRUR 2011, 196 (203); ähnlich *Henning-Bodewig*, WRP 2011, 1014 (1021).

1887 *Balitzki*, GRUR 2013, 670 (674); ähnlich *Zimmer*, Soziale Mindeststandards, S. 261 zur Einordnung von Verhaltenskodizes als Wettbewerbshandlung i.S.v. § 2 Abs. 1 Nr. 1 UWG a.F.

sammenhang zur Absatzförderung / zum Bezug von Waren oder Dienstleistungen auf; Zielgruppen derartiger Berichte seien vor allem die Finanzmärkte und Nichtregierungsorganisationen.[1888] Dies zeige bereits die offensichtliche Nähe zum Jahresbericht.[1889]

Dem ist zuzugeben, dass Nachhaltigkeitsberichte eine starke Ähnlichkeit zu Jahresberichten, die gemäß Erwägungsgrund 7 UGP-Richtlinie nicht in deren Anwendungsbereich fallen, aufweisen. Die CSR-Richtlinie und auch das CSR-Richtlinie-Umsetzungsgesetz[1890] (im Folgenden: CSR-RUG) sehen sogar die Aufnahme einer (konsolidierte) nichtfinanziellen Erklärung in den (konsolidierten) Jahresbericht vor (Art. 1 Nr. 1 und 3 der CSR-Richtlinie; §§ 289b ff. HGB). Eine solche Erklärung ist allerdings auch in einem gesonderten Bericht möglich.

Berichtspflichten nach der CSR-Richtlinie sollen gemäß deren Erwägungsgrund 3 allerdings auch das Vertrauen von Verbrauchern stärken und diesen einen leichteren Zugang zu nichtfinanziellen Informationen verschaffen.

Dies zeigt deutlich, dass Angaben in Nachhaltigkeitsberichten nach dem Willen des EU-Gesetzgebers auch an Verbraucher gerichtet sind. Sie sollen informiert darüber entscheiden können, ob sie ein Geschäft mit dem jeweiligen Unternehmen abschließen möchten und damit eine geschäftliche Entscheidung i.S.v. § 2 Abs. 1 Nr. 9 UWG treffen. Selbst wenn die Verpflichtung zur Offenbarung derartiger Angaben auch anderen Zielen dient, sind beide Ziele zumindest als gleichwertig anzusehen. Da eine Handlung auch eine geschäftliche Handlung i.S.v. § 2 Abs. 1 Nr. 1 UWG sein kann, wenn sie gleichzeitig der Erfüllung einer gesetzlichen Pflicht dient,[1891] ist die gesetzliche Verpflichtung einiger Unternehmen zur Abgabe einer nichtfinanziellen Erklärung ohne Belang. Auch Angaben in Nachhaltigkeitsberichten stellen also eine geschäftliche Handlung dar.[1892]

1888 *Birk*, in: Hilty/Henning-Bodewig, CSR, S. 169 (172); *Birk*, in: Walden/ Depping, CSR und Recht, S. 191 (196) mit Verweis auf den Richtlinienvorschlag vom 16.04.2013 zur Änderung der Richtlinien 78/660/EWG und 83/349/EWG des Rates im Hinblick auf die Offenlegung nichtfinanzieller und die Diversität betreffender Informationen durch bestimmte große Gesellschaften und Konzerne, KOM(2013) 207 endg., S. 2.

1889 *Birk*, in: Hilty/Henning-Bodewig, CSR, S. 169 (173).

1890 Gesetz zur Stärkung der nichtfinanziellen Berichterstattung der Unternehmen in ihren Lage- und Konzernlageberichten (CSR-Richtlinie-Umsetzungsgesetz), BGBl. 2017 I, S. 802.

1891 *Köhler*, in: Köhler/Bornkamm/Feddersen, UWG, § 2 Rn. 49.

1892 S. mit vergleichbarer Argumentation *Brunk*, in: Krajewski/Saage-Maaß, Sorgfaltspflichten, S. 165 (200); dies durch die Bejahung der Anwendbarkeit von

Im Hinblick auf allgemeine unternehmensbezogene Angaben zur CSR auf der Internetpräsenz eines Unternehmens wird ebenfalls nicht einheitlich beurteilt, ob diese das Ziel haben, die geschäftliche Entscheidung des Verbrauchers zu beeinflussen. Teile der Literatur nehmen dies unter Verweis darauf an, dass eine entsprechende Selbstdarstellung des Unternehmens sich auch an Verbraucher richtet bzw. diese erreicht / erreichen kann.[1893] Dagegen spricht sich wiederum insbesondere *Axel Birk* aus. Seiner Auffassung nach dienen derartige Angaben vor allem der Information der Finanzmärkte, der Nichtregierungsorganisationen oder der Gesellschaft allgemein und sind nicht vorrangig an Verbraucher / Geschäftskunden gerichtet. Diesbezüglich verweist er auch auf die Gestaltung der Websites, die Informationen über ihre CSR unter der Rubrik *„Unternehmen"*, *„Über uns"*, *„Investor Relations"* oder *„Nachhaltigkeit"* / *„Sustainability"* / *„Verantwortung"* zur Verfügung stellten.[1894]

Allerdings finden sich auch Nachhaltigkeitsberichte in der Navigationsleiste unter den gerade dargestellten Rubriken wieder, die sich nach dem europäischen Gesetzgeber gerade auch an die Verbraucher richten. Wenn aber nach dem Vorstehenden bereits Angaben in Nachhaltigkeitsberichten, deren Beschaffung eine noch größere Hürde darstellt als die „alleinige" Information auf der Internetpräsenz, eine geschäftliche Handlung i.S.v. § 2 Abs. 1 UWG sein können, muss dies erst recht auch für im Internet zur Verfügung gestellte Informationen gelten.

Darüber hinaus wird die Internetpräsenz eines Unternehmens häufig auch das Ziel verfolgen, potentielle Geschäftspartner von der Unternehmenskultur in Bezug auf CSR zu überzeugen, um auch hierüber den Absatz zu steuern. Unternehmen können davon ausgehen, dass potentielle Geschäftspartner sich intensiver anhand der Internetpräsenz über ein Unternehmen informieren, um über die Eingehung von Geschäftsbeziehungen zu entscheiden. Auch gegenüber sonstigen Marktteilnehmern liegt damit eine geschäftliche Handlung vor.

---

§ 5 UWG voraussetzend *Kocher/Wenckebach*, KJ 2013, 18 (27); zurückhaltend *Roth-Mingram*, NZG 2015, 1341 (1345).

[1893] *Köhler*, in: Hilty/Henning-Bodewig, CSR, S. 161 (165 f.); i.E. ebenso *Augsburger*, MMR 2014, 427; *Glinski*, Private Regulierung, S. 194 (ohne weitere Begründung).

[1894] S. hierzu insgesamt *Birk*, in: Walden/Depping, CSR und Recht, S. 191 (203-204).

C. Nichteinhaltung von Angaben zu CSR-Maßnahmen als Verstoß gegen § 3 Abs. 3 UWG i.V.m. dem Anhang zum UWG

Wenn ein Unternehmen unzutreffende Angaben zur Einhaltung bestimmter Verhaltensstandards macht oder seine Produkte mit bestimmten (Prüf-/Güte-)Siegeln kennzeichnet, obwohl sie deren Voraussetzungen nicht erfüllen, kann dies einen Verstoß gegen § 3 Abs. 3 UWG i.V.m. Nr. 1 bzw. Nr. 3 des Anhangs zum UWG darstellen. Unabhängig davon, ob CSR-Verhaltensstandards als Verhaltenskodizes i.S.v. § 2 Abs. 1 Nr. 5 UWG anzusehen sind,[1895] beinhalten Nr. 1 und 3 des Anhangs zu § 3 Abs. 3 UWG ausweislich des eindeutigen Wortlauts ausschließlich eine Täuschung über die Verpflichtung selbst bzw. über die Billigung des Kodex durch eine öffentliche Stelle. Ein inhaltlicher Verstoß des Unternehmens gegen die Angaben eines von ihm unterzeichneten Verhaltenskodex ist hingegen nicht erfasst.[1896]

Im Zusammenhang mit der Verwendung von Siegeln kann zunächst Nr. 2 des Anhangs zu § 3 Abs. 3 UWG relevant werden: Verwendet ein Unternehmen ein CSR-Siegel, ohne dass die erforderliche objektive Prüfung durch eine unabhängige Stelle mit entsprechender Kompetenz durchgeführt wurde,[1897] also ohne die erforderliche Genehmigung, verstößt dies gegen Nr. 2 des Anhangs zu § 3 Abs. 3 UWG.[1898] Allerdings werden sämtliche unternehmens*eigene* Siegel und Kennzeichnungen mangels Überprüfung durch eine unabhängige Stelle hiervon nicht erfasst. Darüber hinaus erfasst dieser Verbotstatbestand nicht den Fall, dass das Unternehmen oder das Produkt die Qualität, die die Genehmigung bescheinigt, auch tatsächlich (noch) aufweist.

Hält ein Unternehmen die Bedingungen einer Bestätigung, Billigung oder Genehmigung einer öffentlichen oder privaten Stelle nicht ein, gibt

---

1895 S. hierzu u. § 21 D. III. 2.

1896 *Augsburger*, MMR 2014, 427 (428); *Birk*, GRUR 2011, 196 (198); *Alexander*, in: MüKo-UWG, Anh. § 3 Abs. 3 Nr. 1 Rn. 11 m.w.N.; *Dreyer*, in: Harte-Bavendamm/Henning-Bodewig, UWG, Anhang zu § 3 Abs. 3 Nr. 1 Rn. 10.

1897 Zu diesem Erfordernis allgemein *Köhler*, in: Köhler/Bornkamm/Feddersen, UWG, Anh. zu § 3 UWG Rn. 2.3; *Weidert*, in: Harte-Bavendamm/Henning-Bodewig, UWG, Anhang zu § 3 Abs. 3 Nr. 2 Rn. 8.

1898 Ebenso *Birk*, in: Hilty/Henning-Bodewig, CSR, S. 169 (175), der zudem auch eine Irreführung nach § 5 Abs. 1 S. 2 Nr. 1 UWG annimmt; das Gleiche gilt, wenn das entsprechende Siegel nicht mehr gültig ist oder für ein anderes als das konkret bezogene Produkt vergeben wurde, *Birk*, in: Walden/Depping, CSR und Recht, S. 191 (201).

dies aber an, kann dies zu einem Verstoß gegen Nr. 4 Alt. 2 des Anhangs zu § 3 Abs. 3 UWG führen.[1899]

D. Nichteinhaltung von Angaben zu CSR-Maßnahmen als irreführende geschäftliche Handlung gemäß § 5 UWG

Die Nichteinhaltung von Angaben zu CSR-Maßnahmen in der Werbung, im Internet oder in Nachhaltigkeitsberichten kann eine irreführende geschäftliche Handlung i.S.v. § 5 Abs. 1 UWG darstellen.

I. Angaben i.S.v. § 5 Abs. 1 S. 2 UWG

Angaben i.S.v. § 5 Abs. 1 S. 2 UWG beinhalten ein Mindestmaß an inhaltlich nachprüfbaren Informationen.[1900] Aussagen über CSR-Maßnahmen werden, auch bei eher geringem Konkretisierungsgrad, regelmäßig einen nachprüfbaren Tatsachenkern beinhalten. So ist es zumindest objektiv überprüfbar, inwiefern sich ein Unternehmen um die Einhaltung entsprechender Verpflichtungen bemüht oder nicht.[1901]

II. § 5 Abs. 1 S. 2 Alt. 1 UWG: unwahre Angabe

Objektiv unzutreffende Angaben sind irreführend, wenn sie zur Täuschung geeignet sind.[1902] Inwiefern bereits die Nichteinhaltung von Angaben zu CSR-Maßnahmen zu deren Unwahrheit führt, ist abhängig vom Einzelfall. Es kommt vor allem auf den Konkretisierungsgrad der öffentli-

---

1899   Ebenso *Birk*, in: Hilty/Henning-Bodewig, CSR, S. 169 (175); zu Nr. 4 des Anhangs s. ausführlich *Balitzki*, GRUR 2013, 670 (672).

1900   *Henning-Bodewig*, WRP 2010, 1094 (1103); *Bornkamm/Feddersen*, in: Köhler/ Bornkamm/Feddersen, UWG, § 5 Rn. 1.21; *Dreyer*, in: Harte-Bavendamm/ Henning-Bodewig, UWG, § 5 B Rn. 51.

1901   Ähnlich *Birk*, in: Walden/Depping, CSR und Recht, S. 191 (199) (in Bezug auf Umweltwerbung); *Henning-Bodewig*, WRP 2011, 1014 (1020) mit Verweis auf die Rspr. zur Werbung mit Umweltargumenten.

1902   *Bornkamm/Feddersen*, in: Köhler/Bornkamm/Feddersen, UWG, § 5 Rn. 1.54; *Sosnitza*, in: Ohly/Sosnitza, UWG, § 5 Rn. 155, 208; **a.A.** *Dreyer*, in: Harte-Bavendamm/Henning-Bodewig, UWG, § 5 C Rn. 180–184.

chen Äußerung an.[1903] Macht ein Unternehmen eindeutig unzutreffende Angaben über bestimmte Eigenschaften eines Produktes oder die Einhaltung bestimmter Vorgaben, liegt unproblematisch eine unwahre Angabe vor.[1904] Zweifelhaft könnte dies nur bei vereinzelten Verstößen sein.[1905] Von Bedeutung können hier auch die Vorgaben der UN-Leitprinzipien sein, wenn also ein Unternehmen gegen seine Grundsatzerklärung verstößt oder unzutreffende Angaben über die Durchführung und Ergebnisse der Wirksamkeitskontrolle im Rahmen der externen Kommunikation macht.[1906] Unzutreffende Angaben liegen ferner vor, wenn ein Unternehmen mit der Mitgliedschaft in einer CSR-Initiative oder einem entsprechenden Bündnis wirbt, dies jedoch nicht der Fall ist. Gleiches gilt, wenn ein Unternehmen zwar Mitglied ist, aber den für die Mitgliedschaft erforderlichen Verhaltensanforderungen nicht nachkommt.[1907] Dies gilt indes nicht, wenn Äußerungen ausschließlich ein Bemühen zur Einhaltung bestimmter Standards o.Ä. zum Ausdruck bringen. In derartigen Fällen führt eine Nichteinhaltung dieser Standards, Vorgaben etc. nicht zu einer Unwahrheit der Angabe.[1908] Eine solche ist nur dann anzunehmen, wenn das Unternehmen trotz entsprechender Angaben keine derartigen Bemühungen unternimmt.[1909]

Jedenfalls dann, wenn eine Aussage eines Unternehmens konkrete Angaben zur Einhaltung konkreter Standards beinhaltet, wird der durchschnittlich informierte und bedachte Durchschnittsverbraucher als Teil des Adressatenkreises allerdings auch von der Einhaltung dieser Standards

---

1903 Ähnlich *Birk*, in: Walden/Depping, CSR und Recht, S. 191 (205); allgemein für eine bloße Absichtsbekundung durch Verhaltenskodizes: *Augsburger*, MMR 2014, 427 (428); dies ist allerdings zu pauschal; richtigerweise muss es auf den Wortlaut des konkreten Kodizes ankommen; wohl zu weitgehend daher *Rott/Ulfbeck*, ERPL 2015, 415 (422) („*In principle, all codes of conducts relating to supply chains would constitute misleading advertising [...]*").

1904 S. auch *Birk*, GRUR 2011, 196 (201); ähnlich wohl *Ernst*, WRP 2010, 1304 (1311); *Kocher/Wenckebach*, KJ 2013, 18 (27).

1905 In Bezug auf vereinzelte Verstöße: *Augsburger*, MMR 2014, 427 (428 f.).

1906 S. auch allgemein *Spießhofer*, NJW 2014, 2473 (2476), allerdings mit m.E. unzutreffendem Verweis auf § 5 Abs. 1 Nr. 6 UWG in Fn. 29, da CSR-Standards nach hier vertretener Auffassung keinen Verhaltenskodex in diesem Sinne darstellen; s. hierzu u. § 21 D. III. 2.

1907 *Birk*, GRUR 2011, 196 (202); *Birk*, in: Walden/Depping, CSR und Recht, S. 191 (205); ähnlich in Bezug auf Werbung mit Zertifikaten *Glinski*, Private Regulierung, S. 208.

1908 Ähnlich *Augsburger*, MMR 2014, 427 (429); in Bezug auf Werbung zum Umweltschutz *Birk*, in: Walden/Depping, CSR und Recht, S. 191 (199).

1909 *Birk*, in: Walden/Depping, CSR und Recht, S. 191 (205).

ausgehen, sodass die jeweiligen Angaben auch zur Täuschung geeignet sind.[1910]

III. Sonstige zur Täuschung geeignete Angaben

Von den in den einzelnen Nummern des § 5 Abs. 1 S. 2 UWG genannten Angaben sind für Äußerungen zur Einhaltung von CSR-Standards vor allem Nr. 1 und Nr. 6 relevant. Verstößt ein Unternehmen gegen derartige Äußerungen, sind diese Angaben in der Regel bereits unwahr i.S.v. § 5 Abs. 1 S. 2 1. Alt. UWG. Für die 2. Alternative dieser Norm bleibt daher nur ein geringer Anwendungsbereich. Sie kann allerdings z.B. relevant werden, wenn bestimmte Aussagen des Unternehmens zwar objektiv nicht unwahr sind, beim Adressatenkreis aber bestimmte Vorstellungen hervorrufen, die der Wirklichkeit widersprechen, oder wenn die „Unwahrheit" einer Angabe nicht nachgewiesen werden kann. Nach zutreffender Auffassung stellt der Katalog des § 5 Abs. 1 S. 2 Nr. 1-7 UWG eine nicht abschließende Aufzählung von Beispielen dar, sodass auch zur Täuschung geeignete Angaben, die nicht unter diesen fallen, irreführend (dann gemäß Abs. 1 S. 1) sein können.[1911]

1. Produktionsbedingungen als „wesentliche Merkmale" gemäß § 5 Abs. 1 S. 2 Nr. 1 UWG

Die sozialen Bedingungen der Produktion sind als Bestandteil des Verfahrens der Herstellung i.S.v. § 5 Abs. 1 S. 2 Nr. 1 UWG anzusehen.[1912] Da etwa die von § 5 Abs. 1 S. 2 Nr. 1 UWG genannten „*Verfahren oder Zeitpunkt der [...] Lieferung oder Erbringung*" oder auch die geographische oder betriebliche Herkunft keinen Bezug zur physischen Beschaffenheit aufweisen[1913] und die genannten Umstände lediglich Beispiele darstellen

---

1910 Zu einer rechtsgebietsübergreifenden Betrachtung der rechtlichen Bedeutung öffentlicher Angaben des Unternehmens s.u. § 26 B.
1911 *Bornkamm/Feddersen*, in: Köhler/Bornkamm/Feddersen, UWG, § 5 Rn. 0.30-0.31; *Sosnitza*, in: Ohly/Sosnitza, UWG, § 5 S. 228; **a.A.** *Dreyer*, in: Harte-Bavendamm/Henning-Bodewig, UWG, § 5 B Rn. 256.
1912 Dies indirekt zugrunde legend *Kocher*, GRUR 2005, 647 (651 f.); anders hingegen *Augsburger*, MMR 2014, 427 (430) unter Heranziehung einer systematischen Betrachtung.
1913 *Weidert*, in: Harte-Bavendamm/Henning-Bodewig, UWG, § 5 C Rn. 105.

(*„wie"*),[1914] kann es auch für das Verfahren der Herstellung nicht auf einen ausschließlichen Bezug zu physischen Eigenschaften der Sache ankommen.

Weil die konkreten Bedingungen der Herstellung auch einen Einfluss auf den Wert bzw. die Wertschätzung der Ware haben, sind sie überdies auch Bestandteil der in § 5 Abs. 1 S. 2 Nr. 1 UWG genannten Beschaffenheit.[1915]

2. CSR-Maßnahmen als (verbindlicher) Verhaltenskodex i.S.v. § 5 Abs. 1 S. 2 Nr. 6 UWG

Eine Einordnung als Verhaltenskodex i.S.v. § 2 Abs. 1 Nr. 5 UWG scheitert für unternehmenseigene Standards und für solche einzelner Institutionen bereits an der gebotenen Beteiligung von mehr als einem Unternehmen.[1916] Überdies beziehen sich CSR-Standards regelmäßig nicht wie erforderlich auf das marktbezogene Verhalten,[1917] sondern auf die dem Absatz der Produkte vorgeschaltete Rohstoffgewinnung, die Herstellung, den Einkauf o.Ä.[1918] Nicht zuletzt wird ein Großteil der CSR-Verpflichtungen nicht über den für einen Verhaltenskodex bzw. für das Vorliegen einer irreführenden geschäftlichen Handlung i.S.v. § 5 Abs. 1 S. 2 Nr. 6 UWG er-

---

1914 S. auch *Weidert*, in: Harte-Bavendamm/Henning-Bodewig, UWG, § 5 C Rn. 105.

1915 *Zimmer*, Soziale Mindeststandards, S. 264 (zu § 5 Abs. 2 Nr. 1 UWG a.F.); zu einem derartigen Begriff der Beschaffenheit s. *Sosnitza*, in: Ohly/Sosnitza, UWG, § 5 Rn. 247; enger wohl *Busche*, in: MüKo-UWG, § 5 Rn. 307.

1916 *Augsburger*, MMR 2014, 427 (429); *Birk*, GRUR 2011, 196 (199); anders *Spießhofer*, NJW 2014, 2473 (2476), die für die UN-Leitprinzipien in Fn. 29 auf § 5 Abs. 1 Nr. 6 UWG verweist; differenzierend *Alexander*, GRUR-Int. 2012, 965 (967) (erfasst sind Regelwerke eines einzelnen Unternehmens, wenn sich andere Unternehmen diesem durch Selbstverpflichtung anschließen können); s. anders dann aber *Alexander*, GRUR-Int. 2012, 965 (968) (innerbetriebliche Maßnahmen nicht erfasst, da keine geschäftliche Handlung).

1917 Ähnlich (zur Richtlinie) *Glinski*, Private Regulierung, S. 209; s. zu diesem Erfordernis *Augsburger*, MMR 2014, 427 (429); *Birk*, GRUR 2011, 196 (199 f.); *Bähr*, in: MüKo-UWG, § 2 Rn. 296 (ausschließlich Verweis auf den Wortlaut); Ausnahmen sind etwa die OECD-Leitsätze und die ISO 26000, s. *Birk*, in: Walden/Depping, CSR und Recht, S. 191 (205).

1918 *Augsburger*, MMR 2014, 427 (429); *Birk*, GRUR 2011, 196 (201); **a.A.** *Alexander*, GRUR-Int. 2012, 965 (969); jetzt auch *Köhler*, in: Köhler/Bornkamm/Feddersen, UWG, § 2 Rn. 113b.

forderlichen Grad an Verbindlichkeit[1919] verfügen, da bloße Absichtserklärungen[1920], die allgemeine Festlegung von Grundsätzen und Zielen[1921] sowie Regelungen mit einem hohen Abstraktionsgrad[1922] hierfür nicht ausreichend sind.[1923]

3. Täuschungseignung

Angaben sind zur Täuschung geeignet i.S.v. § 5 Abs. 1 S. 2 UWG, wenn sie beim adressierten Verkehrskreis eine Vorstellung hervorrufen können, die mit den tatsächlichen Verhältnissen nicht im Einklang steht.[1924] Hierfür ist zunächst der angesprochene Verkehrskreis zu bestimmen, anschließend, wie eine durchschnittlich informierte, angemessen aufmerksame und angemessenen verständige Durchschnittsperson diese Aussage versteht und abschließend die Übereinstimmung mit den tatsächlichen Verhältnissen.[1925]

Unternehmerische Angaben zu CSR-Maßnahmen sind an unterschiedliche Verkehrskreise gerichtet, etwa an Verbraucher, an potentielle unternehmerische Vertragspartner und auch an Investoren und die Finanzmärkte. Sind wie hier verschiedene, objektiv voneinander abgrenzbare Kreise

---

1919 *Bähr*, in: MüKo-UWG, § 2 Rn. 298–300 leitet dies bereits aus dem Begriff des Verhaltenskodizes nach § 2 Abs. 1 Nr. 5 UWG ab; teilweise wird hierfür eine Sanktionsmöglichkeit bzw. Überwachung der Einhaltung gefordert, s. etwa *Birk*, GRUR 2011, 196 (200).

1920 *Augsburger*, MMR 2014, 427 (429); *Birk*, GRUR 2011, 196 (199); *Bähr*, in: MüKo-UWG, § 2 Rn. 299; **a.A.** *Alexander*, GRUR-Int. 2012, 965 (969).

1921 *Birk*, GRUR 2011, 196 (199).

1922 *Birk*, GRUR 2011, 196 (200) (in Bezug auf den Global Compact); ähnlich *Augsburger*, MMR 2014, 427 (429).

1923 I.E. ebenso *Augsburger*, MMR 2014, 427 (429); anders wohl *Balitzki*, GRUR 2013, 670 (672), die eine Selbstverpflichtung in Bezug auf den RSPO (*Roundtable on Sustainable Palm Oil*) als umfasst ansieht; differenzierend *Glinski*, Private Regulierung, S. 210–211.

1924 St. Rspr., s. etwa BGH, Urt. v. 11.05.1954 – I ZR 178/52, BGHZ 13, 244 (253) = NJW 1954, 1566 (1567) – *Cupresa-Kunstseide*; BGH, Urt. v. 05.11.2015 – I ZR 182/14, GRUR 2016, 521 f. (Rn. 10) – *Durchgestrichener Preis II*; *Bornkamm/ Feddersen*, in: Köhler/Bornkamm/Feddersen, UWG, § 5 Rn. 1.56-1.57; *Dreyer*, in: Harte-Bavendamm/Henning-Bodewig, UWG, § 5 B Rn. 13, 123 jeweils m.w.N.

1925 *Bornkamm/Feddersen*, in: Köhler/Bornkamm/Feddersen, UWG, § 5 Rn. 1.63; ausführlich z.B. *Ruess*, in: MüKo-UWG, § 5 Rn. 161–206.

Adressaten, ist eine Irreführung eines dieser Verkehrskreise ausreichend.[1926]

Für Vorstellungen, die Angaben von Unternehmen zu CSR-Maßnahmen bei diesen Verkehrskreisen im Einzelfall hervorrufen können, ist wiederum der Konkretisierungsgrad der Aussage entscheidend.[1927] Wird z.B. durch eine Angabe zur Einhaltung bestimmter CSR-Maßnahmen externer Stellen oder zur Mitgliedschaft in entsprechenden Initiativen beim durchschnittlich informierten und verständigen situationsbedingt aufmerksamen Verbraucher die Vorstellung hervorgerufen, es handele sich um Mindeststandards, deren Einhaltung von einer unabhängigen Stelle kontrolliert oder deren Nichteinhaltung sanktioniert wird, obwohl derartige Mechanismen nicht existieren, sind die Angaben zur Täuschung geeignet.[1928] Dass Geschäftspartner oder die Finanzmärkte derartige Aussagen richtig verstehen, ist unerheblich.

Angaben, mit denen Unternehmen „lediglich" ihre Absicht oder ihr Bemühen erklären, bestimmte Standards einzuhalten, eignen sich nicht zur Täuschung. Aus diesen kann ein Verbraucher nicht ableiten, dass die Standards bei der Herstellung / beim Rohstoffabbau bereits vollständig eingehalten werden, vielmehr wird er lediglich ein entsprechendes Bemühen erwarten.[1929]

Uneinheitlich wird in diesem Zusammenhang die Frage beurteilt, inwiefern es eine Irreführung darstellt, wenn ein Unternehmen mit der Einhaltung von CSR-Standards wirbt, ohne über deren Inhalt, Bedeutung, Durchsetzung etc. aufzuklären; insbesondere inwiefern das Unternehmen in diesem Fall zu weiteren Angaben verpflichtet ist, um eine Irreführung

---

1926 BGH, Urt. v. 02.10.2003 – I ZR 150/01, BGHZ 156, 250 (256) = NJW 2004, 1163 – *Marktführerschaft*; BGH, Beschl. v. 11.02.2010 – I ZR 154/08, WRP 2010, 759 (560 [Rn. 11]) – *Bundesdruckerei*; *Bornkamm/Feddersen*, in: Köhler/Bornkamm/Feddersen, UWG, § 5 Rn. 1.64.

1927 Ähnlich *Balitzki*, GRUR 2013, 670 (674).

1928 S. hierzu auch LG Stuttgart, Urt. v. 12.04.2006 – 42 O 8/06 KfH, Rn. 22-24, zitiert nach juris, zum Siegel mit der Angabe „*Wir unterstützen keine Kinderarbeit*"; s. zur Täuschungseignung von Verhaltenskodizes (in Bezug auf das UWG a.F.) auch *Zimmer*, Soziale Mindeststandards, S. 263–264.

1929 Ähnlich *Zimmer*, Soziale Mindeststandards, S. 264 (zum UWG a.F.); *Augsburger*, MMR 2014, 427 (428); *Balitzki*, GRUR 2013, 670 (674); *Birk*, in: Walden/Depping, CSR und Recht, S. 191 (205); zu einer rechtsgebietsübergreifenden Betrachtung der rechtlichen Bedeutung öffentlicher Angaben des Unternehmens s.u. § 24 B.

zu vermeiden.[1930] Nach der Rechtsprechung reicht es im Bereich der Umweltwerbung nicht aus, wenn etwa ein Produkt als „umweltfreundlich" beworben wird. Erforderlich sei ein darüber hinausgehender Hinweis, worauf sich die jeweilige Angabe bezieht.[1931] Inwiefern diese Rechtsprechung auch auf Angaben zu CSR-Maßnahmen bzw. Werbung mit CSR-Engagement übertragen werden kann, ist umstritten.[1932]

IV. Zwischenergebnis

Ist eine konkrete Aussage über die Einhaltung bestimmter CSR-Standards unwahr oder stellt sie eine im Einzelfall zur Täuschung geeignete Angabe über wesentliche Merkmale wie Beschaffenheit oder Bedingungen der Herstellung dar, ist sie irreführend gemäß § 5 Abs. 1 UWG.

E. Nichteinhaltung von Angaben zu CSR-Maßnahmen als Rechtsbruch i.S.v. § 3a UWG

Die Nichteinhaltung von Angaben zu CSR-Maßnahmen ist keine unlautere Handlung i.S.v. § 3a UWG, da es sich bei CSR-Standards bereits nicht um gesetzliche Vorschriften im Sinne der Norm handelt. Dies sind ausschließlich die in Deutschland geltenden Rechtsnormen.[1933] Sämtliche vorliegend relevante Maßnahmen im Bereich der CSR, also unternehmerische Verhaltensstandards, internationale Verhaltensstandards oder die Einhaltung der Anforderungen für die Mitgliedschaft in Bündnissen, sind le-

---

1930 Für eine Verpflichtung zur Aufklärung z.B. *Augsburger*, MMR 2014, 427 (430) (i.R.v. § 5a UWG); dafür auch *Zimmer*, Soziale Mindeststandards, S. 265–266 (zum UWG a.F.).

1931 BGH, Urt. v. 20.10.1988 – I ZR 219/87, BGHZ 105, 277 (281 f.) = NJW 1989, 711 (712) – *Umweltengel*; BGH, Urt. v. 20.10.1988 – I ZR 238/87, NJW 1989, 712 (713) – „*...aus Altpapier*"; *Bornkamm/Feddersen*, in: Köhler/Bornkamm/Feddersen, UWG, § 5 Rn. 2.184.

1932 **Dafür** wohl *Zimmer*, Soziale Mindeststandards, S. 266 (zum UWG a.F.); **dagegen** *Birk*, GRUR 2011, 196 (202); kritisch mit Verweis auf die Entscheidung des Gesetzgebers gegen ein allgemeines Transparenzgebot *von Walter*, in: Hilty/Henning-Bodewig, CSR, 187-196 (193); differenzierend *Kocher*, GRUR 2005, 647 (651 f.), die zumindest die Information über „*die Grundsätze der Überwachung und die Grundsätze des verwendeten Monitoring-Mechanismus*" fordert.

1933 *Köhler*, in: Köhler/Bornkamm/Feddersen, UWG, § 3a Rn. 1.52.

diglich freiwillig und gerade keine Rechtsnormen,[1934] auch nicht, wenn sie sich auf geltende verbindliche völkerrechtliche Regelungen beziehen oder diese übernehmen.[1935] Zudem haben freiwillige Verpflichtungen zur CSR nicht das Marktverhalten zum Gegenstand, sondern setzen mit dem Schutz sozialer und Umweltbelange bereits im Vorfeld des Marktverhaltens an.[1936] Die Berücksichtigung eines Verstoßes gegen Völkerrecht im Rahmen von § 3a UWG scheitert bereits an dessen fehlender unmittelbarer Bindungswirkung für die Unternehmen.[1937]

F. Nichteinhaltung von Angaben zu CSR-Maßnahmen als unlautere geschäftliche Handlung i.S.d. lauterkeitsrechtlichen Generalklausel, § 3 Abs. 1 UWG

Erfassen die Vorschriften der §§ 3 Abs. 2 und 3, 3a, 4-7 UWG eine geschäftliche Handlung nicht oder nur teilweise, kommt ein Verstoß gegen die lauterkeitsrechtliche Generalklausel in Betracht.[1938] Da die Wertungen dieser Vorschriften nicht umgangen werden dürfen, ist ein vergleichbarer Unlauterkeitsgehalt der geschäftlichen Handlung erforderlich.[1939]

Da auch die Wertung des § 3a UWG nicht vollständig unterlaufen werden darf (nur unter dessen Voraussetzung sind Verstöße gegen Normen außerhalb des Lauterkeitsrechts relevant), ist der Rechtsprechung des BGH (noch zu § 4 Nr. 11 UWG a.F.), wonach nicht jeder Verstoß gegen eine Vorschrift, die deren Anforderungen nicht erfüllt, eine unlautere geschäft-

---

1934 BGH, Urt. v. 09.09.2010 – I ZR 157/08, GRUR 2011, 431 (432 [Rn. 11]) – *FSA-Kodex* (noch in Bezug auf § 4 Nr. 11 UWG a.F.); *Zimmer*, Soziale Mindeststandards, S. 254 (zu § 4 Nr. 11 UWG a.F.); *Alexander*, GRUR-Int. 2012, 965 (971); *Birk*, GRUR 2011, 196 (198); *Ohly/Liebenau*, in: Hilty/Henning-Bodewig, CSR, S. 197 (203).

1935 *Birk*, GRUR 2011, 196 (198); *Ohly/Liebenau*, in: Hilty/Henning-Bodewig, CSR, S. 197 (203).

1936 *Ohly/Liebenau*, in: Hilty/Henning-Bodewig, CSR, S. 197; ähnlich *Birk*, in: Walden/Depping, CSR und Recht, S. 191 (204).

1937 *Kocher*, GRUR 2005, 647 (649) insb. mit Bezug auf die ILO-Konventionen.

1938 *Köhler*, in: Köhler/Bornkamm/Feddersen, UWG, § 3 Rn. 2.21.

1939 St. Rspr., s. etwa BGH, Urt. v. 09.09.2010 – I ZR 157/08, GRUR 2011, 431 (432 [Rn. 11]) – *FSA-Kodex*; BGH, Urt. v. 12.07.2012 – I ZR 54/11, GRUR 2013, 301 (303 [Rn. 26]) – *Solarinitiative*; *Köhler*, in: Köhler/Bornkamm/Feddersen, UWG, § 3 Rn. 2.21, 2.31.

liche Handlung i.S.v. § 3 UWG sein kann,[1940] zuzustimmen.[1941] Ansonsten könnte die Reichweite der Unlauterkeit auch von privaten Akteuren ohne demokratische Legitimation ausgestaltet werden. Dies ist *„verfassungsrechtlichen Bedenken"* ausgesetzt,[1942] insbesondere wenn die Standards nur unter unternehmerischer Beteiligung erarbeitet wurden und damit Ausdruck einer bestimmten Interessensgruppe sind.[1943]

Dementsprechend kommt privaten Regelwerken allenfalls eine (schwache) Indizwirkung für die Unlauterkeit zu.[1944] Diese greift aufgrund der Wertung des § 3 UWG nur, wenn der konkrete Verstoß als wettbewerbsbezogen anzusehen ist.[1945] § 1 UWG bringt deutlich zum Ausdruck, dass das Wettbewerbsrecht gerade nicht sonstige Allgemeininteressen schützt.[1946]

Die Einhaltung bestimmter sozialer Verhaltensstandards mag zwar dem Allgemeininteresse entsprechen, steht jedoch nicht im Zusammenhang mit dem im Wettbewerbsrecht relevanten Marktverhalten. Allein ein möglicher Marktvorsprung des Verstoßenden gegenüber seinen die Standards einhaltenden Mitbewerbern ist nicht ausreichend.[1947] Dies würde zu einer

---

1940 BGH, Urt. v. 09.09.2010 – I ZR 157/08, GRUR 2011, 431 (432 [Rn. 11]) – *FSA-Kodex*; BGH, Urt. v. 02.12.2009 – I ZR 152/07, GRUR 2010, 654 (657 [Rn. 25]) – *Zweckbetrieb*.

1941 Ebenso *Birk*, in: Walden/Depping, CSR und Recht, S. 191 (206).

1942 Verfassungsrechtliche Bedenken sieht auch der BGH, Urt. v. 09.09.2010 – I ZR 157/08, GRUR 2011, 431 (432 [Rn. 14]) – *FSA-Kodex*; BGH, Urt. v. 07.02.2006 – KZR 33/04, BGHZ 166, 154 (162 f. [Rn. 21]) = NJW 2006, 2627 (2629) – *Probeabonnement*; so auch *Alexander*, GRUR-Int. 2012, 965 (971); *Birk*, in: Walden/Depping, CSR und Recht, S. 191 (206); *Ohly/Liebenau*, in: Hilty/Henning-Bodewig, CSR, S. 197 (206).

1943 *Ohly/Liebenau*, in: Hilty/Henning-Bodewig, CSR, S. 197 (206).

1944 BGH, Urt. v. 09.09.2010 – I ZR 157/08, GRUR 2011, 431 (432 [Rn. 13]) – *FSA-Kodex*; *Ohly/Liebenau*, in: Hilty/Henning-Bodewig, CSR, S. 197 (206); *Köhler*, in: Köhler/Bornkamm/Feddersen, UWG, § 3 Rn. 2.31; weitergehend wohl *Kocher*, GRUR 2005, 647 (652).

1945 BGH, Urt. v. 09.09.2010 – I ZR 157/08, GRUR 2011, 431 (432 [Rn. 14]) – *FSA-Kodex*; BGH, Urt. v. 02.12.2009 – I ZR 152/07, GRUR 2010, 654 (657 [Rn. 25]) – *Zweckbetrieb*.

1946 BT-Drucks. 15/1487, S. 19; *Ohly/Liebenau*, in: Hilty/Henning-Bodewig, CSR, S. 197 (207).

1947 *Ohly/Liebenau*, in: Hilty/Henning-Bodewig, CSR, S. 197 (207); gegen den Gedanken des Wettbewerbsvorsprungs im Allgemeinen BGH, Urt. v. 11.05.2000 – I ZR 28/98, NJW 2000, 3351 (3354) – *Abgasemissionen*; BGH, Urt. v. 08.10.2015 – I ZR 225/13, GRUR 2016, 513 (516 [Rn. 35]) – *Eizellspende*; *Köhler*, in: Köhler/Bornkamm/Feddersen, UWG, § 3 Rn. 2.29.

allgemeinen Rechtmäßigkeitskontrolle führen, die gerade nicht Gegenstand des UWG ist.[1948]

G. Zwischenergebnis

Praktische Relevanz hat das Lauterkeitsrecht vor allem aufgrund der mit entsprechenden Gerichtsverfahren für die Unternehmen verbundenen Reputationsschäden. Angaben zu CSR-Maßnahmen in der Werbung, aber auch in Nachhaltigkeitsberichten und auf der Internetpräsenz, stellen nach hier vertretener Auffassung geschäftliche Handlungen dar. Sie können unter Umständen gegen § 3 Abs. 3 UWG i.V.m. Nr. 1, 2, 3 und 4 des Anhangs zum UWG verstoßen.

Unter bestimmten Umständen können Angaben zu CSR-Maßnahmen irreführend sein.[1949] Abhängig von ihrem Konkretisierungsgrad können sie unwahre zur Täuschung geeignete Angaben i.S.v. § 5 Abs. 1 S. 2 1. Alt. UWG darstellen. Bei Klauseln, die „lediglich" ein entsprechendes Bemühen der Unternehmen zum Ausdruck bringen, ist dies allerdings nur der Fall, wenn das Unternehmen sich tatsächlich nicht bemüht. Da Herstellungsbedingungen wesentliche Merkmale i.S.v. § 5 Abs. 1 S. 2 Nr. 1 UWG sind, kann eine Irreführung auch vorliegen, wenn deren Unwahrheit nicht nachgewiesen werden kann. Für die erforderliche Täuschungseignung ist wiederum der Konkretisierungsgrad der Angabe maßgeblich. Allein aufgrund bloßer Bemühensklauseln wird der betroffene Verkehrskreis nicht von einer Einhaltung der jeweiligen Standards ausgehen. Eine Irreführung über § 5 Abs. 1 S. 2 Nr. 6 i.V.m. § 2 Abs. 1 Nr. 5 UWG scheidet aus, da es sich bei CSR-Standards regelmäßig nicht um Verhaltenskodizes im wettbewerbsrechtlichen Sinn handelt.

Überdies ist die Nichteinhaltung von CSR-Standards auch kein Rechtsbruch i.S.v. § 3a UWG, weil diese weder gesetzliche Vorschriften im Sinne der Norm sind noch das Marktverhalten zum Gegenstand haben. Auch ein Verstoß gegen § 3 UWG scheidet aus, da die Standards nicht wettbewerbsbezogen und damit nicht vom Schutzweck des UWG erfasst sind.

1948 *Ohly/Liebenau*, in: Hilty/Henning-Bodewig, CSR, S. 197 (207); ähnlich zum UWG a.F.: *Zimmer*, Soziale Mindeststandards, S. 257.

1949 Ähnlich *Kocher*, GRUR 2005, 647 (652) (die Nichteinhaltung von freiwilligen Verpflichtungen ist nicht *per se* irreführend bzw. unlauter).

§ 22 Haftung gemäß § 823 Abs. 2 BGB i.V.m. einem Schutzgesetz

Eine unternehmerische Haftung gemäß §§ 823 Abs. 2, 31 BGB i.V.m. einem Schutzgesetz erscheint auch für den Fall eines Verstoßes gegen öffentliche Aussagen möglich. Insofern könnten etwa § 263 StGB und auch die jeweiligen Tatbestände des UWG als Schutzgesetze greifen. Dies hilft indes den unmittelbar Geschädigten wenig weiter, da die bei ihnen eingetretenen Verletzungen und Schäden nicht im Schutzbereich dieser Gesetze liegen.

Damit können sich hieraus Schadensersatzansprüche allein der Käufer entsprechender Produkte ergeben. Eine Haftung i.V.m. Vorschriften des UWG scheitert indes daran, dass § 3 UWG kein Schutzgesetz i.S.v. § 823 Abs. 2 BGB ist.[1950] Eine Haftung gemäß § 823 Abs. 2 BGB i.V.m. § 263 StGB[1951] kann hingegen greifen, wenn die Tatbestandsvoraussetzungen von § 263 StGB vorliegen und der Endabnehmer einen Vermögensschaden erlitten hat. Bedeutung kann dies insbesondere für Ansprüche gegenüber Unternehmen erlangen, die keine unmittelbaren Vertragspartner des Endabnehmers sind.

§ 23 Haftung aufgrund einer Verletzung der Pflicht zur nichtfinanziellen Erklärung aus §§ 289b, 315b HGB

Der deutsche Gesetzgeber hat mit dem CSR-RUG im Jahr 2017 eine Pflicht bestimmter Unternehmen zur Abgabe einer nichtfinanziellen Erklärung im HGB verankert. Die hierdurch begründeten Berichtspflichten zeugen von der Verrechtlichung der CSR.[1952]

1950 *Goldmann*, in: Harte-Bavendamm/Henning-Bodewig, UWG, § 9 Rn. 13; *Köhler*, in: Köhler/Bornkamm/Feddersen, UWG, § 9 Rn. 1.10 m.w.N. auch der Gegenauffassung; s. in Bezug auf die Vorschriften des UWG allgemein BT-Drucks. 15/1487, S. 22 (Ausnahme: §§ 16-19); *Ahrens*, in: Harte-Bavendamm/Henning-Bodewig, UWG, Einleitung G Rn. 138; allgemein ablehnend auch *Glinski*, Private Regulierung, S. 212.

1951 Eine Schutzgesetzeigenschaft von § 263 StGB annehmend BGH, Urt. v. 14.10.1971 – VII ZR 313/69, BGHZ 57, 137 (142 f.) = NJW 1972, 36 (37); BGH, Urt. v. 19.07.2011 – VI ZR 367/09, NJW-RR 2011, 1661 (1662 [Rn. 9]); s. auch *Hager*, in: Staudinger, BGB (2009), § 823 Rn. G 42; *Wagner*, in: MüKo-BGB, § 823 Rn. 525 m.w.N.

1952 Ähnlich *Eufinger*, EuZW 2015, 424 (425, 428); *Mock*, ZIP 2017, 1195 (1203); *Voland*, DB 2014, 2815; zurückhaltend-kritisch *Kreipl/Müller*, DB 2016, 2425 (2428); zur Verrechtlichung s. bereits o. § 10 B.

Mit der CSR-Richtlinie und den in ihr festgelegten Berichtspflichten intendierte die EU-Kommission zum einen eine Verhaltenssteuerung bzw. eine Stärkung der sozialen Verantwortung.[1953] Zum anderen soll die Richtlinie rechtliche Mindestanforderungen an die nichtfinanzielle Berichterstattung EU-weit formulieren und vereinheitlichen sowie Transparenz bezüglich der erfassten Belange gewährleisten.[1954] Nicht zuletzt soll sie auch das Vertrauen der Öffentlichkeit in die Unternehmen stärken.[1955] Kritik an den Regelungen der Richtlinie aus dem Schrifttum bezog sich etwa auf die eine Vereinheitlichung der Berichterstattung verhindernde Möglichkeit der Inbezugnahme zahlreicher höchst unterschiedlicher Regelwerke,[1956] die der Entscheidung der Mitgliedstaaten überlassene inhaltliche Prüfung der Erklärungen durch den Abschlussprüfer[1957] sowie die Einbeziehung von Korruption oder Bestechung.[1958]

Der deutsche Gesetzgeber lässt den erfassten Unternehmen einen weitgehenden Freiraum bei der Ausgestaltung der Berichterstattung.[1959]

A. Adressaten

Berichtspflichten gemäß §§ 289b, 289c HGB bzw. §§ 315b, 315c HGB treffen nach § 289b Abs. 1 HGB ausschließlich i.S.v. § 264d HGB kapitalmarktorientierte Kapitalgesellschaften, die die Voraussetzungen des § 267 Abs. 3 S. 1 HGB erfüllen und im Jahresdurchschnitt mehr als 500 Mitarbeiter beschäftigen.[1960] Erfasst sind daneben bestimmte Kreditinstitute und Versi-

---

1953 *Eufinger*, EuZW 2015, 424; *Habersack/Ehrl*, AcP 219 (2019), 155 (178); zur Verhaltenssteuerung s. *Eickenjäger*, in: Krajewski/Saage-Maaß, Sorgfaltspflichten, S. 243 (246); *Rehbinder*, in: FS Baums II, S. 959 (968).

1954 EWG 4-6 CSR-RL; s. auch RL-Entwurf, KOM(2013) 207 endg., S. 3; *Habersack/Ehrl*, AcP 219 (2019), 155 (178); *Spießhofer*, NZG 2014, 1281 (1282) (zur EU-weiten Vergleichbarkeit); *Voland*, DB 2014, 2815 (2815, 2816).

1955 EWG 3 CSR-RL; CSR-Strategie 2011, KOM(2011) 681 endg., S. 14.

1956 *Eufinger*, EuZW 2015, 424 (426); *Kroker*, CCZ 2015, 120 (123, 124); *Schrader*, ZUR 2013, 451 (455 f.); *Spießhofer*, NZG 2014, 1281 (1284–1285, 1287).

1957 *Eufinger*, EuZW 2015, 424 (427); *Kroker*, CCZ 2015, 120 (124); *Spießhofer*, NZG 2014, 1281 (1286).

1958 *Eufinger*, EuZW 2015, 424 (427, 428).

1959 *Kajüter*, DB 2017, 617; *Seibt*, DB 2016, 2707 (2708) (noch zum RegE).

1960 Die Fiktion des § 267 Abs. 3 S. 2 HGB greift mangels entsprechenden Verweises nicht, s. *Kajüter*, DB 2017, 617 (618); *Mock*, ZIP 2017, 1195 (1197); kritisch gegenüber diesem Anwendungsbereich der CSR-RL *Rehbinder*, in: FS Baums II, S. 959 (965 f.); kritisch auch, u.a. im Hinblick auf das Erfordernis der Kapi-

cherungsunternehmen (§§ 340a Abs. 1 und 341a Abs. 1a HGB[1961]), Genossenschaften (§ 336 Abs. 2 S. 1 Nr. 2 HGB) und kapitalistische Personengesellschaften, die die Voraussetzungen des § 289b Abs. 1 HGB erfüllen (§ 264a HGB). Unter den Voraussetzungen von § 289b Abs. 2 HGB können Tochter- und unter den Voraussetzungen von § 315b Abs. 2 HGB bestimmte Mutterunternehmen von der eigenen Pflicht zur nichtfinanziellen Erklärung befreit sein. Nach Prognose des Gesetzgebers auf Grundlage von *„Schätzungen des Betreibers des Bundesanzeigers auf Basis einer Auswertung der bei ihm eingereichten Jahres- und Konzernabschlüsse"* trifft die Pflicht zur Abgabe einer nichtfinanziellen Erklärung in Deutschland insgesamt circa 550 Unternehmen.[1962]

Der deutsche Gesetzgeber hat nicht von der Möglichkeit Gebrauch gemacht, die Pflicht zur nichtfinanziellen Berichterstattung über den Anwendungsbereich der Richtlinie hinaus auf weitere Unternehmen zu erstrecken. Nicht kapitalmarktorientierte Personengesellschaften sowie insbesondere kleine und mittlere Unternehmen treffen grundsätzlich keine Berichtspflichten, um ihnen keinen unverhältnismäßigen Aufwand aufzuerlegen.[1963] Aufgrund der Pflicht zur Berichterstattung über die Wertschöpfungskette erscheint dies aber fraglich.[1964]

---

talmarktorientierung, *Segger*, in: Krajewski/Saage-Maaß, Sorgfaltspflichten, S. 21 (29–31); ebenso *Simons*, ZGR 2018, 316 (328 f.).

1961 Die folgenden Ausführungen geltend insofern auch für bestimmte Kreditinstitute und Versicherungsunternehmen. Aus Gründen der Übersichtlichkeit wird jedoch auf deren Nennung und den Verweis auf §§ 340a Abs. 1a und 341a Abs. 1a HGB im Folgenden verzichtet.

1962 BT-Drucks. 18/9982, S. 34 f.; *Kajüter*, DB 2017, 617; *Kreipl/Müller*, DB 2016, 2425 (2426) (noch zum RegE); von der CSR-RL sind EU-weit circa 6000 Unternehmen betroffen, s. *Eufinger*, EuZW 2015, 424 (426); *Voland*, DB 2014, 2815 (2817).

1963 BT-Drucks. 18/9982, S. 40; s. auch *Brunk*, in: Krajewski/Saage-Maaß, Sorgfaltspflichten, S. 165 (171); zustimmend *Rehbinder*, in: FS Baums II, S. 959 (966); kritisch demgegenüber (in Bezug auf den Entwurf der CSR-RL) *Schrader*, ZUR 2013, 451 (455).

1964 S. auch *Brunk*, in: Krajewski/Saage-Maaß, Sorgfaltspflichten, S. 165 (173), s. hierzu auch u. § 23 B.

B. Form, Inhalt sowie Art und Weise der Berichterstattung

Das CSR-RUG sieht drei unterschiedliche Möglichkeiten der Berichterstattung vor.[1965] Grundsätzlich besteht gemäß § 289b Abs. 1 HGB die Pflicht zur Aufnahme in den Lagebericht. Die Erklärung kann entweder einen gesonderten Teil desselben darstellen oder an verschiedenen Stellen in diesen integriert werden. Diese zweite Variante erweist sich allerdings im Hinblick auf die Auffindbarkeit der Informationen sowie auf die Prüfung durch Dritte und den Abschlussprüfer als problematisch.[1966] Daneben können die Unternehmen auch *„einen gesonderten nichtfinanziellen Bericht außerhalb des Lageberichts erstellen"* (vgl. § 289b Abs. 3 HGB), der das Unternehmen unter den Voraussetzungen von §§ 289b Abs. 3, 315b Abs. 3 HGB von der Pflicht zur nichtfinanziellen Erklärung im Lagebericht befreit.[1967]

Die nichtfinanzielle Erklärung muss neben der gemäß § 289c Abs. 1 HGB erforderlichen kurzen Beschreibung des Geschäftsmodells nach Abs. 2 der Vorschrift mindestens Ausführungen zu Umweltbelangen (Nr. 1), Arbeitnehmerbelangen (Nr. 2), Sozialbelangen (Nr. 3), der Achtung der Menschenrechte (Nr. 4) und der Bekämpfung von Korruption und Bestechung (Nr. 5) enthalten, wobei das Gesetz bereits in den einzelnen Nummern konkrete Beispiele für die einzelnen Bereiche beinhaltet.[1968] Ferner können im Einzelfall weitere nichtfinanzielle Aspekte als wesentlich anzusehen sein, über die dann ebenfalls berichtet werden muss.[1969] In Bezug auf diese einzelnen Bereiche gilt gemäß § 289c Abs. 4 HGB ein *„comply-or-explain"*-Grundsatz.[1970] § 289e HGB nimmt bestimmte

---

1965 S. hierzu anschaulich *Kajüter*, DB 2017, 617 (618 f.).

1966 *Kajüter*, DB 2017, 617 (619, 624); für den gesonderten Bericht als besseren Ansatzpunkt auch *Schrader*, ZUR 2013, 451 (455) (noch zum Entwurf der CSR-RL).

1967 Zustimmend *Seibt*, DB 2016, 2707 (2713) (noch zum RegE); kritisch *Kreipl/Müller*, DB 2016, 2425 (2426, 2428) (noch zum RegE); dies ist insb. für Unternehmen bedeutend, die bereits vor der gesetzlichen Verpflichtung einen gesonderten nichtfinanziellen Lagebericht veröffentlicht hatten, s. *Seibt*, DB 2016, 2707 (2713) (noch zum RegE).

1968 S. hierzu näher *Brunk*, in: Krajewski/Saage-Maaß, Sorgfaltspflichten, S. 165 (174 f.); *Kajüter*, DB 2017, 617 (621).

1969 *Kajüter*, DB 2017, 617 (620).

1970 Anders *Mock*, ZIP 2017, 1195 (1196); kritisch gegenüber der Ausnahme des Fehlens von *Due-Diligence*-Prozessen von der Erklärungspflicht *Brunk*, in: Krajewski/Saage-Maaß, Sorgfaltspflichten, S. 165 (179 f.); kritisch insgesamt auch *Nietsch*, NZG 2016, 1330 (1333) (noch zum RegE).

nachteilige Angaben für das Unternehmen von den Berichtspflichten aus.[1971]

§ 289c Abs. 3 HGB konkretisiert durch Nr. 1-6 den Umfang der Berichterstattung zu den einzelnen in Abs. 2 genannten Belangen.[1972] Erfasst sind ausschließlich „Angaben [...], die für das Verständnis des Geschäftsverlaufs, des Geschäftsergebnisses, der Lage der Kapitalgesellschaft sowie der Auswirkungen ihrer Tätigkeit auf die in Absatz 2 genannten Aspekte erforderlich sind". Dies beschränkt die Berichtspflicht auf wesentliche Informationen, wobei die Beurteilung der Wesentlichkeit einer Information dem Ermessen der Geschäftsleitung unterfällt.[1973] Besonders hervorzuheben ist Nr. 4, die die Berichtspflichten unter bestimmten Voraussetzungen auf die Lieferkette ausweitet.[1974] Damit reichen die nichtfinanziellen Berichtspflichten über das eigene Unternehmen hinaus, wobei zumindest der Vorbehalt der „schwerwiegenden negativen Auswirkungen" sowie die „Verhältnismäßigkeit" eine unzumutbare Belastung der Unternehmen durch die die Berichtspflichten vermeiden.[1975] Die Erstreckung der Berichtspflichten auf die Wertschöpfungskette könnte indes praktisch dazu führen, dass kleine und mittlere Unternehmen, die eigentlich durch die Berichtspflichten nicht belastet werden sollten, mittelbar doch entsprechende Pflichten treffen, wenn die erfassten Unternehmen diese vertraglich an ihre Geschäftspartner weitergeben.[1976]

1971 S. hierzu auch *Brunk*, in: Krajewski/Saage-Maaß, Sorgfaltspflichten, S. 165 (178); *Segger*, in: Krajewski/Saage-Maaß, Sorgfaltspflichten, S. 21 (35 f.); kritisch *Eickenjäger*, in: Krajewski/Saage-Maaß, Sorgfaltspflichten, S. 243 (251) m.w.N.

1972 S. auch *Kajüter*, DB 2017, 617 (620 f.); *Seibt*, DB 2016, 2707 (2711) (noch zum RegE).

1973 S. näher *Brunk*, in: Krajewski/Saage-Maaß, Sorgfaltspflichten, S. 165 (175 f.).

1974 S. hierzu und zur Frage der Informationsgewinnung auch *Mock*, ZIP 2017, 1195 (1199).

1975 S. auch *Kajüter*, DB 2017, 617 (623); diese Regelung begrüßend *Segger*, in: Krajewski/Saage-Maaß, Sorgfaltspflichten, S. 21 (32 f.); nach *Horst*, in: Krajewski/Saage-Maaß, Sorgfaltspflichten, S. 203 (231) sind hieran allerdings keine zu hohen Anforderungen zu stellen; kritisch in Bezug auf die faktische Möglichkeit der Erstreckung der Berichte auf die Wertschöpfungskette *Rehbinder*, in: FS Baums II, S. 959 (968 f.).

1976 Ausführlich *Meeh-Bunse/Hermeling/Schomaker*, DStR 2016, 2769 (2771 f.) (noch zum RegE); ähnlich *Seibt*, DB 2016, 2707 (2716) (noch zum RegE); s. bereits zur CSR-RL: *Spießhofer*, NZG 2014, 1281 (1282, 1283); *Voland*, DB 2014, 2815 (2817); anders *Glaser*, IRZ 2015, 55 (56); nach dem RegE sollen die Unternehmen die Berichtspflichten allerdings nicht pauschal auf kleine und mittlere Unternehmen erstrecken, s. BT-Drucks. 18/9982, S. 51.

Die Anforderungen des § 289c HGB bleiben in vielerlei Hinsicht unkonkret. Daher können die erfassten Gesellschaften gemäß § 289d HGB für die Berichterstattung auf nationale, europäische oder internationale Rahmenwerke zurückgreifen.[1977] Da diese Regelungswerke hinsichtlich Inhalt und Umfang stark divergieren, ist die Vergleichbarkeit der auf deren Grundlage erstellten Berichte problematisch.[1978] Die *„apply-or-explain"*-Regelung in Bezug auf die Nutzung von Rahmenwerken verschafft einem derartigen Rückgriff zwar mehr Nachdruck,[1979] allerdings stellt dieser wohl keinen *„sicheren Hafen"* für die Erfüllung der Berichtspflichten nach § 289c HGB dar, da sich nicht alle genannten Rahmenwerke auch auf alle Belange des § 289c Abs. 2 HGB beziehen.[1980]

Insgesamt lassen die gesetzlichen Anforderungen für die nichtfinanzielle Berichterstattung hinsichtlich der konkreten Durchführung für die Unternehmen vieles offen.[1981] Insofern sind etwa die nicht verbindlichen Leitlinien der Kommission für die Berichterstattung über nichtfinanzielle Informationen[1982] zu begrüßen, auf die die Unternehmen zurückgreifen kön-

---

1977 Die Gesetzesbegründung nennt folgende Beispiele: *„die Leitsätze der OECD für multinationale Unternehmen, die GRI G4, der Deutsche Nachhaltigkeitskodex, das Umweltmanagement- und -betriebsprüfungssystem EMAS, der UN Global Compact, die VN Leitprinzipien für Wirtschaft und Menschenrechte, die ISO 26000 der Internationalen Organisation für Normung, die Dreigliedrige Grundsatzerklärung über multinationale Unternehmen und Sozialpolitik der Internationalen Arbeitsorganisation."*, BT-Drucks. 18/9982, S. 52; s. auch *Mock*, ZIP 2017, 1195 (1197).

1978 *Brunk*, in: Krajewski/Saage-Maaß, Sorgfaltspflichten, S. 165 (177); *Eickenjäger*, in: Krajewski/Saage-Maaß, Sorgfaltspflichten, S. 243 (250); s. aber auch RegE, BT-Drucks. 18/9982, S. 53, wonach die Vergleichbarkeit über die Konkretisierung der in § 289c Abs. 2 HGB genannten Belange verbessert werde; s. bereits zur CSR-RL *Kroker*, CCZ 2015, 120 (123 f.); *Spießhofer*, NZG 2014, 1281 (1284 f.); *Mock*, ZIP 2017, 1195 (1199) sieht für die Festlegung auf ein konkretes Rahmenwerk verfassungsrechtliche Bedenken.

1979 *Kajüter*, DB 2017, 617 (623).

1980 S. auch RegE, BT-Drucks. 18/9982, S. 52 f.; ähnlich *Kajüter*, DB 2017, 617 (623); *Mock*, ZIP 2017, 1195 (1200); *Segger*, in: Krajewski/Saage-Maaß, Sorgfaltspflichten, S. 21 (35).

1981 S. auch *Mock*, ZIP 2017, 1195 (1203) (*„[...][lassen]eine präzise und rechtssichere Berichterstattung kaum zu[...]"*); ähnlich wohl *Nietsch*, NZG 2016, 1330 (1335) (noch zum RegE).

1982 Mitteilung der Kommission, Leitlinien für die Berichterstattung über nichtfinanzielle Informationen (Methode zur Berichterstattung über nichtfinanzielle Informationen), 2017/C 215/01, ABl. (EU) Nr. C 215, S. 1; s. hierzu etwa *Boecker/Zwirner*, BB 2017, 2155–2157; *Mock*, DB 2017, 2144–2147.

nen.[1983] Auf nationaler Ebene können überdies ein IDW-Positionspapier [1984] und der DRÄS 8[1985] Anhaltspunkte für die nichtfinanziellen Berichtspflichten darstellen.

C. Konsequenzen eines Verstoßes gegen die Pflicht zur nichtfinanziellen Erklärung

Die rechtlichen Konsequenzen eines Verstoßes gegen die Pflichten zur nichtfinanziellen Berichterstattung hängen von der Art des Verstoßes ab.

Die unrichtige Wiedergabe oder Verschleierung der Verhältnisse der Gesellschaft im (Konzern-)Lagebericht einschließlich der nichtfinanziellen (Konzern-)Erklärung oder im gesonderten nichtfinanziellen (Konzern-)Bericht stellt gemäß § 331 Nr. 1, 2 HGB für Mitglieder des vertretungsberechtigten Organs sowie des Aufsichtsrates einer Kapitalgesellschaft einen Straftatbestand dar, der eine Freiheitsstrafe bis zu drei Jahren oder eine Geldstrafe vorsieht.

Nach § 334 Abs. 1 Nr. 3 und 4 HGB liegt eine Ordnungswidrigkeit der Mitglieder des vertretungsberechtigten Organs und des Aufsichtsrats einer Kapitalgesellschaft vor, wenn diese gegen die in § 334 Abs. 1 Nr. 3 und 4 HGB genannten Vorschriften über den Inhalt des (Konzern-)Lageberichts / gesonderten nichtfinanziellen (Konzern-)Berichts verstoßen. Gegen diese kann gemäß § 334 HGB ein Bußgeld verhängt werden; für ein Bußgeld gegen das Unternehmen gemäß § 30 OWiG gilt die Obergrenze des § 334 Abs. 3a HGB.[1986]

Verstoßen die Mitglieder des vertretungsberechtigten Organs einer Kapitalgesellschaft gegen die Offenlegungspflicht aus § 325 HGB, kann gegen

---

1983 *Boecker/Zwirner*, BB 2017, 2155 (2156) prognostizieren, dass die Unternehmen dies auch tun werden; s. aber auch *Segger*, in: Krajewski/Saage-Maaß, Sorgfaltspflichten, S. 21 (34) (*„bisher noch recht oberflächlich“*).

1984 IDW-Positionspapier „Pflichten und Zweifelsfragen zur nichtfinanziellen Erklärung als Bestandteil der Unternehmensführung", Stand: 14.06.2017, online verfügbar unter https://www.idw.de/blob/101498/30d545b52d2fcc5d71a71035 b8336a70/down-positionspapier-csr-data.pdf (zuletzt aufgerufen am 19.06.2019); s. hierzu auch *Boecker/Zwirner*, BB 2017, 2155 (2157 f.).

1985 Deutscher Rechnungslegungs Änderungsstandard Nr. 8, BAnz AT, 04.12.2017, B1; s. zum Entwurf *Boecker/Zwirner*, BB 2017, 2155 (2158); *Müller/Scheid*, BB 2017, 1835–1838.

1986 Kritisch zur Erhöhung der Bußgelder durch das CSR-RUG *Seibt*, DB 2016, 2707 (2714) (noch zum RegE).

diese gemäß § 335 HGB ein Ordnungsgeld verhängt werden. Hiervon ist die Pflicht zur nichtfinanziellen Erklärung zumindest mittelbar erfasst.

Abgesehen von diesen Sanktionen ist bei Verstoß gegen die Pflichten zur nichtfinanziellen Erklärung ein Schadensersatzanspruch der Gesellschaft gegen den Vorstand gemäß § 93 Abs. 2 AktG bzw. gegen die Mitglieder des Aufsichtsrates über § 116 S. 1 AktG möglich. Allerdings wird es schwierig nachzuweisen sein, dass der Gesellschaft aus der Verletzung der Pflicht zur nichtfinanziellen Erklärung (und nicht aus der Verletzung von Pflichten, über die berichtet werden muss) ein Schaden entstanden ist.[1987] Ferner kommen im Einzelfall gesellschaftsrechtliche Beschlussmängelklagen[1988] und die Anfechtbarkeit von Hauptversammlungsbeschlüssen[1989] in Betracht.

Ansonsten wird es für Dritte schwierig, Ansprüche oder Rechte aus einer Verletzung der Pflichten zur Berichterstattung abzuleiten. In Ausnahmefällen erscheint eine Haftung des Unternehmens gegenüber Anlegern aufgrund kapitalmarktrechtlicher Haftungstatbestände, namentlich der Prospekthaftung, im Deliktsrecht und im Rahmen der *culpa in contrahendo* denkbar, wobei insbesondere der deliktischen Haftung Beweisschwierigkeiten im Hinblick auf Vorsatz und Kausalität sowie der Eintritt eines materiellen Schadens entgegenstehen.[1990] Ein Schadensersatzanspruch nach § 823 Abs. 2 BGB scheidet mangels Individualschutzes der §§ 289b ff. HGB aus.[1991] Eine Außenhaftung kommt allenfalls unter den strengen Voraussetzungen des § 826 BGB in Betracht.[1992] Hier ist die hinreichende Bestimmbarkeit des Schadens ebenfalls problematisch.[1993] Hin-

---

1987 S. hierzu *Brunk*, in: Krajewski/Saage-Maaß, Sorgfaltspflichten, S. 165 (195 f.); *Horst*, in: Krajewski/Saage-Maaß, Sorgfaltspflichten, S. 203 (233); *Mock*, ZIP 2017, 1195 (1203); *Seibt*, DB 2016, 2707 (2715) (noch zum RegE).

1988 S. hierzu *Brunk*, in: Krajewski/Saage-Maaß, Sorgfaltspflichten, S. 165 (197 f.).

1989 Ausführlich *Horst*, in: Krajewski/Saage-Maaß, Sorgfaltspflichten, S. 203 (236–239); s. auch *Roth-Mingram*, NZG 2015, 1341 (1344).

1990 Ausführlich *Brunk*, in: Krajewski/Saage-Maaß, Sorgfaltspflichten, S. 165 (190–195); zur möglichen deliktsrechtlichen Haftung gegenüber Aktionären s. auch *Roth-Mingram*, NZG 2015, 1341 (1344 f.).

1991 *Mock*, ZIP 2017, 1195 (1203); *Seibt*, DB 2016, 2707 (2715) (noch zum RegE); differenzierend *Segger*, in: Krajewski/Saage-Maaß, Sorgfaltspflichten, S. 21 (52 f.).

1992 *Mock*, ZIP 2017, 1195 (1203); *Seibt*, DB 2016, 2707 (2715) (noch zum RegE).

1993 *Seibt*, DB 2016, 2707 (2715) (noch zum RegE); *Brunk*, in: Krajewski/Saage-Maaß, Sorgfaltspflichten, S. 165 (194) (bezüglich einer deliktsrechtlichen Haftung gegenüber Anlegern).

gegen erscheint es denkbar, dass Dritte die Pflicht zur Berichterstattung gemäß § 8 UWG oder §§ 1, 2 UKlaG durchsetzen können.[1994]

D. Bedeutung für transnationale Menschenrechtsfälle, insbesondere verhaltenssteuernde Wirkung von Berichtspflichten

Durch die Aufnahme der Achtung der Menschenrechte in § 289c Abs. 2 Nr. 4 HGB haben die Berichtspflichten über nichtfinanzielle Belange auch eine Bedeutung für transnationale Menschenrechtsfälle.

Inwiefern diesen die u.a. intendierte Verhaltenssteuerung[1995] tatsächlich zukommt, wird sich erst zeigen, wenn sich die Berichtspflichten in der unternehmerischen Praxis etabliert haben,[1996] sodass hierüber derzeit noch keine Aussage möglich ist.

Insbesondere der *„comply-or-explain"*-Ansatz in Art. 19a Abs. 1 Uabs. 2 der Richtlinie und § 289c Abs. 4 HGB, wonach die Gesellschaft, die in Bezug auf einen oder mehrere der in Abs. 2 genannten „Mindestaspekte" der nichtfinanziellen Erklärung kein Konzept verfolgt, dies klar und begründet erläutern muss, erscheint vielversprechend.[1997] Dieser stellt zusammen mit den Mindestinhalten gemäß § 289c Abs. 2 HGB sicher, dass die vom Gesetz erfassten Unternehmen über sämtliche der genannten Belange Bericht erstatten. Diese verpflichtende Berichterstattung bzw. die erforderliche Erklärung, wenn kein entsprechendes Konzept vorgelegt wird, gewährleistet eine bisher in diesem Umfang nicht existierende Transparenz für Stakeholder, wie potentielle Kunden, Vertragspartner, Arbeitnehmer

---

1994 *Brunk*, in: Krajewski/Saage-Maaß, Sorgfaltspflichten, S. 165 (198–200), allerdings relativierend auf S. 201; *Segger*, in: Krajewski/Saage-Maaß, Sorgfaltspflichten, S. 21 (54 f.); **a.A.** *Mock*, ZIP 2017, 1195 (1202) (kein berechtigtes Interesse); *Seibt*, DB 2016, 2707 (2715) (kein *spezifische[...][r] Bezug zu Verbraucherbelangen"*); ebenso *Roth-Mingram*, NZG 2015, 1341 (1345); zur Bedeutung von Äußerungen in Nachhaltigkeitsberichten im Lauterkeitsrecht s. auch o. § 21.

1995 RegE, BT-Drucks. 18/9982, S. 26, wohl auch EWG 3 CSR-RL; s. auch *Eickenjäger*, in: Krajewski/Saage-Maaß, Sorgfaltspflichten, S. 243 (246); *Kajüter*, DB 2017, 617 f.; *Seibt*, DB 2016, 2707 (2707, 2708) (noch zum RegE) bezeichnet dies als *„Nudge-Gesetzgebung"*.

1996 Ähnlich *Kajüter*, DB 2017, 617 (624); eine Änderung des unternehmerischen Verhaltens prognostiziert *Eufinger*, EuZW 2015, 424.

1997 *Eufinger*, EuZW 2015, 424 (428); ähnlich *Rehbinder*, in: FS Baums II, S. 959 (960); *Segger*, in: Krajewski/Saage-Maaß, Sorgfaltspflichten, S. 21 (34); kritisch *Nietsch*, NZG 2016, 1330 (1333) (zum RegE).

aber auch die interessierte Öffentlichkeit und Nichtregierungsorganisatio-nen.[1998] Allein potentielle negative Auswirkungen für das Unternehmen, wenn es darüber berichten muss, dass es bezüglich bestimmter Belange kein Konzept verfolgt und warum es dies nicht tut (und das hiermit mögli-cherweise verbundene „Naming and Shaming" durch Akteure der Zivilge-sellschaft) kann eine verhaltenssteuernde Wirkung beinhalten.[1999] So kann der „comply-or-explain"-Ansatz für Unternehmen, die sich bisher nicht mit den in § 289c Abs. 2 HGB genannten Aspekten auseinandergesetzt haben, zu einem entsprechenden „Agenda Setting" führen. Darüber hinaus könn-ten Unternehmen, die in einem der für den Mindestinhalt erforderlichen Belange noch kein Konzept verfolgen, aufgrund des „comply-or-explain"-Ansatzes ein solches entwickeln und damit langfristig zur Verbesserung für den jeweiligen Belang beitragen.[2000] Dies gilt vor allem, da Nachhaltig-keit und die genannten Belange zumindest für Teile der Stakeholder von wachsender Bedeutung sind.

In Bezug auf potentielle Vertragspartner, insbesondere Verbraucher, könnte die Bedeutung der Transparenz aber auch überschätzt werden. In vielen Branchen, etwa in der Textilindustrie, ist äußerst fraglich, inwiefern Nachhaltigkeit für potentielle Kunden tatsächlich eine Rolle spielt. Dane-ben sind die Informationen abhängig von der Form der Berichterstattung unterschiedlich schwer zugänglich. Am einfachsten zugänglich sind für Verbraucher wohl gesonderte nichtfinanzielle (Konzern-)Berichte, die auf der Internetseite des (Mutter-)Unternehmens veröffentlicht werden (§ 289b Abs. 3 S. 1 Nr. 2 b) bzw. § 315b Abs. 3 S. 1 Nr. 2 b) HGB). Die Be-kanntmachung des Lageberichts einschließlich der nichtfinanziellen Erklä-rung im Bundesanzeiger gemäß § 325 Abs. 2 HGB sowie der Zugang über das Unternehmensregister gemäß § 8b Abs. 2 Nr. 4 HGB beinhaltet hinge-gen eine höhere Hürde für einen Informationszugang des Verbrauchers. Es

---

1998 S. auch *Seibt*, DB 2016, 2707 (2708) (noch zum RegE); zur CSR-Berichterstat-tung als *„Informationsbasis für die Eingehung von Vertrags- und Rechtsbeziehun-gen"* s. *Mock*, ZIP 2017, 1195 (1196).

1999 S. auch *Voland*, DB 2014, 2815 (2818); ähnlich *Habersack/Ehrl*, AcP 219 (2019), 155 (207) (Verweis auf den drohenden Reputationsschaden bei einer fehlen-den Erklärung); *Horst*, in: Krajewski/Saage-Maaß, Sorgfaltspflichten, S. 203 (240 f.).

2000 S. auch *Habersack/Ehrl*, AcP 219 (2019), 155 (178); *Horst*, in: Krajewski/Saage-Maaß, Sorgfaltspflichten, S. 203 (241 f.); *Segger*, in: Krajewski/Saage-Maaß, Sorgfaltspflichten, S. 21 (34); ähnlich bereits zur CSR-RL: *Eufinger*, EuZW 2015, 424; *Spießhofer*, NZG 2014, 1281 (1282); zurückhaltend *Rehbinder*, in: FS Baums II, S. 959 (963 f.).

ist davon auszugehen, dass vielen der Verbraucher bereits die Existenz des Unternehmensregisters nicht bewusst ist. Veröffentlicht ein Unternehmen die nichtfinanziellen Informationen nicht an einer gesonderten Stelle im Lagebericht, sondern integriert diese in die finanzielle Berichterstattung, stellt dies ein zusätzliches Erschwernis zum Auffinden und zur Unterscheidung der Informationen dar.[2001] Dennoch hat dies allein nicht die fehlende Wirksamkeit derartiger Transparenzvorschriften zur Konsequenz: Zum einen wird für andere Stakeholder wie etwa potentielle Investoren oder Nichtregierungsorganisationen der Zugang über das Unternehmensregister die Informationsbeschaffung nicht wesentlich erschweren; zum anderen können insbesondere Letztere für die Informationsvermittlung an Verbraucher sorgen und die Aufmerksamkeit der Öffentlichkeit auf entsprechende unternehmerische Verhaltensweisen lenken.

Auswirkungen auf die Bedeutung der Informationspflichten für transnationale Menschenrechtsfälle könnte zudem die Verwendung eines Rahmenwerks bei der Berichterstattung haben. So können sich die Unternehmen die Unterschiede der einzelnen Rahmenwerke zu Nutze machen. Beispielsweise könnte ein Unternehmen, das besonders große Anstrengungen in einigen Bereichen übernimmt, sich besonders auszeichnen oder eine Vorreiterrolle übernehmen möchte, ein Rahmenwerk mit besonders hohen Anforderungen wählen;[2002] ein Unternehmen, das den Belangen des § 289c Abs. 2 HGB keine besondere Bedeutung beimisst, könnte hingegen ein Rahmenwerk, das nur sehr pauschale Anforderungen beinhaltet, wählen.[2003] Allerdings müssen die Unternehmen einerseits angeben, welches Rahmenwerk sie benutzt haben (vgl. § 289d S. 2 HGB) und andererseits stellt auch die Nutzung des Rahmenwerks keinen *„sicheren Hafen"* dar, da die Rahmenwerke nicht zwingend alle in § 289c Abs. 2 HGB genannten Belange beinhalten. Ferner können auch in diesen Fällen Nichtregierungsorganisationen über Konsequenzen und Bedeutung der genutzten Rahmenwerke informieren.

Als problematisch könnte sich außerdem erweisen, dass die Richtlinie und das Umsetzungsgesetz keine Überprüfungsmechanismen in Bezug auf

2001 *Kajüter*, DB 2017, 617 (619).
2002 Ähnlich *Kreipl/Müller*, DB 2016, 2425 (2427).
2003 Ähnlich *Kreipl/Müller*, DB 2016, 2425 (2427); s. auch *Mock*, ZIP 2017, 1195 (1200), der Unternehmen angesichts der fehlenden verbindlichen Feststellung, dass die Rahmenwerke sämtliche gemäß § 289c HGB erforderliche Inhalte enthalten, und der erhöhten Gefahr einer fehlerhaften Berichterstattung von der Verwendung derartiger Rahmenwerke abrät.

die Berichterstattung beinhalten.[2004] Fraglich ist daher insbesondere, inwiefern die nichtfinanzielle Erklärung gemäß §§ 289b ff. HGB hauptsächlich dem *„Greenwashing"* der Unternehmen dienen wird.[2005] Dies könnte vor allem gelten, weil in Deutschland trotz eines diesbezüglichen Umsetzungsspielraums der Richtlinie (Art. 19a Abs. 6 CSR-Richtlinie) keine inhaltliche Prüfung des Berichts durch den Abschlussprüfer erfolgen muss, sondern dieser gemäß § 317 Abs. 2 S. 4 HGB nur das Vorhandensein der nichtfinanziellen (Konzern-)Erklärung oder des gesonderten nichtfinanziellen (Konzern-)Berichts zu prüfen hat.[2006] Dies steht allerdings einer freiwilligen inhaltlichen Prüfung durch die Unternehmen nicht entgegen.[2007] Eine inhaltliche Prüfung des Berichts findet vor allem durch den Aufsichtsrat statt: Als Teil des Lageberichts ist die nichtfinanzielle Erklärung dem Aufsichtsrat gemäß § 170 Abs. 1 S. 1 AktG vorzulegen und durch diesen gemäß § 171 Abs. 1 S. 1 AktG zu prüfen (für den gesonderten nichtfinanziellen (Konzern-)Bericht s. § 171 Abs. 1 S. 3 und 4 AktG).[2008] Gemäß § 111 Abs. 2 S. 4 AktG kann der Aufsichtsrat auch eine externe inhaltliche Prüfung beauftragen.[2009] Dem bloßen *„Greenwashing"*, namentlich der Verschleierung und unrichtigen Wiedergabe, beugt überdies insbesondere die Strafvorschrift des § 331 Nr. 1 HGB vor.

2004 Ausführlich *Eickenjäger*, in: Krajewski/Saage-Maaß, Sorgfaltspflichten, S. 243 (255–259); zu einem Ansatz für ein entsprechendes Monitoring-Modell s. ausführlich *Eickenjäger*, in: Krajewski/Saage-Maaß, Sorgfaltspflichten, S. 243 (267–278).

2005 S. hierzu ausführlich mit Blick auf die fehlenden Monitoringmechanismen *Eickenjäger*, in: Krajewski/Saage-Maaß, Sorgfaltspflichten, S. 243 (256 f.).

2006 Nach *Segger*, in: Krajewski/Saage-Maaß, Sorgfaltspflichten, S. 21 (37 f.) ist diese Regelung *„nachvollziehbar"*; zu Problemen, die mit einer inhaltlichen Prüfung verbunden sind, s. *Rehbinder*, in: FS Baums II, S. 959 (973).

2007 *Kreipl/Müller*, DB 2016, 2425 (2427); allerdings ist seit dem 01.01.2019 gemäß § 315b Abs. 4 HGB i.d.F. von Art. 2 Nr. 2 des CSR-RUG auch die Beurteilung der inhaltlichen Prüfung *„in gleicher Weise wie die nichtfinanzielle Konzernerklärung oder der gesonderte nichtfinanzielle Konzernbericht öffentlich zugänglich zu machen"*; dies begründet nach *Mock*, ZIP 2017, 1195 (1201) einen *„Anreiz, keine Prüfungen vornehmen zu lassen"*.

2008 *Seibt*, DB 2016, 2707 (2708) (noch zum RegE); zurückhaltend *Nietsch*, NZG 2016, 1330 (1335) (noch zum RegE); zur Prüfung durch den Aufsichtsrat ausführlich *Brunk*, in: Krajewski/Saage-Maaß, Sorgfaltspflichten, S. 165 (184–186); *Horst*, in: Krajewski/Saage-Maaß, Sorgfaltspflichten, S. 203 (233–236).

2009 *Brunk*, in: Krajewski/Saage-Maaß, Sorgfaltspflichten, S. 165 (183); *Kajüter*, DB 2017, 617 (624) geht davon aus, dass viele Aufsichtsräte diese Möglichkeit nutzen werden.

Ebenfalls Auswirkungen für transnationale Menschenrechtsfälle hat die Reichweite der Berichterstattung. Die bereits oben erwähnte Pflicht zur Einbeziehung der Lieferkette gemäß § 289c Abs. 3 Nr. 4 HGB ist diesbezüglich zu begrüßen, da unmittelbaren Verletzungen regelmäßig in Unternehmen und Betrieben am Ende der Lieferkette geschehen. Mit der Erstreckung der Berichtspflichten auf Geschäftsbeziehungen, Produkte und Dienstleistungen der Kapitalgesellschaft werden nicht nur konzernrechtliche transnationale Menschenrechtsfälle erfasst, sondern auch vertragliche Beziehungen, insbesondere Zulieferbeziehungen. Damit können die Berichtspflichten auch in Bezug auf Geschäftspartner einen wesentlichen Beitrag zur Transparenz und auch zur Verhaltenssteuerung entlang der Lieferkette leisten.[2010] Insbesondere erscheint es möglich, dass diese Unregelmäßigkeiten oder Missstände aufdecken, die ansonsten verborgen geblieben wären und auf die dann reagiert werden kann.[2011] Allerdings sind die Berichtspflichten nach § 289c Abs. 3 Nr. 4 HGB beschränkt auf *„wesentliche Risiken"* und diese müssen *„wahrscheinlich schwerwiegende negative Auswirkungen"* haben / haben werden. Zudem beinhaltet die Vorschrift einen Verhältnismäßigkeitsvorbehalt. Diese Einschränkungen können die Wirkungen der Berichtspflichten entlang der Lieferkette begrenzen. Andererseits verhindern sie eine unverhältnismäßige Belastung der Unternehmen, ermöglichen eine sachgerechte Bewertung des Einzelfalls und tragen zu einem angemessenen Ausgleich zwischen Transparenz und einer Belastung der Unternehmen bei.

Im Ergebnis kann die Pflicht zur Abgabe einer nichtfinanziellen Erklärung einen wesentlichen Beitrag zur Transparenz entlang der Lieferkette und zur Verhaltenssteuerung der Unternehmen in Bezug auf die Achtung der Menschenrechte im Konzern und auch entlang der Lieferkette leisten.[2012] In der Praxis wird sich dieser Effekt wohl erst im Laufe der Zeit zeigen. Die Berichtspflichten der Unternehmen wirken aber allein präventiv. Auf bereits eingetretene Menschenrechtsverletzungen, für die die Opfer Entschädigung verlangen, haben sie keinen Einfluss.[2013] Insofern können Berichtspflichten allein keinen gerechten Ausgleich zwischen den In-

---

2010 *Habersack/Ehrl*, AcP 219 (2019), 155 (207) (in Bezug auf die Verhaltenssteuerung).

2011 S. bereits zur CSR-RL *Spießhofer*, NZG 2014, 1281 (1283).

2012 Zurückhaltend aber *Rehbinder*, in: FS Baums II, S. 959 (963–965).

2013 Ähnlich *Horst*, in: Krajewski/Saage-Maaß, Sorgfaltspflichten, S. 203 (228 f.); *Rehbinder*, in: FS Baums II, S. 959 (969) (keine Begründung von materiellen Pflichten).

teressen der Unternehmen und denjenigen der von eingetreten Verletzungen Betroffenen herstellen.

Kapitel 7 Schlussbetrachtung

§ 24 *Rechtsgebietsübergreifende Betrachtung*

Im Rahmen der vorstehenden Untersuchung sind zwei Grundproblematiken bei den unterschiedlichen Anspruchsgrundlagen wiederholt aufgetaucht: zum einen das Problem der Beweislast und zum anderen die rechtliche Bedeutung öffentlicher Äußerungen des Unternehmens. Diese sollen nun noch einmal aufgegriffen und anspruchsübergreifend betrachtet werden.

A. Beweislast

Wollen von unternehmerischen Menschenrechtsverletzungen Betroffene oder Käufer ihre Rechte geltend machen, müssen sie grundsätzlich sämtliche anspruchsbegründenden Voraussetzungen darlegen und beweisen.[2014] Diese sind jedoch in vielen Fällen abhängig von internen Abläufen, der Arbeitsteilung im jeweiligen Fall, der konkreten Gestaltung der Unternehmensbeziehung bzw. des Vertragsverhältnisses sowie von den spezifischen Entscheidungs-, Kontroll- und Überwachungsstrukturen. Dies gilt mit Blick auf etwaige Ansprüche von Betroffenen insbesondere für das Erfordernis der tatsächlichen Einflussnahme für die Entstehung von konzernweiten Verkehrspflichten einer Konzernobergesellschaft,[2015] für die tatsächliche Verletzung einer Verkehrspflicht durch die Gesellschaft an der Spitze einer Unternehmensgruppe bzw. Zulieferkette und für den Nachweis, dass die Verletzung der Verkehrspflicht in deren Organisationsbereich liegt,[2016] für die Ursächlichkeit einer bestimmten geschäftlichen Entscheidung oder einer sorgfaltswidrigen Auswahl, Überwachung und gegebenenfalls Einflussnahme für die jeweils eingetretene Rechtsgutsverlet-

---

2014 Zur Beweisleist des Klägers in Bezug auf die anspruchsbegründenden Tatsachen s. etwa *Foerste*, in: Musielak/Voit, ZPO, § 286 Rn. 35; *Prütting*, in: MüKo-ZPO, § 286 Rn. 111–112; ausführlich *Thole*, in: Stein/Jonas, ZPO, § 286 Rn. 105–114.
2015 S.o. § 16 B. II. 4. a) cc) (2) (a) (cc).
2016 S.o. § 16 B. II. 5.

zung,[2017] für den Nachweis der Einbindung eines Unternehmens in den Organisationskreis ein anderer zur Einordnung als Verrichtungsgehilfe im Rahmen von § 831 BGB[2018] und für das Wissenselement des Vorsatzes im Rahmen der vorsätzlichen sittenwidrigen Schädigung.[2019] Für kaufrechtliche Gewährleistungsansprüche gilt dies für das Erfordernis, dass bei der Herstellung des konkreten Produktes gegen öffentliche Aussagen des Unternehmens verstoßen wurde.[2020]

Da weder die Betroffenen noch die Käufer entsprechender Produkte Einblick in die internen Arbeitsabläufe und Vorgänge, die gesellschaftsrechtliche oder vertragliche Gestaltung und in konkrete Entscheidungs-, Kontroll- und Überwachungsstrukturen haben, würde die Geltendmachung von Ansprüchen in der Praxis an der fehlenden Möglichkeit zum Beweis der gerade dargelegten Anspruchsvoraussetzungen scheitern. Dies gilt insbesondere vor dem Hintergrund, dass das deutsche Zivilprozessrecht kein *„pre-trial-discovery"*-Verfahren wie in den USA und im Vereinigten Königreich vorsieht und ein Auskunftsrecht der Betroffenen bzw. Käufer nach § 242 BGB daran scheitert, dass dieses bei feststehendem Leistungsanspruch ausschließlich in Bezug auf den Anspruchsinhalt anerkannt ist, was vorliegend gerade nicht der Fall ist.[2021]

Ähnliche Beweisschwierigkeiten bestehen im Bereich der Produzentenhaftung, bei der es dem Geschädigten aufgrund der Größe des Betriebs, der internen Arbeitsteilung sowie der Komplexität der internen Vorgänge ebenfalls faktisch unmöglich ist, die Ursächlichkeit des Schadens festzustellen. In diesen Fällen nimmt der BGH eine Beweislastumkehr zugunsten der Geschädigten an. Er begründet dies damit, dass das Unternehmen an der Aufklärung des Sachverhalts „näher dran" sei. Für eine Umkehr der Beweislast lässt sich insofern der Sphärengedanke heranziehen – die Beweislast muss denjenigen treffen, in dessen Einflusssphäre sich die Schadensursache befindet.[2022] Dieser Gedanke der Verteilung und Erleichterung der Beweislast findet sich beispielsweise auch im Werkvertrags- oder Arzthaftungsrecht.[2023]

2017 S.o. § 16 B. III. 2. b) – d).
2018 S.o. § 16 C. III.
2019 S.o. § 16 E. II.
2020 S.o. § 19 A.
2021 S. hierzu bereits o. § 16 F. III. 3.
2022 BGH, Urt. v. 26.11.1968 – VI ZR 212/66, BGHZ 51, 91 (105 f.) = NJW 1969, 269 (275).
2023 Z.B. BGH, Urt. v. 18.12.1990 – VI ZR 169/90, NJW 1991, 1540 (1541) m.w.N.; BGH, Urt. v. 17.01.1995 – X ZR 88/93, VersR 1995, 805 m.w.N.; *Spindler*, Un-

Die in transnationalen Menschenrechtsfällen bestehenden Beweis-schwierigkeiten lassen sich, wie oben dargestellt, sämtlich darauf zurück-führen, dass die Geschädigten bzw. die Käufer keinen Einblick in unter-nehmensinterne Prozesse und Vereinbarungen haben. Insofern sind diese der Unternehmenssphäre zuordnen – das Unternehmen ist an der Aufklä-rung des Sachverhalts in gleicher Weise „näher dran" wie in den Fällen der Produzentenhaftung, des Werkvertrags- und des Arzthaftungsrechts. Ange-sichts dieser gleichen Interessenlage ist auch in transnationalen Menschen-rechtsfällen die Beweislast sowohl in Bezug auf die Verletzung von Ver-kehrspflichten als auch im Hinblick auf die haftungsbegründende Kausali-tät[2024] umzukehren.

Da die Beweislastumkehr vorliegend nicht nur für die Verkehrspflicht-verletzung, sondern für zahlreiche weitere Anspruchsvoraussetzungen greift, ist sie im Ergebnis sehr weitreichend. Dies erscheint angesichts einer effektiven Gewährleistung der Menschenrechte und da insbesondere § 823 Abs. 1 BGB auch Ausdruck der staatlichen Pflicht zum Schutz vor Men-schenrechtsverletzungen durch Private ist, jedoch gerechtfertigt, da an-sonsten eine unternehmerische Haftung regelmäßig an Beweisschwierig-keiten scheitern würde.[2025]

Insbesondere kann den geschilderten Beweisproblemen in den vorlie-genden Fällen auch nicht bereits durch eine sekundäre Darlegungslast ab-geholfen werden. Kann das Unternehmen den Vortrag der Kläger qualifi-ziert bestreiten, verbleibt es bei einer Beweislast der Betroffenen. Dies wird dem Unternehmen regelmäßig gelingen, da nur eine Darlegung und nicht ein Beweis anderer als von den Klägern vorgetragener Tatsachen erforder-lich ist. Mithin würde ein Anspruch trotz sekundärer Darlegungslast an den fehlenden Beweismöglichkeiten der Betroffenen bzw. Käufers von Produkten, bei deren Herstellung gegen öffentliche Äußerungen verstoßen wurde, scheitern. Durch eine sekundäre Darlegungslast wäre also den An-spruchstellern wenig geholfen, zumal eine solche die Unternehmen zu bloßen Schutzbehauptungen geradezu herausfordert.

---

ternehmensorganisationspflichten, S. 995 m.w.N.; allgemein zur Verteilung der Beweislast nach Verantwortungsbereichen BGH, Urt. v. 18.12.1952 – VI ZR 54/52, BGHZ 8, 239 (241 f.) = NJW 1953, 584 (585); BGH, Urt. v. 18.05.1994 – XII ZR 188/92, BGHZ 126, 124 (128-130) = NJW 1994, 2019 (2020), BGH, Urt. v. 22.10.2008 – VII ZR 148/06, NJW 2009, 142 f. (Rn. 14-16).

2024 Folgt man der hier hergeleiteten Beweislastumkehr nicht, greift aber jedenfalls eine Beweiserleichterung über die Grundsätze des Anscheinsbeweises, s. hierzu o. § 16 B. III. 2. d).

2025 S. bereits o. § 16 B. III. 2. d).

B. Rechtliche Bedeutung öffentlicher Angaben des Unternehmens

Ebenso wie die Frage nach der Beweislast ist auch die rechtliche Bedeutung öffentlicher Angaben des Unternehmens im Rahmen unterschiedlicher Anspruchsgrundlagen von Belang. Hier kann eine zusammenfassende anspruchsübergreifende Betrachtung ebenfalls allgemeingültige Grundgedanken zutage bringen.

Öffentliche Angaben von Unternehmen können auf verschiedene Arten erfolgen, die im Rahmen der einzelnen Anspruchsgrundlagen unterschiedliche Relevanz haben. Derartige Angaben zur CSR lassen sich in Form von unternehmerischen Verhaltensstandards, nichtfinanziellen Erklärungen, einer Grundsatzerklärung nach Nr. 16 der UN-Leitprinzipien, Nachhaltigkeitsberichten und auf Internetauftritten und in Werbeprospekten ausmachen.

Relevant werden sie beispielsweise für die Entstehung[2026] und Konkretisierung[2027] von Verkehrspflichten, insbesondere als Mindeststandards[2028] für die einzuhaltenden Verkehrspflichten und für den Nachweis für die tatsächliche Einflussnahme auf abhängige Unternehmen[2029]. Darüber hinaus können derartige Angaben Grundlage für eine arglistige Täuschung sein.[2030] Ferner kann es sich hierbei um eine Beschaffenheitsvereinbarung nach § 434 Abs. 1 S. 1 BGB oder eine öffentliche Äußerung i.S.v. § 434 Abs. 1 S. 3 BGB handeln, die eine Haftung der Unternehmen nach dem Mängelgewährleistungsrecht begründen können.[2031] Nicht zuletzt können solche Angaben auch im Recht des unlauteren Wettbewerbs relevant werden[2032] und durch die Einführung von rechtlichen Pflichten zur nichtfinanziellen Berichterstattung durch das CSR-RUG können überdies bestimmte gesellschaftsrechtliche Konsequenzen an Verstöße gegen diese Pflichten geknüpft werden.[2033]

Dieser rechtlichen Bedeutung öffentlicher Angaben des Unternehmens innerhalb der einzelnen Anspruchsgrundlagen lässt sich ein allgemeiner Gedanke entnehmen. Öffentliche Angaben eines Unternehmens – die zunächst grundsätzlich freiwillig erfolgen – haben rechtliche Konsequenzen,

---

2026 S.o. § 16 B. II. 4 a) cc) (2) (a); b) bb) (1).
2027 S.o. § 16 B. II. 3. c) aa).
2028 S.o. § 16 B. II. 3. c) aa); 4. a) cc) (3) (a); b) bb) (2) (a).
2029 S.o. § 16 B. II. 4 a) cc) (2) (a).
2030 S.o. § 18 A.
2031 S. hierzu insgesamt o. § 19 B., D.
2032 S.o. § 21.
2033 S.o. § 23 C.

wenn diese die Grundlage für die berechtigte Erwartung des Verkehrskreises bzw. des Adressaten darstellen, dass sie auch tatsächlich eingehalten werden. Insofern entfalten sie rechtliche Bedeutung, weil aus der Äußerung der berechtigte Erwartungshorizont der Einhaltung entsteht. Es handelt sich mithin um eine Selbstbindung des Unternehmens durch die jeweilige öffentliche Angabe.

Eine derartige berechtigte Erwartung in Bezug auf die Einhaltung aufgrund einer öffentlichen Angabe kann indes nur bestehen, wenn diese hinreichend konkret und verbindlich formuliert ist. Dies gilt etwa für die Entstehung, Konkretisierung und die Festlegung des Mindestinhalts von Verkehrspflichten.[2034] Im Rahmen der arglistigen Täuschung ist dies relevant für die Frage, ob die jeweiligen Angabe einen nachprüfbaren Tatsachenkern beinhaltet.[2035] Im Mängelgewährleistungsrecht können nur bei hinreichender Konkretisierung aufgrund der öffentlichen Äußerung berechtigte Erwartungen des Käufers in Bezug auf bestimmte Eigenschaften der Kaufsache entstehen. Ermöglicht beispielsweise allein die Angabe die Unterscheidung von anderen, nicht gekennzeichneten Produkten des Unternehmens, kann der Käufer auch nur einen tatsächlichen Unterschied, nicht aber die Einhaltung konkreter Standards erwarten. Enthält die Angabe die Einhaltung ganz konkreter Standards, möglicherweise sogar messbarer oder objektiv nachprüfbarer Anforderungen, kann der Käufer diese Einhaltung auch erwarten.[2036] Daneben ist der Konkretisierungsgrad der Äußerung auch im Recht des unlauteren Wettbewerbs entscheidend. Nur bei hinreichender Konkretisierung, z.B. wenn ein Unternehmen eindeutig unzutreffende Angaben über bestimmte Eigenschaften eines Produktes oder konkrete Angaben zur Einhaltung bestimmter Standards macht, mit der Mitgliedschaft in einem Bündnis oder einer CSR-Initiative wirbt, obwohl es kein Mitglied ist oder den erforderlichen Verhaltensanforderungen nicht nachkommt, kann es sich um eine unwahre Angabe i.S.v. § 5 Abs. 1 S. 2 1. Alt UWG handeln. Auch eine Täuschungseignung i.S.v. § 5 Abs. 1 S. 2 2. Alt. UWG, also Fälle, in denen die Angaben zwar nicht unwahr sind, aber beim adressierten Verkehrskreis eine falsche Vorstellung hervorrufen oder die Unwahrheit einer Angabe nicht nachgewiesen werden kann, kann bzw. können nur bei hinreichendem Konkretisierungsgrad der jeweiligen Angabe vorliegen.[2037]

2034 S.o. § 16 B. II. 3. c) aa); 4. a) cc) (3) (a); b) bb) (2) (a).
2035 S.o. § 18 A.
2036 S.o. § 19 B., D.
2037 S.o. § 21 D. II., III. 3.

Allgemeine Angaben, bloße Absichts- oder Bemühenserklärungen, unverbindliche Äußerungen, reißerische Anpreisungen oder die Erklärung bestimmter (unverbindlicher) Ziele können keine berechtigte Erwartungshaltung in Bezug auf die Einhaltung begründen und haben insofern regelmäßig keine rechtliche Bedeutung.

Aus derartigen Angaben kann insofern gerade nicht auf die Einhaltung bestimmter, konkreter Anforderungen geschlossen werden, sodass sie nicht zur Begründung und Konkretisierung von Verkehrspflichten geeignet sind. Ebenso wenig kann im Kaufrecht der Käufer hieraus Rückschlüsse auf bestimmte Produkteigenschaften ziehen.

Derartige „Bemühensklauseln" können ausschließlich im Lauterkeitsrecht Bedeutung erlangen – bemüht sich ein Unternehmen entgegen seiner Aussage überhaupt nicht zur Einhaltung bestimmter Standards o.Ä., kann auch dies eine unwahre Angabe i.S.v. § 5 Abs. 1 S. 2 1. Alt. UWG darstellen.[2038]

Damit gilt grundsätzlich: je konkreter die öffentlichen Angaben eines Unternehmens zu seiner unternehmerischen Verantwortung (im Bereich der CSR) sind, desto eher können berechtigte Erwartungen in Bezug auf die Einhaltung der Angaben und damit verbundene rechtliche Konsequenzen bei Nichteinhaltung entstehen.

Aus Unternehmenssicht hat dies zur Konsequenz, dass Verhaltensstandards, Vorgaben an abhängige Unternehmen oder selbstständige Vertragspartner, Angaben in Nachhaltigkeitsberichten und Grundsatzerklärungen etc. möglichst allgemein und unverbindlich formuliert werden, damit hieran keine rechtlichen Konsequenzen geknüpft werden können. Dies ist *de lege lata* hinzunehmen. Insbesondere mit Blick auf den gestiegenen öffentlichen und politischen Druck im Nachgang an eingetretene Rechtsverletzungen, etwa bei Bränden in Textilfabriken und beim Einsturz des Rana Plaza-Gebäudes, und auch unter Berücksichtigung der drohenden rechtlichen Konsequenzen für den Fall, dass die Ziele des deutschen NAP nicht erreicht werden, ist es nicht unwahrscheinlich, dass die Unternehmen sich dennoch in einer solchen Form zur Einhaltung bestimmter Vorgaben, ihrer unternehmerischen Verantwortung o.Ä. äußern, dass dies die soeben dargestellten rechtlichen Konsequenzen mit sich zieht.

Nicht zuletzt haben fehlende oder lediglich unverbindliche und allgemeine öffentliche Angaben von Unternehmen zu ihrer CSR-Verantwortung und zur Einhaltung bestimmter CSR-Vorgaben zumindest in Bezug auf die unternehmerischen Verkehrspflichten nicht zur Folge, dass sich die

---

2038 S.o. § 21 D. II.

Unternehmen allein hierdurch von ihrer Verantwortung befreien können, da Verkehrspflichten auch unabhängig von derartigen öffentlichen Angaben des Unternehmens entstehen können und beispielsweise auch ohne Aufnahme in Verhaltensstandards o.Ä. durch die UN-Leitprinzipien konkretisiert werden.

§ 25 *Zusammenfassung der wesentlichen Untersuchungsergebnisse*

A. Menschenrechtliche Verantwortlichkeit transnationaler Unternehmen und Corporate Social Responsibility

1. Auf internationaler Ebene existieren zahlreiche Verhaltensstandards verschiedenster Akteure mit Unterschieden in Inhalt, Reichweite, Verbindlichkeitsgrad und Durchsetzung.
2. Den UN-Leitprinzipien für Wirtschaft und Menschenrechte kommt eine Sonderstellung zu.
    a. Trotz umfangreicher Kritik im Hinblick auf Verfahren, Inhalt und Formulierung sind die Leitprinzipien zu begrüßen. Sie stellen das Maximum dar, über das auf internationaler Ebene eine Einigung erzielt werden kann und können als Ausgangspunkt für weitere Diskussionen und mögliche Weiterentwicklungen ihres Konzepts gesehen werden.
    b. Sie können über die Entwicklung von auf ihr basierenden Nationalen Aktionsplänen insbesondere Ausgangspunkt für eine gleichlaufende Staatenpraxis sein und im Rahmen des nationalen Rechts einen Beitrag zur Auslegung unbestimmter Rechtsbegriffe leisten. Inwiefern die Ausarbeitung eines völkerrechtlichen verbindlichen Instruments, wie sie derzeit von einer UN-Arbeitsgruppe vorbereitet wird, auf die Zustimmung der Nationalstaaten stoßen wird, ist offen.
    c. Der deutsche Nationale Aktionsplan zur Umsetzung der UN-Leitprinzipien setzt vor allem auf außergesetzliche Maßnahmen und eine freiwillige Befolgung durch die Unternehmen, wenngleich er bei Nichterreichen der gesetzten Ziele weitere Schritte bis hin zu gesetzlichen Maßnahmen ankündigt. Er bleibt vor allem hinter den Erwartungen von Nichtregierungsorganisationen zurück.

3. Globale Rahmenabkommen haben zwar das Potential zur Stärkung der (sozialen) Menschenrechte, derzeit mangelt es ihnen aber an der erforderlichen effektiven Umsetzung.

4. Unternehmerische Verhaltensstandards bieten gewisse Vorzüge gegenüber einer gesetzlichen Regelung, weisen allerdings vor allem im Hinblick auf die Durchsetzung der Vorgaben Schwächen auf. Rechtliche Relevanz können sie überwiegend durch Aufnahme in Verträge mit Geschäftspartnern und für die Bestimmung von Sorgfalts- bzw. Verkehrspflichten erlangen.

5. CSR-Standards im Allgemeinen sind ein zentrales Element für die Einhaltung der Menschenrechte durch transnationale Unternehmen.

   a. Da diese jedoch rechtlich nicht verbindlich sind und häufig keine oder nur rudimentäre Überwachungs- und Sanktionsmechanismen vorsehen, ist nicht sichergestellt, dass Unternehmen deren Vorgaben auch tatsächlich einhalten. Insofern können CSR-Standards allein Rechtsgutsverletzungen durch Unternehmen nicht verhindern. Bedeutung erlangen können sie vor allem, wenn sie mit gesetzlichen Vorschriften verknüpft werden.

   b. In dem Bangladesh Accord, der CSR-Richtlinie, den Vergaberichtlinien sowie der Holzhandels- und der Konfliktmineralienverordnung der EU lassen sich erste Tendenzen zur Verrechtlichung von CSR erkennen. Insbesondere letztere kann als Vorbild zur Regulierung von CSR in anderen Rechtsbereichen dienen. Sie zeigt überdies, wie freiwillige CSR-Standards durch gesetzliche Inbezugnahme verbindliche Rechtswirkungen entfalten können.

B. Völkerrechtliche Verantwortlichkeit

6. Für die Frage nach der völkerrechtlichen Verantwortlichkeit transnationaler Unternehmen ist deren Völkerrechtssubjektivität irrelevant. Es kommt vielmehr darauf an, inwiefern entsprechende Pflichten zur Einhaltung der Menschenrechte aus geltendem Völkerrecht abgeleitet werden können.

   a. Da weder die Präambeln noch Art. 2 Abs. 1 (IPBPR) bzw. Abs. 2 (IPWSKR) noch Art. 5 Abs. 1 der beiden Internationalen Pakte völkerrechtliche Pflichten von Unternehmen begründen, lässt sich aus ihnen keine Bindung transnationaler Unternehmen an das Völkerrecht ableiten. Aufgrund der fehlenden Drittwirksamkeit können sie keine unmittelbare Wirkung im nationalen Recht entfalten.

b. Das Völkergewohnheitsrecht beinhaltet ebenfalls keine völkerrechtliche Verpflichtung transnationaler Unternehmen. Dies gilt vor allem für die Präambel und Art. 29, 30 der AEMR. Mangels Übung und *opinio iuris* hat sich auch kein internationalen CSR-Standards entsprechendes Gewohnheitsrecht gebildet.

c. Aus Verträgen zwischen Staat und Unternehmen können ebenfalls keine völkerrechtlichen Pflichten transnationaler Unternehmen abgeleitet werden, da deren Rechtsfolgen nur relativ zwischen den Vertragspartnern gelten.

d. Transnationale Unternehmen können nicht völkerstrafrechtlich zur Verantwortung gezogen werden, da das Völkerstrafrecht ausschließlich Individuen erfasst.

7. Die Menschenrechte verpflichten die Staaten zum Schutz Privater vor Menschenrechtsverletzungen durch Private.

a. Diese staatliche Schutzpflicht trifft zunächst vor allem die Gaststaaten der transnationalen Unternehmen. Angesichts der grenzüberschreitenden Tätigkeit ergeben sich indes Probleme bei der Durchsetzung der Maßnahmen. Überdies sind die Gaststaaten der Unternehmen teilweise nicht in der Lage, die sie treffenden Schutzpflichten einzuhalten oder es scheitert am entsprechenden Willen.

b. Extraterritoriale Schutzpflichten der Heimatstaaten scheitern in Bezug auf bürgerliche und politische Rechte am Erfordernis der effektiven Kontrolle durch den Staat. Ob extraterritoriale Schutzpflichten in Bezug auf wirtschaftliche, soziale und kulturelle Rechte bestehen, lassen sowohl der Wortlaut des IPWSKR als auch die diesbezüglichen Äußerungen des Sozialausschusses offen. Jedenfalls wäre der Nachweis einer Verletzung derartiger Pflichten in der Praxis schwierig. Trotz neuer Ansätzen im Schrifttum und in den Maastrichter Prinzipien, die eine Tendenz zur Erweiterung extraterritorialer Staatenpflichten erkennen lassen, ist derzeit *de lege lata* nicht von extraterritorialen Schutzpflichten und einer Pflicht zur Regulierung des Verhaltens privater Akteure im Ausland auszugehen – zumal diese mit den derzeitigen völkerrechtlichen Mitteln nicht durchgesetzt werden könnten.

C. Haftung von Unternehmen gegenüber Geschädigten nach nationalem Recht

I. Zulässigkeit und Geeignetheit des Rückgriffs auf nationales Recht

8. Die Regulierung der unternehmerischen Tätigkeit im Ausland und die Anwendung nationaler Gesetze auf eine solche Tätigkeit ist zulässig, sofern eine hinreichende Verbindung zwischen rechtsetzendem bzw. rechtsanwendendem Staat und dem zu regelnden bzw. geregelten Sachverhalt besteht, etwa über das Personalitäts- oder das Territorialitätsprinzip. Eine extraterritoriale Rechtsdurchsetzung ist hingegen unzulässig.

9. Da weder CSR-Standards noch das Völkerrecht eine hinreichende Lösung für transnationale Menschenrechtsfälle darstellen und die Gaststaaten zur Regulierung bzw. effektiven Rechtsdurchsetzung häufig nicht in der Lage oder nicht willens sind, erscheint ein Rückgriff auf das nationale Recht der Heimatstaaten der Unternehmen derzeit als einzige Möglichkeit zur Haftung von Unternehmen in transnationalen Menschenrechtsfällen. Besonders vielversprechend für Geschädigte erscheint ein Ansatz im Zivilrecht.

II. Vertragsrecht

10. Mangels fehlender direkter Vertragsbeziehungen haben die Geschädigten regelmäßig keine eigenen vertraglichen Ansprüche gegen die Unternehmen als Schädiger.

11. Vertragliche Schutzpflichten scheiden regelmäßig aus.
    a. Im Konzern geltende Compliance-Vorschriften oder „Beitrittserklärungen" zu CSR-Initiativen stellen keine selbstständigen Schuldverhältnisse dar, sodass aus ihnen keine vertraglichen Schutzpflichten abgeleitet werden können.

    b. Unter der Voraussetzung der Anwendbarkeit des deutschen Vertragsrechts können mangels Rechtsbindungswillens des Unternehmens keine Schutzpflichten aus vertraglichen Vereinbarungen zwischen Verkäufer und Käufer eines Produktes, die sich auf die Einhaltung bestimmter Sozialstandards beziehen, hergeleitet werden. Denkbar erscheint indes eine Einbeziehung Dritter, wenn Verträge zwischen Unternehmen und Geschäftspartnern eine Verpflichtung von letzteren zur Einhaltung hinreichend konkreter Vorgaben vorsehen.

c. Eine Haftung nach den Grundsätzen des Vertrags mit Schutzwirkung zugunsten Dritter scheitert nach deutschem Recht regelmäßig bereits an fehlenden direkten vertraglichen Beziehungen zwischen dem Unternehmen, in dem die Rechtsgutsverletzung eingetreten ist und dem in Anspruch genommenen Unternehmen. Bei direkten vertraglichen Beziehungen scheitert eine Haftung daran, dass die Geschädigten als Dritte nicht den gleichen Gefahren ausgesetzt sind, wie die direkten Vertragspartner des Unternehmens.

III. Deliktsrecht

Anwendbares Recht

12. Zentral für das anwendbare Recht ist die Bestimmung von Handlungs- und Erfolgsort in transnationalen Menschenrechtsfällen.

a. Der Erfolgsort liegt in transnationalen Menschenrechtsfällen im Ausland.

b. Für den Handlungsort bei aktivem Tun kommt es zunächst auf den Ort der unternehmerischen Entscheidung an, sofern diese keine bloße Vorbereitungshandlung darstellt. Da hiermit das anwendbare Recht vom Zufall der konkreten unternehmerischen Entscheidung abhinge, ist nach hier vertretener Auffassung als Handlungsort der Ort der Hauptverwaltung anzusehen, um einer erheblichen Rechtsunsicherheit auf der einen Seite und weitgehenden Umgehungsmöglichkeiten auf der anderen Seite vorzubeugen.

c. Für die Bestimmung des Handlungsortes im Falle des Unterlassens kommt es auf den Ort der konkreten Gefahrenquelle an. Dieser ist abhängig vom Einzelfall. Aufgrund bestehender Rechtsunsicherheiten erscheint es vorzugswürdig, auch bei Unterlassenshandlungen den Ort der Hauptverwaltung als Handlungsort anzusehen.

d. Wie der Handlungsort in Bezug auf die Einschaltung von Gehilfen zu bestimmen ist, wird nicht einheitlich beurteilt. Nach hier vertretener Auffassung ist dieser für den Aufsichtspflichtigen selbstständig zu bestimmen.

13. Das anwendbare Recht für die deliktische Haftung von Unternehmen in transnationalen Menschenrechtsfällen richtet sich grundsätzlich nach der Rom II-VO.

a. Der Sachverhalt kann nach deutschem Recht zu beurteilen sein, wenn die Beteiligten eine entsprechende nachträgliche Rechtswahl nach Art. 14 Rom II-VO getroffen haben.

b. Handelt es sich bei dem eingetretenen Schaden um eine Umweltschädigung oder einen hieraus resultierenden Personen- oder Sachschaden, kann bei entsprechender Rechtswahl des Geschädigten nach Art. 7 Rom II-VO das Recht des Handlungsortes und damit ebenfalls deutsches Recht zur Anwendung gelangen.

c. In allen anderen Fällen ist aufgrund von Art. 4 Rom II-VO auf das Recht des Erfolgsortes und damit auf ausländisches Recht abzustellen.

d. Dieses Ergebnis kann durch unterschiedliche Mechanismen korrigiert werden. Eine teleologische Korrektur von Art. 4 Abs. 3 Rom II-VO ist angesichts der gebotenen engen Auslegung, des entgegenstehenden Willens des Gesetzgebers sowie des Wortlautes abzulehnen. Möglich erscheint indes eine analoge Anwendung von Art. 7 Rom II-VO auch für transnationale Menschenrechtsfälle, da die Interessenlage mit derjenigen bei Umweltschädigungen vergleichbar ist und der europäische Verordnungsgeber 2009 die Bedeutung der Rom II-VO für transnationale Menschenrechtsklagen noch nicht im Blick haben konnte.

e. Lehnt man eine derartige Analogie ab, erscheint im Einzelfall eine Korrektur des anwendbaren Rechts über den *ordre public* möglich. Zu einer Anwendbarkeit deutschen Rechts gelangt man indes nur, wenn die durch die Nichtanwendung einer bestimmten Vorschrift entstehende Lücke nicht durch die *lex causae* gefüllt werden kann.

f. Eine Korrektur über Art. 16 Rom II-VO ist nicht möglich, da die Grund- und Menschenrechte sowie § 823 BGB keine Eingriffsnormen im Sinne der Vorschrift darstellen und arbeitsrechtliche Vorschriften unabhängig von der Eingriffsnormqualität mangels direkter Vertragsverhältnisse zwischen Schädiger und Geschädigtem nicht greifen.

g. Über Art. 17 Rom II-VO sind in Deutschland geltende Sorgfaltspflichten und Verkehrsregeln im Rahmen des anwendbaren Rechts faktisch und soweit angemessen zu berücksichtigen.

14. Für Altfälle sowie Verletzungen des Allgemeinen Persönlichkeitsrechts greifen die Art. 40 ff. EGBGB, wonach grundsätzlich das Recht des Handlungsortes maßgeblich ist.

§ 823 Abs. 1 BGB

15. Oftmals stellen Menschenrechtsverletzungen durch transnationale Unternehmen gleichzeitig auch eine Verletzung von durch § 823 Abs. 1 BGB geschützten Rechtsgütern dar, wobei die Schutzbereiche der Menschenrechte und von § 823 Abs. 1 BGB nicht völlig identisch sind.

16. Sowohl unternehmerische Verhaltensstandards als auch die UN-Leitprinzipien für Wirtschaft und Menschenrechte können Bedeutung für die Konkretisierung von Inhalt und Umfang der Verkehrspflichten von Unternehmen in transnationalen Menschenrechtsfällen entfalten.

    a. Öffentlich verfügbare Verhaltensstandards oder nichtfinanzielle Erklärungen nach §§ 289b, 315b HGB stellen bei hinreichendem Konkretisierungsgrad einen Mindeststandard dar, dessen Nichteinhaltung zu einer Verletzung der Verkehrspflichten führt.

    b. Die UN-Leitprinzipien können unabhängig von öffentlichen Erklärungen und Verhaltensstandards zur Konkretisierung der Verkehrspflichten herangezogen werden. Sie erfüllen eine Vielzahl der Kriterien, die für die Heranziehung eines nichtstaatlichen Regelwerkes zur Konkretisierung rechtlicher Pflichten maßgeblich sind und im Sinne eines beweglichen Systems zusammenwirken. Eine Konkretisierungswirkung der UN-Leitprinzipien erscheint in erster Linie mit Blick auf den Regelgeber, das Verfahren, die Rezeption durch die Regelungsadressaten sowie die beginnende Vereinheitlichung und zumindest faktische Orientierungswirkung angemessen. Auch diese sind allein als Mindeststandard anzusehen. Die Frage, ob die UN-Leitprinzipien zur Konkretisierung von Verkehrspflichten herangezogen werden können, liegt im richterlichen Ermessen.

17. Herrschende Unternehmen können Verkehrspflichten in Bezug auf ihre abhängigen Unternehmen treffen.

    a. § 93 AktG stellt angesichts des unterschiedlichen Regelungsgegenstandes von Gesellschafts- und Deliktsrecht keinen geeigneten Anknüpfungspunkt zur Bestimmung der Verkehrspflichten in Bezug auf abhängige Unternehmen dar.

    b. Für die Entstehung von Verkehrspflichten in Bezug auf abhängige Unternehmen kommt es auf eine tatsächliche Einflussnahme durch das herrschende Unternehmen in unmittelbarem Zusammenhang zur jeweiligen Rechtsgutverletzung an, die auf konkreten Entscheidungen, einzelnen Weisungen und allgemeinen Vorgaben, insbesondere unternehmerischen Verhaltensstandards und Aussagen in nichtfinanziellen Erklärungen, beruhen kann. Angesichts des den Geschädigten nahezu unmöglichen Nachweises der tatsächlichen Einflussnahme ist diese zu vermuten bzw. von einer Beweislastumkehr auszugehen.

c. Besteht allerdings bloß eine Möglichkeit zur Einflussnahme, von der das herrschende Unternehmen nachweislich keinen Gebrauch gemacht hat, treffen dieses keine Verkehrspflichten.

d. Eine Verkehrspflichtverletzung des Unternehmens kann vorliegen, wenn es hinreichend konkrete Aussagen in unternehmerischen Verhaltensstandards oder nichtfinanziellen Erklärungen nicht eingehalten hat, wenn sich seine konzernweiten Vorgaben als unzureichend erweisen, es die Einhaltung der Standards nicht oder nur unzureichend überwacht bzw. nicht sichergestellt hat, es über keine oder keine geeignete Organisationsstruktur zur Umsetzung der Vorgaben verfügt oder es nicht oder nicht hinreichend auf festgestellte Mängel reagiert hat. Die konkret zu treffenden Maßnahmen sind abhängig vom Einzelfall. Das Verschuldenserfordernis kann hohe Anforderungen an Verkehrspflichten, deren Verletzung durch die Gerichte ausschließlich *ex post* festgestellt werden kann, abmildern.

18. Auch in Bezug auf selbstständige Vertragspartner können ein Unternehmen Verkehrspflichten treffen.

a. Derartige Pflichten können je nach Einzelfall aufgrund entsprechender Vertragsbestimmungen, tatsächlicher Übernahme durch den Auftraggeber und der Arbeitsteilung als solcher entstehen.

b. Ein Unternehmen kann seine Verkehrspflichten verletzen, wenn es gegen hinreichend konkrete Angaben in unternehmerischen Verhaltensstandards, die sich auf selbstständige Vertragspartner beziehen, verstößt, seine Vertragspartner nicht hinreichend sorgfältig ausgewählt, nicht oder nicht ausreichend überwacht und kontrolliert hat oder nicht oder nicht hinreichend auf festgestellte Mängel reagiert hat. Die konkreten Anforderungen an Auswahl und Überwachung können durch öffentliche Angaben des Unternehmens näher bestimmt werden. Die UN-Leitprinzipien stellen ebenfalls eine Orientierungshilfe dar. Der genaue Umfang ist abhängig vom Einzelfall.

c. Vertragliche Compliance-Klauseln können Bedeutung für den Umfang der Verkehrspflichten haben. Je nach konkreter Klausel können diese allerdings aufgrund eines Verstoßes gegen das AGB-Recht unwirksam sein. Allein die Aufnahme von Compliance-Klauseln reicht zur Einhaltung der Verkehrspflichten jedenfalls nicht aus. Da die Unternehmen stets die Möglichkeit zur Beendigung der Vertragsbeziehungen haben und Compliance-Klauseln somit nicht die einzige Möglichkeit darstellen, Menschenrechtsverletzungen durch Vertragspartner zu begegnen, sind die Unternehmen nicht zur vertraglichen Aufnahme von Compliance-Klauseln verpflichtet.

d. Verkehrspflichten zur Auswahl, Kontrolle und Überwachung und angemessenen Reaktion auf festgestellte Missstände bestehen grundsätzlich nur in Bezug auf direkte Vertragspartner. Ausnahmsweise sind sie auch auf weitere Ebenen der Zulieferkette zu erstrecken, wenn das Unternehmen dies in unternehmerischen Verhaltensstandards bzw. nichtfinanziellen Erklärungen hinreichend konkret zum Ausdruck gebracht hat (insbesondere wird ein bloßes Bemühen nicht ausreichen) oder wenn das Unternehmen an der Spitze der Zulieferkette auf die weiteren Ebenen tatsächlichen Einfluss ausübt. Eine Verkehrspflichtverletzung in Bezug auf Rechtsgutsverletzungen auf einer entfernteren Ebene der Zulieferkette ist überdies anzunehmen, wenn diese auf eine sorgfaltswidrige Auswahl der unmittelbaren Vertragspartner zurückzuführen ist.

18. Aufgrund des fehlenden Einblicks in unternehmensinterne Prozesse und Strukturen und gegebenenfalls Verträge können Betroffene in transnationalen Menschenrechtsfällen die Verkehrspflichtverletzung durch das in Anspruch genommene Unternehmen nur schwer nachweisen. Angesichts der vergleichbaren Interessenlage sollte die für die Produzentenhaftung entwickelte Beweislastumkehr auf transnationale Menschenrechtsfälle übertragen werden. Dies sollte auch für den Nachweis gelten, dass die Verkehrspflichtverletzung in der Verantwortungssphäre der Gesellschaft an der Spitze einer Unternehmensgruppe bzw. der Wertschöpfungskette liegt.

19. Beweisschwierigkeiten ergeben sich des Weiteren in Bezug auf die haftungsbegründende Kausalität. Diesen sollte ebenfalls über eine Beweislastumkehr, jedenfalls aber über die Grundsätze des Beweises des ersten Anscheins Rechnung getragen werden kann.

20. Das Verschuldenserfordernis kann hohe Anforderungen an Verkehrspflichten zumindest teilweise ausgleichen. Ein Verschulden kann etwa
fehlen, wenn ein Unternehmen *ex ante* davon ausgehen konnte, dass
die getroffenen Maßnahmen ausreichen, um relevante Mängel aufzudecken oder hierauf zu reagieren und es dies nachweisen kann.

§ 831 BGB

21. Eine Haftung transnationaler Unternehmen gemäß § 831 Abs. 1 BGB
scheitert regelmäßig bereits an der Verrichtungsgehilfeneigenschaft
von selbstständigen Vertragspartnern und abhängigen Unternehmen.

    a. Selbstständige Unternehmen entlang der Zulieferkette, die mit
dem in Anspruch genommenen Unternehmen nicht unmittelbar
vertraglich verbunden sind, werden regelmäßig nicht weisungsgebunden sein. Überdies scheitert eine Einordnung von selbstständigen Unternehmen, aber auch von abhängigen Unternehmen als
Verrichtungsgehilfen regelmäßig an der fehlenden hinreichenden
Eingliederung in den Organisationskreis des Unternehmens. Anders kann dies sein, wenn selbstständige Vertragspartner oder abhängige Unternehmen als „verlängerter Arm" oder wie eine bloße
Betriebsabteilung geführt werden.

    b. Zwar ist der Geschädigte in Bezug auf die Verrichtungsgehilfenei-
genschaft beweisbelastet, indes kommt eine Beweislastumkehr
bzw. zumindest eine sekundäre Darlegungslast des in Anspruch
genommenen Unternehmens in Betracht. Allerdings wird sich
dieses wohl häufig über den dezentralisierten Entlastungsbeweis
entlasten können.

    c. *Compliance Officer* sind zwar grundsätzlich als Verrichtungsgehil-
fen anzusehen; eine Haftung des Unternehmens scheitert regelmäßig jedoch daran, dass die Pflichten, die er verletzt haben könnte,
ausschließlich gegenüber der Gesellschaft und nicht gegenüber außenstehenden Dritten bestehen. Jedenfalls wird sich das Unternehmen auch hier häufig mithilfe des dezentralen Entlastungsbeweises entlasten können.

§ 823 Abs. 2 BGB

22. Der Haftung nach § 823 Abs. 2 BGB kommt praktische Bedeutung vor
allem mit Blick auf Rechtsgüter zu, die nicht von § 823 Abs. 1 BGB geschützt werden.

    a. Eine Haftung des Unternehmens aus § 823 Abs. 2 BGB wegen der
Verletzung der Menschenrechte scheitert bereits daran, dass diese

mangels unmittelbarer Drittwirkung keine Schutzgesetze im Sinne der Vorschrift sind.

b. Eine Haftung wegen der Verletzung von internationalen Verhaltensstandards scheitert an deren Schutzgesetzeigenschaft aufgrund deren fehlender Rechtsnormeigenschaft.

c. Eine Haftung aus § 823 Abs. 2 BGB aufgrund der Verletzung strafrechtlicher Normen kommt nur selten in Betracht. Die Strafbarkeit der Organe richtet sich über die Regelungen des internationalen Strafrechts regelmäßig nach deutschem Recht. In Betracht kommt eine Strafbarkeit aufgrund von Tötungsdelikten, Körperverletzungsdelikten, Straftaten gegen die persönliche Freiheit, Sachbeschädigungsdelikten, gemeingefährlichen Straftaten sowie Straftaten gegen die Umwelt, die dem Individualschutz dienen und somit als Schutzgesetz anzusehen sind. Eine Haftung aufgrund mittelbarer Täterschaft kraft Organisationsherrschaft ist abzulehnen. Eine Teilnahmestrafbarkeit scheitert regelmäßig am Vorsatzerfordernis. Einer Unterlassensstrafbarkeit stehen ebenfalls zahlreiche Hindernisse entgegen: Die Rechtsprechung steht einer zivilrechtlichen Haftung aufgrund strafrechtlicher Geschäftsherrenhaftung zurückhaltend gegenüber. Jedenfalls ist nicht von einer rechtsträgerübergreifenden Garantenstellung auszugehen; überdies kann die Haftung an der tatsächlichen Möglichkeit zur Erfolgsabwendung, der Kausalität und am Vorsatz der Leitungsorgane scheitern. Eine Strafbarkeit aufgrund eines Fahrlässigkeitsdelikts scheitert für eine Vielzahl von Straftatbeständen bereits an der fehlenden Fahrlässigkeitsstrafbarkeit. Da im Rahmen von § 823 Abs. 2 BGB der Fahrlässigkeitsmaßstab des Zivilrechts greift, ergibt sich ein Gleichlauf zwischen der Haftung aus § 823 Abs. 1 und Abs. 2 BGB.

d. Eine Haftung aufgrund von § 823 Abs. 2 BGB i.V.m. § 130 OWiG scheitert ebenfalls an dessen Schutzgesetzeigenschaft.

§ 826 BGB

23. § 826 BGB kommt in transnationalen Menschenrechtsfällen eine geringe praktische Bedeutung zu, da in der Regel bereits eine Rechtsgutsverletzung i.S.v. § 823 Abs. 1 BGB vorliegt. Eine Sittenwidrigkeit kommt vor allem in Bezug auf aktive Handlungen des Unternehmens in Betracht. Im Fall des Unterlassens scheitert eine solche indes an einer bestehenden Rechtspflicht zum Handeln. Eine Haftung wird al-

lerdings gewöhnlich aufgrund fehlenden Vorsatzes bzw. dessen Nachweisbarkeit ausgeschlossen sein.

Rechtsdurchsetzung

24. Die Rechtsdurchsetzung erweist sich in transnationalen Menschenrechtsfällen als problematisch.

    a. Die Interessen der Betroffenen stehen einer Schiedsvereinbarung in Bezug auf eingetretene Menschenrechtsverletzungen regelmäßig entgegen.

    b. Deutsche Gerichte sind für Klagen aufgrund unerlaubter Handlung gegen deutsche Konzernobergesellschaften bzw. Gesellschaften an der Spitze der Zulieferkette nach Art. 4 Abs. 1, Art. 63 Brüssel Ia-VO zuständig.

    c. Der effektiven Rechtsdurchsetzung steht trotz Prozesskostenhilfe ein mit dem Verfahren verbundenes hohes Kostenrisiko entgegen. Auch fehlende kollektive Rechtsschutzmöglichkeiten stellen ein Hindernis für die effektive Durchsetzung der Rechte dar. Gleiches gilt für die fehlenden Auskunftsrechte und die fehlende Verpflichtung der Unternehmen zur Offenlegung interner Dokumente, wobei dem durch materielle Beweislasterleichterungen und -umkehrungen Rechnung getragen werden kann.

IV. Gesellschaftsrecht

25. Das auf den Haftungsdurchgriff anzuwendende Recht richtet sich nach dem Statut der abhängigen Gesellschaft. Damit ist in transnationalen Menschenrechtsfällen das Statut der ausländischen Tochtergesellschaft maßgeblich. Etwaige Möglichkeiten zum Haftungsdurchgriff haben mithin nur für den Fall einer entsprechenden Anpassung des anwendbaren Rechts *de lege ferenda* Bedeutung. Für die Haftung der Leitungsorgane gilt das Gesellschaftsstatut und damit für die Leitungsorgane von Gesellschaften mit Satzungs- und Verwaltungssitz in Deutschland deutsches Recht. Will man den Pflichten eine Außenwirkung zukommen lassen, spricht vieles für eine Beurteilung nach dem Deliktsstatut.

26. Die Haftung aufgrund Haftungsdurchgriffs ist nur relevant, wenn das herrschende Unternehmen nicht bereits aufgrund einer Verletzung einer eigenen Pflicht haftet und scheidet daher aus, wenn man der hier vertretenen Auffassung einer Haftung nach § 823 Abs. 1 BGB folgt.

Anderenfalls scheint eine Haftung aufgrund Unterkapitalisierung zumindest nicht ausgeschlossen. Darüber hinaus kommt ein Haftungsdurchgriff aber nicht in Betracht, da es in transnationalen Menschenrechtsfällen weder um eine Gefährdung der Kapitalaufbringung und -erhaltung oder des Bestands der Gesellschaft durch die Gesellschafter noch primär um den Schutz der Betroffenen vor einer möglichen Insolvenz des abhängigen Unternehmens geht. Eine völker- und menschenrechtskonforme Auslegung gebietet ebenfalls keine Durchbrechung des Trennungsprinzips. Überdies ist in der Regel nicht von einem rechtsmissbräuchlichen Verhalten der herrschenden Gesellschaft auszugehen.

27. Sowohl den Vorstand als auch den Aufsichtsrat treffen konzernweite Compliance-Pflichten, deren Umfang allerdings durch ihre rechtlichen Einflussmöglichkeiten begrenzt ist. Die Compliance-Pflichten gelten grundsätzlich auch in transnationalen Menschenrechtsfällen, sodass möglicherweise Schadensersatzansprüche der Gesellschaft gegenüber den Vorstandsmitgliedern bestehen. Dabei ist der (wenn auch eingeschränkte) Ermessensspielraum nach der *Business Judgement Rule* zu berücksichtigen. Eine Drittwirkung der Compliance-Pflichten ist insbesondere angesichts des klaren Wortlauts der Vorschrift und deren *Telos* sowie der fehlenden Schutzbedürftigkeit der Geschädigten in transnationalen Menschenrechtsfällen abzulehnen, zumal es eher dem Interesse der Geschädigten entspricht, das Unternehmen als juristische Person und nicht deren Leitungsorgane in Anspruch zu nehmen. Überdies kann der Ermessensspielraum einer Haftung entgegenstehen.

D. Haftung des Unternehmens aufgrund fehlerhafter öffentlicher Angaben zu CSR-Maßnahmen

I. Möglichkeit zur Vertragsanfechtung wegen arglistiger Täuschung

28. Unter bestimmten Umständen besteht eine Anfechtungsmöglichkeit wegen arglistiger Täuschung gemäß § 123 BGB.
    a. Abhängig vom Einzelfall und Konkretisierungsgrad können Angaben über CSR-Maßnahmen Tatsachen i.S.v. § 123 BGB darstellen.
    b. Eine Täuschungshandlung kann vorliegen, wenn ein Verkäufer Angaben „ins Blaue hinein" über die Einhaltung von CSR-Standards macht und sowohl das kognitive als auch das voluntative Element der Täuschung erfüllt. Erfüllen unterschiedliche Perso-

nen das voluntative und kognitive Element einer arglistigen Täuschung, kann eine solche nur vorliegen, wenn eine Wissenszusammenrechnung möglich ist. Hierfür ist entscheidend, ob die juristische Person die interne Kommunikation und Dokumentation pflichtgemäß organisiert hat. Bei juristischen Personen kommt ein Schluss vom Wissens- auf das Wollenselement wie bei § 826 BGB nicht in Betracht. Für das Wollenselement ist ebenfalls auf die Implementierung einer pflichtgemäßen Informations-Organisation abzustellen. Bei einer bloß fahrlässigen Verletzung dieser Pflicht scheidet eine arglistige Täuschung aus.

c. Der Hersteller ist im Verhältnis zum Vertragshändler und auch zum konkreten Verkäufer als Dritter anzusehen, sodass es auf die Kenntnis des Verkäufers im Hinblick auf die Fehlerhaftigkeit der Aussage ankommt.

d. Für die erforderliche Kausalität müssen außerdem die Angaben zu CSR-Maßnahmen dem Anfechtenden bekannt gewesen sein und (zumindest einen) Grund für die Abgabe der Willenserklärung dargestellt haben.

II. Verantwortlichkeit nach dem Mängelgewährleistungsrecht

29. Mängelgewährleistungsrechte erlangen vor allem praktische Bedeutung, wenn sie von vielen Käufern geltend gemacht werden. Den der Rechtsdurchsetzung entgegenstehenden Schwierigkeiten in Bezug auf den Nachweis der Fehlerhaftigkeit der Angaben bzw. des Verstoßes gegen diese kann durch eine Umkehr der Beweislast Rechnung getragen werden. Auch schon die vereinzelte gerichtliche Geltendmachung derartiger Ansprüche kann praktische Bedeutung erlangen, wenn sie Auswirkungen auf den Ruf des Unternehmens hat. Angaben zu CSR-Maßnahmen sind eine öffentliche Äußerung i.S.v. § 434 Abs. 1 S. 3 BGB. Da nach hier vertretener Auffassung ein Bezug zu physischen Eigenschaften einer Sache nicht erforderlich ist, können beispielsweise Art und Bedingungen der Herstellung einer Sache Bestandteil von deren Eigenschaft bzw. Beschaffenheit sein. Inwiefern öffentliche Angaben zu CSR-Maßnahmen einen Rückschluss auf die Eigenschaften einer Kaufsache zulassen, ist abhängig vom Konkretisierungsgrad der jeweiligen Aussage. Mängelgewährleistungsrechte entstehen ausschließlich im konkreten Vertragsverhältnis. Daneben besteht die Möglichkeit zum Herstellerregress.

III. Haftung aus culpa in contrahendo

30. Eine Haftung des Unternehmens aus *culpa in contrahendo* gemäß
§§ 311 Abs. 1 Nr. 1, 241 Abs. 2 BGB wegen vorvertraglicher Informati-
onspflichtverletzung kommt nur in Betracht, wenn es sich um allgemeine Aussagen zur Unternehmenspolitik handelt; in allen anderen
Fällen ist eine solche durch die Anwendbarkeit des Mängelgewährleistungsrechts ausgeschlossen. Indes wird eine Haftung regelmäßig am
erforderlichen Wollenselement in Bezug auf den Vorsatz scheitern.

IV. Nichteinhaltung von Angaben zu CSR-Maßnahmen im Recht des
unlauteren Wettbewerbs

31. Im Einzelfall kann die Nichteinhaltung von Angaben zu CSR-Maßnahmen auch eine unlautere Handlung sein.
   a. Produktbezogene Angaben zu CSR-Maßnahmen beispielsweise in
      der Werbung und allgemeine unternehmensbezogene Angaben,
      aber auch solche in Nachhaltigkeitsberichten können eine ge-
      schäftliche Handlung i.S.v. § 2 Abs. 1 Nr. 1 UWG darstellen.
   b. Im Einzelfall kann eine Nichteinhaltung von CSR-Angaben gegen
      § 3 Abs. 3 UWG i.V.m. Nr. 2 oder Nr. 4 Alt. 2 des Anhangs zum
      UWG verstoßen. Ein Verstoß gegen Nr. 1 oder Nr. 3 scheitert hin-
      gegen daran, dass sich diese nicht auf einen inhaltlichen Verstoß
      beziehen.
   c. Ob eine unwahre Angabe i.S.v. § 5 Abs. 1 S. 2 Alt. 1 UWG vorliegt,
      richtet sich vor allem nach dem Konkretisierungsgrad der öffentli-
      chen Äußerung. Die Nichteinhaltung von Äußerungen, die das
      bloße Bemühen beinhalten, stellt insofern nur eine unwahre An-
      gabe dar, wenn das Unternehmen tatsächlich keine Bemühungen
      unternimmt. Eine irreführende geschäftliche Äußerung gemäß § 5
      Abs. 1 S. 2 Alt. 2 UWG aufgrund sonstiger zur Täuschung geeigne-
      ter Angaben ist nur relevant, wenn diese zwar objektiv nicht un-
      wahr sind, aber beim Adressatenkreis bestimmte der Realität wi-
      dersprechende Vorstellungen hervorrufen oder wenn die Unwahr-
      heit der Angabe nicht nachgewiesen werden kann. Produktionsbe-
      dingungen sind als Bestandteil des Verfahrens der Herstellung
      und der Beschaffenheit wesentliche Merkmale i.S.v. § 5 Abs. 1 S. 2
      Nr. 1 UWG. Indes sind CSR-Standards aufgrund fehlender Beteili-
      gung mehrerer Unternehmen (bei unternehmerischen Verhaltens-

standards), fehlendem Bezug zum marktbezogenen Verhalten sowie fehlender Verbindlichkeit keine Verhaltenskodizes i.S.v. § 5 Abs. 1 S. 2 Nr. 6 UWG. Ob eine Angabe zur Täuschung geeignet ist, richtet sich nach der konkreten Angabe im Einzelfall, wobei bloße Bemühensklauseln diese Anforderungen grundsätzlich nicht erfüllen.

d. Ein Rechtsbruch i.S.v. § 3a UWG scheitert bereits daran, dass CSR-Standards keine gesetzliche Vorschriften i.S.v. § 3a UWG sind.

e. Ein Verstoß gegen die lauterkeitsrechtliche Generalklausel des § 3 Abs. 1 UWG ist abzulehnen, da der Verstoß gegen CSR-Standards nicht im Zusammenhang mit dem im Wettbewerbsrecht relevanten Marktverhalten steht.

f. Die praktische Bedeutung von Verstößen gegen das UWG ist durch die Begrenzung der Anspruchsberechtigten in § 8 Abs. 3 UWG eingeschränkt. Hinzutreten können Beweisschwierigkeiten. Relevant können derartige Klagen dennoch werden, indem sie bei hoher medialer Aufmerksamkeit zu hohen Reputationsschäden führen können.

V. Haftung gemäß § 823 Abs. 2 BGB i.V.m. einem Schutzgesetz

32. Eine Haftung gemäß § 823 Abs. 2 BGB aufgrund der Nichteinhaltung öffentlicher Angaben zu CSR-Maßnahmen kommt allein unter den Voraussetzungen von § 263 StGB in Betracht. § 3 UWG ist kein Schutzgesetz i.S.v. § 823 Abs. 2 BGB.

VI. Haftung aufgrund einer Verletzung der Pflicht zur nichtfinanziellen Erklärung

33. Eine Verletzung der Pflicht zur nichtfinanziellen Erklärung nach §§ 289b, 315b HGB kann unterschiedliche Konsequenzen mit sich führen.

a. Neben den straf- und ordnungswidrigkeitenrechtlichen Konsequenzen kommen eine Haftung der Geschäftsleitungsorgane gegenüber der Gesellschaft, eine solche der Gesellschaft gegenüber Anlegern aufgrund kapitalmarktrechtlicher Haftungtatbestände,

Beschlussmängelklagen, die Anfechtbarkeit von Hauptversammlungsbeschlüssen sowie eine Außenhaftung über § 826 BGB in Betracht. Aufgrund unterschiedlicher Schwierigkeiten (z.B. Bestimmbarkeit des eingetreten Schadens, Beweisschwierigkeiten in Bezug auf Vorsatz, Kausalität und eingetretenen Schaden) greifen diese allerdings nur in Ausnahmefällen. Möglich erscheint aber eine Durchsetzung der Pflicht zur Berichterstattung durch Dritte über § 8 UWG oder §§ 1, 2 UKlaG.

b. Insbesondere der *„comply-or-explain"*-Ansatz kann zu einem *Agenda Setting* und zur Entwicklung eines Sorgfaltskonzepts durch die Unternehmen führen und damit zur intendierten Verhaltenssteuerung beitragen. Die beabsichtigte Transparenz kann hingegen primär nur über eine Prüfung und Informationsermittlung durch Nichtregierungsorganisationen hergestellt werden.

c. Der fehlenden inhaltlichen Prüfung durch die Abschlussprüfer kann in gewissem Maß durch eine Prüfung durch den Aufsichtsrat Rechnung getragen werden.

d. Die Pflicht zur Einbeziehung der Lieferkette in § 289c Abs. 3 Nr. 4 HGB ist für transnationale Menschenrechtsfälle zu begrüßen, da diese einen wesentlichen Beitrag etwa zur Transparenz entlang der Lieferkette leisten und beispielsweise bestehende Mängel aufdecken kann. Die Einschränkung dieser Berichtspflicht ermöglicht einen angemessenen Ausgleich zwischen Transparenz und Belastung der Unternehmen.

§ 26 Ausblick: Menschenrechtshaftung de lege ferenda

Die vorliegende Untersuchung hat gezeigt, dass bereits das geltende Recht *de lege lata* insbesondere über § 823 Abs. 1 BGB Möglichkeiten für eine Haftung transnationaler Unternehmen für Menschenrechtsverletzungen in abhängigen Unternehmen oder bei Vertragspartnern bietet. Eine solche Haftung ist allerdings in hohem Maße vom Willen der Rechtsprechung zur Durchsetzung dieser Rechte abhängig.[2039] Die Herausbildung einer gefestigten Rechtsprechung setzt wiederum voraus, dass die Betroffenen Kla-

---

2039 S. hierzu insb. o. § 16 B. II. 3.-5.; ebenso *Pförtner*, in: Krajewski/Saage-Maaß, Sorgfaltspflichten, S. 311 (331), nach der u.a. an einem entsprechenden Willen fehlt.

ge vor deutschen Gerichten erheben. Vereinzelte wie in der Einleitung dargestellte Verfahren zeugen von ersten Klageerhebungen in derartigen Fällen. Indessen könnte eine vorherige Lösung solcher Streitigkeiten über außergerichtliche Vergleiche der Herausbildung einer gefestigten Rechtsprechung entgegenstehen. Ferner sind solche Verfahren vielfach so komplex und langwierig, dass eine Festigung der Rechtsprechung einige Zeit in Anspruch nehmen wird. Bis dahin sind die Verfahren für die Geschädigten mit großen Rechtsunsicherheiten behaftet. Hinzu kommen die dargestellten zivilprozessualen Schwierigkeiten und hier vor allem das hohe Kostenrisiko für die Kläger. Dies steht im Widerspruch zu Leitprinzipien 25 und 26.

Rechtsunsicherheit besteht nicht nur auf Seite der Geschädigten, sondern auch auf Seiten der Unternehmen. Für sie ist unklar, welche Anstrengungen sie unternehmen müssen, um ihre Verkehrspflichten einzuhalten und welche (Unterlassens-)Handlungen eine Verletzung von Verkehrspflichten zur Konsequenz haben können. Insofern erscheint eine gesetzliche Klarstellung *de lege ferenda* aus beiden Perspektiven sinnvoll.

Die folgenden Ausführungen sollen im Überblick mögliche Ansatzpunkte *de lege ferenda* darstellen. Eine umfassende Betrachtung kann im Rahmen der vorliegenden Arbeit nicht erfolgen, da auch Regelungen in anderen Rechtsgebieten anzudenken wären, die nicht Gegenstand der vorliegenden Untersuchung waren. So erscheinen Regelungen im öffentlichen Recht, etwa in der Außenwirtschaftsförderung und bei der Vergabe von Subventionen oder im Rahmen der öffentlichen Beschaffung ebenfalls denkbar. Der Schwerpunkt liegt hier indes auf bestehenden Sorgfaltspflichten und daraus resultierenden Ansprüchen.

Die vorstehende Untersuchung hat deutlich gezeigt, dass Inhalt, Umfang und Reichweite der unternehmerischen Sorgfaltspflichten derzeit den zentralen streitigen Punkt darstellen. Die hier herausgearbeiteten Sorgfaltspflichten stellen eine Lösungsmöglichkeit dar, bleiben allerdings exemplarisch. Außerdem ist unklar, inwiefern sie von Rechtsprechung und Literatur in dieser Form übernommen und akzeptiert werden. Insofern erscheint die Sorgfaltspflicht als zentraler Ansatzpunkt auch in Bezug auf mögliche Regelungen *de lege ferenda*.

Wie praktisch jede rechtliche Regelung befindet sich eine gesetzliche Normierung der Sorgfaltspflichten zwangsläufig im Spannungsfeld zwischen Einzelfallgerechtigkeit und Rechtssicherheit. Die Herausforderung besteht darin, eine sachgerechte Regelung für eine Vielzahl an unterschiedlichen Einzelfällen zu finden, wobei sich die betroffenen Unternehmen in Bezug auf Größe, Tätigkeitsfeld und -ort etc. stark unterscheiden.[2040]

Ein Vorschlag von *Robert Grabosch* und *Christian Scheper* aus dem September 2015[2041] will durch Festlegung von hinreichenden Voraussetzungen sowohl für eine Sorgfaltspflichtverletzung als auch für eine -einhaltung, also durch eine Eingrenzung der Sorgfaltspflichten von oben und von unten, den Bereich der rechtlichen Grauzone verengen.[2042] Ausgehend von der Normierung einer Klarstellung, dass sich die Sorgfalt nach § 276 Abs. 2 BGB *„auch auf Auswirkungen seiner grenzüberschreitenden Geschäftsbeziehungen auf Rechte Dritter [bezieht], zu deren Schutz die Bundesrepublik allgemein verpflichtet ist oder sich gegenüber dem Staat des Schadensortes verpflichtet hat"* (Abs. 1 des Vorschlags), liegt die zentrale Norm in einem Sorgfaltspflichtenkonzept der Unternehmen, das mindestens Regelungen in Bezug auf eine *„Grundsatzerklärung, [...] Zuständigkeiten oder Zustimmungserfordernisse, [...] Risikoanalysen und -bewertungen, [...] Informationsvermittlung bei der Vertragsanbahnung, [...] Gestaltung von Vertragsbeziehungen, [...] das Berichtswesen innerhalb von Unternehmensgruppen und Wertschöpfungsketten, [...] Schulungen, [...] Zertifizierungen oder Audits, [...] Hinweisgebersysteme (whistleblowing), [...] Dokumentationen und [...] Nachverfolgung und Auswertungen der Wirksamkeit der ergriffenen Maßnahmen"* (Abs. 2 S. 1 des Vorschlags) beinhalten muss.[2043] Unter bestimmten Umständen ist die gesamte Wertschöpfungskette einzubeziehen. Für gefahrgeneigte Branchen sieht der Ansatz erhöhte Anforderungen vor (Abs. 3 des Vorschlags). Verfügt ein Unternehmen nicht über ein derartiges Sorgfaltspflichtenkonzept und erklärt es die Gründe hierfür nicht, begründet dies eine Vermutung, dass die menschenrechtliche Sorgfalt nicht eingehalten ist (Abs. 2 des Vorschlags). Umgekehrt sollen die Umsetzung aller *best-practice*-Empfehlungen eines bestehenden Verbandskodex sowie die Durchführung von sogenannten akkreditierten Audits mit Schutzwirkung eine Vermutung der Einhaltung der Sorgfalt zur Konsequenz haben (Abs. 4 und 5 des Vorschlags). Beide Vermutungen sind als widerlegliche Vermutungen ausgestaltet. Die Anwendbarkeit der Sorgfaltspflicht in grenzüberschreitenden Sachverhalten stellt der Vorschlag durch eine Ausgestaltung der Sorgfaltspflicht als Ein-

---

2040 S. auch *Nordhues*, Haftung Muttergesellschaft, S. 328.
2041 *Grabosch/Scheper*, Sorgfaltspflicht, insb. S. 60-61.
2042 *Grabosch/Scheper*, Sorgfaltspflicht, S. 27–28, 59-61, 64.
2043 S. zu Vorüberlegungen zu diesen Bestandteilen der Sorgfaltspflicht *Grabosch/ Scheper*, Sorgfaltspflicht, S. 48–57.

griffsnorm sicher. Daneben enthält er Vorschläge zur Erweiterung des UWG.[2044]

Eine derartige Regelung der Sorgfaltspflicht schafft durch ihre haftungsbegründende und -vermeidende Wirkung[2045] Rechtssicherheit für beide Seiten. Die Widerleglichkeit der Vermutungen bietet gleichzeitig genügend Raum, um den Umständen des Einzelfalls Rechnung tragen zu können. Insbesondere die Einbeziehung der gesamten Wertschöpfungskette unter bestimmten Voraussetzungen stellt hingegen sehr hohe Anforderungen an die unternehmerische Sorgfalt, die zu erfüllen die Unternehmen zumindest derzeit wohl nicht immer in der Lage sind.

Ein umfassenderer Ansatz liegt einem Gutachten von *Remo Klinger, Markus Krajewski, David Krebs* und *Constantin Hartmann* zugrunde, das sie im Auftrag von Amnesty International, Brot für die Welt, Germanwatch und Oxfam Deutschland erstellt haben:[2046] Ihr *„Vorschlag für eine einfachrechtliche Verankerung der Sorgfaltspflichten im deutschen Recht"* in einem *„Gesetz über die unternehmerische Sorgfaltspflicht zum Schutz der Menschenrechte (Menschenrechtsbezogene Sorgfaltspflichten-Gesetz – MSorgfaltsG)"* besteht aus drei Teilen: allgemeinen Vorschriften, einer besonderen Sorgfaltspflicht sowie Durchsetzung nebst Sanktionen. Ansatzpunkt ist eine öffentlichrechtliche materielle Sorgfaltspflicht, die von den Durchsetzungs- und Sanktionsmechanismen klar getrennt ist[2047] und dadurch eine Kombination der Sorgfaltspflicht mit verschiedenen Durchsetzungsmechanismen ermöglichen soll.[2048] Diese Sorgfaltspflicht beinhaltet eine Risikoanalyse (§ 6), Präventionsmaßnahmen (§ 7), Abhilfemaßnahmen (§ 8), Organisationspflichten (§ 9) sowie eine Dokumentationspflicht (§ 11). Sie kann durch Rechtsverordnung für unterschiedliche Sektoren und gegebenenfalls auch Länder konkretisiert werden, wobei die betroffenen Wirtschaftsakteure und Stakeholder beteiligt werden sollten (§ 10).[2049]

Die Risikoanalyse umfasst die Ermittlung, Bewertung und (sofern erforderlich) Priorisierung der Risiken, *„dass das Unternehmen zu Menschenrechtsverletzungen beiträgt"*, in angemessener Weise (§ 6 Abs. 2). Werden Risiken bekannt, besteht nach Abs. 3 eine Pflicht zur vertieften Analyse, überdies existiert eine Pflicht zur (anlassbezogenen und anlassunabhängi-

---

2044 S. hierzu insgesamt *Grabosch/Scheper*, Sorgfaltspflicht, S. 60–61.

2045 *Grabosch/Scheper*, Sorgfaltspflicht, S. 64.

2046 S. *Klinger et al.*, Sorgfaltspflichten.

2047 Die vorgeschlagenen Regelungen finden sich bei *Klinger et al.*, Sorgfaltspflichten, S. 38–42.

2048 *Klinger et al.*, Sorgfaltspflichten, S. 46, 48-49.

2049 S. zu Begründung im Einzelnen *Klinger et al.*, Sorgfaltspflichten, S. 56–68.

gen) Aktualisierung (§ 6 Abs. 5). In Zusammenschau mit den Vorschriften zu Präventions- und Abhilfemaßnahmen tritt die Parallele zu den UN-Leitprinzipien offen zutage. Sowohl die Risikoanalyse als auch zu treffende Präventions- und Abhilfemaßnahmen stehen unmittelbar oder durch entsprechenden Verweis unter einem Angemessenheitsvorbehalt. Diese *„richtet sich nach den länder- und sektorspezifischen Risiken, der typischerweise zu erwartenden Schwere und Wahrscheinlichkeit möglicher Menschenrechtsverletzungen, der Unmittelbarkeit des Verursachungsbeitrages sowie der Größe des Unternehmens und dem tatsächlichen und wirtschaftlichen Einfluss des Unternehmens auf den unmittelbaren Verursacher."* (§ 6 Abs. 2 S. 2; Verweis hierauf in § 6 Abs. 3 für die vertiefte Risikoanalyse, § 6 Abs. 5 für die wiederholte Risikoanalyse; § 7 S. 3 für Präventionsmaßnahmen, § 8 S. 2 für Abhilfemaßnahmen).

§ 6 Abs. 4 legt der Risikoanalyse (und die Verweise in § 7 S. 3 und § 8 S. 2 auch den Präventions- und Abhilfemaßnahmen) einen weiten Begriff des Beitrags zu Menschenrechtsverletzungen zugrunde und umfasst auch den Beitrag von Dritten (*„insbesondere Unternehmen in der Wertschöpfungskette und staatliche Stellen"*) oder Produkte und Dienstleistungen des Unternehmens, wenn diese *„infolge der Geschäftstätigkeit des Unternehmens zu einer Menschenrechtsverletzung beitragen"*.

Die Dokumentationspflicht dient nach ausdrücklichem Wortlaut auch der *„Beweissicherung im Interesse der von Menschenrechtsverletzungen Betroffenen"*. Dies hat zur Konsequenz, dass die Dokumentation im Zivilprozess den Betroffenen nach § 422 ZPO i.V.m. § 810 BGB zur Verfügung gestellt werden muss. Anderseits kann sie auch dem Nachweis der Einhaltung der Pflichten seitens des Unternehmens dienen.[2050]

Im Hinblick auf Durchsetzung und Sanktionierung sieht der Vorschlag Anordnungen im Einzelfall (§ 12), eine Sanktionierung über das Ordnungswidrigkeitenrecht (§ 13), weitere Anreiz- und Sanktionsmechanismen (§ 14) sowie eine zivilrechtliche Haftung in Form einer Eingriffsnorm (§ 15) vor.[2051] §§ 12 und 14 sind noch weitgehend offen; weitere Anreiz- und Sanktionsmechanismen könnten nach Auffassung der Verfasser beispielsweise über das Subventions- und Außenwirtschaftsförderungsrecht sowie das Recht der öffentlichen Beschaffung geschaffen werden.[2052]

Mit Blick auf die zivilrechtliche Haftung legt § 15 fest, dass die materielle Sorgfaltspflicht für außervertragliche Schuldverhältnisse zwingend ohne

---

2050 *Klinger et al.*, Sorgfaltspflichten, S. 67–68.
2051 S. zur Begründung im Einzelnen *Klinger et al.*, Sorgfaltspflichten, S. 68–76.
2052 *Klinger et al.*, Sorgfaltspflichten, S. 69–70.

Rücksicht auf das nach Internationalem Privatrecht anzuwendende Recht gilt. Die Vorschrift ist als explizite Eingriffsnorm i.S.v. Art. 16 Rom II-VO formuliert und ermöglicht hierüber eine Anwendung des deutschen Rechts trotz Erfolgsortes im Ausland.[2053] § 15 des Vorschlags schafft keinen neuen Haftungstatbestand, sondern hat lediglich die Sorgfaltspflichten als einen Bestandteil der Haftung zum Gegenstand. Damit ist das deutsche Recht nur für die Bestimmung der Sorgfaltspflichten maßgeblich, während sich die übrigen Haftungsvoraussetzungen weiter nach dem eigentlich anwendbaren Recht richten.[2054] Letztlich besteht damit aber allenfalls ein geringer Unterschied in Vergleich zu Art. 17 Rom II-VO, der höchstens darin liegt, dass die Sorgfaltspflicht hier nicht nur faktisch und soweit angemessen zu berücksichtigen ist, sondern zwingend als gesetzlicher Maßstab gilt.

Ein derartiges umfassendes Sorgfaltspflichtkonzept hat den Vorteil, dass sämtlichen Durchsetzungsmaßnahmen einheitliche Pflichtenmaßstäbe zugrunde liegen. Die Mischung und Kombination unterschiedlicher Durchsetzungselemente kann zu einer effektiven Verhaltenssteuerung beitragen und durch unterschiedliche Kombinationsmöglichkeiten und Stellschrauben zu sachgerechten Lösungen im Einzelfall führen.[2055] Im Vergleich zum Vorschlag von *Grabosch* und *Scheper* verbleibt jedoch angesichts des Angemessenheitskriteriums eine rechtliche Grauzone für die Frage, wann genau ein Verstoß gegen die Sorgfaltspflicht vorliegt. Überdies erscheint nicht ausgeschlossen, dass eine derart umfassende Regelung politisch schwieriger durchzusetzen ist als eine sukzessive Regulierung einzelner Bereiche.

Neben diesen beiden Regelungsvorschlägen könnte auch das französische „*Loi relative au devoir de vigilance des sociétés mères et des entreprises donneuses d'ordre*"[2056] (n° 2017-399) (*Loi de vigilance*) eine Vorbildfunktion für eine gesetzliche Verankerung entsprechender Sorgfaltspflichten in Deutschland entfalten.[2057] Mit diesem Gesetz hat Frankreich als erstes europäisches Land eine menschenrechtliche Sorgfalt von Unternehmen gesetzlich verankert.[2058] Trotz umfangreicher Kritik hat der *Conseil constituti-*

2053 S. ausführlich *Klinger et al.*, Sorgfaltspflichten, S. 72–76.
2054 *Klinger et al.*, Sorgfaltspflichten, S. 76.
2055 S. auch *Klinger et al.*, Sorgfaltspflichten, S. 46–47, 48-49.
2056 Eine deutsche Übersetzung des Gesetzestextes findet sich bei *Fleischer/Danninger*, DB 2017, 2849 (2851 f.).
2057 S. auch z.B. *Pförtner*, in: Krajewski/Saage-Maaß, Sorgfaltspflichten, S. 311 (319 f.); *Weller/Kaller/Schulz*, AcP 216 (2016), 387 (417 f.).
2058 *Fleischer/Danninger*, DB 2017, 2849.

onnel das Gesetz – mit Ausnahme einer Bußgeldbestimmung für den Fall der Nichteinhaltung – als verfassungsgemäß angesehen.[2059]

Kernstück des Gesetzes ist eine Pflicht zur Schaffung eines Überwachungsplans, der sich auf *„angemessene Überwachungsmaßnahmen zur Identifikation von Risiken und zur Vorbeugung gegen schwerwiegende Verletzungen der Menschenrechte und Grundfreiheiten, der Gesundheit und Sicherheit der Menschen und der Umwelt beziehen soll."* Das Gesetz schreibt fünf Maßnahmen zur Überwachung vor: eine Risikodarstellung, ein Verfahren zur Lagebewertung, geeignete Maßnahmen zur Risikoverringerung und Vorbeugung gegen schwerwiegende Rechtsverletzungen, ein Hinweisgebersystem sowie einen Mechanismus, der die getroffenen Maßnahmen überprüft und bewertet. Es verpflichtet die Gesellschaft zudem auch zur Veröffentlichung des Überwachungsplans und des Berichts über die wirksame Umsetzung. Der Überwachungsplan muss sich auf die Gesellschaft selbst sowie unmittelbare und mittelbar beherrschte Unternehmen, die der konzernrechtlichen Konsolidierungspflicht unterliegen, beziehen. Daneben müssen auch unmittelbare Subunternehmer und Lieferanten, die in einer gefestigten (das heißt regelmäßigen, bedeutsamen und stabilen) Geschäftsbeziehung zur Gesellschaft stehen, erfasst sein.[2060]

Hält ein Unternehmen diese erforderlichen Maßnahmen nicht ein, kann jede Person mit berechtigtem Interesse dies gerichtlich geltend machen. Daneben führt die Nichterfüllung dieser Voraussetzungen unter den Voraussetzungen der deliktsrechtlichen Generalklausel *„zur Haftung ihres Verursachers und verpflichtet ihn, den Schaden zu ersetzen, den die Erfüllung dieser Pflichten zu verhindern ermöglicht hätte"*. Eine diesbezügliche Klage kann von jeder Person *„mit einem hierzu berechtigten Interesse erhoben werden"*.[2061]

Inwiefern diese deliktische Haftung eine praktisch geeignete Grundlage für Klagen in transnationalen Menschenrechtsfällen darstellt, wird sich zeigen. Dem entgegenstehen könnte allerdings die Beweislast des Klägers ins-

---

2059 Conseil Constitutionnel, Urt. v. 23.03.2017 – Décision n° 2017-750 DC, online verfügbar unter https://www.conseil-constitutionnel.fr/sites/default/files/as/root/bank_mm/decisions/2017750dc/2017750dc.pdf (zuletzt aufgerufen am 19.06.2019); s. hierzu auch ausführlich *Nordhues*, Haftung Muttergesellschaft, S. 297–301.

2060 S. hierzu insgesamt *Nordhues*, Haftung Muttergesellschaft, S. 305–312; *Fleischer/Danninger*, DB 2017, 2849 (2850 f.); kritisch zum Erfordernis der gefestigten Geschäftsbeziehung *Nordhues*, Haftung Muttergesellschaft, S. 311–312.

2061 S. hierzu *Nordhues*, Haftung Muttergesellschaft, S. 316–317; zu den Durchsetzungsmechanismen insgesamt s. *Nordhues*, Haftung Muttergesellschaft, S. 312–317; *Fleischer/Danninger*, DB 2017, 2849 (2851 f.).

besondere für die Kausalität zwischen der erforderlichen *faute* (hier etwa: ein fehlender oder unzureichender Überwachungsplan oder eine fehlerhafte Umsetzung desselben) und dem Schaden.[2062] Bei einer an das *Loi de vigilance* angelehnten Regelung sollte im Interesse einer effektiven Rechtsdurchsetzung über abweichende Regelungen für die Beweislast in Bezug auf die Kausalität nachgedacht werden.[2063]

Das *Loi de vigilance* enthält keine ausdrücklichen Regelungen zur Anwendbarkeit auf Auslandssachverhalte. Insofern ist auf die allgemeinen Regelungen der Rom II-VO zurückzugreifen, wobei insbesondere eine Einordnung der Vorschriften als Eingriffsnormen gemäß Art. 16 Rom II-VO denkbar erscheint.[2064] Es erscheint sinnvoll, dies in einem an das *Loi de vigilance* angelehnten Gesetz klarzustellen.[2065]

Ein jüngerer Gesetzentwurf von *Sophie Nordhues*[2066] berücksichtigt neben dem Ansatz von *Klinger, Krajewski, Krebs* und *Hartmann* und dem *Loi de vigilance* auch das Sorgfaltspflichtenkonzept der Schweizer Konzernverantwortungsinitiative.[2067] Im Gegensatz zu den oben dargestellten Vorschlägen und dem *Loi de vigilance* entwirft *Nordhues* keine direkte Außenhaftung der Unternehmen, sondern eine verhaltenssteuernde menschenrechtliche Compliance-Pflicht, die sie im HGB verankern will.[2068] Sie begründet dies mit der fehlenden politischen Durchsetzbarkeit einer Außen-

---

2062 Im ersten Entwurf des Gesetzes war noch eine Beweislastumkehr zugunsten des Geschädigten vorgesehen, s. hierzu *Fleischer/Danninger*, DB 2017, 2849 (2852); s. zu möglichen Beweisschwierigkeiten und zur möglichen Anwendbarkeit der *perte d'une chance*-Doktrin auch *Nordhues*, Haftung Muttergesellschaft, S. 313–315.

2063 *Nordhues*, Haftung Muttergesellschaft, S. 320.

2064 Ausführlich, mit Blick auf die Entstehungsgeschichte und auf die Auffassung des *Conseil constitutionnel* und Verweis darauf, dass eine ausdrückliche Klarstellung wünschenswert gewesen wäre *Nordhues*, Haftung Muttergesellschaft, S. 317–318; s. auch *Fleischer/Danninger*, DB 2017, 2849 (2852 f.); *Mansel*, ZGR 2018, 439 (470).

2065 *Nordhues*, Haftung Muttergesellschaft, S. 320, dort allerdings auch kritisch mit Blick auf den entgegenstehenden Harmonisierungsgedanken des IPR; zur Schaffung einer menschenrechtlichen Eingriffsnorm *de lege ferenda* auch *Mansel*, ZGR 2018, 439 (470–472).

2066 S. hierzu und zu Erläuterungen des Gesetzentwurfes *Nordhues*, Haftung Muttergesellschaft, S. 322–332.

2067 Der Text der Initiative ist online verfügbar unter https://konzern-initiative.ch/wp-content/uploads/2018/06/KVI_Factsheet_5_D_Lay_1802.pdf (zuletzt aufgerufen am 19.06.2019).

2068 *Nordhues*, Haftung Muttergesellschaft, S. 320, 324; einen ähnlichen Ansatz verfolgen auch *Habersack/Ehrl*, AcP 219 (2019), 155 (209), die andenken, durch

haftung und einem Widerspruch zum konzernrechtlichen Trennungsprinzip, ohne dass dies mit einer Verbesserung der Durchsetzungschancen der Geschädigten einherginge.[2069] Konsequent richtet sich die von ihr entworfene Überwachungspflicht nicht an die Unternehmen selbst, sondern an die gesetzlichen Vertreter einer Kapitalgesellschaft, die durch das Gesetz zu angemessenen Überwachungsmaßnahmen verpflichtet werden, dass keine in den internationalen Pakten garantierten Rechte verletzt werden (s. Abs. 1 des ersten Paragraphen des Gesetzentwurfs). Erfasst sein soll sowohl die eigene Geschäftstätigkeit als auch die *„des Tochterunternehmens oder ihres Subunternehmers und Zulieferers"* (ebenfalls Abs. 1). Erst aus der anschließenden Erläuterung ergibt sich, dass hiervon nicht nur direkte Zulieferer und Subunternehmer erfasst sein sollen. Insofern wäre hier ein deutlicherer Wortlaut wünschenswert gewesen.[2070]

Die Mindestbestandteile (Ermittlung und gegebenenfalls Priorisierung der Risiken einer Menschenrechtsbeeinträchtigung im Rahmen einer Risikoanalyse, Ergreifen von angemessenen Präventionsmaßnahmen und gegebenenfalls Gegenmaßnahmen, Entwicklung eines Whistleblowingsystems sowie eine mindestens jährliche Überprüfung der Wirksamkeit der angeordneten Überwachungsmaßnahmen, s. Abs. 2 des ersten Paragraphen des Gesetzentwurfes) der von *Nordhues* entworfenen Überwachungspflicht entsprechen – trotz fehlender Außenwirkung – im Wesentlichen denen, die auch für eine Außenhaftung des Unternehmens vorgeschlagen wurden. In Bezug auf die Frage nach der Angemessenheit der Maßnahmen übernimmt *Nordhues* die bereits von *Klinger, Krebs, Krajewski* und *Hartmann* vorgeschlagenen Kriterien (Abs. 3 des ersten Paragraphen des Gesetzentwurfes, § 6 Abs. 2 S. 2 des Vorschlages von *Klinger, Krebs, Krajewski* und *Hartmann*). Nach Abs. 4 S. 1 des ersten Paragraphen des Entwurfes von *Nordhues* soll überdies das Bundesministerium für Wirtschaft und Energie durch Rechtsverordnungen Empfehlungen für sektor- bzw. länderspezifische Vorgaben für die zu treffenden Überwachungsmaßnahmen abgeben können. Über eine (allerdings aufgrund von § 292 S. 1 ZPO widerlegliche)

---

eine Regelung in § 91 Abs. 2 AktG *„den Vorstand zu verpflichten, allfällige Kontrollsysteme auch auf die Unterbindung von dem Ansehen der Gesellschaft abträgliche Menschenrechtsverletzungen in der Lieferkette auszurichten"*, sie sprechen einer derartigen Regelung allerdings nur klarstellenden Charakter zu.

2069 *Nordhues*, Haftung Muttergesellschaft, S. 319–320, 331; zurückhaltend auch *Habersack/Ehrl*, AcP 219 (2019), 155 (205, 210) (Außenhaftung aufgrund des Widerspruchs zu den konzeptionellen Grundlagen der §§ 823 ff. BGB *de lege ferenda* nur als *ultima ratio*).

2070 *Nordhues*, Haftung Muttergesellschaft, S. 331.

Vermutung für die Angemessenheit der getroffenen Überwachungsmaßnahmen bei Umsetzung dieser Empfehlungen schafft der Vorschlag zumindest Rechtssicherheit für die Frage, wann die Sorgfaltspflichten eingehalten worden sind.[2071]
Die Einhaltung der Überwachungspflicht will *Nordhues* durch einen zusätzlichen Bußgeldtatbestand für die Mitglieder des vertretungsberechtigten Organs (Abs. 1 und 2 des zweiten Paragraphen des Gesetzentwurfes)
und über § 30 OWiG auch für die Gesellschaft selbst sicherstellen.[2072]
Allen vier Vorschlägen ist gemein, dass sie ein eher verfahrensorientier-
tes Konzept der Sorgfaltspflicht beinhalten. Dies ist zu begrüßen, da hierdurch grundsätzlich den enormen Unterschieden zwischen den einzelnen
erfassten Unternehmen Rechnung getragen und die Sorgfaltspflicht an die
jeweilige Situation angepasst werden kann. Insofern ermöglicht es sowohl
ein hohes Maß an Einzelfallgerechtigkeit als auch ein ausreichendes Maß
an Rechtssicherheit.[2073] Verbleibende Rechtsunsicherheiten, die beispielsweise durch die gesetzliche Festlegung der Kriterien für die Angemessen-
heitsprüfung abgemildert werden können,[2074] müssten indes mit Blick auf
die erforderliche Berücksichtigung der Einzelfallumstände hingenommen
werden. Es ist allgemein anerkannt, dass der Gesetzgeber an einigen Stellen nicht umher kommt, mit unbestimmten, durch die Rechtsprechung zu
konkretisierenden Rechtsbegriffen zu arbeiten.
Auch wenn die aufgezeigten Vorschläge durchaus vielversprechende
(Haftungs-)Möglichkeiten in transnationalen Menschenrechtsfällen aufzeigen, scheint es derzeit an einem politischen Willen zu einer Regulierung
zu fehlen.[2075]
Dies könnte darauf zurückzuführen sein, dass bei entsprechender Regulierung Wettbewerbsnachteile deutscher Unternehmen gegenüber ausländischen Unternehmen, denen eine derartige Sorgfaltspflicht nicht auferlegt ist, zu befürchten sind. Gerade die Bedeutung deutscher Unternehmen für die Wirtschaft Europas könnte allerdings dazu führen, dass
Deutschland mit derartigen Regelungen eine Vorreiterstellung einnimmt.[2076] Nicht zuletzt könnte eine Sorgfaltspflicht deutscher Unterneh-

---

2071 S. auch *Nordhues*, Haftung Muttergesellschaft, S. 329.
2072 *Nordhues*, Haftung Muttergesellschaft, S. 320, 331-332.
2073 S. auch *Klinger et al.*, Sorgfaltspflichten, S. 47.
2074 S. auch *Klinger et al.*, Sorgfaltspflichten, S. 47.
2075 S. auch – in Bezug auf eine mögliche Außenhaftung – *Nordhues*, Haftung Muttergesellschaft, S. 320.
2076 So die Argumentation der französischen Nationalversammlung: *„Onze des cin-
quante plus grosses sociétés européennes (incluant la Suisse) sont françaises. Une re-*

men das Siegel „*Made in Germany*" stärken und damit (zugegebenermaßen sehr langfristig) sogar zu einem Wettbewerbsvorteil führen.

Abschließend stellt sich aber auch die Frage, ob derartige Sorgfaltspflichten *de lege ferenda* auf nationaler Ebene angelegt werden sollten. Zumindest dann, wenn global bzw. zumindest europaweit viele Länder eine an den UN-Leitprinzipien orientierte Sorgfaltspflicht einführen, kann dies zur Vereinheitlichung der Pflichten und einem einheitlichen *Level-Playing-Field* beitragen. Hier könnte eine Regelung zumindest auf europäischer Ebene große Fortschritte bringen. In diesem Zusammenhang könnte sich das Europäische Parlament, das sich in einigen Entschließungen bereits positiv im Hinblick auf menschenrechtliche Sorgfaltspflichten von Unternehmen geäußert hat, als zentraler Akteur entpuppen. Erste Schritte auf europäischer Ebene sind mit der CSR-Richtlinie, den Vergaberichtlinien, der Holzhandelsverordnung und der Konfliktmineralienverordnung getan. Weitere könnten nach diesem Vorbild für andere Branchen folgen und so nach und nach zur gesetzlichen Verankerung von Sorgfaltsmaßstäben in unterschiedlichen Branchen führen.

Bis dahin muss indes in transnationalen Menschenrechtsfällen auf nationales Recht zurückgegriffen werden. Dass dieses bereits *de lege lata* Lösungsmöglichkeiten für transnationale Menschenrechtsfälle bereitstellt, hat die vorliegende Untersuchung gezeigt.

---

sponsabilité particulière pèse par conséquent sur les épaules de notre pays, dont le rôle en la matière se doit d'être exemplaire", Assemblée National, No 2578, Proposition de Loi relative au devoir de vigilance des sociétés mères et des entreprises donneuses d'ordre, S. 10; zu einer deutschen Übersetzung s. *Hübner*, in: Krajewski/Saage-Maaß, Sorgfaltspflichten, S. 61 (84).

Literaturverzeichnis

Addo, Michael K.: The Reality of the United Nations Guiding Principles on Business and Human Rights, HRLR 2014, S. 133–147.

Alexander, Christian: Verhaltenskodizes im europäischen und deutschen Lauterkeitsrecht, GRUR-Int. 2012, S. 965–973.

Alston, Philip: The 'Not-a-Cat' Syndrome: Can the International Human Rights Regime Accommodate Non-State Actors?, in: Philip Alston (Hrsg.), Non-State Actors and Human Rights, Oxford 2005, S. 3–36.

Arndt, Claus: Die Menschenrechte. 2. Aufl. Hamburg 1981.

Arnold, Michael: Verantwortung und Zusammenwirken des Vorstands und Aufsichtsrats bei Compliance-Untersuchungen, ZGR 2014, S. 76–106.

Asmussen, Sven: Haftung für unwahre Aussagen über Nachhaltigkeitskodizes vor Abschluss eines Kaufvertrages, NJW 2017, S. 118–123.

Augenstein, Daniel/Kinley, David: When human rights 'responsibilities' become 'duties': the extra-territorial obligations of states that bind corporations, in: Surya Deva/David Bilchitz (Hrsg.), Human Rights Obligations of Business. Beyond the Corporate Responsibility to Respect?, Cambridge 2013, S. 271–294.

Augsberg, Steffen: Rechtsetzung zwischen Staat und Gesellschaft. Möglichkeiten differenzierter Steuerung des Kapitalmarktes. Berlin 2003 (zugl. Diss. Heidelberg 2002) [zitiert als: *Augsberg*, Rechtsetzung].

Augsburger, Matthias: Lauterkeitsrechtliche Beurteilung von Corporate Responsibility Codes. Verbindliche Standards im Wettbewerb?, MMR 2014, S. 427–431.

Bachmann, Gregor: Anmerkung zu LG München I, Urt. v. 10.12.2013 – 5 HKO 1387/10, ZIP 2014, S. 579–583.

ders.: Private Ordnung. Grundlagen ziviler Regelsetzung. Tübingen 2006 (zugl. Habil. Berlin 2004) [zitiert als: *Bachmann*, Private Ordnung].

ders.: Reform der Organhaftung? Materielles Haftungsrecht und seine Durchsetzung in privaten und öffentlichen Unternehmen, NJW-Beil. 2014, S. 43–46.

Balitzki, Anja: Werbung mit ökologischen Selbstverpflichtungen, GRUR 2013, S. 670–675.

Bamberger, Heinz Georg/Roth, Herbert (Hrsg.): Kommentar zum Bürgerlichen Gesetzbuch. Band 1: §§ 1-610 BGB, CISG. 3. Aufl. München 2012 [zitiert als: *Bearbeiter*, in: Bamberger/Roth].

dies.: Kommentar zum Bürgerlichen Gesetzbuch. Band 2: §§ 611-1296, AGG, ErbbauRG, WEG. 3. Aufl. München 2012 [zitiert als: *Bearbeiter*, in: Bamberger/Roth].

dies.: Kommentar zum Bürgerlichen Gesetzbuch. Band 3: §§ 1297-2385, Rom I-VO, Rom II-VO, EGBGB. 3. Aufl. München 2012 [zitiert als: *Bearbeiter*, in: Bamberger/Roth].

Bamberger, Heinz Georg/Roth, Herbert/Hau, Wolfgang/Poseck, Roman (Hrsg.): Bürgerliches Gesetzbuch Kommentar. Band 1: §§ 1-480. 4. Aufl. München 2019 [zitiert als: *Bearbeiter*, in: Bamberger/Roth/Hau/Poseck].

dies.: Bürgerliches Gesetzbuch Kommentar. Band 2: §§ 481-704, AGG. 4. Aufl. München 2019 [zitiert als: *Bearbeiter*, in: Bamberger/Roth/Hau/Poseck].

dies.: Bürgerliches Gesetzbuch Kommentar. Band 3: §§ 705-1017, PartGG, ProdHaftG, ErbbauRG, WEG. 4. Aufl. München 2019 [zitiert als: *Bearbeiter*, in: Bamberger/Roth/Hau/Poseck].

Baumann, Jürgen/Weber, Ulrich/Mitsch, Wolfgang/Eisele, Jörg (Hrsg.): Strafrecht Allgemeiner Teil. Lehrbuch. 12. Aufl. Bielefeld 2016 [zitiert als: *Bearbeiter*, in: Baumann/Weber/Mitsch/Eisele].

Baumbach, Adolf/Hopt, Klaus J. (Hrsg.): Handelsgesetzbuch. Mit GmbH & Co., Handelsklauseln, Bank- und Kapitalmarktrecht, Transportrecht (ohne Seerecht). 38. Aufl. München 2018 [zitiert als: *Bearbeiter*, in: Baumbach/Hopt].

Bayreuther, Frank: Die Haftung des Compliance Officers, in: Detlev Joost/Hartmut Oetker/Marian Paschke (Hrsg.), Festschrift für Franz Jürgen Säcker zum 70. Geburtstag, München 2011, S. 173–187 [zitiert als: *Bayreuther*, in: FS Säcker].

Beck'scher Online-Kommentar BGB, herausgegeben von Heinz Georg Bamberger/Herbert Roth/Wolfgang Hau/Roman Poseck. 50. Aufl. München 2019 [zitiert als: *Bearbeiter*, in: BeckOK].

Berg, Cai: Korruption im Unternehmen und Risikomanagement nach § 91 Abs. 2 AktG, AG 2007, S. 271–278.

Beulke, Werner: Der "Compliance Officer" als Aufsichtsgarant? Überlegungen zu einer neuen Erscheinungsform der Geschäftsherrenhaftung, in: Claudius Geisler/Erik Kraatz/Joachim Kretschmer/Hartmut Schneider/Christoph Sowada (Hrsg.), Festschrift für Klaus Geppert zum 70. Geburtstag am 10. März 2011, Berlin 2011, S. 23–42 [zitiert als: *Beulke*, in: FS Geppert].

Bicker, Eike: Compliance – organisatorische Umsetzung im Konzern, AG 2012, S. 542–552.

ders.: Legalitätspflicht des Vorstands – ohne Wenn und Aber?, AG 2014, S. 8–14.

Bilchitz, David: A chasm between "is" and "ought"? A critique of the normative foundation of the SRSG's Framework and the Guiding Principles, in: Surya Deva/David Bilchitz (Hrsg.), Human Rights Obligations of Business. Beyond the Corporate Responsibility to Respect?, Cambridge 2013, S. 107–137.

Bilchitz, David/Deva, Surya: The human rights obligations of business: a critical framework for the future, in: Surya Deva/David Bilchitz (Hrsg.), Human Rights Obligations of Business. Beyond the Corporate Responsibility to Respect?, Cambridge 2013, S. 1–26.

Birk, Axel: Corporate Responsibility, unternehmerische Selbstverpflichtungen und unlauterer Wettbewerb, GRUR 2011, S. 196–203.

ders.: CSR und Wettbewerbsrecht: Zulässigkeit von Umweltwerbung und CSR-Marketing, in: Daniel Walden/André Depping (Hrsg.), CSR und Recht. Juristische Aspekte nachhaltiger Unternehmensführung erkennen und verstehen, Berlin, Heidelberg 2015, S. 191–211.

ders.: Irreführung über CSR – Informationspflichten über CSR?, in: Reto M. Hilty/ Frauke Henning-Bodewig (Hrsg.), Corporate Social Responsibility. Verbindliche Standards des Wettbewerbsrechts?, Heidelberg 2014, S. 169–186.

Boecker, Corinna/Zwirner, Christian: Nichtfinanzielle Berichterstattung – Umsetzung und Anwendung der EU-Vorgaben in Deutschland, BB 2017, S. 2155–2159.

Bork, Reinhard: Allgemeiner Teil des Bürgerlichen Gesetzbuchs. 4. Aufl. Tübingen 2016 [zitiert als: *Bork*, BGB AT].

ders.: Wissenszurechnung im Insolvenz(anfechtungs)recht, DB 2012, S. 33–41.

ders.: Zurechnung im Konzern, ZGR 1994, S. 237–265.

Bosch, Nikolaus: Organisationsverschulden im Unternehmen. Baden-Baden 2002 (zugl. Habil. Augsburg 2002).

Brammsen, Joerg/Apel, Simon: Anstiftung oder Täterschaft? "Organisationsherrschaft" in Wirtschaftsunternehmen, ZJS 2008, S. 256–264.

Brandes, Thomas: Die Haftung für Organisationspflichtverletzung. Frankfurt a.M. u.a. 1994 (zugl. Diss. Göttingen 1993) [zitiert als: *Brandes*, Organisationspflichtverletzung].

Breuer, Rüdiger: Direkte und indirekte Rezeption technischer Regeln durch die Rechtsordnung, AöR 101 (1976), S. 46–88.

Brüggemeier, Gert: Organisationshaftung. Deliktsrechtliche Aspekte innerorganisatorischer Funktionsdifferenzierung, AcP 191 (1991), S. 33–68.

Brunk, Bastian: Der "kurze Arm" der US-Justiz bei internationalen Menschenrechtsverletzungen, RIW 2018, S. 503–511.

ders.: Nichtfinanzielle Berichterstattung und Organverantwortung – Erweitert die Umsetzung der CSR-Richtlinie die Haftungsrisiken für Gesellschaftsorgane?, in: Markus Krajewski/Miriam Saage-Maaß (Hrsg.), Die Durchsetzung menschenrechtlicher Sorgfaltspflichten von Unternehmen. Zivilrechtliche Haftung und Berichterstattung als Steuerungsinstrumente, Baden-Baden 2018, S. 165–201.

Buck-Heeb, Petra/Dieckmann, Andreas: Selbstregulierung im Privatrecht. Tübingen 2010 [zitiert als: *Buck-Heeb/Dieckmann*, Selbstregulierung].

Buergenthal, Thomas/Thürer, Daniel: Menschenrechte. Ideale, Instrumente, Institutionen. Zürich, St. Gallen 2010 [zitiert als: *Buergenthal/Thürer*, Menschenrechte].

Buntenbroich, David: Menschenrechte und Unternehmen. Transnationale Rechtswirkungen "freiwilliger" Verhaltenskodizes. Frankfurt a.M. 2007 (zugl. Diss. Köln 2005) [zitiert als: *Buntenbroich*, Verhaltenskodizes].

Bunting, Nikolaus: Konzernweite Compliance – Pflicht oder Kür, ZIP 2012, S. 1542–1549.

Bürgers, Tobias: Compliance in Aktiengesellschaften. Arbeitsteilung zwischen Vorstand und Aufsichtsrat sowie innerhalb der Organe, ZHR 179 (2015), S. 173–206.

Bürkle, Jürgen/Hauschka, Christoph E. (Hrsg.): Der Compliance Officer. Ein Handbuch in eigener Sache. München 2015 [zitiert als: *Bearbeiter*, in: Bürkle/Hauschka].

Buxbaum, Carmen: Konzernhaftung bei Patentverletzung durch die Tochtergesellschaft, GRUR 2009, S. 240–245.

Calliess, Gralf-Peter (Hrsg.): Rome Regulations. Commentary. 2. Aufl. The Netherlands 2015 [zitiert als: *Bearbeiter*, in: Calliess].

Canaris, Claus-Wilhelm: Grundrechte und Privatrecht, AcP 184 (1984), S. 201–246.

ders.: Schutzgesetze – Verkehrspflichten – Schutzpflichten, in: Claus-Wilhelm Canaris/Uwe Diederichsen (Hrsg.), Festschrift für Karl Larenz zum 80. Geburtstag, München 1983, S. 27–110 [zitiert als: *Canaris*, in: FS Larenz (1983)].

Chirwa, Danwood Mzikenge: The Doctrine of State Responsibility as a Potential Means of Holding Private Actors Accountable for Human Rights, MelbJIntlL 5 (2004), S. 1–36.

Cichy, Patrick/Cziupka, Johannes: Compliance-Verantwortung der Geschäftsleiter bei Unternehmenstätigkeit mit Auslandsbezug, BB 2014, S. 1482–1486.

Clapham, Andrew: Human Rights Obligations of Non-State Actors. Oxford, New York 2006 [zitiert als: *Clapham*, HR Obligations].

Coomans, Fons: Die Verortung der Maastrichter Prinzipien zu den extraterritorialen Staatenpflichten im Bereich der wirtschaftlichen, sozialen und kulturellen Rechte, zfmr 2012, S. 27–47.

Corporate Accountability (CorA)/Forum Menschenrechte/Verband Entwicklungspolitik und humanitäre Hilfe (VENRO)/amnesty international/Brot für die Welt/Germanwatch/Misereor: Kein Mut zu mehr Verbindlichkeit. Kommentar deutscher Nichtregierungsorganisationen zum Nationalen Aktionsplan Wirtschaft und Menschenrechte der Bundesregierung. https://germanwatch.org/sites/germanwatch.org/files/publication/17288.pdf, Überarbeitete Fassung vom 06.02.2017 (zuletzt aufgerufen am 19.06.2019) [zitiert als: *CorA et al.*, Stellungnahme].

Cramer, Peter: Rechtspflicht des Aufsichtsrats zur Verhinderung unternehmensbezogener strafbarer Handlungen und Ordnungswidrigkeiten, in: Wilfried Küper/Jürgen Welp (Hrsg.), Beiträge zur Rechtswissenschaft. Festschrift für Walter Stree und Johannes Wessels zum 70. Geburtstag, Heidelberg 1993, S. 563–586 [zitiert als: *Cramer*, in: FS Stree/Wessels].

Dahm, Georg/Delbrück, Jost/Wolfrum, Rüdiger: Völkerrecht. Band I/2, Der Staat und andere Völkerrechtssubjekte; Räume unter internationaler Verwaltung. 2. Aufl. Berlin 2002 [zitiert als: *Dahm/Delbrück/Wolfrum*, Völkerrecht I/2].

dies.: Völkerrecht. Band I/3, Die Formen des völkerrechtlichen Handels; die inhaltliche Ordnung der Internationalen Gemeinschaft. 2. Aufl. Berlin 2002 [zitiert als: *Dahm/Delbrück/Wolfrum*, Völkerrecht I/3].

Dannecker, Christoph: Die Folgen der strafrechtlichen Geschäftsherrenhaftung der Unternehmensleitung für die Haftungsverfassung juristischer Personen. Zugleich: Besprechung von BGH, Urt. v. 10.7.2012 – VI ZR 341/10, NZWiSt 2012, S. 441–451.

Dannecker, Gerhard/Dannecker, Christoph: Die "Verteilung" der strafrechtlichen Geschäftsherrenhaftung im Unternehmen. Zur strafrechtlichen Verantwortung des Compliance-Officers und (leitender) Angestellter bei der Übernahme unternehmensbezogener Aufgaben – zugleich Besprechung von BGH, Urt. v. 17.7.2009 – 5 StR 394/08, JZ 2010, S. 981–992.

Davitti, Daria: Refining the Protect, Respect and Remedy Framework for Business and Human Rights and its Guiding Principles, HRLR 16 (2016), S. 55–75.

de Groot, Cees: The 'Shell Nigeria Issue': Judgments by the Court of Appeal of The Hague, The Netherlands, ECL 13 (2016), S. 98–104.

de Schutter, Olivier: Extraterritorial Jurisdiction as a tool for improving the Human Rights Accountability of Transnational Corporations. https://www.business-hu manrights.org/sites/default/files/reports-and-materials/Olivier-de-Schutter-report-for-SRSG-re-extraterritorial-jurisdiction-Dec-2006.pdf, 2006 (zuletzt aufgerufen am 19.06.2019) [zitiert als: *de Schutter*, Extraterritorial Jurisdiction].

ders.: Foreword: Beyond the Guiding Principles, in: Surya Deva/David Bilchitz (Hrsg.), Human Rights Obligations of Business. Beyond the Corporate Responsibility to Respect?, Cambridge 2013, S. xv–xxii.

ders.: The Accountability of Multinationals for Human Rights Violations in European Law, in: Philip Alston (Hrsg.), Non-State Actors and Human Rights, Oxford 2005, S. 227–313.

de Schutter, Olivier/Eide, Asbjørn/Khalfan, Ashfaq/Orellana, Marcos A./Salomon, Margot E., Seideman, Ian D.: Commentary to the Maastricht Principles on Extraterritorial Obligations of States in the Area of Economic, Social and Cultural Rights, HRQ 34 (2012), S. 1084–1169.

Denninger, Erhard: Verfassungsrechtliche Anforderungen an die Normsetzung im Umwelt- und Technikrecht. Baden-Baden 1990 [zitiert als: *Denninger*, Normsetzung].

Deutsch, Erwin: Allgemeines Haftungsrecht. 2. Aufl. Köln u.a. 1996 [zitiert als: *Deutsch*, HaftungsR].

ders.: Die Fahrlässigkeit als Außerachtlassung der äußeren und der inneren Sorgfalt, JZ 1988, S. 993–996.

ders.: Die Mitspielerverletzung im Sport, VersR 1974, S. 1045–1051.

ders.: Schutzgesetze aus dem Strafrecht in § 823 Abs. 2 BGB, VersR 2004, S. 137–142.

Deutsch, Erwin/Ahrens, Hans-Jürgen: Deliktsrecht. Unerlaubte Handlungen, Schadensersatz, Schmerzensgeld. 6. Aufl. München 2014 [zitiert als: *Deutsch/Ahrens*, Deliktsrecht].

Deutsches Institut für Menschenrechte (DIMR): "Zögerliche Umsetzung". Der politische Wille reichte nicht weiter: Deutschland setzt die UN-Leitprinzipien um – mit kleinen Schritten. https://www.institut-fuer-menschenrechte.de/fileadmin/u ser_upload/Publikationen/Stellungnahmen/Stellungnahme_Verabschiedung_N AP_Wirtschaft_und_Menschenrechte.pdf, 21.12.2016 (zuletzt aufgerufen am 19.06.2019) [zitiert als: *DIMR*, Stellungnahme].

Deva, Surya: Treating human rights lightly: a critique of the consensus rhetoric and the language employed by the Guiding Principles, in: Surya Deva/David Bilchitz (Hrsg.), Human Rights Obligations of Business. Beyond the Corporate Responsibility to Respect?, Cambridge 2013, S. 78–104.

Dilling, Olaf: Die Produktionsbedingung als Produkteigenschaft – Ein Fallbeispiel für die Haftung bei Werbung mit ethischen Produktionsstandards nach der Schuldrechtsreform, in: Gerd Winter (Hrsg.), Die Umweltverantwortung multinationaler Unternehmen. Selbststeuerung und Recht bei Auslandsdirektinvestitionen, Baden-Baden 2005, S. 283–313.

Dose, Michael: Die 9. GWB-Novelle und der Verbraucherschutz, VuR 2017, S. 297–302.

Dreher, Meinrad: Die Vorstandsverantwortung im Geflecht von Risikomanagement, Compliance und interner Revision, in: Peter Kindler/Jens Koch/Peter Ulmer/ Martin Winter (Hrsg.), Festschrift für Uwe Hüffer zum 70. Geburtstag, München 2010, S. 161–177 [zitiert als: *Dreher*, in: FS Hüffer].

Dutta, Anatol: Das Statut der Haftung aus Vertrag mit Schutzwirkung für Dritte, IPRax 2009, S. 293–299.

Eckert, Elena: Die Auslegung und Reichweite des Art. 17 Rom II-VO. Zur Bedeutung privater Standards im Wintersport als local data am Beispiel der FIS-Verhaltensregeln, GPR 2015, S. 303–311.

Ehricke, Ulrich: Das abhängige Konzernunternehmen in der Insolvenz. Wege zur Vergrößerung der Haftungsmasse abhängiger Konzernunternehmen im Konkurs und Verfahrensfragen; eine rechtsvergleichende Analyse. Tübingen 1998 (zugl. Diss. Berlin 1997/1998) [zitiert als: *Ehricke*, Konzernunternehmen].

Eickenjäger, Sebastian: Die Durchsetzung von Menschenrechten gegenüber Unternehmen mittels nichtfinanzieller Berichterstattung, in: Markus Krajewski/ Miriam Saage-Maaß (Hrsg.), Die Durchsetzung menschenrechtlicher Sorgfaltspflichten von Unternehmen. Zivilrechtliche Haftung und Berichterstattung als Steuerungsinstrumente, Baden-Baden 2018, S. 243–278.

Eide, Asbjørn: Realization of Social and Economic Rights and the Minimum Threshold Approach, HRLJ 10 (1989), S. 35–51.

Emmerich, Volker: EuGH: Wettbewerbsrecht: Haftung der Muttergesellschaft für die Tochtergesellschaft. Anmerkung zu EuGH, Urt. v. 20.01.2011 – Rs. C-90/09 P – General Quimica, JuS 2011, S. 651–653.

Emmerich, Volker/Habersack, Mathias: Konzernrecht. Ein Studienbuch. 10. Aufl. München 2013 [zitiert als: *Emmerich/Habersack*, SB KonzernR].

Emmerich, Volker/Habersack, Mathias/Schürnbrand, Jan (Hrsg.): Aktien- und GmbH-Konzernrecht. Kommentar. 8. Aufl. München 2016 [zitiert als: *Bearbeiter*, in: Emmerich/Habersack/Schürnbrand].

Emmerich-Fritsche, Angelika: Zur Verbindlichkeit der Menschenrechte für transnationale Unternehmen, AVR 45 (2007), S. 541–565.

Engisch, Karl: Einführung in das juristische Denken. 12. Aufl. Stuttgart u.a. 2018 (herausgegeben und bearbeitet von Prof. Dr. Thomas Würtenberger und Dr. Dirk Otto) [zitiert als: *Engisch*, Juristisches Denken].

Enneking, Liesbeth: The Common Denominator of the Trafigura Case, Foreign Direct Liability Cases and the Rome II Regulation. An Essay on the Consequences of Private International Law for the Feasibility of Regulating Multinational Corporations through Tort Law, ERPL 2008, S. 283–311.

dies.: The Future of Foreign Direct Liability? Exploring the International Relevance of the *Dutch Shell Nigeria* Case, UtrechtLRev 10 (2014), S. 44–54.

Erman, Bürgerliches Gesetzbuch. Handkommentar mit AGG, EGBGB (Auszug), ErbbauRG, LPartG, ProdHaftG, VBVG, VersAusglG und WEG, herausgegeben von Harm Peter Westermann/Barbara Grunewald/Georg Maier-Reimer. 15. Aufl. Köln 2017 [zitiert als: *Bearbeiter,* in: Erman-BGB].

Ernst, Stefan: Corporate Social Responsibility (CSR) und das Wettbewerbsrecht, WRP 2010, S. 1304–1314.

Eser, Albin: Zur strafrechtlichen Verantwortlichkeit des Sportlers, insbesondere des Fußballspielers, JZ 1978, S. 368–374.

Eufinger, Alexander: Die neue CSR-Richtlinie – Erhöhung der Unternehmenstransparenz in Sozial- und Umweltbelangen, EuZW 2015, S. 424–428.

Fastenrath, Ulrich: Die Verantwortlichkeit transnationaler Unternehmen und anderer Unternehmen im Hinblick auf die Menschenrechte, in: Sabine von Schorlemer (Hrsg.), "Wir, die Völker (…) " – Strukturwandel in der Weltorganisation, Frankfurt a.M. 2006, S. 69–94.

Fichter, Michael/Helfen, Markus/Sydow, Jörg/Arruda, Lilian/Ağtaş, Özge Berber/Gartenberg, Indira/McCallum, Jamie/Sayım, Kadire Zeynep/Stevis, Dimitris: Arbeitsbeziehungen globalisieren. Mit Rahmenabkommen auf Kurs gebracht? http://library.f es.de/pdf-files/iez/09504.pdf, November 2012 (zuletzt aufgerufen am 19.06.2019) [zitiert als: *Fichter et al.,* Arbeitsbeziehungen].

Fischer, Gerfried: Schadensersatzansprüche wegen Menschenrechtsverletzungen im Internationalen Privat- und Prozessrecht, in: Jürgen Goydke/Dietrich Rauschning/Rainer Robra/Hans-Ludwig Schreiber/Christian Wulff (Hrsg.), Vertrauen in den Rechtsstaat. Beiträge zur deutschen Einheit im Recht, Festschrift für Walter Remmers, Köln u.a. 1995, S. 447–464 [zitiert als: *Fischer,* in: FS Remmers].

Fleischer, Holger: Aktienrechtliche Compliance-Pflichten im Praxistest: Das Siemens/Neubürger-Urteil des LG München I, NZG 2014, S. 321–329.

ders.: Corporate Compliance im aktienrechtlichen Unternehmensverbund, CCZ 2008, S. 1–6.

ders.: Reichweite und Grenzen der Risikoübernahme im in- und ausländischen Sporthaftungsrecht, VersR 1999, S. 785–792.

Fleischer, Holger/Danninger, Nadja: Konzernhaftung für Menschenrechtsverletzungen. – Französische und schweizerische Reformen als Regelungsvorbilder für Deutschland? –, DB 2017, S. 2849–2857.

Flume, Werner: Die Haftung für Fehler kraft Wissenszurechnung bei Kauf und Werkvertrag, AcP 197 (1997), S. 441–455.

Fritzsche, Karl-Peter: Menschenrechte. Eine Einführung mit Dokumenten. 3. Aufl. Paderborn 2016.

Fritzweiler, Jochen R./Pfister, Bernhard/Summerer, Thomas (Hrsg.): Praxishandbuch Sportrecht. 3. Aufl. München 2014 [zitiert als: *Bearbeiter*, in: Fritzweiler/Pfister/Summerer].

Füllgraf, Lutz: Haftungsbegrenzung bei Sportverletzungen, VersR 1983, S. 705–712.

Gasteyer, Thomas/Goldschmidt, Christof-Ulrich: Wissenszurechnung bei juristischen Personen und im Konzern, AG 2016, S. 116–125.

Geimer, Reinhold/Schütze, Rolf A. (Hrsg.): Europäisches Zivilverfahrensrecht. Kommentar zur EuGVVO, EuEheVO, EuZustellungsVO, EuInsVO, EuVTVO, zum Lugano-Übereinkommen und zum nationalen Kompetenz- und Anerkennungsrecht. 3. Aufl. München 2010 [zitiert als: *Bearbeiter*, in: Geimer/Schütze].

Geldermann, Heiner: Völkerrechtliche Pflichten multinationaler Unternehmen. Baden-Baden 2009 (zugl. Diss. Düsseldorf 2009) [zitiert als: *Geldermann*, Völkerrechtliche Pflichten].

Gilch, Andreas/Pelz, Christian: Compliance-Klauseln – Gut gemeint aber unwirksam?, CCZ 2008, S. 131–136.

Glaser, Andreas: Corporate Social Responsibility (CSR): Erweiterung der (Lage-)Berichterstattung um nicht-finanzielle Informationen zur Erhöhung der Unternehmenstransparenz in Umwelt- und Sozialbelangen, IRZ 2015, S. 55–57.

Glinski, Carola: Die rechtliche Bedeutung der privaten Regulierung globaler Produktionsstandards. Baden-Baden 2011 (zugl. Diss. Bremen 2010) [zitiert als: *Glinski*, Private Regulierung].

Godt, Christine: Haftung für ökologische Schäden. Verantwortung für Beeinträchtigungen des Allgemeingutes Umwelt durch individualisierbare Verletzungshandlungen. Berlin 1997 (Zugl. Diss. Bremen 1995) [zitiert als: *Godt*, ökologische Schäden].

Goette, Wulf: Organisationspflichten in Kapitalgesellschaften zwischen Rechtspflicht und Opportunität, ZHR 175 (2011), S. 388–400.

Gottschalk, Eva-Maria: Die Haftung von Geschäftsführern und Mitarbeitern der GmbH gegenüber Dritten für Produktfehler, GmbHR 2015, S. 8–15.

Grabosch, Robert: Die Rezeption des Völkerrechts durch die deutschen Zivilgerichte, KJ 2013, S. 30–41.

ders.: Rechtsschutz vor deutschen Zivilgerichten gegen Beeinträchtigungen von Menschenrechten durch transnationale Unternehmen, in: Ralph Nikol/Nina Schniederjahn/Thomas Bernhard (Hrsg.), Transnationale Unternehmen und Nichtregierungsorganisationen im Völkerrecht, Baden-Baden 2013, S. 69–100.

Grabosch, Robert/Scheper, Christian: Die menschenrechtliche Sorgfaltspflicht von Unternehmen. Politische und rechtliche Gestaltungsansätze. http://library.fes.de /pdf-files/iez/11623-20150925.pdf, September 2015 (zuletzt aufgerufen am 19.06.2019) [zitiert als: *Grabosch/Scheper*, Sorgfaltspflicht].

Graf von Westphalen, Friedrich: Betriebsaufspaltung und Produzentenhaftung, in: Dieter Carlé (Hrsg.), Herausforderungen – Steuerberatung im Spannungsfeld der Teilrechtsordnungen. Festgabe für Günther Felix zum 60. Geburtstag, Köln 1989, S. 559–580 [zitiert als: *Graf von Westphalen*, in: FS Felix].

Grigoleit, Hans Christoph/Herresthal, Carsten: Die Beschaffenheitsvereinbarung und ihre Typisierungen in § 434 I BGB, JZ 2003, S. 233–239.

Grundmeier, Charlotte E.: Dogmatische Grundzüge einer konzernweiten Compliance-Pflicht, Der Konzern 2012, S. 487–500.

Grunsky, Wolfgang: Zur Haftung bei Sportunfällen, JZ 1975, S. 109–112.

Grützner, Thomas: "Compliance 2.0 – LG München I verpflichtet Vorstände zu 'Compliance'", BB 2014, S. 850–852.

Güngör, Volkan: Sorgfaltspflichten für Unternehmen in transnationalen Menschenrechtsfällen. Hamburg 2016 (zugl. Diss. Lüneburg 2016) [zitiert als: *Güngör, Sorgfaltspflichten*].

Habersack, Mathias: Gedanken zur konzernweiten Compliance-Verantwortung des Geschäftsleiters eines herrschenden Unternehmens, in: Stefan Bechtold/Joachim Jickeli/Matthias Rohe (Hrsg.), Recht, Ordnung und Wettbewerb. Festschrift zum 70. Geburtstag von Wernhard Möschel, Baden-Baden 2011, S. 1175–1192 [zitiert als: *Habersack*, in: FS Möschel].

ders.: Grund und Grenzen der Compliance-Verantwortung des Aufsichtsrats der AG, AG 2014, S. 1–8.

ders.: Zur Aufklärung gesellschaftsinternen Fehlverhaltens durch den Aufsichtsrat der AG, in: Mathias Habersack/Peter Huber/Gerald Spindler (Hrsg.), Festschrift für Eberhard Stilz zum 65. Geburtstag, München 2014, S. 191–203 [zitiert als: *Habersack*, in: FS Stilz].

Habersack, Mathias/Ehrl, Max: Verantwortlichkeit inländischer Unternehmen für Menschenrechtsverletzungen durch ausländische Zulieferer – de lege lata und de lege ferenda, AcP 219 (2019), S. 155–210.

Halfmeier, Axel: Menschenrechte und Internationales Privatrecht im Kontext der Globalisierung, RabelsZ 68 (2004), S. 653–686.

ders.: Zur Rolle des Kollisionsrechts bei der zivilrechtlichen Haftung für Menschenrechtsverletzungen, in: Markus Krajewski/Franziska Oehm/Miriam Saage-Maaß (Hrsg.), Zivil- und strafrechtliche Unternehmensverantwortung für Menschenrechtsverletzungen, Berlin, Heidelberg 2018, S. 33–50.

Hamm, Brigitte/Scheper, Christian/Drebes, Maike: Menschenrechte und Unternehmen: Das Menschenrechtsregime vor einer transnationalen Ausrichtung. Synthesebericht des Leuchtturmprojekts "Menschenrechte, Unternehmensverantwortung und Nachhaltige Entwicklung". http://www.humanrights-business.org/synthesebericht_ltv_inef.pdf, 2014 (zuletzt aufgerufen am 19.06.2019) [zitiert als: *Hamm/Scheper/Drebes*, MR und Unternehmen].

Handkommentar Bürgerliches Gesetzbuch, herausgegeben von Reiner Schulze. 10. Aufl. Baden-Baden 2019 [zitiert als: *Bearbeiter*, in: HK-BGB].

Handkommentar Zivilprozessordnung. Familienverfahren, Gerichtsverfassung, Europäisches Verfahrensrecht, herausgegeben von Ingo Saenger. 8. Aufl. Baden-Baden 2019 [zitiert als: *Bearbeiter*, in: HK-ZPO].

Harbarth, Stephan: Anforderungen an die Compliance-Organisation in börsennotierten Unternehmen, ZHR 179 (2015), S. 136–172.

Harbarth, Stephan/Brechtel, Micha: Rechtliche Anforderungen an eine pflichtgemäße Compliance-Organisation im Wandel der Zeit, ZIP 2016, S. 241–250.

Harte-Bavendamm, Henning/Henning-Bodewig, Frauke (Hrsg.): Gesetz gegen den unlauteren Wettbewerb (UWG). Mit Preisangabenverordnung, Kommentar. 4. Aufl. München 2016 [zitiert als: *Bearbeiter*, in: Harte-Bavendamm/Henning-Bodewig].

Hartmann, Constantin: Haftung von Unternehmen für Menschenrechtsverletzungen im Ausland aus Sicht des Internationalen Privat- und Zivilverfahrensrechts, in: Markus Krajewski/Miriam Saage-Maaß (Hrsg.), Die Durchsetzung menschenrechtlicher Sorgfaltspflichten von Unternehmen. Zivilrechtliche Haftung und Berichterstattung als Steuerungsinstrumente, Baden-Baden 2018, S. 281–310.

Hassold, Gerhard: Die Lehre vom Organisationsverschulden, JuS 1982, S. 583–587.

Haus, Florian C./Serafimova, Mariya: Neues Schadensersatzrecht für Kartellverstöße – die EU-Richtlinie über Schadensersatzklagen, BB 2014, S. 2883–2890.

Hauschka, Christoph E./Moosmayer, Klaus/Lösler, Thomas (Hrsg.): Corporate Compliance. Handbuch der Haftungsvermeidung im Unternehmen. 3. Aufl. München 2016 [zitiert als: *Bearbeiter*, in: Hauschka/Moosmayer/Lösler].

Heermann, Peter W./Götze, Stephan: Zivilrechtliche Haftung im Sport. Baden-Baden 2002 [zitiert als: *Heermann/Götze*, Sporthaftung].

Heinen, Anna: Auf dem Weg zu einem transnationalen Deliktsrecht? Zur Begründung deliktischer Sorgfalts- und Organisationspflichten in globalen Wertschöpfungsketten, in: Markus Krajewski/Miriam Saage-Maaß (Hrsg.), Die Durchsetzung menschenrechtlicher Sorgfaltspflichten von Unternehmen. Zivilrechtliche Haftung und Berichterstattung als Steuerungsinstrumente, Baden-Baden 2018, S. 87–124.

Heinlein, Ingrid: Zivilrechtliche Verantwortung transnationaler Unternehmen für sichere und gesunde Arbeitsbedingungen in den Betrieben ihrer Lieferanten, NZA 2018, S. 276–282.

Heinrich, Manfred: Rechtsgutszugriff und Entscheidungsträgerschaft. München 2002 (zugl. Habil. München 2001) [zitiert als: *Heinrich*, Entscheidungsträgerschaft].

ders.: Zur Frage der mittelbaren Täterschaft kraft Ausnutzung hierarchischer Organisationsstrukturen bei Wirtschaftsunternehmen, in: Knut Amelung/Hans-Ludwig Günther/Hans-Heiner Kühne (Hrsg.), Festschrift für Volker Krey. Zum 70. Geburtstag am 9. Juli 2010, Stuttgart 2010, S. 147–167 [zitiert als: *Heinrich*, in: FS Krey].

Hellgardt, Alexander: Wer hat Angst vor der unmittelbaren Drittwirkung? Die Konsequenzen der Stadionverbot-Entscheidung des BVerfG für die deutsche Grundrechtsdogmatik, JZ 2018, S. 901–910.

Henning-Bodewig, Frauke: Der "ehrbare Kaufmann", Corporate Social Responsibility und das Lautcrkcitsrecht, WRP 2011, S. 1014–1023.

dies.: UWG und Geschäftsethik, WRP 2010, S. 1094–1105.

Hennings, Antje: Über das Verhältnis von multinationalen Unternehmen zu Menschenrechten. Eine Bestandsaufnahme aus juristischer Perspektive. Göttingen 2009 (zugl. Diss. Göttingen) [zitiert als: *Hennings*, Verhältnis].

Herdegen, Matthias: Völkerrecht. 18. Aufl. München 2019 [zitiert als: *Herdegen*, Völkerrecht].

Herzberg, Rolf D.: Das Fujimori-Urteil: Zur Beteiligung des Befehlsgebers an den Verbrechen seines Machtapparates, ZIS 2009, S. 576–580.

Heße, Dustin/Klimke, Romy: Die EU-Verordnung zu Konfliktmineralien: Ein stumpfes Schwert?, EuZW 2017, S. 446–450.

Higgins, Rosalyn: Problems and Process. International Law and How We Use It. Oxford 1994 [zitiert als: *Higgins*, P&P].

Hillemanns, Carolin F.: Transnationale Unternehmen und Menschenrechte. Eine Studie zu den ersten beiden Prinzipien des Global Compact. https://opac.nebis.c h/ediss/D-845_002982100.pdf, 2004 (zuletzt aufgerufen am 19.06.2019) (zugl. Diss. Zürich 2004) [zitiert als: *Hillemanns*, Global Compact].

dies.: UN Norms on the Responsibilities of Transnational Corporations and Other Business Enterprises with regard to Human Rights, GLJ 4 (2003), S. 1065–1080.

Hobe, Stephan: Die Zukunft des Völkerrechts im Zeitalter der Globalisierung. Perspektiven der Völkerrechtsentwicklung im 21. Jahrhundert, AVR 37 (1999), S. 253–282.

Holle, Philipp Maximilian: Legalitätskontrolle im Kapitalgesellschafts- und Konzernrecht. Tübingen 2014 (zugl. Diss. Konstanz 2014) [zitiert als: *Holle*, Legalitätskontrolle].

Hommelhoff, Peter: Produkthaftung im Konzern, ZIP 1990, S. 761–771.

Horst, Johan: Shareholder Activism for Human Rights? Aktienrechtliche Instrumente zur (mittelbaren) Durchsetzung von Menschenrechtspflichten auf den Finanzmärkten, in: Markus Krajewski/Miriam Saage-Maaß (Hrsg.), Die Durchsetzung menschenrechtlicher Sorgfaltspflichten von Unternehmen. Zivilrechtliche Haftung und Berichterstattung als Steuerungsinstrumente, Baden-Baden 2018, S. 203–242.

Hörtreiter, Isabel: Die Vereinten Nationen und Wirtschaftsunternehmen – zwischen Kooperation und Kontrolle. Steuerungsformen zur Stärkung menschenrechtlicher Unternehmensverantwortung unter dem Dach der Vereinten Nationen. Frankfurt a.M. u.a. 2007 (zugl. Diss. Dresden 2007) [zitiert als: *Hörtreiter*, Wirtschaftsunternehmen].

Huber, Peter (Hrsg.): Rome II Regulation. Pocket Commentary. München 2011 [zitiert als: *Bearbeiter*, in: Huber].

Hübner, Leonhard: Grundlagen der Haftungsmöglichkeiten im nationalen Zivilrecht, in: Markus Krajewski/Franziska Oehm/Miriam Saage-Maaß (Hrsg.), Zivil- und strafrechtliche Unternehmensverantwortung für Menschenrechtsverletzungen, Berlin, Heidelberg 2018, S. 13–31.

ders.: Human Rights Compliance und Haftung im Außenverhältnis, in: Markus Krajewski/Miriam Saage-Maaß (Hrsg.), Die Durchsetzung menschenrechtlicher Sorgfaltspflichten von Unternehmen. Zivilrechtliche Haftung und Berichterstattung als Steuerungsinstrumente, Baden-Baden 2018, S. 61–86.

Hüffer, Uwe: Compliance im Innen- und Außenrecht der Unternehmen, in: Holger Altmeppen/Hanns Fitz/Heinrich Honsell (Hrsg.), Festschrift für Günter H. Roth zum 70. Geburtstag, München 2011, S. 299–307 [zitiert als: *Hüffer*, in: FS Roth].

ders.: Die leitungsbezogene Verantwortung des Aufsichtsrats, NZG 2007, S. 47–54.

Hüffer, Uwe/Koch, Jens (Hrsg.): Aktiengesetz. 13. Aufl. München 2018 [zitiert als: *Bearbeiter*, in: Hüffer/Koch].

Immenga, Ulrich/Mestmäcker, Ernst-Joachim (Hrsg.): Wettbewerbsrecht. Band 2: GWB. 5. Aufl. München 2014 [zitiert als: *Bearbeiter*, in: Immenga/Mestmäcker].

International Council on Human Rights Policy (ICHRP): Beyond voluntarism. Human rights and the developing international legal obligations of companies. Versoix 2002 [zitiert als: *ICHRP*, Beyond Voluntarism].

Ipsen, Knut (Hrsg.): Völkerrecht. Ein Studienbuch. 7. Aufl. München 2018 [zitiert als: *Bearbeiter*, in: Ipsen].

Jägers, Nicola: The Legal Status of the Multinational Corporation Under International Law, in: Michael K. Addo (Hrsg.), Human Rights Standards and the Responsibility of Transnational Corporations, The Hague u.a. 1999, S. 259–270.

dies.: Will transnational private regulation close the governance gap?, in: Surya Deva/David Bilchitz (Hrsg.), Human Rights Obligations of Business. Beyond the Corporate Responsibility to Respect?, Cambridge 2013, S. 295–328.

Jakobs, Günther: Mittelbare Täterschaft der Mitglieder des Nationalen Verteidigungsrats. Anmerkung zu BGH, Urt. v. 26.7.1994 – 5 StR 98/94, NStZ 1995, S. 26–27.

ders.: Zur Täterschaft des Angeklagten Alberto Fujimori Fujimori, ZIS 2009, S. 572–575.

Jenks, C. Wilfred: Multinational Entities in the Law of Nations, in: Wolfgang Friedmann/Louis Henkin/Oliver Lissitzyn (Hrsg.), Transnational Law in a Changing Society. Essays in honor of Philip C. Jessup, New York, London 1972, S. 70–83.

Joseph, Sarah: An Overview of the Human Rights Accountability of Multinational Enterprises, in: Menno T. Kamminga/Saman Zia-Zarifi (Hrsg.), Liability of multinational corporations under international law, The Hague u.a. 2000, S. 75–93.

dies.: Taming the Leviathans: Multinational Enterprises and Human Rights, NILR 46 (1999), S. 171–203.

Jötten, Sara/Tams, Christian J.: Die Charta der Vereinten Nationen und die Allgemeine Erklärung der Menschenrechte, in: Arnd Pollmann/Georg Lohmann (Hrsg.), Menschenrechte. Ein interdisziplinäres Handbuch, Stuttgart, Weimar 2012, S. 116–122.

Jütte-Overmeyer, Jochen: Caught between two worlds: Erfahrungen westlicher Einzelhandelsunternehmen mit Sozialklauseln in globalen Beschaffungsmärkten, VRÜ 41 (2008), S. 375–386.

Kadner Graziano, Thomas: Anmerkung zu EuGH, Urt. v. 10.12.2015 – C-350/14, RIW 2016, 225, RIW 2016, S. 227–229.

ders.: Das auf außervertragliche Schuldverhältnisse anzuwendende Recht nach Inkrafttreten der Rom II-Verordnung, RabelsZ 73 (2009), S. 1–77.

Kahlenberg, Harald/Heim, Lena: Referentenentwurf der 9. GWB-Novelle: Mehr Effizienz für die private und behördliche Rechtsdurchsetzung, BB 2016, S. 1863–1871.

Kajüter, Peter: Nichtfinanzielle Berichterstattung nach dem CSR-Richtlinie-Umsetzungsgesetz, DB 2017, S. 617–624.

Kaleck, Wolfgang/Saage-Maaß, Miriam: Corporate Accountability for Human Rights Violations Amounting to International Crimes. The Status Quo and its Challenges, JICJ 8 (2010), S. 699–724.

Kälin, Walter/Künzli, Jörg: Universeller Menschenrechtsschutz. Der Schutz des Individuums auf globaler und regionaler Ebene. 4. Aufl. Basel 2019 [zitiert als: *Kälin/Künzli*, Universeller MR-Schutz].

Kaltenborn, Markus/Norpoth, Johannes: Globale Standards für soziale Unternehmensverantwortung. CSR-Leitlinien als neue Regelungsebene des Internationalen Wirtschaftsrechts, RIW 2014, S. 402–410.

Kamminga, Menno T.: Company Responses to Human Rights Reports: An Empirical Analysis, BHRJ 1 (2015), S. 95–110.

ders.: Holding Multinational Corporations Accountable for Human Rights Abuses: A Challenge for the EC, in: Philip Alston (Hrsg.), The EU and Human Rights, Oxford 1999, S. 553–569.

Kasolowsky, Boris/Voland, Thomas: Die OECD-Leitsätze für multinationale Unternehmen und ihre Durchsetzung im Wege von Beschwerdeverfahren vor der nationalen Kontaktstelle, NZG 2014, S. 1288–1292.

Kasper, Tim: Die Sachmangelhaftung des Verkäufers für Werbeaussagen, ZGS 2007, S. 172–181.

Kersting, Christian: Die neue Richtlinie zur privaten Rechtsdurchsetzung im Kartellrecht, WuW 2014, S. 564–575.

ders.: Kartellschadensersatzrecht nach der 9. GWB-Novelle, VersR 2017, S. 581–596.

ders.: Wettbewerbsrechtliche Haftung im Konzern, Der Konzern 2011, S. 445–459.

Kinley, David/Tadaki, Junko: From Talk to Walk: The Emergence of Human Rights Responsibilities at International Law, VaJIntlL 44 (2004), S. 931–1023.

Kleindiek, Detlef: Deliktshaftung und juristische Person. Zugleich zur Eigenhaftung von Unternehmensleitern. Tübingen 1997 (zugl. Habil. Heidelberg 1996/1997) [zitiert als: *Kleindiek*, Deliktshaftung].

Klinger, Remo/Krajewski, Markus/Krebs, David/Hartmann, Constantin: Verankerung menschenrechtlicher Sorgfaltspflichten von Unternehmen im deutschen Recht. Gutachten erstellt im Auftrag von: Ammesty International, Brot für die Welt, Germanwatch, Oxfam Deutschland. https://www.brot-fuer-die-welt.de/fileadmi n/mediapool/2_Downloads/Fachinformationen/Sonstiges/gutachten_sorgfaltspfl icht.pdf, März 2016 (zuletzt aufgerufen am 19.06.2019) [zitiert als: *Klinger et al.*, Sorgfaltspflichten].

Klumpe, Gerhard/Thiede, Thomas: Regierungsentwurf zur 9. GWB-Novelle: Änderungsbedarf aus Sicht der Praxis, BB 2016, S. 3011–3018.

Koch, Jens: Compliance-Pflichten im Unternehmensverbund?, WM 2009, S. 1013–1020.

Kocher, Eva: Corporate Social Responsibility: Eine gelungene Inszenierung?, KJ 2010, S. 29–37.

dies.: Unternehmerische Selbstverpflichtungen im Wettbewerb. Die Transformation von "soft law" in "hard law" durch das Wettbewerbsrecht, GRUR 2005, S. 647–652.

Kocher, Eva/Wenckebach, Johanna: Ein Plädoyer für gesetzliche Pflichten von Unternehmen zur Offenlegung ihrer Arbeits- und Beschäftigungsbedingungen, KJ 2013, S. 18–29.

Koenen, Thomas: Wirtschaft und Menschenrechte. Staatliche Schutzpflichten auf der Basis regionaler und internationaler Menschenrechtsverträge. Berlin 2012 (zugl. Diss. Bochum 2011) [zitiert als: *Koenen*, staatliche Schutzpflichten].

Köhler, Helmut: Mitteilungen über Corporate Social Responsibility – eine geschäftliche Handlung?, in: Reto M. Hilty/Frauke Henning-Bodewig (Hrsg.), Corporate Social Responsibility. Verbindliche Standards des Wettbewerbsrechts?, Heidelberg 2014, S. 161–167.

Köhler, Helmut/Bornkamm, Joachim/Feddersen, Jörn (Hrsg.): Gesetz gegen den unlauteren Wettbewerb. Preisangabenverordnung, Unterlassungsklagengesetz, Dienstleistungs-Informationspflichten-Verordnung. 37. Aufl. München 2019 [zitiert als: *Bearbeiter*, in: Köhler/Bornkamm/Feddersen].

Kokott, Juliane: Grund- und Menschenrechte als Inhalt eines internationalen ordre public, BDGVR 38 (1998), S. 71–111.

Kölner Kommentar zum Aktiengesetz. Band 2/1, §§ 76-94 AktG, herausgegeben von Wolfgang Zöllner/Ulrich Noack. 3. Aufl. Köln u.a. 2010 [zitiert als: *Bearbeiter*, in: KK-AktG].

Kölner Kommentar zum Aktiengesetz. Band 3/2, §§ 142-178 AktG, herausgegeben von Wolfgang Zöllner/Ulrich Noack. 3. Aufl. Köln u.a. 2015 [zitiert als: *Bearbeiter*, in: KK-AktG].

Köndgen, Johannes: Überlegungen zur Fortbildung des Umwelthaftpflichtrechts, UPR 1984, S. 345–356.

Kort, Michael: Compliance-Pflichten und Haftung von GmbH-Geschäftsführern, GmbHR 2013, S. 566–575.

ders.: Compliance-Pflichten von Vorstandsmitgliedern und Aufsichtsratsmitgliedern, in: Stefan Grundmann/Brigitte Haar/Hanno Merkt/Peter O. Mülbert/ Marina Wellenhofer/Harald Baum/Jan von Hein/Thomas von Hippel/Katharina Pistor/Markus Roth/Heike Schweitzer (Hrsg.), Unternehmen, Markt und Verantwortung. Festschrift für Klaus J. Hopt zum 70. Geburtstag am 24. August 2010, Band I, Berlin, New York 2010, S. 983–1003 [zitiert als: *Kort*, in: FS Hopt I].

Kötz, Hein: Deliktshaftung für selbständige Unternehmer, ZEuP 2017, S. 283–309.

Kötz, Hein/Wagner, Gerhard: Deliktsrecht. 13. Aufl. München 2016.

Kreipl, Markus/Müller, Stefan: Ausweitung der Pflichtpublizität um eine Nichtfinanzielle Erklärung. – RegE zur Umsetzung der CSR-Richtlinie –, DB 2016, S. 2425–2428.

Kreutz, Peter: Die zivilrechtliche Verkehrspflichtenhaftung, AL 2011, S. 191–197.

Kroitzsch, Hermann: Sicherheits-DIN-Normen und Anscheinsbeweis, BauR 1994, S. 673–677.

Kroker, Patrick: Menschenrechte in der Compliance, CCZ 2015, S. 120–127.

Kropholler, Jan: Internationales Privatrecht. Einschließlich der Grundbegriffe des Internationalen Zivilverfahrensrechts. 6. Aufl. Tübingen 2006 [zitiert als: *Kropholler*, IPR].

Kropholler, Jan/von Hein, Jan: Europäisches Zivilprozessrecht. Kommentar zu EuGVO, Lugano-Übereinkommen 2007, EuVTVO, EuMVVO und EGFVO. 9. Aufl. Frankfurt a.M. 2011 [zitiert als: *Kropholler/von Hein*, EuZPR].

Künnemann, Rolf: Extraterritorial Application of the International Covenant on Economic, Social and Cultural Rights, in: Fons Coomans/Menno T. Kamminga (Hrsg.), Extraterritorial Application of Human Rights Treaties, Antwerpen, Oxford 2004, S. 201–231.

Landbrecht, Johannes: Anmerkung zum Urteil des EuGH vom 18.07.2013 (Rs. C-147/12), EuZW 2013, 703 – Deliktsgerichtsstand bei Durchgriffshaftung, EuZW 2013, S. 707–708.

Langkeit, Jochen: Garantenpflicht der Mitglieder des Holding-Vorstandes auf Unterbindung von Straftaten der Geschäftsführer von Tochtergesellschaften?, in: Gerhard Dannecker/Winrich Langer/Otfried Ranft/Roland Schmitz/Joerg Brammsen (Hrsg.), Festschrift für Harro Otto. zum 70. Geburtstag am 1. April 2007, Köln u.a. 2007, S. 649–657 [zitiert als: *Langkeit*, in: FS Otto].

Larenz, Karl/Canaris, Claus-Wilhelm: Lehrbuch des Schuldrechts. Zweiter Band, Besonderer Teil, 2. Halbband. 13. Aufl. München 1994 [zitiert als: *Larenz/Canaris*, SchuldR II/2].

Lehmann, Michael: Die Haftung für Werbeangaben nach neuem Schuldrecht, DB 2002, S. 1090–1094.

ders.: Informationsverantwortung und Gewährleistung für Werbeangaben beim Verbrauchsgüterkauf, JZ 2000, S. 280–293.

Leible, Stefan: Rom I und Rom II: neue Perspektiven im europäischen Kollisionsrecht. Referat im Rahmen der Vortragsreihe "Rechtsfragen der Europäischen Integration", Bonn, den 08.12.2008. Bonn 2009 [zitiert als: *Leible*, Rom I und Rom II].

Leible, Stefan/Lehmann, Matthias: Die neue EG-Verordnung über das auf außervertragliche Schuldverhältnisse anzuwendende Recht ("Rom II"), RIW 2007, S. 721–735.

Leipziger Kommentar Strafgesetzbuch. Band 1: Einleitung, §§ 1-31, herausgegeben von Heinrich Wilhelm Laufhütte/Ruth Rissing-van Saan/Klaus Tiedemann. 12. Aufl. Berlin 2007 [zitiert als: *Bearbeiter*, in: LK-StGB].

Lenckner, Theodor: Technische Normen und Fahrlässigkeit, in: Paul Bockelmann/Arthur Kaufmann/Ulrich Klug (Hrsg.), Festschrift für Karl Engisch zum 70. Geburtstag, Frankfurt a.M. 1969, S. 490–508 [zitiert als: *Lenckner*, in: FS Engisch].

Loewenheim, Ulrich/Meessen, Karl M./Riesenkampff, Alexander/Kersting, Christian/ Meyer-Lindemann, Hans Jürgen (Hrsg.): Kartellrecht. 3. Aufl. München 2016 [zitiert als: *Bearbeiter*, in: Loewenheim/Meessen/Riesenkampff/Kersting/Meyer-Lindemann].

Looschelders, Dirk: Die haftungsrechtliche Relevanz außergesetzlicher Verhaltensregeln im Sport, JR 2000, S. 265–274.

ders.: Schuldrecht. Allgemeiner Teil. 16. Aufl. München 2018 [zitiert als: *Looschelders*, SchuldR AT].

ders.: Schuldrecht. Besonderer Teil. 14. Aufl. München 2019 [zitiert als: *Looschelders*, SchuldR BT].

López, Carlos: The 'Ruggie process': from legal obligations to corporate social responsibility?, in: Surya Deva/David Bilchitz (Hrsg.), Human Rights Obligations of Business. Beyond the Corporate Responsibility to Respect?, Cambridge 2013, S. 58–77.

Lorenz, Werner: Produktenhaftung und internationaler "Durchgriff". (zu Österreichischer Oberster Gerichtshof, 17.06.1981, in Sachen V. AG./. Fa G. & R. Co., Juristische Blätter 1982, 257), IPRax 1983, S. 85–86.

Lübbe-Wolf, Gertrude: Verfassungsrechtliche Fragen der Normsetzung und Normkonkretisierung im Umweltrecht, ZG 1991, S. 219–248.

Lüderssen, Klaus: Primäre oder sekundäre Zuständigkeit des Strafrechts?, in: Jörg Arnold/Björn Burkhardt/Walter Gropp/Günter Heine/Hans-Georg Koch/Otto Lagodny/Walter Perron/Susanne Walther (Hrsg.), Menschengerechtes Strafrecht. Festschrift für Albin Eser zum 70. Geburtstag, München 2005, S. 163–180 [zitiert als: *Lüderssen*, in: FS Eser].

Lutter, Marcus: Aufsichtsrat und Sicherung der Legalität im Unternehmen, in: Peter Kindler/Jens Koch/Peter Ulmer/Martin Winter (Hrsg.), Festschrift für Uwe Hüffer zum 70. Geburtstag, München 2010, S. 617–625 [zitiert als: *Lutter*, in: FS Hüffer].

ders.: Konzernphilosophie vs. konzernweite Compliance und konzernweites Risikomanagement, in: Mathias Habersack/Peter Hommelhoff (Hrsg.), Festschrift für Wulf Goette zum 65. Geburtstag, München 2011, S. 289–297 [zitiert als: *Lutter*, in: FS Goette].

ders.: Zur persönlichen Haftung des Geschäftsführers aus deliktischen Schäden im Unternehmen, ZHR 157 (1993), S. 464–482.

Magnus, Ulrich/Mankowski, Peter (Hrsg.): European Commentaries on Private International Law ECPIL. Volume I: Brussel Ibis Regulation. Köln 2016 [zitiert als: *Bearbeiter*, in: Magnus/Mankowski].

Makatsch, Tilman/Mir, Arif Sascha: Die neue EU-Richtlinie zu Kartellschadensersatzklagen – Angst vor der eigenen "Courage"?, EuZW 2015, S. 7–13.

Mangoldt, Hermann v./Klein, Friedrich/Starck, Christian (Hrsg.): Grundgesetz. Band 2, Art. 20-82. 7. Aufl. München 2018 [zitiert als: *Bearbeiter*, in: Mangoldt/Klein/Starck].

Mankowski, Peter: Anmerkung zu EuGH, Urt. v. 10.12.2015 – C 340/10, JZ 2016, 308, JZ 2016, S. 310–313.

ders.: Der Deliktsgerichtsstand am Handlungsort – die unterschätzte Option, in: Rolf A. Schütze (Hrsg.), Fairness Justice Equity. Festschrift für Reinhold Geimer zum 80. Geburtstag, München 2017, S. 429–442 [zitiert als: *Mankowski*, in: FS Geimer].

ders.: Gerichtsbarkeit und internationale Zuständigkeit deutscher Zivilgerichte bei Menschenrechtsverletzungen, in: Bernd von Hoffmann (Hrsg.), Universalität der Menschenrechte. Kulturelle Pluralität, Frankfurt a.M. 2009, S. 139–203.

Mansel, Heinz-Peter: Internationales Privatrecht de lege lata wie de lege ferenda und Menschenrechtsverantwortlichkeit deutscher Unternehmen, ZGR 2018, S. 439–478.

Marburger, Peter: Die haftungs- und versicherungsrechtliche Bedeutung technischer Regeln, VersR 1983, S. 597–608.

ders.: Die Regeln der Technik im Recht. Köln u.a. 1979 (zugl. Habil. Göttingen 1977/1978) [zitiert als: *Marburger*, Regeln der Technik].

ders.: Technische Normen im Recht der technischen Sicherheit, BB Beil. Nr. 4 (zu Heft 6) 1985, S. 16–22.

Mark-Ungericht, Bernhard: Menschenrechte und internationale Geschäftstätigkeit. Positionen und Ansätze zum Umgang mit einer regulativen und diskursiven Kluft, zfwu 2005, S. 324–342.

Martinek, Michael: Repräsentantenhaftung. Die Organhaftung nach § 31 BGB als allgemeines Prinzip der Haftung von Personenverbänden für ihre Repräsentanten – Ein Beitrag zum System der Verschuldenszurechnung -. Berlin 1979 (zugl. Diss. Berlin 1977).

Martinek, Michael/Semler, Franz-Jörg/Flohr, Eckhard (Hrsg.): Handbuch des Vertriebsrechts. 4. Aufl. München 2016 [zitiert als: *Bearbeiter*, in: Martinek/Semler/Flohr].

Massoud, Sophia: "Unternehmen und Menschenrechte" – überzeugende progressive Ansätze mit begrenzter Reichweite im Kontext der Weltwirtschaftsordnung, in: Ralph Nikol/Nina Schniederjahn/Thomas Bernhard (Hrsg.), Transnationale Unternehmen und Nichtregierungsorganisationen im Völkerrecht, Baden-Baden 2013, S. 37–68.

Matthes, Stefanie: Umwelthaftung unter der Rom II-VO, GPR 2011, S. 146–153.

Matusche-Beckmann, Annemarie: Das Organisationsverschulden. Tübingen 2001 (zugl. Habil. Köln 1999) [zitiert als: *Matusche-Beckmann*, Organisationsverschulden].

Maunz/Dürig, Grundgesetz. Kommentar, herausgegeben von Roman Herzog/Rupert Scholz/Matthias Herdegen/Hans H. Klein. 85. Aufl. München November 2018 [zitiert als: *Bearbeiter*, in: Maunz/Dürig, GG].

McLeay, Fiona: Corporate Codes of Conduct and the Human Rights Accountability of Transnational Corporations: A Small Piece of a Larger Puzzle, in: Olivier de Schutter (Hrsg.), Transnational Corporations and Human Rights, Oxford u.a. 2006, S. 219–240.

Meeh-Bunse, Gunther/Hermeling, Anke/Schomaker, Stefan: CSR-Richtlinie: Inhalt und potentielle Auswirkungen auf kleine und mittlere Unternehmen. Berichterstattung von Unternehmen über nichtfinanzielle Leistungsindikatoren, DStR 2016, S. 2769–2773.

Meeran, Richard: Access to remedy: the United Kingdom experience of MNC tort litigation for human rights violations, in: Surya Deva/David Bilchitz (Hrsg.), Human Rights Obligations of Business. Beyond the Corporate Responsibility to Respect?, Cambridge 2013, S. 378–402.

Meier-Greve, Daniel: Vorstandshaftung wegen mangelnder Corporate Compliance, BB 2009, S. 2555–2560.

ders.: Zur Unabhängigkeit des sog. Compliance Officers, CCZ 2010, S. 216–221.

Meißner, Ronald/Leoff, Katharina: Zur Begründung der Haftung juristischer Personen gem. § 826 BGB, DB 2016, S. 2893–2894.

Merkt, Hanno: Compliance und Risikofrüherkennung in kleinen und mittleren Unternehmen, ZIP 2014, S. 1705–1714.

Metz, Martin: Die Entscheidung des Supreme Courts in Kiobel v. Royal Dutch Petroleum – das Ende der US-amerikanischen Human Rights Litigation? – United States Supreme Court No. 10-1491, 17.04.2013 569 U.S.___(2013); 133 S.Ct. 1569 –, WM 2013, S. 2059–2065.

Meyer, Olaf: Korruption im Vertrag. Tübingen 2017 (zugl. Habil. Bremen 2016).

Meyer, Susanne: Compliance-Verantwortlichkeit von Vorstandsmitgliedern – Legalitätsprinzip und Risikomanagement. – Besprechung des Urteils des LG München I vom 10.12.2013 – 5 HK O 1387/10, DB 2014, S. 766 –, DB 2014, S. 1063–1068.

Michl, Fabian: Situativ staatsgleiche Grundrechtsbindung privater Akteure. Zugleich Besprechung von BVerfG, Beschluss vom 11.4.2018 – 1 BvR 3080/09, JZ 2018, S. 910–918.

Mittelsdorf, Kathleen: Zur Reichweite individueller strafrechtlicher Verantwortung im Unternehmen für Fehlverhalten von unterstellten Mitarbeitern, ZIS 2011, S. 123–128.

Mock, Sebastian: Berichterstattung über Corporate Social Responsibility nach dem CSR-Richtlinie-Umsetzungsgesetz, ZIP 2017, S. 1195–1203.

ders.: Die Leitlinien der Europäischen Kommission zur CSR-Berichterstattung, DB 2017, S. 2144–2147.

Mohamed, Jean: Compliance im Konzern. Einführung zur Herleitung einer konzernweiten Pflicht unter Berücksichtigung von Haftungsnormen, JURA 2016, S. 1037–1044.

Muchlinski, Peter: Attempts to Extend the Accountability of Transnational Corporations: The Role of UNCTAD, in: Menno T. Kamminga/Saman Zia-Zarifi (Hrsg.), Liability of multinational corporations under international law, The Hague u.a. 2000, S. 97–117.

ders.: Human rights and multinationals: is there a problem?, IA 77 (2001), S. 31–47.

ders.: Multinational Enterprises and the Law. 2. Aufl. Oxford u.a. 2010 [zitiert als: *Muchlinski*, MNE & Law].

Mülhens, Jörg: Der sogenannte Haftungsdurchgriff im deutschen und englischen Recht. Unterkapitalisierung und Vermögensentzug. Tübingen 2006 (zugl. Diss. Halle 2005) [zitiert als: *Mülhens*, Haftungsdurchgriff].

Müller, Melanie/Paasch, Armin: Wenn nur die Kohle zählt – Deutsche Mitverantwortung für Menschenrechte im südafrikanischen Kohlesektor. https://www.misereor.de/fileadmin/publikationen/studie-wenn-nur-die-kohle-zaehlt.pdf, 2016 (zuletzt aufgerufen am 19.06.2019) [zitiert als: *Müller/Paasch*, Mitverantwortung].

Müller, Stefan/Scheid, Oliver: Konkretisierung der Umsetzung der CSR-Richtlinie im DRS 20 – Erweiterung der Konzernlageberichterstattung durch E-DRÄS 8, BB 2017, S. 1835–1838.

Münchener Handbuch des Gesellschaftsrechts. Band 6: Internationales Gesellschaftsrecht, grenzüberschreitende Umwandlungen, herausgegeben von Stefan Leible/Jochem Reichert. 4. Aufl. München 2013 [zitiert als: *Bearbeiter*, in: MüHB-GesR VI].

Münchener Kommentar zum Aktiengesetz. Band 1: §§ 1-75, herausgegeben von Wulf Goette/Mathias Habersack. 5. Aufl. München 2019 [zitiert als: *Bearbeiter*, in: MüKo-AktG].

Münchener Kommentar zum Aktiengesetz. Band 2: §§ 76-117, MitbestG, DrittelbG, herausgegeben von Wulf Goette/Mathias Habersack. 5. Aufl. München 2019 [zitiert als: *Bearbeiter*, in: MüKo-AktG].

Münchener Kommentar zum Aktiengesetz. Band 3: §§ 118-178, herausgegeben von Wulf Goette/Mathias Habersack. 4. Aufl. München 2018 [zitiert als: *Bearbeiter*, in: MüKo-AktG].

Münchener Kommentar zum Bürgerlichen Gesetzbuch. Band 1: Allgemeiner Teil, §§ 1-240, AllgPersönlR, ProstG, AGG, herausgegeben von Franz Jürgen Säcker/Roland Rixecker/Hartmut Oetker/Bettina Limperg. 8. Aufl. München 2018 [zitiert als: *Bearbeiter*, in: MüKo-BGB].

Münchener Kommentar zum Bürgerlichen Gesetzbuch. Band 2: Schuldrecht – Allgemeiner Teil I, herausgegeben von Franz Jürgen Säcker/Roland Rixecker/Hartmut Oetker/Bettina Limperg. 8. Aufl. München 2019 [zitiert als: *Bearbeiter*, in: MüKo-BGB].

Münchener Kommentar zum Bürgerlichen Gesetzbuch. Band 3: Schuldrecht – Allgemeiner Teil II, herausgegeben von Franz Jürgen Säcker/Roland Rixecker/Hartmut Oetker/Bettina Limperg. 8. Aufl. München 2019 [zitiert als: *Bearbeiter*, in: MüKo-BGB].

Münchener Kommentar zum Bürgerlichen Gesetzbuch. Band 3: Schuldrecht Besonderer Teil, 2. Halbband (§§ 652-853), herausgegeben von Kurt Rebmann/Franz Jürgen Säcker. 2. Aufl. München 1986 [zitiert als: *Bearbeiter*, in: MüKo-BGB, 2. Aufl. 1986].

Münchener Kommentar zum Bürgerlichen Gesetzbuch. Band 4: Schuldrecht – Besonderer Teil I: §§ 433-534, Finanzierungsleasing, CISG, herausgegeben von Franz Jürgen Säcker/Roland Rixecker/Hartmut Oetker/Bettina Limperg. 8. Aufl. München 2019 [zitiert als: *Bearbeiter*, in: MüKo-BGB].

Münchener Kommentar zum Bürgerlichen Gesetzbuch. Band 5: Schuldrecht Besonderer Teil III: §§ 705-853, Partnerschaftsgesellschaftsgesetz, Produkthaftungsgesetz, herausgegeben von Kurt Rebmann/Franz Jürgen Säcker/Roland Rixecker. 3. Aufl. München 1997 [zitiert als: *Bearbeiter*, in: MüKo-BGB, 3. Aufl. 1997].

Münchener Kommentar zum Bürgerlichen Gesetzbuch. Band 5/2, Schuldrecht – Besonderer Teil III/2, herausgegeben von Franz Jürgen Säcker/Roland Rixecker/Hartmut Oetker/Bettina Limperg. 7. Aufl. München 2017 [zitiert als: *Bearbeiter*, in: MüKo-BGB].

Münchener Kommentar zum Bürgerlichen Gesetzbuch. Band 6: Schuldrecht – Besonderer Teil IV: §§ 705-853, Partnerschaftsgesellschaftsgesetz, Produkthaftungsgesetz, herausgegeben von Franz Jürgen Säcker/Roland Rixecker/Hartmut Oetker/Bettina Limperg. 7. Aufl. München 2017 [zitiert als: *Bearbeiter*, in: MüKo-BGB].

Münchener Kommentar zum Bürgerlichen Gesetzbuch. Band 11: Internationales Privatrecht I, Europäisches Kollisionsrecht, Einführungsgesetz zum Bürgerlichen Gesetzbuche (Art. 1-26), herausgegeben von Franz Jürgen Säcker/Roland Rixecker/Hartmut Oetker/Bettina Limperg. 7. Aufl. München 2018 [zitiert als: *Bearbeiter*, in: MüKo-BGB].

Münchener Kommentar zum Bürgerlichen Gesetzbuch. Band 12: Internationales Privatrecht II, Internationales Wirtschaftsrecht, Einführungsgesetz zum Bürgerlichen Gesetzbuche (Art. 50-253), herausgegeben von Franz Jürgen Säcker/Roland Rixecker/Hartmut Oetker/Bettina Limperg. 7. Aufl. München 2018 [zitiert als: *Bearbeiter*, in: MüKo-BGB].

Münchener Kommentar zum Gesetz betreffend die Gesellschaften mit beschränkter Haftung. Band 2: §§ 35-52, herausgegeben von Holger Fleischer/Wulf Goette. 3. Aufl. München 2019 [zitiert als: *Bearbeiter*, in: MüKo-GmbHG].

Münchener Kommentar zum Lauterkeitsrecht. Band 1: Grundlagen des Lauterkeitsrechts, Internationales Wettbewerbs- und Wettbewerbsverfahrensrecht, Das Unionsrecht und die UGP-Richtlinie, Vorabentscheidungsverfahren, §§ 1-4 UWG, herausgegeben von Peter W. Heermann/Jochen Schlinghoff. 2. Aufl. München 2014 [zitiert als: *Bearbeiter*, in: MüKo-UWG].

Münchener Kommentar zum Lauterkeitsrecht. Band 2: §§ 5-20 UWG, herausgegeben von Peter W. Heermann/Jochen Schlinghoff. 2. Aufl. München 2014 [zitiert als: *Bearbeiter*, in: MüKo-UWG].

Münchener Kommentar zum Strafgesetzbuch. Band 1: §§ 1-37 StGB, herausgegeben von Wolfgang Joecks/Klaus Miebach. 3. Aufl. München 2017 [zitiert als: *Bearbeiter*, in: MüKo-StGB].

Münchener Kommentar zum Strafgesetzbuch. Band 3: §§ 80-184j StGB, herausgegeben von Wolfgang Joecks/Klaus Miebach. 3. Aufl. München 2017 [zitiert als: *Bearbeiter*, in: MüKo-StGB].

Münchener Kommentar zum Strafgesetzbuch. Band 4: §§ 185-262, herausgegeben von Wolfgang Joecks/Klaus Miebach. 3. Aufl. München 2017 [zitiert als: *Bearbeiter*, in: MüKo-StGB].

Münchener Kommentar zum Strafgesetzbuch. Band 5: §§ 263-358 StGB, herausgegeben von Wolfgang Joecks/Klaus Miebach. 2. Aufl. München 2014 [zitiert als: *Bearbeiter*, in: MüKo-StGB].

Münchener Kommentar zur Zivilprozessordnung mit Gerichtsverfassungsgesetz und Nebengesetzen. Band 1: §§ 1-354, herausgegeben von Wolfgang Krüger/Thomas Rauscher. 5. Aufl. München 2016 [zitiert als: *Bearbeiter*, in: MüKo-ZPO].

Münchener Kommentar zur Zivilprozessordnung mit Gerichtsverfassungsgesetz und Nebengesetzen. Band 2: §§ 355-945b, herausgegeben von Wolfgang Krüger/Thomas Rauscher. 5. Aufl. München 2016 [zitiert als: *Bearbeiter*, in: MüKo-ZPO].

Münchener Kommentar zur Zivilprozessordnung mit Gerichtsverfassungsgesetz und Nebengesetzen. Band 3: §§ 946-1117, EGZPO, GVG, EGGVG, UKlaG, Internationales und Europäisches Zivilprozessrecht, herausgegeben von Wolfgang Krüger/Thomas Rauscher. 5. Aufl. München 2017 [zitiert als: *Bearbeiter*, in: MüKo-ZPO].

Musielak, Hans-Joachim/Voit, Wolfgang (Hrsg.): Zivilprozessordnung mit Gerichtsverfassungsgesetz. 16. Aufl. München 2019 [zitiert als: *Bearbeiter*, in: Musielak/Voit].

Nietsch, Michael: Geschäftsleiterermessen und Unternehmensorganisation bei der AG. Zur haftungsbegrenzenden Wirkung des § 93 Abs. 1 Satz 2 AktG im Bereich gesetzlicher Pflichtaufgaben unter besonderer Berücksichtigung von Compliance, ZGR 2015, S. 631–666.

ders.: Nachhaltigkeitsberichterstattung im Unternehmensbereich ante portas – der Regierungsentwurf des CSR-Richtlinie-Umsetzungsgesetzes, NZG 2016, S. 1330–1335.

Nolan, Justine: The corporate responsibility to respect human rights: soft law or not law?, in: Surya Deva/David Bilchitz (Hrsg.), Human Rights Obligations of Business. Beyond the Corporate Responsibility to Respect?, Cambridge 2013, S. 138–161.

Nomos Kommentar Strafgesetzbuch. Band 1, herausgegeben von Urs Kindhäuser/ Ulfrid Neumann/Hans-Ullrich Paeffgen. 5. Aufl. Baden-Baden 2017 [zitiert als: *Bearbeiter*, in: NK-StGB].

Nomos-Kommentar BGB. Band 1: Allgemeiner Teil, EGBGB, herausgegeben von Thomas Heidel/Rainer Hüßtege/Heinz-Peter Mansel/Ulrich Noack. 3. Aufl. Baden-Baden 2016 [zitiert als: *Bearbeiter*, in: NK-BGB].

Nomos-Kommentar BGB. Band 2/1: Schuldrecht: §§ 241-610, herausgegeben von Barbara Dauner-Lieb/Werner Langen. 3. Aufl. Baden-Baden 2016 [zitiert als: *Bearbeiter*, in: NK-BGB].

Nomos-Kommentar BGB. Band 2/2: Schuldrecht: §§ 611-853, herausgegeben von Barbara Dauner-Lieb/Werner Langen. 3. Aufl. Baden-Baden 2016 [zitiert als: *Bearbeiter*, in: NK-BGB].

Nomos-Kommentar BGB. Band 6: Rom I, Rom II, Rom III, EuGüVO/EuPartVO, HUP, EuErbVO, herausgegeben von Rainer Hüßtege/Heinz-Peter Mansel. 3. Aufl. Baden-Baden 2019 [zitiert als: *Bearbeiter*, in: NK-BGB].

Nordhues, Sophie: Die Haftung der Muttergesellschaft und ihres Vorstands für Menschenrechtsverletzungen im Konzern. Eine Untersuchung de lege lata und de lege ferenda. Baden-Baden 2019 (zugl. Diss. Berlin 2018) [zitiert als: *Nordhues*, Haftung Muttergesellschaft].

dies.: Haftungsgrundlagen und -maßstäbe für Menschenrechtsverletzungen im Mutter-Tochter-Verhältnis, in: Markus Krajewski/Miriam Saage-Maaß (Hrsg.), Die Durchsetzung menschenrechtlicher Sorgfaltspflichten von Unternehmen. Zivilrechtliche Haftung und Berichterstattung als Steuerungsinstrumente, Baden-Baden 2018, S. 125–162.

Nowak, Manfred: Einführung in das internationale Menschenrechtssystem. Wien, Graz 2002 [zitiert als: *Nowak*, Menschenrechtssystem].

Nowrot, Karsten: Die "UN-Norms on the responsibility of transnational corporations and other business enterprises with regard to human rights". Gelungener Beitrag zur transnationalen Rechtsverwirklichung oder das Ende des Global Compact? Halle (Saale) 2003 [zitiert als: *Nowrot*, UN-Norms].

ders.: Nun sag, wie hast du's mit den Global Players? Fragen an die Völkerrechtsgemeinschaft zur internationalen Rechtsstellung transnationaler Unternehmen, FW 79 (2004), S. 119–150.

Oehler, Wolfgang: Produzentenhaftung im Konzern – Deliktsrecht und Haftungsbeschränkung, ZIP 1990, S. 1445–1455.

Oellers-Frahm, Karin: Comment: The erga omnes Applicability of Human Rights, AVR 30 (1992), S. 28–37.

Ohly, Ansgar/Liebenau, Diana: Corporate Social Responsibility: unmittelbare Beurteilung auf Grundlage der lauterkeitsrechtlichen Generalklausel?, in: Reto M. Hilty/Frauke Henning-Bodewig (Hrsg.), Corporate Social Responsibility. Verbindliche Standards des Wettbewerbsrechts?, Heidelberg 2014, S. 197–209.

Ohly, Ansgar/Sosnitza, Olaf (Hrsg.): Gesetz gegen den unlauteren Wettbewerb mit Preisangabenverordnung. Kommentar. 7. Aufl. München 2016 [zitiert als: *Bearbeiter*, in: Ohly/Sosnitza].

Oppenheim, Robert: Die Pflicht des Vorstands zur Einrichtung einer auf Dauer angelegten Compliance-Organisation. Zugleich Besprechung von LG München I, Urteil vom 10.12.2013, 5 HK 1387/10 (n. rkr.), DStR 2014, S. 1063–1065.

Osieka, Gesine: Zivilrechtliche Haftung deutscher Unternehmen für menschenrechtsbeeinträchtigende Handlungen ihrer Zulieferer. Frankfurt a.M. 2014 (zugl. Diss. Hamburg 2013) [zitiert als: *Osieka*, Zivilrechtliche Haftung].

Otto, Harro: Die strafrechtliche Verantwortung für die Verletzung von Sicherungspflichten im Unternehmen, in: Andreas Hoyer/Henning Ernst Müller/Michael Pawlik/Jürgen Wolter (Hrsg.), Festschrift für Friedrich-Christian Schroeder zum 70. Geburtstag, Heidelberg 2006, S. 339–356 [zitiert als: *Otto*, in: FS Schroeder].

ders.: Täterschaft kraft organisatorischen Machtapparates, JURA 2001, S. 753–759.

Paefgen, Walter G.: "Compliance" als gesellschaftsrechtliche Organpflicht?, WM 2016, S. 433–444.

Paust, Jordan J.: Human Rights Responsibilities of Private Corporations, VJTL 35 (2001), S. 801–825.

Peifer, Karl-Nikolaus: Die Haftung des Verkäufers für Werbeangaben, JR 2001, S. 265–270.

Petermann, Stefan: Betriebliche Gefahren als Grundlage einer Überwachungsgarantenstellung des Betriebsinhabers – Einige Überlegungen aus Anlaß des 'Geschäftsherrenhaftung'-Urteils (BGHSt 57, 42), in: Klaus Lüderssen/Klaus Volk/Eberhard Wahle (Hrsg.), Festschrift für Wolf Schiller zum 75. Geburtstag am 12. Januar 2014, Baden-Baden 2014, S. 538–546 [zitiert als: *Petermann*, in: FS Schiller].

Peters, Anne: Jenseits der Menschenrechte. Die Rechtsstellung des Individuums im Völkerrecht. Tübingen 2014 [zitiert als: *Peters*, Jenseits der Menschenrechte].

Petrasincu, Alex: Überblick über die 9. GWB-Novelle, WRP 2017, S. 921–927.

Pfister, Bernhard: Autonomie des Sports, sport-typisches Verhalten und staatliches Recht, in: Bernhard Pfister/Michael R. Will (Hrsg.), Festschrift für Werner Lorenz zum siebzigsten Geburtstag, Tübingen 1991, S. 171–192 [zitiert als: *Pfister*, in: FS Lorenz].

Pförtner, Friederike: Menschenrechtliche Sorgfaltspflichten für Unternehmen – eine Betrachtung aus kollisionsrechtlicher Perspektive, in: Markus Krajewski/Miriam Saage-Maaß (Hrsg.), Die Durchsetzung menschenrechtlicher Sorgfaltspflichten von Unternehmen. Zivilrechtliche Haftung und Berichterstattung als Steuerungsinstrumente, Baden-Baden 2018, S. 311–331.

Platzer, Hans-Wolfgang/Rüb, Stefan: Internationale Rahmenvereinbarungen. Ein Instrument zur Durchsetzung sozialer Menschenrechte? http://library.fes.de/pdf-fil es/iez/10357.pdf, November 2013 (zuletzt aufgerufen am 19.06.2019) [zitiert als: *Platzer/Rüb*, Rahmenvereinbarungen].

Prütting, Hanns/Wegen, Gerhard/Weinreich, Gerd (Hrsg.): Bürgerliches Gesetzbuch. Kommentar. 13. Aufl. Köln 2018 [zitiert als: *Bearbeiter*, in: Prütting/Wegen/Weinreich].

Raab, Thomas: Die Bedeutung der Verkehrspflichten und ihre systematische Stellung im Deliktsrecht, JuS 2002, S. 1041–1048.

Ransiek, Andreas: Unternehmensstrafrecht. Strafrecht, Verfassungsrecht, Regelungs-
alternativen. Heidelberg 1996 (zugl. Habil. Bielefeld 1994).

ders.: Zur deliktischen Eigenhaftung des GmbH-Geschäftsführers aus strafrechtlicher Sicht, ZGR 1992, S. 203–231.

ders.: Zur strafrechtlichen Verantwortung des Compliance-Officers, AG 2010,
S. 147–153.

Ratner, Steven R.: Corporations and Human Rights: A Theory of Legal Responsibility, YaleLJ 111 (2001), S. 443–545.

Rauscher, Thomas (Hrsg.): Europäisches Zivilprozess- und Kollisionsrecht
EuZPR / EuIPR Kommentar. Band I: Brüssel Ia-VO. 4. Aufl. Köln 2016 [zitiert
als: *Bearbeiter*, in: Rauscher].

ders.: Europäisches Zivilprozess- und Kollisionsrecht EuZPR / EuIPR Kommentar.
Band III: Rom I-VO, Rom II-VO. 4. Aufl. Köln 2016 [zitiert als: *Bearbeiter*, in:
Rauscher].

ders.: Internationales Privatrecht. Mit internationalem Verfahrensrecht. 5. Aufl.
Heidelberg 2017 [zitiert als: *Rauscher*, IPR].

Rehbinder, Eckard: Konzernaußenrecht und allgemeines Privatrecht. Eine rechtsvergleichende Untersuchung nach deutschem und amerikanischem Recht. Bad
Homburg v.d.H. u.a. 1969 (zugl. Habil. Frankfurt a. M. 1968) [zitiert als: *Rehbinder*, Konzernaußenrecht].

ders.: Unternehmenspublizität im Zeichen sozialer Verantwortung der Unternehmen. Zur CSR-Richtlinie der Europäischen Union, in: Helmut Siekmann
(Hrsg.), Festschrift für Theodor Baums zum siebzigsten Geburtstag. Band II, Tübingen 2017, S. 959–974 [zitiert als: *Rehbinder*, in: FS Baums II].

Reichert, Jochem/Ott, Nicolas: Die Zuständigkeit von Vorstand und Aufsichtsrat zur
Aufklärung von Non Compliance in der AG, NZG 2014, S. 241–251.

Reimann, Mathias: Das Ende der Menschenrechtsklagen vor den amerikanischen
Gerichten? (zu U.S. Supreme Court, 17.4.2013 – 10-1491 – Kiobel et al. v. Royal
Dutch Petroleum Co. et al.), IPRax 2013, S. 455–462.

Reinicke, Dietrich/Tiedtke, Klaus: Kaufrecht. Einschließlich Abzahlungsgeschäfte,
Allgemeine Geschäftsbedingungen, Eigentumsvorbehalt, Factoring, Fernabsatz-
verträge und elektronischer Geschäftsverkehr, finanzierte Kaufverträge, Haus-
türgeschäfte, Leasing, Pool-Vereinbarungen, Produzentenhaftung, Teilzeit-
Wohnrechteverträge (Time-Sharing), UN-Kaufrecht und Verbrauchsgüterkauf-
verträge. 8. Aufl. Köln u.a. 2009.

Reinisch, August: The Changing International Legal Framework for Dealing with
Non-State Actors, in: Philip Alston (Hrsg.), Non-State Actors and Human
Rights, Oxford 2005, S. 37–89.

Rengier, Rudolf: Strafrecht Allgemeiner Teil. 10. Aufl. München 2018 [zitiert als:
Rengier, StrafR AT].

Reuter, Alexander: Rückbau oder Ausbau der Managerhaftung? Eine Befundung im
Licht der neueren Rechtsprechung und der Unternehmenspraxis, ZIP 2016,
S. 597–607.

Reynolds, Lauren/Zimmer, Mark: Die Einschränkung der extraterritorialen Zuständigkeit amerikanischer Gerichte durch den US Supreme Court, RIW 2013, S. 509–515.

Riedel, Eibe: Der internationale Menschenrechtsschutz. Eine Einführung, in: Bundeszentrale für politische Bildung (Hrsg.), Menschenrechte. Dokumente und Deklarationen. 4. Aufl., Bonn 2004, S. 11–40.

Rogall, Klaus: Dogmatische und kriminalpolitische Probleme der Aufsichtspflichtverletzung in Betrieben und Unternehmen (§ 130 OWiG), ZStW 98 (1986), S. 573–623.

Röhl, Klaus F./Röhl, Hans-Christian: Allgemeine Rechtslehre. Ein Lehrbuch. 3. Aufl. Köln u.a. 2008 [zitiert als: *Röhl/Röhl*, Allg. Rechtslehre].

Rönnau, Thomas/Schneider, Frédéric: Der Compliance-Beauftragte als strafrechtlicher Garant. Überlegungen zum BGH-Urt. v. 17.7.2009 – 5 StR 294/08, ZIP 2009, 1867, ZIP 2010, S. 53–61.

Röthel, Anne: Normkonkretisierung im Privatrecht. Tübingen 2004 (zugl. Habil. Erlangen-Nürnberg 2003) [zitiert als: *Röthel*, Normkonkretisierung].

Roth-Mingram, Berrit: Corporate Social Responsibility (CSR) durch eine Ausweitung der nichtfinanziellen Informationen von Unternehmen, NZG 2015, S. 1341–1346.

Rotsch, Thomas (Hrsg.): Criminal Compliance. Handbuch. Baden-Baden 2015 [zitiert als: *Bearbeiter*, in: Rotsch].

Rott, Peter/Ulfbeck, Vibe: Supply Chain Liability of Multinational Corporations?, ERPL 2015, S. 415–436.

Roxin, Claus: Anmerkung zu BGH, Urt. v. 20.10.2011 – 4 StR 71/11, JR 2012, S. 305–308.

ders.: Strafrecht Allgemeiner Teil. Band II: Besondere Erscheinungsformen der Straftat. München 2003 [zitiert als: *Roxin*, StrafR AT II].

ders.: Straftaten im Rahmen organisatorischer Machtapparate, GA 1963, S. 193–207.

ders.: Täterschaft und Tatherrschaft. 9. Aufl. Berlin, Boston 2015 [zitiert als: *Roxin*, Täterschaft und Tatherrschaft].

ders.: Zur neuesten Diskussion über die Organisationsherrschaft, GA 2012, S. 395–415.

Rudkowski, Lena: Einführung in das Schiedsverfahrensrecht, JuS 2013, S. 398–402.

Rüthers, Bernd/Fischer, Christian/Birk, Axel: Rechtstheorie. mit Juristischer Methodenlehre. 10. Aufl. München 2018.

Saage-Maaß, Miriam: Arbeitsbedingungen in der globalen Zulieferkette. Wie weit reicht die Verantwortung deutscher Unternehmen? http://library.fes.de/pdf-files/iez/08651.pdf, November 2011 (zuletzt aufgerufen am 19.06.2019) [zitiert als: *Saage-Maaß*, Arbeitsbedingungen].

dies.: Geschäft ist Geschäft? Zur Haftung von Unternehmen wegen der Förderung staatlicher Menschenrechtsverletzungen, KJ 2010, S. 54–61.

dies.: Menschenrechte und transnationale Unternehmen – werden die bestehende Menschenrechtskonzeption und Rechtsmittel den Realitäten gerecht?, in: Hans Jörg Sandkühler (Hrsg.), Menschenrechte in die Zukunft denken. 60 Jahre Allgemeine Erklärung der Menschenrechte, Baden-Baden 2009, S. 159–180.

dies.: Transnationale Unternehmen im nationalen und internationalen Recht, zfmr 2009, S. 102–122.

dies.: Unternehmen zur Verantwortung ziehen. Erfahrungen aus transnationalen Menschenrechtsklagen (Stellungnahme im Rahmen der öffentlichen Anhörung des Ausschusses für wirtschaftliche Zusammenarbeit und Entwicklung am 22.04.2015) [zitiert als: *Saage-Maaß*, Stellungnahme].

Saage-Maaß, Miriam/Klinger, Remo: Unternehmen vor Zivilgerichten wegen der Verletzung von Menschenrechten – Ein Bericht aus der deutschen und internationalen Praxis, in: Markus Krajewski/Franziska Oehm/Miriam Saage-Maaß (Hrsg.), Zivil- und strafrechtliche Unternehmensverantwortung für Menschenrechtsverletzungen, Berlin, Heidelberg 2018, S. 249–266.

Saage-Maaß, Miriam/Leifker, Maren: Haftungsrisiken deutscher Unternehmen und ihres Managements für Menschenrechtsverletzungen im Ausland, BB 2015, S. 2499–2504.

Sachs, Michael (Hrsg.): Grundgesetz. 8. Aufl. München 2018 [zitiert als: *Bearbeiter*, in: Sachs].

Sandkühler, Hans Jörg: Menschenrechte in die Zukunft denken. Zur Einführung, in: Hans Jörg Sandkühler (Hrsg.), Menschenrechte in die Zukunft denken. 60 Jahre Allgemeine Erklärung der Menschenrechte, Baden-Baden 2009, S. 15–34.

Sandrock, Otto: Ausländische Unternehmen wegen Menschenrechtsverletzungen und Umweltverstößen vor US-amerikanischen Gerichten. Entwarnung für Klagen nach dem Alien Tort Claims Act von 1789?, RIW 2013, S. 497–508.

Sauvant, Karl P.: The Negotiations of the United Nations Code of Conduct on Transnational Corporations, JWIT 16 (2015), S. 11–87.

Schäfer, Hans-Bernd/Ott, Claus: Lehrbuch der ökonomischen Analyse des Zivilrechts. 5. Aufl. Berlin, Heidelberg 2012 [zitiert als: *Schäfer/Ott*, ökonomische Analyse].

Schall, Alexander: Die Mutter-Verantwortlichkeit für Menschenrechtsverletzungen ihre Auslandstöchter, ZGR 2018, S. 479–512.

Schall, Hero: Grund und Grenzen der strafrechtlichen Geschäftsherrenhaftung, in: Klaus Rogall/Ingeborg Puppe/Ulrich Stein/Jürgen Wolter (Hrsg.), Festschrift für Hans-Joachim Rudolphi zum 70. Geburtstag, Neuwied 2004, S. 267–283 [zitiert als: *Schall*, in: FS Rudolphi].

Schirmer, Jan-Erik: Abschied von der "Baustoff-Rechtsprechung" des VI. Zivilsenats?, NJW 2012, S. 3398–3400.

ders.: Das Körperschaftsdelikt. Tübingen 2015 (zugl. Diss. Berlin 2015) [zitiert als: *Schirmer*, Körperschaftsdelikt].

Schlösser, Jan: Soziale Tatherrschaft. Ein Beitrag zur Frage der Täterschaft in organisatorischen Machtapparaten. Berlin 2004 (zugl. Diss. Gießen 2002) [zitiert als: *Schlösser*, Soziale Tatherrschaft].

Schlüter, Maximilian: Einführung in das Schiedsverfahrensrecht, JURA 2016, S. 1115–1124.

Schmalenbach, Kirsten: Multinationale Unternehmen und Menschenrechte, AVR 39 (2001), S. 57–81.

Schmidt, Karsten: Gesellschaftsrecht. 4. Aufl. Köln u.a. 2002 [zitiert als: *Schmidt*, GesR].

ders.: Zur Durchgriffsfestigkeit der GmbH. Grenzen der Gesellschafter- und Geschäftsführerhaftung gegenüber Dritten nach dem BGH-Urteil vom 13. April 1994, ZIP 1994, 867, ZIP 1994, S. 837–844.

Schmidt-Bleibtreu, Bruno/Hofmann, Hans/Henneke, Hans-Günter (Hrsg.): Kommentar zum Grundgesetz. 14. Aufl. Köln 2018 [zitiert als: *Bearbeiter*, in: Schmidt-Bleibtreu/Hofmann/Henneke].

Schmidt-Preuß, Matthias: Normierung und Selbstnormierung aus der Sicht des Öffentlichen Rechts, ZLR 1997, S. 249–267.

Schneider, Hendrik/Gottschaldt, Peter: Offene Grundsatzfragen der strafrechtlichen Verantwortlichkeit von Compliance-Beauftragten in Unternehmen, ZIS 2011, S. 573–577.

Schneider, Uwe H.: Compliance als Aufgabe der Unternehmensleitung, ZIP 2003, S. 645–650.

ders.: Compliance im Konzern, NZG 2009, S. 1321–1326.

ders.: Die Überlagerung des Konzernrechts durch öffentlich-rechtliche Strukturnormen und Organisationspflichten. – Vorüberlegungen zu "Compliance im Konzern" –, ZGR 1996, S. 225–246.

ders.: Konflikte zwischen Unternehmensleitung und Aufsichtsrat über Compliance, ZIP Beil. zu Heft 22 2016, S. 70–73.

Schneider, Uwe H./Schneider, Sven H.: Konzern-Compliance als Aufgabe der Konzernleitung, ZIP 2007, S. 2061–2065.

Schniederjahn, Nina: Access to Effective Remedies for Individuals against Corporate-Related Human Rights Violations, in: Ralph Nikol/Nina Schniederjahn/ Thomas Bernhard (Hrsg.), Transnationale Unternehmen und Nichtregierungsorganisationen im Völkerrecht, Baden-Baden 2013, S. 101–115.

Scholz, Franz (Hrsg.): Kommentar zum GmbH-Gesetz mit Anhang Konzernrecht. Band 2: §§ 35-52, Anh. § 45 Gesellschafterversammlung und Gesellschafterkompetenzen in der GmbH & Co. KG. 11. Aufl. Köln 2014 [zitiert als: *Bearbeiter*, in: Scholz].

Schönke, Adolf/Schröder, Horst (Hrsg.): Strafgesetzbuch Kommentar. 30. Aufl. München 2019 [zitiert als: *Bearbeiter*, in: Schönke/Schröder].

Schrader, Christian: Nachhaltigkeit im Unternehmen. Verrechtlichung von Corporate Social Responsibility (CSR), ZUR 2013, S. 451–458.

Schroeder, Friedrich-Christian: Der Sprung des Täters hinter dem Täter aus der Theorie in die Praxis. – Zugleich Besprechungsaufsatz zum Urteil des BGH v. 26.7.94 – 5 StR 98/94, JR 1995, S. 177–180.

ders.: Der Täter hinter dem Täter. Ein Beitrag zur Lehre von der mittelbaren Täterschaft. Berlin 1965 (zugl. Diss. München 1962) [zitiert als: *Schroeder*, Täter hinter dem Täter].

ders.: Tatbereitschaft gegen Fungibilität, ZIS 2009, 569-571.

Schroeder, Werner: Freihandelsabkommen und Demokratieprinzip – Eine Untersuchung zur parlamentarischen Legitimation gemischter Verträge, EuR 2018, S. 119–139.

Schünemann, Bernd: Unternehmenskriminalität und Strafrecht. Eine Untersuchung der Verantwortlichkeit der Unternehmen und ihrer Führungskräfte nach geltendem und geplantem Straf- und Ordnungswidrigkeitenrecht. Köln u.a. 1979 [zitiert als: *Schünemann*, Unternehmenskriminalität].

ders.: Unzulänglichkeiten des Fahrlässigkeitsdelikts in der modernen Industriegesellschaft. – Eine Bestandsaufnahme –, in: Eva Graul/Gerhard Wolf (Hrsg.), Gedächtnisschrift für Dieter Meurer, Berlin 2002, S. 37–63 [zitiert als: *Schünemann*, in: GS Meurer].

Schwab, Martin: Wissenszurechnung in arbeitsteiligen Organisationen, JuS 2017, S. 481–490.

Segger, Sören: Europäisches Haftungsmodell für Menschenrechtsverletzungen von Unternehmen?, in: Markus Krajewski/Miriam Saage-Maaß (Hrsg.), Die Durchsetzung menschenrechtlicher Sorgfaltspflichten von Unternehmen. Zivilrechtliche Haftung und Berichterstattung als Steuerungsinstrumente, Baden-Baden 2018, S. 21–59.

Seibt, Christoph H.: CSR-Richtlinie-Umsetzungsgesetz: Berichterstattung über nichtfinanzielle Aspekte der Geschäftstätigkeit. – Neues Element des Corporate Reputation Management –, DB 2016, S. 2707–2716.

Seibt, Christoph H./Cziupka, Johannes: 20 Thesen zur Compliance-Verantwortung im System der Organhaftung aus Anlass des Siemens/Neubürger-Urteils LG München I vom 10.12.2013 – 5 HK O 1387/10, DB 2014 S. 766, DB 2014, S. 1598–1602.

Shue, Henry: Basic Rights. Subsistence, Affluence, and U.S. Foreign Policy. Princeton 1980 [zitiert als: *Shue*, Basic Rights].

Simon, Stefan/Merkelbach, Matthias: Organisationspflichten des Vorstands betreffend das Compliance-System – Der Neubürger-Fall. Kommentar zu LG München I v. 10.12.2013 – 5 HK O 1387/10, AG 2014, 332, AG 2014, S. 318–321.

Simons, Cornelius: Corporate Social Responsibility und globales Wirtschaftsrecht. – Rechtspolitisches Impulsreferat –, ZGR 2018, S. 316–333.

Singhof, Bernd/Schneider, Jens: Zweigeteilter Sicherheitsstandard in den Technischen Regeln für Überkopfverglasungen? – Überlegungen zur Bedeutung von technischen Regeln für die zivilrechtliche und bautechnische Praxis –, BauR 1999, S. 465–477.

Skogly, Sigrun I./Gibney, Mark: Transnational Human Rights Obligations, HRQ 24 (2002), S. 781–798.

Smets, Christoph: Die Stadionverbotsentscheidung des BVerfG und die Umwälzung der Grundrechtssicherung auf Private, NVwZ 2019, S. 34–37.

Soergel, Theodor (Hrsg.): Bürgerliches Gesetzbuch mit Einführungsgesetz und Nebengesetzen. Band 3/2: Schuldrecht 1/2, §§ 243-304. 13. Aufl. Stuttgart 2014 [zitiert als: *Bearbeiter*, in: Soergel].

ders.: Bürgerliches Gesetzbuch mit Einführungsgesetz und Nebengesetzen. Band 12: Schuldrecht 10, §§ 823-853, ProdHG, UmweltHG. 13. Aufl. Stuttgart 2005 [zitiert als: *Bearbeiter*, in: Soergel].

Sonnenberger, Hans Jürgen: Grundfragen des technischen Normwesens, BB Beil. Nr. 4 (zu Heft 6) 1985, S. 3–9.

Sonnentag, Michael: Zur Europäisierung des Internationalen außervertraglichen Schuldrechts durch die geplante Rom II-VO, ZVglRWiss 105 (2006), S. 256–312.

Sornarajah, Muthucumaraswamy: The International Law on Foreign Investment. 2. Aufl. Cambridge u.a. 2004 [zitiert als: *Sornarajah*, Foreign Investment].

Spickhoff, Andreas: Die Grundstruktur der deliktischen Verschuldenshaftung, JuS 2016, S. 865–872.

ders.: Gesetzesverstoß und Haftung. Köln u.a. 1998 (zugl. Habil. Göttingen 1996) [zitiert als: *Spickhoff*, Gesetzesverstoß].

Spießhofer, Birgit: Die neue europäische Richtlinie über die Offenlegung nichtfinanzieller Informationen – Paradigmenwechsel oder Papiertiger?, NZG 2014, S. 1281–1287.

dies.: Unternehmerische Verantwortung, in: Hanno E. Kube/Gerd Morgenthaler/ Rudolf Mellinghoff/Ulrich Palm/Thomas Puhl/Christian Seiler (Hrsg.), Leitgedanken des Rechts. Paul Kirchhof zum 70. Geburtstag Band II: Staat und Bürger, Heidelberg, Hamburg 2013, § 113 [zitiert als: *Spießhofer*, in: FS Paul Kirchhof].

dies.: Wirtschaft und Menschenrechte – rechtliche Aspekte der Corporate Social Responsibility, NJW 2014, S. 2473–2479.

Spießhofer, Birgit/Graf von Westphalen, Friedrich: Corporate Social Responsibility und AGB-Recht, BB 2015, S. 75–82.

Spindler, Gerald: Compliance im Gesellschaftsrecht, RW 2013, S. 292–325.

ders.: Unternehmensorganisationspflichten. Zivilrechtliche und öffentlich-rechtliche Regelungskonzepte. 2. Aufl. Göttingen 2011 (zugl. Habil. Frankfurt 1996).

Spindler, Gerald/Stilz, Eberhard (Hrsg.): Kommentar zum Aktiengesetz. Band 1: §§ 1-149. 4. Aufl. München 2019 [zitiert als: *Bearbeiter*, in: Spindler/Stilz].

dies.: Kommentar zum Aktiengesetz. Band 2: §§ 150-410, SpruchG, SE-VO. 4. Aufl. München 2019 [zitiert als: *Bearbeiter*, in: Spindler/Stilz].

Spring, Patrick: Die Garantenstellung des Compliance Officers oder: Neues zur Geschäftsherrenhaftung. Zugleich Besprechung von BGH, Urteil vom 17.7.2009, GA 2010, S. 222–227.

ders.: Die strafrechtliche Geschäftsherrenhaftung. Unterlassungshaftung betrieblich Vorgesetzter für Straftaten Untergebener. Hamburg 2009 (zugl. Diss. Passau 2009) [zitiert als: *Spring*, Geschäftsherrenhaftung].

Staudinger, Ansgar: Anmerkung zu EuGH, Urt. v. 10.12.2015 – C 350/14, Lazar/Allianz SpA, NJW 2016, 466, NJW 2016, S. 468.

Staudinger, Julius von (Hrsg.): Kommentar zum Bürgerlichen Gesetzbuch mit Einführungsgesetz und Nebengesetzen. Allgemeiner Teil: §§ 90-240. 12. Aufl. Berlin 1980 [zitiert als: *Bearbeiter*, in: Staudinger].

ders.: Kommentar zum Bürgerlichen Gesetzbuch mit Einführungsgesetz und Nebengesetzen. Buch 1: Allgemeiner Teil: Einleitung zum BGB, §§ 1-14; VerschG (Natürliche Personen, Verbraucher, Unternehmer). Berlin 2018 [zitiert als: *Bearbeiter*, in: Staudinger].

ders.: Kommentar zum Bürgerlichen Gesetzbuch mit Einführungsgesetz und Nebengesetzen. Buch 1: Allgemeiner Teil: §§ 90-124; 130-133 (Sachen und Tiere, Geschäftsfähigkeit, Willenserklärung). Berlin 2017 [zitiert als: *Bearbeiter*, in: Staudinger].

ders.: Kommentar zum Bürgerlichen Gesetzbuch mit Einführungsgesetz und Nebengesetzen. Buch 1: Allgemeiner Teil: §§ 139-163 (Allgemeiner Teil 4b). Berlin 2015 [zitiert als: *Bearbeiter*, in: Staudinger].

ders.: Kommentar zum Bürgerlichen Gesetzbuch mit Einführungsgesetz und Nebengesetzen. Buch 1: Allgemeiner Teil: §§ 164-240 (Allgemeiner Teil 5). Berlin 2014 [zitiert als: *Bearbeiter*, in: Staudinger].

ders.: Kommentar zum Bürgerlichen Gesetzbuch mit Einführungsgesetz und Nebengesetzen. Buch 2: Recht der Schuldverhältnisse: §§ 249-254 (Schadensersatzrecht). Berlin 2017 [zitiert als: *Bearbeiter*, in: Staudinger].

ders.: Kommentar zum Bürgerlichen Gesetzbuch mit Einführungsgesetz und Nebengesetzen. Buch 2: Recht der Schuldverhältnisse: §§ 255-304 (Leistungsstörungsrecht 1). Berlin 2014 [zitiert als: *Bearbeiter*, in: Staudinger].

ders.: Kommentar zum Bürgerlichen Gesetzbuch mit Einführungsgesetz und Nebengesetzen. Buch 2: Recht der Schuldverhältnisse: §§ 328-345 (Vertrag zugunsten Dritter, Draufgabe, Vertragsstrafe). Berlin 2015 [zitiert als: *Bearbeiter*, in: Staudinger].

ders.: Kommentar zum Bürgerlichen Gesetzbuch mit Einführungsgesetz und Nebengesetzen. Buch 2: Recht der Schuldverhältnisse: §§ 433-480 (Kaufrecht). Berlin 2014 [zitiert als: *Bearbeiter*, in: Staudinger].

ders.: Kommentar zum Bürgerlichen Gesetzbuch mit Einführungsgesetz und Nebengesetzen. Buch 2: Recht der Schuldverhältnisse: §§ 823 A-D (Unerlaubte Handlungen 1 – Rechtsgüter und Rechte; Persönlichkeitsrecht; Gewerbebetrieb). Berlin 2017 [zitiert als: *Bearbeiter*, in: Staudinger].

ders.: Kommentar zum Bürgerlichen Gesetzbuch mit Einführungsgesetz und Nebengesetzen. Buch 2: Recht der Schuldverhältnisse: §§ 823 E-I, 824, 825 (Unerlaubte Handlungen 1, Teilband 2). Berlin 2009 [zitiert als: *Bearbeiter*, in: Staudinger].

ders.: Kommentar zum Bürgerlichen Gesetzbuch mit Einführungsgesetz und Nebengesetzen. Buch 2: Recht der Schuldverhältnisse: §§ 826-829, ProdHaftG (Unerlaubte Handlungen 2, Produkthaftung). Berlin 2018 [zitiert als: *Bearbeiter*, in: Staudinger].

ders.: Kommentar zum Bürgerlichen Gesetzbuch mit Einführungsgesetz und Nebengesetzen. Buch 2, Recht der Schuldverhältnisse: §§ 830-838 (Haftung mehrerer Schädiger, Tierhalter-, Gebäudehaftung). Berlin 2018 [zitiert als: *Bearbeiter*, in: Staudinger].

ders.: Kommentar zum Bürgerlichen Gesetzbuch mit Einführungsgesetz und Nebengesetzen. Buch 2: Recht der Schuldverhältnisse: Umwelthaftungsrecht – Grundlagen und Sondergesetze (UmweltHG, AtomG, BBergG, BImSchG, GenTG, HaftPflG, KSpG, WHG). Berlin 2017 [zitiert als: *Bearbeiter*, in: Staudinger].

ders.: Kommentar zum Bürgerlichen Gesetzbuch mit Einführungsgesetz und Nebengesetzen. Einführungsgesetz zum Bürgerlichen Gesetzbuche/IPR: Art. 38-42 EGBGB. Berlin 2001 [zitiert als: *Bearbeiter*, in: Staudinger].

ders.: Kommentar zum Bürgerlichen Gesetzbuch mit Einführungsgesetz und Nebengesetzen. Einführungsgesetz zum Bürgerlichen Gesetzbuche/IPR: Internationales Gesellschaftsrecht. Berlin 1998 [zitiert als: *Bearbeiter*, in: Staudinger].

Stein, Friedrich/Jonas, Martin (Hrsg.): Kommentar zur Zivilprozessordnung. Band 10 EuGVVO, GVG. 22. Aufl. Tübingen 2011 [zitiert als: *Bearbeiter*, in: Stein/Jonas].

Stein/Jonas, Kommentar zur Zivilprozessordnung. Band 4: §§ 271-327, herausgegeben von Reinhard Bork/Herbert Roth. 23. Aufl. Tübingen 2018 [zitiert als: *Bearbeiter*, in: Stein/Jonas, ZPO].

Stein/Jonas, Kommentar zur Zivilprozessordnung. Band 10: §§ 1025-1066, herausgegeben von Reinhard Bork/Herbert Roth. 23. Aufl. Tübingen 2014 [zitiert als: *Bearbeiter*, in: Stein/Jonas, ZPO].

Stöbener de Mora, Patricia: Menschenrechte: Diskussion eines UN-Vertrags zu Wirtschaft und Menschenrechten, EuZW 2018, 963, EuZW 2018, S. 963–964.

Stoffers, Kristian F.: Anmerkung zum Urteil des BGH vom 17.07.2009 – 5 StR 394/08, NJW 2009, 3173-3176, NJW 2009, S. 3176–3177.

Stoll, Hans: Handlungsort und Erfolgsort im internationalen Deliktsrecht. Überlegungen zu Art. 40 Abs. 1 EGBGB, in: Haimo Schack (Hrsg.), Gedächtnisschrift für Alexander Lüderitz, München 2000, S. 733–750 [zitiert als: *Stoll*, in: GS Lüderitz].

Stürner, Michael: Die Rolle des Kollisionsrechts bei der Durchsetzung von Menschenrechten, in: Katharina Hilbig-Lugani/Dominique Jakob/Gerald Mäsch/Philipp Reuß/Christoph Schmid (Hrsg.), Zwischenbilanz. Festschrift für Dagmar Coester-Waltjen zum 70. Geburtstag am 11. Juli 2015, Bielefeld 2015, S. 843–854 [zitiert als: *Stürner*, in: FS Coester-Waltjen].

ders.: Die territorialen Grenzen der Human Rights Litigation in den USA. Zu den Auswirkungen der Entscheidung des U.S. Supreme Court vom 17.4.2013 in der Sache Kiobel et al. v. Royal Dutch Petroleum Co. et al., JZ 2014, S. 13–23.

ders.: Transnationale Menschenrechtsverletzungen im internationalen Privat- und Verfahrensrecht, IJPL 2014, S. 350–374.

ders.: Zivilprozessuale Voraussetzungen für Klagen gegen transnationale Unternehmen wegen Menschenrechtsverletzungen, in: Markus Krajewski/Franziska Oehm/Miriam Saage-Maaß (Hrsg.), Zivil- und strafrechtliche Unternehmensverantwortung für Menschenrechtsverletzungen, Berlin, Heidelberg 2018, S. 73–98.

Suchsland, Ulrike/Rossmann, Nadine: Verpflichtet die Kartellschadensersatzrichtlinie zur Übernahme des europäischen Unternehmensbegriffs in das deutsche Recht?, WuW 2015, S. 973–981.

Symeonides, Symeon C.: Rom II and Tort Conflicts: A Missed Opportunity, AmJCompL 56 (2008), S. 173–222.

Teicke, Tobias/Matthiesen, Reemt: Compliance-Klauseln als sinnvoller Bestandteil eines Compliance-Systems, BB 2013, S. 771–777.

Teicke, Tobias/Rust, Maximilian: Gesetzliche Vorgaben für Supply Chain Compliance – Die neue Konfliktmineralienverordnung, CCZ 2018, S. 39–43.

Teubner, Gunther: Die 'Politik des Gesetzes' im Recht der Konzernhaftung. Plädoyer für einen sektoralen Konzerndurchgriff, in: Jürgen F. Baur/Klaus J. Hopt/K. Peter Mailänder (Hrsg.), Festschrift für Ernst Steindorff zum 70. Geburtstag, Berlin, New York 1990, S. 261–279 [zitiert als: *Teubner*, in: FS Steindorff].

The Max Planck Encyclopedia of Public International Law, herausgegeben von Rüdiger Wolfrum. Oxford 2012 [zitiert als: *Bearbeiter*, in: Wolfrum, MPEoIL].

Thole, Christoph: Die zuständigkeitsrechtliche Zurechnung des Handlungsorts unter § 32 ZPO und Art. 7 Nr. 2 EuGVVO n.F. (Art. 5 Nr. 3 EuGVVO a.F.), in: Caroline Meller-Hannich/Lutz Haertlein/Hans Friedhelm Gaul/Ekkehard Becker-Eberhard (Hrsg.), Rechtslage – Rechtserkenntnis – Rechtsdurchsetzung. Festschrift für Eberhard Schilken zum 70. Geburtstag, München 2015, S. 523–537 [zitiert als: *Thole*, in: FS Schilken].

Thomale, Chris/Hübner, Leonhard: Zivilgerichtliche Durchsetzung völkerrechtlicher Unternehmensverantwortung, JZ 2017, S. 385–397.

Thomas, Stefan/Legner, Sarah: Die wirtschaftliche Einheit im Kartellzivilrecht, NZKart 2016, S. 155–160.

Tiedemann, Klaus: Wirtschaftsstrafrecht. 5. Aufl. München 2017 [zitiert als: *Tiedemann*, WirtschaftsstrafR].

Tiedtke, Klaus/Schmitt, Marco: Der Händlerregress im Rahmen des Verbrauchsgüterkaufs, ZIP 2005, S. 681–688.

Tietje, Christian (Hrsg.): Internationales Wirtschaftsrecht. 2. Aufl. Berlin 2015 [zitiert als: *Bearbeiter*, in: Tietje].

Timmerbeil, Sven/Blome, Max-Niklas: Steter Tropfen höhlt den Stein – Die "wirtschaftliche Einheit" im deutschen Kartellrecht nach der 9. GWB-Novelle, BB 2017, S. 1544–1550.

Tomuschat, Christian (Hrsg.): Menschenrechte. Eine Sammlung internationaler Dokumente zum Menschenrechtsschutz. 2. Aufl. Bonn 2002 [zitiert als: *Bearbeiter*, in: Tomuschat].

ders.: Menschenrechte. Eine Sammlung internationaler Dokumente zum Menschenrechtsschutz. Bonn 1992 [zitiert als: *Bearbeiter*, in: Tomuschat].

ders.: Human Rights. Between Idealism and Realism. 3. Aufl. Oxford 2014 [zitiert als: *Tomuschat*, Human Rights].

Urban, Caroline: Mittelbare Täterschaft kraft Organisationsherrschaft. Eine Studie zu Konzeption und Anwendbarkeit, insbesondere im Hinblick auf Wirtschaftsunternehmen. Göttingen 2004 (zugl. Diss. Osnabrück 2003) [zitiert als: *Urban*, Organisationsherrschaft].

Utz, Maximilian: Die personale Reichweite der strafrechtlichen Geschäftsherrenhaftung. Berlin 2016 (zugl. Diss. München 2015) [zitiert als: *Utz*, personale Reichweite].

van Dam, Cees: Preliminary judgments Dutch Court of Appeal in the Shell Nigeria Case. http://ceesvandam.info/default.asp?fileid=643, Januar 2016 (zuletzt aufgerufen am 19.06.2019) [zitiert als: *van Dam*, Preliminary Judgments].

ders.: Tort Law and Human Rights: Brothers in Arms. On the Role of Tort Law in the Area of Business and Human Rights, JETL 2 (2011), S. 221–254.

van den Herik, L./Letnar Černič, Jernej: Regulating Corporations under International Law. From Human Rights to International Criminal Law and Back Again, JICJ 8 (2010), S. 725–743.

Verse, Dirk A.: Compliance im Konzern. Zur Legalitätskontrollpflicht der Geschäftsleiter einer Konzernobergesellschaft, ZHR 175 (2011), S. 401–424.

Voet van Vormizeele, Philipp: Die EG-kartellrechtliche Haftungszurechnung im Konzern im Widerstreit zu den nationalen Gesellschaftsrechtsordnungen, WuW 2010, S. 1008–1019.

Voland, Thomas: Erweiterung der Berichtspflichten für Unternehmen nach der neuen CSR-Richtlinie, DB 2014, S. 2815–2818.

ders.: Unternehmen und Menschenrechte – vom Soft Law zur Rechtspflicht, BB 2015, S. 67–75.

von Arnim, Christoph: U.S. Corporation und Aktiengesellschaft im Rechtsvergleich. Haftungsdurchgriff im deutschen Kapitalgesellschaftsrecht und Piercing the Corporate Veil im Recht der U.S.-amerikanischen Corporation, NZG 2000, S. 1001–1008.

von Bar, Christian: Entwicklungen und Entwicklungstendenzen im Recht der Verkehrssicherungspflichten, JuS 1988, S. 169–174.

ders.: Internationales Privatrecht. Zweiter Band Besonderer Teil. München 1991 [zitiert als: *von Bar*, IPR II].

ders.: Verkehrspflichten. Richterliche Gefahrsteuerungsgebote im deutschen Deliktsrecht. Köln u.a. 1980 (zugl. Habil. Göttingen 1979/1980).

von Bernstorff, Jochen: Die völkerrechtliche Verantwortung für menschenrechtswidriges Handeln transnationaler Unternehmen. Unternehmensbezogene menschenrechtliche Schutzpflichten in der völkerrechtlichen Spruchpraxis. Duisburg 2010 [zitiert als: *von Bernstorff*, Schutzpflichten].

ders.: Extraterritoriale menschenrechtliche Staatenpflichten und Corporate Social Responsibility. Wie weit geht die menschenrechtliche Verantwortung des Staates für das Verhalten eigener Unternehmen im Ausland?, AVR 49 (2011), S. 34–63.

von Caemmerer, Ernst: Wandlungen des Deliktsrechts. Karlsruhe 1964 [zitiert als: *von Caemmerer*, Wandlungen].

von Hein, Jan: Das Günstigkeitsprinzip im Internationalen Deliktsrecht. Tübingen 1999 (zugl. Diss. Hamburg 1998) [zitiert als: *von Hein*, Günstigkeitsprinzip].

ders.: Die Ausweichklausel im europäischen Internationalen Deliktsrecht, in: Dietmar Baetge/Jan von Hein/Michael von Hinden (Hrsg.), Die richtige Ordnung. Festschrift für Jan Kropholler zum 70. Geburtstag, Tübingen 2008, S. 553–571 [zitiert als: *von Hein*, in: FS Kropholler].

ders.: Die Behandlung von Sicherheits- und Verhaltensregeln nach Art. 17 der Rom II-Verordnung, in: Herbert Kronke/Karsten Thorn (Hrsg.), Grenzen überwinden – Prinzipien bewahren. Festschrift für Bernd von Hoffmann zum 70. Geburtstag am 28. Dezember 2011, Bielefeld 2011, S. 139–158 [zitiert als: *von Hein*, in: FS v. Hoffmann].

ders.: Europäisches Internationales Deliktsrecht nach der Rom II-Verordnung, ZEuP 2009, S. 6–33.

von Hoffmann, Bernd: Sonderanknüpfung zwingender Normen im internationalen Deliktsrecht – Eine kollisionsrechtliche Skizze, in: Peter Gottwald/Erik Jayme/ Dieter Schwab (Hrsg.), Festschrift für Dieter Henrich zum 70. Geburtstag, Bielefeld 2000, S. 283–296 [zitiert als: *von Hoffmann*, in: FS Henrich].

von Schorlemer, Sabine: Der "Global Compact" der Vereinten Nationen – ein Faust'scher Pakt mit der Wirtschaftswelt?, in: Sabine von Schorlemer (Hrsg.), Praxishandbuch UNO. Die Vereinten Nationen im Lichte globaler Herausforderungen, Berlin u.a. 2003, S. 507–552.

von Walter, Axel: Corporate Social Responsibility und das Irreführungsverbot nach den §§ 5, 5a UWG, in: Reto M. Hilty/Frauke Henning-Bodewig (Hrsg.), Corporate Social Responsibility. Verbindliche Standards des Wettbewerbsrechts?, Heidelberg 2014, 187-196.

Wagner, Gerhard: Die neue Rom II-Verordnung, IPRax 2008, S. 1–17.

ders.: Haftung für Menschenrechtsverletzungen, RabelsZ 80 (2016), S. 717–782.

ders.: Internationales Deliktsrecht, die Arbeiten an der Rom II-Verordnung und der Europäische Deliktsgerichtsstand, IPRax 2006, S. 372–390.

Walter, Stefan: Die Pflichten des Geschäftsherrn im Strafrecht. Frankfurt a.M. u.a. 2000 (zugl. Diss. Freiburg 2000) [zitiert als: *Walter*, Pflichten des Geschäftsherrn].

Weber, Antje: Die rechtliche und politische Dimension von extraterritorialen Staatenpflichten bei Menschenrechtsverstößen durch transnationale Konzerne. Ein Literaturbericht. Duisburg 2009 [zitiert als: *Weber*, Extraterritoriale Staatenpflichten].

Weidmann, Karen: Der Beitrag der OECD-Leitsätze für multinational Unternehmen zum Schutz der Menschenrechte. Berlin 2014 [zitiert als: *Weidmann*, OECD-Leitsätze].

Weigend, Thomas: Perpetration through an Organization. The Unexpected Career of a German Legal Concept, JICJ 9 (2011), S. 91–111.

Weiler, Frank: Die Haftung für Werbeangaben nach neuem Kaufrecht, WM 2002, S. 1784–1794.

Weilert, Katarina: Taming the Untamable? Transnational Corporations in United Nations Law and Practice, Max Planck UNYB 14 (2010), S. 446–506.

dies.: Transnationale Unternehmen im rechtsfreien Raum? Geltung und Reichweite völkerrechtlicher Standards, ZaöRV 2009, S. 883–917.

Weiß, Norman: Der internationale Menschenrechtsschutz zu Beginn des 21. Jahrhunderts: Ausgangslage, Herausforderungen und Trends, in: Hans Jörg Sandkühler (Hrsg.), Menschenrechte in die Zukunft denken. 60 Jahre Allgemeine Erklärung der Menschenrechte, Baden-Baden 2009, S. 145–158.

Weissbrodt, David/Kruger, Muria: Human Rights Responsibilities of Businesses as Non-State Actors, in: Philip Alston (Hrsg.), Non-State Actors and Human Rights, Oxford 2005, S. 315–350.

dies.: Norms on the Responsibilities of Transnational Corporations and Other Business Enterprises with Regard to Human Rights, AJIL 97 (2003), S. 901–922.

Wellenhofer-Klein, Marina: Zulieferverträge im Privat- und Wirtschaftsrecht. München 1999 (zugl. Habil. München 1998) [zitiert als: *Wellenhofer-Klein*, Zulieferverträge].

Weller, Marc-Philippe/Kaller, Luca/Schulz, Alix: Haftung deutscher Unternehmen für Menschenrechtsverletzungen im Ausland, AcP 216 (2016), S. 387–420.

Weller, Marc-Philippe/Thomale, Chris: Menschenrechtsklagen gegen deutsche Unternehmen, ZGR 2017, S. 509–526.

Wesche, Philipp/Saage-Maaß, Miriam: Holding Companies Liable for Human Rights Abuses Related to Foreign Subsidiaries and Suppliers before German Civil Courts: Lessons from *Jabir and Others v KiK*, HRLR 2016, S. 370–385.

Weschka, Marion: Human Rights and Multinational Enterprises: How can Multinational Enterprises Be Held Responsible for Human Rights Violations Committed Abroad?, ZaöRV 2006, S. 625–661.

Westermann, Harm Peter: Umwelthaftung im Konzern, ZHR 155 (1991), S. 223–246.

Wieczorek, Bernhard/Schütze, Rolf A. (Hrsg.): Zivilprozessordnung und Nebengesetze. Großkommentar Band 11: §§ 916-1066. 4. Aufl. Berlin, Boston 2014 [zitiert als: *Bearbeiter*, in: Wieczorek/Schütze].

Wiedemann, Herbert: Gesellschaftsrecht. Ein Lehrbuch des Unternehmens- und Verbandsrechts, Band I: Grundlagen. München 1980 [zitiert als: *Wiedemann*, GesR I].

Wiesbrock, Katja: Internationaler Schutz der Menschenrechte. Berlin 1999 (zugl. Diss. Göttingen 1999) [zitiert als: *Wiesbrock*, Internationaler Schutz].

Wilburg, Walter: Entwicklung eines beweglichen Systems im bürgerlichen Recht. Rede, gehalten bei der Inauguration als Rector magnificus der Karl-Franzens-Universität in Graz am 22. November 1950. Graz 1950 [zitiert als: *Wilburg*, Bewegliches System].

Wildhaber, Luzius: Multinationale Unternehmen und Völkerrecht, BDGVR 18 (1978), S. 7–71.

Wimmer-Leonhardt, Susanne: Konzernhaftungsrecht. Die Haftung der Konzernmuttergesellschaft für ihre Tochtergesellschaften im deutschen und englischen Recht. Tübingen 2004 (zugl. Habil. Saarbrücken 2003).

Winkler, Inga: Die Leitprinzipien zu Wirtschaft und Menschenrechten – Fortschritt oder Rückschritt im Bereich der menschenrechtlichen Verantwortung von Unternehmen?, zfmr 2011, S. 164–182.

Winter, Martin: Die Verantwortlichkeit des Aufsichtsrats für "Corporate Compliance", in: Peter Kindler/Jens Koch/Peter Ulmer/Martin Winter (Hrsg.), Festschrift für Uwe Hüffer zum 70. Geburtstag, München 2010, S. 1103–1127 [zitiert als: *Winter*, in: FS Hüffer].

Wittig, Petra: Wirtschaftsstrafrecht. 4. Aufl. München 2017 [zitiert als: *Wittig*, WirtschaftsstrafR].

Wittmann, Waldemar/Kern, Werner/Köhler, Richard/Küpper, Hans-Ulrich/von Wysocki, Klaus (Hrsg.): Handwörterbuch der Betriebswirtschaft. Teilband 3, R-Z mit Gesamtregister. 5. Aufl. Stuttgart 1993 [zitiert als: *Bearbeiter*, in: Wittmann/Kern/Köhler/Küpper/von Wysocki].

Würdinger, Markus: Die Analogiefähigkeit von Normen. Eine methodologische Untersuchung über Ausnahmevorschriften und deklaratorische Normen, AcP 206 (2006), S. 946–979.

Zerk, Jennifer A.: Multinationals and Corporate Social Responsibility. Limitations and Opportunities in International Law. Cambridge 2006 [zitiert als: *Zerk*, Multinationals and CSR].

Zimmer, Reingard: Soziale Mindeststandards und ihre Durchsetzungsmechanismen. Sicherung internationaler Mindeststandards durch Verhaltenskodizes? Baden-Baden 2008 (zugl. Diss. Bremen 2008) [zitiert als: *Zimmer*, Soziale Mindeststandards].

Zimmermann, Reinhard: Verletzungserfolg, Spielregeln und allgemeines Sportrisiko. – Zur Haftung des Sportlers für Unfälle bei Wettspielen –, VersR 1980, S. 497–502.

Register